D1734375

Ihre Arbeitshilfen zum Download:

Die folgenden Arbeitshilfen stehen für Sie zum Download bereit:

- Gesetzessammlung und Richtlinientexte

- Begründungen zu den Gesetzen und Verordnungen

- Weitere Unterlagen zu ausgewählten Einzelfragen

Den Link sowie Ihren Zugangscode finden Sie am Buchende.

pwc

Regulierung in der deutschen Energiewirtschaft

Regulierung

in der deutschen Energiewirtschaft

Band II Strommarkt

Herausgegeben von

PricewaterhouseCoopers

Gesellschaft mit beschränkter Haftung

Wirtschaftsprüfungsgesellschaft

1. Auflage

Haufe Gruppe
Freiburg · München · Stuttgart

Zitiervorschlag:
PwC-Bearbeiterin/Bearbeiter, Strommarkt, Abschnitt x.y.z.

Bibliografische Information der deutschen Nationalbibliothek
Die Deutsche Nationalbibliothek verzeichnet diese Publikation in der Deutschen Nationalbibliografie; detaillierte bibliografische Daten sind im Internet über http://dnb.dnb.de abrufbar.

Print: ISBN 978-3-648-09631-4   Bestell-Nr. 10220-0001
ePUB: ISBN 978-3-648-09632-1   Bestell-Nr. 10220-0100

Regulierung in der deutschen Energiewirtschaft, Band II Strommarkt
1. Auflage 2017
© 2017 Haufe-Lexware GmbH & Co. KG
www.haufe.de
info@haufe.de
Produktmanagement: Bettina Noé

Nachdem sich mehr als 50 Mitarbeiterinnen und Mitarbeiter die Autorenschaft teilen, ist es nicht möglich gewesen, das Werk an allen Stellen auf dem neuesten Stand zu halten. Die Angaben entsprechen dem Wissensstand bei Redaktionsschluss am 31.01.2017. Vereinzelt konnten noch neuere Entwicklungen bis Ende März 2017 berücksichtigt werden. Da Hinweise und Fakten dem Wandel der Rechtsprechung und Gesetzgebung unterliegen, kann für die vorliegenden Angaben keine Haftung übernommen werden; dafür bitten wir die Leserschaft um Verständnis.

Lektorat: Ulrike Fuldner, Rechtsanwältin, FA für Steuerrecht, Aschaffenburg
DTP: Agentur: Satz & Zeichen, Karin Lochmann, Buckenhof
Druck: BELTZ Bad Langensalza GmbH, Bad Langensalza

Vorwort

Schon bei den Vorbereitungen für die Neuauflage des Bandes I unseres Buches „Regulierung in der deutschen Energiewirtschaft – Netzwirtschaft" entstand die Idee, auch weitere Themen aus dem Sektor der Energiewirtschaft für ein interessiertes Fachpublikum praxisorientiert aufzubereiten und damit verständlicher zu machen. Dabei wurde schnell klar, dass die Situation der beiden erstrangigen Energieträger Strom und Gas im Gegensatz zum Band I nicht sinnvoll gemeinsam dargestellt werden kann – zu groß sind die Unterschiede beider Energiearten; man denke nur an die verschwindend geringe Gaserzeugung in Deutschland im Gegensatz zur aktuellen Überkapazität bei der deutschen Stromerzeugung. Das Speicherproblem kann bei der Gasversorgung als gelöst betrachtet werden, bei der Stromerzeugung jedoch stellt es eine der großen technisch-wirtschaftlichen Herausforderungen dar. Auch unter Umweltaspekten liegen Gas- und Stromwirtschaft „meilenweit" auseinander. Der Begriff der „Energiewende", der uns täglich begleitet und im Portemonnaie der Verbraucher spürbare Folgen hat, ist bislang weitestgehend mit der Stromwirtschaft verknüpft.

Sehr schnell stand also fest, dass sich Band II unseres Buches auf die Stromwirtschaft konzentrieren würde. Während wir zu Beginn unserer Überlegungen meinten, den Fokus auf die Stromerzeugung legen zu können, wurde doch bald klar, dass ein solcher Themenkreis viel zu eng gezogen wäre. Wir haben uns deshalb im Autorenkreis einmütig entschieden, den Strommarkt insgesamt zu beleuchten, allerdings unter weitestgehender Ausklammerung der bereits im Band I behandelten Probleme der Netzwirtschaft. Natürlich lässt sich der Strommarkt ohne Netze nicht darstellen. Die Stichworte *„Smart Grid"*, *„Smart Meter Rollout"*, *„Gateway Administrator"* und „Virtuelle Kraftwerke" verdeutlichen die Zusammenhänge auch ohne weitere Erläuterungen. Die „Digitalisierung" mit all ihren Facetten ist auch in der Stromwirtschaft eine große Herausforderung für die Unternehmen. Traditionelle Geschäftsmodelle geraten „außer Mode"; sie müssen – beginnend mit der Umgestaltung der Erzeugungs- und Verteilungsanlagen über Veränderungen der internen Unternehmensstruktur und -kultur bis hin zur Angebotspalette und im Umgang mit Kunden an die sich ändernde Situation angepasst werden.

Keine leichte Aufgabe, die wir uns da gestellt haben, so viel war den Beteiligten recht bald klar. Die Strukturen und Handlungsweisen sind im Strommarkt sehr eng miteinander verknüpft. Ihre hochkomplexe Funktionsweise ist nur schwer zu durchschauen; wir haben es mit einem Marktgeschehen zu tun, das sich ohne Big Data und ohne Digitalisierung nicht mehr steuern lässt. Immer weniger Akteure sind diesen Herausforderungen – auch bei weitgehender Inanspruchnahme externer Dienstleister – gewachsen.

Eine Gesamtsicht „aus einem Guss" ist auch wegen unterschiedlicher politischer Ansichten und der erforderlichen Harmonisierung mit EU-Vorgaben nur schwer möglich. Eine stimmige Gesamtregelung des Strommarktes seitens des nationalen Gesetzgebers erscheint nahezu ausgeschlossen. Stets muss auf Vorhandenem aufgesetzt und an den Rändern neu justiert werden. Daraus resultiert zwangsläufig ein Flickenteppich, der bereits bei einer Lektüre des vielfach geänderten Energiewirtschaftsgesetzes von 2005 ins Auge springt, ganz abgesehen von den großen Veränderungen, die in den letzten Jahren EEG und KWKG – auch unter dem Einfluss aus Brüssel – erfahren haben.

Wir haben das Werk mit einigen Anläufen dennoch bewältigt und sind nicht ohne Stolz, dass es uns gelungen ist, wichtige Einzelfragen und Zusammenhänge sinnhaft darzustellen. Im Umfang und in der Intensität der Stoffbehandlung einschließlich der Darstellung der anzuwendenden Rechtsquellen geht dieses Handbuch über die sonst vorliegenden Erläuterungswerke hinaus. Ergebnis ist ein Werk, das wesentliche Rahmenbedingungen darstellt und die Alltagsarbeit in den Unternehmen mit der Gründlichkeit eines Handkommentars hinreichend unterstützen kann. Für eine weitere Vertiefung wird allerdings auf Spezialliteratur und tagesaktuelle Quellen zurückzugreifen sein.

Nach wie vor sind wir unserem Ansatz treu geblieben, ein „Handbuch für die Praxis" zu verfassen, im Unternehmensalltag verwendbare Informationen zu vermitteln und – wo sinnvoll und möglich – Lösungen aufzuzeigen. Wir hoffen, dass das Werk diesem Zweck gerecht wird.

Das Werk nutzt die Erfahrungen unserer in der Versorgungswirtschaft und den angrenzenden Feldern tätigen Mitarbeiter mit entsprechend breiter praktischer Projekterfahrung. Für Hinweise jeder Art sind Herausgeber und Autoren dankbar. Der Gegenstand dieser Publikation wird auch künftig steter Veränderung unterworfen bleiben.

Wir bedanken uns bei Frau stud. jur. Anna Misko für die Erstellung des Literaturverzeichnisses sowie bei Frau M.A. Anja Cavunt und Herrn Dipl.-Kfm. Thomas Dautzenberg für ihre umsichtige organisatorische Betreuung der Autoren und des „Making-Of" des Werks. Unser Dank gilt schließlich Herrn Rechtsanwalt Wolfgang Britsch, der diese Publikation als hausinterner Schriftleiter redaktionell, gestalterisch und harmonisierend begleitet hat. Den Autoren danken wir für ihre sachkundigen Entwürfe und für ihre Bereitschaft, sich mit ihren Texten in die Erfordernisse eines in sich möglichst geschlossenen Gesamtwerks einzuordnen.

Das Buch wäre ohne die jahrelange Einbindung der Autoren in die Arbeiten der PricewaterhouseCoopers GmbH WPG und der PricewaterhouseCoopers Legal AG mit den sich daraus ergebenden vielfältigen Anregungen und ohne den kritischen Gedankenaustausch mit den Kollegen nicht zustande gekommen. Hierfür sei auch an dieser Stelle allen Beteiligten gedankt. Der PricewaterhouseCoopers GmbH WPG ist ebenfalls dafür zu danken, dass sie das Entstehen dieses Werks finanziell ermöglicht hat.

Düsseldorf, im März 2017

Norbert Schwieters   Ralf Kurtz

Volker Breisig   Christian Liebaug

Michael Kopetzki   Peter Mussaeus

Der Herausgeber

PwC

Über uns: Unsere Mandanten stehen tagtäglich vor vielfältigen Aufgaben, möchten neue Ideen umsetzen und suchen Rat. Sie erwarten, dass wir sie ganzheitlich betreuen und praxisorientierte Lösungen mit größtmöglichem Nutzen entwickeln. Deshalb setzen wir für jeden Mandanten, ob Global Player, Familienunternehmen oder kommunaler Träger, unser gesamtes Potenzial ein: Erfahrung, Branchenkenntnis, Fachwissen, Qualitätsanspruch, Innovationskraft und die Ressourcen unseres Expertennetzwerks in 157 Ländern. Besonders wichtig ist uns die vertrauensvolle Zusammenarbeit mit unseren Mandanten, denn je besser wir sie kennen und verstehen, umso gezielter können wir sie unterstützen.

Der **Bereich Energy** von PwC ist Teil des internationalen Energy-Netzwerks mit etwa 4.000 qualifizierten Branchenexperten. Wir betreuen Mandanten aller Größenklassen: von großen internationalen börsennotierten Energiekonzernen über Regionalversorger bis hin zu kommunalen und in verschiedensten Stufen des Querverbundes tätigen öffentlichen Unternehmen, Institutionen und Industrieverbänden. Zu unseren Mitarbeitern zählen neben Wirtschaftsprüfern, Steuerberatern und Juristen auch Wirtschaftswissenschaftler, Diplomingenieure, Naturwissenschaftler, IT-Spezialisten, Umweltprüfer und -berater, Restrukturierungsspezialisten sowie weitere Experten mit Know-how aus der Versorgungs- und Energiewirtschaft.

PwC: Mehr als 10.300 engagierte Menschen an 22 Standorten. 1,9 Mrd. Euro Gesamtleistung. Führende Wirtschaftsprüfungs- und Beratungsgesellschaft in Deutschland.

PwC Legal

Über uns: In unserer globalen, sich rasch verändernden Wirtschaftswelt sind Kooperation, Umstrukturierung, Transaktion, Finanzierung und gesellschaftliche Verantwortung Themen, die unsere Mandanten zunehmend beschäftigen. Für verschiedenste komplexe Aufgabenbereiche benötigen sie rechtliche Handlungssicherheit. Deshalb beraten wir sie ganzheitlich und in enger Zusammenarbeit mit den Steuer-, Human-Resources- und Finanzexperten von PwC und unserem internationalen Legal-Netzwerk in über 90 Ländern. Ob weltweit agierendes Unternehmen, öffentliche Körperschaft oder vermögende Privatperson, jedem Mandanten steht bei uns ein persönlicher Ansprechpartner zur Seite, der ihn in allen wirtschaftsrechtlichen Belangen verantwortungsvoll unterstützt. So helfen wir unseren Mandanten, ihren wirtschaftlichen Erfolg langfristig zu sichern.

PwC Legal: Mehr als 200 Rechtsanwältinnen und Rechtsanwälte an 18 Standorten. Integrierte Rechtsberatung für die Praxis.

Verzeichnis der Bearbeiterinnen und Bearbeiter

Joachim Albersmann
Dipl.-Ingenieur (Elektrotechnik)

Michael Alkemeyer
M.A.

Theresa Brandt
M.Eng.

Derya Baghistani
M.Sc.

Daniel Beshah
Dipl.-Kaufmann

Dr. Volker Breisig
Dipl.-Ingenieur, Dipl.-Wirt.-Ingenieur

Adrian Bründl
M.Sc.

Dr. Daniel Callejon
Rechtsanwalt

Nicolas Deutsch
Dipl.-Ökonom

Gunther Dütsch
Dipl.-Volkswirt

Pia Ellendt
MBA

Dr. Marcus Eul
Dipl.-Wirt-.-Informatiker

Derk Fischer
Dipl.-Mathematiker

Tobias Fischer
M.Sc.

Marc Goldberg
Rechtsanwalt

Hendrik Gollnisch
Dipl.-Ingenieur

Dr. Carsten Hentrich
Dipl.-Informatiker

Dr. Borge Hess
Dipl.-Volkswirt

Paula Hesse
M.Sc.

Ingo Kamenz
Dipl.-Ingenieur

Janina Karthaus
M.Sc.

Hubertus Kleene
Rechtsanwalt

Christian Klein
Steuerberater

Florian Köhnlein
B.Eng.

Michael Kopetzki
Dipl.-Wirt.-Ingenieur

Michael H. Küper
Rechtsanwalt, M.Sc

Ralf Kurtz
Dipl.-Kaufmann

Saskia Lehmann
M.Sc.

Christian Liebaug
Dipl.-Ingenieur

Christian Linden
Dipl.-Wirt.-Ingenieur

Julia März
Dipl.-Wirt.-Informatikerin

Dominik Martel
Rechtsanwalt, LL.M.

Dirk-Henning Meier
Rechtsanwalt, LL.M., M.Sc

Julian Meyer-Wilmes
B.Sc.

Peter Mussaeus
Rechtsanwalt

Jörg Netzband
Dipl.-Wirt.-Ingenieur

Felix Neuschwander
Dipl.-Wirt.-Ingenieur

Jan Philipp Otter
Rechtsanwalt

Michael Pachmajer
Dipl.-Geograph

Dr. Axel von Perfall
Dipl.-Kaufmann

Thomas Pohlmeyer
Dipl.-Kaufmann

Ingo Rausch
Rechtsanwalt

Reinhard Rümler
Dipl.-Forstwirt

Christoph Sänger
Rechtsanwalt

Dr. Marc Salevic
Rechtsanwalt

Dr. Jan-Philipp Sauthoff
Wirtschaftsprüfer

Laura Schantey
M.Sc.

Dr. Thomas Schmid
Wirtschaftsprüfer

André Schnelte
Dipl.-Kaufmann

Prof. Dr. Norbert Schwieters
Wirtschaftsprüfer, Steuerberater

Maik Sinagowitz
Dipl.-Wirt.-Ingenieur

Michael Sponring
Dipl.-Ingenieur

Tobias Steffens
Wirtschaftsprüfer

Dr. Georg Teichmann
Dipl.-Kaufmann

Christian Teßmann
Rechtsanwalt

Maximilian Thies
M.Sc.

Katja Tiefenbacher
Dipl.-Wirt.-Informatikerin

Maximilian Töllner
Rechtsanwalt

Klaus Wassermann
Dipl.-Betriebswirt (FH)

Vincenz Weißflog
M.Sc.

Inhaltsübersicht

Inhaltsverzeichnis

Abkürzungsverzeichnis

a	Jahr
A	Ampere
a.A.	anderer Ansicht
a.a.O.	am angegebenen Ort
a.E.	am Ende
a.F.	alte Fassung
a.o.	außerordentlich(e/er)
Abb.	Abbildung
ABl.	Amtsblatt
AbLaV	Verordnung über Vereinbarungen zu abschaltbaren Lasten 2016
Abs.	Absatz
ACER	*European Agency for the cooperation of the Energy Regulators*
AEUV	Vertrag über die Arbeitsweise der Europäischen Union (Fassung aufgrund des am 01.12.2009 in Kraft getretenen Vertrages von Lissabon)
AFID	Richtlinie über den Aufbau der Infrastruktur für alternative Kraftstoffe (EU)
AG	Aktiengesellschaft
AGVO	Allgemeine Gruppenfreistellungsverordnung
AktG	Aktiengesetz
Alt.	Alternative
Äq.	Äquivalent
ARegV	Anreizregulierungsverordnung
Art.	Artikel
AtG	Atomgesetz
AtVfV	Atomrechtliche Verfahrensverordnung
Aufl.	Auflage
AusglMechV	Ausgleichsmechanismusverordnung
BAFA	Bundesamt für Wirtschaft und Ausfuhrkontrolle
BaFin	Bundesanstalt für Finanzdienstleistungsaufsicht
BAnz	Bundesanzeiger
BB	Der Betriebs-Berater (Zeitschrift)
BBPlG	Bundesbedarfsplangesetz
BDEW	Bundesverband der Energie- und Wasserwirtschaft e.V.

Bek.	Bekanntmachung
BGB	Bürgerliches Gesetzbuch
BGBl.	Bundesgesetzblatt
BGH	Bundesgerichtshof
BGW	Bundesverband der deutschen Gas- und Wasserwirtschaft e.V.
Bh/a	Benutzungsstunden pro Jahr
BHKW	Blockheizkraftwerk
BIKO	Bilanzkreiskoordinator(en)
BImSchG	Bundesimmissionsschutzgesetz
BImSchV	Bundesimmissionsschutzverordnung
BIP	Bruttoinlandsprodukt
BI-Tool	*Business Intelligence Tool* (Software zur systematischen Analyse von Daten)
BK	Beschlusskammer
BKartA	Bundeskartellamt
BKM	Bilanzkreismanagement
BKV	Bilanzkreisverantwortliche(r)
BMF	Bundesministerium der Finanzen
BMUB	Bundesministerium für Umwelt, Naturschutz, Bau und Reaktorsicherheit
BMVI	Bundesministerium für Verkehr und digitale Infrastruktur
BMWi	Bundesministerium für Wirtschaft und Energie
bne	Bundesverband Neuer Energieanbieter e.V.
BNetzA	Bundesnetzagentur
BR	Deutscher Bundesrat
BR-Drs.	Drucksache des Deutschen Bundesrats
BReg	Bundesregierung
BSI	Bundesamt für Sicherheit in der Informationstechnik
bspw.	beispielsweise
BT	Deutscher Bundestag
BT-Drs.	Drucksache des Deutschen Bundestags
Buchst.	Buchstabe
BVerfG	Bundesverfassungsgericht
BWS	Bruttowertschöpfung
bzgl.	bezüglich
bzw.	beziehungsweise

CA	*Certificate Authority*
CAPM	*Capital Asset Pricing Model* (Preismodell für Kapitalgüter bzw. Kapitalgutpreismodell)
CCD CoE	*Cooperative Cyber Defence Centre of Excellence*
CCP	*Central Counterparty*
CCZ	*Corporate Compliance* Zeitschrift
CDM	*Clean Development Mechanism* (Mechanismus für umweltverträgliche Entwicklung)
CEER	*Council of European Energy Regulators*
CER	*Certified Emission Reductions*
CIM	*Computer-integrated Manufacturing*
CLS	*Controllabel Local System*
CO_2	Kohlenstoffdioxid
COP	*Coefficient of Performance*
CP	*Certificate Policy*
CRM	*Customer Relationship Management*
CSV	*Comma-separated values* (Dateiformat)
Ct	Eurocent
d.h.	das heißt
DEHSt	Deutsche Emissionshandelsstelle
dena	Deutsche Energie-Agentur GmbH
DER	*Distributed Energy Resources*
DiGiNetz-Gesetz	Gesetz zur Erleichterung des Ausbaus digitaler Hochgeschwindigkeitsnetze
DQM	Datenqualitätsmanagement
DSCR	*Debt Service Coverage Ratio*
DSL	*Digital Subscriber Line*
DSM	*Demand Side Management* (Lastmanagement)
DSR	*Demand Side Response*
DV	Datenverarbeitung
E2P-ratio	*Energy to Power ratio*
EBIT	*Earnings before interest and taxes* (Gewinn vor Zinsen und Steuern
EBITDA	*earnings before interest, taxes, depreciation and amortization* (Gewinn vor Zinsen, Steuern, Abschreibungen auf Sachanlagen und Abschreibungen auf immaterielle Vermögensgegenstände)
ECC	*European Commodity Clearing* AG

EDIFACT	*Electronic Data Interchange for Administration, Commerce and Transport*
EDL-G	Energiedienstleistungsgesetz
EDM	Energiedatenmanagement
EEAusG	Gesetz zur Einführung von Ausschreibungen für Strom aus erneuerbaren Energien und zu weiteren Änderungen des Rechts der erneuerbaren Energien
EED	Energy Efficiency Directive (EU Energieeffizienzrichtlinie)
EEG	Erneuerbare-Energien-Gesetz
EEG Anlagen	Anlagen zur Stromerzeugung aus erneuerbaren Energien
EEG-Projekte	Projekte für EEG-Anlagen
EEWärmeG	Erneuerbare-Energien-Wärmegesetz
EEX	*European Energy Exchange*
el.	elektrisch
ElWOG	Elektrizitätswirtschafts und -organisationsgesetz (Österreich)
EMAS	*Eco-Management and Audit Scheme*
EMIR	*European Market Infrastructure Regulation*
emw	Zeitschrift für Energie, Markt und Wettbewerb
EnEG	Energieeinsparungsgesetz
EnergieStG	Energiesteuergesetz
EnEV	Energieeinsparverordnung
EnLAG	Gesetz zum Ausbau von Energieleitungen
ENTSO-E	*European Network of Transmission System Operators for Electricity* (Verband Europäischer Übertragungsnetzbetreiber)
ENTSO-G	*European Network of Transmission System Operators for Gas* (Verband Europäischer Fernleitungsnetzbetreiber für Gas)
EntsorgFondsG	Entsorgungsfondsgesetz
EnWG	Energiewirtschaftsgesetz
EnWZ	Zeitschrift für das gesamte Recht der Energiewirtschaft
EOM	*Energy-only Market* (Großhandelsmarktes für Energielieferungen)
ER	EnergieRecht (Zeitschrift)
ERGEG	*European Regulators' Group for Electricity and Gas*
ERP	*Enterprise Resource Planning* (Ressourcenplanung des gesamten Unternehmens)
et	Energiewirtschaftliche Tagesfragen (Zeitschrift)
etc.	*et cetera*

EU	Europäische Union
EUA	*European Emission Allowances*
EU-ETS	*EU Emission Trading System* (Europäischen Emissionshandelssystem)
EuGH	Europäischer Gerichtshof
EuZW	Europäische Zeitschrift für Wirtschaftsrecht
EVU	Energieversorgungsunternehmen
ew	das magazin für die energie wirtschaft (Zeitschrift)
EWeRK	Zeitschrift des Instituts für Energie- und Wettbewerbsrecht in der kommunalen Wirtschaft e.V.
FCC	*Federal Communications Commission*
FERC	*Federal Energy Regulatory Commission*
FFAV	Freiflächenausschreibungsverordnung
Fn.	Fußnote
FTTB	*Fibre to the Basement/Building* (Glasfaser bis ins Gebäude)
FTTC	*Fibre to the Curb* (Glasfaser bis zur Bordsteinkante)
FTTH	*Fibre to the Home* (Glasfaser bis in die Wohnung)
GasNEV	Verordnung über die Entgelte für den Zugang zu Gasversorgungsnetzen
GasNZV	Verordnung über den Zugang zu Gasversorgungsnetzen
GbR	Gesellschaft bürgerlichen Rechts
GDEW	Gesetzes zur Digitalisierung der Energiewende
GEEV	Grenzüberschreitende-Erneuerbare-Energien-Verordnung
GEG	Gebäudeenergiegesetz
gem.	gemäß
GEMIO	*German Economic Model of Inputs and Outputs*
GG	Grundgesetz
ggf.	gegebenenfalls
GGPSSO	*Guidelines for Good TPA Practice for Storage System Operators*
GHD	Gewerbe, Handel und Dienstleistungen
GIS-System	Grafisches Informationssystem
GmbH	Gesellschaft mit beschränkter Haftung
gMSB	grundzuständiger Messstellenbetreiber
GPKE	Festlegung einheitlicher Geschäftsprozesse und Datenformate zur Abwicklung der Belieferung von Kunden mit Elektrizität
grds.	grundsätzlich
GuD	Gas- und Dampf (-kraftwerk)
GW	Gigawatt

GWA	*Gateway-Administrator*
GWB	Gesetz gegen Wettbewerbsbeschränkungen
GWh	Gigawattstunde
h	Stunde
HEO	höhere Entscheidungs- und Optimierungsfunktionen
HGB	Handelsgesetzbuch
HÜSt	Handelsüberwachungsstelle bei der EEX
i.d.F.	in der Fassung
i.d.R.	in der Regel
i.e.S.	im engeren/eigentlichen Sinn
i.e.S.	im engeren (eigentlichen) Sinn
i.S.d.	im Sinne der/des
i.S.v.	im Sinne von
i.V.m.	in Verbindung mit
i.W.	im Wesentlichen
i.w.S.	im weiteren Sinn
IDW	Institut der Wirtschaftsprüfer in Deutschland e.V.
IEA	Internationale Energieagentur
IEC	*International Electrotechnical Commission* (Internationale Elektrotechnische Kommission)
IFRS	*International Financial Reporting Standards*
iKS	internes Kontrollsystem
insb.	insbesondere
IoT	*Internet of Things*
IR	Infrastrukturrecht (Zeitschrift)
IRR	*Internal Rate of Return* (interner Zinsfuß)
ISMS	Informationssicherheits-Managementsystem
IT	Informationstechnologie
ITSiG	IT-Sicherheitsgesetz
JI	*Joint Implementation* (Gemeinschaftsreduktion)
JVP	Jahresverbrauchsprognose
KA	Konzessionsabgabe
Kap.	Kapitel
KartB	Kartellbehörde(n)
KAV	Verordnung über Konzessionsabgaben für Strom und Gas

KernbrStG	Kernbrennstoffsteuergesetz
KfW	Kreditanstalt für Wiederaufbau
KfZ	Kraftfahrzeug
kJ	Kilojoule
km	Kilometer
KraftNAV	Kraftwerks-Netzanschlussverordnung
kV	Kilovolt
kW	Kilowatt
kWh	Kilowattstunde
kWh/a	Kilowattstunden pro Jahr
KWK-Anlage	Kraft-Wärme-Kopplungs-Anlage
KWKG	Kraft-Wärme-Kopplungsgesetz
kWp	Kilowatt Peak, maximale Leistung eines Photovoltaik-Moduls bzw. einer Solarstromanlage
LAN	*Local Area Network*
LEEN	Lernende Energieeffizienz-Netzwerke
LF	Lieferant(en)
LG	Landgericht
lit.	littera (Buchstabe)
LKartB	Landeskartellbehörde
LLCR	*Loan Life Coverage Ratio*
LRegB	Landesregulierungsbehörde(n)
lt.	laut
LTE	*Long Term Evolution*
m	Meter
m.w.N.	mit weiteren Nachweisen
M2M	*Machine to Machine*
MaBiS	Marktregeln für die Bilanzkreisabrechnung Strom
MAD	Marktmissbrauchsrichtlinie
MaKonV	Marktmanipulations-Konkretisierungsverordnung
MAP	Marktanreizprogramm
mcg	Mikrogramm
MDM	*Meter Data Management*
Merit Order	Einsatzreihenfolge der Kraftwerke
Mg SM	Megagramm Schwermetall

Min.	Minute
mind.	mindestens
Mio.	Million
MIV	motorisierter Individualverkehr
MMS	Meter Management System
Mrd.	Milliarde
MRL	Minutenreserveleistung
MSB	Messstellenbetrieb/-betreiber
MsbG	Messstellenbetriebsgesetz
MSD	Messdienstleister
MSR	Marktstabilitätsreserve
MTS	Markttransparenzstelle für den Großhandel mit Strom und Gas bei der BNetzA
MW	Megawatt
MWh	Megawattstunde (=1.000 kWh)
MWp	Megawatt Peak (Spitzenleistung eines Photovoltaik-Kraftwerks)
NABEG	Netzausbaubeschleunigungsgesetz
NAP	nationaler Allokationsplan
NAPE	Nationaler Aktionsplan Energieeffizienz
NAV	Niederspannungsanschlussverordnung
NB	Netzbetreiber
NEP	Netzentwicklungsplan
NetzResV	Netzreserveverordnung
NEV	Netzentgeltverordnung
NJW	Neue Juristische Wochenschrift
NPE	Nationale Plattform Elektromobilität
Nr.	Nummer
NRV	Netzregelverbundes
NRW	Nordrhein-Westfalen
NVwZ	Neue Zeitschrift für Verwaltungsrecht
o.Ä.	oder Ähnliche(s)
o.g.	oben genannt
OCGT	Open Cycle Gas Turbine
OLG	Oberlandesgericht
OPC	Open Platform Communications

ÖPNV	öffentlicher Personennahverkehr
OTC	*Over the Counter* (über den Tresen)
OTC-Handel	außerbörslicher Handel
p.a.	per anno
PEV	Primärenergieverbrauch
PJ	Petajoule (=1000 Terajoule entspricht etwa 278 GWh)
PKI	*Public Key Infrastructure* (Public-Key-Infrastruktur)
PLC	*Power Line Communication*
PLCR	*Project Life Coverage Ratio*
PRL	Primärregelleistung
PV	Photovoltaik
PwC	PricewaterhouseCoopers
RdE	Recht der Energiewirtschaft (Zeitschrift)
RdE	Recht der Energiewirtschaft (Zeitschrift)
reBAP	regelzonenübergreifender einheitlicher Bilanzausgleichsenergiepreis
REE	Recht der Erneuerbaren Energien (Vierteljahresschrift)
RefE	Referentenentwurf
RegE	Regierungsentwurf
REMIT	*Regulation on wholesale Energy Market Integrity and Transparency* (Verordnung über die Integrität und Transparenz des Energiegroßhandelsmarkts)
ResKV	Reservekraftwerksverordnung
resp.	respektive
RLM	registrierende Leistungsmessung
Rn.	Randnummer
ROG	Raumordnungsgesetz
RSK	Reaktor-Sicherheitskommission
RSK-SÜ	anlagenspezifische Sicherheitsüberprüfung
Rz.	Randziffer
S.	Seite
s.o.	siehe oben
s.u.	siehe unten
SCADA	*Supervisory Control and Data Acquisition*
sec.	*Sekunde*
SE	Societas Europaea (Europäische Gesellschaft)
SigG	Signaturgesetz

SLP	Standardlastprofil
SMG	*Smart Meter Gateway*
SMGA	*Smart Meter Gateway Administrator*
SM-PKI	*Smart Meter Public Key Infrastructure*
SNG	*Synthetik Natural Gas*
sog.	sogenannt(e)
SPS	speicherprogrammierbare Steuerung
SRL	Sekundärregelleistung
StandAG	Standortauswahlgesetz
StrlSchV	Strahlenschutzverordnung
StromGVV	Verordnung über Allgemeine Bedingungen für die Grundversorgung von Haushaltskunden und die Ersatzversorgung mit Elektrizität aus dem Niederspannungsnetz
StrommarktG	Gesetz zur Weiterentwicklung des Strommarkts
StromNEV	Verordnung über die Entgelte für den Zugang zu Elektrizitätsversorgungsnetzen
StromNZV	Verordnung über den Zugang zu Stromversorgungsnetzen
StromStG	Stromsteuergesetz
StromStV	Verordnung zur Durchführung des Stromsteuergesetzes (Stromsteuer-Durchführungsverordnung)
SysStabV	Systemstabilitätsverordnung
t	Tonne
TEHG	Treibhausgas-Emissionshandelsgesetz
THG	Treibhausgas
TK	Telekommunikation
TKG	Telekommunikationsgesetz
TR	Technische Richtlinie
TSO	*Transmission Systems Operator*
TWh	Terrrawattstunde
Tz.	Textziffer
u.a.	und andere(m/n)
u.Ä.	und Ähnliche(s)
u.a.m.	und andere(s) mehr
u.E.	unseres Erachtens
u.U.	unter Umständen
UBA	Umweltbundesamt

UEBLL	Leitlinien für staatliche Umweltschutz- und Energiebeihilfen (EU)
ÜNB	Übertragungsnetzbetreiber
US-GAAP	*United States Generally Accepted Accounting Principles* (Allgemein anerkannte Rechnungslegungsgrundsätze der Vereinigten Staaten)
usw.	und so weiter
UTILMD	*Utilities Master Data message* (elektronisches Nachrichtenformat)
UVPG	Gesetz über die Umweltverträglichkeitsprüfung
v.	vom
v.a.	vor allem
V2G	*Vehicle-to-Grid*
Vbh	Vollbenutzungsstunde
Vbh/a	Vollbenutzungsstunde pro Jahr
VDE	Verband der Elektrotechnik Elektronik und Informationstechnik e.V.
VDEW	Verband der Elektrizitätswirtschaft e.V.
VER	*Verified Emission Reductions*
VG	Verwaltungsgericht
vgl.	vergleiche
VKU	Verband kommunaler Unternehmen e.V.
VNB	Verteilernetzbetreiber
VO	Verordnung
Vorbem.	Vorbemerkung
VSN	Versorgungssicherheitsnachweis
vzbv	Bundesverband der Verbraucherzentralen und Verbraucherverbände – Verbraucherzentrale Bundesverband e.V.
WACC	*Weighted Average Cost of Capital*
WAN	*Wide Area Network*
WE	Windenergie
WEO	*World Energy Outlook*
WLAN	*Wireless Local Area Network*
XML	*Extensible Markup Language* (maschinenlesbare Sprache für die Gliederung und Formatierung von Texten und anderen Daten)
z.B.	zum Beispiel
z.T.	zum Teil
ZAMG	Zentralanstalt für Meteorologie und Geodynamik, Österreich
ZDH	Zentralverband des Deutschen Handwerks
Ziff.	Ziffer(n)

ZUR	Zeitschrift für Umweltrecht
ZusfG	Zusammenführungsgesetz
zzgl.	zuzüglich

Literaturverzeichnis

Altrock/Oschmann/ Theobald	Martin Altrock/Volker Oschmann/Christian Theobald, Erneuerbare-Energien-Gesetz Kommentar, 4. Aufl., München 2013
AEE	Agentur für Erneuerbare Energien e.V., Studienvergleich – Investitionskosten erneuerbarer und fossiler Kraftwerke, 2012
AGEB	Arbeitsgemeinschaft Energiebilanzen e.V., Pressedienst Nr. 04|16 v. 03.11.2016 Energieverbrauch in Deutschland im Jahr 2015, Stand März 2016
Agora	Agora Energiewende gGmbH, Die Rolle des Emissionshandels in der Energiewende, Perspektiven und Grenzen der aktuellen Reformvorschläge, 2015.
Asmus	Thomas Asmus in Detlef Haritz/Stefan Menner (Hrsg.) Umwandlungssteuergesetz, 4. Aufl. 2015
BAFA	Bundesamt für Wirtschaft und Ausfuhrkontrolle online, Entwicklung des Grenzübergangspreises für Erdgas/Monatliche Entwicklung der Einfuhr von Rohöl/Drittlandskohlebezüge und durchschnittliche Preise frei deutsche Grenze für Kraftwerkssteinkohle
BAFin	Bundesanstalt für Finanzdienstleistungsaufsicht, über Marktmanipulation, abrufbar unter: http://bit.ly/2qpoZSI
Ballwieser	Wolfgang Ballwieser, Unternehmensbewertung – Prozess, Methoden und Probleme, Stuttgart 2011
Beyer/Keller	Sven Beyer, Günther Keller, Bewertung von Energieversorgungsunternehmen, in: Jochen Drukarczyk/Dietmar Ernst (Hrsg.), Branchenorientierte Unternehmensbewertung, München 2010
BDEW	Bundesverband der Energie- und Wasserwirtschaft e.V., Entwicklung des Stromverbrauchs in Deutschland, Berlin, 11.03.2015
	Bundesverband der Energie- und Wasserwirtschaft e.V., Analyse und Bewertung von Möglichkeiten zur Weiterentwicklung des Regelenergiemarktes Strom, April 2015
	Bundesverband der Energie- und Wasserwirtschaft e.V., Erneuerbare Energien und das EEG: Zahlen, Fakten, Grafiken, Februar 2016
	Bundesverband der Energie- und Wasserwirtschaft e.V., Die Digitale Energiewirtschaft: Agenda für Unternehmen und Politik, Mai 2016.
	Bundesverband der Energie- und Wasserwirtschaft e.V., BDEW-Strompreisanalyse Mai 2016 – Haushalte und Industrie

BDW   Wie hoch sind die Anschaffungs- und Betriebskosten von Wasser-
                             kraftwerken?, abrufbar unter: http://bit.ly/1Y8pQy2

Benz   Sebastian Benz, in: Zeitschrift für Umweltrecht (ZUR) 2008

Bente/Löhndorf   Bente Löhndorf, Energieeffizienz in der Wirtschaft: Gesetzliche
                             Regeln vs. Freiwillige Selbstverpflichtung, v. 22.04.2015, abrufbar
                             unter: http://bit.ly/2oUrmgl

BKartA   Bundeskartellamt, Monitoringbericht 2016

                             Bundeskartellamt, Beschluss v. 12.09.2003, B 8 – Fa – 21/03

Bloomberg/Chatham   *Private Financing of Renewable Energy*, 2009
House/UNEP's SEFI

BMF   Bundesministerium der Finanzen, Entwicklung der Energie- (vor-
                             mals Mineralöl-) und Stromsteuersätze in der Bundesrepublik
                             Deutschland, abrufbar unter: http://bit.ly/2pt5Iyc

BMUB   Bundesministerium für Umwelt, Naturschutz, Bau und Reaktorsi-
                             cherheit, Aktionsprogramm Klimaschutz 2020, Kabinettsbeschluss,
                             2014

                             Bewertung des Aktionsprogramm Klimaschutz 2020 Abschlussbe-
                             richt, 18.11.2016, abrufbar unter: http://bit.ly/2fBTOiw

                             Bundesministerium für Umwelt, Naturschutz, Bau und Reaktorsi-
                             cherheit, Nationales Entsorgungsprogramm, Programm für eine
                             verantwortungsvolle und sichere Entsorgung bestrahlter Brennele-
                             mente und radioaktiver Abfälle, 26.05.2016, abrufbar unter:
                             http://bit.ly/2p2BKO9

                             Bundesministerium für Umwelt, Naturschutz, Bau und Reaktorsi-
                             cherheit, Klimaschutzplan 2050, 14.11.2016, abrufbar unter:
                             http://bit.ly/2fBrXeo

BMWi   Bundesministerium für Wirtschaft und Energie, Initiative Energieef-
                             fizienz-Netzwerke, 2014

                             Bundesministerium für Wirtschaft und Energie, Vierter Monitoring-
                             Bericht zur Energiewende „Die Energie der Zukunft", November
                             2015

                             Bundesministerium für Wirtschaft und Energie, NAPE-Meter, vom
                             26.10.2016, abrufbar unter: http://bit.ly/2quVQ5J

                             Bundesministerium für Wirtschaft und Energie, Erneuerbare Ener-
                             gien in Deutschland – Daten zur Entwicklung im Jahr 2015, Februar
                             2016

                             Bundesministerium für Wirtschaft und Energie, Impulspapier Strom
                             2030 Langfristige Trends – Aufgaben für die kommenden Jahre

BMWi	Bundesministerium für Wirtschaft und Energie, Grünbuch „Ein Strommarkt für die Energiewende", 2016
	Bundesministerium für Wirtschaft und Energie, Weißbuch „Ein Strommarkt für die Energiewende", 2016
	Bundesministerium für Wirtschaft und Energie, Moderne Kraftwerkstechnologien 2016, abrufbar unter: http://bit.ly/2oUMGT0
	Bundesministerium für Wirtschaft und Energie, Referentenentwurf, Verordnung zur Ausschreibung der Förderung für Strom aus erneuerbaren Energien sowie zur Änderung weiterer Verordnungen zur Förderung der erneuerbaren Energien, Stand 26.04.2016
	Bundesministerium für Wirtschaft und Energie, Zahlen und Fakten, Energiedaten 2016
	Bundesministerium für Wirtschaft und Energie, Zahlen und Fakten zum Strommarkt der Zukunft https://www.bmwi.de/Redaktion/DE/Dossier/strommarkt-der-zukunft.html, Abruf 09.05.2017
	Bundesministerium für Wirtschaft und Energie, Novelle der Anreizregulierung – Modernisierungsoffensive für Verteilernetze
	Bundesministerium für Wirtschaft und Energie, Bruttostromerzeugung 2015 in Deutschland, Stand: 28.01.2016
	Bundesministerium für Wirtschaft und Energie, Energiedaten Tabelle 20, Stand 21.03.2016
BNetzA	Bundesnetzagentur, Beschluss BK6-11-09, Stand: 30.10.2012
	Bundesnetzagentur, Mitteilung Nr. 8 zur Festlegung „Marktregeln für die Durchführung der Bilanzkreisabrechnung Strom (MaBiS 2.0)" vom 04.06.2013, BK6-07-002
	Bundesnetzagentur, Regelenergie, abrufbar unter: http://bit.ly/2qpoh87
	Bundesnetzagentur, Monitoringbericht 2015
	Bundesnetzagentur, Was kostet der Netzausbau?, Stand vom 04.09.2015, abrufbar unter: http://bit.ly/2pUCkTb
	Bundesnetzagentur, Quartalsberichte 2015 sowie Gesamtjahresbetrachtung 2015 zu Netz- und Systemsicherheitsmaßnahmen
	Bundesnetzagentur, Kraftwerksliste (Anlagen in Deutschland $\geq$ 10 MW), Stand: 10.05.2016
	Bundesnetzagentur, Systemrelevante Kraftwerke, abrufbar unter: http://bit.ly/2qv4P6N

BNetzA	Bundesnetzagentur, Übersicht der Stromnetzbetreiber, Stand: 23.06.2016
	Bundesnetzagentur, Positionspapier zur Anwendung der Vorschriften der Einspeisung von Biogas auf die Einspeisung von Wasserstoff und synthetischem Methan in Gasversorgungsnetze
	Bundesnetzagentur, Auszug aus dem Bericht zur Feststellung des Bedarfs an Netzreserve für den Winter 2016/17 sowie das Jahr 2018/2019, Stand: April 2016
	Bundesnetzagentur, Anreizregulierung von Strom- und Gasnetzbetreibern: Das Prinzip des simulierten Wettbewerbs, abrufbar unter: http://bit.ly/2p5Hwzx
Bourwieg	Karsten Bourwieg in Gabriele Britz/Johannes Hellermann/Georg Hermes, Energiewirtschaftsgesetz, 3. Aufl. 2015
Börse Frankfurt	Börse Frankfurt, Grundlagen: Steuerung und Kontrolle, Handelsüberwachungsstelle HÜSt, abrufbar unter: http://www.boerse-frankfurt.de/inhalt/grundlagen-steuerung-huest
BPB	Bundeszentrale für politische Bildung 2016: Energiequellen und Kraftwerke, Stand: 24.09.2013
Breuer/Lindner	Daniel Breuer/Thomas Lindner in: Recht der Erneuerbaren Energien 2015
Britsch	Wolfgang Britsch in: PwC (Hrsg.), Entflechtung und Regulierung in der Energiewirtschaft, 1. Aufl. 2007
	Wolfgang Britsch in: Regulierung in der deutschen Energiewirtschaft, Band I Netzwirtschaft, 4. Aufl., Freiburg/München 2015
Brunekreeft/Meyer	Gert Brunekreeft/Roland Meyer, Anreizregulierung bei Stromverteilnetzen: Effizienz versus Investitionen oder effiziente Investitionen?, April 2015; DEHSt online (2015): Emissionshandel in Zahlen, Stand 17.06.2015
Büdenbender/Rosin/ Bachert	Ulrich Büdenbender/Peter Rosin/Patric Bachert in: Düsseldorfer Schriften zum Energie- und Kartellrecht, Band 5, Essen 2006
Damisch/Locarek-Junge	Peter Nicolai Damisch/Hermann Locarek-Junge, Sind Realoptionen im Marktgleichgewicht wertlos?, 2003
DEHSt	Deutsche Emissionshandelsstelle, Emissionshandel und die Aufgaben der DEHSt, 2015
dena	Deutsche Energie-Agentur GmbH, Potenzialatlas Power to Gas, 2016

dena	Deutsche Energie-Agentur GmbH, Internationaler Einsatz von Lastmanagement. Analyse von Instrumenten zur Unterstützung und Erschließung von Demand Side Management in den Ländern Dänemark, Schweiz und Frankreich., 2014
	Deutsche Energie-Agentur GmbH, Arten von Lastmanagement, v. 23.03.2015, abrufbar unter: http://www.effizienteenergiesysteme.de/themen/lastmanagement/laststeuerung.html
	Deutsche Energie-Agentur GmbH (dena), Lastmanagement in der Industrie: Erlöse erwirtschaften – zur Energiewende beitragen, 2014
Droste-Franke et al.	Bert Droste-Franke/Holger Berg/Annette Kötter, Brennstoffzellen und Virtuelle Kraftwerke, 2008
Energate Messenger	Gaskraftwerk Hamm mit geänderter Fahrweise, 17.08.2015, abrufbar unter: http://bit.ly/2qB773A
	Keine Energiewende ohne Gaskraftwerke, 11.12.2015, abrufbar unter: http://bit.ly/2pCDUWR
Eufinger/Maibaum	Eufinger/Oliver Maibaum in: Ines Zenke/Ralf Schäfer, Energiehandel in Europa, 3. Aufl., München, 2012
FNR	Fachagentur Nachwachsende Rohstoffe e.V. (2014): Faustzahlen, https://biogas.fnr.de/daten-und-fakten/faustzahlen/, Aufruf am 26.10.2016
Fähnrich	Klaus-Peter Fähnrich, Service Management. Universität Leipzig, Institut für Informatik. Vorlesung 2003
Fraunhofer ISI/FfE	Fraunhofer Institut für System und Innovationsforschung/ Forschungsgesellschaft für Energiewirtschaft mbH, Lastmanagement als Beitrag zur Deckung des Spitzenlastbedarfs in Süddeutschland, 2013
	Fraunhofer Institut für System und Innovationsforschung/ Forschungsgesellschaft für Energiewirtschaft mbH, 30 Pilot-Netzwerke, Abschlussbroschüre, 2014.
Fraunhofer/ISE	Aktuelle Fakten zur Photovoltaik in Deutschland auf Datenbasis des Bundesverbandes Solarwirtschaft e.V., 2016; Aufruf am 28.09.2016, abrufbar unter: http://bit.ly/2qBlk0D
Fraunhofer/IWES	Institutsteil Energiesystemtechnik, Kassel: Auswertung des Effekts der Sonnenfinsternis vom 20.03.2015 auf das deutsche Energieversorgungssystem, 2015
Frenz	Walter Frenz, Paradigmenwechsel im EEG 2014: von der Staats- zur Marktwirtschaft, RdE 2014 465 ff.

Fuchs/Peters	Marie-Christine Fuchs/Franziska Peters, Die Europäische Kommission und die Förderung erneuerbarer Energien in Deutschland – Eine Bewertung des EEG-Beihilfeverfahrens und der neuen Umwelt- und Energiebeihilfeleitlinien mit einem kritischen Blick auf die Leitlinienpolitik der Kommission, RdE 2014, 409 ff.
GDV	Gesamtverband der Deutschen Versicherungswirtschaft e.V., Positionspapier – Zur Verbesserung der Bedingungen für Investitionen in Infrastruktur, Stand: August 2014, , abrufbar unter: http://bit.ly/2qvjjUr
Gerdes/Zöckler	Klaus Gerdes/Jan-Frederik Zöckler, Regulierung der Netzentgelte, in: PwC (Hrsg.), Entflechtung und Regulierung in der deutschen Energiewirtschaft, 3. Aufl., Freiburg 2012
Gierke/Paul	Torsten Gierke/Michael Paul in Wolfgang Danner/Christian Theobald (Hrsg.), Energierecht, Stand: Mai 2016
Graichen/ Steigenberger/Litz	Patrick Graichen/Markus Steigenberger/Philipp Litz, Die Rolle des Emissionshandels, in der Energiewende, 2015
Groß	Wolfgang Groß, in: Wolfgang Groß, Kapitalmarktrecht, 6. Aufl., Frankfurt am Main, 2016
Growitsch	Christian Growitsc et.al:, Die Energiewirtschaft im Wandel – Herausforderungen und Strategien der Energieversorgungsunternehmen et 2015, 57 ff.
Gruber u.a.	Anna Gruber/Serafin von Roon/Christoph Pellinger/Tim Buber/Tobias Schmid, Lastflexibilisierung in der Industrie in Konkurrenz zu weiteren funktionalen Speichern, 2013
Gundel	Jörg Gundel, in: Wolfgang Danner/Christian Theobald (Hrsg.), Energierecht, Europäisches Energierecht, Stand: Mai 2016
Hasler	Josef Hasler, Die nachholende Nachfragequote – ein Konzept zur nachhaltigen Integration der erneuerbaren Energien, et 2012, 8 ff.
Hentrich/Pachmajer	Carsten Hentrich/Michael Pachmejer, d.quarks – Der Weg zum digitalen Unternehmen, Murmann Verlag, Hamburg, 2016
Henzelman u.a.	Torsten Henzelmann, Finanzierung und Finanzierbarkeit der Energiewende, in: Carsten Herbes/Christian Friege (Hrsg.), Handbuch Finanzierung von Erneuerbare-Energie-Projekten, 1. Aufl., München 2015
Herbes/Friege	Carsten Herbes/Christian Friege (Hrsg.), Handbuch Finanzierung von Erneuerbare-Energien-Projekten, Teil II: Risiken in Erneuerbare-Energien-Projekten, 1. Aufl., München 2015
Höfer/Schmaltz	Reinhard Höfer/Franziska Schmaltz, in: Energiewirtschaftliche Tagesfragen (et) 2015, Heft 6

Hull	John C. Hull, *Options, Futures and other Derivates*, 7. Aufl. 2009
IWR	Internationales Wirtschaftsforum Regenerative Energien (IWR) (2013): Wert basiert auf den im Artikel zur „Eröffnung des Solarparks Neuhardenberg" benannten Projektkosten von 200 Mio. EUR für eine Freiflächen-PV-Anlage mit P*peak* 145 MWel, Aufruf am 21.11.2016, abrufbar unter; http://www.iwr.de/news.php?id=22174
Judith	Daniel Judith, in: Wolfgang Danner/Christian Theobald (Hrsg.), Energierecht, Stand: Mai 2016
Kachel	Markus Kachel, Das Kraft-Wärme-Kopplungsgesetz 2016 EnWZ 2016, 51 ff.
Kahle	Christian Kahle, Ermittlung der Förderhöhe für PV-Freiflächenanlagen nach dem EEG 2014 – Ausschreibungsmodell in: Recht der Energiewirtschaft (RdE) 2014, 372 ff.
Kasperzak	Rainer Kasperzak, Beteiligungscontrolling, in: Jörn Littkemann/Horst Zündorf (Hrsg.), Ein Handbuch für die Unternehmens- und Beratungspraxis, Herne/Berlin 2004
Kollmuss/Schneider/ Zhezherin	Anja Kollmuss/Lambert Schneider/Vladyslav Zhezherin, *Has Joint Implementation reduced GHG emissions? Lessons learned for the design of carbon market mechanisms, 2015*
Kölln	Steffen Kölln, Bürgerbeteiligung – Baustein im Finanzierungskonzept, ew 2016, 35 ff.
Koenig u.a.	Christian Koenig/Jürgen Kühling/Winfried Rasbach, Energierecht, 3. Aufl., Stuttgart 2012
Kühne/Brodowski	Gunther Kühne/Christian Brodowski, Das neue Energiewirtschaftsrecht nach der Reform 2005, in: NVwZ 2005
Küper	Michael H. Küper/Peter Mussaeus in: Franz Jürgen Säcker (Hrsg.) EEG-Kommentar, 3. Aufl. 2014
Küper/Callejon	Michael H. Küper/Daniel Callejon, Änderungen der Besonderen Ausgleichsregelung durch das EEG 2017, RdE 2016, 440 ff.
Lietz	Franziska Lietz, in: Wolfgang Danner/Christian Theobald, Energierecht EEG, München 2014
Liestmann	Volker Liestmann, Dienstleistungsentwicklung durch Service Engineering – Von der Idee zum Produkt (2002). Forschungsinstitut für Rationalisierung, Reihe FIR+IAW-Praxis Edition, Luszak, H., Eversheim, W. (Hrsg.).
Lüdemann/Ortmann/ Pokrant	Volker Lüdemann/Manuel Christian Ortmann/Patrick Pokrant, Das neue Messstellenbetriebsgesetz, in: Zeitschrift für das gesamte Recht der Energiewirtschaft (EnWZ) 2016

LEEN	Lernende Energieeffizienz-Netzwerke GmbH (LEEN), LEEN-System, v. 22.04.2015 Was ist ein Netzwerk?, abrufbar unter: http://leen.de/leen-netzwerke/
LEEN	Lernende Energieeffizienz-Netzwerke GmbH (LEEN), Auf einen Blick, v. 22.04.2015; abrufbar unter: http://leen.de/leen-netzwerke/auf-einen-blick/
Maibaum	Oliver Maibaum in Ines Zenke/Ralf Schäfer, Energiehandel in Europa, 3. Aufl., München, 2012
Missling	Stefan Missling, in: Wolfgang Danner/Christian Theobald, Energierecht, Stand: Mai 2016
Mohr	Jochen Mohr, Integration der erneuerbaren Energien in wettbewerbliche Strommärkte – obligatorische Direktvermarktung und Ausschreibung von Förderberechtigungen, RdE, 2015, 433 ff.
Monopolkommission	Sondergutachten 65, Energie 2013: "Wettbewerb in Zeiten der Energiewende"
	Monopolkommission, Sondergutachten 71 „Energie 2015: „Ein wettbewerbliches Marktdesign für die Energiewende"
MTS	Markttransparenzstelle, über ihre Aufgaben, abrufbar unter: http://bit.ly/2qpEFFi
Musseus/Schwind	Peter Mussaeus/Susan Schwind, in: PwC (Hrsg.) Regulierung in der deutschen Energiewirtschaft, Band I Netzwirtschaft, 4. Aufl., Freiburg/München 2015
Mussaeus et al.	Peter Mussaeus/Christoph Sänger/Dirk-Henning Meier, Strompreiszonen Quo vadis?, Energiewirtschaftliche Tagesfragen (et) 2017, 82 ff.
Müller/Kahl/Sailer	Thorsten Müller/Hartmut Kahl/Frank Sailer, Das neue EEG 2014 ER 2014, 139 ff.
Niederberger/ Wassermann	Marlen Niederberger/Sandra Wassermann, Die Zukunft der Energiegenossenschaften: Herausforderungen und mögliche Ansätze für zukünftige Geschäftsmodelle et 2015, 55 ff.
Ortlieb	Birgit Ortlieb, Europäischer Energiebinnenmarkt – Rückblick und Ausblick, EWeRK 2016, 198 ff.
Panos	Konstantin Panos: Praxisbuch Energiewirtschaft – Energieumwandlung, -transporte und -beschaffung im liberalistischen Markt, 3. Aufl. 2013
Pequot	*Pequot Publishing Inc. – Gas Turbine World Handbook 2014-15, Volume 31: Simple Cycle Prices*

Paschottia	Rüdiger Paschotta, RP-Energie-Lexikon, Artikel: „Kohlekraftwerk", Stand 13.08.2016; „Volllaststunden", Stand 25.11.2014; „Pumpspeicherkraftwerk", Stand 07.11.2016
Pielow	Johann-Christian Pielow, Änderungen der Besonderen Ausgleichsregelung durch EEG 2017 in Zeitschrift für Umweltrecht (ZUR) 2010, 115 ff.
Pöhler	Frank Pöhler, Geschäftsführer Bayerische Elektrizitätswerke GmbH, Bayerischer Energiedialog am 10.01.2015: Vortrag Pumpspeicher-Kraftwerke
Prognos AG	Prognos AG/EWI/GWS, Entwicklung der Energiemärkte – Energiereferenzprognose, 2014
Pschick	Andreas Pschick, Management von Marktpreisrisiken im Stromgroßhandel, Diss. Graz 2008
Pustlauk	Maria Pustlauk, Auschreibung für PV-Freiflächenanlagen- das EEG auf dem zu einer wettbewerblichen Förderung erneuerbarer Energien EWeRK 2016, 71 ff.
PwC/EBS	PricewaterhouseCoopers AG Wirtschaftsprüfungsgesellschaft (PwC) und EBS Business School, Energieverbrauch erfolgreich steuern, 2011
	PricewaterhouseCoopers AG Wirtschaftsprüfungsgesellschaft (PwC) und EBS Business School, Erfolgsfaktoren eines „Ganzheitlichen Energiemanagements (GEM)", 2012
PwC	PricewaterhouseCoopers AG Wirtschaftsprüfungsgesellschaft (PwC), Transaktionsmonitor Energiewirtschaft, Januar 2013; März/November 2014; April 2016
	PricewaterhouseCoopers AG Wirtschaftsprüfungsgesellschaft (PwC),Virtuelle Kraftwerke als wirkungsvolles Instrument für die Energiewende, Februar 2012
	PricewaterhouseCoopers AG Wirtschaftsprüfungsgesellschaft (PwC), Energie- und Versorgungsunternehmen im Spannungsfeld zwischen Ertrag, Investitionen und Verschuldung, Mai 2014
	PricewaterhouseCoopers AG Wirtschaftsprüfungsgesellschaft (PwC) Bevölkerungsbefragung Stromanbieter März 2015
	PricewaterhouseCoopers AG Wirtschaftsprüfungsgesellschaft (PwC), Finanzwirtschaftliche Herausforderungen der Energie- und Versorgungsunternehmen, Mai 2015
	PricewaterhouseCoopers AG Wirtschaftsprüfungsgesellschaft (PwC), Deutschlands Energieversorger werden digital, Januar 2016

PwC	PricewaterhouseCoopers AG Wirtschaftsprüfungsgesellschaft (PwC), Berechnungen auf Basis von aktuellen Beobachtungen des deutschen Windmarktes, Stand: November 2016
Quaschning	Volker Quaschning, Sektorkopplung durch die Energiewende/Anforderungen an den Ausbau erneuerbarer Energien zum Erreichen der Pariser Klimaschutzziele unter Berücksichtigung der Sektorkopplung, 2016
Reichenbach/Werner/ Schneider	Frank Reichenbach/Florian Werner/Jochen Schneider, Finanzierungsmöglichkeiten für dezentrale Anlagen, et 2016, 34 ff.
Riewe/Meyer	Johannes Riewe/Jost Hanno Meyer, Stromspeicher im EnWG – ein Werkzeugkasten aus rechtswissenschaftlicher Sicht, EWeRK 2015, 138 ff.
Rothe/Ronkartz	Sebastian Rothe/Tim Ronkartz, M&A Review 2015, Heft 4
Ruffert	Matthias Ruffert, in: Christian Calliess/Matthias Ruffert, EUV/AEUV Kommentar, 5. Aufl. 2016
RWE Power AG	Beispielwerte der Kraftwerke Westfalen (Steinkohle) und der Kraftwerke BoA 2&3 Grevenbroich-Neurath (Braunkohle), 2016
Sandhövel	Armin Sandhövel, Chancen und Herausforderungen bei erneuerbaren Energien fur institutionelle Investoren, et 2012, 56 ff.
Sänger/Rümler	Christoph Sänger/Reinhard Rümler, in: PwC (Hrsg.) Regulierung in derdeutschen Energiewirtschaft, Band I Netzwirtschaft, 4. Aufl., Freiburg/München 2015, Abschnitt 5.4.2, S. 175
Sauthoff/Klüssendorf/ Bindig	Jan-Philipp Sauthoff/Nils Klüssendorf/Roland Bindig, in: M&A Review 2011, Heft 10
Sauthoff/Klüssendorf/ Topphoff-Erpenstein	Jan-Philipp Sauthoff/Nils Klüssendorf/AndreaTopphoff-Erpenstein, Bewertung mit Ertragswert- und DCF-Verfahren, in: PwC (Hrsg.), Entflechtung und Regulierung in der deutschen Energiewirtschaft, 3. Aufl., Freiburg 2012
Schäfer-Stradowsky/Boldt	Simon Schäfer-Stradowsky/Benjamin Boldt, „Power-to-Gas" – gesetzlich konturierte Verwertungspfade für den Weg in die energiepolitische Gegenwartin: Zeitschrift für Umweltrecht (ZUR) 2015, 451 ff.
Schäfer-Stradowsky/Boldt	Simon Schäfer-Stradowsky/Benjamin Boldt, Energierechtliche Anmerkungen zum Smart Meter-Rollout, EnWZ 2015, 349 ff.
Scherer/Heselhaus	Joachim Scherer/Sebastian Heselhaus, in: Dauses, EU-Wirtschaftsrecht, Umweltrecht, 40. Aufl. 2016
Schex	Bernhard Schex, in: Martin Kment, Energiewirtschaftsgesetz: EnWG, 1. Aufl. 2015

Schneider	Lambert Schneider: Stromgestehungskosten von Großkraftwerken: Entwicklungen im Spannungsfeld von Liberalisierung und Ökosteuern, Freiburg 1998
Schneider/Raeck/ Reichenbach	Jochen Schneider/Matthias Raeck/Frank Reichenbach, Die Bedeutung des Energiehandels fur Smart Energy-Geschaftsmodelle, et 2013, 10 ff.
Schulz/Möller	Thomas Schulz/Beatrice Möller, Pilot des EEG-Systemwechsels – die FFAV – Die Ausschreibung der finanziellen Förderung für Solar-Freiflächenanlagen, ER 2015, 87 ff.
Schwintowski	Hans-Peter Schwintowski, Kundenanlagen – das unbekannte Wesen, EWeRK 2012, 43 ff.
	Hans-Peter Schwintowski, Handbuch Energiehandel, 3. Aufl., ESV Berlin 2014
Sötebier	Jan Sötebier, in: Gabriele Britz/Johannes Hellermann/Georg Hermes, Energiewirtschaftsgesetz 3. Aufl. 2015
Stappert/Vallone/ Groß	Holher Stappert/Angelo Vallone/Franz-Rudolf Groß, Die Netzentgeltbefreiung für Energiespeicher nach § 118 Abs. 6 EnWG, RdE 2015, 62 ff.
Statkraft	Presseinformation; Statkraft: Gaskraftwerke stehen meistens still, 12.02.2016 Chemiepark knapsack, abrufbar unter: http://bit.ly/2pCAtzn
Stromtarifevergleich	stromtarife-vergleich.net – Pumpspeicherkraftwerk 2.0 im Bodensee: Betonkugel als Stromspeicher, abrufbar unter: http://bit.ly/2ptuLkZ
Theobald	Christian Theobald, in: Jens-Peter Schneider/Christian Theobald (Hrsg.), Recht der Energiewirtschaft, 2. Aufl. 2008
	Christian Theobald, in: Wolfgang Danner/Christian Theobald (Hrsg.), Energierecht, Stand: Mai 2016
Theobald/Gey-Kern	Christian Theobald/Tanja Gey-Kern, Das dritte Energiebinnenmarktpaket der EU und die Reform des deutschen Energiewirtschaftsrechts 2011, EuZW 2011, 896 ff.
Thomas/Altrock	Henning Thomas/Martin Altrock, Einsatzmöglichkeiten für Energiespeicher, Zeitschrift für Umweltrecht (ZUR) 2013, 579 ff.
Thumfart/Suppan	Dominik Thumfart/Michael Suppan, Finanzierungsinstrumente im Bereich Erneuerbare Energien: ein Überblick, in: Markus Gerhard/Thomas Rüschen/Armin Sandhövel (Hrsg.), Finanzierung Erneuerbarer Energien, 2. Aufl., Frankfurt am Main 2015

Tiefenbacher/ Olbrich	Katja Tiefenbacher/Sebastian Olbrich, „*Developing a Deeper Understanding of Digitally Empowered Customers – A Capability Transformation Framework in the Domain of Customer Relationship Management* " *(2016), PACIS 2016 Proceedings.* 293. abrufbar unter: http://aisel.aisnet.org/pacis2016/293
UBA	Umweltbundesamt, UBA (2015): Der Europäische Emissionshandel, abrufbar unter: http://bit.ly/1dv5JIG
WBGU	Wissenschaftlicher Beirat der Bundesregierung Globale Umweltveränderungen, Politikpapier – Finanzierung der globalen Energiewende, 2012
Wermter	Susanne Wermter, Investments in erneuerbare Energien – positiver Effeket auf das Portfolio Kreditwesen 2013, 51
Wengeler	Fritz Wengeler, Intelligente Messsysteme und Zähler vor dem Pflicht-Roll-Out, EnWZ, 2014, 500 ff.
Wissel/Fahl/Blesl/ Voß	Steffen Wissel/Ulrich Fahl/Markus Blesl/Alfred Voß, Institut für Energiewirtschaft und Rationelle Energieanwendung – „Erzeugungskosten zur Bereitstellung elektrischer Energie von Kraftwerksoptionen in 2015", 2010
Yescombe	*E.R. Yescombe, Principles of Project Finance, 2nd edition* 2013
Zenke/Schäfer	Ines Zenke/Ralf Schäfer (Hrsg.), Energiehandel in Europa – Öl, Gas, Strom, Derivate, Zertifikate, 2. Aufl. 2009

1 Einführung

1.1 Energiewende und Strommarktdesign

Mit dem Pariser Klimaabkommen „COP21", das im November 2016 in Kraft trat, hat die globale Energiewende ein konkretes Datum bekommen: Von 2050 an soll nicht mehr Kohlendioxid emittiert werden als gleichzeitig absorbiert wird. In Deutschland hatte die BReg bereits 2010 die Energiewende ausgerufen und beschlossen, die Treibhausgas-Emissionen bis 2050 im Vergleich zu 1990 um 80 bis 95% zu vermindern. Der „Klimaschutzplan 2050" vom November 2016 bekräftigt diese Zielsetzung und die Absicht, „in diesem Rahmen einen angemessenen Beitrag zur Umsetzung der Verpflichtung von Paris zu leisten, auch mit Blick auf das im Übereinkommen von Paris vereinbarte Ziel der weltweiten Treibhausgas-Neutralität im Laufe der zweiten Hälfte des Jahrhunderts"[1].

Die Energiewende forciert den Wandel, den die Energiewirtschaft seit dem Ende der Energiemonopole in den letzten zwei Jahrzehnten erlebt hat, angefangen mit der Liberalisierung Ende der 90er Jahre. Allerdings haben die Umwälzungen der letzten Jahre, insb. der beschleunigte Ausstieg aus der Kernenergie in Deutschland nach dem Unglück von Fukushima und der massive Zuwachs an Strom aus erneuerbaren Energien, viele der zuvor sehr erfolgreichen Unternehmen der Energiebranche überrascht und zu tiefgreifenden Veränderungen in ihrer strategischen Ausrichtung gezwungen. Auch neue Marktteilnehmer, die große Erwartungen auf den Ausbau der erneuerbaren Energien oder zunehmende Energieeffizienzanstrengungen gesetzt haben, müssen sich einem schwierigen Marktumfeld mit häufig wechselnden politischen und rechtlichen Rahmenbedingungen stellen.

Die Liberalisierung der Energiewirtschaft stellte die Energieversorger vor die Frage, wie ein nicht speicherbares Produkt „Strom" auf Märkten gehandelt werden kann. Die Einführung eines Großhandelsmarktes für Energielieferungen, auch *Energy-only*-Markt (*EOM*) genannt, in den die Kraftwerke in der Rangfolge ihrer Grenzkosten (*Merit-Order*) einliefern[2], war die Antwort darauf. Die Aussicht auf steigende Energiepreise veranlasste die Unternehmen zu umfangreichen Kraftwerksinvestitionen im In- und Ausland; weitere erhebliche Bilanzverlängerungen ergaben sich mit der Ausweitung der Handelsaktivitäten. Das „Energiekonzept der Bundesregierung für eine umweltschonende, zuverlässige und bezahlbare Energieversorgung" v. 28.09.2010 und der unerwartete Erfolg der erneuerbaren Energien haben diesen

---

[1] Vgl. BMUB, Klimaschutzplan 2050, 14.11.2016, abrufbar unter: http://bit.ly/2fBrXeo; siehe auch unten Abschnitt 3.1.2.2 (Umwelt- und klimapolitische Richtlinien).

[2] Vgl. dazu ausführlich unten Abschnitt 2.3.1.3 (Preisbildung an der Börse).

Unternehmensstrategien die Grundlage entzogen. Ziel ist es, bis 2050 den Anteil erneuerbarer Energien am Bruttoendenergieverbrauch auf 60 % und an der Stromversorgung sogar auf 80 % zu erhöhen; der Bruttostromverbrauch soll insgesamt gegenüber dem Bezugsjahr 2008 bis 2050 um 25 % reduziert werden. Hier zeigt sich eine tektonische Verschiebung der politischen Zielsetzung im magischen Dreieck der Energiepolitik: Versorgungssicherheit ist nach wie vor unverzichtbar, gesellschaftlich und politisch gewollt ist es aber, über einen definierten Zeitraum auf einem definierten Pfad die weitgehend CO_2-freie Energieversorgung zu erreichen, und zwar zu möglichst niedrigen Kosten.

Mit 32 % der deutschen Bruttostromerzeugung (185 TWh) deckten die erneuerbaren Energien 2016 einen erheblichen Teil der Energieversorgung ab, an zweiter Stelle nach der Braunkohle und vor Steinkohle und Kernenergie[3]. Der Anteil liegt etwa auf dem Niveau des Vorjahres, geschuldet einem schwachen *Onshore*-Windjahr und einem Rückgang an Solarenergie aufgrund von Wetterbedingungen und geringem Ausbau, deutlich unter dem Ausbauziel von 2,5 GW. Kompensierend hierzu konnte die Bruttostromerzeugung aus *Offshore*-Windenergie zuletzt um 50 % auf 12 TWh gesteigert werden. Den größten Anteil an der Erzeugung aus erneuerbaren Energien hat *Onshore*-Wind mit 66 TWh, gefolgt von Photovoltaik mit 37,5 TWh[4]. In Anbetracht dieser Entwicklung erscheinen die von der BReg angestrebten Ausbauziele für die Nutzung der erneuerbaren Energien im Stromsektor (Anteil von 40 bis 45 % an der der Stromerzeugung im Jahr 2025, 55 bis 60 % im Jahr 2035[5]) erreichbar.

Ist das unter den Bedingungen konventioneller, i.W. oligopolistischer Erzeugung entwickelte Marktdesign auch bei einer zunehmend erneuerbaren Stromproduktion noch angemessen? Die Frage ist, wie ein so hoher Anteil von erneuerbaren Energien in den Strommarkt integriert werden kann und Marktpreissignale das Angebot und die Nachfrage so steuern, dass die Ziele der Energiewende im Trilemma von Versorgungssicherheit, Nachhaltigkeit und Wirtschaftlichkeit erreicht werden. Das bisherige Strommarktdesign gibt Anlass zu Zweifeln an der Funktionsfähigkeit:

Ist es Ausdruck wirtschaftlicher Ressourcenallokation, wenn in Form negativer Strompreise, wie sie aufgrund des massiven Anfalls von Windstrom z.B. über Weihnachten 2016 zu verzeichnen waren[6], dafür bezahlt werden muss, dass teuer

---

[3] Das BMWi gibt hingegen mit Stand v. Februar 2017, Erneuerbare Energien, 192 TWh und 29 % an, abrufbar unter: http://bit.ly/2lUxCzc.

[4] Vgl. Fraunhofer-Institut für Solare Energiesysteme, Stromerzeugung in Deutschland im Jahr 2016, abrufbar unter: http://bit.ly/2qBz37u.

[5] Abrufbar unter: http://bit.ly/2d2Jcn7.

[6] Vgl. http://bit.ly/2iMob6S; siehe auch unten Abschnitt 2.3.1.3 (Preisbildung an der Börse).

produzierter Strom abgenommen, gewissermaßen „entsorgt" wird, weil er überflüssig ist?

Ist es Ausdruck eines funktionsfähigen Strommarktes im vorgenannten Sinne, wenn derzeit v.a. Kohlekraftwerke am Netz sind, emissionsärmere Gaskraftwerke weitgehend stillstehen[7] und die politische Diskussion um die Zwangsstilllegung von Kohlekraftwerken geführt wird?

Ist es Ausdruck eines funktionsfähigen Strommarktes, wenn Verbraucher andere Preise sehen als die Produzenten, weil Steuern, Umlagen und andere Abgaben die Marktpreissignale überlagern?

Mit dem StrommarktG[8] hat die BReg 2016 die Weichen für ein überarbeitetes Strommarktdesign gestellt. Reichen diese Vorschläge aus für die angestrebte Transformation unserer Energieversorgung und -nutzung? Und welche Konsequenzen hat das für Unternehmen und Verbraucher? Eine Antwort auf diese Fragen erfordert die intensive Auseinandersetzung mit den Regeln und der Funktionsweise des aktuellen Strommarktes und den im abgelaufenen Jahr veröffentlichten neuen Regelwerken und Konzepten.

1.2   Kernfragen des Strommarktdesigns

Die Energiewirtschaft ist als strategischer Sektor hochgradig reguliert. Sie ist aber in Deutschland zugleich in das wirtschaftliche Ordnungssystem der sozialen Marktwirtschaft eingebettet. Unbeschadet einer starken Rolle des Staates sollten also wettbewerbliche Ordnungselemente das Marktdesign bestimmen.

Nach Walter Eucken, einem der Väter der sozialen Marktwirtschaft, sollen in einer Wettbewerbsordnung Anbieter und Nachfrager ihre individuellen Wirtschaftspläne aufstellen und über den Preismechanismus koordinieren. Es ist die Aufgabe der Ordnungspolitik, die Spielregeln und Rahmenbedingungen für das Handeln der Individuen festzulegen[9]. Im Mittelpunkt steht die „Herstellung eines funktionsfähigen Preissystems vollständiger Konkurrenz"[10]. Daraus leitet Eucken die konstituierenden Prinzipien der Wettbewerbsordnung ab: Das Primat der Währungspolitik, offene Märkte, Privateigentum, Vertragsfreiheit, Haftung, die Konstanz der Wirtschaftspolitik und die Zusammengehörigkeit der konstituierenden Prinzipien[11].

---

[7]   Vgl. dazu unten Abschnitt 3.5.4.2 (Wirtschaftliche Situation der Gaskraftwerke).
[8]   Gesetz zur Weiterentwicklung des Strommarktes (Strommarktgesetz) v. 26.07.2016, BGBl. I, S. 1786.
[9]   Vgl. Walter Eucken, Grundsätze der Wirtschaftspolitik, Hamburg 1959, S. 154 ff.
[10] Ebenda, S. 160.
[11] Ebenda, S. 160–178.

Es liegt nahe, die Ausgestaltung des Strommarktdesigns vor diesem Hintergrund zu analysieren, denn es geht im Kern darum, Spielregeln so zu setzen, dass die Wirtschaftsakteure ihre Pläne in einem marktwirtschaftlichen Wirtschaftssystem im Einklang mit den Zielen der Energiewende koordinieren. Grundprämisse ist dabei, dass ein funktionsfähiger Preismechanismus die Entscheidungen der handelnden Personen bestimmt, nicht staatliche Lenkung. Ausweislich des von der BReg vorgelegten Weißbuchs zur Energiewende scheint diese Prämisse auch an Raum zu gewinnen. Eine große Rolle spielt hierbei, dass Innovationen und Skaleneffekte die Kosten der erneuerbaren Energien nach unten treiben und deren Wirtschaftlichkeit deutlich erhöhen. Das EEG, seit vielen Jahren das wesentliche Instrument zur Erreichung der Ausbauziele bei den erneuerbaren Energien und Musterbeispiel für die bürokratische Lenkung der Energiewende[12], fokussiert vor diesem Hintergrund inzwischen mehr auf die Markt- und Systemintegration des Ökostroms. Bürokratie kommt somit nicht nur an ihre Grenzen, sie ist auch zunehmend entbehrlich.

Rückt man die Funktionsfähigkeit des Preismechanismus in den Vordergrund, so stellen sich bei der Ausgestaltung des Strommarktdesigns für die Energiewende fünf Kernfragen:

1. Warum reicht der Handel mit Emissionsrechten nicht aus, um Preissignale für eine umweltverträgliche Energieversorgung zu setzen? Seit 2005 besteht ein europäisches Emissionshandelssystem, das von nationalen Vorschriften zum Umwelt- und Klimaschutz vielfach überlagert ist.

2. Wie können volatile erneuerbare Energien Preissignalen ausgesetzt und so in den Strommarkt integriert werden, dass Erzeugung und Verbrauch synchronisiert sind? Die Marktintegration der erneuerbaren Energien impliziert zum einen die Frage, wie die staatlichen Subventionen für den Ausbau der erneuerbaren Energien schrittweise heruntergefahren und durch eine marktwirtschaftliche Vergütung ersetzt werden können. Zum anderen umfasst die Fragestellung das Problem, den anteilig sinkenden Strom aus konventioneller Erzeugung mit dem zunehmenden Strom aus erneuerbarer Erzeugung über Preissignale und die Zuordnung von Verantwortlichkeiten so zu kombinieren, dass Angebot und Nachfrage am Strommarkt jederzeit übereinstimmen[13].

3. Welche Preissignale erfordert der angemessene Ausbau von (konventionellen wie erneuerbaren) Erzeugungskapazitäten, Speichern und Flexibilitäten auf der Nachfrageseite unter den Bedingungen der Energiewende? Der Ausgleich von Angebot und Nachfrage und das Setzen von Anreizen für Investitionen ist die

---

[12] Vgl. dazu ausführlich unten Abschnitt 3.3.1 (Heranführung an den Markt).
[13] Vgl dazu unten Abschnitte 2.1.2 (Stromübertragung und -verteilung) und 3.6 (Versorgungssicherheit).

zentrale Frage eines jeden Wirtschaftssystems. Das Stromsystem ist historisch darauf angelegt, dass sich die Erzeugung der Nachfrage anpasst, klassischerweise geprägt durch die Unterscheidung in Grund- und Spitzenlast. Diese Unterscheidung ist mit dem starken Anfall erneuerbarer Energien mittlerweile weitgehend hinfällig geworden, da der Zustrom von Wind- und Sonnenenergie nicht bedarfs-, sondern dargebotsabhängig erfolgt. Insofern muss es in Zukunft darum gehen, zunehmend auch auf der Nachfrageseite Anreize zu setzen, das Energiesystem flexibel zu gestalten[14]. Last hat in dieser Sicht den gleichen Wert wie Kapazität. Auch Batteriespeicher werden in Zukunft eine wachsende Rolle spielen. Die Ergänzung des „Energieerzeugungsmarktes" durch sog. „Kapazitätsmechanismen" wird in diesem Zusammenhang diskutiert.

4. Wie kann der Einsatz Erneuerbarer Energien über den Strommarkt hinaus ausgeweitet werden? Die Stromproduktion in Deutschland entspricht ca. 40 % des Energieverbrauchs, andere wesentliche Anteile liegen im Verkehr und im Bereich der Wärmeerzeugung, Sektoren, in denen nach wie vor Verbrennungstechnologien dominieren. Ist eine ganzheitliche Betrachtung dieser Sektoren mit der Stromproduktion i.S. einer Sektorkopplung im Rahmen der Energiewende sinnvoll, welche Preissignale unterstützen dies? Im Kern geht es bei der Sektorkopplung um die Frage, welche Rolle Strom aus erneuerbaren Energien im Vergleich zu den Primärenergieträgern Öl, Kohle und Gas in Zukunft spielen wird. Grundlegende Technologien stehen dafür bereits bereit – Batteriespeicher[15], Power-to-X-Anwendungen[16], Elektrofahrzeuge[17], etc. –, sind aber aufgrund der Kostensituation und fehlender Infrastruktur zurzeit kaum relevant.

5. Welche Rolle spielt die EU? Errichtung und Nutzung von Erzeugungskapazität erfolgen umso effizienter, je größer der Raum ist, für den diese Infrastruktur vorgehalten wird. Eine Untersuchung von prognos im Auftrag des Weltenergierates–Deutschland e.V. zeigt, dass aufgrund des Zeitversatzes von Lastspitzen innerhalb von 15 europäischen Ländern die Residuallast, also die aus regelbaren Kraftwerken bereitzustellende Leistung, in der höchsten Stunde um 8 bis 10 GW sinkt, im Jahr 2030 um 27 bis 34 GW sinken wird[18]. Die Errichtung eines Strombinnenmarktes innerhalb der EU ist somit ohne Zweifel ein wichtiger Schritt in Richtung auf ein effizientes Strommarktdesign.

---

[14] Vgl dazu unten Abschnitt 4.5 (Lastmanagement – *Demand Side Management*).

[15] Vgl. dazu unten Abschnitt 4.3.1 (Überblick zu Stromspeichertechnologien).

[16] Vgl. dazu unten Abschnitt 4.4 (Power-to-X).

[17] Vgl. dazu unten Abschnitt 5.3 (Alternative Antriebstechnologien und Lösungsansätze im Bereich Verkehr).

[18] Jeweils im wahrscheinlichsten Fall, wenn gemeinsam und nicht länderindividuell bilanziert wird. Vgl. prognos, Endbericht, Versorgungssicherheit europäisch denken, Berlin/Basel im Juni 2015, abrufbar unter: http://bit.ly/2qvtqIX.

Ausgenommen von der Analyse des Strommarktdesigns ist der Netzbereich, mit dem wir uns an anderer Stelle ausführlich beschäftigen[19]. Energienetze sind natürliche Monopole im Eigentum von Marktakteuren. Infolgedessen sind die Regelungen des Zugangs, der Qualität und v.a. der Entgelte typische Aufgaben eines Regulators, in Deutschland der BNetzA.

1.3   Der Strommarkt 2.0

Die BReg hat im Sommer 2015 als Ergebnis der von ihr angeregten Diskussion um das Strommarktdesign der Zukunft das Weißbuch „Ein Strommarkt für die Energiewende" vorgelegt. Das darauf basierende StrommarktG ist am 30.07.2016 in Kraft getreten. Es soll in der Phase des Übergangs infolge des Ausbaus der erneuerbaren Energien, der Beendigung der Kernenergienutzung in Deutschland bis 2022 und des Zusammenwachsens der europäischen Märkte für Strom sicherstellen, dass die Stromversorgung sicher, kosteneffizient und umweltverträglich erfolgt.

Dies soll durch ein Maßnahmenpaket erreicht werden, nach dem zugrundeliegenden Weißbuch unterschieden in drei „Bausteinen":

---

[19]   PwC (Hrsg.). Regulierung in der deutschen Energiewirtschaft Band I Netzwirtschaft, 4. Aufl. Freiburg/München 2015.

Übersicht über die Maßnahmen

Baustein 1 „Stärkere Marktmechanismen": Die Maßnahmen des Bausteins 1 stärken die bestehenden Marktmechanismen. Die benötigten Kapazitäten können sich dadurch refinanzieren und der Strommarkt kann Versorgungssicherheit weiterhin gewährleisten.

Maßnahme 1	Freie Preisbildung am Strommarkt garantieren
Maßnahme 2	Kartellrechtliche Missbrauchsaufsicht transparenter machen
Maßnahme 3	Bilanzkreistreue stärken
Maßnahme 4	Bilanzkreise für jede Viertelstunde abrechnen

Baustein 2 „Flexible und effiziente Stromversorgung": Die Maßnahmen des Bausteins 2 optimieren die Stromversorgung europäisch und national. Sie sorgen damit für einen kosteneffizienten und umweltverträglichen Einsatz der Kapazitäten.

Maßnahme 5	Weiterentwicklung des Strommarktes europäisch einbetten
Maßnahme 6	Regelleistungsmärkte für neue Anbieter öffnen
Maßnahme 7	Zielmodell für staatlich veranlasste Preisbestandteile und Netzentgelte entwickeln
Maßnahme 8	Besondere Netzentgelte für mehr Lastflexibilität öffnen
Maßnahme 9	Netzentgeltsystematik weiterentwickeln
Maßnahme 10	Regeln für die Aggregation von flexiblen Stromverbrauchern klären
Maßnahme 11	Verbreitung der Elektromobilität unterstützen
Maßnahme 12	Vermarktung von Netzersatzanlagen ermöglichen
Maßnahme 13	Smart Meter schrittweise einführen
Maßnahme 14	Netzausbaukosten durch Spitzenkappung von EE-Anlagen reduzieren
Maßnahme 15	Mindesterzeugung evaluieren
Maßnahme 16	Kraft-Wärme-Kopplung in den Strommarkt integrieren
Maßnahme 17	Mehr Transparenz über Strommarktdaten schaffen

Baustein 3 „Zusätzliche Absicherung": Die Maßnahmen des Bausteins 3 sichern die Stromversorgung zusätzlich ab.

Maßnahme 18	Versorgungssicherheit überwachen
Maßnahme 19	Kapazitätsreserve einführen
Maßnahme 20	Netzreserve weiterentwickeln

Abb. 1:   Maßnahmen zum Strommarkt 2.0, aus: BMWi, Ein Strommarkt für die Energiewende, S. 59

Nach Jahren massiver staatlicher Einflussnahme auf den Erzeugungsmix in Deutschland – Stichworte: EEG, KWKG, Atomausstieg – sollen jetzt die Marktmechanismen gestärkt werden. Der Strommarkt soll gewährleisten, dass die Einspeisungen in das Stromnetz jederzeit die Entnahmen decken, ausreichend Kapazitäten zum Ausgleich von Angebot und Nachfrage vorhanden sind (Vorhaltefunktion) und durch geeignete Preissignale vorhandene Kapazitäten zur richtigen Zeit und im erforderlichen Umfang kontrahiert und tatsächlich eingesetzt werden (Einsatzfunktion). In diesem Zusammenhang bekennt sich der Gesetzgeber zum liberalisierten, europäischen Strommarkt. Die Integration des europäischen Binnenmarktes für Strom soll vorangetrieben werden, der Wettbewerb Anreize für Innovationen und Nachhaltigkeit schaffen, die Integration erneuerbarer Energien verbessern und die Förderkosten für erneuerbare Energien senken.

Das StrommarktG erteilt dem Kapazitätsmarkt eine Absage[20]. Der *Energy-only-*Markt soll eine freie Bildung der Strompreise ermöglichen und darüber die Vorhaltung von und Investitionen in Kapazität entlohnen. Es wird erwartet, dass durch den Preismechanismus Überkapazitäten abgebaut und umgekehrt tatsächlich benötigte flexible Kapazitäten refinanziert werden. Die Instrumentarien hierzu stellt nach der Erwartung des Gesetzgebers der Markt bereit, da Marktteilnehmer sich gegen Preisspitzen absichern werden, z.B. mit den neuen Börsenprodukten oder durch langfristige Liefer- und Absicherungsverträge. Dies setzt voraus, dass Preise oberhalb der Grenzkosten (*Mark-up*) künftig akzeptiert werden. Kapazitätsmärkte im europäischen Umfeld mögen die Preisspitzen abschwächen, allerdings dürfte dies i.S.d. Gesetzes sein, das insgesamt eine stärker europäische Sicht auf den Strommarkt und damit auch auf den notwendigen Zubau an Kapazität legt.

Das StrommarktG will das Bilanzkreis- und Ausgleichsenergiesystem stärken und den Marktteilnehmern starke Anreize geben, ihre Lieferverpflichtungen zu erfüllen[21]. Die Stärkung der Bilanzkreistreue und die Flexibilisierung der Nachfrageseite sind wesentliche Elemente zur Steigerung der Funktionsfähigkeit des *Energy-Only-*Marktes. Weiter will das Gesetz Flexibilität auf der Angebots- und der Nachfrageseite stärken[22]. Eine Reihe von Maßnahmen flankiert diese Zielsetzung, u.a. die Weiterentwicklung der Regelenergiemärkte und die Ausgestaltung der Netzentgelte, um ein marktdienliches Verhalten auf der Nachfrageseite zu fördern. Die Neuregelungen betonen die wachsende Bedeutung der Energieeffizienz und ihrer Verknüpfung mit der Flexibilisierung des Systems. Die Sektoren Strom, Wärme und Verkehr sollen in Zukunft stärker gekoppelt werden.

Das StrommarktG räumt der Versorgungssicherheit zentrale Bedeutung ein[23].Zur Sicherstellung der Versorgungssicherheit wird das bisherige Monitoring nach dem EnWG weiterentwickelt, um den europäischen Kontext einzubinden und die Versorgungssicherheit quantitativ und stärker prospektiv, d.h. wahrscheinlichkeitsbasiert zu überwachen. Zum Ausgleich regionaler Engpässe bei der Stromversorgung halten die ÜNB weiterhin zeitlich befristet Kraftwerke als Netzreserve vor. Die bereits vorhandene Regelung nach der ResKV wurde durch das StrommarktG bis 2023 verlängert und wird in Abhängigkeit vom Netzausbau künftig weiterentwickelt. Physikalisch sichert eine Kapazitätsreserve zukünftig den Strommarkt 2.0 ab[24]. Sie ist vom Markt getrennt und umfasst Kraftwerke, die nur im Ausnahmefall eingesetzt

---

[20] Vgl. BMWi, Ein Strommarkt für die Energiewende, Berlin 2015, S. 32 ff.
[21] Vgl. ebenda, S. 41 ff.
[22] Vgl. ebenda, S. 45 ff.
[23] Vgl. ebenda, S. 79 ff.
[24] Vgl. dazu ausführlich unten Abschnitt 3.6.7 (Kapazitätsreserve und Sicherheitsbereitschaft).

werden, wenn das vorhandene Angebot die Nachfrage nicht deckt. Schließlich werden bestimmte Braunkohlekraftwerke (insgesamt 2,7 GW) zwischen 2016 und 2019 gegen Vergütung in die neue Sicherheitsbereitschaft überführt. Damit werden sie zunächst vorläufig und nach jeweils vier Jahren endgültig stillgelegt, letztlich als Beitrag zur Erfüllung der deutschen Klimaschutzziele in 2020[25].

Mit dem Weißbuch und dem darauf basierenden StrommarktG ist die Diskussion um das Strommarktdesign in Deutschland auf der Grundlage eines transparenten Prozesses zu einem Zwischenergebnis gekommen. D.h. nicht, dass die Diskussion damit bereits zu Ende ist. Es gibt erhebliche Zweifel, dass der *Energy-only*-Markt ausreichend Anreize setzt für Investitionen in Kapazität und Flexibilität. Anzuerkennen ist, dass ein Ausgangspunkt gesetzlich definiert worden ist, der für die nächsten Jahre die Grundlage für einen funktionsfähigen Strommarkt schafft, Weiterentwicklungen für die Zukunft ermöglicht und den Unternehmen den klaren Auftrag gibt, nun konkret die Umsetzung der Energiewende in Angriff zu nehmen.

1.4 Energiewende als Chance für Unternehmen

Erneuerbare Energien, dezentrale Erzeugung und Speicherung von Strom haben im Zusammenwirken mit der Digitalisierung und der Elektromobilität das Potenzial für eine dritte industrielle Revolution, vergleichbar mit den vorangegangenen beiden industriellen Revolutionen, die auch durch das gleichzeitige Aufkommen von neuen Energieformen und neuen Techniken der Kommunikation, Informationsverarbeitung und des Transports gekennzeichnet waren[26]. Sektorkopplung bedeutet in dieser Sicht, dass die Energiewende Folgen weit über den eigentlichen Energiesektor hinaus hat und ein wichtiger Treiber für viele Innovationen im Bereich der Industrie und der privaten Haushalte ist. Dies eröffnet Unternehmen eine Vielzahl neuer Chancen.

Vor dem Hintergrund der Energiewende müssen sich die Unternehmen der Branche fragen, welche Rolle sie in Zukunft einnehmen[27], worin ihre „Existenzberechtigung" liegt – in der Funktion des Energieerzeugers, der kostenoptimal Strom am Markt anbietet, in der Funktion des Systemintegrierers, der das Energiesystem durch Netz-

---

[25] Vgl. dazu ausführlich unten Abschnitt 3.5.3 (Ausstieg aus der Stromerzeugung aus Kohle?).

[26] Vgl. Jeremy Rifkin, *The third industrial revolution*, New York 2011, S. 35 ff. So waren nach Rifkin die erste industrielle Revolution durch das Zusammentreffen von Dampfmaschine/Eisenbahn und Druckmaschine im 19. Jahrhundert, die zweite industrielle Revolution durch das Zusammentreffen von Verbrennungsmotor/Straßenverkehr und elektrischer Kommunikation, insb. Radio/Fernsehen im 20. Jahrhundert, gekennzeichnet.

[27] Dazu unten Abschnitt 7.1 (Herkömmliche Geschäftsmodelle unter Druck).

dienstleistungen sichert, in der Funktion des Energiedienstleisters nah am Kunden oder in der Funktion, neue Services „hinter dem Zähler" bereitzustellen, z.B. im Bereich der *„smart Energy"* oder der Elektromobilität. Damit verbunden ist die Entscheidung, eher in einer passiven, dem Markt folgenden oder in einer aktiven, den Markt prägenden Rolle tätig zu sein. Dem zugrunde liegt ein Bild der Energie-wirtschaft, das sich von der klassischen Wertschöpfungskette Erzeugung-Übertragung-Verteilung-Handel-Vertrieb löst und ein interaktives Modell entwi-ckelt, in dem das Netzwerk und der Kunde im Mittelpunkt stehen.

Energieeffizienz ist dabei als „eine wichtige Säule der Energiewende"[28] zu sehen und auch bei der Sektorkopplung nicht zu vernachlässigen. Sie senkt die Energie-kosten, verbessert die Versorgungssicherheit und löst erhebliche Investitionen für die heimische Wirtschaft aus"[29]. Die EU-Mitgliedstaaten haben sich schon 2007 darauf verständigt, den Primärenergieverbrauch bis 2020 um 20 % zu reduzieren"[30].

Mit Blick auf die Sektorkopplung ist der Begriff „Energieeffizienz" zu präzisieren. Unter Energieeffizienz wird häufig die Zielsetzung verstanden, insgesamt – quer durch alle Sektoren und auch im Privatbereich – weniger Energie zur verbrauchen. Diese Auffassung sollte jedoch nicht im Vordergrund stehen, wenn Energie zuneh-mend aus theoretisch unbegrenzt verfügbaren erneuerbaren Quellen gewonnen wird. Mit Blick auf die Schaffung eines dem energiepolitischen Dreieck folgenden Ener-giesystems ist ein Verständnis von Energieeffizienz vorzuziehen, dass die effiziente-re Nutzung von Energie i.S.d. Verhältnisses von *Input* zu *Output* in den Vorder-grund stellt, also die Ersparnis an Energie bezogen auf einen bestimmten Einsatzzweck.

Es zeichnen sich verschiedene Entwicklungen ab, die für eine beschleunigte Umset-zung der Sektorkopplung sprechen. Zunehmend rechnen sich Investitionen in einen Batterieheimspeicher, da der Strompreis für Privathaushalte stetig steigt, sodass es sich bereits seit einigen Jahren lohnen würde, den erzeugten Solarstrom selbst zu nutzen und nur Überschüsse in das Netz zu speisen. Gleichzeitig fallen die Kosten für Speichersysteme. Prognosen gehen davon aus, dass die Preise für Heimspeicher in Deutschland bis 2020 um bis zu 50 % zurückgehen werden[31]. Der Einstieg der Automobil-Industrie in den Batteriemarkt treibt diese Entwicklung voran. Zudem

---

[28]   Abrufbar unter: http://bit.ly/2pFOChn.
[29]   Vgl. BMWi, http://bit.ly/2qByF8X.
[30]   Vgl. Richtlinie 2012/27/EU des Europäischen Parlaments und des Rates v. 25.10.2012 zur Energieeffizienz, zur Änderung der Richtlinien 2009/125/EG und 2010/30/EU und zur Aufhebung der Richtlinien 2004/8/EG und 2006/32/EG; bis 2014 in nationales Recht umzusetzen.
[31]   Vgl. hierzu und im folgenden PwC, Batteriespeichermarkt für Privathaushalte bis 2025; vgl unter: http://bit.ly/2pQwm5Y.

läuft die Einspeisevergütung für die ersten PV-Anlagen ab 2021 aus. Bereits ab 2019 kann es Standard werden, einen Heimspeicher gemeinsam mit einer neuen PV-Anlage zu installieren und auch die Nachrüstung bei PV-Bestandsanlagen ist nach PwC-Berechnungen für viele Betreiber zwischen 2019 und 2022 wirtschaftlich attraktiv. Aufgrund der Berechnungen ist bis 2020 eine installierte Batteriespeicherkapazität im PV-Heimspeichermarkt von 1,1 bis 1,4 GWh, bis 2025 bis zu 3,5 GWh bei Gesamtinvestitionen von bis zu drei Mrd. EUR möglich.

Das Beispiel zeigt, dass es bei der Sektorkopplung v.a. um Systemlösungen geht, die erneuerbare Energien, Batteriespeicher und Netze intelligent verknüpfen. Der Automobil-Industrie kommt dabei eine wichtige Rolle zu. Bedingt durch neue Wettbewerber, zunehmende Wirtschaftlichkeit und öffentlichen Druck rücken die Elektromobilität und damit verbunden die Speicherkapazität der Batteriesysteme auf die Agenda der Autohersteller und der Energieversorger. Die jüngst bekannt gewordene geplante Kooperation von VW, Audi, Porsche, Daimler und BMW und der Einstieg von E.ON und Innogy in die Ladeinfrastruktur bezeugt diese Entwicklung. Tesla bietet seinen Lithium-Ionen-Akkumulatoren *Powerwall* 2 bereits als Heimspeicherlösung.

Zweierlei Faktoren werden die Sektorkopplung maßgeblich vorantreiben: Die Entwicklung der Strompreise und die Digitalisierung. Aufgrund des fortschreitenden Ausbaus der erneuerbaren Energien werden die Kosten für eine zusätzliche Erzeugungseinheit Strom stetig fallen. Es wird also zunehmend attraktiv, elektrische Energie im Bereich von Verkehr und Wärme zu nutzen. Natürlich spielt hier der Preisvergleich mit fossilen Energieträgern eine wesentliche Rolle. Es ist aber davon auszugehen, dass durch Vorgaben für Emissionsgrenzwerte, v.a. im Verkehrssektor, die Gesamtkosten der Nutzung fossiler Technologien stetig steigen werden, Nachteile durch Beschränkungen beim Einsatz dieser Technologien eingeschlossen (z.B. Fahrverbote für Dieselfahrzeuge). Insgesamt stehen somit die Zeichen günstig für die Sektorkopplung aufgrund der Ausweitung der erneuerbaren Energien. Allerdings gibt es noch viele Hemmnisse, u.a. durch die Regulierung, aber auch bei der erforderlichen Infrastruktur. Hier kann Digitalisierung helfen. Eine interessante Entwicklung ist in diesem Zusammenhang *Blockchain*[32], eine Technologie, die Verträge zwischen einander unbekannten Anbietern und Nachfragern ohne Einschaltung eines Mittelsmannes ermöglicht. Anbieter von erneuerbarer Energie (z.B. Besitzer von Solaranlagen) können somit autonom und unmittelbar Transaktionen mit Nachfragern für diese Energielieferungen durchführen – abgewickelt über Computerprogramme.

---

[32]   Vgl. hierzu und im folgenden PwC, *Blockchain* – Chance für Energieverbraucher? Kurzstudie für die Verbraucherzentrale NRW, Juli 2016 sowie unten Abschnitt 6.4 (*Blockchain*-Anwendungen in der Energiewirtschaft).

Ungeachtet der Bemühungen um eine fortschreitende Energieeffizienz, die sich für gewerbliche und industrielle Unternehmen schon von selbst verstehen dürften, benachteiligen die Zusatzaufwendungen aufgrund der Energiewende solche Unternehmen im internationalen Wettbewerb, für die Strom ein wichtiger Produktionsfaktor ist. Die Entlastung dieser stromintensiven Unternehmen von der EEG-Umlage durch Ausnahmeregeln[33] ist seit vielen Jahren Bestandteil deutscher Gesetzgebung. Der hierüber mit der EU-Kommission entstandene Streit über die Beihilferelevanz[34] der Privilegierung deutscher Unternehmen konnte beigelegt werden. Dies zeigt wiederum, dass die Gestaltung der Rahmenbedingungen für eine Energiewende im europäischen Kontext gesehen werden müssen.

1.5   Anpassung der Unternehmensstrategien

Die Energiewende und die damit verbundene umfassende Veränderung von Kundenverhalten, Erzeugungsstrukturen, Wettbewerb und Strommarktdesigns treffen die Unternehmen der Energiewirtschaft massiv. Hinzu kommen die technologischen Veränderungen aufgrund der Digitalisierung entlang der Wertschöpfungskette. Die Folge ist ein hoher Innovationsdruck, wie die Branche ihn in ihrer Geschichte bislang nicht erlebt hat.

Historisch zeigt sich, dass Innovationen häufig außerhalb der Branche entwickelt und eingeführt wurden, während die Unternehmen innerhalb eines Sektor dazu tendieren, zu lange am bisherigen Geschäftsmodell festzuhalten und neue Entwicklungen nur halbherzig ergreifen. Das liegt nicht selten auch daran, dass die verschiedenen, z.T. kompetitiven Modelle innerhalb einer Organisation geführt werden und das Management gewissermaßen zwischen zwei Stühlen sitzt. Entweder verfolgt es das bisherige Geschäftsmodell und verpasst die Neuausrichtung, oder es fokussiert neu und vergrault die eigene Organisation und die bisherigen Kunden – das „*Innovator´s Dilemma*"[35].

Kulturelle Hemmnisse, das bisher Erreichte in Frage zu stellen und sich dem Wechsel zu stellen, kommen hinzu[36]. Dies gilt v.a. bei Innovation, die ganze Märkte/Marktplätze abschafft und nicht lediglich die Leistungen vorhandener Produkte verbessert. Solche disruptiven Innovationen sind im digitalen Umfeld an der Tages-

---

[33]   Besondere Ausgleichsregelung nach §§ 63 ff. EEG.

[34]   Vgl. dazu unten Abschnitt 3.1.2.4 (Beihilfenrechtlicher Rahmen).

[35]   Vgl. hierzu und im folgenden Christoph Keese, Silicon Valley, München, 3. Aufl. 2016, S. 108 f. unter Verweis auf Clayton M. Christensen, The Innovator´s Dilemma: Warum etablierte Unternehmen den Wettbewerb um bahnbrechende Innovationen verlieren, München 2011.

[36]   Einzelheiten dazu finden sich unten in Abschnitt 6.5 (Wandel zu einem digitalen EVU).

ordnung[37]. Disruptive Innovationen greifen nicht am oberen Ende des Marktes auf hohem Qualitätsniveau an, sondern (qualitativ und preislich) am unteren Ende und entwickeln sich dann kontinuierlich, exponentiell, sodass etablierte Anbieter sie leicht unterschätzen. Neue Organisationsformen in den Unternehmen mit voller Rückendeckung durch das Topmanagement sind notwendig, um auf disruptive Innovationen reagieren zu können. Hinzu kommt *start-up*-Denken: Nicht das ständig verbesserte etablierte, sondern das bisherige Märkte in Frage stellende Produkt zählt. Marktreife wird erzielt, indem eine *„minimal viable product"* – Version an den Kunden gebracht, getestet und so optimiert wird, nicht ein bereits vollständig ausgereiftes Produkt[38].

Auch die Wucht der Einführung erneuerbarer, dezentraler Energien hat disruptive Wirkung auf die Unternehmen der Energiewirtschaft, zumindest in Teilen von Westeuropa. Die Unternehmen der Branche beginnen zu reagieren. Zum einen entstehen im Zuge der Energiewende neue Marktrollen (z.B. Aggregatoren im Regelleistungsmarkt, Messstellenbetreiber, *Gateway*-Administratoren), die das Aufgabenfeld der Energieversorger verändern. Zum anderen zeigt sich zunehmend eine Tendenz, die Tätigkeit im bisherigen Umfeld der zentralen Energieversorgung von Geschäftsfeldern im Bereich der dezentralen Energieversorgung zu trennen und den Kunden in den Fokus der Branche zu rücken, die bislang v.a. auf den *Up*- und *Midstream*bereich konzentriert war. Die Digitalisierung unterstützt die Unternehmen in diesen Veränderungen.

Am Ende entscheidet über den Erfolg, wer den Kunden nachhaltigen Mehrwert bietet in einer Zeit, in der auch die Kunden nach neuen Wegen suchen, ihre Wettbewerbsfähigkeit und ihren ökologischen Fußabdruck zu stärken. Dabei steht zunehmend energieeffizientes Verhalten von Unternehmen und Haushalten im Vordergrund, insb. auch im Zuge künftiger Tarifmodelle, die auf der Grundlage intelligenter Zähler anhand der aktuellen Netzauslastung Strompreise variabel gestalten. Die Sektorkopplung wird diesen Trend noch deutlich verstärken, etwa bei der Kombination von Solarstrom, Batteriespeichern, Wärmeversorgung und Elektromobilität. *Big Data* und Datenanalyse schaffen neue Einsichten in Energieverbrauch und neuerdings Energieerzeugung, Anlagenleistung und Wartungszyklen sowie Einsparmöglichkeiten, etwa für energieintensive Unternehmen und Wohnungsgesellschaften. Die Komplexität des notwendigen Energiemanagements erfordert zunehmende Professionalisierung und wird zur Entwicklung neuer Dienstleistungen führen, die Energieunternehmen neue Geschäftschancen eröffnen.

---

[37] Vgl. dazu unten Abschnitt 6.1.1 (Digitalisierung als Megatrend).
[38] Vgl. Eric Ries, *The Lean Startup*, Portfolio Penguin 2011, S. 92 ff.

Die Abspaltungen der Uniper von E.ON und der Innogy von RWE sind sichtbare Zeichen, wie Unternehmen auf die zunehmende Unvereinbarkeit verschiedener Geschäftsmodelle unter einem Dach reagieren. Sie nehmen damit eine Unterscheidung auf, die typisch ist für *Sharing Economy*, in die viele Branchen auch im Zuge der Digitalisierung zunehmend eintreten: Einerseits das kapitalintensive Vorhalten zentraler physischer Kapazitäten mit Ausnutzung von Skaleneffekten auf der Angebotsseite und andererseits der Aufbau von dezentralen Geschäftsmodellen unter Nutzung von Skaleneffekten auf der Kundenseite, zunehmend über Netzwerke und insb. Plattformen. Die Schwierigkeit liegt darin, die Wachstumsfelder von morgen zu identifizieren, das Unternehmen zu refokussieren und den finanziellen Spielraum für diese Transformation und das neue Wachstum zu schaffen[39].

Die Branche steht vor einer großen Veränderungswelle. Kooperationen, Spaltungen, Zusammenschlüsse und andere Formen der Anpassung werden ihr Bild der nahen Zukunft bestimmen. Dies gilt für beide Welten gleichermaßen, die Welt zentraler ebenso wie diejenige der dezentralen Energieversorgung. Dabei mag es gerade die Zusammenführung von „Nachhaltigkeit" und „Zuhause" sein, die der Branche eine Existenzberechtigung auch in der Zukunft gibt.

---

[39] Zu dem hierzu erforderlichen Managementansatz vgl. Couto, Plansky, Caglar, *Fit for Growth*, Hoboken/NewJersey, 2017.

2 Grundlagen des Strommarkts

2.1 Technisch-wirtschaftliche Grundlagen der Stromwirtschaft

2.1.1 Stromerzeugung

2.1.1.1 Konventionelle Stromerzeugung

Der Begriff der konventionellen Stromerzeugung umfasst alle thermischen Kraftwerke, in denen als Primärenergieträger Braun- und Steinkohle, Erdgas, Erdöl, Uran oder Abfälle zunächst in Wärme umgesetzt werden, und schließt verschiedene Wasserkraftwerkstypen[40] ein. Die technischen Kernprozesse der verschiedenen konventionellen Kraftwerkstypen unterscheiden sich erheblich, obgleich ihre Konstruktionen stets die Bereitstellung mechanischer Energie zum Antrieb elektrischer Generatoren bezwecken.

Zu den konventionellen thermischen Kraftwerken gehören Dampfturbinen-, Gasturbinen-, kombinierte Gas- und Dampfturbinen- (sog. GuD-Kraftwerke) sowie Verbrennungskraftwerke auf Basis von Kolbenmaschinen. Zur Erzeugung von Strom finden in diesen Kraftwerksarten mehrere aufeinanderfolgende energetische Umwandlungsprozesse statt. Diese sind ausnahmslos verlustbehaftet[41]; überwiegend entstehen Wärmeverluste. Demgegenüber erfolgt die Stromerzeugung aus Wasserkraft ohne die Freisetzung von Verbrennungswärme, weshalb die entsprechenden Kraftwerkstypen der konventionellen nicht-thermischen Stromerzeugung zugeordnet werden.

Die nachfolgend vorgenommene Typisierung charakterisiert und beschreibt die baulichen und technologischen Wesensmerkmale konventioneller Kraftwerkstypen.

---

[40] Die Technologie zur Verstromung von Wasserkraft im großtechnischen Stil ist seit vielen Jahrzenten verfügbar, sodass Wasserkraftwerke in der hier vorgenommenen Einteilung zu den konventionellen Kraftwerkstypen gezählt werden.

[41] Die im Zuge der Stromerzeugung durchgeführten energetischen Umwandlungsprozesse werden häufig als Veredelungsstufen bezeichnet. Von den innerhalb der Erzeugungsprozessketten auftretenden Energieformen hat Strom die höchste energetische Wertigkeit, da sich Strom direkt und mit sehr geringen Verlusten in verschiedene Energieformen umwandeln lässt. Seine konventionelle Erzeugung ist hingegen an mehrere Prozessstufen und insgesamt an bedeutend geringere Wirkungsgrade, d.h. höhere Verluste geknüpft.

Typ 1: Dampfturbinenkraftwerke

Dampfturbinenkraftwerke bestehen i.d.R. aus vier elementaren Einheiten: einer Dampferzeugereinheit, einer oder mehrerer Dampfturbinenstufe(n), einer Kondensationseinheit und einem Speisewasser- bzw. Prozessdampfkreislauf. Diese bilden zusammen die zentrale Wirkungseinheit eines jeden Dampfturbinenkraftwerks und ermöglichen einen kontinuierlichen thermodynamischen Dampfkraftprozess[42], in dessen Verlauf der als Ergebnis kontrollierter exothermer Reaktionen (Verbrennung o.g. Primärenergieträger mit Luftsauerstoff oder Kernspaltung) im Dampferzeuger entstandene Hochdruck-Kreislaufprozessdampf auf die Schaufeln einer Dampfturbine geleitet wird. Die durch die Entspannung und damit einhergehende Abkühlung des Kreislaufprozessdampfes in Rotation versetzte Turbinenwelle treibt wiederum i.d.R. einen Generator an, wodurch elektrische Energie (Strom) erzeugt wird. Der thermische Wirkungsgrad von Dampfturbinenkraftwerken wird maßgeblich durch die Temperatur- und Druckdifferenz des Kreislaufprozessdampfes zwischen Dampfturbineneinlass und -auslass bestimmt. Limitierender Hauptfaktor bei der Erhöhung von Temperatur- und Druckdifferenz sind die physikalischen Belastbarkeits- und Standfestigkeitsgrenzen der für den Kraftwerksbau bisher verfügbaren Werkstoffe und deren Preis.

Zur Steigerung des Wirkungsgrads von Dampfturbinenkraftwerken werden häufig mehrere Dampfturbinen in Serie geschaltet. Diese sog. Dampfturbinenstufen sind so ausgelegt, dass sie ihr Wirkungsgradoptimum bei jeweils unterschiedlichen Dampfdrücken entfalten. Sie werden in gängiger Weise nach Hoch-, Mittel- und Niederdruckstufen kategorisiert. Zwischen den Dampfturbinenstufen wird der Kreislaufprozessdampf auf dem auslassseitigen Druckniveau der vorgeschalteten Stufe isobar zwischenüberhitzt und dem Einlass der nachgeschalteten Stufe zugeführt. Nach dem Verlassen der letzten Stufe muss der mit der Turbineneinlassseite massengleiche Kreislaufprozessdampf in seine flüssige Phase kondensiert werden, um erneut als Kreislaufwasser zur Dampferzeugung eingesetzt werden zu können. Die bei der Kondensation freiwerdende Wärme wird, je nach Standortbedingungen, über Kühltürme oder entnommenes Fluss- oder Meereswasser abgeführt. Eine zum Speisewasserkreislauf gehörige Kesselspeisepumpe erzeugt im kondensierten Speisewasser mit Hilfe elektrischer Pumpen den zum Antrieb des Kreislaufs notwendigen Druck.

Abhängig vom eingesetzten Primärenergieträger weisen Dampfturbinenkraftwerke spezifische technische Besonderheiten auf, auf die im Folgenden näher eingegangen wird.

---

[42] Sog. *Clausius-Rankine*-Kreisprozess.

Typ 1a: Verfeuerung von Braunkohle, Steinkohle und Abfällen

Dampferzeugern für den Betrieb mit Braun- oder Steinkohle liegt i.d.R. eine Staub- bzw. Wirbelschichtfeuerung zugrunde. Hierbei werden die eingesetzten Kohlen vorgemahlen und gemeinsam mit Luft (und Kalk zur Schwefelbindung) in den Brennraum des Dampferzeugers eingebracht. Ein von heißer Verbrennungsluft durchströmtes Düsenbett liefert neben dem benötigten Sauerstoff für die Verbrennung auch den Auftrieb, um den zerkleinerten Brennstoff während seiner thermischen Verwertung zirkulierend in der Schwebe zu halten. Diese gleichmäßige und weitgehend temperaturkonstante Feuerungstechnik mindert die Bildung von Stickoxiden.

Bei der Verfeuerung von anderen Festbrennstoffen, wie bspw. Abfällen, die sich gar nicht oder nur schwer mahlen und in den Brennraum eindüsen lassen, kommt eine Rostfeuerung zum Einsatz. Hierbei fördert und trägt ein Vorschubrost die Festbrennstoffe selbsttätig im Brennraum, während unterseitig die Verbrennungsluft, der sog. Unterwind, zugeführt wird. Bei beiden Bauweisen wird die freigesetzte Verbrennungswärme im oft von mehreren Hundert Rohrkilometern durchzogenen Dampferzeuger an das durch die Rohre strömende Speisewasser übertragen, aus welchem Hochdruck-Kreislaufprozessdampf mit bis zu rd. 600°C bei einem Druck bis zu rd. 300 bar entsteht.

Entscheidenden Einfluss auf den Wirkungsgrad dieses Kraftwerkstyps hat auch die Effizienz der Prozesse zur Abgasbehandlung. Zum Einsatz kommen häufig Staubfilter[43] sowie Aggregate zur Rauchgasentschwefelung[44] und zur Stickoxidminderung[45], welche baulich in Serie geschaltet werden. Zusammen mit weiteren stromintensiven peripheren Prozessen der Stromerzeugung, wie bspw. dem Kesselspeisepumpenbetrieb und dem Betrieb der Mühlen zum Zerkleinern des Brennstoffs bei Kohlekraftwerken, ergibt sich daraus der Hauptanteil des Stromeigenverbrauchs

---

[43] Häufig werden Massenkraftabscheider, Gewebefilter sowie elektrische und nassarbeitende Filter eingesetzt, die jeweils besondere Rückhalteeigenschaften in Bezug auf die im Rauchgas enthaltenen Partikel haben.

[44] Die Entschwefelung basiert i.d.R. auf chemischen Bindereaktion des im Rauchgas enthaltenen Schwefels mit zusätzlich eingesetzten Bindemitteln (z.B. Kalkstein, Ammoniak oder Natriumsulfit). Die Reaktionsprodukte müssen, abhängig vom angewandten Verfahren, anschließend entweder entsorgt oder regeneriert werden. Kohle und Öl enthalten deutlich mehr Schwefel im Vergleich zu Erdgas.

[45] Im Rauchgas enthaltene Stickoxide werden zumeist im SCR-Verfahren (Selektive Katalytische Entstickung) mit Hilfe von Ammoniak und metallischen Katalysatoren chemisch zu elementarem und folglich für die Umwelt unkritischem Stickstoff gewandelt.

eines Kraftwerks. Dieser liegt bei einem durchschnittlichen Steinkohlekraftwerk in der Größenordnung von rd. 10 %[46] seiner Bruttostromerzeugung.

Moderne steinkohlebefeuerte Kraftwerke erreichen elektrische Netto-Wirkungsgrade von bis zu rd. 46 %, braunkohlebefeuerte Kraftwerke bis zu rd. 43 %[47]. Mit Abfällen befeuerte Kraftwerke[48] arbeiten mit niedrigeren Dampftemperaturen und -drücken und erfordern dennoch energieintensive Abgasbehandlungsprozesse, wodurch ihre Netto-Wirkungsgrade i.d.R. hinter denjenigen von kohlebefeuerten Kraftwerken zurückbleiben.

Typ 1b: Nutzung des radioaktiven Zerfalls von Uran (Kernspaltung)

Im Unterschied zu Typ 1a entstammt die zur Dampferzeugung erforderliche Wärmeenergie beim Typ 1b nicht der Verfeuerung fossiler Primärenergieträger, sondern der Kernspaltung von angereichertem Uran, woran auch die Bezeichnung Kernkraftwerk angelehnt ist. Das Uran befindet sich in Kapseln, die zu sog. Brennstäben zusammengesetzt werden. Von der Leittechnik gesteuert können im Druckreaktor angebrachte Steuerstäbe eine Relativbewegung gegenüber den zwischen ihnen befindlichen Brennstäben vollführen, wodurch die Kernspaltung in ihrer Geschwindigkeit forciert oder verzögert werden kann. Die dadurch innerhalb des Druckreaktors kontrolliert freigesetzte Wärme wird vom Wasser des Primärkreislaufes aufgenommen und in einem nachgelagerten Wärmetauscher kontaktlos an das Wasser des Sekundärkreislaufs abgegeben, um einen Übertrag von Radioaktivität des Primärkreislaufwassers weitestgehend zu unterbinden. Im Primärkreislauf erreicht das Kreislaufwasser Temperaturen von rd. 300°C, wobei es dort zunächst durch den vorherrschenden Druck an der Verdampfung gehindert wird. Diese geschieht im Sekundärkreislauf[49]. Ein Rohrsystem leitet den Kreislaufprozessdampf, identisch wie bei Kraftwerken des Typs 1a, an die Dampfturbinenstufe(n). Ein tertiärer Wasserkreislauf leitet die abzuführende Wärme anschließend über einen Wärmetauscher aus dem Sekundärkreislauf und ermöglich die Kondensation des Kreislaufprozessdampfes. Die Wärmeabfuhr aus dem Tertiärwasserkreislauf erfolgt analog zu Typ

---

[46]   R. Paschotta, Artikel 'Kohlekraftwerk' im RP-Energie-Lexikon, Stand 13.08.2016.

[47]   RWE Power AG (2016): Beispielwerte der Kraftwerke Westfalen (Steinkohle) und der Kraftwerke BoA 2&3 Grevenbroich-Neurath (Braunkohle).

[48]   Die herkömmliche energetische Verwertung von Abfällen in thermischen Kraftwerken stellt eine Sonderform der Stromerzeugung dar, da oft wesentliche Anteile des Brennstoffs, v.a. Kunststoffe durch ihre Gewinnung auf Erdölbasis, fossilen Ursprungs sind, weitere Anteile aber eine schnell nachwachsende biogene Zusammensetzung aufweisen. Eine eindeutige Klassifizierung als konventionelle oder erneuerbare Stromerzeugung ist somit kaum möglich.

[49]   Beschrieben wird das System eines Druckwasserreaktors mit Leichtwasser-Primärkreislauf.

1a-Kraftwerken über Kühltürme oder Fluss- bzw. Meereswasser. Aufgrund ihrer vergleichsweise niedrigeren Dampftemperatur haben Kernkraftwerke i.d.R. einen thermodynamischen Nachteil gegenüber Typ 1a-Kraftwerken und erreichen geringere elektrische Netto-Wirkungsgrade unterhalb von 40 %.

Typ 2: Gasturbinenkraftwerke

Bei Gasturbinenkraftwerken entfällt im Gegensatz zu Typ 1-Kraftwerken die Heißdampferzeugung, stattdessen wird das Gas[50] bzw. leichtes Heizöl in einem direkten Wärmekraftprozess in mechanische Energie zum Antrieb eines elektrischen Generators umgesetzt. Gasturbinen sind thermische Strömungsmaschinen und besitzen auf ihrer Turbinenwelle, jeweils radial montiert, sowohl die Schaufeln der Verdichterstufen als auch der Gasexpansionsstufen. Dazwischen liegt die Brennkammer, in die das Gas eingedüst wird, um es mit der komprimierten Luft aus dem Verdichter zusammen zu verbrennen. Der dabei entstehende sehr heiße Abgasstrom wird über die nachgelagerten Turbinenschaufeln geleitet. Die so erwirkte Rotationsbewegung der Turbinenwelle treibt sowohl den Verdichter als auch den Generator an. Die Abgasbehandlungsprozesse von Gasturbinenkraftwerken des Typs 2 sowie des nachfolgenden Typs 3 sind weniger energieintensiv im Vergleich zu Typ 1-Kraftwerken, u.a. weil das Gas vorgereinigt werden kann. Moderne Gasturbinenkraftwerke erreichen Netto-Wirkungsgrade von rd. 40 %[51].

Typ 3: Kombinierte Gas- und Dampfturbinenkraftwerke

Kraftwerke dieses Typs realisieren eine kombinierte Nutzung der Wärmekraftprozesse des Typs 1 und des Typs 2, indem sie den am Auslass einer Gasturbine immer noch heißen Abgasstrom (häufig rd. 600°C) in einem Wärmetauscher (sog. Abhitzekessel) zur Heißdampferzeugung für den Betrieb von nachgeschalteten Dampfturbinenstufen nutzen und somit die Stromausbeute gegenüber dem singulären Einsatz beider Turbinentechnologien deutlich erhöhen. Neueste Vertreter dieser GuD-Kraftwerke erzielen elektrische Nettowirkungsgrade bis oberhalb von 61%[52].

Typ 4: Verbrennungskraftwerke auf Basis von Kolbenmaschinen

In konventionell betriebenen Verbrennungskraftwerken auf Basis von Kolbenmaschinen werden flüssige Otto- oder Dieselkraftstoffe oder Erdgas mit Luft vermischt und unter hohem Druck in deren Zylinderbrennräumen verbrannt. Durch die explo-

---

[50] Zumeist wird Erdgas verfeuert, es kommen aber auch Industriekuppelgase, Grubengase und in bisher kleineren Mengen Biogase zum Einsatz.

[51] Bundeszentrale für politische Bildung (BPB) (2016): Energiequellen und Kraftwerke, Stand: 24.09.2013.

[52] Stadtwerke Düsseldorf (2016): Kennzahlen und Daten zum Block „Fortuna".

sionsartige Freisetzung der zuvor im Kraftstoff chemisch gebundenen Energie und die damit einhergehende Ausdehnung des Verbrennungsgemischs werden die den Brennraum unterseitig abschließenden Kolben in Bewegung versetzt. Eine Kurbelwelle überführt die Linearbewegungen der Kolben in eine Rotationsbewegung, die auch hier einen elektrischen Generator antreibt[53]. Die elektrischen Nettowirkungsgrade von Typ 4-Kraftwerken steigen tendenziell mit zunehmender Leistung und erreichen Werte von bis zu rd. 49 %[54].

Exkurs: Kraft-Wärme-Kopplung

Bei konventionellen thermischen Kraftwerken ist die Rentabilität ihres Betriebs unmittelbar und besonders stark an die Wirkungsgrade ihrer Prozesse geknüpft. Sie bestimmen die zur Erzeugung einer identischen Strom-*Output*-Menge notwendige spezifische Brennstoff-*Input*-Menge, wodurch sich im Zuge des technischen Fortschritts bei den variablen Kosten i.d.R. ein wirtschaftlicher Vorteil für neuere Kraftwerke ergibt.

Der Großteil der Differenz zwischen der chemisch gebundenen Primärenergie der verfeuerten Brennstoffe und dem daraus gewonnenen elektrischen Strom fällt am Ende des thermodynamischen Verstromungsprozesses zunächst als Verlustwärme an. Das residuale Temperatur- und Druckniveau des Kreislaufprozessdampfes schwächt sich beim Durchlaufen der Dampfturbinenstufen zunehmend auf ein für eine weitere Verstromung unwirtschaftliches Niveau ab.

Dies gilt in ähnlicher Weise auch für die Verbrennungsabgase in Kraftwerken mit Gasturbinenbetrieb. Anstelle der nicht vergüteten Abgabe dieser Abwärme an die Atmosphäre kann diese ausgekoppelt und u.a. zur (Fern-)Wärmeversorgung von Gebäuden oder für industrielle Produktionsprozesse eingesetzt oder in Braunkohlekraftwerken zur Vortrocknung des Brennstoffs genutzt werden. Dieser Prozess der gleichzeitigen Nutzung von Strom und Wärme wird als Kraft-Wärme-Kopplung bezeichnet. Die Wirtschaftlichkeit eines konventionellen thermischen Kraftwerks kann sich durch den optimierten Absatz oder die Eigennutzung seiner Abwärme i.d.R. erheblich verbessern, insb. wenn die Bedarfe an Strom und Wärme über lange

---

[53] Moderne Vertreter dieser Bauart wurden bisher mit bis zu 10 MW elektrischer Nettoleistung dimensioniert und sind unter der Bezeichnung „Blockheizkraftwerk" (kurz: BHKW) bekannt, da sie neben Strom gleichzeitig eine vergleichbar große Wärmeverlustleistung erbringen. Sie werden daher häufig wärmegeführt an Orten betrieben, an denen primär Wärme benötigt wird. Ihr Strom kann vor Ort verbraucht oder ins öffentliche Stromnetz eingespeist werden. BHKW können grds. auch mit erneuerbarem Biogas oder mit Heizöl betrieben werden.

[54] Arbeitsgemeinschaft für sparsamen und umweltfreundlichen Energieverbrauch e.V. (ASUE e.V.): ASUE-BHKW-Kenndaten 2014–2015, S. 7.

Zeiträume zusammenfallen[55] und die Wärmelieferwege möglichst kurz sind, um Fernwärmenetzverluste gering zu halten. Bzgl. einer möglichen Nutzung der Kraft-Wärme-Kopplung stellen Kernkraftwerke eine Ausnahme unter den konventionellen thermischen Kraftwerken dar, da sich ihre Standorte in den meisten Fällen in größerer Entfernung zu geeigneten Fernwärmenetzen befinden, die i.d.R. aus bestehenden kohle-, gas- oder abfallbefeuerten Kraftwerken gespeist werden. Zudem ist ihre Abwärme aufgrund der Herkunft aus einem Kernkraftwerk kaum zu vermarkten.

Die kombinierte Erzeugung von Strom und Wärme wurde und wird durch das KWKG[56] staatlich gefördert, wobei die Erlangung einer Förderung für die Stromerzeugung auf Basis von Kohle- und Kernenergie zwischenzeitlich ausgeschlossen wurde.

Typ 5: Wasserkraftwerke

Wasserkraftwerke bedienen sich der kinetischen Energie von fließendem Wasser. Diese Strömungsenergie wird aus der Lageenergie des Wassers freigesetzt, während es einen künstlich erzeugten oder natürlichen Höhenunterschied abwärts durchläuft und dabei beschleunigt wird. Wasserturbinen übersetzen die Strömungsenergie in mechanische Rotationsenergie zum Antrieb elektrischer Generatoren. Die folgenden Wasserkraftwerkstypen differenzieren sich baulich anhand der Merkmale Wasserspeicherfähigkeit, sofern vorhanden der Art der Befüllung der Speicherkapazität und der eingesetzten Turbinentypen.

Typ 5a: Laufwasserkraftwerke

Laufwasserkraftwerke werden im Lauf von Fließgewässern errichtet und sind ohne nennenswerte Wasserspeicherkapazität ausgeführt. Quer zur Fließrichtung staut eine Wehranlage das Flusswasser auf, wodurch sich der Wasserstandspegel des sog. Oberwassers flussaufwärts gegenüber dem Unterwasser auf der flussabwärts gewandten Seite der Wehranlage erhöht. Je größer der Höhenunterschied zwischen Ober- und Unterwasser (sog. reale Fallhöhe), desto mehr potenzielle Energie steht zur Verfügung[57]. Der im Oberlauf durch das Aufstauen erzielte höhere Wasserdruck presst das Oberwasser in der Nähe des Gewässergrundes kontinuierlich durch einen

---

[55] Fallen der Bedarf an Strom und Wärme tendenziell häufiger auseinander, kann die Wirtschaftlichkeit durch die Nutzung eines zusätzlichen thermischen Speichers gesteigert werden.

[56] Gesetz für die Erhaltung, die Modernisierung und den Ausbau der Kraft-Wärme-Kopplung (Kraft-Wärme-Kopplungsgesetz – KWKG) v. 21.12.2015, zuletzt geändert durch Art. 1 des Gesetzes v. 22.12.2016, BGBl. I, S. 3106 (KWKG 2017).

[57] Die Leistung eines Wasserkraftwerks ist maßgeblich von den beiden Größen Fallhöhe und Durchflussmenge abhängig.

Triebwasserkanal, an dessen Ende es mittels Leitschaufeln axial auf die Laufschaufeln von Kaplan- oder Durchströmturbinen[58] geleitet wird. Leit- und Laufschaufeln sind dabei zumeist verstellbar ausgeführt. Orientiert am jeweils vorhandenen Oberwasserstandspegel kann durch Justieren beider Komponenten der Wirkungsgrad der Turbine(n) optimiert werden. Er erreicht bei modernen Laufwasserkraftwerken mit Kaplanturbinen bis zu rd. 95 %. Die erzeugte mechanische Rotationsenergie wandelt ein elektrischer Generator in Strom um. Unter zusätzlicher Berücksichtigung der Wirkungsgrade des Triebwasserkanals, ggf. implementierter Getriebe sowie des Generators errechnet sich der Gesamtwirkungsgrad eines Wasserkraftwerks, welcher im Fall modernder Laufwasserkraftwerke rd. 90 % erreichen kann.

Typ 5b: Speicherwasserkraftwerke

Abhängig von den geo- und topografischen Voraussetzungen und der etwaigen Notwendigkeit einer saisonalen Wasserbevorratung werden in Gebirgsregionen auch Speicherwasserkraftwerke im Lauf von Fließgewässern errichtet. Anders als reine Laufwasserkraftwerke besitzt diese Bauart eine wesentlich höhere, natürliche oder künstlich errichtete Wehranlage (auch als Staumauer oder Talsperre bezeichnet), die zur Bildung eines Stausees, des sog. Oberbeckens führt. Besonders im Frühjahr während der Schneeschmelze erfahren diese Stauseen verstärkten Zufluss. Die reale Fallhöhe ist im Vergleich zu Laufwasserkraftwerken deutlich höher. Sie wächst mit der Stauseetiefe, ergänzt um den Höhenunterschied zwischen dem Stauseeauslass und dem Standort der Turbinen, der oft mehrere Hundert Meter beträgt. Bis zu einer Fallhöhe von rd. 100 m spricht man von Mitteldruck- oberhalb von Hochdruckkraftwerken. Mit steigender Fallhöhe verändern sich auch die Druck- und Strömungsverhältnisse in den Druckrohren des Turbinenzulaufs, weswegen bei Speicherwasserkraftwerken mit mittleren Fallhöhen bevorzugt radial angeströmte Francis- bzw. bei großen Fallhöhen kavitationsresistentere Pelton-Turbinen[59] eingesetzt werden. Verstellbare Leitschaufeln bzw. Düsennadeln ermöglichen auch bei diesen Turbinentypen eine durchflussabhängige Wirkungsgradoptimierung. Die erzielbaren Wirkungsgrade liegen dennoch etwas unterhalb denjenigen von langsamer durchströmten Kaplan-Turbinen. Bei voller Leistung übersteigt die in den Druckrohren abfließende Wassermenge die natürliche Stauseespeisung i.d.R. deutlich. Speicherwasserkraftwerke können daher nur zeitweise unter Volllast eingesetzt werden.

---

[58] Kaplan- und Durchströmturbinen ähneln Schiffsschrauben und sind eine Weiterentwicklung der Francis-Turbine. Laufwasserkraftwerke gehören aufgrund ihrer niedrigen Fallhöhe zu den Nieder- bis Mitteldruckkraftwerken, für welche sich diese Turbinentypen in Bezug auf die zu erzielende Stromausbeute besonders gut eignen.

[59] Pelton-Turbinen eignen sich besonders gut für große Fallhöhen bei vergleichsweise geringen Durchflussmengen.

Typ 5c: Pumpspeicherkraftwerke

Pumpspeicherkraftwerke sind Speicherwasserkraftwerken baulich sehr ähnlich ausgeführt, allerdings für ihren Betrieb nicht auf das Vorhandensein eines Fließgewässers angewiesen. Anstelle der natürlichen Speisung mit Flusswasser wird das zum Kraftwerk gehörige, oft künstlich angelegte Oberbecken mit Hilfe elektrischer Pumpen befüllt, die sich zusammen mit den Wasserturbinen talwärts im Maschinenhaus befinden. Aktuell und für die nächsten Jahre sind in Deutschland Pumpspeicherkraftwerke die dominierende großtechnische Option zur Stromspeicherung. Die größten ihrer Art weisen Leistungen bis oberhalb von 1 GW und Speichervolumina im mittleren und oberen einstelligen GWh-Bereich auf. Zusammen speisten die Deutschland befindlichen Pumpspeicherkraftwerke im gleichen Jahr rd. 5,9 TWh[60] rückverstromte Stauwasserenergie ins Stromnetz ein.

Pumpspeicher sorgen für einen Ausgleich von stromseitigem Leistungsangebot und zeitgleicher Leistungsnachfrage, indem sie zu Überschusszeiten preisgünstigen Strom beziehen (Käufermarkt), um Wasser von einem niedriger gelegenen Unterbecken in das höhergelegene Oberbecken zu fördern. Tritt in der Folge vermehrter Leistungsbedarf ein, wird die zuvor gespeicherte potenzielle Energie des Wassers im Oberbecken zur Verstromung genutzt und erlösoptimierend veräußert (Verkäufermarkt). Effiziente Pumpspeicherkraftwerke erreichen unter Berücksichtigung der zusätzlichen Pumpenverluste gegenüber Speicherwasserkraftwerken mit natürlicher Wasserspeisung Netto-Wirkungsgrade von bis zu rd. 85 %[61]. Die spezifischen Investitionskosten von Pumpspeicherkraftwerken hängen von einer Vielzahl verschiedener Faktoren ab, wie von den geografischen Gegebenheiten und vom Verhältnis der Größe des Speicherbeckens zur Pumpleistung und liegen etwa in der Spanne von 700 bis (in Extremfällen) 1.500 EUR/kW[62].

Weitere bedeutende Wasserkraftwerkstypen sind in Deutschland in Ermangelung geeigneter Standorte nicht vorhanden. Hierzu zählen bspw. Gezeitenkraftwerke zur Ausnutzung des Tidenhubs zwischen Ebbe und Flut, unterseeische Meeresströmungskraftwerke, für deren wirtschaftlichen Betrieb ausreichend hohe Strömungsgeschwindigkeiten in der Nord- und Ostsee eine Grundvoraussetzung wären, und Wellenkraftwerke.

---

[60] Werte basieren auf Angaben von BNetzA und BMWi zum Stand 31.12.2015.

[61] Z.B. Voith GmbH *online* (2016): Pumpspeicherkraftwerke oder R. Paschotta, Artikel „Pumpspeicherkraftwerk" im RP-Energie-Lexikon, abrufbar unter; https://www.energie-lexikon.info/pumpspeicherkraftwerk.html?s=ak, Aufruf am 07.11.2016.

[62] *E-storage: Shifting from cost to value Wind and solar applications;* Lazard (2015): *Lazard's levelized cost of storage analysis – version* 1.0.

Die folgende Tabelle gibt einen abschließenden Einblick in die vorhandene konventionelle Stromerzeugungsstruktur in Deutschland:

Energieträger	Kraftwerksblöcke in Betrieb	Nettonennleistung in GW	Mittleres Baujahr	Bruttoerzeugung in TWh
Steinkohle	89	27,3	1984	118,0
Braunkohle	61	20,8	1985	155,0
Erdgas	247	25,1	1993	59,6
Mineralöl	46	4,0	1983	5,4
Kernenergie	8	10,8	1986	91,8
Laufwasser*	> 90	4,1	1958	19,3
Speicherwasser	11	1,5	1951	
Pumpspeicher	65	9,3	1968	5,9

* Rd. 1,8 GW der installierten Gesamtlaufwasserkraftwerksleistung entfallen auf EEG-Anlagen < 10 MW, welche in vorliegender Betrachtung bzgl. ihrer Anzahl und ihres durchschnittlichen Alters nicht berücksichtigt wurden, weil keine genauen Daten ermittelbar waren. Die Summe ihrer Leistung und die Summe ihrer erzeugten Strommenge fanden hingegen Eingang in die dargestellten Werte. Zusatzinformation: Gem. UBA (2015) existierten zum Stand 09.11.2015 rd. 375 Laufwasserkraftanlagen mit einer Leistung ≥ 1 MW.

Abb. 2:   Konventionelle Stromerzeugungsstruktur in Deutschland (2015)[63, 64]

In der öffentlichen Kritik steht die konventionelle thermische Stromerzeugung aus Kohle, Erdgas und Mineralöl v.a. wegen ihres klimaschädlichen Ausstoßes von Kohlendioxid (CO_2), das i.W. während der Verbrennung, aber auch beim Transport der Brennstoffe entsteht. Für die nukleare Stromerzeugung in Deutschland wurde die dauerhafte Stilllegung aller Kernkraftwerke ab 2011 bis spätestens 2022 gesetzlich verankert. Maßgeblich für diese politische Entscheidung waren der Kernkraftwerksunfall im japanischen Fukushima am 11.03.2011 und die daraufhin erneut aufflammende Diskussion um Sicherheitsrisiken durch Unfälle und die bisher ungelöste Frage der Langzeitlagerung radioaktiver Abfälle.

2.1.1.2 Erneuerbare Stromerzeugung

Komplementär zur konventionellen Stromerzeugung wird der Kraftwerkspark in Deutschland mit einer stetig wachsenden Anlagenzahl und Leistungskapazität zur

---

[63] BNetzA (2016): Kraftwerksliste (Anlagen in Deutschland ≥ 10 MW), Stand: 10.05.2016.
[64] BMWi (2016): Bruttostromerzeugung 2015 in Deutschland, Stand: 28.01.2016.

Erzeugung von Strom aus CO_2-freien erneuerbaren Energien und aus Grubengas (EEG-Anlagen) ergänzt.

Der Zubau dieser Kapazitäten wird seit dem 01.04.2000 durch die Vorgaben und Förderinstrumente des EEG[65] und seiner Folgefassungen gefördert und reguliert. Oberstes Ziel des EEG ist eine erfolgreiche Energiewende, gleichbedeutend mit der Erreichung einer klimaverträglichen, stabilen und ökonomischen Energieversorgung in der Zukunft. Im Jahr 2015 betrug die installierte Gesamtkapazität aller EEG-Anlagen in Deutschland bereits 99,3 GW. Der durch EEG-Anlagen bereitgestellte Anteil am Gesamtstromverbrauch in Deutschland betrug im gleichen Jahr mit absolut erzeugten 195,9 TWh bereits 32,6 % (inkl. Wasserkraft aus Laufwasser- und Speicherwasserkraftwerken). Die Tendenz ist klar steigend. Die folgende Abb. illustriert den Zubau der erneuerbaren Erzeugungstechnologien von 1990 bis zum Ende des Jahres 2015:

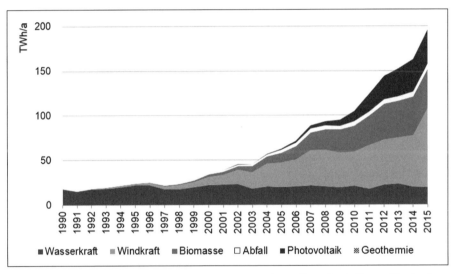

Abb. 3:   Entwicklung der Stromerzeugung aus erneuerbaren Energien in Deutschland seit 1990[66]

---

[65]   Das deutsche „Gesetz für den Ausbau erneuerbarer Energien" regelt die bevorzugte Einspeisung von Strom aus erneuerbaren Quellen ins Stromnetz und garantiert deren Erzeugern eine entsprechende Förderung. Inkrafttreten der letzten Fassung (EEG 2017) als Art. 1 des „Gesetzes zur Einführung von Ausschreibungen für Strom aus erneuerbaren Energien und zu weiteren Änderungen des Rechts der erneuerbaren Energien" v. 13.10.2016, BGBl. I, S. 2258. Das EEG 2017 trat am 01.01.2017 in Kraft (Art. 15 Abs. 1).

[66]   BMWi (2016): Energiedaten Tabelle 20, Stand 21.03.2016.

Das Angebot der derzeit auch großtechnisch zur Stromerzeugung nutzbaren erneuerbaren Energien erstreckt sich von der Verfeuerung und Verstromung nachwachsender Biomasse und erneuerbarem Biogas über die Nutzung von Wind- und Sonnenenergie bis zur Umsetzung erneuerbar erzeugten Wasserstoffs und Methans.

Typ 6: Verfeuerung regenerativer Energien

Einen besonders wichtigen Beitrag zur erneuerbaren Stromerzeugung leisten feste, flüssige und gasförmige Biomassen, da sich die aus ihnen generierte Erzeugungsleistung grds. regeln lässt. Diese Biomassen entstehen aus nachwachsenden organischen Stoffen biogenen Ursprungs. Die bei ihrer Vergärung gewonnenen, meist gasförmigen Brennstoffe können relativ unkompliziert mit bekannten Technologien sowohl gespeichert als auch transportiert und flexibel in Verbrennungsmotoren[67] (BHKW oder kleiner dimensionierte Gasturbinen) in Strom und Nutzwärme umgesetzt werden.

Feste regenerative Brennstoffe, wie Holz, werden häufig mittels einer Rostfeuerung und anschließendem Dampfkraftprozess unter Einsatz herkömmlicher Dampfturbinen zu Strom und Wärme umgesetzt. Die Menge des bei der Verbrennung in vorgenannten Feuerungsvarianten entstehenden CO_2 ist nicht größer als die korrespondierende Menge desselben Gases, die zuvor während der Wachstumsphase der Pflanzen aus der Atmosphäre gebunden wurde. 2015 wurden 7,4 % des deutschen Gesamtstromverbrauchs durch die verschiedenen energetisch genutzten Biomassen bereitgestellt.

Typ 7: Windkraftwerke

I.W. durch thermisch induzierte Luftbewegungen in der Atmosphäre entstehen erdnahe Windströmungen, die sich zur Stromerzeugung nutzen lassen. Zum Einsatz kommen hierbei ortsfeste WE-Anlagen, die die kinetische Energie der strömenden Luftmassen mit Hilfe eines Rotors auf eine Achse zum Antrieb eines elektrischen Generators übertragen. WE-Anlagen werden an Land (*onshore*) und auf See (*offshore*) eingesetzt, wobei das Windangebot auf See i.d.R. ertragreicher als an Land ist. Entscheidend für den Stromertrag ist neben einer möglichst großen Kontinuität des Windangebots insb. auch die Geschwindigkeit, mit welcher der Wind auf die Rotoren der WE-Anlagen trifft, da die Leistung von WE-Anlagen mit der 3. Potenz der Windgeschwindigkeit steigt. Eine Verdopplung der Windgeschwindigkeit bspw. bewirkt damit rechnerisch die 8-fache Bruttoleistung einer WE-Anlage. Die derzeit

---

[67] Die fernwirktechnische Bündelung solcher Anlagen und das damit einhergehende Potenzial dieser hochflexiblen Anlagenkonglomerate wird unter dem Stichwort „Virtuelle Kraftwerke" in den Abschnitten 4.2 (Virtuelle Kraftwerke) und 7.2.6 (Virtuelle Kraftwerke als Geschäftsmodell) eingehend behandelt.

größten WE-Anlagen auf See erreichen Rotorendurchmesser bis zu rd. 170 m und leisten in der Spitze bis zu rd. 8 MW$_{el}$ (sog. P$_{peak}$). *Onshore*-WE-Anlagen fallen tendenziell (noch) etwas kleiner aus. Oft wird eine größere Zahl einzelner WE-Anlagen an windreichen Standorten zu sog. Windparks gruppiert. Die durch Nutzung von Windenergie erzeugte Strommenge erreichte 2015 bereits einen Anteil von 14,7 % am deutschen Gesamtstromverbrauch.

Typ 8: Photovoltaik-Anlagen

Eine weitere wichtige Säule der sich im Zuge der Energiewende verändernden Kraftwerkslandschaft stellt die Nutzung der Sonnenenergie durch PV-Anlagen) dar, die 2015 rd. 6,4 % zum Gesamtstromverbrauch beisteuerten. Die in Photovoltaik-Modulen verbauten Solarzellen wandeln einen Teil der von der Sonne entsandten Strahlungsenergie mit Hilfe des photoelektrischen Effekts direkt in Strom um. Für eine hohe Stromausbeute müssen PV-Anlagen optimal zum Auftreffwinkel der Sonnenstrahlung ausgerichtet sein. Einige PV-Anlagentypen werden daher über elektrische Stellmotoren dem Tagesverlauf des Sonnenstandes nachgeführt. PV-Anlagen existieren in Größenordnungen kleinerer Aufdach-Anlagen mit P$_{peak}$ < 10 kW bis hin zu Freiflächenanlagen mit P$_{peak}$ > 50 MW.

Die Schwachstelle der Stromerzeugung mittels WE-Anlagen und PV-Anlagen liegt in nicht sicher prognostizierbaren, teilweise dynamisch auftretenden Witterungsschwankungen, die sich unmittelbar auf die Stromerzeugung auswirken. Beide Technologien werden daher auch als fluktuierende oder volatile Stromerzeugung bezeichnet. Ihr Einsatz stellt Herausforderungen für die Versorgungssicherheit des Gesamtsystems und die Netzstabilität dar, da das Auftreten der treibenden Witterungsphänomene Wind und Sonne zwar lokal alterniert, WE-Anlagen und PV-Anlagen in Deutschland aber geografisch sehr heterogen verteilt sind. Die weitaus überwiegende Anzahl an WE-Anlagen ist im windreicheren Norden an Land und auf See installiert, wohingegen der sonnenreichere Süden Deutschlands ertragreichere Flächen für PV-Anlagen offeriert und daher ihre Mehrzahl beherbergt. Abhängig vom Auftreten der entscheidenden Witterungsphänomene kann es so bspw. bei einer Windflaute im Norden und gleichzeitiger, flächendeckender Bewölkung im Süden zu Erzeugungsengpässen kommen. Transportengpässe können entstehen, wenn anhaltende Starkwinde im Norden einen Erzeugungsüberschuss bedingen und die zum Transport in den zeitgleich sonnenarmen Süden notwendigen Leitungskapazitäten nicht ausreichen.

Typ 9: Brennstoffzellen-Kraftwerke (Ausblick)

Brennstoffzellen sind Wandler, die in der Lage sind, die in bestimmten gasförmigen Brennstoffen chemisch gebundenen Energien unter Anwesenheit geeigneter Oxidationsmittel in Strom zu übersetzen. Neben Wasserstoff lassen sich in Brennstoffzellen bspw. auch Ethanol und Methanol verstromen. Diese Brennstoffe können regenerativ erzeugt werden; ihnen wird daher künftig ein wachsendes Potenzial für die Stromerzeugung zugeschrieben. Während des Betriebs von Brennstoffzellen wird je nach Bauart neben Strom auch Wärme erzeugt, weswegen Strom aus Brennstoffzellen auch förderungswürdig i.S.d. KWKG ist.

Weitere Kraftwerkstypen der erneuerbaren Erzeugung

Bezogen auf ihren Stromerzeugungsumfang komplettieren die in Deutschland installierten Geothermie-Kraftwerke den hiesigen erneuerbare-Energien-Kraftwerkspark als bisher kleinster nennenswerter Technologievertreter. Die Geothermie nutzt die im bohrtechnisch zugänglichen Teil der Erdkruste vorhandenen Wärmepotenziale, um daraus technisch nutzbare Wärme, Kälte und Strom zu erzeugen. Die großtechnische Nutzung von Geothermie, insb. zur Stromerzeugung, befindet sich in Deutschland nach wie vor noch weitgehend in einer Erforschungs- und Entwicklungsphase, obgleich das Spektrum der ingenieurtechnischen Kraftwerkskonzepte bereits vielfältig ist. Im Speziellen bergen zum heutigen Stand der Technik tektonische und seismische, teilweise durch den Betrieb von Geothermie-Kraftwerken selbst verursachte Bodenaktivitäten nicht unerhebliche Risiken für ihren sicheren und effizienten Betrieb.

Neben der Photovoltaik, welche die solare Strahlungsenergie der Sonne direkt in Elektrizität wandelt, lassen sich auch solarthermische Prozesse zur Stromerzeugung einsetzen. Hierbei werden Spiegelflächen mit der Sonne geführt, die die Strahlungsenergie der Sonne bündeln und zu jeder Tageszeit optimal auf ein in Rohrleitungen befindliches hoch erhitzbares Kreislaufmedium lenken. Über einen Wärmetauscher wird die thermische Energie des aufgeheizten Mediums anschließend in einen Dampfkraftprozess übertragen, an dessen Ende ein Generator elektrischen Strom erzeugt. Aufgrund der durchschnittlich vorherrschenden, zu geringen Anzahl von Sonnenstunden und zu milder Sonneneinstrahlungsintensität ist Deutschland kein geeigneter Standort für den wirtschaftlichen Betrieb von solarthermischen Kraftwerken. Die Nutzung von solarthermischen Anlagen zur reinen Erzeugung von Wärme ist hingegen insb. für die Nutzung als Raumwärme durchaus zukunftsfähig.

2.1.1.3 Einteilung von Kraftwerkstypen nach ihrem Verwendungszweck

I.W. entscheiden die technisch-wirtschaftlichen Eigenschaften unterschiedlicher Kraftwerkstypen über ihren primären Verwendungszweck und ihre Einsatzzeiten. Das zentrale Kriterium zur Kategorisierung eines konventionellen Kraftwerks sind seine jährlichen Vollbenutzungsstunden[68] (Vbh). Es werden zumeist folgende Einteilungen[69] getroffen:

Bezeichnung	Vbh/a	Energieträger
Grundlastkraftwerke	> 7.000	Braunkohle, Uran, Laufwasser, Geothermie
Mittellastkraftwerke	4.500 bis 5.500	Steinkohle
Spitzenlastkraftwerke	< 1.250	Erdgas, Mineralöl, (Pump-)Speicherwasser, Biomasse
EEG-Anlagen	witterungsabhängig*	Sonnen- und Windenergie
Reservekraftwerke	unbestimmt	diverse

* *Onshore*-WE-Anlagen erreichen an guten und sehr guten Standorten rd. 2.000 bis 2.500 Vbh/a (*Offshore*-WE-Anlagen deutlich mehr), PV-Anlagen können an sehr guten Standorten teilweise über 1.200 Vbh/a erreichen (Quelle: R. Paschotta, Artikel „Vollllaststunden" im RP-Energie-Lexikon, Stand 25.11.2014).

Abb. 4:   Einteilung von Kraftwerkstypen nach ihrem Verwendungszweck anhand ihrer durchschnittlichen Vollbenutzungsstunden pro Jahr

Das zum Teil sehr träge Regelverhalten v.a. von thermischen Grundlastkraftwerken (insb. von Braunkohlekraftwerken) erfordert einen nahezu unterbrechungsfreien Betrieb dieser Kraftwerke mit möglichst konstant hoher Leistungsabgabe, um maximal wirtschaftlich zu sein. Sie werden üblicherweise nur zu Revisions- und Reparaturzwecken heruntergefahren.

Die Lastfolgefähigkeit von Kern- und Laufwassergrundlastkraftwerken erlaubt im Gegensatz dazu auch zügigeres Hochfahren und Drosseln. Durch die sehr geringen variablen Kosten während ihres Betriebs können diese Kraftwerksarten hohe spezifische Deckungsbeiträge pro erzeugte Stromeinheit erwirtschaften. Sie laufen daher ebenfalls nahezu unterbrechungsfrei.

Mittellastkraftwerke sind zumeist nur werktags in Betrieb, um die dann vorherrschende vermehrte Stromnachfrage durch industrielle Produktion und andere Geschäftstätigkeiten zu bedienen. Ein Herunter- und Wiederanfahren kann bereits bei Pausenzeiten von mehreren Stunden wirtschaftlich sein.

---

[68]   Die Vollbenutzungsstunden eines Kraftwerks sind der Quotient aus der erzeugten Jahresgesamtstrommenge geteilt durch seine maximale Leistung.

[69]   Einteilung nach Panos Konstantin: Praxisbuch Energiewirtschaft – Energieumwandlung, -transport und -beschaffung im liberalisierten Markt (3. Aufl., 2013, S. 286).

Spitzenlastkraftwerke können binnen weniger Minuten ihr gesamtes Leistungspotenzial abrufen und decken mit ihrer Flexibilität kurzzeitige Lastspitzen ab. Die Lastfolgefähigkeit von (Pump-)Speicherkraftwerken erlaubt im Vergleich aller Kraftwerkstypen die größtmögliche Dynamik. Mittelfristig könnte diese jedoch von Batteriespeichern übertroffen werden. Laufwasser- und (Pump-)Speicherkraftwerke sind zudem i.d.R. schwarzstartfähig, d.h. sie können ihren Betrieb aus dem Stillstand ohne Fremdstrom aufnehmen. Diese Eigenschaft ist im Fall von Stromausfällen besonders wertvoll, da der von Wasserkraftwerken bereitgestellte Strom anderen, nicht schwarzstartfähigen Kraftwerken das Wiederanfahren ermöglichen kann.

2.1.2   Stromübertragung und -verteilung

Der Transport elektrischer Energie ist leitungsgebunden. Eine stabile Übertragung erfordert im kontinentaleuropäischen Verbundnetz[70] die möglichst genaue Einhaltung einer Sollnetzfrequenz von 50 Hertz (Dreiphasenwechselstrom). Um diese Anforderung i.S.d. Versorgungssicherheit zu gewährleisten, muss die in ein Stromnetz eingespeiste elektrische Leistung zu jedem Zeitpunkt der Entnahme (einschließlich Netzübertragungsverlusten) entsprechen. Frequenzschwankungen könnten in der Zukunft durch das bedarfsgerechte Entleeren oder Befüllen elektrischer Speicher eliminiert werden; derzeit fehlen aber noch großtechnische und gleichzeitig wirtschaftliche Lösungen in ausreichendem Ausmaß. Das Angebot von und die Nachfrage nach Strom müssen sich daher zu jedem Zeitpunkt entsprechen. Diese notwendige Gleichzeitigkeit von Erzeugung und Verbrauch sowie die physikalischen Grenzen der netzseitigen technischen Betriebsmittel stellen hohe Anforderungen an den Transport von Elektrizität und ihre Verteilung.

In Deutschland agierten 2015 rd. 880 Stromnetzbetreiber[71]. Die deutschen Stromleitungsnetze werden in die folgenden Spannungsstufen unterteilt:

---

[70]   Verbundnetz, dessen Betrieb ehemals von der UCTE (*Union for the Coordination of Transmission of Electricity*; Union für die Koordinierung des Transports von Elektrizität) als Zusammenschluss von 34 ÜNB aus 22 Ländern koordiniert wurde. Seit 01.07.2009 obliegt diese Verantwortung dem Verband Europäischer Übertragungsnetzbetreiber (*European Network of Transmission System Operators for Electricity – ENTSO-E*) mit Sitz in Brüssel. Er repräsentiert 41 ÜNB aus 34 europäischen Ländern. Stand: 2016.

[71]   BNetzA (2016): Übersicht der Stromnetzbetreiber, Stand: 23.06.2016.

Höchstspannungsnetz	220 bis 380 kV
Hochspannungsnetz	60 bis 220 kV
Bahnstromnetz	110 kV
Mittelspannungsnetz	6 bis 60 kV
Niederspannungsnetz	0,4 kV

Abb. 5:   Netzspannungsebenen im deutschen Stromnetz

Vier Übertragungsnetzbetreiber (ÜNB), teilen sich den Betrieb von insgesamt sechs zusammenhängenden Netzgebieten, die zu vier sog. Regelzonen auf Höchstspannungsebene (380 kV und 220 kV) aggregiert sind. Bei den ÜNB handelt es sich um die Unternehmen: Amprion GmbH, Tennet TSO GmbH, 50Hertz Transmission GmbH sowie TransnetBW. Als (inoffizieller) fünfter ÜNB kann zusätzlich die für das deutsche Bahnstromnetz[72] zuständige DB Energie GmbH genannt werden. Die von den ÜNB betriebenen Netze sind mit enormer Durchleitungskapazität und – aufgrund der hohen Spannung – relativ geringen Übertragungsverlusten die Hauptschlagadern des Stromtransports.

Jeder ÜNB verantwortet das Gleichgewicht von Ein- und Ausspeisungen in seiner Regelzone zur Gewährleistung der Netzstabilität (Spannungs- u. Frequenzhaltung) und ergreift Maßnahmen zur Steuerung oder Wiederherstellung der Versorgung bei Fahrplanabweichungen von Netzeinspeisern oder Netzausspeisern und bei Störfällen (§ 12 EnWG). Alle Netzein- und Netzausspeisestellen sind Lieferanten zugeordnet und bilden zusammengefasst den Bilanzkreis des Lieferanten. Die Lieferanten bewirtschaften diese virtuellen Energiemengenkonten unter der Maßgabe größtmöglicher Ausgeglichenheit der Salden aus Einspeisungen sowie Entnahmen; sie sind die Bilanzkreisverantwortlichen (BKV) gegenüber dem oder den ÜNB, in deren Regelzone sich ihre Netzverknüpfungspunkte befinden. Der ÜNB ist wiederum der übergeordnete Bilanzkreiskoordinator (BKK) für alle Bilanzkreise innerhalb seiner Regelzone. Lieferanten sind im Regelfall Kraftwerksbetreiber oder Stromhändler, in einigen Fällen aber auch Stromgroßverbraucher, die ihre Strombeschaffung in eigener Regie durchführen und möglicherweise über einen direkten Netzanschluss an ein Übertragungsnetz verfügen.

Jeder Lieferant ist als BKV verpflichtet, seine in einem Fahrplan bilanzierten Einspeisungen und Entnahmen ex ante und viertelstundengenau an den oder die jeweiligen ÜNB zu übermitteln.

---

[72]   Abweichend von den üblichen 50 Hertz wird das Bahnstromnetz mit 16,7 Hz betrieben. Seine Betriebsspannung beträgt 110 kV und seine Länge rd. 7400 km.

Kraftwerksbetreiber stellen dafür unter Berücksichtigung zu erwartender Preise auf den Absatzmärkten, der Verfügbarkeit ihrer Erzeugungsanlagen und der jeweiligen variablen Kraftwerkseinsatzkosten (vorwiegend Brennstoffkosten) sowie bereits kontrahierter Lieferverpflichtungen zunächst die aus betriebswirtschaftlichen Gesichtspunkten optimale Einsatzplanung ihrer Kraftwerke zusammen. Dieser im Kraftwerksbereich als *Dispatch* bezeichnete Fahrplan gibt für alle Kraftwerke eines Lieferanten Auskunft darüber, welches Kraftwerk zu welchen Zeiten und unter welcher Last Strom erzeugen soll. Anschließend wird der *Dispatch* vom Lieferanten viertelstundenscharf bis 14:30 Uhr mit den von ihm am Folgetag planmäßig zu produzierenden Strommengen bei demjenigen ÜNB angemeldet, an dessen Regelzone die betreffenden Kraftwerke angeschlossen sind.

Auch für EEG-Anlagen findet die Erstellung des *Dispatchs* Anwendung; allerdings spielen hier die variablen Erzeugungskosten kaum eine Rolle, weil sie vergleichsweise gering oder sogar Null sind; stattdessen werden die Erzeugungsprognosen aus Wettervorhersagen und Wetterstatistiken abgeleitet. Regelbare EEG-Anlagen, wie Biomasse- und Laufwasserkraftwerke mit Stauwasserbecken orientieren ihren *Dispatch* insb. an prognostizierten Hochpreisphasen auf den Absatzmärkten. Diese Flexibilität wird technisch durch die Kombination aus der Speicherfähigkeit des biogenen Brennstoffs bzw. der potenziellen kinetischen Energie des Stauwassers und den hohen spezifischen Abrufgeschwindigkeiten dieser Erzeugungstechnologien (dynamische Lastfolgefähigkeit) ermöglicht.

Stromhändler sind als Lieferanten ebenfalls bilanzkreisverantwortlich gegenüber den ÜNB und melden ihre für den Folgetag gehandelten Lieferungen an die ÜNB. Der bundesdeutsche *Dispatch* konstituiert sich auf diese Weise täglich aus der Gesamtheit der übermittelten Fahrpläne aller Lieferanten in allen vier Regelzonen. Er beschreibt die Stromflüsse aller Einspeise- und Entnahmestellen in zeitlicher und quantitativer Dimension. Auftretende Abweichungen zwischen gemeldeter und tatsächlicher Einspeisung bzw. Entnahme aufgrund von Prognosefehlern führen zu über- oder unterspeisten Bilanzkreisen. Der BKV kann diese Differenzen selbstständig mittels kurzfristigen Handels am Spotmarkt oder durch bilaterale Verrechnungsgeschäfte mit anderen BKV der gleichen Regelzone ausgleichen. Nicht durch den BKV behobene Abweichungen gleicht der ÜNB durch den Einsatz von Regelenergie[73] aus. Die Inanspruchnahme dieser Ausgleichsenergiemengen stellt der ÜNB anschließend dem BKV in Rechnung[74]. Die rechtlichen Grundlagen für die Bilanz-

---

[73] Vgl. dazu unten Abschnitt 3.6.4 (Regelenergie).

[74] Die BNetzA schreibt seit 2012 einen bundesweit einheitlichen Preis (reBAP) vor. Mit dem reBAP werden die Kosten verrechnet, welche den ÜNB durch den Abruf von Regelleistung zur Generierung einer bestimmten Ausgleichsenergiemenge entstehen.

kreisabrechnung finden sich in den MaBiS 2.0[75]. Die Anforderungen an den BKV steigen – nicht zuletzt aufgrund der zunehmenden Einspeisung volatiler erneuerbarer Energien – stetig. Zunehmende Fahrplanabweichungen erhöhen den Bedarf an Regelenergie und kurzfristigen Stromhandelsprodukten. Der Zugang zur Börse ist jedoch kostspielig und erfordert Know-how. Zur Internalisierung der Marktrisiken werden zunehmend Dienstleister in Anspruch genommen, die das Bilanzkreismanagement übernehmen.

Mittels der, den Übertragungsnetzen nachgelagerten, engmaschigeren und weiter verzweigten Netzebenen erfolgt die physische Belieferung der Letztverbraucher mit Strom. Bis auf wenige Ausnahmen übernehmen die VNB diese Aufgabe. Ihre Verteilernetze werden größtenteils aus den Übertragungsnetzen, aber zunehmend auch aus dezentralen Erzeugungsanlagen gespeist. Sie weisen abschnittsweise Hoch-, größtenteils aber Mittel- und Niederspannungsbereiche auf. Betreiber dieser Netze sind häufig Stadtwerke, regionale oder kommunale Gesellschaften mit vergleichbarem Geschäftszweck und große EVU. Aufgabe jedes VNB ist der sichere und zuverlässige Betrieb seiner Netzanlagen zur Belieferung von Endkunden mit Strom. Die Kosten der physischen Belieferung werden dem Endkunden vom VNB für dessen eigene und alle vorgelagerten Netzebenen in Rechnung gestellt[76]. Der Zugang zu Verteilernetzen muss allen Lieferanten und Stromendverbrauchern diskriminierungsfrei gestattet werden.

2.1.3   Stromimport und -export

Die Lage Deutschlands im Kern von Europa sowie seine führende Position bzgl. installierter Kraftwerksleistung, erzeugtem und verbrauchtem Strom markieren seine wichtige Rolle als Stromproduzent, Stromverbraucher und Handelspartner für grenzüberschreitende, innereuropäische Stromflüsse[77]. Der physikalische Stromaustausch erfolgt über die sog. Grenzkuppelstellen (auch Interkonnektoren genannt), die Teile der Übertragungsnetze sind. 2015 tauschte Deutschland mit neun Nachbarländern Stromflüsse aus (Dänemark, Niederlande, Luxemburg, Frankreich, Schweiz, Österreich, Tschechien, Polen, Schweden) und verbuchte einen Exportüberschuss von 51,8 TWh[78].

---

[75]   BK 6, Mitteilung Nr. 8 zur Festlegung „Marktregeln für die Durchführung der Bilanzkreisabrechnung Strom (MaBiS 2.0") v. 04.06.2013, BK6-07-002.

[76]   Vgl. dazu unten Abschnitt 2.2.3 (Strompreis einschließlich Umlagen und Steuern).

[77]   Vgl. dazu auch Abschnitt 3.7.1 (Bedeutung der Grenzkuppelkapazitäten).

[78]   BMWi (2016): Zahlen und Fakten zum Strommarkt der Zukunft, abrufbar unter: https://www.bmwi.de/Redaktion/DE/Dossier/strommarkt-der-zukunft.html, Aufruf am 09.05.2017.

2.1.4   Stromverbrauch

Die Kundengruppen der Letztverbraucher lassen sich nach mehreren Kriterien klas-
sifizieren. Das BKartA teilt die Kundengruppen in leistungsgemessene und nicht
leistungsgemessene Kunden ein. Der Verbrauch leistungsgemessener Kunden wird
durch eine registrierende Leistungsmessung (RLM) erfasst. Mit Hilfe der registrierenden Leistungsmessung lässt sich ein Lastgang ermitteln, der die Leistungsaufnahme des Verbrauchers über einen bestimmten Zeitraum im jeweiligen Zeitpunkt
aufzeigt. Auf der Grundlage des registrierten Lastganges kann der Verbraucher auf
sein Nutzungsverhalten abgestimmte Angebote von Lieferanten einholen und individuelle Strompreise für die Belieferung aushandeln. Aufgrund der mit der Leistungsmessung verbundenen Kosten bieten EVU die registrierende Leistungsmessung erst ab Verbräuchen oberhalb von 100.000 kWh/a an. Der Verbrauchsanteil der
leistungsgemessenen Kunden an der gesamten durch Lieferanten abgegebenen
Strommenge von 427 TWh[79] betrug 2015 rund 62 %. Die Belieferung erfolgte an
361.000 Zählpunkten. Bezogen auf die Gesamtliefermenge, erfolgte die Belieferung
von RLM-Kunden im Jahr 2015 zu 99,7 % über bilateral ausgehandelte Sonderverträge. Nur in Ausnahmen werden RLM-Kunden über den lokalen Grundversorgungstarif beliefert, wohingegen 31,6 % der Gesamtstromliefermenge über Sonderverträge mit dem jeweils lokalen Grundversorger[80] abgewickelt wurden. Die
mengenbezogene Lieferantenwechselquote erreichte im Jahr 2015 rd. 12,6 %
(+1,6 % gegenüber 2014).

Die Gruppe der nicht-leistungsgemessenen Kunden umfasst sämtliche Letztverbraucher, deren Stromnachfrage auf Basis eines synthetischen Standardlastprofils (SLP)
als vereinfachte Verbrauchserfassung abgerechnet wird. Überwiegend handelt es
sich dabei um Haushaltskunden und kleinere Gewerbekunden mit einem Jahresverbrauch von bis zu 100.000 kWh[81]. Ihr Anteil an der aus Verteilernetzen entnommenen Lieferantenmenge betrug 2015 161 TWh. Das synthetische SLP spiegelt das
landesweite durchschnittliche Stromentnahmeverhalten von bestimmten Kundengruppen ohne RLM wider. Für die Berechnung des synthetischen SLP wird das
Verbrauchsverhalten der Vergangenheit herangezogen, um daraus Verbrauchsprog-
nosen für die Zukunft abzuleiten. Für geografisch eingegrenzte Entnahmegebiete
können genauere Prognosen auf Basis von physikalischen Messungen erstellt werden. Die Erstellung dieser sog. analytischen Lastprofile erfordert einen höheren
Aufwand und kommt insb. bei der Dimensionierung neuer Stromnetze zum Einsatz.

---

[79]   Vgl. hier und im Folgenden: BKartA (2016): Monitoringbericht 2016.
[80]   Grundversorger nach EnWG § 36 Abs. 1 Satz 1 ist das EVU in einem Netzgebiet, das die
       Mehrzahl der Haushaltskunden versorgt.
[81]   Gem. § 12 StromNZV.

In Deutschland wurden im Jahr 2015 insgesamt über 600 TWh Strom verbraucht, wovon rd. 36 TWh auf den Eigenverbrauch der Erzeugungsanlagen[82] und rd. 39 TWh auf den Transport und die Verteilung des Stroms sowie den Bedarf von Pumpspeicherkraftwerken zum Befüllen ihrer Speicher entfielen. Die folgende Tabelle schlüsselt die verbliebene Nettostrommenge von 530,7 TWh auf sechs übergeordnete Hauptverbraucherkategorien:

	TWh	%
Bruttostromerzeugung	**651,8**	**100**
Kraftwerkseigenverbrauch	−35,6	5
Stromimportsaldo	−51,8	8
Netzverluste, Pumpstromverbrauch und Nichterfasstes	−33,8	6
Nettostromverbrauch im Inland	**530,6**	**81**
davon:		
Industrie*	245,5	46
Haushalte	132,0	25
Handel und Gewerbe	78,2	15
Öffentliche Einrichtungen	53,5	10
Landwirtschaft	9,7	2
Verkehr	11,7	2
* Bspw. sind für die Herstellung der folgenden Produkte besonders stromintensive Prozesse erforderlich: Aluminium, Stahl, Kupfer und Zink, Dämm- und Kunststoffe, Grundchemikalien, Papier und Karton, Glas, Glasfasern, Zement, Kalk, Gips und Keramik.		

Abb. 6:   Strombilanz der Elektrizitätsversorgung in Deutschland (2015)[83]

Die Differenz zwischen der Nettostromverbrauchsmenge und der Gesamtliefermenge von rd. 103 TWh ist der Eigenversorgung mit Strom durch den Betrieb von Erzeugungsanlagen im unmittelbaren räumlichen Zusammenhang mit den Verbrauchseinrichtungen (und ohne Durchleitung des Stroms durch ein öffentliches Stromnetz) zuzuordnen. Einige Stromgroßverbraucher betreiben unternehmenseigene konventionelle Kraftwerke zur Strom- und Wärmeerzeugung.

---

[82]   Der Kraftwerkseigenverbrauch ist fast ausschließlich auf den Betrieb konventioneller Erzeugungsanlagen zurückzuführen. Betriebsnotwendige und energieintensive Prozesse sind bspw. das Vormahlen von Kohle, der Betrieb von Speisewasserkreisläufen und die Rauchgasreinigung.

[83]   AG Energiebilanzen e.V. (2016): Energieverbrauch in Deutschland im Jahr 2015.

Der Nettostromverbrauch folgte in Deutschland seit 2010 tendenziell einem Abwärtstrend; die größten Rückgänge wurden im Industriesektor erzielt. Als Ursache gelten neben den Auswirkungen der Finanz- und Wirtschaftskrise auch die einsetzende Wirkung von implementierten Effizienzmaßnahmen innerhalb der Produktionsprozesse in Kombination mit einem industriellen Strukturwandel hin zu weniger energieintensiven Produktionsprozessen[84]. Aufseiten kleinerer (meist nichtgewerblicher) Verbraucher begründet sich die rückläufige Verbrauchsentwicklung der vergangenen Jahre durch (neu erlernte) Sparsamkeit aufgrund stark gestiegener Strompreise[85] sowie der zunehmenden Verbreitung eines nachhaltigen Umweltgedankens. Als mögliche Gründe des erneuten Anstiegs im Jahr 2015 werden insb. die insgesamt kühle Witterung und eine weiter erstarkte Konjunktur gesehen[86]. Konjunktur und Stromverbrauch waren in den Statistiken der Vergangenheit eng miteinander korreliert.

2.2 Kostenstrukturen und Preise

2.2.1 Kosten der Stromerzeugung

2.2.1.1 Kapitalkosten

Kapitalkosten sind in der Stromerzeugung im Kern auf die Investitionsausgaben für den Kraftwerksbau und die Bedienung des an die jeweilige Finanzierung geknüpften Kapitaldienstes (insb. Zinszahlungen für Darlehen) und Baunebenkosten zurückzuführen. Baunebenkosten werden häufig auch als Bauherreneigenleistung bezeichnet.

Die Bauherreneigenleistung wird in Literaturangaben meistens pauschal als prozentualer Anteil der Investitionssumme für die fertige Anlage angegeben; sie variiert zwischen 5 % und 21 %[87].

Kapitalkosten stellen einen vom Kraftwerksbetrieb unabhängigen Fixkostenanteil dar. Wichtige Determinanten zur Bestimmung der Kapitalkosten sind neben den reinen Kosten für die Errichtung eines fertigen Kraftwerks, v.a. das Zinsniveau am Kapitalmarkt während der Bau- und Tilgungsphase, die standortabhängigen Kosten für das Baugrundstück und die Herstellung benötigter Infrastruktur sowie die Gebühren des Genehmigungsverfahrens und die Kosten der Erstinbetriebnahme.

---

[84]   BDEW – Entwicklung des Stromverbrauchs in Deutschland, Berlin, 11.03.2015.

[85]   Vgl. dazu unten Abschnitt 2.2.3 (Strompreis einschließlich Umlagen und Steuern).

[86]   Lt. Arbeitsgemeinschaft Energiebilanzen e. V. – Energieverbrauch in Deutschland im Jahr 2015, Stand März 2016.

[87]   Schneider, Lambert: Stromgestehungskosten von Großkraftwerken: Entwicklungen im Spannungsfeld von Liberalisierung und Ökosteuern, Freiburg (1998), S. 15.

Einen Vergleich der spezifischen Investitionskosten der gängigsten Kraftwerksarten im deutschen Strommarkt zeigen die nachfolgenden beiden Tabellen, unterteilt nach konventionellen und erneuerbaren Erzeugungstechnologien:

Konventionelle Erzeugung			
Energie-träger	Kraftwerksart	Mittlere elektrische Blockleistung [MW$_{el}$ brutto]	Spezifische Investitionskosten [EUR/kW$_{el}$]
Braunkohle	Dampfturbinenkraftwerk	950	1.800–1.900
Steinkohle	Dampfturbinenkraftwerk	850	1.600–1.800
Erdgas	Gasturbinenkraftwerk[1]	100	400–550
	GuD-Kraftwerk[2]	400	700–1.000
	BHKW[3]	10	rd. 650
Kernenergie	Leichtwasserreaktor[4]	1.400	rd. 2.800
Wasser	Laufwasserkraftwerk[6]	0,1–100	rd. 6.800
	(Pump-) Speicherkraftwerk[6]	250	700–1.500

[1] Pequot Publishing Inc. – Gas Turbine World Handbook 2014–15, Volume 31: Simple Cycle Prices, S. 39 ff.; PwC-Erfahrungswerte.

[2] Agentur für Erneuerbare Energien (2012): Studienvergleich – Investitionskosten erneuerbarer und fossiler Kraftwerke.

[3] Arbeitsgemeinschaft für sparsamen und umweltfreundlichen Energieverbrauch e.V. (ASUE e.V.): ASUE-BHKW-Kenndaten 2014–2015.

[4] Universität Stuttgart (2010): Wissel/Fahl/Blesl/Voß, Institut für Energiewirtschaft und Rationelle Energieanwendung – Erzeugungskosten zur Bereitstellung elektrischer Energie von Kraftwerksoptionen in 2015.

[5] BDW (2016): Wie hoch sind die Anschaffungs- und Betriebskosten von Wasserkraftwerken?, abrufbar unter: http://bit.ly/1Y8pQy2.

[6] Prof. Dr.-Ing. Frank Pöhler, Geschäftsführer Bayerische Elektrizitätswerke GmbH, auf dem Bayerischen Energiedialog am 10.01.2015: Vortrag Pumpspeicher-Kraftwerke.

Abb. 7:   Spezifische Investitionskosten gängiger konventioneller Kraftwerksarten

Schnellstartende Gasturbinenkraftwerke mit geringen spezifischen Investitionskosten können künftig für Regelenergiezwecke interessant sein. Über den zukünftigen Bedarf für den Zubau konventioneller Mittellastkraftwerke (Steinkohle- und GuD-Kraftwerke) lässt sich gegenwärtig nur schwer eine verlässliche Prognose abgeben. Durch den fortgeschrittenen Ausbau der erneuerbaren Erzeugungstechnologien und die vorrangige Einspeisung ihres erzeugten Stroms, herrscht bereits heute zu vielen Zeiten ein Überangebot an Strom aus diesen Kraftwerkstypen. Nach dem politisch besiegelten Ausstieg aus der Kernenergie[88] ist ein Neubau von Kernkraftwerken in Deutschland ausgeschlossen. Vor dem Hintergrund zentraler Klimaschutzziele gilt ein Folgeausstieg aus der braunkohlebasierten Stromerzeugung in absehbarer Zeit als ebenfalls annähernd sicher[89].

Die Refinanzierung der Investitionsausgaben für den Kraftwerksbau wird infolge sinkender Auslastungsquoten im Bereich der konventionellen Erzeugung zunehmend schwieriger, wodurch sich der Investitionsfokus infolge dieses (sich weiter selbstverstärkenden) Trends deutlich in Richtung der erneuerbaren Erzeugung verschoben hat. Die spezifischen Investitionskosten für in Deutschland typischerweise anzutreffende erneuerbare Erzeugungstechnologien weist die folgende Tabelle aus.

Erneuerbare Erzeugung			
Energieträger	**Kraftwerksart**	**Elektrische Nettoleistung** **[MW$_{el}$]**	**Spezifische Investitionskosten** **[EUR/kW$_{el}$]**
Wind (*onshore*)	Widerstandsläufer[1]	$2 < P \leq 8$	1.100–1.500
Wind (*offshore*)	Widerstandsläufer	$3 < P \leq 8$	3.300–5.000
Solare Strahlung	PVA (Aufdach)[2]	$\leq 0,1$	rd. 1.300
	PVA (Freifläche)[3]	50–150	rd. 1.400
Biomasse	Holzheizkraftwerke[4]	20	rd. 2.350
Biogas	Biogasanlagen[5]	1	rd. 3.500

[1] PwC Berechnungen auf Basis von aktuellen Beobachtungen des deutschen Windmarktes, Kosten ohne Projektentwicklermarge, Stand: November 2016.

[2] Fraunhofer-Institut für Solare Energiesysteme ISE: Aktuelle Fakten zur Photovoltaik in Deutschland auf Datenbasis des Bundesverbandes Solarwirtschaft e.V. (2016).

[3] Internationales Wirtschaftsforum Regenerative Energien (IWR) (2013): Wert basiert auf den im Artikel zur „Eröffnung des Solarparks Neuhardenberg" benannten Projektkosten von 200 Mio. EUR für eine Freiflächen-PV-Anlage mit P_{peak} 145 MW$_{el}$, abrufbar unter: http://www.iwr.de/news.php?id=22174, Aufruf am 21.11.2016.

[4] Universität Stuttgart (2010): Wissel/Fahl/Blesl/Voß, Institut für Energiewirtschaft und Rationelle Energieanwendung – Erzeugungskosten zur Bereitstellung elektrischer Energie von Kraftwerksoptionen in 2015.

[5] Biogasanlage inkl. Fermenter, Biogaszwischenspeicher und BHKW zur Verstromung; Fachagentur Nachwachsende Rohstoffe e.V. (FNR) (2014): Faustzahlen, abrufbar unter: https://biogas.fnr.de/daten-und-fakten/faustzahlen/, Aufruf am 26.10.2016.

Abb. 8:   Spezifische Investitionskosten gängiger EEG-Anlagenarten in Deutschland

---

[88] Vgl. dazu unten Abschnitt 3.5.2 (Ausstieg aus der Kernenergieerzeugung).
[89] Vgl. dazu unten Abschnitt 3.5.3 (Ausstieg aus der Stromerzeugung aus Kohle?).

Im Bereich der erneuerbaren Erzeugungstechnologien ist die Stromerzeugung aus Windenergie an Land (*onshore*) die derzeit günstigste Alternative. Die spezifischen Investitionskosten korrelieren dabei positiv mit der Bauhöhe der WE-Anlagen, die wiederum mit besseren Ertragsaussichten durch steigende mittlere Windgeschwindigkeiten in größerer Höhe in Verbindung steht. Die analoge Erzeugung auf See (*offshore*) ist deutlich kapitalintensiver und stark standortabhängig. Insb. sind die per Seekabel zu überbrückende Entfernung zum nächsten Stromnetzverknüpfungspunkt an Land und die baulich zu erfüllenden Anforderungen an die Anlagenfundamente auf See entscheidende Kostentreiber.

Dank enormer Investitionskostenreduktionen von rd. 75 % im Zeitraum von 2006 bis 2016[90] rangieren PV-Anlagen gegenwärtig auf dem günstigen Niveau mittelgroßer WE-Anlagen. Durch die statisch im Vergleich zu WE-Anlagen unbedenkliche Erweiterungsoption von PV-Anlagen zur Leistungssteigerung in der Ebene ist bei größeren PV-Freiflächenanlagen durch bezugsseitige Skaleneffekte tendenziell noch eine Senkung der spezifischen Investitionskosten anzunehmen. Der Kapitalaufwand für Biomasse-Kraftwerke ist stark vom Anlagentyp abhängig. Entscheidend ist dabei, ob eine Vergärungsanlage zur Brennstofferzeugung, ein Brennstoffvorratsspeicher und ein Gasmotor Teil des Kraftwerks sind, oder ob der Stromerzeugung die Verbrennung eines Festbrennstoffs in einer Dampfkraftanlage zugrunde liegt.

2.2.1.2 Betriebskosten

Zu den Betriebskosten summieren sich alle Kosten auf, die nach der Inbetriebnahme eines fertiggestellten Kraftwerks während seines Betriebs anfallen, exklusive der Kosten für Brennstoffe und CO_2-Emissionen. Zu den erzeugungsunabhängigen fixen Betriebskosten gehören die Personal- und Versicherungskosten. Die Kosten der Wartung- und Instandhaltung entstehen teilweise abnutzungsbedingt im Zuge vermehrter Anlagenlaufzeit, sie verteilen sich daher auf die fixen und variablen Betriebskostenbestandteile. Die im Verbrauch von Roh-, Hilfs- und Betriebsstoffen ursächlichen Kosten sind hingegen unmittelbar an die erzeugte Strommenge gekoppelt und somit reine variable Betriebskosten.

Die nachfolgenden Tabellen weisen ungefähre Richtwerte für die Betriebskosten verschiedener Erzeugungstechnologien aus:

---

[90] Fraunhofer-Institut für Solare Energiesysteme ISE (2016): Aktuelle Fakten zur Photovoltaik in Deutschland auf Datenbasis des Bundesverbandes Solarwirtschaft e.V.

Konventionelle Erzeugung		
Erzeugungstechnologie	Betriebskosten fix [EUR/kW$_{el}$]	Betriebskosten variabel [EUR/MWh$_{el}$]
GuD-Kraftwerk[1]	rd. 19	rd. 2,0
Steinkohlekraftwerk	rd. 35	rd. 4,0
Braunkohlekraftwerk	rd. 39	rd. 4,4
Kernkraftwerk	rd. 55	rd. 0,5
Wasserkraftwerk[2]	rd. 3,5–5 % der Investitionskosten/a	

[1] Universität Stuttgart (2010), Wissel/Fahl/Blesl/Voß, Institut für Energiewirtschaft und Rationelle Energieanwendung: Erzeugungskosten zur Bereitstellung elektrischer Energie von Kraftwerksoptionen in 2015, S. 7.

[2] Bundesverband Deutscher Wasserkraftwerke (BDW) e.V. (2016): Wie hoch sind die Anschaffungs- und Betriebskosten von Wasserkraftwerken?, abrufbar unter: http://bit.ly/1Y8pQy2, Aufruf am 18.11.2016.

Abb. 9:   Fixe und variable Betriebskosten konventioneller Stromerzeugungstechnologien

Erneuerbare Erzeugung	
Erzeugungstechnologie	Durchschnittliche Betriebskosten
Onshore-WE-Anlagen[1]	Betriebsjahre 1–10: 22–25 EUR/MWh$_{el}$ Betriebsjahre 11–20: 25–29 EUR/MWh$_{el}$
Offshore-WE-Anlagen	130–180 TEUR/MW$_{el}$/a
PVA (Aufdach)	rd. 39 EUR/kW$_{el}$/a
PVA (Freifläche)	rd. 34 EUR/kW$_{el}$/a

[1] PwC Berechnungen auf Basis von aktuellen Beobachtungen des deutschen Windmarktes, Stand: November 2016.

Abb. 10:   Durchschnittliche Betriebskosten erneuerbarer Stromerzeugungstechnologien

2.2.1.3   Brennstoffkosten

Zu den Brennstoffkosten eines Kraftwerks vereinen sich alle Kosten, welche mit der Beschaffung von Primärenergieträgern zur elektrischen Verstromung in Zusammenhang stehen. Darin eingeschlossen ist auch der Transport der Brennstoffe bis zum Ort ihrer Verwendung. Brennstoffkosten fallen nur in der konventionellen Stromerzeugung und beim Betrieb von Biomasse-Kraftwerken an. Über das proportionale Verhältnis von erzeugter Strommenge zur benötigten Brennstoffmenge planen Kraftwerksbetreiber ihren Brennstoffeinkauf und nutzen dabei ihre (begrenzten) Vorratskapazitäten als Pufferspeicher zur Beschaffungsoptimierung. Insb. Stein-

kohle, Uran, Erdöl und Erdgas unterliegen als wirtschaftlich transportable Welt-
marktgüter teilweise großen konjunkturellen Preisschwankungen im Verlauf des
Nutzungszeitraumes eines Kraftwerks. Dieser Umstand erschwert die Wirtschaft-
lichkeitsanalysen solcher Kraftwerksarten im Vorfeld von Investitionsentscheidungen. Die nachfolgende Grafik verdeutlicht die Volatilität wichtiger Primärenergieträger im Zeitraum seit dem Jahr 2000 sowie die ebenfalls schwankungsbehaftete
Preisentwicklung von CO_2-Emissionszertifikaten (EUA)[91]:

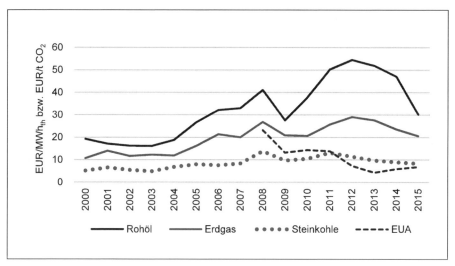

Abb. 11:   Preisentwicklung wichtiger Primärenergieträger und von CO_2-
           Emissionszertifikaten im Zeitraum von 2000 bis 2015[92]

Braunkohle hat einen vergleichsweise hohen Wasseranteil und damit einen geringeren Energieinhalt pro Tonne. Aufgrund der resultierenden hohen spezifischen
Transportkosten wird Braunkohle primär für eine lagerstättennahe Verstromung
eingesetzt. Ein internationaler Handel von Braunkohle existiert kaum. Somit gibt es
auch keinen Marktpreis. Relevant für die Braunkohlekosten in der Verstromung sind
die Förderkosten. Der „Braunkohlepreis" wird i.d.R. in langfristigen Verträgen zwischen dem Tagebaubetreiber und dem Braunkohlekraftwerksbetreiber geregelt.

Die Brennstoffkosten für Biomasse-Anlagen sind zumeist an das lokale Angebot
biogener (Abfall-)rohstoffe geknüpft, da die vergleichsweise geringe Energiedichte

---

[91]   Der Bedeutung der CO_2-Emissionszertifikate widmet sich das anschließende Kapitel.
[92]   BAFA *online* (2016): Entwicklung des Grenzübergangspreises für Erdgas/Monatliche
       Entwicklung der Einfuhr von Rohöl/Drittlandskohlebezüge und durchschnittliche Preise
       frei deutsche Grenze für Kraftwerkssteinkohle; DEHSt *online* (2015): Emissionshandel in
       Zahlen, Stand 17.06.2015.

längere Transportwege unwirtschaftlich werden ließe. Für ihre Beschaffung gibt es keine gemeinsamen (inter-) nationalen Märkte. Sie wird vermehrt kommunal oder genossenschaftlich organisiert, wodurch keine ausreichende Preistransparenz zur Ermittlung eines aussagekräftigen, flächendeckenden Marktpreises gegeben ist.

2.2.1.4   Kosten für CO_2-Emissionen

Mit Einrichtung des Europäischen Emissionshandelssystem (*EU-ETS*) wurde 2005 die Basis für eine Bepreisung klimaschädlicher Gase, darunter insb. CO_2, innerhalb der EU sowie Norwegen, Liechtenstein und Island geschaffen[93]. Durch die Überwachung von ca. 12.000 stationären Emittenten erfasst das *EU-ETS* europaweit gegenwärtig rd. die Hälfte der CO_2-Emissionen[94]. Das zugrundeliegende Oberziel ist dabei die Schaffung eines wirkungsvollen Anreizes zur langfristigen EU-weiten CO_2-Emissionsreduktion in den Bereichen der Energiewirtschaft, der energieintensiven Industrie sowie der Luftfahrt. Mit der Einführung der sog. Emissionszertifikate (*EUA*) wurden große Emittenten von CO_2, darunter auch Betreiber konventioneller Kraftwerke mit einer Feuerungsleistung ≥ 20 MW, progressiv dazu verpflichtet, sich über den börslichen Kauf von *EUA* an den externen Kosten der treibhausgasinduzierten Umweltauswirkungen (beschleunigter Klimawandel) zu beteiligen. Der Besitz einer *EUA* berechtigt zur Emission von einer Tonne CO_2-Äquivalent[95]. Die Anzahl handelbarer *EUA* ist nach oben begrenzt (sog. *Cap and Trade*-Prinzip).

Abhängig vom eingesetzten Brennstoff und dem Wirkungsgrad eines konventionellen Kraftwerks entsteht bei der Verbrennung des Brennstoffs pro erzeugte Output-Einheit an elektrischer Energie eine definierte Menge CO_2. Die in die Atmosphäre emittierten Mengen werden in Deutschland von der Deutschen Emissionshandelsstelle (DEHSt) überwacht. Emissionshandelspflichtige Emittenten sind der DEHSt gegenüber nachweispflichtig (jährliche Emissionsberichte). Durch die Rückgabe erworbener *EUA* an die DEHSt (via speziellem Kontensystem), erfolgt eine monetäre Kompensation der negativen Umweltauswirkungen und gleichzeitig die Entwertung der *EUA*. In den Jahren 2015 und 2016 lag der Preis pro *EUA* bei 6,17 EUR/t CO_2 bzw. 7,80 EUR/t CO_2. Stromproduzenten, Lieferanten und Stromhändler wälzen diese Erzeugungsmehrkosten an die Letztverbraucher. Nach dem politischen Willen soll der *EUA*-Preis mittel- und langfristig steigen. Um Einsparungen auf der Emissionsseite weiter zu forcieren, wurde dafür bereits eine künstliche *EUA*-

---

[93]   Vgl. dazu auch Abschnitt 3.2 (Emissionshandel).

[94]   UBA (2015): Der Europäische Emissionshandel, abrufbar unter: http://bit.ly/1dv5JIG.

[95]   Um die Klimawirkung von weiteren innerhalb des EU-ETS erfassten klimaschädlichen Gasen einfacher quantifizieren zu können, wird diese rechnerisch auf diejenige von CO_2 normiert. Entscheidend ist das sog. *Global Warming Potential* (*GWP*), das Treibhauspotenzial eines bestimmten Gases.

Angebotsverknappung um 1,74 %/a, beginnend mit dem Jahr 2014, bis 2020 (insgesamt 21 % gegenüber 2005[96]) vereinbart. Diese Regelung gilt für alle emissionshandelspflichtigen Sektoren.

2.2.2   Kosten der Stromübertragung und -verteilung

2.2.2.1   Netzentgelte

Für Benutzung ihrer Netze (Stromdurchleitung) erheben die deutschen Stromnetzbetreiber von den Netznutzern Netzentgelte. Netznutzer sind private und gewerbliche Endkunden sowie Stromlieferanten[97]. Mit den Netzentgelten werden die Benutzung der Netzinfrastruktur, die Erbringung von Systemdienstleistungen (Frequenz- und Spannungshaltung, Betriebsführung), die Deckung von Stromnetzverlusten, die Messung und Abrechnung sowie mehrere Umlagen bezahlt[98]. Im Zuge des *Unbundling* wurde die Methodik zur Festlegung zulässiger Netzentgelte in der ab dem 29.07.2005 gültigen StromNEV erstmals gesetzlich geregelt. I.S. eines liberalisierten Strommarktes sollen die darin festgelegten Regularien einen diskriminierungsfreien Netzzugang und eine faire Preisbildung durch die Stromnetzbetreiber, deren Netzgebiete natürliche Monopole darstellen, garantieren. Jeder Stromnetzbetreiber (ÜNB und VNB) muss seine Netzentgelte *online* einsehbar vorhalten.

Netzentgelte setzen sich grds. aus zwei Hauptpreiskomponenten zusammen. SLP-Kunden bis zu einer Jahresbezugsmenge von 100.000 kWh kann ein synthetisches Standard-Lastprofil (Erfahrungswerte der VNB) unterstellt werden. Der VNB erhebt von diesen Netzkunden einen pauschalen Grundpreis (EUR/a) und einen mit der entnommenen Strommenge multiplizierten spezifischen Arbeitspreis (Ct/kWh). Für RLM-Kunden (Jahresbezugsmenge i.d.R. oberhalb der vorgenannten 100.000 kWh-Grenze) werden ¼-h-Leistungsmessungen an der Entnahmestelle aus dem Stromnetz durchgeführt. Aus der Aneinanderreihung aller Messwerte eines Jahres ergibt sich die Bezugsstruktur eines RLM-Kunden, der sog. individuelle Lastgang. Dieser hat entscheidenden Einfluss auf die Gesamthöhe der Netzentgelte eines RLM-Kunden.

Der Stromnetzbetreiber legt seine zum Stromtransport eingesetzten Betriebsmittel (z.B. Leitungen, Transformatoren, Schaltanlagen) anhand von Auswertungen aggregierter Lastgänge und daraus resultierenden gleichzeitigen Höchstlasten an bestimmten Punkten innerhalb seines Netzes (Lastflussanalyse) aus. Die repräsentativen Kosten der Vorhaltung ausreichend dimensionierter Betriebsmittel werden den RLM-Kunden in Form eines Leistungspreises in Rechnung gestellt (stellvertretend

---

[96]   DEHSt (2015): Emissionshandel und die Aufgaben der DEHSt, S. 8.
[97]   Vgl. dazu unten Abschnitt 7.3 (Handel und Beschaffung einschließlich Bilanzkreisverantwortliche).
[98]   Vgl. dazu unten Abschnitt 2.2.3 (Strompreis einschließlich Umlagen und Steuern).

für den Grundpreis bei SLP-Kunden). Dazu wird der spezifische Leistungspreis (EUR/kW*a) mit der Jahreshöchstlast der RLM-Kunden multipliziert, er bezieht sich auf den Zeitraum eines Kalenderjahres. Hinzu tritt ein rein von der Entnahmestrommenge abhängiger Arbeitspreisanteil (spezifisch in Ct/kWh). Teilweise wird ein zusätzliches Entgelt für die Bereitstellung von Blindleistung erhoben. Dieses spielt, wie auch die anfallenden Entgelte für Messung und Abrechnung, gegenüber den Arbeits- und Grund- oder Leistungspreisanteilen eine untergeordnete Rolle.

Bestimmte Netzkunden können von vergünstigten Netznutzungskonditionen (sog. individuellen Netzentgelten[99]) profitieren[100], sofern ihre Lastgänge ein atypisches, zugunsten der Netzstabilität besonders netzdienliches Entnahmeverhalten belegen. Hierfür muss innerhalb eines Kalenderjahres entweder sehr gleichmäßig eine Strommenge ≥ 10 GWh entnommen werden oder eine relative Reduktion der individuellen Höchstlast durch den RLM-Kunden zu Zeiten besonderer Netzbelastung[101] gewährleistet sein.

Die Festlegung der Netzentgelte beruht auf einer sog. Erlösobergrenze, die von der BNetzA oder der zuständigen LRegB für jeden Netzbetreiber auf Basis nachgewiesener betriebsnotwendiger Kosten berechnet und festgelegt wird. Die zugrundeliegenden Regularien sind durch die ARegV vorgegeben.

Das ökonomische Grundprinzip der Anreizregulierung basiert darauf, Wettbewerb in natürlichen Monopolen zu simulieren und die Stromnetzbetreiber zu motivieren, stetig besser bzw. kostengünstiger zu wirtschaften und zu investieren. Ausgangspunkt für die Festlegung der Erlöse ist ein Effizienzvergleich der Netzbetreiber untereinander[102]. Ausgehend von den vorgegebenen Erlösen ist der Netzbetreiber motiviert, seine Kosten möglichst gering zu halten[103].

Im Zuge der Energiewende werden verschiedene weitere Finanzierungskosten auf die Letztverbraucher gewälzt. Die Stromnetzbetreiber wurden vom Gesetzgeber ermächtigt, zusätzlich zu den Netzentgelten gewisse verbrauchsabhängige Umlagen von ihren Netznutzern einzuziehen und abzuführen[104].

---

[99] Gem. § 19 Abs. 2 Satz 1 und 2 StromNEV.

[100] Die Reduktion kann bis zu 80 % gegenüber den regulär zu zahlenden Nutzungsentgelt ausmachen.

[101] Diese sog. Hochlastzeitfenster werden individuell durch den Stromnetzbetreiber auf Basis seiner Netzbelastung in der Vergangenheit ermittelt und veröffentlicht.

[102] BNetzA, Anreizregulierung von Strom- und Gasnetzbetreibern: Das Prinzip des simulierten Wettbewerbs, abrufbar: http://bit.ly/2p5Hwzx.

[103] Vgl. PwC (Hrsg.), Regulierung in der deutschen Energiewirtschaft, 4. Aufl. Band I, Regulierung in der deutschen Energiewirtschaft, Abschnitt 7.3.1; S. 321.

[104] Auf diese Preisbestandteile wird in Abschnitt 2.2.3 (Strompreis einschließlich Umlagen und Steuern) näher eingegangen.

2.2.2.2 Einflussfaktoren auf die Netzentgelte

Infolge der Einführung regulierter Stromnetzentgelte im Jahr 2005 sanken die Netzentgelte in Deutschland zunächst durch die neugeschaffenen Anreize zu mehr Effizienz im Netzbetrieb und den Abbau von volkswirtschaftlich unerwünschten Monopolrenditen. Seit 2012 ist ein erneuter, stetiger Anstieg zu verzeichnen. Als Hauptursachen gelten allgemein Investitionen in den Netzausbau und ein steigender Dienstleistungsbedarf zur Aufrechterhaltung der Versorgungssicherheit[105] auf Seiten der ÜNB. So entrichteten bspw.

- Haushaltkunden bis 3.500 kWh/a 2015 durchschnittlich 6,51 Ct/kWh,

- Gewerbekunden mit Abnahmefall durchschnittlich 50 MWh/a 5,77 Ct/kWh und

- Industriekunden im Abnahmefall durchschnittlich 24 GWh/a 2,12 Ct/kWh[106].

Verschiedene Faktoren bedingen regionale Unterschiede in der Höhe der Netzentgelte. Dabei spielen sowohl klassische Prinzipien der Netzwerkökonomie (Kostenvorteil bei hoher Nutzer- bzw. Netzdichte) als auch konjunkturelle (Kostenvorteil bei hoher Netzauslastung insb. durch Industriebetriebe) und betriebswirtschaftliche Phänomene (hohe bilanzielle Abschreibungskosten neuerer Stromnetzkomponenten in den neuen Bundesländern) sowie im Speziellen die Anforderungen der Energiewende gewichtige Rollen. Außerdem werden zunehmend (relativ kleinere) dezentrale Erzeugungsanlagen in die bestehenden Netze integriert[107]. Längere Leitungswege verursachen dabei überwiegend im Norden – aufgrund der für Windenergienutzung guten Standortbedingungen – durch die dortige überdurchschnittliche WE-Anlagendichte erhöhte Kosten. Weiteren Einfluss haben attraktive Stromeigenversorgungsmodelle, bei denen der erzeugte Strom erst gar nicht in das öffentliche Stromnetz eingespeist, sondern erzeugungsnah direkt verbraucht wird.

Im Fall dezentraler Einspeisung kann der Einspeiser zudem die Erstattung vermiedener Netzentgelte[108] wegen Nichtbenutzung überlagerter Spannungsebenen geltend machen. Diese für die Einnahmen der Netzbetreiber tendenziell unvorteilhaften Entwicklungen müssen von den Letztverbrauchern in Form erhöhter Netzentgelte kompensiert werden.

---

[105] Siehe auch unten Abschnitt 3.6 (Versorgungssicherheit).
[106] BNetzA (2016): Mengengewichtete Standardfälle gem. Monitoringbericht 2015, S. 114/115.
[107] Vgl. dazu oben Abschnitt 2.1.1.2 (Erneuerbare Stromerzeugung).
[108] Vgl. PwC, (Hrsg.), Regulierung in der deutschen Energiewirtschaft, 4. Aufl. Band I, Abschnitte 7.3.2, S. 348 und.7.3.4.1, S. 371.

Die höchsten Netzentgelte werden gegenwärtig in ländlichen Regionen des deutschen Nordens und Ostens erhoben. Stadtregionen im Süden und Westen bilden das günstige Pendant. Im NEP 2024 und dem *Offshore*-Netzentwicklungsplan (O-NEP) 2024 prognostiziert die BNetzA Kosten von rd. 18 Mrd. EUR bzw. 15 Mrd. EUR für den mittelfristigen Ausbau der Übertragungsnetze[109], um einen sicheren Betrieb im Zieljahr 2024 garantieren zu können. Die projektierten Hauptmaßnahmen verlaufen darin vertikal entlang der Nord-Süd-Korridore und sollen einen bedarfsgerechten Belastungsausgleich zwischen den Erzeugungszentren aus Wind im Norden und Sonne im Süden herstellen. Die Auswirkungen des Netzausbaus auf den Strompreis lassen sich derzeit nur sehr vage quantifizieren.

2.2.3   Strompreis einschließlich Umlagen und Steuern

Strompreise in Deutschland setzen sich aus 10 verschiedenen Bestandteilen zusammen. Gut die Hälfte (54 %) des vom Haushalts- oder Industriekunden zu zahlenden Strompreises besteht aus Umlagen und Steuern. Die Strompreise steigen seit Jahren tendenziell an[110].

2.2.3.1   Welche Umlagen und Steuern werden erhoben?

Im Jahr 2000 setzte sich der Haushaltsstrompreis aus insgesamt sechs Bestandteilen zusammen. Der Anteil der staatlich veranlassten Umlagen lag bei 37 %. Knapp zwei Drittel des Strompreises konnte der Strombeschaffung, dem Vertrieb und den Netzkosten zugeordnet werden. Im gleichen Jahr bestand der Strompreis für Industriekunden aus fünf Bestandteilen, davon knapp 9 % Abgaben und Umlagen. Die folgende Abb. zeigt die Entwicklung der Strompreise für Haushalte und Industriekunden von 2000 bis 2016 sowie die enthaltenen Bestandteile:

---

[109]   BNetzA, Was kostet der Netzausbau? Stand v. 04.09.2015, ohne Berücksichtigung möglicher Mehrkosten durch Erdverkabelung oder andere nicht-konventionelle Technologien, abrufbar unter: http://bit.ly/2pUCkTb.

[110]   Vgl hier und im Folgenden: BDEW (2016): BDEW-Strompreisanalyse Mai 2016 – Haushalte und Industrie, S. 12 ff.

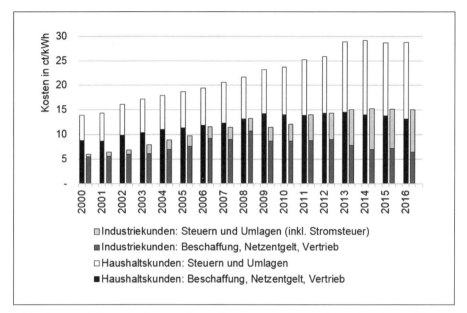

Abb. 12:   Entwicklung der Strompreise für Haushalts- und Industriekunden seit 2000[111]

Die Grafik verdeutlicht zum einen, dass der Strompreis für Haushaltskunden (bezogen auf einen Jahresverbrauch von 3.500 kWh) im Laufe der letzten 16 Jahre stetig
angestiegen ist. Ein leichter Rückgang ist seit 2015 zu verzeichnen. Von 2000 bis
2014, mit dem bislang höchsten Strompreis für Haushaltskunden von 29,14 Ct/kWh,
ist der insgesamt zu zahlende Strompreis um 110 % gestiegen. Zum anderen ist
ersichtlich, dass der Anstieg des Gesamtpreises insb. auf den stetig gewachsenen
Block der Umlagen und Steuern zurückzuführen ist. Der Anteil des Strompreises,
der auf Beschaffung, Netzentgelt und Vertrieb entfällt, ist hingegen unterproportio-
nal gestiegen und schwankt seit einigen Jahren um 14 Ct/kWh.

Für die Industriekunden zeigt das Diagramm grds. die gleiche Entwicklung (unterstellter Jahresverbrauch zwischen 0,16 GWh und 20 GWh, Mittelspannung, Abnahmefälle: Zwischen 100 kW/1.600 Vbh und 4.000 kW/4.000 Vbh). Der Gesamt-
strompreis liegt allerdings deutlich unter dem Preis für Haushaltskunden.

Die folgende Tabelle zeigt, welche Umlagen und Steuern in Deutschland auf den
Strompreis erhoben werden:

---

[111]   BDEW (2016): BDEW-Strompreisanalyse Mai 2016 – Haushalte und Industrie, S. 12 ff.

Bezeichnung	erhoben seit	Haushalts-kunden	Industrie-kunden
Konzessionsabgabe[1]	1941	X	X
EEG-Umlage[2]	2000	X	X
KWKG-Umlage	2000	X	X
§ 19 StromNEV-Umlage	2012	X	X
Offshore-Haftungsumlage	2013	X	X
AbLaV-Umlage	2014	X	X
Stromsteuer	1999	X	X
Umsatzsteuer	1968	X	–[3]

[1] Gem. Anordnung über die Zulässigkeit von Konzessionsabgaben der Unternehmen und Betriebe zur Versorgung mit Elektrizität, Gas und Wasser an Gemeinden und Gemeindeverbände v. 04.03.1941 (RAnz 1941, Nr. 57, 120).

[2] Ursprüngliche Einführung einer Umlage zur Finanzierung der Förderung der Stromerzeugung aus erneuerbaren Energien mit der Urfassung des EEG zum 01.04.2000. Mit Erlass der AusglMechV trat zum 01.01.2010 eine Änderung in Kraft, nach welcher diese Umlage in ihrer jährlich veränderlichen Höhe bundesweit vereinheitlicht wurde und fortan als EEG-Umlage bezeichnet wird.

[3] Vorsteuerabzug

Abb. 13: Umlagen und Steuern auf den Strompreis

Den o.g. verschiedenen Umlagen liegen jeweils Gesetze und Rechtsverordnungen zugrunde, auf welche an dieser Stelle nicht vertiefend eingegangen wird[112].

Haushalte und Industrieunternehmen unterliegen grds. den gleichen Abgabenlasten. Die durchschnittlich zu zahlende Höhe der Umlagen ist jedoch für die Industrieunternehmen in Deutschland aufgrund zahlreicher beanspruchbarer Entlastungsmechanismen geringer als für die deutschen Haushalte. Die untenstehende Tabelle zeigt, wie hoch die im Jahr 2016 durchschnittlich gezahlten Umlagen und Steuern jeweils für Haushalte (unterstellter Jahresverbrauch von 3.500 kWh) und Industrieunternehmen (unterstellter Jahresverbrauch zwischen 0,16 GWh und 20 GWh, Mittelspannung, Abnahmefälle: zwischen 100 kW/1.600 Vbh und 4.000 kW/4.000 Vbh) sein wird:

---

112 Siehe dazu PwC (Hrsg.) Regulierung in der deutschen Energiewirtschaft, 4. Aufl. 2015, Kap. 8.

Bezeichnung	Haushalts-kunden [Ct/kWh]	Industrie-kunden [Ct/kWh]	Differenz [Ct/kWh]
Konzessionsabgabe	1,66	0,110	−1,550
EEG-Umlage[1]	6,354	6,354	0
KWKG-Umlage	0,445	0,280	−0,165
§ 19 StromNEV-Umlage	0,378	0,240	−0,138
Offshore-Haftungsumlage	0,040	0,030	−0,010
AbLaV-Umlage[2]	0	0	0
Stromsteuer	2,050	1,537	−0,513
Umsatzsteuer	4,590	0,000	−4,590

[1] Vergünstigungen der EEG-Umlage, die in der Betrachtung teilweise auch enthaltenen privilegierten Industriekunden im Rahmen der Besonderen Ausgleichsregelung zugutekommen, sind im ausgewiesenen Wert nicht berücksichtigt.

[2] Die AbLaV-Umlage betrug 2016, anders als in den Vorjahren, null.

Abb. 14: Höhe der durchschnittlich zu zahlenden Umlagen im Vergleich (2016)[113]

Die Übersicht zeigt, dass Industrieunternehmen deutlich niedrigere Umlagen zahlen. Dabei ist zu beachten, dass in diese Betrachtung lediglich Unternehmen eingegangen sind, die höchstens 20 GWh Strom verbrauchen. Ein privilegiertes Industrieunternehmen hat in Deutschland im Durchschnitt einen Stromverbrauch von rd. 50 GWh/a. Würden alle Industrieunternehmen in die obige Betrachtung eingeschlossen, würden die Umlagen für Industrieunternehmen, insb. die EEG-Umlage, niedriger ausfallen. Um die bestehenden Entlastungsmöglichkeiten in Anspruch nehmen zu können, müssen die Unternehmen verschiedene Voraussetzungen erfüllen.

2.2.3.2 Struktur der Preisbestandteile und Einflussgrößen

Im Folgenden werden die einzelnen Preisbestandteile und ihre Einflussgrößen erläutert. Dabei sollen zunächst die äußeren Gründe für die Höhe bestimmter Preisbestandteile beleuchtet werden. Im Anschluss wird für jeden Bestandteil dargestellt, ob verbraucherseitige Reduzierungsmöglichkeiten bestehen.

Kosten für Beschaffung und Vertrieb

Der Preisbestandteil für Beschaffung, Netzentgelt und Vertrieb ist für Haushaltskunden von knapp 9 Ct/kWh im Jahr 2000 auf rd. 14 Ct/kWh im Jahr 2009 gestie-

---

[113] BDEW (2016): BDEW-Strompreisanalyse Mai 2016 – Haushalte und Industrie, S. 23 ff.

gen[114]. Scit 2009 schwankt die Höhe dieses Preisbestandteils zwischen 13 und 14,5 Ct/kWh. Die Netzentgelte werden seit 2006 (geregelt durch die *Unbundling-Richtlinien* der EU) durch die Netzbetreiber erhoben und sind getrennt von den Kosten für Beschaffung und Vertrieb zu betrachten. Der Preisbestandteil, der die Kosten für Beschaffung und Vertrieb abdecken soll, wird maßgeblich durch die Börsenstrompreise beeinflusst.

Industrieunternehmen zahlen einen deutlich niedrigeren Preis für die Beschaffung, die Netzentgelte und den Vertrieb[115]. Im Jahr 2000 betrugen die Kosten für diesen Preisbestandteil rd. 5 Ct/kWh. Bis 2008 stieg der Preis auf den bisherigen Höchststand von rd. 11 Ct/kWh. Seit dieser Zeit sinkt der Preisbestandteil und schwankt zwischen 7 und 9 ct/kWh. Die Netzentgelte werden für Industrieunternehmen nicht als separater Preisbestandteil erfasst.

Die nachfolgende Darstellung zeigt die Entwicklung des Börsenstrompreises seit August 2008 (Terminmarkt: Monats-*Futures Baseload*):

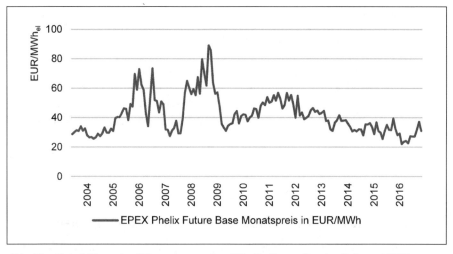

Abb. 15:   Entwicklung des Börsenstrompreises (*Phelix Future Base*) seit August 2003

Die Entwicklung des Preisbestandteils für Beschaffung und Vertrieb läuft demnach grds. parallel zur Entwicklung der Börsenstrompreise. Die Endkundenpreise reagieren zumeist nicht unmittelbar auf Schwankungen, da die Versorger ihren für den Vertrieb benötigten Strom i.d.R. im Zeitraum von rd. drei Jahren vor der physischen

---

[114]   BDEW (2016): BDEW-Strompreisanalyse Mai 2016 – Haushalte und Industrie, S. 7 ff.
[115]   Gründe hierfür sind u.a. die Entnahme des Stroms aus höheren Netzspannungsebenen, geringere Vertriebsmargen, Mengenrabattierungen etc.

Erfüllung tranchenweise beschaffen und dadurch eine Preisglättung herbeigeführt wird. Auf den Preisbestandteil des Strompreises, der auf Beschaffung und Vertrieb entfällt, haben die Endverbraucher letztlich keinen Einfluss. Der Versorger legt fest, wie hoch dieser Preisbestandteil ist. Einzig die Möglichkeit eines Versorgerwechsels kann als Einflussmöglichkeit betrachtet werden.

Steuern

Elektrische Energie wird seit dem 01.04.1999 mit einer Stromsteuer belegt. Der Regelsteuersatz beträgt seit dem 01.01.2003 2,05 Ct/kWh[116]. Die Stromsteuer wird beim Versorger erhoben und auf den Endkunden abgewälzt. Die Steuereinnahmen insgesamt beliefen sich im Jahr 2015 auf rd. 6,6 Mrd. EUR[117].Während das Stromsteuergesetz für Haushaltskunden keine Ermäßigungs- oder Befreiungstatbestände vorsieht, können Industriekunden die durch die Stromsteuer verursachte Steuerlast reduzieren. Unternehmen des produzierenden Gewerbes können unter bestimmten Voraussetzungen die Steuerentlastungen der §§ 9a, 9b und 10 StromStG in Anspruch nehmen. Der durchschnittlich von Industrieunternehmen gezahlte Steuersatz beträgt so lediglich 1,535 Ct/kWh. Die Entlastung geschieht rückwirkend, d.h. das Unternehmen muss nachweislich versteuerten Strom verbraucht haben. Die Entlastung gem. § 9b StromStG kann von jedem Unternehmen des produzierenden Gewerbes genutzt werden. Das Unternehmen muss versteuerten Strom für betriebliche Zwecke entnommen haben. Die Steuerentlastung beträgt dann 0,513 Ct/kWh.

Weitere Umlagen

Die weiteren Umlagen, die – wie oben erläutert – einen großen Strompreisbestandteil bilden, speziell die EEG-Umlage, die KWKG-Umlage, die *Offshore*-Haftungsumlage und die § 19 StromNEV-Umlage, sind für Haushaltskunden nicht beeinflussbare Größen. Diese vier Umlagen dienen jeweils dazu, ein umweltpolitisches Ziel zu erreichen.

Die EEG-Umlage wird den Letztverbrauchern berechnet, um die Lasten des Ausbaus der erneuerbaren Energien gerecht auf alle Verbraucher zu verteilen. Die Höhe der EEG-Umlage wird jährlich für das nächste Jahr von den ÜNB errechnet und veröffentlicht. Eine wichtige Einflussgröße ist die EEG-Förderung, die voraussichtlich für produzierte und eingespeiste EEG-Strommengen gezahlt wird. Da die EEG-Umlage für stromintensive Unternehmen eine große Kostenbelastung darstellt und

---

[116] BMF (2014): Entwicklung der Energie- (vormals Mineralöl-) und Stromsteuersätze in der Bundesrepublik Deutschland, abrufbar unter: http://bit.ly/2pZUiU6, Aufruf am 27.10.2016.

[117] BMF (2016): Steuereinnahmen (ohne reine Gemeindesteuern) nach Steuerarten, Stand: 27.01.2016, abrufbar unter: http://bit.ly/2oJYe6x.

somit Unternehmen, die in Deutschland produzieren, gegenüber Unternehmen im europäischen Ausland benachteiligt sind, hat der Gesetzgeber die Möglichkeit geschaffen, die zu zahlende EEG-Umlage für Unternehmen bestimmter Wirtschaftszweige und unter Erfüllung bestimmter Voraussetzungen zu begrenzen. Durch die Begrenzung der EEG-Umlage für große Stromverbraucher steigt in Folge die Höhe der EEG-Umlage für die nicht privilegierten Letztverbraucher.

Ein Unternehmen muss nach § 64 Abs. 1 EEG 2017 in erster Linie die folgenden Kriterien erfüllen, um eine Begrenzung der EEG-Umlage beantragen zu können:

- Das Unternehmen muss zu einem der festgelegten Wirtschaftszweigen gehören,
- das Unternehmen muss im letzten Geschäftsjahr an einer Abnahmestelle mind. 1 GWh umlagepflichtigen Strom selbst verbraucht haben und
- seine Stromkostenintensität (maßgebliche Stromkosten anteilig an seiner Bruttowertschöpfung) muss im gleichen Geschäftsjahr mind. 14 % (in bestimmten Branchen 29 %) betragen haben.

Die KWKG-Umlage wird seitens der Stromnetzbetreiber gegenüber Letztverbrauchern erhoben, um die Kosten umzuwälzen welche den Stromnetzbetreibern durch die Förderung von Kraft-Wärme-Kopplungs- und Kraft-Wärme-Kälte-Kopplungs-Anlagen, Wärme- und Kältenetzen sowie Wärme- und Kältespeichern entstehen.

Die *Offshore*-Haftungsumlage wird ebenfalls von den Netzbetreibern bei Letztverbrauchern erhoben, um die zusätzlichen Kosten zu decken, die den Netzbetreibern dadurch entstehen, dass diese den Betreibern von WE-Anlagen auf See eine Entschädigung zahlen, sobald die WE-Anlagen betriebsbereit sind, jedoch keinen Strom ins Netz einspeisen können.

Die § 19 StromNEV-Umlage wird vom Netzbetreiber erhoben, um die Kosten auszugleichen, die aufgrund von individuellen Vereinbarungen über zu zahlende (reduzierte) Netzentgelte mit Stromverbrauchern entstehen. Unternehmen des produzierenden Gewerbes können die Höhe dieser Umlagen ebenfalls begrenzen. Dazu musste das Unternehmen bisher gegenüber dem Netzbetreiber den Nachweis erbringen, dass die Stromkosten im Verhältnis zum Umsatz des Unternehmens mind. 4 % ausmachen. Im Zuge der KWKG-Novelle[118] wurde dieser Nachweis abgelöst. Die Begrenzung der Umlagen ist ab dem Jahr 2017 daran geknüpft, ob das Unternehmen bereits bei der EEG-Umlage privilegiert ist.

---

[118] Vgl. Fn. 56; zum RegE v. 19.10.2016, abrufbar unter: http://bit.ly/2p6ol8C, Aufruf am 15.4.2017.

Die Konzessionsabgabe ist in ihrer Höhe von der Größe (Einwohnerzahl) der jeweiligen Stadt bzw. Gemeinde abhängig. Die Konzessionsabgabe wird den Letztverbrauchern für die Nutzung öffentlicher Verkehrswege für die Verlegung von Leitungssystemen der Stadt bzw. Gemeinde in Rechnung gestellt. Die Konzessionsabgabe kann von Haushaltskunden ebenfalls nicht beeinflusst werden. Sondervertragskunden können eine Befreiung von der Zahlungspflicht erwirken. Dazu muss gegenüber dem Netzbetreiber der Nachweis erbracht werden, dass der gezahlte durchschnittliche Strompreis unter dem seitens der Netzbetreiber ermittelten und veröffentlichten Grenzpreises liegt.

Die obigen Ausführungen zeigen, dass Einflussmöglichkeiten der Letztverbraucher auf die Höhe der zu zahlenden Stromkosten vorhanden sind. Industriekunden und Sondervertragskunden, kurz stromintensive Unternehmen, erfüllen die gesetzlich geforderten Voraussetzungen zur Begrenzung gewisser Kostenbestandteile im Gegensatz zu Haushaltskunden mit einer höheren Wahrscheinlichkeit. Haushaltskunden haben außer dem Versorgerwechsel kaum eine Möglichkeit, ihren Strompreis zu beeinflussen, es sei denn, sie produzieren ihren Strom (teilweise) selbst. Die nicht privilegierten Kunden – i.d.R. die Haushaltskunden – tragen die den Unternehmen gewährten Privilegierungen mit.

2.3   Preisbildung auf dem deutschen Strommarkt

2.3.1   Die unterschiedlichen Preisbildungsmechanismen

Auf dem Strommarkt gelten einerseits die Spielregeln des Marktes, andererseits greifen die staatlichen Behörden und der Gesetzgeber in die Preisbildung ein. Aus vielen verschiedenen Kraftwerken kommt der Strom zunächst als Handelsware an den Großhandelsmarkt. Handelsplätze in Deutschland sind die *EEX* in Leipzig und der freie Handel. Das Angebot der Stromproduzenten trifft auf die Nachfrage weiterverteilender Versorgungsunternehmen, Stromhändler, industrieller Großkunden und Banken.

Die nachstehende Abb. gibt einen Überblick über die relevanten Märkte und Produkte[119]:

---

[119]   Konstantin, P., Praxisbuch Energiewirtschaft – Energieumwandlung, -transport und -beschaffung im liberalisierten Markt, 3. Aufl. 2013, S. 48.

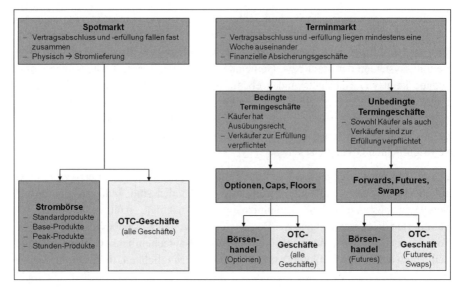

Abb. 16:   Arten von Produkten und Geschäften (inkl. OTC) (eigene Darstellung)

2.3.1.1   Over The Counter (OTC-Handel)

Der *OTC*-Handel bezeichnet grds. den außerbörslichen Handel mit Strom. Dies bedeutet, dass die Marktakteure den Stromhandel bilateral abwickeln, der Handel erfolgt sozusagen „Über den Tresen" (*„Over the Counter"*). *OTC*-Geschäfte werden überwiegend telefonisch oder über elektronische Handelsplattformen (z.B. *ICAP, GFI Group, Tullet Prebon*) von Maklern (*Brokern*) getätigt. Heute wird ein Großteil des gehandelten Stromes am bilateralen *OTC*-Markt gehandelt, was vielerlei Gründe hat:

- Durch den direkten und bilateralen Austausch zwischen Handelsteilnehmern ist es möglich, individuell zugeschnittene Kontrakte und Kontraktspezifikationen auszuhandeln.

- Beim *OTC*-Handel können die Handelsteilnehmer schnell auf Kursschwankungen reagieren, da im Gegensatz zum Börsenhandel keine festen Handelszeiten bestehen.

- Zudem fallen i.d.R. keine Entgelte oder Gebühren an (bis auf die Gebühren eines Maklers, falls ein solcher die Transaktion vermittelt hat), die beim Handel an der Börse entrichtet werden müssen.

- Die Einschaltung eines Maklers erlaubt es, dessen Erfahrungen zu nutzen und Transaktionskosten zu senken.

Risiken beim *OTC*-Handel liegen – neben allgemeinen Marktrisiken – insb. im Kontrahentenausfall- und Zahlungsrisiko. Bspw. besteht das Risiko, dass ein Handelsteilnehmer seinen Lieferverpflichtungen nicht nachkommen kann; das Ausfallrisiko trägt dann der Vertragspartner. Des Weiteren besteht die Gefahr, dass ein Vertragspartner während oder nach erfolgter Lieferung mit seinen Zahlungen in Rückstand gerät oder sogar ganz ausfällt (z.B. aufgrund von Zahlungsunfähigkeit oder Insolvenz). Insgesamt ist der *OTC*-Handel gegenüber dem Börsenhandel weniger transparent (bspw. werden keine Orderbücher geführt) und nicht so stark reguliert[120]. Eine Möglichkeit, die Risiken des *OTC*-Handels zu minimieren, bietet die *ECC*, die auch die Abwicklung von *OTC*-Geschäften über ihre *Clearing*-Stelle anbietet.

2.3.1.2 Börsenhandel

Die Deckung der nicht über den *OTC*-Handel gedeckten Stromnachfrage erfolgt über die Spot- und Terminmärkte der *EEX*, an deren Handelsgeschäften die Mehrheit der europäischen Länder beteiligt ist.

Der Handel mit Strom an Börsen gewann insb. durch die Liberalisierung des Energiemarktes an Bedeutung. So entstanden die ersten Strombörsen in Skandinavien (Gründung *Nordpool* im Jahr 1996) und in Deutschland (Gründung *EEX* im Jahr 2000 – Fusion mit der LPX im Jahr 2002). Die in Leipzig ansässige *EEX* ist der für Deutschland und Europa relevante Börsenplatz. An ihr partizipieren inzwischen über 200 Börsenteilnehmer aus 19 Ländern. Seit Januar 2015 ist die *EEX* auch Mehrheitsaktionär der französischen Strombörse *Powernext* AG. Zum Tagesgeschäft der *EEX* zählt der langfristige Terminhandel, wohingegen der kurzfristige Spothandel 2008 in die *EPEX Spot* als 50%-ige Tochtergesellschaft der *EEX* AG und *Powernext* AG ausgegründet wurde. Inzwischen wird die *EPEX Spot* zu 51 % von der *EEX*-Gruppe sowie zu 49 % von der HGRT-Holding – einem Zusammenschluss der Übertragungsnetzbetreiber RTE, TenneT und Elia – gehalten[121].

Das Volumen des Terminmarktes hat sich von rd. 910 TWh im Jahr 2012 auf rd. 1.750 TWh im Jahr 2015 nahezu verdoppelt, parallel dazu hat sich auch das

---

[120] Bspw. gelten die regulatorischen Vorgaben aus der Finanzmarktrichtlinie (Richtlinie 2004/39/EG des Europäischen Parlaments und des Rates v. 21.04.2004 über Märkte für Finanzinstrumente – MiFID I) für geregelte Märkte (Börsen) und multilaterale Handelssysteme (MTF), an denen Finanzinstrumente gehandelt werden, nicht aber für Geschäfte im Rahmen des bilateralen *OTC*-Handels. An dieser Stelle erlauben wir uns jedoch den Hinweis, dass auch für den *OTC*-Handel, soweit dieser als außerbörslicher Handel verstanden wird und – statt an einer Börse – über eine Brokerplattform erfolgt, entsprechende regulatorische Vorgaben gelten, wenn und soweit die Brokerplattform als MTF zu qualifizieren ist.

[121] *EPEX SPOT online* (2016): Geschichte von EPEX SPOT, abrufbar unter: https://www.epexspot.com/de/Unternehmen/Geschichte_von_EPEX_SPOT_new.

Handelsvolumen am Spotmarkt seit 2012 um rd. 15 % auf 300 TWh im Jahr 2015 erhöht. In beiden Märkten zusammengenommen entsprach das Handelsvolumen in etwa der 3,4-fachen inländischen Stromverbrauchsmenge von rd. 600 TWh. Zwei gegenläufige Entwicklungen waren dabei zu beobachten: Der Anteil des Spotmarkt-Handelsvolumens am Gesamthandelsvolumen von Spot- und Terminmarkt sank innerhalb der letzten Jahre (2012: 28 %, 2015: 17 %), während die Umsatzerlöse des Spotmarktes in demselben Zeitfenster stetig stiegen. Erwirtschaftete der Spotmarkt 2015 bereits rd. 44 % der gesamten Erlöse der Stromsparte der *EEX* im deutsch-österreichischen Marktgebiet, so lag er 2012 noch bei 19 %[122]. Diese Entwicklung ist insb. durch die wachsende Notwendigkeit kurzfristig verfügbarer Ausgleichsenergie infolge nicht gedeckter Erzeugungsprognosen aufgrund fluktuierender EEG-Erzeugung zu erklären. Damit einhergehen Preisspitzen durch Verknappung und die Inanspruchnahme flexibler Alternativerzeugungskapazitäten (z.B. Gaskraftwerke).

Der Spotmarkt (*EPEX Spot*) dient dem Handel mit kurzfristig lieferbaren, physisch zu erfüllenden Strommengen für Deutschland/Österreich, der Schweiz und Frankreich; seit 2016 zählt auch Luxemburg zu diesem Gebiet. Auf dem Spotmarkt können kurzfristig auftretende Differenzen zwischen Erzeugung und Verbrauch ausgeglichen werden. Neben dem *Day-Ahead*-Markt existiert seit Juli 2007 mit dem *Intraday*-Markt zusätzlich die Möglichkeit, Strom am Liefertag selbst zu handeln. Der *Intraday* Handel stellt grds. die letzte Möglichkeit dar, um kurzfristige Schwankungen (z.B. bei Kraftwerksausfällen oder von der Prognose abweichende Verbrauchsänderungen) auszugleichen, ohne den Regelenergiemarkt oder den *Yesterday* Handel in Anspruch nehmen zu müssen[123]. Seit Juli 2015 können Stunden- und Viertelstundenkontrakte sogar bis zu 30 Minuten vor ihrer physischen Erfüllung gehandelt werden[124]. Die klassischen *Intraday*-Produkte (Stunden-, Viertelstunden-, *Baseload*- und *Peakload*-Blockkontrakte) werden kontinuierlich gehandelt. Dabei werden alle Aufträge im Orderbuch ständig auf ihre Ausführbarkeit geprüft und mit dem ersten korrespondierenden Gegenauftrag zu einem Handelsabschluss zusammengeführt. Alle eingehenden Aufträge werden nach Preis-Zeit-Priorität im elektronischen Orderbuch aufgenommen, d.h. nach höchstem Kauflimit und niedrigstem Verkaufslimit, gefolgt von der zeitlichen Eingabe.

Der *Intraday*-Handel ist ganzjährig rund um die Uhr geöffnet und beginnt jeweils um 15:00 Uhr (für Stunden- und Blockkontrakte) bzw. um 16:00 Uhr (für Viertelstundenkontrakte) des Folgetags. Handelsende ist 30 Minuten vor Lieferbeginn des letzten Kontraktes für den jeweiligen Liefertag (z.B. 23:15 Uhr für die

---

[122] *EEX* (2013 bis 2016): Auswertung der Geschäftsberichte 2012 bis 2015.
[123] Wie Strombörsen funktionieren – Thüga, 2016.
[124] *EPEX SPOT online* (2016): Geschichte von EPEX SPOT, abrufbar unter: http://www.epexspot.com/en/company-info/History_of_EPEX_SPOT_new.

Erfüllung eines Kontraktes im Zeitfenster von 23:45 Uhr bis 0:00 Uhr). Die Preisspanne für eine MWh liegt bei ± 9.999 EUR/MWh[125]. Ende 2014 wurde zusätzlich zum kontinuierlichen *Intraday*-Handel die tägliche 15-Minuten-*Intraday*-Auktion eingeführt[126]. Um 15:00 Uhr des Vortags findet damit eine Auktion für die 96 Viertelstunden des Folgetags statt, welche innerhalb einer Preisspanne von ± 3.000 EUR/MWh gehandelt werden können[127].

Das zweite Handelssegment des Börsenhandels umfasst den Terminhandel und damit den langfristigen Handel mit Strommengen. Der Terminmarkt dient den Handelsteilnehmern insb. zur langfristigen Preisabsicherung; die Verkäufer können sich am Terminmarkt frühzeitig ihre Verkaufspreise sichern, die Käufer ihre Beschaffungskosten im Voraus fixieren.

Am Terminmarkt der *EEX* werden mittels standardisierter Derivate langfristige Absicherungsgeschäfte auf den Strompreis getätigt. Die Hälfte der 2015 am Terminmarkt gehandelten rd. 1.815 TWh Strom sind allerdings sog. *Trade Registrations* – außerbörslich abgeschlossene Geschäfte, welche zum Zwecke des *Clearings* an der Börse registriert werden können. Die standardisierten Terminprodukte der *EEX* sind ausschließlich finanzieller Natur. Die Erfüllung einer physischen Stromlieferung über börsengehandelte Terminmarktgeschäfte ist im Marktgebiet Deutschland/Österreich ausgeschlossen. Gehandelt werden i.W. unbedingte (*Futures*) und bedingte (*Options*) Derivate.

Phelix Futures werden von Montag bis Freitag, 8.00 bis 18.00Uhr, gehandelt und können für die Lastprofile *Baseload*, *Peakload* und *Off-Peak* erworben werden. Wählbare Lieferperioden sind die nächsten 34 Tage (*Phelix Day Future*), die nächsten fünf Wochenenden (*Phelix Weekend Future*), die laufende und die nächsten 4 Wochen (*Phelix Week Future*), der laufende und die nächsten neun Monate (*Phelix Month Future*), die nächsten elf Quartale (*Phelix Quarter Future*) sowie die nächsten sechs Jahre (*Phelix Year Future*) – wobei ausschließlich die nächsten drei Jahre als liquide Produkte handelbar sind. Am Erfüllungstag des *Future*-Geschäfts muss der Verkäufer/Käufer die Differenz zwischen vereinbartem Preis und Schlussabrechnungspreis finanziell ausgleichen[128].

---

[125] *EPEX online* (2016): Operational Rules.

[126] *EPEX SPOT online* (2016): Geschichte von EPEX SPOT, abrufbar unter: http://www.epexspot.com/en/company-info/History_of_EPEX_SPOT_new.

[127] *EPEX SPOT online* (2016): Produkte, abrufbar unter: https://www.epexspot.com/de/produkte/intradayauction/deutschland, Aufruf am 27.10.2016.

[128] *EEX* (2016a): Kontraktspezifikationen, abrufbar unter: https://www.eex.com/de/produkte/kohle/kontraktspezifikationen, Aufruf am 27.10.2016.

Zusätzlich zu den klassischen Futures besteht die Möglichkeit, Optionen zu handeln; dabei wird zwischen sog. *Call*- und *Put*-Optionen unterschieden[129]:

- *Call*-Optionen: Der Käufer einer *Call*-Option hat das Recht, aber nicht die Pflicht, eine bestimmte Menge Strom vom Verkäufer des *Calls* zu einem vorher vereinbarten Preis zu kaufen. Der Verkäufer eines *Calls* hingegen hat die Pflicht, bei Ausübung der Option durch den Käufer die vereinbarte Menge Strom zu dem vorher vereinbarten Preis zu verkaufen.

- *Put*-Optionen: Der Käufer einer *Put*-Option hat das Recht, aber nicht die Pflicht, eine bestimmte Menge Strom zu einem vorher vereinbarten Preis dem Verkäufer der *Put*-Option zu verkaufen. Der Verkäufer der *Put*-Option hingegen hat die Pflicht, bei Ausübung der Option durch den Käufer eine bestimmte Menge Strom zu dem vorab vereinbarten Preis zu kaufen.

Seit September 2015 existiert des Weiteren der *Germany-Intraday-Cap-Week-Future*. Dabei handelt es sich um ein standardisiertes finanzielles *Future*-Produkt zur Absicherung gegen *Peak*-Preise am deutschen *Intraday*-Markt, wobei das Auszahlungsprinzip demjenigen einer Option entspricht. Erzeuger von Strom aus erneuerbaren Energien müssen am *Intraday*-Markt im Falle von Abweichungen zwischen vorhergesagter und tatsächlicher Erzeugung als Preisnehmer auftreten, um Fehlmengen zu beschaffen und damit Ausgleichsenergiekosten zu vermeiden. Dies resultiert in *Peak*-Preisen, gegen die sich Erzeuger erneuerbarer Energien abzusichern versuchen. Anbieter flexibler Erzeugungsanlagen hingegen können *Cap-Futures* verkaufen und gesicherte Leistung garantieren, um die kurzfristige Nachfrage zu befriedigen.

Der *Cap-Week-Future* kann für die 168 Stunden der aktuellen sowie der folgenden vier Wochen und einen festgelegten *Cap* von 60 EUR/MWh erworben werden. Den Basiswert des Kontraktes stellt der *Intraday*-Preisindex *ID₃-Index* dar – der volumengewichtete Durchschnitt aller Stunden- und Viertelstundenkontrakte innerhalb von drei Stunden vor der Lieferstunde. Dies gewährleistet die Abbildung von Knappheitssignalen und stellt eine ausreichende Robustheit des Index sicher. Ausschließlich Stunden, in denen der *ID₃-Index* oberhalb des *Cap* liegt, führen zu einer Auszahlung in Höhe der Differenz des ID₃-Index und des *Cap*. Alle anderen Stunden werden mit einer Auszahlung von Null bewertet[130].

---

[129] *EEX* Produktbroschüre, 2011.
[130] *EEX* (2016a): Kontraktspezifikationen; *EEX* (2016): *Cap-Futures*.

Am 04.10.2016[131] hat der Handel mit Wetterderivaten an der *EEX* begonnen. Damit wird den Handelsteilnehmern die Möglichkeit geboten, sich gegen Volumenrisiken bei der Windstromerzeugung abzusichern. Dazu werden die sog. *Wind-Power Futures* eingeführt, die nach der Einführung der *Cap-Futures* das zweite Energiewendeprodukt an der *EEX* ist. Der *Wind-Power-Future* adressiert – anders als der *Cap-Future* – Volumenrisiken, die Anlagenbetreibern, aber auch Akteuren am *Day-Ahead*-Markt durch die fluktuierende Einspeisung von Windstrom entstehen. Das neue Produkt ist ein Index-*Future*, für den die *EEX* Wochen-, Monats-, Quartals- und Jahresfälligkeiten anbietet. Für die Abrechnung greift die *EEX* auf den von der *Eurowind* GmbH in Köln berechneten Wind-Power Index für Deutschland und Österreich zurück. Dieser Index beschreibt die Ist-Einspeisung von Strom aus Windkraftanlagen in Deutschland und Österreich relativ zur installierten Kapazität auf Basis eines modellbasierten Ansatzes. Dieser sog. Lastfaktor wird stündlich aus Wetterdaten des Deutschen Wetterdienstes bzw. der österreichischen Zentralanstalt für Meteorologie und Geodynamik (ZAMG) berechnet und bezieht sämtliche in Deutschland und Österreich installierten Windkraftanlagen ein[132].

2.3.1.3 Preisbildung an der Börse

An der Börse gehen Gebote mit individuellen Mengen- und Preisanliegen von den jeweiligen Marktteilnehmern ein. Verkäufer teilen ihre lieferbare Strommenge und den von ihnen erwünschten Mindestpreis mit, während Käufer ihre benötigte Menge und den Höchstpreis für die nachgefragte Menge Strom nennen. In folgender Abb. ist zu sehen, wie über die eingehenden Gebote an der Börse, Nachfrage und Angebot übereinangebracht werden[133]:

---

[131]   Abrufbar unter: http://bit.ly/2c6F7j7.
[132]   IWR Online.
[133]   PwC (eigene Darstellung).

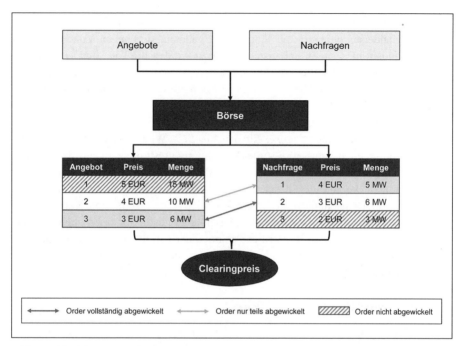

Abb. 17:   Preisbildung über die Börse (eigene Darstellung)

Bei der *EEX* treffen die Gebote für den Spothandel im Orderbuch ein und werden durch den Marktbetreiber auf Ausführbarkeit geprüft und nach Möglichkeit nach dem Meistausführungsprinzip glattgestellt. Bei diesem Verfahren wird der *Clearing*-Preis ermittelt, zu dem die maximale Zahl an Kontrakten umgesetzt werden kann. Warum und wie es zu diesem *Clearing*-Preis kommt wird durch die *Merit-Order* verdeutlicht. Die *Merit-Order* beschreibt in der Energiewirtschaft die Einsatzreihenfolge der stromproduzierenden Kraftwerke auf einem Stromhandelsplatz, um die wirtschaftlich optimale Stromversorgung zu gewährleisten.

Die für jeden Zeitpunkt eingegangenen Angebote und Nachfragen werden nach steigenden Preisen aufgelistet. Dadurch ergibt sich eine treppenförmige ansteigende Angebotskurve und eine umgekehrt verlaufende Nachfragekurve. Wegen der geringen Preiselastizität des Strombedarfs fällt die Nachfragekurve sehr stark. Während CO_2-Zertifikate die Angebotskurve in der Vergangenheit nach oben geschoben haben, haben die Anlagen zur Erzeugung erneuerbarer Energien die Kurve wiederum nach rechts verrückt. Zur genaueren Erläuterung stellt die folgende Abb. die Merit Order der Stromhandelsgebote dar[134]:

---

[134]   PwC (eigene Darstellung).

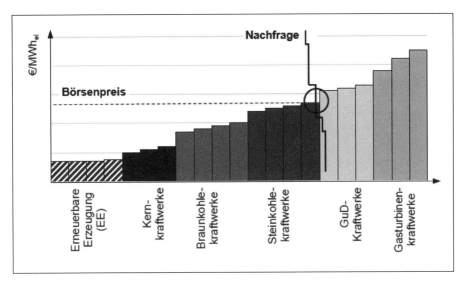

Abb. 18: *Merit-Order* (eigene Darstellung)

Der Aufbau der *Merit-Order* stellt sich in den letzten Jahren wie folgt dar:

- An erster Stelle stehen Erzeugungsanlagen für erneuerbare Energien (z.B. PV- und Windkraftanlagen), da ihre variablen Kosten nahezu bei Null liegen (u.a. weil keine Brennstoffkosten anfallen); damit liegen die Grenzkosten auch bei nahe Null.

- Danach folgen Kernkraftwerke, die sehr niedrige variable Kosten aufweisen.

- Im Zuge des deutlichen Absinkens der CO_2-Zertifikatspreise nehmen aktuell Kohlekraftwerke die Position hinter den Kernkraftwerken ein.

- Am Ende der *Merit-Order* stehen GuD- und Gaskraftwerke – ausschlaggebend hierfür sind die verhältnismäßig hohen Brennstoffkosten dieser Anlagen.

Die Einsatzreihenfolge der stromproduzierenden und an der Börse anbietenden Kraftwerke wird grundlegend durch ihre variablen Kosten (Grenzkosten[135]) bestimmt. Dabei werden die Kraftwerke entsprechend ihrer variablen Kosten aufgelistet bis die Stromnachfrage an der Börse gedeckt ist. Innerhalb der Auktion werden Kauf- und Verkaufsgebote preislich absteigend zu einer Nachfragekurve und preislich aufsteigend zu einer Angebotskurve sortiert und in einem zweidimensionalen Koordinatensystem übereinandergelegt, wobei die Angebots- und Nachfragemengen horizontal auf der x-Achsen und die korrespondierenden Preise vertikal auf der y-Achse abgetragen werden. Am Schnittpunkt der beiden Kurven

---

[135] Vgl. dazu unten Abschnitt 3.5.1 (Veränderung des Kraftwerksparks).

ergibt sich bei vertikalen Verlängerung auf die x-Achse die insgesamt gehandelte Strommenge sowie bei horizontalem Abtrag auf die y-Achse der für alle bezuschlagten Handelsvolumina stündliche Einheitspreis (sog. *Market Clearing Price*). Im Ergebnis führt die *Merit-Order* dazu, dass das letzte Kraftwerk, das noch einen Zuschlag erhält, den Preis für alle Anbieter bestimmt.

Die Preisspanne für eine MWh Strom bewegte sich in der Vergangenheit von negativen 500 EUR/MWh bis zu positiven 3.000 EUR/MWh[136]. Durch die verpflichtende bevorzugte Einspeisung des Stroms aus EEG-Anlagen sowie deren Grenzkosten nahe bzw. gleich Null, kann es zeitweise zu einem Überangebot an Elektrizität und daraus resultierend zu negativen Börsenstrompreisen kommen. In diesen Fällen erhalten die Nachfrager von Strom zusätzlich zur Abnahme einen entsprechenden Geldbetrag. Wurden 2014 insgesamt 64 Stunden negativer Preise registriert, waren es 2015 bereits 123 Stunden. Mit der wachsenden Anzahl und Erzeugungskapazität von EEG-Anlagen im Strommarkt wird sich dieses Phänomen künftig verstärken. Der Stromexport in andere Länder könnte dazu beitragen, dem Phänomen negativer Börsenstrompreise entgegen zu wirken, was allerdings den Ausbau der verbindenden Interkonnektoren voraussetzt.

Der in den dezentralen Anlagen mit erneuerbaren Energien erzeugte Strom (sog. „Grünstrom") wird vom jeweiligen Verteilernetzbetreiber abgenommen und anschließend an einen der vier ÜNB weitergeleitet. Diese bewirtschaften sog. EEG-Konten, von denen die feste EEG-Vergütung für die einzelnen Anlagenbetreiber abgeht. Vermarkten nun die ÜNB den abgenommenen Grünstrom an der Börse, können sie keine Gewinne generieren, da der Börsenpreis deutlich unter der festen EEG-Vergütung liegt, die an die Anlagenbetreiber ausgezahlt wird. Um diese Differenz ausgleichen zu können, erhalten die ÜNB die EEG-Umlage, die letztendlich auf die Endverbraucher umgewälzt wird. Der Grünstrom verdrängt somit in gebündelter Form Strom aus konventionellen Erzeugungsanlagen und aus Gaskraftwerken, da diese aufgrund der höheren Brennstoffkosten in der *Merit-Order* nachrangig sind. Aufgrund dieses *Merit-Order*-Effekts stehen derzeit eine Reihe moderner, hocheffizienter Gaskraftwerke still, auch eines der modernsten und effektivsten Gaskraftwerke in Irsching/Bayern lässt sich nicht wirtschaftlich betreiben[137].

---

[136] Bei stark ungewöhnlichen Preisen kann eine zweite Auktion durch die Börse eröffnet werden. Dies ist jedoch sehr untypisch.

[137] Auswirkungen des *Merit-Order*-Effekts auf Strompreise für Verbraucher, 2015.

2.3.3   Ausblick auf zukünftige Entwicklungen

Es kann davon ausgegangen werden, dass die Liquidität und Bedeutung des Kurzfristhandels zunehmen wird. Dies liegt u.a. daran, dass mit dem durch die BReg im StrommarktG verankerten neuen Strommarktdesign die einzelnen Strommärkte stärker miteinander verzahnt und zunehmend flexibilisiert werden sollen. Auch wurde das Ziel der freien Preisbildung in das EnWG mit aufgenommen. In § 1a Abs. 1 EnWG heißt es: „Der Preis für Elektrizität bildet sich nach wettbewerblichen Grundsätzen frei am Markt. Die Höhe der Preise für Elektrizität am Großhandelsmarkt wird regulatorisch nicht beschränkt."

Die zunehmende Regulierung auf den Strombörsen, u.a. auch auf der *EEX,* wird die künftige Entwicklung prägen. So sind die Handelsteilnehmer aufgrund von Regulierungsinitiativen auf EU-Ebene verpflichtet, umfangreiche Daten an die Aufsichtsbehörden mitzuteilen. Die im Dezember 2011 in Kraft getretene *REMIT* soll dazu beitragen, die Transparenz auf den Energiegroßhandelsmärkten zu erhöhen. Im Rahmen der *REMIT* sind die Handelsteilnehmer dazu verpflichtet, ihre Handelsdaten offen zu legen und zu melden. Diese Handelsdaten werden von der Agentur für die Zusammenarbeit der Energieregulierungsbehörden (*ACER*) überwacht, um gegen Manipulationen und Insiderhandel vorgehen zu können[138].

Auch künftige Regulierungsvorhaben – insb. auf europäischer Ebene – haben einen nicht unerheblichen Einfluss auf den börslichen Handel bzw. die Handelsaktivitäten einzelner Unternehmen an den Strombörsen haben erhebliche Auswirkungen auf bestehende Geschäftsmodelle. So werden durch die anstehenden Änderungen der europäischen Finanzmarktrichtlinie[139], die bis Anfang 2018 in nationales Recht umzusetzen sind, die regulatorischen Anforderungen an Unternehmensorganisation, Risikomanagement, Lizenzpflicht und Kapitalausstattung künftig auch für kleinere Handelsunternehmen gelten, falls deren Tätigkeiten in den Anwendungsbereich der Finanzmarktrichtlinie (bzw. des KWG) fallen. Als Konsequenz daraus könnten diese Unternehmen überlegen, sich aus dem Stromhandel zurückzuziehen, mit negativen Folgen für die Marktliquidität insgesamt.

---

[138] *EEX*-Geschäftsbericht 2015.
[139] Richtlinie 2016/1034 des Europäischen Parlaments und des Rates v. 23.06.2016 zur Änderung der Richtlinie 2014/65/EU über Märkte für Finanzinstrumente (MiFID II) sowie die Verordnung 2016/1033 des Europäischen Parlaments und des Rates v. 23.06.2016 zur Änderung der Verordnung Nr. 600/2014 über Märkte für Finanzinstrumente, der Verordnung Nr. 596/2014 über Marktmissbrauch und der Verordnung Nr. 909/2014 zur Verbesserung der Wertpapierlieferungen und -abrechnungen in der Europäischen Union und über Zentralverwahrer (MiFIR).

Es ist offensichtlich, dass diese und andere regulatorische Eingriffe in den (börslichen) Stromhandel – bspw. die Einführung von Registrierungs- und Transaktions-
meldepflichten für die Marktteilnehmer zur Erhöhung der Transparenz am Energiegroßhandelsmarkt[140] – das Verhalten der am Energiegroßhandelsmarkt bzw. am
börslichen Handel aktiven Teilnehmer – nachhaltig prägen und erheblichen Einfluss
auf derzeit bestehende, aber auch auf künftige Geschäftsstrategien haben werden.

2.4   Preisaufsicht

2.4.1   Kartellrechtliche Preisaufsicht

Bei ihrer Preisbildung haben die Erzeugungsunternehmen und sonstigen Teilnehmer
im Stromhandel eine Vielzahl an Vorgaben zu beachten, die von verschiedenen
Behörden auf nationaler sowie auf EU-Ebene überwacht werden. Für kartellrechtliche Missbrauchsregelungen zuständige Behörden sind in Deutschland das BKartA
und auch die EU-Kommission. Fernen spielen die BNetzA, die Handelsüberwachungsstelle der *EEX* sowie die BaFin im Rahmen der Preisaufsicht wichtige Rollen.
Seit Ende 2012 setzt die MTS auf nationaler Ebene die sich aus der *REMIT* ergebenden Monitoring- und Sanktionsaufgaben um. Die Koordination erfolgt auf gemeinschaftlicher Ebene durch die EU-Agentur für die Zusammenarbeit der Energieregulierungsbehörden (*ACER*).

Die nationalen Finanzmarktaufsichtsbehörden werden von der Europäischen Wert-
papier- und Marktaufsichtsbehörde koordiniert[141].

Im Kartellrecht besteht die Möglichkeit zur Preisaufsicht auf Basis des Verbots, eine
marktbeherrschende Stellung zu missbrauchen[142]. Danach ist es marktbeherrschenden Unternehmen insb. untersagt, Entgelte zu fordern, die von denen abweichen, die
sich bei wirksamem Wettbewerb mit hoher Wahrscheinlichkeit einstellen würden[143].
Adressat des Missbrauchsverbots sind also nur marktbeherrschende Unternehmen;
Unternehmen die nicht marktbeherrschend sind, können ihre Strompreise und sonstigen Bedingungen unabhängig von den Vorgaben der kartellrechtlichen Missbrauchsaufsicht bestimmen.

---

[140]   Verordnung Nr. 1227/2011 des Europäischen Parlaments und des Rates v. 25.10. 2011
        über die Integrität und Transparenz des Energiegroßhandelsmarkts (*REMIT*).
[141]   Monopolkommission, Sondergutachten 65, Energie 2013: Wettbewerb in Zeiten der
        Energiewende, S. 94.
[142]   Allgemein geregelt in § 19 und speziell für leitungsgebundene Strom- und Gasversorgung
        in § 29 GWB sowie auf EU-Ebene in Art. 102 AEUV.
[143]   Vgl. § 19 Abs. 2 Nr. 2 GWB.

Ein Unternehmen ist marktbeherrschend, soweit es als Anbieter oder Nachfrager von Leistungen auf dem relevanten Markt entweder ohne Wettbewerber ist, keinem wesentlichen Wettbewerb ausgesetzt ist oder eine im Verhältnis zu seinen Wettbewerbern überragende Stellung besitzt[144]. Ferner vermutet § 18 Abs. 4 GWB, dass ein Unternehmen marktbeherrschend ist, wenn es einen Marktanteil von mind. 40 % hat („Einzelmarktbeherrschung"). In Betracht kommt neben der Einzelmarktbeherrschung aber auch eine gemeinsame Marktbeherrschung durch zwei oder mehrere Unternehmen („Duopol" oder „Oligopol"). Ein Duopol bzw. Oligopol liegt – vereinfacht gesagt – dann vor, wenn zwischen zwei oder mehreren Unternehmen auf dem relevanten Markt kein wesentlicher Wettbewerb existiert und die Unternehmen gemeinschaftlich eine im Verhältnis zu ihren Wettbewerbern zumindest überragende Marktstellung besitzen[145].

Der Deutsche Stromerzeugungs- und Großhandelsmarkt ist in der jüngeren Vergangenheit von kartellbehördlicher Seite intensiv untersucht worden. So führten sowohl die EU-Kommission als auch das BKartA jeweils intensive Untersuchungen im Rahmen von Sektoruntersuchungen, Missbrauchs- und Fusionskontrollverfahren durch; zuletzt das BKartA in seiner Sektoruntersuchung Stromerzeugung und Stromgroßhandel von 2009 bis 2011. Jeweils kamen die Behörden zu dem Ergebnis, dass in Deutschland im Bereich der Stromerzeugung einige Unternehmen eine marktbeherrschende Stellung besitzen. Das BKartA vertrat etwa in 2003 im Rahmen der Untersagung der Übernahme der Stadtwerke Eschwege durch ein Unternehmen des E.ON-Konzerns die Auffassung, dass E.ON und RWE bei der Belieferung von sog. Weiterverteilern mit Strom in Deutschland einen marktbeherrschenden Duopol bilden[146]. Bestätigt wurde diese Entscheidung vom OLG Düsseldorf (2007) sowie vom BGH (2008). Auch die EU-Kommission sowie die Monopolkommission kamen 2007 zu dem Ergebnis, dass RWE und E.ON marktbeherrschend sind. Im Abschlussbericht seiner Sektoruntersuchung Stromerzeugung und Stromgroßhandel vom Januar 2011 befand das BKartA dann, dass von den vier großen Kraftwerksbetreibern in Deutschland jedenfalls RWE, E.ON und Vattenfall, wahrscheinlich aber auch EnBW, jeweils allein auf dem Markt für den Erstabsatzmarkt von Strom, der sich geografisch auf Deutschland und Österreich erstreckt, marktbeherrschend

---

[144] Vgl. § 18 Abs. 1 GWB.
[145] Vgl. § 18 Abs. 5 GWB.
[146] OLG Düsseldorf, Beschluss v. 06.07.2007, VI-2 7/04, E.ON/Eschwege; BGH, Beschluss v. 11.11.2008, KVR 60/07, E.ON/Eschwege, S. 25; vgl. BKartA, Beschluss v. 12.09.2003, E.ON/EAM/Eschwege, B 8 – 21/03, S. 11 ff; BKartA, Sektoruntersuchung Stromerzeugung und Stromgroßhandel, Januar 2011 – Zusammenfassung, S. 6.

wären[147]. Dieses Ergebnis überraschte u.a. deshalb, weil bislang von kartellbehördlicher Seite ein Erzeugungsduopol bzw. Erzeugungsoligopol angenommen wurde.

Da die „großen vier" Stromerzeugungsunternehmen nach Veröffentlichung der Sektoruntersuchung im Januar 2011 weitere Erzeugungskapazitäten veräußert oder stillgelegt haben und zudem der Anteil an konventioneller Erzeugung zugunsten der Erzeugung aus erneuerbaren Energien seit der Sektoruntersuchung weiter stark gesunken ist, kann es zumindest als fraglich gelten, ob es aktuell im Bereich des Marktes für den Erstabsatz von Strom noch marktbeherrschende Unternehmen in Deutschland gibt. So kam auch die Monopolkommission in ihren nachfolgenden Untersuchungen zuletzt in 2015 zu dem Ergebnis, dass keine Anhaltspunkte für relevante Marktmacht im Stromerstabsatzmarkt in Deutschland und Österreich vorliegen[148]. Mit Blick auf zu erwartende Kraftwerksstillegungen äußerte die Monopolkommission allerdings, dass sich dieser Befund zukünftig ändern könne[149].

Neben dem Erstabsatz für Strom ging das BKartA zuletzt vom Bestehen zwei weiterer, hiervon zu trennender sachlicher Erzeugungsmärkte aus, nämlich dem Markt für das Angebot von Regelenergie und dem Markt für EEG-geförderten Strom[150]. Die Vermarktung des EEG-geförderten Stroms sei dabei nicht wettbewerblich organisiert, sondern erfolge unabhängig von Nachfrage und Preissignalen. Entsprechend ist hier für eine kartellrechtliche Missbrauchsaufsicht kein Bedarf. Dies dürfte sich ändern, je stärker EEG-Strom wettbewerblich in den Markt gebracht wird; etwa im Wege der Direktvermarktung.

Ferner ist nach Auffassung des BKartA die Vermarktung von Regelenergie aufgrund spezifischer Angebots- und Nachfragebedingungen ebenfalls nicht Teil des Erstabsatzmarktes für Strom, sondern ein eigenständiger, in drei sachliche Teilmärkte (Primär-, Sekundär- und Minutenregelenergie) untergliederter Markt. Zur Frage der geografischen Marktabgrenzung des Regelenergiemarktes äußerte sich das BKartA nicht konkret. Es ist allerdings davon auszugehen, dass die geografische Abgrenzung nicht – wie der Erstabsatzmarkt – Deutschland und Österreich erfasst, sondern eher kleiner als Deutschland einzustufen ist. Vor diesem Hintergrund erscheint es nicht unwahrscheinlich, dass es hier zu marktbeherrschenden Positionen einzelner

---

[147] Relevanter Markt war dabei aus Sicht der Behörde der so genannte Erstabsatzmarkt für Strom. Dieser Markt umfasst sowohl die eigene Erzeugung der Kraftwerksbetreiber als auch Nettoimporte über die Kuppelstellen und erstreckt sich über Deutschland und Österreich (vgl. BKartA in Sektoruntersuchung Stromerzeugung und Stromgroßhandel 2011, S. 70). Der sich anschließende Großhandel ist insofern wettbewerblich nicht relevant.

[148] Monopolkommission, Sondergutachten 71 „Energie 2015: Ein wettbewerbliches Marktdesign für die Energiewende" S. 50.

[149] Ebenda.

[150] Vgl. BKartA in Sektoruntersuchung Stromerzeugung und Stromgroßhandel 2011, S. 71 f.

Kraftwerksbetreiber kommen kann. Dies gilt umso mehr, als in den nächsten Jahren neben einer Reihe von Kernkraftwerken auch mit der Stilllegung von konventionellen Erzeugungsanlagen zu rechnen ist. Die verbleibenden konventionellen Kraftwerke, von denen ohnehin nur einige für die Erbringung von Regelenergie geeignet sind, werden dann an Bedeutung gewinnen. Hier gilt es daher für Erzeugungsunternehmen, die Entwicklung zu verfolgen und stets das eigene Angebotsverhalten zu hinterfragen, da Verstöße gegen das Verbot aus § 19 GWB sanktioniert werden[151]. Reine Stromhandelsunternehmen, die selbst keine Erzeugungsanlagen betreiben und auch nicht in sonstiger Weise (z.B. auf vertraglicher Basis) Verfügungsgewalt über sie haben, dürften demgegenüber kaum marktbeherrschend sein.

Ist ein Betreiber einer Erzeugungsanlage marktbeherrschend, muss er sich im Rahmen der Vorgaben des § 19 GWB bewegen. Dies bedeutet, dass weder der erzeugte Strom noch die ggf. bereitgestellte Leistung zu missbräuchlich überhöhten Preisen angeboten werden dürfen. Untersagt ist zudem, eine künstliche Verknappung des Angebots („Kapazitätszurückhaltung"), die zu steigenden Preisen führt. Eine physische Kapazitätszurückhaltung liegt vor, wenn verfügbare Erzeugungskapazitäten, die sich „im Geld" befinden, am Markt nicht angeboten werden. Finanzielle Zurückhaltung beschreibt den Umstand, dass Erzeugungskapazitäten zu überhöhten Preisen angeboten würden, sodass sie nicht zum Einsatz kommen[152]. Beide Formen der Kapazitätszurückhaltung geben eine Form des Ausbeutungsmissbrauchs i.S.v. Art. 102 AEUV und § 19 Abs. 1 GWB[153]. Erzeugungsanlagen, die betriebsbereit sind und die den jeweiligen Bedarf decken können, müssen daher grds. angeboten werden.

In der Vergangenheit wurde mit Blick auf den Erstabsatzmarkt für Strom intensiv diskutiert, ob Preisaufschläge auf die jeweiligen Grenzkosten einer Erzeugungsanlage (sog. *Mark-ups*) als Verstoß gegen § 19 GWB missbräuchlich und damit unzulässig sind, oder ob die *Mark-ups* nicht vielmehr wirtschaftlich erforderlich sind, damit die Kraftwerke nicht nur ihre variablen (Grenz-)Kosten, sondern auch darüber hinaus bestehende Kosten sowie eine auskömmliche Eigenkapitalrendite erwirtschaften können. Mit dem Sinken der Marktanteile der großen vier Erzeugungsunternehmen hat diese Frage an Bedeutung verloren. Geklärt ist sie allerdings nicht.

---

[151] U.a. drohen den Unternehmen Bußgelder von maximal 10 % des gruppenweiten Vorjahresumsatzes.

[152] Judith, in: Danner/Theobald, Energierecht, 89. EL, Mai 2016, § 32 e GWB, Rn. 194.

[153] BKartA, Sektoruntersuchung Stromerzeugung und Stromgroßhandel, Januar 2011, S. 22.

2.4.2   Markttransparenz durch das neue Strommarktgesetz

Am 30.07.2016 ist das StrommarktG in seinen wesentlichen Teilen in Kraft getreten. Als zentrales Ziel des weiterentwickelten Strommarktes definiert seitdem § 1a Absatz 5 EnWG die Erhöhung der Transparenz des Strommarktes. Diesbezüglich schafft das StrommarktG die Grundlage für zwei wichtige Transparenzmaßnahmen. Zur Veröffentlichung von aktuellen Strommarktdaten, insb. zur Erzeugung von Strom sowie zu Erzeugungskapazitäten, sieht § 111d EnWG die Einrichtung einer nationalen Informationsplattform bis zum 01.07.2017 vor. Auch wird die BNetzA, ebenfalls bis zum 01.07.2017, gem. § 111e EnWG ein Marktstammdatenregister einrichten und betreiben. Dieses elektronische Verzeichnis enthält insb. Daten über Anlagen zur Erzeugung und Speicherung von Elektrizität und Gas sowie deren Betreiber[154].

Eine Marktpreisaufsicht stellen diese Neuerungen nicht dar, wirken jedoch in eine solche hinein. Der Gesetzgeber sieht das Preissignal als Kern eines weiterentwickelten Strommarktes und möchte Marktpreissignale möglichst unverzerrt wirken lassen und Preisspitzen an Strommärkten erlauben[155].

2.4.3   Weitere Möglichkeiten der Marktpreisaufsicht

2.4.3.1 ACER

Um illegitime Handelspraktiken im Energiegroßhandel zu erfassen und zu sanktionieren, wurden auf europäischer wie nationaler Ebene stetig weitere Regeln geschaffen, um die Funktionsfähigkeit der Energiemärkte verbessern und einen Rahmen für eine effektivere Verfolgung illegalen Verhaltens im Energiehandel zu setzen[156].

Die unabhängige europäische Agentur für die Zusammenarbeit der Energieregulierungsbehörden *ACER* wurde durch das dritte Energiebinnenmarktpaket geschaffen und hat ihre Arbeit im März 2011 in Ljubljana (Slowenien) aufgenommen. Mit Schaffung der *ACER* sollte die Regulierungslücke auf Gemeinschaftsebene geschlossen und die Zusammenarbeit der nationalen Regulierungsbehörden verstärkt werden. Ihre Aufgaben sind im Einzelnen in der Verordnung zu ihrer Gründung[157] und in der Verordnung über die Integrität und Transparenz des Energiegroß-

---

[154] Aussage belegbar durch BR-Drs. 542/15 v. 06.11.2015, S. 6 f.

[155] Vgl. BR-Drs. 542/15 v. 06.11.2015, S. 2.

[156] Monopolkommission, Sondergutachten 65, Energie 2013: Wettbewerb in Zeiten der Energiewende, S. 94 f.

[157] Verordnung (EG) Nr. 713/2009.

handelsmarktes *REMIT*[158] geregelt, die sich mit der Überwachung des Energiegroß-
handelsmarktes auf den Märkten für Waren und Devisen mit dem Ziel befasst, missbräuchliche Praktiken in Form von Marktmanipulation und Insiderhandel aufzudecken und vorzubeugen[159].

Den Ausgangspunkt für die *REMIT* und die Implementierung von *ACER* bildet die
Einschätzung, dass die bestehenden Rechtsvorschriften die Besonderheiten des
Strom- und Gasmarktes nicht ausreichend abbildeten. Kernpunkte der *REMIT* sind
das in Art. 3 *REMIT* verankerte Verbot von Insiderhandel sowie das Verbot von
Marktmanipulation, wodurch Transparenz und Integrität geschaffen werden sollen.
Gem. Art. 7 Abs. 1 *REMIT* liegt die Aufgabe von *ACER* in der Überwachung des
Marktes mit dem Ziel, Marktmanipulation und Insiderhandel aufzudecken und zu
verhindern. Ferner gibt Art. 18 *REMIT* den Mitgliedstaaten Sanktionsmöglichkeiten
bei Verstößen gegen die Verordnung.

Eine Marktmanipulation i.S.d. *REMIT* ist gegeben, wenn von Marktteilnehmern
Maßnahmen getroffen werden, mit denen künstlich für ein Preisniveau gesorgt wird,
das nicht durch Angebot, Nachfrage, Produktions-, Speicherungs- oder Transport-
kapazität und –nachfrage gerechtfertigt ist. Ferner zählen die Erteilung oder Zurückziehung falscher Aufträge oder die Verbreitung falscher Informationen über die
Medien zu Marktmanipulationen. Dies lässt die Schlussfolgerung zu, dass etwa das
Angebot von Strom aus Erzeugungsanlagen zu überhöhten Preisen unter den Tatbestand der verbotenen Marktmanipulation fallen kann. Auch kann geschlossen
werden, dass unter den weiteren beschrieben Tatbestandsvoraussetzungen die finanzielle Zurückhaltung von Erzeugungskapazitäten eine Marktmanipulation nach
Art. 2 Nr. 2 *REMIT* darstellt.

Normadressaten sind nach Art. 2 Nr. 7 *REMIT* alle Personen, einschließlich eines
Übertragungs- bzw. Fernleitungsnetzbetreibers, die an einem oder mehreren Energiegroßhandelsmärkten Transaktionen abschließen oder einen Handelsauftrag ertei-
len. Ferner erstreckt sich die Anwendbarkeit der *REMIT* und damit des Verbots von
Marktmanipulation auf die Energiegroßhandelsmärkte[160].

Die aus der *REMIT* hervorgehenden Aufsichtspflichten nimmt die BNetzA im Rahmen der MTS gemeinsam mit dem BKartA wahr[161]. Neben den aus der *REMIT*
folgenden Aufgaben untersucht die MTS die Strommärkte auch auf Anhaltspunkte

---

[158] Verordnung (EU) Nr. 1227/2011, *Regulation on wholesale Energy Market Integrity and Transparency*, REMIT.

[159] Monopolkommission, Sondergutachten 65, Energie 2013: Wettbewerb in Zeiten der Energiewende, S. 101.

[160] Art. 1 *REMIT*.

[161] Monopolkommission, a.a.O. S. 102.

für Verstöße gegen wettbewerbsrechtliche Vorschriften gem. den §§ 1, 19, 20, 29 GWB sowie Art. 101 und 102 AEUV[162]. Bei Anhaltspunkten für den Missbrauch eines marktbeherrschenden Unternehmens gibt die MTS den Vorgang zur weiteren Ermittlung und Verfolgung an das BKartA ab. Verdachtsfällen von Marktmanipulationen geht die BNetzA nach und sanktioniert auch Verstöße[163]. Art und Höhe der Sanktionen sind im EnWG normiert, Verstöße können sowohl als Ordnungswidrigkeit als auch als Straftat eingestuft werden.

2.4.3.2 Bundesanstalt für Finanzdienstleistungen

Im Energiegroßhandelsmarkt stellt die BaFin eine wichtige Institution dar, um Marktmanipulationen aufzudecken und zu verfolgen[164]. Hierzu kann Sie an den Ergebnissen der Datenerfassung und -analyse durch die MTS partizipieren[165]. Das Verbot der Marktmanipulation war bis Mitte 2016 in § 20a WpHG geregelt, konkretisiert wurde dieses Verbot durch die MaKonV. Die europaweit unmittelbar geltende Marktmissbrauchsverordnung[166] löste die bisherigen Regelungen ab. Die MAD[167], die daneben geschaffen wurde, setzt hierzu Mindestvorgaben für strafrechtliche Sanktionen bei Marktmissbrauch[168].

Die MAD findet insb. auf börsengehandelte Energiederivate Anwendung. Im Kern enthält sie Insiderhandels- und Marktmanipulationsverbote, sowie Veröffentlichungspflichten[169]. Art. 12 MAD definiert den Begriff der Marktmanipulation für die Zwecke dieser Verordnung, wobei der europäische Verordnungsgeber in verschiedene Gruppen unterscheidet, wie u.a. den Abschluss eines Geschäfts, die Verbreitung von Informationen und die Erteilung von Kauf- oder Verkaufsaufträgen. Hierbei umfasst der Begriff der Marktmanipulation nach Absatz 1 lit. a MAD jede Handlung, die falsche oder irreführende Signale hinsichtlich des Angebots, der Nachfrage oder des Preises eines Finanzinstruments oder eines damit verbundenen Waren-Spot-Kontrakts gibt oder bei der dies wahrscheinlich ist. Dem Wortlaut der Verordnung kann das Verlangen überhöhter Entgelte für erzeugten Strom im Spotmarkt eine relevante Marktmanipulation darstellen.

---

[162] Vgl. „Markttransparenzstelle, Aufgaben", abrufbar unter:
www.markttransparenzstelle.de/DE/Markttransparenzstelle/Aufgaben/start.html.

[163] Theobald/Werk, in: Danner/Theobald, Energierecht, 89. EL, Mai 2016, § 56 EnWG, Rn. 52.

[164] Monopolkommission, Sondergutachten 65, Energie 2013: Wettbewerb in Zeiten der Energiewende, S. 94.

[165] Vgl. BR-Drs. 253/12 v. 04.05.2012, S. 4.

[166] Verordnung (EU) Nr. 596/2014 – *Market Abuse Directive „MAD".*

[167] Richtlinie 2014/57EU – „*CRIM-MAD".*

[168] Vgl. Angaben der BAFin über Marktmanipulation, abrufbar unter: http://bit.ly/2ptXGoV.

[169] Monopolkommission, a.a.O., S. 98.

2.4.3.3 Handelsüberwachungsstelle der *EEX*

Die *European Energy Exchange (EEX)* ist als Energiebörse ein Marktplatz für Energie sowie energienahe Produkte. Die HÜSt ist eines der vier Börsenorgane[170] und ist gem. § 7 BörsG bei allen Börsen einzurichten. Zentrale Aufgabe der Handelsüberwachung ist die systematische und lückenlose Erfassung der Daten über den Börsenhandel, die Börsengeschäftsabwicklung, die Auswertung dieser Daten sowie die Durchführung der notwendigen Ermittlungen. Neben diesen Aufgaben der Datenerfassung und -auswertung zählt auch die Überwachung des Preisfindungsprozesses zu den Pflichten der HÜSt. Hierzu gehört z.B. die Erkennung zeitnaher gleichartiger aber gegenläufiger *Orders*, um notfalls bei Verdacht einer Manipulation eingreifen zu können[171]. In diesem Fall hat sie gem. § 7 Abs. 5 BörsG die Börsenaufsichtsbehörde und die Geschäftsführung unverzüglich zu unterrichten.

Nach § 22 BörsG können die Landesregierungen Rechtsverordnungen über die Errichtung eines Sanktionsausschusses, seine Zusammensetzung sowie das Verfahren erlassen[172]. An der Frankfurter Börse bspw. informiert die HÜSt im Falle von Unregelmäßigkeiten zunächst die Börsengeschäftsführung der Frankfurter Wertpapierbörse sowie die Börsenaufsicht. Nach einer Prüfung können diese dann den Fall an den Sanktionsausschuss abgeben[173]. § 22 Abs. 2 BörsG folgend kann der Sanktionsausschuss einen Handelsteilnehmer mit Verweis, Ordnungsgeld bis zu 250.000 EUR oder mit Ausschluss von der Börse für bis zu 30 Handelstagen belegen, wenn der Handelsteilnehmer oder eine für ihn tätige Person vorsätzlich oder fahrlässig gegen börsenrechtliche Vorschriften verstößt.

Insofern ist die HÜSt der *EEX* ein Instrument zur Überwachung des Preisfindungsprozesses börslich gehandelter Energie und energienaher Produkte. Zwar verfügt sie nicht über eigene Sanktionsmöglichkeiten, jedoch beginnt ein Verfahren zur Sanktionierung stets mit der HÜSt. Die durch sie ausgeübte Marktpreisaufsicht bezieht sich auf die börsliche Preisfindung.

---

170 Maibaum, in: Zenke/Schäfer, Energiehandel in Europa, 3. Aufl. 2012, Rn. 15 und 18.
171 Eufinger/Eufinger, in: Zenke/ Schäfer, Energiehandel in Europa, 3. Aufl. 2012, Rn. 27 f.
172 Groß, in: Groß, Kapitalmarktrecht, 6. Aufl. 2016, § 22, Rn. 3.
173 Vgl. „Grundlagen: Steuerung und Kontrolle, Handelsüberwachungsstelle HÜSt", abrufbar unter: http://www.boerse-frankfurt.de/inhalt/grundlagen-steuerung-huest.

2.5 Bedeutung der deutschen Stromwirtschaft für Deutschland und Nachbarn

2.5.1 Vorgehen und verwendete Daten für die Analyse

Die Stromwirtschaft ist ökonomisch eine bedeutende Industriebranche für Deutschland. Der Umsatz der Elektrizitätsversorgung lag 2014 bei knapp 500 Mrd. EUR[174]. Zusätzlich tritt die Stromwirtschaft als Marktakteur auf, der Vorleistungen bezieht und somit eine Güter- und Dienstleistungsnachfrage schafft.

Die Bedeutung der deutschen Stromwirtschaft in gesamtwirtschaftliche Hinsicht lässt sich mit einem *Input-Output*-Modell untersuchen. Die *Input-Output*-Rechnung gibt einen detaillierten Einblick in die Güterströme und die Produktionsverflechtung der Volkswirtschaft eines Landes. Nicht nur die direkten Effekte eines Sektors, sondern auch indirekte Effekte aufgrund der Nachfrage nach Vorleistungen sowie induzierte Effekte durch verstärkte Konsumausgaben von Arbeitnehmern können für In- und Ausland ermittelt werden.

Vereinfacht dargestellt betrachtet die *Input-Output*-Analyse die ökonomische Verflechtung zwischen den Wirtschaftssektoren und den Kategorien der Endnachfrage (Konsum, Investitionen, Exporte) in einem abgegrenzten Wirtschaftsraum, welcher auch inter-regionale Verflechtungen mit einbeziehen kann. Ein einfaches, statisches *Input-Output*-Modell basiert auf einer *Input-Output*-Tabelle, die sämtliche Vorleistungsverflechtungen der Produktion und Güter einer Region erfasst. Auf Basis dieser Informationen wird mittels mathematischer Modellierung die Auswirkung eines Nachfrageimpulses auf direkt sowie indirekt beeinflusste, vorgelagerte Bereiche unter Berücksichtigung der Importanteile der einzelnen Vorleistungsprodukte berechnet.

---

[174] Vgl. Statistisches Bundesamt, Fachserie 4, Reihe 6.1, 2016.

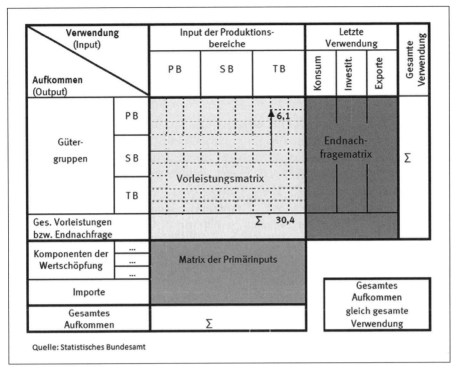

Abb. 19:   Schematische Darstellung einer *Input-Output*-Tabelle

Mit dieser Methode wird nicht nur die erste Stufe an Zulieferverflechtungen abgebildet, sondern ebenfalls jede weiter dahinter stehende. Zusätzlich werden induzierte Effekte quantifiziert; diese Effekte werden durch direkt und indirekt gezahlte Löhne ausgelöst. Nach Berechnung der Nettolöhne und Abzug einer Sparquote wird dieses verfügbare Einkommen wieder als zusätzlicher Konsum in das Modell übergeben.

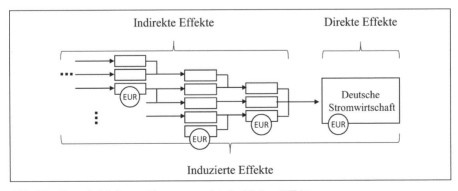

Abb. 20:   Berücksichtigung aller gesamtwirtschaftlichen Effekte

Zur Ermittlung der gesamtwirtschaftlichen Effekte wird das von PwC entwickelte *Input-Output*-Modell GEMIO (*German Economic Model of Inputs and Outputs*) verwendet. Grundlage des Modells ist die deutsche *Input-Output*-Tabelle des statistischen Bundesamts und für die Abbildung des Auslands die Tabellen der von der Europäischen Kommission geförderten Datenbank WIOD (*World Input Output Database*). Die Datengrundlage bezieht sich auf das Jahr 2010.

Um jedoch möglichst aktuelle Aussagen für das Jahr 2016 treffen zu können, wurden verschiedene Modellanpassungen vorgenommen. Hierbei liegt der Fokus der Anpassungen auf dem Sektor „Elektrischer Strom, Dienstleistungen der Elektrizitäts-, Wärme- und Kälteversorgung". In einem ersten Schritt wurde dieser Sektor in vier Unter-Sektoren aufgeteilt. Diese Unter-Sektoren umfassen die konventionelle und erneuerbare Stromerzeugung, Elektrizitätsübertragung und -verteilung und Wärmeversorgung. In einem weiteren Schritt wurde die Entwicklung dieser vier Unter-Sektoren bis zum Jahr 2016 abgebildet. Dies erfolgt anhand der Prognosen aus der Studie „Entwicklung der Energiemärkte – Energiereferenzprognose" im Auftrag des BMWi.

Die Integration weiterer ökonomischer als auch ökologischer Daten des statistischen Bundesamts ermöglicht eine differenzierte Auswertung verschiedener gesamtwirtschaftlicher Effekte.

2.5.2   Verflechtung der deutschen Stromwirtschaft mit weiteren Wirtschaftssektoren im In- und Ausland

Im Folgenden werden die Unter-Sektoren konventionelle Stromerzeugung, Stromerzeugung aus erneuerbaren Energien und Elektrizitätsübertragung, -verteilung und -handel hinsichtlich ihrer Verflechtungen mit anderen Wirtschaftssektoren im Jahr 2016 betrachtet[175].

Für die konventionelle Stromerzeugung bedarf es eines hohen Einsatzes an fossilen Energieträgern. Folglich sind knapp 34 % der gesamten Vorleistungen der konventionellen Energieversorgung auf Kohle zurückzuführen. Dahinter folgt mit knapp 23 % der Vorleistungsbezug von Erdöl und Gas. Weitere wichtige Vorleistungsgüter sind Kokerei- und Mineralölerzeugnisse und die mit der Energieversorgung verbundenen öffentlichen Verwaltungs- oder auch Wirtschaftsförderungsdienstleistungen. Die bedeutendsten fünf Sektoren repräsentieren etwa 80 % an den gesamten Vorleistungen dieses Unter-Sektors.

---

[175] Da der Fokus auf den Verflechtungen der Stromwirtschaft mit anderen Wirtschaftssektoren liegt, bleiben mögliche intrasektorale Verflechtungen innerhalb der Stromwirtschaft bei dieser Analyse unberücksichtigt.

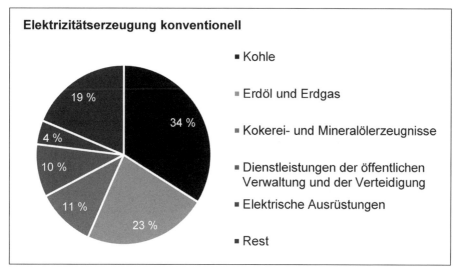

Abb. 21: Vorleistungsverflechtungen der konventionellen Elektrizitätserzeugung

Der zweite Unter-Sektor repräsentiert die Elektrizitätserzeugung aus erneuerbaren Energien. Hier entfallen knapp ein Drittel der Vorleistungen auf den Sektor Dienstleistungen der öffentlichen Verwaltung und Verteidigung (31 %). Deutlich geringer sind die Anteile der vier nächstgrößeren Sektoren an den gesamten Vorleistungen. Diese sind Elektrische Ausrüstungen (11 %), Dienstleistungen der Vermittlung beweglicher Sachen (7 %), Reparaturen, Instandhaltung und Installation von Maschinen und Ausrüstungen (7 %) und Baustellen, Bauinstallations- und sonstige Ausbauarbeiten (7 %). Insgesamt entfallen etwa 65 % der gesamten Vorleistungen auf die fünf bedeutendsten Sektoren.

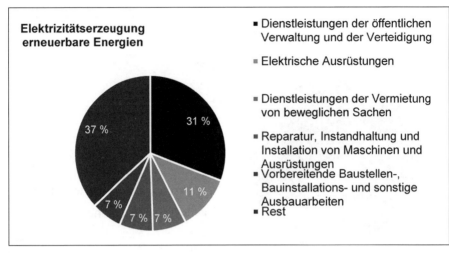

Elektrizitätserzeugung erneuerbare Energien

- Dienstleistungen der öffentlichen Verwaltung und der Verteidigung
- Elektrische Ausrüstungen
- Dienstleistungen der Vermietung von beweglichen Sachen
- Reparatur, Instandhaltung und Installation von Maschinen und Ausrüstungen
- Vorbereitende Baustellen-, Bauinstallations- und sonstige Ausbauarbeiten
- Rest

Abb. 22: Vorleistungsverflechtungen der Elektrizitätserzeugung aus erneuerbaren Energien

Im Unter-Sektor Elektrizitätsübertragung, -verteilung und -handel entfallen 63 % auf die fünf bedeutendsten Sektoren. Mit 28 % liegt der Schwerpunkt auf Dienstleistungen der öffentlichen Verwaltung und Verteidigung, zu denen auch Konzessionsabgaben als Vorleistungen zu zählen sind. Des Weiteren liefern Elektrische Ausrüstungen (12 %) einen wesentlichen Teil der Vorleistungen. Ähnliche Bedeutung haben für diesen Unter-Sektor der Stromwirtschaft die Sektoren Tiefbauarbeiten (8 %), Dienstleistung der Vermietung von beweglichen Sachen (7 %) und Reparatur, Instandhaltung und Installation von Maschinen und Ausrüstungen (6 %).

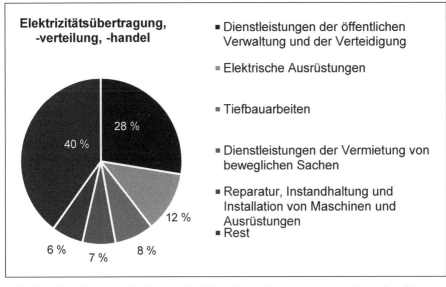

Elektrizitätsübertragung, -verteilung, -handel

- Dienstleistungen der öffentlichen Verwaltung und der Verteidigung
- Elektrische Ausrüstungen
- Tiefbauarbeiten
- Dienstleistungen der Vermietung von beweglichen Sachen
- Reparatur, Instandhaltung und Installation von Maschinen und Ausrüstungen
- Rest

28 %
40 %
12 %
6 %
7 %
8 %

Abb. 23:   Vorleistungsverflechtungen bei Elektrizitätsübertragung, -verteilung, -handel

2.5.3   Wertschöpfungs- und Beschäftigungseffekte der deutschen Stromwirtschaft

Die im Fokus einer Betrachtung volkswirtschaftlicher Effekte der deutschen Stromwirtschaft[176] stehenden Aspekte sind die Bruttowertschöpfung (Wert der Verkäufe von Waren und Dienstleistungen aus eigener Produktion ohne Vorleistungen, BWS), das Bruttoinlandprodukt (BWS inkl. Gütersteuern und abzüglich Gütersubventionen, BIP), die Beschäftigung und die emittierten Treibhausgase. Diese Größen stehen in Wechselwirkung miteinander und folgen nachgelagerten Nachfrageimpulsen; sie werden entlang der Lieferkette in der *Input-Output*-Analyse berechnet und liefern ein umfangreiches Bild über die wirtschaftliche Bedeutung der Stromwirtschaft.

2.5.3.1   Bruttowertschöpfung und Bruttoinlandsprodukt

Einen positiven wirtschaftlichen Effekt stellt der Einfluss auf die BWS und somit das BIP dar. Durch die Nachfrage der Stromwirtschaft nach Gütern und Dienstleis-

---

[176] Im Folgenden werden unter dem Begriff „Stromwirtschaft" die drei Sektoren konventionelle Stromerzeugung, Elektrizitätserzeugung aus erneuerbaren Energien und Elektrizitätsübertragung, -verteilung und -handel verstanden. Da eine konservative Analyse der Stromwirtschaft erfolgen soll, wird der Sektor Wärme- und Kälteversorgung an dieser Stelle nicht betrachtet, auch wenn dieser mit der Stromwirtschaft verbunden ist.

tungen und angeregten Konsumausgaben der privaten Haushalte werden diese Kennzahlen wiederum direkt, indirekt und induziert beeinflusst.

	BWS [Mio. EUR]	BIP [Mio. EUR]
Direkt	31.722	35.484
davon in Deutschland	31.722	35.484
davon im Ausland	–	–
Indirekt	49.438	53.880
davon in Deutschland	35.109	39.273
davon im Ausland	14.329	14.607
Induziert	26.833	28.936
davon in Deutschland	15.958	17.850
davon im Ausland	10.875	11.086
Gesamt	107.994	118.301
davon in Deutschland	82.790	92.608
davon im Ausland	25.204	25.693

Abb. 24: Ergebnisübersicht Bruttowertschöpfung und Bruttoinlandsprodukt

Es zeigt sich, dass die deutsche Stromwirtschaft direkt und aufgrund ihrer Nachfrage nach Vorleistungen und Arbeitskräften insgesamt gut 92 Mrd. EUR zum deutschen BIP beiträgt. Bei einem BIP von rund 3.033 Mrd. EUR im Jahr 2015 entspricht dies etwa 3 %. Der in Deutschland zu verzeichnende Gesamteffekt setzt sich zusammen aus 38 % direkten Wirkungen, 43 % indirekten Wirkungen über die Wertschöpfungskette und 19 % konsumbedingten, induzierten Wirkungen. Da die deutsche Stromwirtschaft betrachtet wird, fallen direkte – unmittelbar betriebsbedingte – Effekte ausschließlich in Deutschland an. Die Gesamtwirkungen im Ausland lassen sich in 43 % indirekte Wirkungen und 43 % induzierte Wirkungen unterteilen. Dieselbe Aufteilung gilt aufgrund der engen Verbindung mit dem BIP auch für die BWS.

Es wird deutlich, dass die deutsche Stromwirtschaft einen positiven Einfluss auf das Ausland hat. So entsteht BWS von rund 25 Mrd. EUR im Ausland. Dies erklärt sich durch importierte Vorleistungen, die eine Zunahme der Wertschöpfung im Ausland zur Folge hat.

Im Folgenden soll betrachtet werden, in welchen Sektoren die BWS entsteht. Hierbei wird die gesamte BWS betrachtet und deren Aufteilung auf die Wirtschaftssektoren Primärsektor (Urproduktion), Sekundärsektor (Industrieller Sektor) und Tertiärsektor (Dienstleistungssektor). Es zeigt sich, dass die Zunahme der BWS im

Sekundär- und Tertiärsektor entsteht. Der Primärsektor (Land-, Forstwirtschaft und Fischerei) wird durch die Tätigkeiten der Stromwirtschaft kaum beeinflusst:

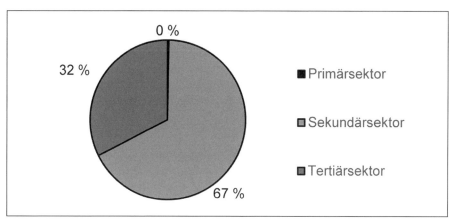

Abb. 25:   Aufteilung der BWS in Deutschland nach Primär-, Sekundär- und Tertiärsektor

Knapp zwei Drittel der BWS entstehen in Deutschland im industriellen Sektor (Sekundärsektor), darin mit dem größten Wert im Sektor „Elektrizitätsübertragung, -verteilung, -handel", der etwa 20 % der gesamten BWS repräsentiert, die durch die Tätigkeiten des Elektrizitätssektors in Deutschland entsteht. Der dem Tertiärsektor zugeordnete Sektor „Dienstleistungen der öffentlichen Verwaltung und der Verteidigung" repräsentiert etwa 11 % der gesamten entstandenen BWS in Deutschland. Mit 10 % sind zudem „Dienstleistungen des Grundstücks- und Wohnungswesens" Teil der BWS, was auf die Berücksichtigung der induzierten Effekte zurückzuführen ist. Diese bilden die privaten Konsumausgaben aufgrund der gezahlten Löhne ab, die zu einem wesentlichen Teil in Mietzahlungen fließen. Im Ausland entsteht die BWS v.a. im Sektor „Erdöl und Erdgas" (20 %) und „Kohle" (7 %), ein vor dem Hintergrund der Importbeziehungen zwischen Deutschland und dem Ausland ein zu erwartendes Ergebnis.

2.5.3.2 Beschäftigung

Insgesamt ergibt sich ein Beschäftigungseffekt von rund 800.000 Personenjahren in Deutschland. Dies bedeutet, dass knapp 800.000 Beschäftige in Deutschland benötigt werden, um die Nachfrage des Stromsektors im Jahr 2016 bedienen zu können. Dies entspricht etwa 1 % an den Gesamterwerbstätigen in Deutschland. Hinzu kommen rund 300.000 Beschäftige im Ausland.

	Beschäftigung [Tsd.]
Direkt	131
davon in Deutschland	131
davon im Ausland	–
Indirekt	551
davon in Deutschland	431
davon im Ausland	120
Induziert	438
davon in Deutschland	247
davon im Ausland	191
Gesamt	1.120
davon in Deutschland	809
davon im Ausland	311

Abb. 26: Ergebnisübersicht Beschäftigung

Die größten Beschäftigungseffekte in Deutschland sind im Bereich der „Dienstleistungen der öffentlichen Verwaltung und der Verteidigung" (16 %) und „Einzelhandelsleistungen" (6 %) zu beobachten. Ein Großteil der Beschäftigten ergibt sich mit 54 % aufgrund der indirekten Effekte in Deutschland, während im Ausland 61 % der Beschäftigung auf die induzierten Effekte zurückzuführen ist.

2.5.3.3 Treibhausgas

Die direkten THG-Emissionen der Stromwirtschaft betragen im Jahr 2016 rund 357 Mio. t CO_2-Äq. Damit stellen sie umgerechnet etwa 40 %, also einen großen Teil der Emissionen in Deutschland dar, die mehrheitlich bei der konventionellen Stromerzeugung entstehen. Etwa 70 Mio. t CO_2-Äq. werden im In- und Ausland zusätzlich in vorgelagerten Produktionsstufen emittiert. Hinzu kommen rd. 30 Mio. t CO_2-Äq. im Ausland, knapp 8 % der gesamten Menge.

	THG-Emissionen [Mio. t CO2-Äq.]
Direkt	357,0
davon in Deutschland	357,0
davon im Ausland	–
Indirekt	51,1
davon in Deutschland	30,6
davon im Ausland	20,5
Induziert	18,9
davon in Deutschland	7,0
davon im Ausland	11,9
Gesamt	427,0
davon in Deutschland	394,6
davon im Ausland	32,4

Abb. 27:   Ergebnisübersicht THG-Emissionen

2.5.4   Volkswirtschaftliche Einschätzung der Energiewende

Energieeffizienz, Energieeinsparung und erneuerbare Energien sind die Grundpfeiler eines zukünftigen Energiesystems, das Deutschland mit der Energiewende ansteuert.

Ergebnisse aktueller Studien zeigen, dass sowohl verstärkte Energieeffizienz als auch der Ausbau der erneuerbaren Energien mit positiven gesamtwirtschaftlichen Effekten in Form höherer Wirtschaftsleistung und zusätzlicher Arbeitsplätze verbunden sind, einerseits durch zusätzliche Investitionen, andererseits durch geringere Energiekosten. Auf regionaler Ebene schaffen sie zusätzliche Wertschöpfung und Arbeitsplätze. Chancen eröffnet auch die internationale Dimension. Weltweit haben viele Staaten damit begonnen ihre Energiesysteme umzubauen[177]. Dies ist ein langfristiger Prozess, der gute Exportmöglichkeiten eröffnet, wenn Deutschland beweisen kann, dass die Energiewende in einem führenden Industrieland bei weiter wachsendem Wohlstand gelingt.

In einer Studie für das BMUB hat PwC die volkswirtschaftlichen Wirkungen des Aktionsprogramms Klimaschutz 2020 untersucht[178] und kann im Ergebnis merklich positive volkswirtschaftliche Effekte im Inland bestätigen. Zunächst ergibt sich aus den Investitionen in Anlagen und deren Betrieb eine direkte Beschäftigungswirkung bei Herstellern, Betreibern und Dienstleistungsunternehmen. Deren Nachfrage nach Gütern in anderen Wirtschaftssektoren schafft weitere indirekte Beschäftigungseffekte in den Vorleistungs- und Zulieferunternehmen. Zudem bewirken Lohnzahlungen an die Beschäftigten zusätzlichen Konsum und induzierte Beschäftigung. Diesen positiven direkten, indirekten und induzierten Beschäftigungsimpulsen (sog. Bruttobeschäftigung) stehen negative Einflüsse aus Substitutions- und Budgeteffekten gegenüber. Investitionen in erneuerbare Energien oder Energieeffizienz ersetzen Investitionen in konventionelle Strom- und Wärmekraftwerke, Verbraucher haben zunächst höhere Kosten für Strom oder Wärme aus erneuerbaren Energien, im Strombereich etwa durch die Umlage aus dem EEG. Positiv wirken sich mit Blick auf den Außenhandel die entstehenden Exportchancen aus, ebenso die verminderten Importe konventioneller Primärenergieträger. Nettoeffekte, mit denen die Frage beantwortet wird, welcher Vorteil sich „unter dem Strich" ergibt, lassen sich nur durch Modellsimulationen berechnen.

Für die Beurteilung der Gesamtwirkung sind vier Teilaspekte zu berücksichtigen:

- Beschäftigungseffekte der Energiewende
- Gesamtwirtschaftliche Kostenbelastung

---

[177]   So plant z.B. Saudi Arabien bis 2023 Investitionen in erneuerbare Energien von 10 GW.
[178]   Die Studie ist, abrufbar unter: http://bit.ly/2fBTOiw.

- Verteilungsfragen und Energiearmut
- Innovationswirkungen der Energiewende

Unsere Studie zeigt als Ergebnis der Modellsimulationen, dass durch das Aktionsprogramm Klimaschutz zwischen 2015 und 2020 signifikante Beschäftigungs- und Wachstumseffekte ausgelöst werden, die in 2020 zu ca. 430.000 zusätzlichen Beschäftigten sowie ca. 1 % Wachstum des BIP führen können. Dabei sind positive Effekte durch die zusätzliche Güternachfrage (z.B. Bauleistungen) und negative Effekte durch die Verringerung der Nachfrage nach einzelnen Gütern (z.B. Energie) saldiert. Eingerechnet sind volkswirtschaftlich sinkende Ausgaben für Brennstoffimporte, allein im Jahr 2020 ca. 3,5 Mrd. EUR aufgrund von Einsparungen bei Mineralöl (ca. 3,3 Mrd. EUR) und Steinkohle (ca. 0,2 Mrd. EUR). Bis 2020 sind Investitionen von insgesamt 125 Mrd. EUR zu erwarten, denen aus volkswirtschaftlicher Sicht langfristig Einsparungen von 274 Mrd. EUR gegenüberstehen, von denen sich 2020 allerdings erst 42 Mrd. EUR materialisiert haben werden. Auch wenn die Kosten den Nutzen kurzfristig übersteigen – über den gesamten Lebenszyklus der Maßnahmen gerechnet ergeben sich den Berechnungen zufolge erhebliche Einsparungen von fast 150 Mrd. EUR.

In der Summe zeigen die Simulationen, dass sich Maßnahmen zum Klimaschutz und der Energiewende auch aus volkswirtschaftlicher Sicht langfristig durchaus rentieren können.

3 Der Strommarkt für die Energiewende

3.1 Politische Ziele und gesetzliche Rahmenbedingungen

3.1.1 Energiepolitik in der EU und in Deutschland

Der deutsche Strommarkt ist in seiner heutigen Konzeption weitgehend von europäischen Vorgaben beeinflusst. Dementsprechend ist ein Großteil der deutschen Regelungen auf Richtlinien der EU zurückzuführen. Unabhängig davon hat die EU zahlreiche Verordnungen erlassen, die unmittelbar in Deutschland Anwendung finden[179].

Sonderregeln, die das Design des deutschen Strommarktes maßgeblich beeinflussen, sind v.a. das EEG sowie das KWKG. Zwar hat auch die EU mittlerweile eine Erneuerbare-Energien-Richtlinie erlassen, das EEG war aber bereits davor im Kern etabliert[180]. Zudem sieht die Richtlinie neben den Zielsetzungen nur die Aufstellung eines „Nationalen Aktionsplans" vor, sie enthält also keinerlei Vorgaben, wie die Zielsetzungen zu erreichen sind. Insofern heißt es auch, dass die Richtlinie das „Reservat nationaler Förderpolitik" nicht antastet[181].

Das Verhältnis des europäischen Rechts zum deutschen Recht zeichnet sich durch einen Anwendungsvorrang[182] des supranationalen Europarechts aus, der dazu führt, dass die Vorgaben des Unionsrechts im Falle der Kollision mit entgegenstehendem deutschem Recht vorrangig anzuwenden sind. Das entgegenstehende nationale Recht tritt allerdings nur in diesem Fall zurück und genießt ansonsten weiterhin Geltung. Gleichzeitig ist der nationale Gesetzgeber verpflichtet, den europarechtlichen Vorgaben innerstaatlich zur vollen Wirksamkeit zu verhelfen, was insb. die effektive Umsetzung von Richtlinien betrifft[183].

Die folgende Übersicht zeigt den Rahmen energierechtlicher Bestimmungen auf europäischer und auf deutscher Ebene:

---

[179] Vgl. z.B. Stromhandelsverordnung Nr. 714/2009, Transeuropäische Infrastrukturverordnung Nr. 347/2013.
[180] Theobald/Gey-Kern, EuZW 2011, S. 896, 900.
[181] Gundel, in: Danner/Theobald, Energierecht, Europäisches Energierecht, Rn. 80.
[182] Ruffert, in: Callies/Ruffert, EUV/AEUV, Art. 1 AEUV Rn. 16.
[183] Ruffert, a.a.O., Art. 4 AEUV Rn. 56.

Energierechtlicher Rahmen auf europäischer Ebene
Erste Elektrizitätsbinnenmarktrichtlinie 96/92/EG
Zweite Elektrizitätsbinnenmarktrichtlinie 2003/54/EG
Versorgungssicherheitsrichtlinie 2005/89/EG
Energiedienstleistungsrichtlinie 2006/32/EG
Erneuerbare-Energien-Richtlinie 2009/28/EG
Emissionshandelsrichtlinie 2009/29/EG
Dritte Elektrizitätsbinnenmarktrichtlinie 2009/72/EG
Stromhandelsverordnung Nr. 714/2009
Energieeffizienzrichtlinie 2012/27/EU
Transeuropäische Infrastrukturverordnung Nr. 347/2013
Energierechtlicher Rahmen auf deutscher Ebene
Energiewirtschaftsgesetz (EnWG)
Atomgesetz (AtG)
Elektrizitätssicherungsverordnung (EltSV)
Konzessionsabgabenverordnung (KAV)
Erneuerbare-Energien-Gesetz (EEG)
Erneuerbare-Energien-Verordnung (EEV)
Kraft-Wärme-Kopplungsgesetz (KWKG)
Treibhausgasemissionshandelsgesetz (THEG)
Stromnetzzugangsverordnung (StromNZV)
Stromnetzentgeltverordnung (StromNEV)
Stromgrundversorgungsverordnung (StromGVV)
Niederspannungsanschlussverordnung (NAV)
Anreizregulierungsverordnung (ARegV)
Energieleitungsausbaugesetz (ENLAG)
Windenergie-auf-See-Gesetz (WindSeeG)
Gesetz über Energiedienstleistungen und andere Energieeffizienzmaßnahmen (EDLG)
Netzausbaubeschleunigungsgesetz (NABEG)
Netzreserveverordnung (NetzResV)
Bundesbedarfsplangesetz (BBPlG)
Messstellenbetriebsgesetz (MsbG)
Energiesteuergesetz (EnergieStG)
Stromsteuergesetz (StromStG)

Abb. 28:   Gesetzliche Vorgaben EU/Deutschland in chronologischer Reihenfolge

3.1.2   EU-Vorgaben und Umsetzung in deutsches Regelwerk

3.1.2.1 Binnenmarktrichtlinien

Kernziele der Energiepolitik in der EU sind die Schaffung eines grenzüberschreitenden Energiebinnenmarktes und die Liberalisierung des Energiemarktes; sie stehen in
Einklang mit der Binnenmarktpolitik der EU und bildeten die Grundlage für die
Elektrizitäts-Binnenmarktrichtlinien zur Ausgestaltung des Strommarktes aus den
Jahren 1998, 2003 und 2009. Diese Richtlinien haben die wohl bedeutendsten Einflüsse auf den deutschen Strommarkt und das deutsche Energierecht in den letzten
20 Jahren ausgeübt.

Bereits die erste Elektrizitätsbinnenmarktrichtlinie[184] aus dem Jahr 1996 verpflichte-
te die Mitgliedstaaten, die bis dato in der Energiewirtschaft bestehenden Monopolstrukturen abzuschaffen und durch wettbewerblich gesteuerte Systeme zu ersetzen.
Ausgenommen war allein das Leitungsnetz über alle Spannungsebenen als natür-
liches Monopol[185]. Dieser angeordnete Systemwandel machte eine grundlegende
Änderung der rechtlichen Rahmenbedingungen für den innerstaatlichen Absatz von
Elektrizität erforderlich, beließ aber dem nationalen Gesetzgeber hinsichtlich des
verbindlichen Netzzugangs für Dritte mit der Wahl zwischen verhandelten und regulierten Netzzugang einen nicht zu unterschätzenden Gestaltungsspielraum. Die Einführung des Wettbewerbs unter Abschaffung der bisherigen Monopolstrukturen auf
nationaler Ebene erfolgte durch die am 29.04.1998 in Kraft getretene Neufassung
des EnWG[186]. Eine Entflechtung (*Unbundling*) war zu diesem Zeitpunkt nur in sehr
begrenztem Umfang hinsichtlich des Netzbetriebs und der Rechnungslegung vorgesehen. Es wurde eine rechtliche Eigenständigkeit des Netzbetreibers fingiert, die de
facto jedoch nicht existierte[187].

Herzstück der späteren Elektrizitätsbeschleunigungs-Richtlinie[188] aus dem Jahr
2003, die die vorherige Binnenmarktrichtlinie umfassend ersetzte, war die Einführung eines Regulierungssystems. In Konsequenz dessen konnten die Mitgliedstaaten

---

[184] Richtlinie 96/92/EG des Europäischen Parlaments und des Rates v. 19.12.1996 betreffend
       gemeinsame Vorschriften für den Elektrizitätsbinnenmarkt.
[185] Vgl. hierzu auch Britsch, in: Entflechtung und Regulierung in der Energiewirtschaft,
       1. Aufl., S. 2.
[186] Insofern wird auch von einer „radikalen deutschen Energierechtsreform" gesprochen, vgl.
       dazu Ortlieb, EWeRK 2016, 198, 201; Britsch, in: Entflechtung und Regulierung in der
       deutschen Energiewirtschaft, 1. Aufl., S. 3.
[187] Ortlieb, a.a.O.
[188] Richtlinie 2003/54/EG des Europäischen Parlaments und des Rates v. 26.06.2003 über
       gemeinsame Vorschriften für den Elektrizitätsbinnenmarkt und zur Aufhebung des Richt-
       linie 96/92/EG.

fortan nicht mehr zwischen verhandelten und regulierten Netzzugang wählen[189]. Die Regulierung erfasste alle Bereiche, die infolge des natürlichen Monopols der Netze in der Elektrizitätswirtschaft keiner bzw. einer nur sehr begrenzten wettbewerblichen Steuerung ausgesetzt sind. Diese Richtlinie sah auch ein deutlich intensiviertes *Unbundling* vor, forderte jedoch noch keine eigentumsrechtliche Entflechtung. Die zur Umsetzung der Vorgaben erlassene EnWG-Novelle im Jahr 2005 zielte darauf, über die Regulierung der Energieversorgungsnetze einen wirksamen Wettbewerb auf den Märkten zu ermöglichen, die dem Netzbereich vor- und nachgelagert sind[190]. Konkret betrifft die Reform den Netzzugang und die Netznutzungsentgelte, die sowohl im EnWG selbst als auch untergesetzlich in der StromNZV und der StromNEV geregelt wurden[191]. Weiterer zentraler Inhalt sind die neu eingeführten Vorschriften zum *Unbundling*.

Die letzte umfassende Reform des Strommarktes erfolgte durch das sog. Dritte Binnenmarktpaket. Die insofern relevante Elektrizitätsbinnenmarktrichtlinie[192] sah eine vollständige und insofern nun auch eigentumsrechtliche Entflechtung vertikal integrierter Energieversorgungsunternehmen vor, gestattete als Alternative aber auch die Einrichtung eines unabhängigen Transportnetzbetreibers bzw. eines unabhängigen Systembetreibers[193]. In Deutschland erfolgte die Umsetzung mit der Novellierung des EnWG im August 2011, wobei das BMWi deutlich gemacht hat, dass die Umsetzung des Dritten Binnenmarktpakets auf die zwingenden europäischen Vorgaben beschränkt sein sollte[194].

Praktisch vollzieht sich der Strombinnenmarkt heute über Marktkopplung in der Form sog. impliziter Auktionen. Marktteilnehmer erhalten hierdurch grenzüberschreitende Kapazitäten[195] nicht direkt zugeteilt, vielmehr geben sie Gebote für Strom auf ihrer Börse ab. Preisunterschiede zwischen den Marktgebieten werden sodann über die Börsen aufgrund der an den Grenzstellen verfügbaren Kapazität minimalisiert[196]. Der europäische Strombinnenmarkt wurde mit dem Start der Preis-

---

[189] Mussaeus/Schwind, in: PwC (Hrsg.), Regulierung in der deutschen Energiewirtschaft, Band I 4. Aufl. 2015, S. 17.

[190] Kühne/Brodowski, NVwZ 2005, S. 849.

[191] In: PwC (Hrsg.) Regulierung in der deutschen Energiewirtschaft, Band I 4. Aufl., 2015, S. 24.

[192] Richtlinie 2009/72/EG des Europäischen Parlaments und des Rates v. 13.07.2009 über gemeinsame Vorschriften für den Elektrizitätsbinnenmarkt und zur Aufhebung der Richtlinie 2003/54/EG.

[193] Mussaeus/Schwind, a.a.O., S. 21.

[194] Dazu Theobald/Gey-Kern, EuZW 2011, S. 896.

[195] Vgl. dazu auch unten Abschnitt 3.7.1 (Bedeutung der Grenzkuppelkapazitäten).

[196] Vgl. hierzu und im Folgenden, Epexspot, Marktkopplung, Ein wesentlicher Schritt zur Marktintegration; abrufbar unter: http://bit.ly/2oVbn1z.

kopplung in Nordwesteuropa, d.h. von Frankreich nach Finnland (einschließlich der nordischen und der baltischen Staaten) und von Deutschland/Österreich nach Großbritannien, am 04.02.2014 deutlich vorangetrieben. Die europäische „Multi-Regionen-Kopplung" wurde mehrfach erweitert, umfasst nun 19 Länder und deckt rund 85% des Stromverbrauchs in Europa ab.

Von der Errichtung einer „einheitlichen europäischen Kupferplatte", also eines einheitlichen Stromnetzes ohne physische Engpässe innerhalb und zwischen den Ländern, ist die Energiewirtschaft aufgrund der unterschiedlich ausgerichteten nationalen, z.T. regionalen politischen Vorgaben weit entfernt. Die Harmonisierung der Energiepolitik in der EU ist deshalb notwendig.

3.1.2.2 Umwelt- und klimapolitische Richtlinien

Die EU hat ihre Energiepolitik in jüngerer Vergangenheit verstärkt umwelt- und klimapolitisch ausgerichtet[197]. Grundlage der Umwelt- und Klimapolitik in der EU ist der 2020-Rahmen. Er umfasst die Verpflichtung der EU-Mitgliedstaaten, bis 2020 ihre Treibhausgasemissionen um mind. 20 % gegenüber 1990 zu reduzieren, die Energieeffizienz um 20 % zu erhöhen und einen Anteil von 20 % erneuerbarer Energien am Gesamtenergieverbrauch zu erreichen[198]. Diese Ziele setzt die EU durch eigenständige Legislativ-Instrumente um, namentlich durch die Emissionshandels-Richtlinie, die Effizienz-Richtlinie und die Erneuerbare-Energien-Richtlinie[199].

Darauf aufbauend haben sich die Mitgliedsstaaten im Europäischen Rat im Oktober 2014 auf einen EU-Klima- und Energierahmen bis 2030 verständigt. Ziele der Energiepolitik in der EU sind danach[200]

- die Minderung der Treibhausgasemissionen von mind. 40 % gegenüber 1990,

- ein Anteil erneuerbarer Energien am Energieverbrauch von mind. 27 %,

- mind. 27 % Energieeinsparungen bis 2030 mit einer Überprüfung bis 2020 und der Option, das Ziel auf 30 % anzuheben

- eine Reform des Emissionshandels sowie

- die fortschreitende Kopplung der Märkte durch den Ausbau grenzüberschreitender Leitungskapazitäten in Höhe von 10 % der installierten Stromerzeugungskapazität in der EU.

---

[197] Theobald, in: Schneider/Theobald, Recht der Energiewirtschaft, § 1 Rn. 68.
[198] KOM (2010) 2020, S. 13.
[199] Abrufbar unter: http://bit.ly/2qBTpgL.
[200] Abrufbar unter: http://bit.ly/2qBTpgL; http://bit.ly/2qvMlTO.

Nach dem „Energiefahrplan 2050" der EU soll bis 2050 eine Senkung der Emissionen um mehr als 80 % erreicht werden unter Gewährleistung der Versorgungssicherheit und der Wettbewerbsfähigkeit[201]. Die EU macht aber zugleich deutlich, dass die bislang bestehenden Politikansätze und Maßnahmen zur Erreichung des Zieles nicht ausreichen werden[202]. Die Kommission ist insofern der Ansicht, dass Strom künftig eine weitaus größere Rolle spielen und damit gerade in den Bereichen Verkehr sowie Heizung/Kühlung einen wichtigen Beitrag zur Dekarbonisierung leisten muss[203].

Zur weiteren Harmonisierung der Energiepolitik innerhalb der EU hat die EU-Kommission im Februar 2015 den Plan einer europäischen Energieunion mit fünf Handlungsfeldern veröffentlicht. Die Energieunion adressiert die Energiesicherheit Europas, den europaweit ungehinderten Energiefluss, den Vorrang für Energie-effizienz, die Klimaschutzpolitik und die Unterstützung bahnbrechender Neuerungen bei kohlenstoffemissionsarmen und sauberen Energietechnologien. In diesem Zusammenhang zielt sie auch auf eine emissionsarme Mobilität und eine Energiepolitik, die der EU weltweit die Führungsrolle bei der Nutzung erneuerbarer Energien sichern soll[204].

Ende November 2016 hat die EU-Kommission mit ihrem „Winterpaket"[205] neue Vorschläge zur Harmonisierung der Energiepolitik in Europa vorgelegt, u.a. zur besseren Koordinierung der nationalen Energiepolitiken durch abgestimmte nationale Klima- und Energiepläne, zum Design des europäischen Strommarktes, zur europaweiten Ausgestaltung der Förderung erneuerbarer Energien und zur Erhöhung des Energie-Effizienz-Ziels von 27 % auf 30 %. Dabei zeigt sich eine Tendenz von der Harmonisierung hin zur stärkeren Zentralisierung der Energiepolitik in Europa, z.B. bei dem Vorschlag für die europaweite Ausgestaltung der Förderung und der Einschränkung des Einspeisevorrangs für erneuerbare Energien.

3.1.2.3 Digitalisierung des Messwesens

Energiewende ist ohne neue Technologien und auch ohne Digitalisierung kaum denkbar. Die Versorgungssicherheitsrichtlinie[206] aus dem Jahr 2005 enthielt erstmalig eine fakultative Förderung der Einführung von Technologien im Bereich der

---

[201] KOM (2011) 885, S. 1.
[202] Ebenda.
[203] KOM (2011) 885, S. 6.
[204] Vgl. http://ec.europa.eu/priorities/energy-union-and-climate_de.
[205] Vgl. http://europa.eu/rapid/press-release_IP-16-4009_de.htm m.w.N.
[206] Richtlinie 2005/89/EG des Europäischen Parlaments und des Rates v. 18.01.2006 über Maßnahmen zur Gewährleistung der Sicherheit der Elektrizitätsversorgung und von Infrastrukturinvestitionen.

Echtzeit-Nachfragesteuerung durch die Mitgliedstaaten. *Smart Metering* wurde dadurch nicht verbindlich, die Regelung hatte aber zumindest Impulswirkung[207]. Erst Art. 13 Abs. 1 Satz 1 Energiedienstleistungs-Richtlinie[208] normierte die Pflicht der Mitgliedstaaten sicherzustellen, dass Endkunden individuelle Zähler erhalten, die ihren tatsächlichen Energieverbrauch und die tatsächliche Nutzungszeit widerspiegeln[209], allerdings unter dem Vorbehalt, dass die Einführung technisch machbar, finanziell vertretbar und im Vergleich zu potenziellen Energieeinsparungen angemessen ist.

Die europarechtlichen Grundlagen des „*Smart Meter Rollouts*" sind in der 3. Elektrizitäts-Binnenmarkt-Richtlinie 2009/72/EG zu finden[210]. Art. 3 Abs. 11 dieser Richtlinie betont die Ausbauziele für intelligente Messsysteme und Netze. Grundgedanke ist die Förderung der Energieeffizienz. Gem. Anhang I Abs. 2 der Richtlinie haben die Mitgliedsstaaten zu gewährleisten, dass intelligente Messsysteme eingeführt werden, durch die die aktive Beteiligung der Verbraucher am Stromversorgungsmarkt unterstützt wird. Hier wird als politisches Ziel die Wandlung des klassischen Verbraucherbildes vom Konsumenten zum sog. *Prosumer* ersichtlich, der zunehmend aktiv am Strommarkt teilnimmt[211].

Die Pflicht der Mitgliedstaaten unterliegt einer wichtigen Einschränkung: Sie können die Einführung intelligenter Messsysteme von einer positiven gesamtwirtschaftlichen Bewertung abhängig machen. Im Rahmen dieser Bewertung werden alle langfristigen Kosten und Vorteile für den Markt und die einzelnen Verbraucher geprüft. Zudem wird untersucht, welche Art des intelligenten Messens wirtschaftlich vertretbar und kostengünstig ist und in welchem zeitlichen Rahmen die Einführung praktisch möglich ist. Auf Grundlage der Bewertung hat der jeweilige Mitgliedstaat oder eine von ihm benannte zuständige Behörde einen Zeitplan mit einem Planungsziel von 10 Jahren für die Einführung der intelligenten Messsysteme aufzustellen. Hieraus ergibt sich ein Planungshorizont bis 2022. Tatsächlich geht die Richtlinie sogar von einem schnelleren *Rollout* aus und sieht vor, bis 2020 mind. 80 % der Verbraucher mit intelligenten Messsystemen auszustatten, sofern die Einführung intelligenter Zähler positiv bewertet wird.

---

[207]   Benz, ZUR 2008, S. 457, 458.
[208]   Richtlinie 2006/32/EG des Europäischen Parlaments und des Rates v. 05.04.2006 über Endenergieeffizienz und Energiedienstleistungen und zur Aufhebung der Richtlinie 93/76/EWG des Rates.
[209]   Dazu auch *Pielow*, ZUR 2010, S. 115, 121.
[210]   Richtlinie 2012/27/EU des Europäischen Parlaments und des Rates v. 25.10.2012 zur Energieeffizienz, zur Änderung der Richtlinien 2009/125/EG und 2010/30/EU und zur Aufhebung der Richtlinien 2004/8/EG und 2006/32/EG; vgl. auch unten Abschnitt 1.1.1 (*Smart Meter Rollout* und Bedeutung für das deutsche Energiesystem).
[211]   BT-Drs. 18/7555 v. 17.02.2016, S. 62.

Neben dieser Verpflichtung sind allgemeine Anforderungen an die technische Ausgestaltung und den Ausstattungsumfang von Messeinrichtungen und Messsystemen
in Art. 9 Abs. 2 der Energieeffizienz-Richtlinie[212] niedergelegt. Auch hat die Kommission in einer Empfehlung[213] ergänzend die Bedeutung der Gewährleistung von
Datensicherheit und Datenschutz bei intelligenten Messsystemen hervorgehoben.
Sie spricht sich im Rahmen dieser Empfehlung ausdrücklich für ein detailliertes
Datenschutzkonzept beim *Rollout* von *Smart Metern* aus und fordert entsprechende
„data protection by design"-Lösungen[214].

Auf bundesdeutscher Ebene ist am 30.07.2013 der Endbericht der nationalen Kosten-Nutzen-Analyse veröffentlicht worden[215]. Im Ergebnis wird der flächendeckende
„Rollout" für einen Großteil der Stromkunden in Deutschland als wirtschaftlich
nicht zumutbar bewertet und eine nationale *„Rollout*-Strategie" entwickelt[216]. Mit
dem Gesetz zur Digitalisierung der Energiewende, im Kern dem MsbG, schafft der
deutsche Gesetzgeber die rechtliche Basis für den verpflichtenden und optionalen
Einbau von intelligenten Messsystemen[217]. Gestützt auf die Ergebnisse der Kosten-
Nutzen-Analyse sieht die nationale *„Rollout*-Strategie" eine stufenweise Einführung
von intelligenten Messsystemen für Verbraucher bis 2032, für Anlagenbetreiber bis
2027 vor[218].

Hierzu verpflichtet § 29 Abs. 1 Nr. 1 und 2 MsbG den grundzuständigen Messstellenbetreiber zum Einbau intelligenter Messsysteme bei Letztverbrauchern sowie
bei Anlagenbetreibern in Abhängigkeit von ihrem Verbrauch bzw. der von ihnen
installierten Leistung. Daneben gibt § 29 Abs. 2 Nr. 1 und 2 MsbG den grundzuständigen Messstellenbetreibern die Option, ortsfeste Zählpunkte bei Letztverbrauchern sowie bei Anlagen mit intelligenten Messsystemen auszustatten, sofern die
vom Gesetzgeber festgelegten Verbrauchs- bzw. Einspeisewerte nicht überschritten
werden. Für alle diese Ausbaufälle werden gesetzliche Preisobergrenzen festgelegt,
um die Belastung der Letztverbraucher bzw. Anlagenbetreiber zu begrenzen.

---

[212] Richtlinie 2012/27/EU des Europäischen Parlaments und des Rates v. 25.10.2012 zur
Energieeffizienz, zur Änderung der Richtlinien 2009/125/EG und 2010/30/EU und zur
Aufhebung der Richtlinien 2004/8/EG und 2006/32/EG.

[213] Empfehlung der Kommission v. 09.03.2012 zu Vorbereitungen für die Einführung intelligenter Messsysteme (2012/148/EU).

[214] Dazu auch BT-Drs. 18/7555 v. 17.02.2016, S. 81.

[215] Ernst & Young, Kosten-Nutzen-Analyse für einen flächendeckenden Einsatz intelligenter
Zähler, 2013.

[216] BT-Drs. 18/7555 v. 17.02.2016, A, S. 1; Lüdemann/Ortmann/Pokrant, Das neue Mess-
stellenbetriebsgesetz, in: EnWZ, 2016, S. 339 f., I.

[217] Lüdemann/Ortmann/Pokrant, ebenda.

[218] BT-Drs. 18/7555 v. 17.02.2016, B, S. 2 und zu § 31 MsbG S. 91; Lüde-
mann/Ortmann/Pokrant, ebenda.

Zum Begriff des intelligenten Messsystems ist zunächst die Empfehlung der Kommission vom 09.03.2012 zu Vorbereitungen für die Einführung intelligenter Messsysteme (2012/148/EU) heranzuziehen. Sie soll den Mitgliedstaaten unter Wahrung des Grundrechts auf den Schutz personenbezogener Daten Hilfestellung bei der Konzeption und dem Betrieb intelligenter Messsysteme geben.[219] Aus europäischer Sicht ist ein intelligentes Messsystem ein elektronisches System, das den Energieverbrauch messen sowie Daten unter Nutzung einer Form der elektronischen Kommunikation übertragen und empfangen kann[220]. Nach §§ 19 ff. MsbG besteht das intelligente Messsystem aus einer Messeinrichtung sowie einer Kommunikationseinheit, dem sog. *„Smart-Meter-Gateway"* zur Einbindung der Messeinrichtung in ein Kommunikationsnetz[221]. Intelligente Messsysteme grenzen sich durch Plattform-Kompatibilität sowie durch Fertigung nach einem *Privacy-by-design*-Standard des Bundesamtes für Sicherheit in der Informationstechnik (BSI) von herkömmlichen Messsystemen, sog. *„Smart Meter"* ab. Der Begriff *„Smart Meter"* wird auf nationaler Ebene im MsbG nicht verwendet und ist daher nicht legal definiert[222].

Aufgrund der höheren Anforderungen an die technische Ausgestaltung, die Datensicherheit, die die individuelle Zumutbarkeit und die Gesamtwirtschaftlichkeit ist der *„Rollout"* intelligenter Messsysteme in Deutschland im Rahmen der nationalen „Rolloutstrategie" bis 2032 ausgedehnt worden.

3.1.2.4 Beihilfenrechtlicher Rahmen

Der Umbau des Strommarktes hin zu erneuerbaren Energien wird von staatlichen Stellen auf vielen Ebenen und mit unterschiedlichen Maßnahmen finanziell gefördert. Solche Förderungen werden stets auch aus dem Blickwinkel des EU-Beihilfenrechts betrachtet. Gem. Art. 107 Abs. 1 AEUV sind staatliche Beihilfen an Unternehmen grds. verboten. Sie dürfen lediglich ausnahmsweise – auf Basis einer Einzelfallentscheidung der EU-Kommission oder einer generellen Freistellungsregelung – zum Ausgleich von Marktversagen gewährt werden. Beihilfenrechtlich relevant sind dabei nicht nur „klassische" Subventionen (Zuschüsse), sondern alle Maßnahmen, die einen wirtschaftlichen Vorteil gewähren. Dies betrifft insb.

- die staatlich regulierten Mindestentgelte für die Erzeuger erneuerbarer Energien,
- Prämien an Kraftwerksbetreiber im Rahmen der Netzreserve und die
- selektive Befreiung von staatlichen Umlagen.

---

[219] Vgl. Empfehlung der Kommission v. 09.03.2012 zu Vorbereitungen für die Einführung intelligenter Messsysteme, 2012/148/EU, 2. Erwägungsrund, ferner I.1 und I.3.b.

[220] Vgl. Empfehlung der Kommission, a.a.O., I.3.b.

[221] Lüdemann/Ortmann/Pokrant, a.a.O. (Fn. 216), S.339, 340 (II.1.a).

[222] BT-Drs. 18/7555 v. 17.02.2016, A, S. 1; Lüdemann/ Ortmann/Pokrant, ebenda.

Hinsichtlich des letztgenannten Punktes stand in jüngerer Zeit das Prüfverfahren der EU-Kommission zur besonderen Ausgleichsregelung in §§ 40 ff. EEG 2012 in der öffentlichen Diskussion. Die Kommission hatte entschieden, dass die damalige Regelung jedenfalls in Teilen nicht mit dem Binnenmarkt vereinbar sei, und eine teilweise Rückforderung der gewährten wirtschaftlichen Vorteile angeordnet[223].

Für die aktuelle Finanzperiode 2014 bis 2020 der EU hat die Kommission für den Energie- und Umweltbereich die aus ihrer Sicht maßgeblichen Voraussetzungen für die Vereinbarkeit von Beihilfen mit dem Binnenmarkt in den UEBLL[224] niedergelegt. Die Leitlinien geben den Prüfungsmaßstab vor, den die Kommission an die von den EU-Mitgliedstaaten angemeldeten Förderregime anlegt. Gleichzeitig werden in der überarbeiteten AGVO[225] auch Beihilfen im Energiebereich unter bestimmten Voraussetzungen als generell mit dem Binnenmarkt vereinbar erklärt. Eine wesentliche Freistellungsvoraussetzung ist hierbei die Einhaltung von bestimmten Beihilfehöchstgrenzen.

Damit hat die Kommission ein zweistufiges Beihilfenkontrollregime eingerichtet: Soweit Beihilfen die Voraussetzungen der AGVO erfüllen, gelten sie als genehmigt und können ohne Einzelerlaubnis der EU-Kommission gewährt werden. Sind diese Voraussetzungen nicht erfüllt, z.B. weil die Höchstgrenzen überschritten werden, müssen Beihilfen vorab bei der Kommission zur Genehmigung angemeldet werden (Notifizierung); diese wird dann anhand der UEBLL die Vereinbarkeit mit dem Binnenmarkt prüfen und darüber entscheiden. In Bezug auf den Strommarkt lassen sich innerhalb dieses Kontrollregimes i.W. drei Beihilfengruppen unterscheiden:

1. Von zentraler Bedeutung sind die mitgliedstaatlichen Maßnahmen zur Förderung der Erzeugung erneuerbarer Energien. In der Vergangenheit erfolgte die Förderung durch staatlich festgelegte Vergütungssätze je erzeugter kWh, die der jeweils zuständige örtliche Netzbetreiber an den Erzeuger zu errichten hatte. Die UEBLL sehen für Beihilfen ab dem 01.01.2016 stattdessen ein Marktprämienmodell vor, nach dem Erzeuger ihren Strom grds. am Markt verkaufen und auf den erzielten Marktpreis eine zusätzliche Prämie erhalten. Seit dem 01.01.2017 dürfen solche Beihilfen nach den UEBLL ausschließlich im Wege von Ausschreibungen auf Grundlage von eindeutigen, transparenten und diskriminierungsfreien Auswahlkriterien vergeben werden. Der deutsche Gesetzgeber hat diese Vorgabe im EEG 2017 in den §§ 28 ff. umgesetzt. Die EU-Kommission hat gegenüber dieser Regelung keine Einwände erhoben[226]. Für kleine Erzeu-

---

[223] Entscheidung v. 25.11.2014, SA.33995, ABl. EU L 250 v. 25.09.2015, S. 122.

[224] ABl. EU C 200 v. 28.06.2014, S. 1.

[225] ABl. EU L 187 v. 26.06.2014, S. 1.

[226] Entscheidung v. 20.12.2016, SA.45461, noch nicht veröffentlicht.

gungsanlagen mit begrenzter Erzeugungskapazität (Solar > 500 kW, Wind > 3 MW oder maximal 2 Einheiten, Biokraftstoff > 50.000 t/Jahr) können Beihilfen auch außerhalb des EEG-Regimes auf Basis von Art. 43 AGVO gewährt werden. Voraussetzung ist aber auch hier eine Ausschreibung, zudem gilt eine Beihilfenhöchstgrenze von maximal 15 Mio. EUR je Unternehmen und Vorhaben.

2. Auch die in der Öffentlichkeit viel diskutierte Vorhaltung einer Netzreserve zum Ausgleich von Kapazitätsschwankungen hat beihilfenrechtliche Aspekte. Aufgrund der größeren Anzahl von Energiequellen mit schwankender Erzeugungskapazität wird eine Zunahme von Schwankungen in der Versorgung erwartet. Dem wirken staatliche Regulierer entgegen, indem mit Anlagenbetreibern Verträge über die Vorhaltung und ggf. kurzfristige Bereitstellung von Erzeugungskapazitäten gegen gesondertes Entgelt geschlossen werden. In den UEBLL sind solche Beihilfen zwar vorgesehen, werden allerdings ausdrücklich als nachrangig gegenüber anderen Maßnahmen ohne Eingriff in den Markt bezeichnet. Die Kommission gibt den Mitgliedstaaten daher auf, vor Gewährung solcher Beihilfen zunächst Art und Ursachen eines Kapazitätsproblems sorgfältig zu prüfen und eindeutig nachzuweisen, dass ohne staatliche Intervention keine Deckung des Bedarfs durch den Markt erfolgen wird. Die an Anlagenbetreiber gezahlten Beihilfen sollen nach den Vorstellungen der Kommission durch Ausschreibung ermittelt werden und die Kosten je Kapazitätseinheit zzgl. einer "angemessenen" Rendite nicht überschreiten. Das in Deutschland in § 13d EnWG und der NetzResV geregelte Verfahren sieht vor, dass die ÜNB den Kapazitätsbedarf in einer Systemanalyse ermitteln, die BNetzA ggf. einen ungedeckten (zusätzlichen) Bedarf feststellt[227] und die ÜNB sodann die zusätzliche Kapazität in wettbewerblichen Verfahren sichern. Die EU-Kommission hat das deutsche Verfahren anhand der Vorgaben der UEBLL geprüft und bestätigt[228].

3. Schließlich erfordert der Umstieg auf erneuerbare Energien erhebliche Investitionen in die Energieinfrastruktur. In Deutschland wird seit langem über die Möglichkeiten diskutiert, den in Norddeutschland in großen Mengen produzierten Windstrom zu den stromintensiven industriellen Abnehmern im Süden des Landes zu bringen. Anhand dieser Diskussion zeigt sich, dass sich eine fehlende Marktlenkung auch bei der Errichtung und Bereitstellung von Infrastrukturen ergeben kann, d.h. Marktteilnehmer nehmen die erforderlichen Investitionen nicht ohne weiteres vor. Für diese Konstellationen ermöglichen die UEBLL daher staatliche Förderung. Nach Ansicht der EU-Kommission sollen Investitionen aber im Regelfall grds. über die Nutzungsentgelte/Tarife refinanziert werden.

---

[227] Abrufbar unter: http://bit.ly/2p3iSyu.

[228] Entscheidung v. 20.12.2016, SA.42955, noch nicht veröffentlicht.

Die Möglichkeit staatlicher Beihilfen erwähnen die UEBLL nur im Zusammenhang mit Vorhaben von gemeinsamem Interesse i.S.d. Leitlinien für die transeuropäische Energieinfrastruktur, also mit grenzüberschreitender Bedeutung[229]. Förderfähig ist die Finanzierungslücke, also die Differenz aus abgezinsten Investitions- und Betriebskosten und Einnahmen aus der Investition über einen Betrachtungszeitraum von 25 bis 30 Jahren.

Kleinere Vorhaben, die keine Bedeutung für den Energiebinnenmarkt haben, können nach Art. 48 AGVO durch Beihilfen finanziell gefördert werden. Förderfähig sind allerdings ausschließlich Vorhaben, die in Fördergebieten gem. der jeweiligen nationalen (von der Kommission genehmigten[230]) Fördergebietskarte liegen. In Deutschland betrifft dies außer den östlichen Bundesländern nur einige wenige Regionen[231]. Die AGVO erlaubt zudem ausschließlich die Förderung von Investitionskosten (nicht Betriebskosten) und zwar maximal in Höhe der Investitionskosten abzüglich des erwarteten Betriebsgewinns. In absoluten Zahlen darf die Förderung höchstens 50 Mio. EUR pro Unternehmen und Vorhaben umfassen.

3.1.3   Oberziele in Deutschland

3.1.3.1 Umweltverträglichkeit

Der Großteil der auf nationaler Ebene verfolgten energiepolitischen Zielsetzungen findet sich in § 1 EnWG wieder. Nannte die Urfassung des EnWG aus dem Jahre 1935 noch die sichere und preisgünstige Versorgung als Ziele, so wurde die Umweltverträglichkeit neben den weiteren Zwecksetzungen Effizienz und Verbraucherfreundlichkeit der Energieversorgung seit 1998 sukzessive ergänzt.

Die heutige Fassung des EnWG trägt den sich aus den Elektrizitäts-Binnenmarkt-Richtlinien ergebenden Anforderungen Rechnung[232]. Nach der jüngsten Reform durch das 2016 in Kraft gesetzte StrommarktG normiert § 1a EnWG die Grundsätze des Strommarktes für die Energiewende nunmehr wie folgt:

1. Der Preis für Elektrizität bildet sich nach wettbewerblichen Grundsätzen frei am Markt. Die Höhe der Preise für Elektrizität am Großhandelsmarkt wird regulatorisch nicht beschränkt.

2. Das Bilanzkreis- und Ausgleichsenergiesystem hat eine zentrale Bedeutung für die Gewährleistung der Elektrizitätsversorgungssicherheit. Daher sollen die

---

[229] Verordnung (EU) Nr. 347/2015, ABl. EU L 115 v. 25.04.2013, S. 39.
[230] Entscheidung v. 11.03.2014, SA.37423, ABl. EU C 280 v. 22.08.2014.
[231] Siehe Liste im Anhang zur Entscheidung der Kommission, Fördergebietskarte 2014–2020, abrufbar unter: http://bit.ly/2oVypoY.
[232] Theobald, in: Danner/Theobald, EnWG, § 1 Rn. 1 ff.

Bilanzkreistreue der BKV und eine ordnungsgemäße Bewirtschaftung der Bilanzkreise sichergestellt werden.

3. Es soll insb. auf eine Flexibilisierung von Angebot und Nachfrage hingewirkt werden. Ein Wettbewerb zwischen effizienten und flexiblen Erzeugungsanlagen, Anlagen zur Speicherung elektrischer Energie und Lasten, eine effiziente Kopplung des Wärme- und des Verkehrssektors mit dem Elektrizitätssektor sowie die Integration der Ladeinfrastruktur für Elektromobile in das Elektrizitätsversorgungssystem sollen die Kosten der Energieversorgung verringern, die Transformation zu einem umweltverträglichen, zuverlässigen und bezahlbaren Energieversorgungssystem ermöglichen und die Versorgungssicherheit gewährleisten.

4. Elektrizitätsversorgungsnetze sollen bedarfsgerecht unter Berücksichtigung des Ausbaus der Stromerzeugung aus erneuerbaren Energien nach § 4 des Erneuerbare-Energien-Gesetzes, der Versorgungssicherheit sowie volkswirtschaftlicher Effizienz ausgebaut werden.

5. Die Transparenz am Strommarkt soll erhöht werden.

6. Als Beitrag zur Verwirklichung des Elektrizitätsbinnenmarktes sollen eine stärkere Einbindung des Strommarktes in die europäischen Strommärkte und eine stärkere Angleichung der Rahmenbedingungen in den europäischen Strommärkten, insb. mit den an das Gebiet der Bundesrepublik Deutschland angrenzenden Staaten sowie dem Königreich Norwegen und dem Königreich Schweden, angestrebt werden. Es sollen die notwendigen Verbindungsleitungen ausgebaut, die Marktkopplung und der grenzüberschreitende Stromhandel gestärkt sowie die Regelenergiemärkte und die vortägigen und untertägigen Spotmärkte stärker integriert werden.

Im Strommarkt für die Energiewende verdient die Umweltverträglichkeit besondere Beachtung. Der Fokus auf Umweltverträglichkeit, d.h. v.a. Dekarbonisierung, geht nicht allein auf die europäische Klimapolitik zurück, sondern ist Ausdruck der Staatszielbestimmung des Art. 20a GG, die den Schutz der natürlichen Lebensgrundlagen vorsieht.

Nach den von der BReg gesetzten Klimazielen sollen die Treibhausgasemissionen bis 2020 um 40 % im Vergleich zu 1990 reduziert werden, wobei der Stromsektor eine tragende Rolle bei der Erreichung dieses Ziels spielt[233]. Über diese Zielsetzung hinaus sollen die Einsparungen bis 2030 mind. 55 %, bis 2040 mind. 70 % und bis zum Jahr 2050 80 bis 95 % betragen[234]. Um sicherzustellen, dass das von der BReg bis 2020 gesetzte Reduktionsziel erreicht wird, hat die BReg Ende 2014 das „Akti-

---

[233] BT-Drs. 18/7317 v. 20.01.2016, S. 2.
[234] Abrufbar unter: http://bit.ly/2qFiI1D.

onsprogramm Klimaschutz 2020"[235] verabschiedet und die verschiedenen Wirt-schaftssektoren auf einen Beitrag zur Emissionsminderung festgelegt. Allerdings sollen „(w)eitere 22 Mio. t unter besonderer Berücksichtigung des Stromsektors und des europäischen Zertifikatehandels erbracht"[236] werden. Bei diesen Zielvorgaben ist zu beachten, dass die BReg 2011 aufgrund der Nuklearkatastrophe in Fukushima den vollständigen Ausstieg aus der Kernenergie bis 2022 beschlossen hat. Infolge-dessen fällt Kernenergie als Energieressource, die in Bezug auf Treibhausgase sehr emissionsarm ist, in wenigen Jahren vollständig weg.

Die klimapolitisch festgelegten Zielgrößen beziehen sich zwar insgesamt auf die Reduktion der Treibhausgase, das Augenmerk liegt jedoch auf einer Reduktion des CO_2-Ausstoßes[237]. Das Aktionsprogramm der BReg forciert die Anstrengungen zur Erreichung der Reduktionsziele. Es beschreibt als Handlungsfelder mit direktem Bezug zur Energiewirtschaft:

- die Reform des Emissionshandels vor 2020 auf EU-Ebene,
- den Ausbau der erneuerbaren Energien im Rahmen des EEG-Ausbaupfades bis 2025/2050,
- die Weiterentwicklung der Kraft-Wärme-Kopplung,
- die Reduzierung des Stromverbrauchs (NAPE) und
- die Weiterentwicklung des konventionellen Kraftwerksparks.

Der auf dem Aktionsprogramm aufbauende „Klimaschutzplan 2050" der BReg vom November 2016[238] skizziert für jedes der Handlungsfelder Energiewirtschaft, Ge-bäude, Verkehr, Industrie, Landwirtschaft sowie Landnutzung und Forstwirtschaft eine Vision für das Jahr 2050 und definiert Meilensteine, Maßnahmen und Sektor-ziele, ausgerichtet auf das 55%-Reduktions-Zwischenziel für 2030.

Der effizientere Einsatz von Energie durch optimierte und intelligent verknüpfte Erzeugungs- und Nutzungskonzepte ist ein weiterer Schlüssel zur Senkung von Treibhausgasemissionen. Potenziale zur Effizienzsteigerung ergeben sich nicht nur durch den richtigen Stromerzeugungsmix und die individuelle Effizienz der darin eingesetzten Anlagen, sondern auch durch die Nutzung von nachfrageseitigen Mög-lichkeiten der Flexibilisierung des Energieverbrauchs. Die erfolgreiche Hebung

---

[235] BMUB (2014): Aktionsprogramm Klimaschutz 2020, abrufbar unter: http://bit.ly/1wlssJB, Aufruf am 31.08.2016.

[236] Vgl. BMUB, Aktionsprogramm Klimaschutz 2020, 2014, S. 34, abrufbar unter: http://bit.ly/2qyP8vC; vgl. auch PWC, Wirtschaftliche Bewertung des Aktionsprogramms Klimaschutz 2020, abrufbar unter: http://bit.ly/2fR1hcb.

[237] Dazu auch Scherer/Heselhaus, in: Dauses, EU-Wirtschaftsrecht, Umweltrecht, Rn. 423.

[238] Vgl. BMUB, Klimaschutzplan 2050, abrufbar unter: http://bit.ly/2fR5Fs7.

einzelner Effizienzen hängt maßgeblich von den jeweiligen Kosten für die Steigerung der Energieproduktivität ab.

Hauptindikator zur Beurteilung von Effizienzsteigerungen ist die Entwicklung des sog. Primärenergieverbrauchs[239] (PEV) in Deutschland. Dieser ist seit 1990 insgesamt rückläufig, lediglich der Verbrauch des Primärenergieträgers Erdgas ist angestiegen. Nach dem Willen der BReg soll der PEV bis 2020 um 20 % gegenüber 2008 gesenkt werden (2015 wurden lediglich 7 % erreicht).

3.1.3.2 Wirtschaftlichkeit

Zweites Oberziel der Energiepolitik ist die Wirtschaftlichkeit bzw. die Bezahlbarkeit der Energieversorgung, die v.a. durch Marktliberalisierung und Wettbewerb erreicht werden soll.

Bis 1998 zeichnete sich der Strommarkt durch feste Versorgungsgebiete der Stromversorger und monopolistische Strukturen aus, Stromversorgung und Netzbetrieb waren zumeist in einer Hand[240]. Die von der europäischen als auch der deutschen Politik anvisierte Auflösung der Monopolstrukturen und die Implementierung von Wettbewerb ist als Antwort auf die fehlende Marktsteuerung in dieser Wertschöpfungskette zu verstehen[241]. Die Marktliberalisierung wurde durch die Vereinheitlichung der nationalen Strommärkte zu einem europäischen Strommarkt vorangetrieben[242] und wird mit der Konzeption des sog. „Strommarkt 2.0" im StrommarktG 2016 auch von der BReg explizit anerkannt[243].

Die Liberalisierung im deutschen Strommarkt begann, angestoßen von der 1996 verabschiedeten EU-Binnenmarktrichtlinie 96/92/EG, mit dem Inkrafttreten des Artikelgesetzes zur Neuregelung des Energiewirtschaftsrechts vom 24.04.1998[244] und der in seinem Art. 1 enthaltenen Novelle des EnWG[245].

---

[239] Definition gem. UBA (2016): „Der PEV bezeichnet den Energiegehalt aller im Inland eingesetzten Energieträger. Der Begriff umfasst sogenannte Primärenergieträger, wie z.B. Braun- und Steinkohlen, Mineralöl oder Erdgas, die entweder direkt genutzt, oder in sogenannte Sekundärenergieträger wie z.B. Kohlebriketts, Kraftstoffe, Strom oder Fernwärme umgewandelt werden. Berechnet wird er als Summe aller im Inland gewonnenen Energieträger zuzüglich des Saldos der importierten/exportierten Mengen sowie der Bestandsveränderungen abzüglich der auf Hochsee gebunkerten Vorräte."

[240] BMWi, Grünbuch „Ein Strommarkt für die Energiewende", S. 13.

[241] Theobald, in: Danner/Theobald, EnWG, § 1 Rn. 30.

[242] BMWi, Grünbuch „Ein Strommarkt für die Energiewende", S. 33.

[243] BMWi, Weißbuch „Ein Strommarkt für die Energiewende", S. 32.

[244] BGBl. I, S. 730.

[245] Gesetz über die Elektrizitäts- und Gasversorgung (EnWG v. 07.07.2005, letzte Änderung durch Art. 6 Gesetz v. 13.10.2016, BGBl. I, S. 2258.

Die darin verankerte Entflechtung der Bereiche Erzeugung, Netz und Vertrieb/Handel für vertikal integrierte EVU (sog. *Unbundling*) schaffte die Voraussetzungen für eine wettbewerbsbasierte Organisation der Energieversorgung. 2005 wurde die Regulierung des deutschen Strommarktes beim Transport und der Verteilung des Stroms mit einer weiteren EnWG-Novelle konkretisiert. Wesentliche Eckpunkte des neuen Gesetzes und der unterstützenden Verordnungen waren die Gründung der BNetzA und der LRegB, die Einführung eines diskriminierungsfreien und transparenten Netzzuganges für Dritte, die Einführung der regulierten Netzentgeltkalkulation sowie die Festlegung der Entflechtungsvorschriften für integrierte EVU.

3.1.3.3 Versorgungssicherheit

Die Sicherheit der Energieversorgung ist keine Zielsetzung, die aus der Energiewende heraus resultiert, sie ist für ein Industrieland unverzichtbar. Da Strom bislang nur in Grenzen speicherbar ist, ist die jederzeitige Synchronisation von Stromangebot und Stromnachfrage unverzichtbar. Allerdings stellt die Energiewende die Gewährleistung der Versorgungssicherheit vor besondere Herausforderungen[246].

3.2   Emissionshandel

3.2.1   Logik des Emissionshandels

Die Konferenz der Vereinten Nationen über Umwelt und Entwicklung im Jahr 1992 in Rio de Janeiro läutete den Beginn eines neuen „Energiezeitalters" ein und gab den Anstoß für die seitdem regelmäßig stattfindenden Weltklimagipfel. In der Folge wurde in Kyoto 1997 erstmalig eine völkerrechtliche Vereinbarung zur Reduktion von Treibhausgasen getroffen und zwar auf der Grundlage „flexibler" Mechanismen wie dem Handel mit Emissionszertifikaten, der seitdem ein wesentlicher Bestandteil der internationalen Umweltpolitik geworden ist. In der EU wurde er 2005 eingeführt. Das auf der 21. UN-Klimakonferenz im Dezember 2015 in Paris verabschiedete Nachfolgeabkommen für das Kyoto-Protokoll sieht den Handel mit Emissionsrechten weiterhin als probates Mittel zur Reduktion der Treibhausgase.

Die Politik folgt mit dem Emissionshandel der marktwirtschaftlichen Lehrbuchmeinung zur Ausgestaltung eines nachhaltigen, sicheren und kosteneffizienten Energiesystems, wonach die nachteiligen externen Effekte der Emission von Treibhausgasen beim Energieverbrauch durch Ausgabe und Handel von Verschmutzungsrechten einzupreisen, d.h. zu „internalisieren" sind. Beim Emissionshandel geht es um das Recht, Kohlendioxid und bestimmte andere Treibhausgase zu

---

[246] Einzelheiten vgl. unten Abschnitt 3.6 (Versorgungssicherheit).

emittieren, was in der EU für Unternehmen bestimmter Branchen voraussetzt, dass sie eine entsprechende Menge an Emissionsrechten erwerben. In Deutschland sind die Emissionsrechte nach Ablauf eines Jahres bis zum 30. April entsprechend der tatsächlich emittierten Menge nach dem TEHG an die Deutsche Emissionshandels-stelle zurückzugeben. Eine Verletzung dieser Vorgabe ist bußgeldbewehrt – zusätz-lich zu der weiterbestehenden Verpflichtung.

Der Emissionshandel setzt Klimapolitik über die Mengenbegrenzung bei Emissions-rechten für Treibhausgase und daraus abgeleitete Marktpreise in wirtschaftliche Handlungen um. Indem Unternehmen für das Recht, Treibhausgase zu emittieren, einen Preis zahlen müssen, entsteht ein monetärer Anreiz, Anstrengungen zur Ver-meidung solcher Emissionen vorzunehmen, wenn die Vermeidungskosten niedriger liegen als der Preis pro Tonne für das Emissionszertifikat. Die Handelbarkeit der Rechte bewirkt darüber hinaus, dass die CO_2-Reduktion zu den gesellschaftlich niedrigsten Kosten erfolgt.[247] Die Ziele des EU-Emissionshandels sind ehrgeizig: Gegenüber dem Stand 2005 soll in den ersten drei Handelsperioden bis 2020 eine Reduktion um 21 %, bis 2030 eine Reduktion um 43 % erreicht werden[248].

3.2.2   Ausgestaltung des europäischen Emissionshandels

Der europäische Emissionshandel baut auf dem Handel mit *European Union Allowances* (*EUA*) auf und bezieht neben den 28 EU-Mitgliedstaaten auch Norwe-gen, Island und Liechtenstein ein. Im EU-Emissionshandel werden die Emissionen von europaweit rund 12.000 Anlagen der Energiewirtschaft und der energieintensi-ven Industrie erfasst. Außerdem nehmen seit 2012 über 2.500 Luftverkehrsbetreiber am Emissionshandel teil (alle Flüge, die in der EU, Norwegen, Island und Liechten-stein starten oder landen)[249].

Neben dem innereuropäischen Emissionshandel ist es für Staaten auch möglich, sich am internationalen Emissionshandel zu beteiligen. Hier sind in erster Linie die Mechanismen des Kyoto-Protokolls hervorzuheben, z.B. der *Clean Development Mechanism* (*CDM*). Ziel dieses Mechanismus ist es, Entwicklungsländer bei der Treibhausgasreduktion zu unterstützen. Mit Hilfe des *CDM* ist es für Industrieländer (sog. Annex I Länder nach dem Kyoto-Protokoll) möglich, sog. *Certified Emission Reductions* (*CER*) und damit frei handelbare Emissionsrechte zu erwerben, indem

---

[247]   Vgl. Hans-Werner Sinn, Das grüne Paradoxon, Berlin 2012, S. 102 ff., S.107 unter Ver-weis auf Ronald H. Coase, *The Problem of Social Cost, Journal of Law and Economics*, 1960, S. 1–44.

[248]   Abrufbar unter: http://www.bmwi.de/DE/Themen/Industrie/Industrie-und-Umwelt/klimaschutz,did=338374.html.

[249]   UBA,Teilnehmer und Prinzip des Europäischen Emissionshandels, 2015, abrufbar unter: http://bit.ly/2qFtKnK.

sie Projekte zur Treibhausgasreduktion in Entwicklungsländern (*Non-Annex-I-Länder*) finanzieren und durchführen. Die *CER* reflektieren die eingesparten CO_2-Emissionen aufgrund der Projekte vor Ort und können von den Industrieländern auf ihre eigenen Emissionsziele angerechnet oder in den freien Handel eingebracht werden. Ein dem *CDM* verwandter Mechanismus ist die *Joint Implementation (JI)*, die im Verhältnis der Annex I Länder untereinander zur Anwendung gelangt.

Eine abgewandelte Version der *CER* sind die V*erified Emission Reductions (VER)*, die sowohl von Unternehmen als auch von öffentlichen Einrichtungen oder Kommunen in Anspruch genommen werden können. *VER* werden grds. mit Hilfe von kleineren Emissionsreduktionsprojekten wie z.B. Aufforstungsprojekten oder Biogasanlagen erzielt und sind speziell auf kleinere Marktteilnehmer zugeschnitten, die nicht am *CDM* teilnehmen. *VER* greifen für Emissionsminderungsprojekte in Ländern, die das Kyoto Protokoll nicht ratifiziert haben oder für sehr kleine Projekte, für die eine Anwendung des *CDM* zu aufwendig ist. Ein *VER* ist mit einer Tonne CO_2-Emissionen gleichzusetzen.

Der Emissionshandel in der EU wird aufgrund der Mengenbegrenzung der Zahl der Emissionsrechte bei gleichzeitiger Möglichkeit, diese Rechte am Markt zu handeln, als „*Cap and Trade*"–System bezeichnet. Beim *Cap & Trade*-Prinzip wird europaweit eine Obergrenze (*Cap*) an Treibhausgasemissionen festgelegt, die pro Handelsperiode ausgestoßen werden dürfen. Den CO_2-emittierenden Anlagen werden Emissionszertifikate unter Berücksichtigung der Reduktionsziele zugeteilt. Sind die CO_2-Ausstöße einer Anlage geringer bzw. höher als die zugeteilte Menge, so können die nicht genutzten Emissionszertifikate im freien Handel (*Trade*) veräußert bzw. benötigte Emissionszertifikate eingekauft werden. Grundlagen für die Zuteilung waren bis 2013 sog. nationale Allokationspläne (NAP), die die Verteilung in jedem teilnehmenden Land festgelegt haben. Seit 2013 werden die nationalen Allokationspläne zunehmend durch offene Versteigerungen abgelöst. Langfristig besteht das Ziel, den „Erwerb" von Zertifikaten vollständig über Versteigerungen abzuwickeln (bis 2027)[250].

Um einzelne Perioden abgrenzen und Zielsetzungen besser überwachen zu können, wurde der EU Emissionshandel in Handelsperioden unterteilt. Die erste Handelsperiode (2005 bis 2007) kann heute als Pilotphase betrachtet werden, in der ein Großteil der Zertifikate kostenlos zugeteilt wurden. Schon in Phase eins des europäischen Emissionshandels kam es zu einem massiven Preisverfall. So brach der Zertifikatepreis von ca. 25 EUR/t CO_2 (2005) auf rund 1 EUR/t CO_2 (April 2007) ein[251]. Grün-

---

[250] Richtlinie 2009/29/EG des Europäischen Parlaments und des Rates Art. 10a Abs. 11.

[251] Agora Energiewende (2015): Die Rolle des Emissionshandels in der Energiewende Perspektiven und Grenzen der aktuellen Reformvorschläge.

de waren zum einen die Überallokation an Zertifikaten und zum anderen das Verbot, die Zertifikate aus der ersten Handelsperiode in die zweite Handelsperiode zu überführen.

In der zweiten Handelsperiode (2008 bis 2012) wurden aufgrund der Erfahrungen aus der ersten Handelsperiode die nationalen Allokationspläne strenger überwacht und die Mengen an Zertifikaten merklich gekürzt, um einen Preiseinbruch zu verhindern. In dieser Phase war es für Staaten allerdings möglich, den *CDM* mit dem Emissionshandel zu verknüpfen und die über den *CDM* eingesparten CO_2-Emissionen auf die eigenen Minderungsziele anzurechnen. Ähnlich wie die erste Handelsperiode begann auch die zweite Handelsperiode mit einem Anstieg der Zertifikatspreise von 22 EUR/t CO_2 auf 27,40 EUR/t CO_2. Als Reaktion auf die Rezession im Gefolge der Finanzkrise brach der Preis allerdings Mitte der zweiten Handelsperiode wiederum ein, zunächst auf 9,50 EUR/t CO_2 (2009), bevor er 2012 auf 7 EUR/t CO_2 fiel.

Die derzeit laufende dritte Handelsperiode (2013 bis 2020) ist geprägt von Reformen und Überarbeitungen des EU-Emissionshandels. Im Unterschied zu den vorherigen Perioden werden die Zertifikate nunmehr nicht mehr auf Grundlage der nationalen Allokationspläne, sondern europaweit festgelegt und verteilt, darüber hinaus an Stromproduzenten nicht mehr kostenlos vergeben, sondern in Versteigerungen veräußert. Die Gesamtmenge der Zertifikate sinkt pro Jahr um 1,74 % bis 2020. Die Regelungen zur Integration von *CDM/Joint Implementation* (*JI*) Projekten wurden verschärft, um eine Überallokation zu verhindern. Allerdings konnten überschüssige Zertifikate aus der Handelsperiode 2008-2012 in die dritte Periode ab 2013 transferiert werden, was dem CO_2-Preis insgesamt nicht half. Er pendelte sich weiter zwischen 5 und 7 EUR/t CO_2 ein.

3.2.3 Der Emissionshandel in der Kritik

Die Funktionsfähigkeit des europäischen Emissionshandelssystems ist umstritten. Stärke des Systems ist der marktwirtschaftliche Ansatz, über die Verbriefung von Verschmutzungsrechten negative (externe) Effekte auf die Umwelt aufgrund der Emission von Treibhausgasen in den Preismechanismus zu integrieren und dadurch einen finanziellen Anreiz zu geben, Maßnahmen zur Vermeidung von CO_2 zu ergreifen. Die Möglichkeit der Kombination mit den *CDM/JI*-Instrumenten hilft, den Handel mit Emissionsrechten und damit Maßnahmen zum Klimaschutz auch auf Nicht-EU Länder auszuweiten.

Demgegenüber steht der massive Preisverfall für Emissionsrechte aufgrund des Überangebots an Zertifikaten, begründet zum einen durch den Konjunktureinbruch aufgrund der Finanzkrise, welcher die europäischen Wachstumsraten und damit auch die Treibhausgasemissionen deutlich reduzierte. Zum anderen wirkt sich hier der Fortschritt bei der Energiewende aus, v.a. der unerwartet starke Zufluss von Strom aus erneuerbaren Energien und eine geringere Stromnachfrage, als sie von der EU-Kommission bei der Vergabe der Zertifikate kalkuliert wurde.

Auch die *CDM/JI*-Mechanismen wirkten sich auf den Emissionshandel aus. Insb. *JI*-Projekte (z.B. in Russland und der Ukraine) stehen in der Kritik, dass die Emission von Anlagen künstlich in die Höhe getrieben wurde, um Investitionen zur Emissionsminderung aus dem Ausland auszulösen. Die Investoren aus dem Ausland generierten mit ihren Projekten zur Emissionsminderung zusätzliche Zertifikate, die sie auf ihre Minderungsziele anrechnen lassen konnten. Lt. einer Studie des Stockholm Environment Institutes sollen *JI*-Projekte sogar zu einem Anstieg der globalen Treibhausgasemissionen um rund 600 Mio. t geführt haben[252].

Im Mittelpunkt der Diskussion um den Emissionshandel steht somit die Frage, ob der derzeit sehr niedrige Preis von rd. 5 bis 7 EUR/t ausreichende Signale für eine CO_2-arme Energieerzeugung setzt. Die Befürworter der Funktionsfähigkeit des bisherigen Systems argumentieren, dass die Mengenziele des Handelssystems entsprechend dem angestrebten Reduktionspfad aufgrund der strikten Ausgestaltung erreicht werden. Demgegenüber vertreten die Kritiker die Auffassung, dass der niedrige Emissionspreis nicht ausreicht, um erneuerbare Energien in den Wettbewerb zu bringen, vielmehr sogar die Verfeuerung von Kohle begünstigt. Selbst Gaskraftwerke, die wesentlich emissionsärmer und mit dem Ausbau der erneuerbaren Energien Wind und Solar besser verträglich sind, da sie flexibler eingesetzt werden können, stünden still[253].

Ein grundlegendes Problem des europäischen Emissionshandelssystems ist, dass es nur funktionieren kann, wenn es in geografischer und sektoraler Sicht umfassend angelegt ist, denn Klimaschutz ist ein globales Thema. Dies ist heute nicht der Fall, da das System über die EU hinaus bislang wenig Wirkung entfaltet und auch nicht alle Sektoren einschließt. Jene Sektoren, die in das System fallen, müssen mit ihren Produkten am Weltmarkt konkurrieren und sehen sich durch die zusätzlichen Kosten, die der Erwerb der Emissionszertifikate mit sich bringt, unfair belastet. Insofern sind die politischen Bemühungen, den Emissionspreis durch eine Mengenreduktion an Emissionsrechten in der bisherigen Handelsperiode bis 2020 anzuheben, eher gering.

Ende 2013 wurde von Europäischem Rat und Parlament beschlossen, die Ausgabe neuer Emissionsrechte tendenziell stärker auf das Ende der Handelsperiode zu verschieben (sog. *Backloading*), indem im Zeitraum 2014 bis 2016 900 Mio. Zertifikate

---

[252] *Has Joint Implementation reduced GHG emissions? Lessons learned for the design of carbon market mechanisms*, 2015.
[253] Vgl. dazu auch unten Abschnitt 3.5.4 (Gaskraftwerke).

weniger versteigert und bis Ende 2020 wieder in den Markt integriert werden. Da das die Gesamtmenge unverändert lässt sind die erhofften Preiseffekte nur gering ausgefallen. Weiterhin wurde Ende 2015 mit der Marktstabilitätsreserve (MSR) ein regelbasierter Mechanismus in das *EU-ETS* eingebaut mit dem Ziel, das jährliche Auktionsbudget ab 2021 an den Überschüssen im Markt auszurichten. Ab einem bestimmten Schwellenwert pro Jahr sollen Zertifikate automatisch vom Markt genommen und in die MSR überführt werden (und umgekehrt). Start der MSR ist der 01.01.2019, die aufgrund des Backloading zurückbehaltenen Zertifikate werden sodann in die MSR überführt, ebenso ab 2020 nicht zugeteilte Zertifikate aus der dritten Handelsperiode. Ziel dieser Maßnahmen ist es, dem Preisverfall bei den Zertifikaten zu begegnen[254].

Die EU-Kommission erwartet 2020 einen Überschuss von 2,6 Mrd. Zertifikaten[255], was eine weitere Überarbeitung des europäischen Emissionshandels notwendig macht. Im Mittelpunkt der derzeit im Europäischen Parlament geführten Diskussion steht, welcher Ausgangswert der verfügbaren Zertifikatemenge zugrunde gelegt wird, um welchen Prozentsatz ab 2021 jährlich die Gesamtmenge der verfügbaren Emissionszertifikate gekürzt werden soll und welcher Anteil der Zertifikate jährlich weiterhin kostenlos ausgeteilt wird. Ende Februar 2017 haben sich die EU-Mitgliedstaaten im Umweltrat darauf verständigt, doppelt so viele überschüssige Zertifikate in die MSR zu verschieben und dem Markt zu entziehen. Die MSR wird nach oben begrenzt, indem oberhalb einer bestimmten Grenze CO_2-Zertifikate dauerhaft gelöscht werden. Um die Industrie, die im internationalen Wettbewerb steht, zu schützen, kann der Anteil der kostenlos zugeteilten Zertifikate um bis zu 2 % steigen, der technische Fortschritt soll künftig realistischer abgebildet werden. Diese Verständigung bedarf allerdings noch der Beschlussfassung im Europäischen Parlament[256].

Politisch ist das Emissionshandelssystem wenig attraktiv, da es als markt- und regelbasiertes System die Handlungsmöglichkeiten von Politikern einschränkt. Dies ist besonders deutlich bei der Förderung erneuerbarer Energien. Das CO_2-Handelsregime incentiviert die Vermeidung von CO_2-Emissionen unabhängig davon, welche Technologie zum Einsatz kommt. Will man bestimmte Technologien fördern, z.B. Wind- und Solarenergie, so muss der CO_2-Preis durch drastische Mengenkürzungen entweder in eine entsprechende Höhe getrieben werden oder es bedarf

---

[254] Vgl. Treibhausgasemissionen: Einrichtung einer Marktstabilitätsreserve gebilligt, abrufbar unter: http://bit.ly/1kal98J, Aufruf am 08.03.2017.

[255] Vgl. EU reformiert Emissionshandel, abrufbar unter: http://bit.ly/2p93Kk8, Aufruf am 08.03.2017.

[256] Vgl. BMUB, EU-Mitgliedstaaten für effektiveren Klimaschutz und Erhalt der Industrie beim Emissionshandel, abrufbar unter: http://bit.ly/2mJHflj, Aufruf am 08.03.2017.

zusätzlicher Subventionen, um die Technologien zum Einsatz zu bringen. Insofern wurde das Emissionshandelssystem in den vergangenen Jahren auch in vielen europäischen Ländern durch Vorgaben zur Vermeidung von Emissionen und Subventionssysteme überlagert.

Im Ergebnis ist der CO_2-Mechanismus entgegen mancher Lippenbekenntnisse klimapolitisch in den Hintergrund getreten, nationale Zielsetzungen und Maßnahmen überwiegen. In Deutschland steht das EEG im Mittelpunkt der Umwelt- und Klimapolitik. Außerdem greift die Politik diskretionär in den Kraftwerksmix ein. So werden z.B. durch das im Juli 2016 in Kraft getretene StrommarktG Braunkohlekraftwerke mit einer Gesamtleistung von 2,7 GW ab dem Jahr 2016 schrittweise aus dem Markt genommen[257].

3.3   Marktintegration erneuerbarer Energien

3.3.1   Heranführung an den Markt

3.3.1.1   Die Entwicklung bis zum EEG 2014

Der Ausbau der erneuerbaren Energien im Stromsektor ist eine tragende Säule der Energiewende. Der Anteil der erneuerbaren Energien soll von derzeit gut 30 % bis 2025 auf 40 bis 45 %, bis 2035 auf 55 bis 60 % und im Jahr 2050 sogar auf 80 % ansteigen. Das zentrale Instrument, um diese Ausbauziele zu erreichen, ist das EEG, ein originäres Produkt der deutschen Gesetzgebung, das nicht auf europarechtliche Vorgaben zurückgeht.

Wie auch das KWKG stellt das EEG ein nationales Klimaschutzinstrument dar[258], das anders als bspw. das relativ allgemein formulierte BImschG präzise, den Strommarkt betreffende Maßnahmen anordnet. Das EEG verfolgt mehrere Zwecke: Im Interesse des Klima- und Umweltschutzes sollen eine nachhaltige Entwicklung der Energieversorgung ermöglicht, die volkswirtschaftlichen Kosten der Energieversorgung verringert, fossile Energieressourcen geschont sowie die Weiterentwicklung von Technologien zur Erzeugung von Strom aus erneuerbaren Energien gefördert werden[259].

Grundlage für den Ausbau der erneuerbaren Energien waren in Deutschland seit den Anfängen im Stromeinspeisungsgesetz 1991 und darauf aufbauend im EEG[260]

---

[257]   Vgl. dazu ausführlich unten Abschnitt 3.5.3 (Ausstieg aus der Stromerzeugung aus Kohle?).

[258]   Altrock/Oschmann, in: Altrock u.a., EEG, Einführung Rn. 37.

[259]   Vgl. § 1 Abs. 1 EEG 2014.

[260]   Vgl dazu ausführlich unten Abschnitt 3.3.1.2 (Das EEG 2017).

Privilegien wie einerseits der Einspeisevorrang, der Netzbetreiber zur vorrangigen Abnahme von Strom aus erneuerbaren Energien verpflichtet[261], andererseits die marktunabhängige Einspeisevergütung für die Betreiber von Anlagen für erneuerbare Energien. Durch das EEG wurde ein ausgeprägtes Umlagesystem installiert, wodurch die finanzielle Last der Förderung des Ausbaus der Erneuerbaren Energien letztlich auf den Stromkonsumenten verlagert wird. Bestimmte stromlastenintensive Letztverbraucher und Schienenbahnen können Befreiung von der EEG-Umlage beantragen[262].

Seit 2012 öffnet sich das EEG mit der Möglichkeit der Direktvermarktung dem Markt. Die Direktvermarktung soll einen Anreiz schaffen, den Strom möglichst in Zeiten hoher Marktpreise zu vermarkten und die Anlagenauslegung daraufhin zu optimieren[263]. Bei der Direktvermarktung erhalten Anlagenbetreiber eine sog. gleitende Marktprämie als Differenz zwischen dem anzulegenden Wert und dem Monatsmarktwert. Der anzulegende Wert ist der Vergütungssatz, den eine Anlage – ggf. etwas modifiziert – auch im System der festen Einspeisevergütung nach dem EEG erhalten würde. Im Ergebnis gleicht die Marktprämie das Risiko schwankender Börsenpreise aus, weil bei niedrigen Monatsmarktpreisen eine im Verhältnis höhere Marktprämie gezahlt wird, um das Niveau des anzulegenden Werts wieder zu erreichen. Eine echte Marktintegration der erneuerbaren Energien ist mit der Einführung der Direktvermarktung nicht erreicht, da sie Wettbewerbs- und damit Kostendruck, der auch dem Aspekt der Bezahlbarkeit des Stroms, Rechnung trägt, nicht entfaltet[264].

Der Vorteil der Direktvermarktung liegt gleichwohl darin, Anreize zu setzen, neue Geschäftsmodelle und Vermarktungsstrategien unmittelbar am Markt zu testen und Markterfahrung zu sammeln. Allerdings verlor der Strom aus erneuerbaren Quellen mit der Direktvermarktung seine „grüne" Eigenschaft und wird seitdem nur noch allgemein als Anteil am Strommix ausgewiesen. Das ließ eine Vermarktung in Form spezieller „Grünstrom"produkte nicht mehr zu.

Mit der EEG Novelle 2014 wurde die Direktvermarktung für Neuanlagen verpflichtend eingeführt[265], ab dem 01.08.2014 für Neuanlagen ab einer Leistung von 500 KW, ab dem 01.01.2016 für Neuanlagen ab einer Leistung von 100 KW; der Einspeisevorrang wurde nicht berührt. Das EEG 2014 definierte erstmals Ausbau-

---

[261] Vgl. § 11 EEG 2014.
[262] Vgl. dazu unten Abschnitt 7.7.2 (EEG-Umlage).
[263] Mohr, RdE 2015, S. 433, 439.
[264] Vgl. Müller/Kahl/Sailer, ER 2014 S. 139, 142; Mohr, RdE 2015, S. 433, 440.
[265] Vgl. Frenz, in: RdE 2014, S. 465; Müller/Kahl/Sailer, a.a.O.; Kahles/Merkel/Pause, in: ER 2014, S. 21.

pfade für die einzelnen Formen erneuerbarer Energien. Zudem führte es Ausschreibungen ein, zunächst in Pilotverfahren für PV-Freiflächenanlagen[266].

Die Umstellung auf Ausschreibungen erfolgte, um einer Einstufung der EEG-Förderung als unzulässige Beihilfe durch die EU-Kommission vorzubeugen[267]. Aufgabe des Gesetzgebers war es, ein Ausschreibungsdesign zu finden, dass den Kostensenkungsaspekt berücksichtigt und zugleich den weiteren Ausbau der erneuerbaren Energien fördert. Negativen Erfahrungen im Ausland sollte Rechnung getragen werden, wonach dort durchgeführte Ausschreibungsverfahren die Erreichung der Ausbauziele und eine höhere Kosteneffizienz nicht gewährleisten konnten[268].

Die Erfolge, die durch Ausschreibungen im Hinblick auf Kostensenkungen erzielt werden können, sind eindrucksvoll. Wurden z.B. von der dänischen Dong Mitte 2016 für die niederländischen Windparks Borssele I und II noch 72,70 EUR/MWh als Förderung akzeptiert, die Hälfte der in 2010 bezahlten Subventionen, so sanken die Förderbeträge für Bau und Betrieb bei den Windparks Borssele III und IV im Dezember 2016 bereits auf 54,50 EUR/MWh. Zwischenzeitlich hatte Vattenfall im November 2016 die Auktion um den dänischen Windpark „Kriegers Flak" mit einer Förderung von 49,90 EUR/MWh für sich entschieden. Zu diesen massiven Subventionssenkungen trägt der starke Bieterwettbewerb bei, in dem zunehmend auch neue Player Bereitschaft zu Investments in erneuerbaren Energien zeigen, z.B. große internationale Energiekonzerne ebenso wie auch Finanzinvestoren. Hinzu kommen effizientere Produktionsprozesse, neue Werkstoffe und Skaleneffekte, die die Gestehungskosten von neuen Anlagen kräftig senken[269]. Insofern sind Ausschreibungen grds. ein sehr effizientes Instrument, die Wettbewerbsfähigkeit erneuerbarer Energien zu steigern. Fallen die bei Ausschreibungen erzielten Förderbeträge dauerhaft und steigt der Börsenstrompreis von derzeit um die 30 EUR/MWh zugleich mittelfristig an, könnte eine Förderung des Ausbaus erneuerbarer Energien mittel- bis langfristig entfallen. Das sieht allerdings anders, wer als „viertes Ziel der Energiewende" auch die „Demokratisierung" der Energiewirtschaft verfolgt und damit z.B.

---

266 Vgl. Schulz/Möller, in: ER 2015, S. 87; Kahle, in: RdE 2014; S. 372; Breuer/Lindner, in REE 2015, S. 10; Mohr, in: RdE 2015, S. 433; Pustlauk, EWeRK 2016, S. 71; Frenz, in: ER 2014, S. 231.
267 Vgl. Mohr, RdE 2015, S. 433, 436; Frenz, RdE 2014, S. 465, 469; Kahle, RdE 2014, S. 372, 373; Fuchs/Peters, RdE 2014, S. 409 ff.
268 Breuer/Lindner, REE 2015, S. 10.
269 Vgl. hierzu und zum folgenden Kosten für Ökostromanlagen im freien Fall, FAZ v. 30.12.2016, S. 19.

„Bürgerenergiegesellschaften" einen eigenen Zugang zu dem zunehmend hochindustriellen Markt der erneuerbaren Energieerzeugung offenhalten will[270].

Die im Zuge des EEG 2014 eingeführte FFAV[271] regelt die Anzahl der jährlichen Ausschreibungsrunden, die in Betracht kommenden Flächen, Sicherheitsleistungen, Realisierungszeitfenster etc. Die Voraussetzungen für eine Teilnahme an den Ausschreibungsverfahren sind allerdings recht überschaubar und beziehen sich in erster Linie auf die Eigenschaften und den baurechtlichen Planungsstand der Standortfläche. Zwar werden den Bietern auch Sicherheitsleistungen abverlangt, um die Verfahren auf ernsthafte Gebote zu beschränken und die spätere Realisierungsrate zu erhöhen. Eine weitere Prüfung der Ernsthaftigkeit oder finanziellen Leistungsfähigkeit (z.B. durch eine Finanzierungszusage einer Bank oder durch eine Mindesteigenkapitalquote) findet nicht statt[272]. Zudem wird nicht vorausgesetzt. dass die Anlagen netz- oder systemdienlich sind, obwohl sogar einige Branchenverbände dies gefordert haben.

Gem. den Verfahrensvorgaben haben die zukünftigen Anlagenbetreiber ein Gebot auf den anzulegenden Wert abzugeben[273]. In dieser Systematik ersetzen die Ausschreibungen nicht das bisherige System der Direktvermarktung, sondern geben nur eine andere Einsatzgröße vor. Der vorher fixe anzulegende Wert wird nun durch den wettbewerblich ermittelten Wert ersetzt. Es bleibt zwar dabei, dass Marktpreisschwankungen über die immer noch bestehende gleitende Marktprämie aufgefangen werden. Ein niedrigerer anzulegender Wert als der im Gesetz festgelegte führt aber zu einem niedrigeren Förderaufkommen insgesamt.

3.3.1.2 Das EEG 2017

Das EEG 2017 richtet die Förderung erneuerbarer Energien noch stärker an Markt und Wettbewerb aus. Es konkretisiert die Ausbauziele für Windkraft, Solarenergie und Biomasse durch die Vorgabe von Ausbaukorridoren und definierte Ausschreibungsmengen[274] wie folgt:

- Windenergie (*onshore*): jeweils 2,8 GW in den Jahren 2017 bis 2019, anschließend 2,9 GW jährlich. Vorstehende Werte beziehen sich auf den Zubau aller Neuanlagen und schließen auch den Ersatz von Altanlagen oder deren Leistungs-

---

[270] Vgl. dazu unten Abschnitte 3.3.1.3 (Ausdehnung des Ausschreibungsmodells) und 8.2.4 (Bürgerbeteiligungen und Privatinvestoren).

[271] Freiflächenausschreibungsverordnung v. 06.02.2015, BGBl. I, S. 108.

[272] Schulz/Möller, ER 2015, S. 87, 89.

[273] Vgl. Pustlauk, WeRK 2/2016, S. 71.

[274] BMWi (2016): Fragen und Antworten zum EEG 2017.

steigerung (sog. *Repowering*) ein. Die Vergabe der Kapazitäten erfolgt vollständig im Rahmen von drei bis vier Ausschreibungsrunden pro Jahr.

▪ Windenergie (*offshore*): 2,5 GW jährlich, davon werden für 2021 und 2022 jährlich 0,5 GW, für 2023 bis 2025 jeweils 0,7 GW und 2026 bis 2030 jährlich 0,84 GW ausgeschrieben.

▪ Photovoltaik: 2,5 GW jährlich, davon 0,6 GW über Ausschreibungen. Teilnahmeberechtigt sind Anlagen mit einer installierten Leistung ≥ 0,75 MW.

▪ Biomasse: 0,15 GW jährlich in den Jahren 2017 bis 2019, anschließend bis 2022 0,2 GW jährlich.

PV-Anlagen und WE-Anlagen sind die prägenden Erzeugungstechnologien im Kraftwerkspark der Zukunft. Ein Hauptargument dafür sind die Kostenvorteile (Grenzkosten der Erzeugung) dieser beiden Technologien. In Bezug auf die Vorgabe einer Obergrenze von (geförderter) Erzeugungsleistung aus PV-Anlagen benennt § 49 Abs. 5 EEG 2017 einen Umfang von 52 GW. Für WE-Anlagen existiert eine analoge Vorgabe bisher nicht. Insofern kann daraus aus heutiger Sicht indirekt abgeleitet werden, dass WE-Anlagen (insb. *Onshore*-WE-Anlagen) eine noch bedeutendere Rolle als Ersatztechnologie für die aus dem deutschen Kraftwerkspark ausscheidenden Teile der konventionellen Erzeugung zukommen wird.

Das EEG 2017 löst die feste Einspeisevergütung durch das Ausschreibungsverfahren ab und dehnt die Ausschreibungen nun auch auf Wind *onshore* und Wind *offshore*, PV-Gebäudeanlagen und Biogasanlagen aus[275]. Die Ausschreibungsmenge verteilt sich auf mehrere Ausschreibungsrunden, die zu festen – von der BNetzA zu veröffentlichenden – Terminen stattfinden. Ermöglicht wurde dieser Systemwechsel v.a. durch die in den letzten Jahren stark gefallenen Gestehungskosten für erneuerbare Energien, dazu durch die Erkenntnis, dass die Technologien nunmehr einen Reifegrad erlangt haben, der es erlaubt, sie einem Wettbewerb auszusetzen und jenen Investitionen zum Erfolg zu verhelfen, die die höchste Wertschöpfung am Markt versprechen.

Im Zuge des Gesetzgebungsverfahrens zum EEG 2017 wurde teilweise kritisiert, dass separate Ausschreibungen zu den einzelnen Energieträgern mit dem Wettbewerbsgedanken nicht zu vereinbaren seien und so kein Effizienzvergleich der einzelnen Technologien stattfinden könne. Daneben wurde kritisiert, dass die Netz- oder Systemdienlichkeit der Erzeugungsanlagen keine Voraussetzung für die Teilnahme an den Ausschreibungsverfahren ist. Bei der Gestaltung des Ausschreibungsdesigns hat sich der Gesetzgeber grds. für eine weitgehende Trennung der Aus-

---

[275] Vgl. § 22 EEG 2017; dazu unten Abschnitt 3.3.1.3 (Ausdehnung des Ausschreibungsmodells).

schreibungsverfahren für die einzelnen Energieträger bzw. Erzeugungstechnologien entschieden[276].

In begrenztem Rahmen sind technologieüberschreitende und innovationsfördernde Ausschreibungsverfahren vorgesehen, die von der BNetzA in den Jahren 2018 bis 2020 durchgeführt werden. Zum einen sind gemeinsame Ausschreibungen für WE-Anlagen an Land und Solaranlagen geplant (§ 39i EEG 2017). Das Ausschreibungsvolumen in den Jahren 2018 bis 2020 beträgt für diese Form der Ausschreibung 400 MW pro Jahr. Die Einzelheiten werden in einer Rechtsverordnung geregelt, die bis zum 01.05.2018 zu erlassen ist. Nach einer Evaluation der gemeinsamen Ausschreibungen soll die BReg dann einen Vorschlag vorlegen, ob und inwieweit gemeinsame Ausschreibungen auch für die Jahre ab 2021 durchgeführt werden. Zum anderen sollen Ausschreibungen durchgeführt werden, bei denen der Fokus auf besonders netz- oder systemdienlichen Lösungen liegt (§ 39j EEG 2017). Das Ausschreibungsvolumen in den Jahren 2018 bis 2020 beträgt für diesen Ausschreibungstyp 50 MW pro Jahr. Die Teilnahme ist nicht auf einzelne erneuerbare Energien beschränkt; es können auch Gebote für eine Kombination verschiedener erneuerbarer Energien abgegeben werden. Auch hier soll eine entsprechende Rechtsverordnung bis zum 01.05.2018 erlassen werden. Eine anschließende Evaluation der Verfahren ist vorgesehen.

Wichtige Elemente des EEG 2017 sind neben dem vorrangigen Netzanschluss von Anlagen zur Erzeugung von erneuerbaren Energien die vorrangigen Abnahme und Vergütung des darin erzeugten Stroms sowie der Ausgleich der EEG-bedingten Kosten (EEG-Umlage). In diesem Bereich haben Eigenversorgungskonzepte, die durch Übergangsregelungen weiterhin Bestandsschutz genießen, sowie die besondere Ausgleichsregelung für stromkostenintensive Unternehmen immer wieder beihilferechtliche Diskussionen ausgelöst[277]. Bestandsgeschützte Konzepte der Eigenversorgung verlieren ihre vollständige Privilegierung mit dem EEG 2017 durch Erneuerung oder Ersetzung der Anlage eher als es bisher der Fall war. Zudem werden schärfere Konsequenzen an die Mitteilungspflichten geknüpft. Für die besondere Ausgleichregelung bringt das EEG 2017 neue Schwellenwerte der Stromkostenintensität.

Netzbetreiber dürfen die Erfüllung ihrer Pflichten nach dem EEG nicht vom Abschluss eines Vertrags abhängig machen. Dieser Grundsatz bestand schon im bisherigen Recht und gilt auch im EEG 2017 fort. § 7 Abs. 2 EEG 2017 eröffnet aber weitergehend als bisher die Möglichkeit, von den Bestimmungen des EEG abzuweichen. Dies war bislang nur zulässig, wenn die abweichenden Vereinbarungen Ge-

---

[276] Altrock/Vollprecht, in: ZNER 2016, S. 306, 301.
[277] Vgl. dazu ausführlich oben Abschnitt 3.1.2.4 (Beihilfenrechtlicher Rahmen).

genstand eines Prozessvergleichs i.S.d der Zivilprozessordnung waren, dem Ergebnis eines bei der Clearingstelle durchgeführten Verfahrens entsprachen oder einer Entscheidung der BNetzA. Die Abweichung war also an die Durchführung eines Verfahrens bei einer unabhängigen Stelle geknüpft. In der Praxis führte dies dazu, dass selbst bei Einigkeit der Parteien die Gerichte bemüht werden mussten, um die Voraussetzungen für einen Prozessvergleich zu schaffen.

Lt. Gesetzesbegründung hält der Gesetzgeber das Abweichungsverbot für inhaltlich weitgehend überholt[278]. Nach der Neuregelung müssen abweichende Vereinbarungen klar und verständlich sein, dürfen keinen Vertragspartner unangemessen benachteiligen und müssen mit dem wesentlichen Grundgedanken der gesetzlichen Regelung, von der abgewichen wird, vereinbar sein. Darüber hinaus darf die abweichende Vereinbarung nicht zu höheren Zahlungen führen als nach Teil 3 des EEG 2017, sodass hinsichtlich der Vergütung Netz- und Anlagenbetreiber zum Schutz der übrigen Marktteilnehmer an die Vorgaben des EEG gebunden sind. Welchen Vorteil bietet dann die Lockerung des gesetzlichen Schuldverhältnisses bzw. des Abweichungsverbots? Anlagenbetreiber und Netzbetreiber können nun z.B. zur praxisrelevanten Festlegung des Netzverknüpfungspunktes vertragliche Regelungen treffen, ohne eine spätere Nichtigkeit dieser Regelung befürchten zu müssen. Das eröffnet beiden Seiten mehr Flexibilität bei der Einbeziehung von tatsächlichen Gegebenheiten und Planungssicherheit bei den Anschlusskosten.

Des Weiteren sah sich der Gesetzgeber dazu veranlasst, die Definition des Anlagenbegriffs in § 3 Nr. 1 EEG 2017 nachzubessern. Auslöser dafür war das BGH-Urteil vom 04.11.2015[279], wonach gegen die herrschende Meinung in Literatur und Rechtsprechung[280] bei Solaranlagen nicht das einzelne Modul eine Anlage ist, sondern das „Solarkraftwerk" als Gesamtheit. Die neue Gesetzesdefinition stellt klar, dass im Fall von Solaranlagen jedes Modul eine eigenständige Anlage ist. Die Gesetzesbegründung führt dazu aus, dass sich die bisherige Praxis bei der Anlagenerweiterung, der Anlagenzusammenfassung oder beim Austausch von Modulen aufgrund von Diebstahl oder technischen Defekt bewährt hat und beibehalten werden soll[281]. Durch die Übergangsvorschriften kommt der geänderte Anlagenbegriff praktisch bereits ab dem 01.01.2016 – also mit Wirkung für die Vergangenheit – zur Anwendung.

Bei der Umsetzung des EEG hat die *Clearing*stelle-EEG eine wichtige Funktion. Durch Empfehlungen und Hinweise trägt sie dazu bei, Unklarheiten und Zweifels-

---

[278] Gesetzesbegründung, BT-Drs. 18/8860 v. 21.06.2016, S. 190.
[279] Vgl. BGH, Urteil v. 04.11.2015, VIII ZR 244/14, Rn. 20.
[280] Altrock/Vollprecht, in ZNER 2016, S. 306.
[281] Gesetzesbegründung, BT-Drs. 18/8860 v. 21.06.2016, S. 182.

fragen im Gesetz zu klären. Streitigkeiten im Einzelfall kann die *Clearing*stelle durch ein Votum – rechtlich unverbindlich – entscheiden. Allerdings hat der Gesetzgeber bereits mit dem EEG 2012 den Wirtschaftsprüfern, die die Endabrechnung der Netzbetreiber prüfen, aufgegeben, neben der höchstrichterlichen Rechtsprechung auch die Entscheidungen der *Clearing*stelle zu berücksichtigen.

Da die Entscheidungen der *Clearing*stelle rechtlich unverbindlich sind, gehen höchstrichterliche Urteile allerdings vor. Mit diesem Problem wurden Ende 2013 insb. die Betreiber von Biogasanlagen konfrontiert: Die *Clearing*stelle hatte in ihrer Empfehlung vom 01.07.2010[282] die Auffassung vertreten, dass mehrere an einen gemeinsamen Fermenter angeschlossene BHKW grds. jeweils eine eigenständige Anlage darstellen. Der BGH hat dem in seinem Urteil vom 23.10.2013[283] widersprochen und entschieden, dass in solchen Fällen grds. nur eine Anlage vorliegt. Netzbetreiber, die bisher die Empfehlung der *Clearing*stelle angewendet und deswegen zu viel Einspeisevergütung ausbezahlt hatten, mussten nach dem damals geltenden § 35 Abs. 4 EEG 2012 die Überzahlung für die Jahre 2011, 2012 und 2013 von den Anlagenbetreibern zurückfordern. In Zukunft sollen Anlagenbetreiber, die auf eine Entscheidung der *Clearing*stelle-EEG vertraut haben, vor solchen Rückforderungsansprüchen geschützt werden: Wenn Zahlungen in Übereinstimmung mit einer Entscheidung der *Clearing*stelle erfolgt sind und die Rückforderung auf der Anwendung einer in anderer Sache ergangenen höchstrichterlichen Entscheidung beruht, kann der Anlagenbetreiber eine Einrede erheben und die Rückzahlung verweigern. Das gilt allerdings nur für Zahlungen, die vor der höchstrichterlichen Entscheidung geleistet worden sind[284]. Daneben ist zu berücksichtigen, dass die Einrede nur gegen den Rückzahlungsanspruch erhoben werden kann und bereits erfüllte Rückzahlungsansprüche (z.B. durch Aufrechnung des Netzbetreibers) nicht wieder rückabgewickelt werden.

Nachdem das EEG 2012 das „Grünstromprivileg" abgeschafft hatte, führt das EEG 2017 die Grünstromkennzeichnung wieder ein. Damit haben Stromversorger nunmehr die Möglichkeit, ihren Kunden die konkreten Anlagen aus ihrer Region zu benennen, von denen sie ihren Strom beziehen. Um den Strom als regionalen Grünstrom vertreiben zu dürfen, muss eine räumliche Nähe zwischen dem EEG-Anlagenstandort und dem Ort des Verbrauches gewährleistet sein; beide Orte müssen in derselben Region (ca. 50 km-Umkreis) liegen. Als Nachweis müssen für Strom aus Anlagen, die an der regionalen Grünstromkennzeichnung teilnehmen, besondere Regionalnachweise ausgestellt werden, die beim Herkunftsnachweisregister des UBA ausgestellt und verwaltet werden. Regionalnachweise dürfen nur ent-

---

[282] Clearingstelle EEG, Empfehlung v. 01.07.2009, 2009/12.

[283] BGH, Urteil v. 23.10.2013, VIII ZR 262/12.

[284] Altrock/Vollprecht, in: ZNER 2016, S. 306, 307.

lang der vertraglichen Lieferkette des Stroms, für den sie ausgestellt worden sind, übertragen werden. Der Stromlieferant, der die Regionalnachweise schließlich entwerten lässt, darf in der Stromkennzeichnung ausweisen, zu welchen Anteilen der Strom „Erneuerbare Energien, finanziert aus der EEG-Umlage" in regionalem Zusammenhang zum Stromverbrauch erzeugt worden ist. Das bietet Gestaltungsmöglichkeiten für neue Vertriebsprodukte.

3.3.1.3 Ausdehnung des Ausschreibungsmodells

Das EEG 2017 hat das Ausschreibungsmodell über die pilotierten PV-Freiflächenanlagen auf andere PV-Anlagen, WE-Anlagen (*Onshore/Offshore*) und Biomasse-Anlagen ausgedehnt. Ab einer bestimmten Größenordnung müssen diese Anlagen zwingend an Ausschreibungen teilnehmen, um eine Förderung nach dem EEG zu erhalten. Eine Ausschreibungspflicht besteht grds. für Neuanlagen mit einer installierten Leistung über 750 kW, bei Biomasse-Anlagen bereits über 150 kW.

Ausschreibungen sind wettbewerbliche Verfahren in denen der EEG-Vergütungssatz (anzulegender Wert) ermittelt wird. Im Gegensatz zum System der festen Einspeisevergütung oder Marktprämie sind die von der Ausschreibungspflicht betroffenen Anlagenbetreiber dazu aufgefordert, einen Preis für den erzeugten Strom selbst zu kalkulieren. Damit tritt ein wettbewerbliches System an die Stelle einer administrativen Festlegung der Förderung[285]. Das bedeutet eine genaue Betrachtung aller Kostenfaktoren, wie Entwicklungskosten, Gutachten, Anlagenkaufpreis etc. Zudem erlangt der Anlagenbetreiber endgültige Sicherheit über seine Vergütung erst mit dem Zuschlag. Das wird auch Einfluss auf die Projekt- und Anlagenfinanzierung haben.

Das Ausschreibungsdesign sieht grds. das *pay-as-bid*-Modell vor, wobei die Bieter den jeweils gebotenen Wert (ct/kWh) als Vergütung erhalten, wenn ihre Gebotsmenge noch innerhalb der Ausschreibungsmenge liegt. In wenigen Ausnahmefällen kommt das *uniform-pricing*-Modell zum Tragen, bei dem alle Bieter einheitlich einen Zuschlag in der Höhe des höchsten noch bezuschlagten Gebots erhalten. Ganz wird dem Wettbewerb dann aber doch nicht getraut: Das EEG sieht energieträgerspezifische Höchstwerte für die Gebote vor. Um eine missbräuchliche Teilnahme an den Ausschreibungsrunden zu vermeiden, sind für die Teilnahme energieträgerspezifische Sicherheitsleistungen zu erbringen. Damit werden Strafzahlungen abgesichert, die anfallen, wenn ein bezuschlagtes Projekt nicht innerhalb der dafür vorgesehenen Frist umgesetzt wird.

Der gewünschte Zubau der einzelnen Anlagen wird in Ausbaukorridoren bzw. Ausschreibungsmengen festgelegt. Kritiker dieses Systems meinen, dass der Zubau

---

[285] Frenz, RdE 2014, S. 465, 470.

durch die Begrenzung der Ausschreibungsmengen eher gebremst wird. Für WE-Anlagen beträgt die Ausschreibungsmenge z.B. 2800 MW pro Jahr bis 2020, dann erhöht sich die Ausschreibungsmenge auf 2900 MW. Die Ausschreibungsmenge verteilt sich auf mehrere Ausschreibungsrunden, die zu festen Terminen stattfinden.

Für Bürgerenergieprojekte[286] mit WE-Anlagen gelten besondere Regeln: Eine Gesellschaft, die aus mind. zehn natürlichen Personen besteht und bei der mind. 51 % der Stimmrechte von natürlichen – örtlich bereits länger ansässigen – Personen gehalten werden, bei der zudem keine Person mehr als 10 % der Stimmrechte hält, muss bei Gebotsabgabe in der Ausschreibung nicht – wie im Normalfall zwingend – eine Genehmigung nach dem BImSchG vorlegen. Es genügt zunächst der Nachweis über die Flächensicherung und ein zertifiziertes Windgutachten. Des Weiteren müssen nur 50 % der Sicherheitsleistung erst nach Erteilung der Genehmigung erbracht werden und die Realisierungsfrist zur Umsetzung des Projekts nach Zuschlagerteilung verlängert sich um zwei Jahre. Bürgerenergieprojekte sind allerdings auf eine Projektgröße von maximal 6 Anlagen mit einer installierten Leistung von max. 18 MW. begrenzt. Für Bürgerenergiegesellschaften besteht die Pflicht, der Standortkommune eine Gesellschaftsbeteiligung von 10 % anzubieten. Wenn die Kommune von dieser Möglichkeit Gebrauch macht, kann eine Beteiligung auch mittelbar über ein 100%iges Tochterunternehmen erfolgen.

Aufgrund der für WE-Anlagen an Land geringen Eintrittsschwelle von 750 kW installierter Leistungen ist die finanzielle Förderung für diesen Energieträger i.d.R. in Ausschreibungen zu ermitteln. Die hier vorgesehene „späte Ausschreibung" bedeutet, dass die Vorlage einer BImSch-Genehmigung bei der Gebotsabgabe erforderlich ist. Die bis zum Gebotstermin zu erbringende Sicherheitsleistung beträgt 30 EUR/kW multipliziert mit der Gebotsmenge. Neben den ausschreibungsspezifischen Vorschriften ändert sich die finanzielle Förderung von WE-Anlagen aber auch in anderen Bereichen. So gilt z.B. die bisherige Vergütungssystematik bestehend aus erhöhter Anfangs- und Grundvergütung nicht mehr fort und es wurde ein einstufiges Referenzertragsmodell eingeführt. Damit soll ein Anreiz für den Bau von WE-Anlagen an windhöffigen Standorten bzw. von effizienteren Anlagen gesetzt werden. Der Anlagenbetreiber gibt dabei ein Gebot für einen 100 %-Referenzstandort ab, der sich nach den Vorgaben im EEG ermitteln lässt. Die Übereinstimmung mit dem Referenzstandort wird nach 5, 10 und 15 Jahren überprüft und die finanzielle Förderung anhand von festgelegten Korrekturfaktoren eventuell auch rückwirkend angepasst.

Neben dem einstufigen Referenzertragsmodell soll der Ausbau der WE-Anlagen an Land auch über die Festlegung von Netzausbaugebieten gesteuert werden. In einer

---

[286] Vgl. dazu auch unten Abschnitt 8.2.4 (Bürgerbeteiligungen und Privatinvestoren).

separaten Rechtsverordnung, der BNetzA vom 20.02.2017[287], werden Gebiete fest-gelegt, in denen die Übertragungsnetze besonders stark belastet sind. Eine Betrach-tung von Netzengpässen in Verteilernetzen findet allerdings nicht statt. Die Beurtei-lung der Belastung soll anhand der Systemanalyse gem. NetzResV erfolgen. Die Festlegung der Netzausbaugebiete muss darüber hinaus landkreis- oder netzgebiets-scharf erfolgen und darf insgesamt 20 % der Bundesfläche nicht überschreiten. Für die Netzausgebiete erfolgt dann eine weitere Festlegung einer installierten Leistung, für die in dem Netzausbaugebiet höchstens Zuschläge erteilt werden dürfen. Diese Obergrenze beträgt pro Jahr 58 % der installierten Leistung, die im Jahresdurch-schnitt in den Jahren 2013 bis 2015 in diesem Gebiet in Betrieb genommen worden ist.

Unter die Ausschreibungspflicht für PV-Anlagen fallen jetzt auch Gebäude- und PV-Anlagen auf sonstigen baulichen Anlagen (z.B. Deponien), wenn ihre installierte Leistung 750 kW überschreitet. Die in Betracht kommenden Standortflächen für PV-Freiflächenanlagen wurden zunächst im EEG 2017 nicht geändert. Die Bundes-länder haben jedoch die Möglichkeit, durch Rechtsverordnung auch Acker- bzw. Grünland in benachteiligten Gebieten als weitere Standortflächen zuzulassen. Bei den Verfahren für die Photovoltaik handelt es sich um sog. „frühe Ausschreibun-gen", weil die Teilnahme an einer Ausschreibungsrunde bereits zu einem frühen Projektentwicklungsstadium möglich ist, nämlich dann, wenn die Standortfläche gesichert ist und die bauplanungsrechtlichen Voraussetzungen geschaffen worden sind. Daher unterteilt sich die Sicherleistung auch in Erst- und Zweitsicherheit. Die geringere Erstsicherheit (5 EUR/kW) ist bei Gebotsabgabe zu entrichten und die Zweitsicherheit (45 EUR/kW) bei Erteilung des Zuschlags.

Bei der Förderung von Strom aus Biomasse setzt der Gesetzgeber auf die Flexibilität der Anlagen. Biogasanlagen mit einer installierten Leistung über 100 kW erhalten eine Förderung grds. nur für eine Strommenge, die einer Bemessungsleistung der Anlage von 50 % des Werts der installierten Leistung entspricht. Anlagenbetreiber können jedoch eine Flexibilitätsprämie beanspruchen, die sie bei einer bedarfsorien-tierten Stromerzeugung unterstützen soll, indem z.B. in Gasspeicher investiert wird. Biomasse-Anlagen mit einer installierten Leistung über 150 kW müssen an Aus-schreibungen teilnehmen, um eine finanzielle Förderung zu erhalten. Für die Bio-masse ist eine sog. „späte" Ausschreibung vorgesehen, bei der die BImSch-Genehmigung bzw. eine andere bundesrechtliche Zulassung oder eine Baugenehmi-gung für die Teilnahme an der Ausschreibung erforderlich ist. Weitere Vorausset-zung für die Teilnahme ist die Zahlung einer Sicherheitsleistung, die 60 EUR/kW multipliziert mit der Gebotsmenge beträgt.

---

[287] Vgl. http://bit.ly/2mdbRy2, Aufruf am 15.03.2017.

Für bestehende Biomasse-Anlagen wurde die Möglichkeit einer Anschlussförderung geschaffen. Dabei können bestehende Biomasse-Anlagen nach erfolgreicher Teilnahme an einem Ausschreibungsverfahren eine Förderung für weitere zehn Jahre erhalten. Diese Möglichkeit besteht auch für Anlagen unterhalb einer installierten Leistung von 150 kW, die eigentlich nicht an den Ausschreibungen teilnehmen müssen.

Das EEG 2017[288] sieht in § 5 Abs. 2 Nr. 2 EEG vor, dass die neu eingeführten Ausschreibungen auch für Anlagen im Staatsgebiet eines oder mehrerer anderer Mitgliedstaaten der EU geöffnet und bis zu einem Umfang von 5 % der jährlich zu installierenden Leistung bezuschlagt werden können. Damit wird eine entsprechende Vorgabe aus den Umweltschutz- und Energiebeihilfeleitlinien der EU-Kommission umgesetzt[289]. Grds. ist zur Einführung von grenzüberschreitenden Ausschreibungen eine Verordnung nach § 88a EEG 2017 erforderlich. Da das EEG 2017 aber noch nicht in Kraft getreten war, konnte der Gesetzgeber von der Verordnungsermächtigung noch keinen Gebrauch machen und hat eine Verordnung auf §§ 87 ff. EEG 2014 gestützt. Diese Grenzüberschreitende-Erneuerbare-Energien-Verordnung – GEEV[290] betrifft inhaltlich zunächst nur PV-Freiflächenanlagen. Die GEEV hat damit den Weg frei gemacht für konkrete sektorspezifische Vereinbarungen mit anderen Mitgliedstaaten. Grenzüberschreitende Ausschreibungen sind nur zulässig, wenn eine spezielle völkerrechtliche Vereinbarung mit dem kooperierenden Mitgliedstaat besteht (§ 5 Abs. 3 Nr. 1 EEG 2017). Darüber hinaus muss das Prinzip der Gegenseitigkeit zur Anwendung kommen, wobei der andere Mitgliedstaat seine Ausschreibungen in einem vergleichbaren Umfang öffnet (§ 5 Abs. 3 Nr. 2 EEG 2017). Als weitere Voraussetzung muss der Strom physikalisch importiert werden oder einen vergleichbaren Effekt auf den deutschen Strommarkt haben (§ 5 Abs. 3 Nr. 3 EEG 2017).

Die dänische und die deutsche Regierung haben am 20.07.2016 die erste Kooperationsvereinbarung unterzeichnet[291]. Gegenstand dieser Kooperationsvereinbarung sind zunächst zwei separate PV-Ausschreibungsrunden. Dänemark öffnet dabei eine Ausschreibungsrunde von insgesamt 20 MW im Umfang von 2,4 MW für Freiflä-

---

[288] BR-Drs. 355/16 v. 08.07.2016, Beschluss des Deutschen Bundestages, Gesetz zur Einführung von Ausschreibungen für Strom aus erneuerbaren Energien und zu weiteren Änderungen des Rechts der erneuerbaren Energien.

[289] EU-Kommission, Mitteilung der Kommission, Leitlinien für staatliche Umweltschutz- und Energiebeihilfen 2014–2020, 2014/C 200/1, Absatz (127).

[290] BGBl. I, S 1629, Verordnung zur grenzüberschreitenden Ausschreibung der Förderung für Strom aus erneuerbaren Energien sowie zur Änderung weiterer Verordnungen zur Förderung der erneuerbaren Energien, v. 11.07.2016, Art. 1 (Grenzüberschreitende-Erneuerbare-Energien-Verordnung – GEEV).

[291] Abrufbar unter: http://bit.ly/2qsofwh („Kooperationsvereinbarung").

chenanlagen mit Standort in Deutschland. Deutschland wird eine PV-Ausschreibungsrunde im Umfang von 50 MW für Freiflächenanlagen mit Standort in Dänemark öffnen. In beiden Fällen gilt das jeweilige nationale Ausschreibungsdesign, wobei standortspezifische Bedingungen berücksichtigt werden. Dänemark und Deutschland erkennen in der Kooperationsvereinbarung an, dass es Unterschiede gibt bzgl. der standortbezogenen Bedingungen aufgrund der jeweils relevanten anwendbaren nationalen Rechtsvorschriften und der sonstigen Regelungen, wie bspw. der Planungs- und Bauvorgaben, des Lizenzrechts, der Netzanschlussbedingungen oder der Steuern und Abgaben[292].

Im Rahmen von grenzüberschreitenden Ausschreibungen stellt sich auch die Frage, wie die Voraussetzung des physikalischen Stromimports in der Praxis konkret auszugestalten und nachzuweisen ist. Die Beantwortung dieser Frage ist wichtig, weil sich nur so die Finanzierung von ausländischen Anlagen über die deutsche EEG-Umlage, die letztlich die deutschen Energieverbraucher zahlen, rechtfertigen lässt. Eine konkrete Zuordnung eines grenzüberschreitenden Stromflusses zu einer bestimmten Anlage wird in einem europäisch vernetzten System grds. als nicht möglich erachtet[293]. Nach der Begründung zur GEEV soll der Nachweis auf einem Modell beruhen, das die im Ausland förderbare Leistung auf einen Umfang beschränkt, der ihrem pauschalen und langfristigen Strommarkteffekt in Deutschland entspricht[294]. Der zentrale begrenzende Faktor ist dabei die Kapazität der Interkonnektorenleitungen[295] zwischen zwei Ländern. Die Kooperationsvereinbarung sagt aus, dass die Bedingung des „physikalischen Imports" als gegeben angesehen wird, weil ein hoher, direkter Verbundgrad zwischen den Vertragsparteien besteht und die betroffene Ausschreibungsmenge gering sei[296]. Damit allein wird man dem gesetzlichen und auch in die GEEV aufgenommenen Erfordernis wohl nicht gerecht, auch wenn dies auf eine vorhandene Interkonnektorenkapazität schließen lässt.

---

[292] Kooperationsvereinbarung, S. 2.

[293] BMWi, Referentenentwurf, Verordnung zur Ausschreibung der Förderung für Strom aus erneuerbaren Energien sowie zur Änderung weiterer Verordnungen zur Förderung der erneuerbaren Energien, Stand 26.04.2016, S. 52.

[294] BMWi, Referentenentwurf, Verordnung zur Ausschreibung der Förderung für Strom aus erneuerbaren Energien sowie zur Änderung weiterer Verordnungen zur Förderung der erneuerbaren Energien, Stand 26.04.2016, S. 52.

[295] Vgl. dazu auch unten Abschnitt 3.7.1 (Bedeutung der Grenzkuppelkapazitäten).

[296] Kooperationsvereinbarung, S. 3.

Für die erste Pilotausschreibung wird auf den Nachweis des physikalischen Imports aus den vorgenannten Gründen noch verzichtet[297]. Wenn der Nachweis über die Interkonnektorenkapazität, also der Kapazität zwischen den Verbindungsleitungen zwischen den Ländern, erbracht werden soll, rückt das Kriterium des „physikalischen Imports" in den Hintergrund und der „vergleichbare Effekt für den deutschen Strommarkt" in den Vordergrund, weil eine konkrete Zuordnung von Importmengen bei einer kapazitären Betrachtung nicht möglich sein wird.

3.3.1.4 Prozess- und Systemaspekte des EEG 2017

Mit der Einführung des Ausschreibungsverfahrens für PV-, Biogas-, *Onshore*- und *Offshore*-Anlagen ergeben sich für VNB grundlegende Änderungen in den bestehenden Prozessen. So muss sichergestellt sein, dass eine Neuanlage nachweislich förderberechtigt ist, bevor für deren Einspeisung Vergütungszahlungen vorgenommen werden. Das Vorliegen eines entsprechenden Nachweises ist durch den VNB für jede Neuanlage zu prüfen. Der diesbezügliche Informationsaustausch hat zwischen der BNetzA als durchführendem Organ im Verfahren und dem VNB als Bindeglied zu den Anlagenbetreibern zu erfolgen.

Neben den konkret bezuschlagten Teilnehmern des Ausschreibungsverfahrens betrifft die Kommunikation die festgelegten Preise, die für die korrekte Abwicklung der Vergütung in das Abrechnungssystem der VNB aufzunehmen sind. Fraglich ist, ob die Ausschreibungs- wie auch die aktuellen Einspeisetarife in der zentral durch die von der BNetzA zur Verfügung gestellten Tarifliste veröffentlicht und so mit dem Regelprozess verarbeitet werden können. Es ist damit zu rechnen, dass die Preise aus einer anderen Quelle bezogen werden müssen; daraus ergibt sich für VNB die Notwendigkeit, einen Prozess zur Erfassung und Kontrolle dieser Preise zu etablieren. Dabei ist insb. die Quelle festzulegen, anhand derer die im hauseigenen System hinterlegten Preise zuverlässig plausibilisiert werden können.

Im Zusammenhang mit Bürgerenergieprojekten ergibt sich die Besonderheit, dass diese nicht den Wert ihres Gebots, sondern den Wert des höchsten noch bezuschlagten Gebots vergütet erhalten.[298] Entsprechend ist dieser Wert bei der Preispflege im Abrechnungssystem und der nachgelagerten Plausibilitätsprüfung zu berücksichtigen. Eine weitere Besonderheit ergibt sich aus der Anschlussförderung für Biomasse. Da hier neben dem Neubau von Anlagen auch eine Verlängerung der Förderdauer um weitere zehn Jahre bezuschlagt werden kann, ist die bisher etablier-

---

[297] BMWi, Referentenentwurf, Verordnung zur Ausschreibung der Förderung für Strom aus erneuerbaren Energien sowie zur Änderung weiterer Verordnungen zur Förderung der erneuerbaren Energien, Stand 26.04.2016, S. 52.

[298] § 36g Abs. 5 EEG 2017.

---

te Plausibilitätskontrolle zur maximalen Anlagenförderdauer von 20 Jahren nicht mehr stringent anwendbar und muss für diese Sonderfälle erweitert werden. Analog zu Neuanlagen ist als Nachweis ein adäquater Beleg der BNetzA erforderlich, um zu verhindern, dass weitere Anlagen unberechtigterweise über die ursprüngliche Maximaldauer hinaus gefördert werden.

Die VNB müssen zukünftig das erweiterte, einstufige Referenzertragsmodell für *Onshore*-Windenergieanlagen anwenden. Obwohl im Ausschreibungsverfahren für diese Anlagen immer auf die vorgegebene Referenzanlage mit einer Windgeschwindigkeit von 6,45 m/sec. in einer Höhe von 100 m geboten wird, ergeben sich die tatsächlichen Förderpreise durch prozentuale Skalierung der Förderung nach dem Verhältnis aus Referenzstandortqualität und tatsächlicher Standortqualität, die mittels eines unabhängigen Windgutachtens nachzuweisen ist. Dadurch ergibt sich ein anderer Vergütungspreis als in dem Ausschreibungsverfahren ermittelt. Der VNB ist dafür verantwortlich, den eingespeisten Strom in angemessener Höhe zu vergüten. Dazu muss diesem die Bestätigung für den Zuschlag einschließlich Zuschlagspreis sowie das unabhängige Windgutachten vorliegen. IT-seitig müssen die Parameter Preis, Standortqualität und Korrekturfaktor aus dem Referenzertragsmodell vollständig und richtig in die Stammdaten des Abrechnungssystems übernommen werden. Die Übernahme der Daten ist mittels geeigneter Stammdatenkontrollen und durch Abgleich mit den zugehörigen Nachweisen sicherzustellen. Anschließend ist die Richtigkeit der Abrechnung durch Testabrechnungen zu gewährleisten. Schließlich sind die Folgegutachten zur Standortqualität zu würdigen, mögliche Änderungen in die Stammdaten zu integrieren und in den darauffolgenden Abrechnungen zu berücksichtigen.

Durch das geplante Zuschalten von Wärmeerzeugungsanlagen bei erhöhter Einspeisung ist v.a. an Standorten mit häufigem Energieüberschuss regelmäßig mit Regelungstätigkeiten zu rechnen. Um dieser Aufgabe nachzukommen ist es notwendig, neben der Netzfrequenz auch die zur Regelung vorgesehenen Anlagen durchgängig zu überwachen. Dabei ist eine enge Verzahnung der Netzleitstelle mit der Abteilung Einspeisemanagement und -abrechnung erforderlich, um die Vorgänge sachgemäß abzubilden.

Der EEG-Prozess ist ein Wälzungsmechanismus, bei dem die an den Anlagenbetreiber gezahlte EEG-Vergütung über mehrere Stufen auf den Endverbraucher umgelegt wird. Lieferanten und Netzbetreiber müssen deshalb überwachen, welche Beträge über die Umlagen eingenommen und weitergegeben werden, damit der Prozess liquiditäts- und erfolgsneutral bleibt. Konkret müssen Lieferanten sicherstellen, dass sie nicht mehr EEG-Umlage an die ÜNB abführen als eingenommen wurde. Für Netzbetreiber ist die an die Anlagenbetreiber ausgezahlte mit der vom ÜNB erhaltenen Vergütung abzugleichen. Zur Korrektur von Abweichungen zwischen den Werten muss die richtige Vergütung ermittelt werden können. Aufgrund der ausschreibungsbedingten Vielzahl der Vergütungssätze für die einzelnen Anlagen ist hierbei künftig eine erhöhte Komplexität zu erwarten.

Die Nachweise für die Berechtigung zum Erhalt von Zahlungen auf Grundlage des EEG sowie der den Anlagenbetreibern zustehenden Boni sind nachzuhalten. Bspw. sollte eine Möglichkeit zur Nachverfolgung und Überwachung des Eingangs von Nachweisen bei Anmeldung von Anlagen und zur Durchführung der Jahresabrechnung integriert sein. Bisher zu diesem Zweck genutzte *Workflows, Templates* oder andere Verfahren müssen angepasst werden, damit die Aggregation weiterhin einen vollständigen Überblick bietet.

Eine wichtige Analyse, die regelmäßig durchgeführt werden sollte, ist der Abgleich zwischen den systemseitig bilanzierten und den an den ÜNB gemeldeten Mengen. Für die RLM-Einspeiser sollte dabei auch auf das EDM/ZFA-System zurückgegriffen werden. Mittels dieses Abgleichs wird sichergestellt, dass zum einen die nur jährlich abgelesenen Anlagen in der Bilanzierung und im EEG-Prozess gleich behandelt, d.h. dieselben Mengen gemeldet, und zum anderen die Anlagen stets in beiden Prozessen berücksichtigt werden. Bestehende *Reports* müssen um die Erfassung von evtl. neuen Bilanzkreisen bzw. Anlagenarten erweitern werden.

3.3.1.5   Exkurs: Dezentrale Erzeugungskonzepte

Dezentrale Erzeugungskonzepte zeichnen sich i.d.R. durch unmittelbar oder zumindest relativ verbrauchsnahe Standorte aus. Ihre Erzeugungsanlagen werden vorzugsweise mit dem Zweck der Versorgung einzelner Verbraucher errichtet und befinden sich häufig in privatem, privatwirtschaftlichem oder genossenschaftlichem Besitz. Zu ihnen gehören i.W. kleinere PV-Anlagen (z.B. Aufdachanlagen auf Wohnhäusern und gewerblich oder industriell genutzten Gebäuden), einzelne WE-Anlagen, Biomasse- und Kleinwasserkraftwerke sowie unterschiedlich groß dimensionierte BHKW bis hin zu großen KWK-Anlagen mit elektrischen Leistungen im dreistelligen MW-Bereich.

Die beiden letztgenannten Anlagentypen begründeten gewissermaßen das dezentrale Erzeugungskonzept aus der technischen Notwendigkeit heraus, die Verbraucher in den umliegend angeschlossenen Betrieben bzw. Wohngebäuden mit Wärme und Strom zu versorgen. Während kleine und mittelgroße BHKW typischerweise große private Mehrparteien-Wohngebäude, Hotels und Krankenhäuser versorgen, sind die größten dezentralen KWK-Anlagen vorwiegend an den Standorten energieintensiver Industriebetriebe, z.B. in Chemieparks, vorzufinden und wurden teilweise bereits beträchtliche Zeit vor dem Inkrafttreten des ersten KWKG im Jahr 2002 in Betrieb genommen. Das KWKG deklarierte rechtliche Fördertatbestände und Sonderstellungen sowohl für neue als auch bereits bestehende KWK-Anlagen und forcierte damit die dezentrale Stromerzeugung in KWK.

Kraft-Wärme-Kopplung bezeichnet „die gleichzeitige Umwandlung von eingesetzter Energie in elektrische Energie und in Nutzwärme in einer ortsfesten technischen Anlage"[299]. Sie spielt im Rahmen der Energiewende in Deutschland eine erhebliche Rolle und wird aufgrund ihres hohen Wirkungsgrades als wichtiger Baustein der Energiewende angesehen. KWK-Anlagen können insofern energieeffizienter und emissionsärmer sein als konventionelle Kondensationskraftwerke und die gesonderte Bereitstellung von Wärme[300]. Interessant ist in diesem Zusammenhang die Bezeichnung der KWK-Technik als „Brückentechnologie" auf dem Weg zur ausschließlichen Nutzung von erneuerbaren Energien[301]. Eben jene Brückentechnologie sollte ursprünglich die Kernkraft sein[302]. Die gesetzliche Regelung der Kraft-Wärme-Kopplung erfolgt im KWKG[303], das zunächst am 21.12.2015 novelliert wurde (sog. KWKG 2016[304]) und mit Wirkung ab dem 01.01.2017 erneut Änderungen erfahren hat (sog. KWKG 2017[305]).

Mit dem KWKG 2016 hat der Gesetzgeber das wichtigste Förderinstrument für die hocheffiziente Stromerzeugung aus der Kraft-Wärme-Kopplung für die nächsten Jahre neu gestaltet und an den Herausforderungen der Energiewende ausgerichtet bzw. nachgeschärft. Die Anpassungen wurden notwendig, da die gesunkenen Stromerlöse auf die Wirtschaftlichkeit von Stromerzeugungsanlagen erhebliche Auswirkungen hatten[306] und die Förderung der Erzeugung aus Kohle aus dem Fördermechanismus ausgeschlossen wurde, um die klimapolitischen Ziele der BReg zu ermöglichen.

---

[299]   § 2 Nr. 13 KWKG i.d.F. v. 28.12.2016.

[300]   BMWi, Grünbuch „Ein Strommarkt für die Energiewende", S 37.

[301]   U.a. BMWi, Die Zukunft der KWK – Diskussion im Rahmen von Strom 2030.

[302]   Abrufbar unter: http://bit.ly/2pFyKt0.

[303]   Vgl. dazu oben ausführlich Abschnitt 2.1.1.1 (Konventionelle Stromerzeugung, Exkurs: Kraft-Wärme-Kopplung). Zudem werden Wärme- und Kältespeicher sowie Wärme- und Kältenetze gefördert, die nachfolgend allerdings nicht weiter betrachtet werden.

[304]   Kraft-Wärme-Kopplungsgesetz v. 21.12.2015, BGBl. I, S. 2498, zuletzt geändert durch Art. 1 des Gesetzes zur Änderung der Bestimmungen zur Stromerzeugung aus Kraft-Wärme-Kopplung und zur Eigenversorgung; zur KWKG-Umlage vgl. unten Abschnitt 7.7.3 (KWKG-Umlage).

[305]   Gesetz zur Änderung der Bestimmungen zur Stromerzeugung aus Kraft-Wärme-Kopplung und zur Eigenversorgung v. 22.12.2016, BGBl. I, S. 3106.

[306]   Vgl. im Detail hierzu das Gutachten des BMWi: „Potenzial- und Kosten-Nutzen-Analyse zu den Einsatzmöglichkeiten von Kraft-Wärme-Kopplung (Umsetzung der EU-Energieeffizienzrichtlinie) sowie Evaluierung des KWKG im Jahr 2014", abrufbar unter: http://bit.ly/2pFEov8.

Das KWKG[307] bezweckt die Erhöhung der Nettostromerzeugung aus Kraft-Wärme-Kopplung auf 110 TWh bis zum Jahr 2020 und auf 120 TWh bis zum Jahr 2025 im Interesse der Energieeinsparung sowie des Umwelt- und Klimaschutzes[308]. Es zeichnet sich durch ein System zeitlich befristeter Zuschlagszahlungen aus, wobei dieses System durch die Novelle im Jahr 2016 wesentliche Änderungen erfahren hat[309].

Für einen Großteil der Anlagen besteht nunmehr eine Direktvermarktungspflicht hinsichtlich des erzeugten Stroms. Zugleich wurden die Fördervoraussetzungen und die Fördersätze für neue, modernisierte und nachgerüstete Anlagen nahezu vollständig überarbeitet. Die Änderungen sind Resultat des vom BMWi angestrebten Ziels, die Stromerzeugung aus Kraft-Wärme-Kopplung künftig stärker an Preissignalen zu orientieren[310]. Im Hinblick auf die Integration des KWK-Stroms besteht in Parallelität zum EEG die Verpflichtung der Netzbetreiber, den erzeugten Strom vorrangig physikalisch abzunehmen, zu übertragen und zu verteilen.

Das KWKG fokussiert bei Neuanlagen insb. auf gasbefeuerte Anlagen für die öffentliche Versorgung und schließt damit bestimmte Versorgungskonzepte, die im Industriebereich langjährig angewendet wurden, aus. Für Anlagen, die der öffentlichen Versorgung dienen, wurden die Fördersätze im Vergleich zu der bisherigen Förderung deutlich angehoben.

Die erneute Anpassung des Gesetzes im KWKG 2017 ist dem Umstand geschuldet, dass der Fördermechanismus nach Auffassung der EU-Kommission eine zu notifizierende Beihilfe i.S.d. AEUV darstellte und der notwendige Kompromiss erst nach Inkrafttreten des KWKG 2016 erzielt werden konnte. Änderungen ergeben sich dahingehend, dass Förderungen im Anlagensegment zwischen 1 und 50 MW nur noch im Wege der Ausschreibung ermittelt werden. Ebenso wird der refinanzierende Umlagemechanismus neu ausgestaltet[311].

Durch dezentrale Erzeugungskonzepte zur Eigenversorgung können Anlagenbetreiber bestimmte Privilegierungen in Bezug auf staatliche Steuern und Umlagen nut-

---

[307] Kraft-Wärme-Kopplungsgesetz v. 21.12.2015, BGBl. I, S. 2498, zuletzt geändert durch Art. 1 des Gesetzes zur Änderung der Bestimmungen zur Stromerzeugung aus Kraft-Wärme-Kopplung und zur Eigenversorgung v. 22.12.2016, BGBl. I, S. 3106; zur KWKG-Umlage vgl. unten Abschnitt 7.7.3 (KWKG-Umlage).

[308] Vgl. § 1 Abs. 1 KWKG 2016.

[309] Dazu auch Kachel, EnWZ 2016, S. 51 ff.

[310] Abrufbar unter: http://bit.ly/2pFFWWe.

[311] Diese Neuausrichtung hat enorme Auswirkungen auf die Stromkosten von energieintensiven Unternehmen, die nicht die Besondere Ausgleichsregelung i.S.d. EEG oder die Eigenversorgungsvorteile älterer Bestandsanlagen nutzen können; vgl. dazu unten Abschnitt 7.7.3 (KWKG-Umlage).

zen, indem die rechtlichen und technischen Anforderungen an gewisse Befreiungstatbestände erfüllt werden. Dies kann insb. dann eintreten, wenn der Transport von Strom aus dezentralen Erzeugungsanlagen über kurze Distanzen auf der Mittel- und Niederspannungsnetzebene außerhalb des öffentlichen Netzes erfolgt, somit keine Netzentgelte zu entrichten sind, oder eine Befreiung bzw. teilweise Reduzierung von der Zahlungspflicht der EEG-Umlage eintritt.

Durch die zwischenzeitlich in ihrer Kapazität, ihren Verlusten und auch ihren Anschaffungskosten stark verbesserten Batterie-Stromspeicher lässt sich der zeitliche Versatz von fluktuierender Stromerzeugung und ortsnahem Strombedarf zunehmend besser bewältigen[312]. Mit der fortschreitenden Integration von bezahlbaren Batterie-Stromspeichern könnte sich die wirtschaftliche Attraktivität dezentraler Erzeugungskonzepte weiter steigern und ihrem Zubau zusätzlichen Schwung verleihen.

3.3.2 Bilanzkreistreue

Mit der Ablösung der festen Einspeisevergütung durch die Einführung von Ausschreibungen und der Direktvermarktung der erzeugten Strommengen sind erste, aber wichtige Schritte zur Marktintegration der erneuerbaren Energien getan. Hinzu tritt die Notwendigkeit der Zuordnung von Verantwortlichkeit dafür, bei zunehmend volatiler Stromerzeugung und Einspeisevorrang von erneuerbaren Energien das Stromsystem zu jedem Zeitpunkt zum Ausgleich zu bringen, solange vorhandene Speicherkapazitäten begrenzt sind. Dieses Problem wird umso kleiner, je besser Daten im Zuge der Digitalisierung erhoben und analysiert werden können, je flexibler Angebot und Nachfrage bei absehbaren Planabweichungen angepasst werden können und je breiter die Einsatzmöglichkeiten erneuerbarer Energien in sektoraler und geografischer Sicht sind[313]. Der Ausbau der Übertragungsnetze ist in diesem Zusammenhang ein vieldiskutiertes Thema, sowohl innerhalb Deutschlands, als auch über die Grenzen hinweg innerhalb Europas.

Um das Stromsystem zu synchronisieren, bedarf es ausreichender Informationen einerseits über das zu einem bestimmten Zeitpunkt bestehende Angebot an Strom aus den verschiedenen Energieträgern, andererseits über die zu diesem Zeitpunkt bestehende Nachfrage. Markt und Wettbewerb sind für eine solche Informationsverarbeitung sehr gut geeignet, weshalb die Marktteilnehmer möglichst selbst für einen ausgeglichenen Bilanzkreis sorgen sollten. Wirksame Anreize zum Bilanzkreisausgleich sind dabei wichtig für die Systemstabilität. Die verschiedenen Vorschläge, die Verantwortlichkeit zuzuordnen, nehmen v.a. die bilanzkreisverantwortlichen Ener-

---

[312] Siehe hierzu weiterführend Abschnitt 4.3.1 (Überblick zu Stromspeichertechnologien).

[313] Vgl. dazu u.a. unten Abschnitte 2.1.2 (Stromübertragung und -verteilung) und 1.1.1 (*Smart Meter Rollout* und Bedeutung für das deutsche Energiesystem).

gieversorger oder die Stromvertriebe in die Pflicht, sich mit ausreichender Backup-Kapazität einzudecken[314]. „Bilanzkreistreue" wird zum Stichwort für das Strommarktdesign.

Eine marktwirtschaftliche Ausgestaltung belegt Unterdeckungen mit Pönalen für die Regel- und Ausgleichsenergien, die entsprechend teuer eingekauft werden müssen. Umgekehrt bewirken Überdeckungen Verluste, da die zu viel eingekaufte Energie zu schlechteren Konditionen, mitunter gar zu „Negativpreisen" abgeschafft werden muss. Durch die Pönalen, die sich an den Kosten für den Ausgleich der ungeplanten Lücke zwischen Angebot und Nachfrage orientieren, entstehen Anreize für die Marktteilnehmer, ihre Informations- und Prognosebasis zu verbessern und die Kosten den Marktakteuren mit den geringsten Transaktionskosten zuzuordnen[315]. Zugleich wird Anreiz geschaffen, Backup-Kapazität vorzuhalten.

Das Ziel, durch Anreize die Bilanzkreistreue zu stärken, findet sich in § 1a EnWG: „Das Bilanzkreis- und Ausgleichsenergiesystem hat eine zentrale Bedeutung für die Gewährleistung der Elektrizitätsversorgungssicherheit. Daher sollen die Bilanzkreistreue der Bilanzkreisverantwortlichen und eine ordnungsgemäße Bewirtschaftung der Bilanzkreise sichergestellt werden." Im Zuge des StrommarktG wurde die Festlegungskompetenz der BNetzA in § 27 Abs. 1 Nr. 21a StromNZV dahingehend erweitert, die Kriterien festzulegen, nach denen die Ausgleichsenergie (§ 8 Abs. 1 und 2 StromNZV) durch die ÜNB abzurechnen ist. Dabei kann sie insb. festlegen, wie derjenige Teil der vorgehaltenen Regelenergie aus Sekundärregelleistung und Minutenreserveleistung, der dem Verhalten der BKV in ihrer Gesamtheit zuzurechnen ist, von den ÜNB zu bestimmen und abzurechnen ist.

Nach der bisherigen Systematik wurde der regelzonenübergreifende, einheitliche Bilanzausgleichsenergiepreis (reBAP) grds. im Viertelstunden-Zeitraster ermittelt und abgerechnet. In jeder Viertelstunde wird die Summe der gesamten in Deutschland für den Bezug oder die Abgabe von Regelenergie (aus Sekundärregelleistung und Minutenreserve)[316] zum Ausgleich aller vier Regelzonen des deutschen Netzregelverbundes (NRV) aufgewendeten Geldmenge (Saldo aus Kosten – Erlöse) durch den Saldo dieser Regelenergiemenge, den NRV-Saldo, dividiert. Der NRV-Saldo wird aus der eingesetzten positiven abzüglich der eingesetzten negativen Regelenergie gebildet. Somit berechnet sich der reBAP im Allgemeinen aus den in den vier Regelzonen anfallenden Regelarbeitskosten und der dazugehörigen anfallenden Regelarbeitsmengen je Viertelstunde.

---

[314] Vgl. dazu unten Abschnitt 3.6 (Versorgungssicherheit).

[315] Auch dies ist ein Anwendungsfall des Coase–Theorems, vgl. Fn. 247.

[316] Soweit nicht anders gekennzeichnet wird hier und im Folgenden unter dem Begriff Regelenergie die Sekundärregelleistung und Minutenreserve verstanden.

$$AEP = \frac{\sum Kosten_{NRV} - \sum Erlöse_{NRV}}{Saldo_{NRV}} \quad \frac{[EUR]}{[MWh]}$$

Abb. 29: Berechnungsformel reBAP

Um die BKV noch stärker dazu anzuhalten, ihren Bilanzkreis viertelstündlich ausgeglichen zu halten, sollen nach dem StrommarktG künftig auch die Kosten, die den ÜNB im Zusammenhang mit der Vorhaltung von Regelenergie (aus Sekundärregelleistung und Minutenreserve)[317] entstehen, stärker verursachungsgerecht den jeweiligen BKV im Rahmen der Bilanzkreisabrechnung zugeordnet werden. Der BKV hat gem. § 8 Abs. 2 Satz 2 StromNZV die Pflicht, für eine ausgeglichene Bilanz zwischen Einspeisungen und Entnahmen in einem Bilanzkreis in jeder Viertelstunde zu sorgen und als Schnittstelle zwischen Netznutzern und ÜNB die wirtschaftliche Verantwortung für Abweichungen zwischen Einspeisungen und Entnahmen eines Bilanzkreises zu übernehmen. Unter Berücksichtigung der Prognosen für Erzeugung und Verbrauch des entsprechenden Bilanzkreises, muss der BKV einen Fahrplan nominieren, bei welchem die Summe der Einspeisungen der Summe der Ausspeisungen entspricht. Für den Fall, dass diese Summen zum Lieferzeitpunkt nicht übereinstimmen, wird die Differenzmenge über den reBAP abgerechnet.

Die mit der Vorhaltung von Regelenergie (insb. aus Sekundärregel- und Minutenreserve) verbundenen Kosten werden bis dato über die Netzentgelte von den Netznutzern der Übertragungsnetze getragen und im Ergebnis auf alle Stromverbraucher umgelegt[318]. Zukünftig sollen diese Kosten jedoch zumindest teilweise über den reBAP Berücksichtigung finden und damit direkt gegenüber dem BKV zur Abrechnung gebracht werden[319].

---

[317] Am Markt für Regelenergie werden in der Sekundärregelleistung und Minutenreserve die reine Vorhaltung von Leistung mit einem Leistungspreis und der tatsächliche Abruf dieser Leistung ergänzend mit einem Arbeitspreis vergütet. Die Höhe der jeweiligen Leistungs- und Arbeitspreise und damit auch die Grundlage der entstehenden Kosten der ÜNB werden im Zuge wöchentlicher Ausschreibungen ermittelt.

[318] Nach § 8 Abs. 1 Satz 1 StromNZV haben die ÜNB die Kosten für Primärregelleistung und -arbeit, für die Vorhaltung von Sekundärregelleistung und Minutenreserveleistung sowie weiterer beschaffter und eingesetzter Regelenergieprodukte als eigenständige Systemdienstleistungen den Nutzern der Übertragungsnetze in Rechnung stellen.

[319] In diesem Zusammenhang wurde die Regelung des § 8 Abs. 1 Satz 1 StromNZV im Zuge des Strommarktgesetzes um die Möglichkeit ergänzt, dass die BNetzA festlegen kann, die Kosten für denjenigen Teil der Vorhaltung von Regelenergie aus Sekundärregelleistung und Minutenreserveleistung, der durch das Verhalten der Bilanzkreisverantwortlichen in ihrer Gesamtheit verursacht wird, über die Ausgleichsenergie abzurechnen.

Da zudem geplant ist, über die Regelleistungskosten auch die Kapazitätsreserve[320] zu finanzieren, kommen auf die BKV tendenziell höhere, aber auch stärker schwankende reBAP zu.

Die Berechnung des reBAP erfolgt bislang durch Umlage der Nettokosten für die Regelenergie auf die Nettomenge der Regelenergie, berechnet als Differenz zwischen positiver und negativer Regelenergie. Bei einem häufigen Einsatz von positiver und negativer Regelleistung gleichen diese sich nicht selten aus mit der Folge, dass die Nettomenge sehr geringe Werte annehmen kann (sog. „Nulldurchgänge"). Trotz stabilem Netz können so sehr hohe Ausgleichsenergiepreise entstehen. Ein erster Ansatz zur Begrenzung des reBAP in der zweiten Berechnungsstufe aus dem Jahr 2012 zeigte sich als nicht immer effektiv, weshalb eine Begrenzung nun schon im ersten Schritt erfolgen soll.

1. Schritt: Um extreme AEP und resultierende Transaktionen zwischen einzelnen BKV zu vermeiden, wird eine Begrenzung des AEP auf den größten Absolutwert aller Arbeitspreise der aktivierten Einzelverträge für die Minutenreserveleistung (MRL) und die Sekundärregelleistung (SRL) vorgenommen, es wird ein AEP2 bestimmt.

2. Schritt: Im Rahmen der Abstimmung einer Branchenlösung zwischen den ÜNB und den BKV wurde auf Ebene der Branchenverbände ein AEP20 als zusätzlicher Kappungsschritt erarbeitet und von der BNetzA zur Umsetzung freigegeben. Zielstellung der weiteren Begrenzung ist die Vermeidung von hohen Ausgleichsenergiepreisen bei NRV-Salden zwischen −125 MWh (−500 MW) und +125 MWh (+500 MW), die nach dem Berechnungsschritt AEP2 verbleiben. Die Begrenzung erfolgt mit einer linear ansteigenden/abfallenden Funktion in Abhängigkeit des NRV-Saldos. Zur Bestimmung der Begrenzungsfunktion wird der mengengewichtete, durchschnittliche Preis des 1-h Produkts der betreffenden Stunde aus dem *Intraday*-Handel der *EPEX Spot* (PID) mit einem Auf-/Abschlag zwischen 100 und 250 EUR/MWh versehen.

---

[320] Nach § 33 Abs. 1 des Entwurfs der Kapazitätsreserveverordnung (KapResV-E) rechnen die ÜNB Bilanzkreisunterspeisungen und Bilanzkreisüberspeisungen für die Fahrplanviertelstunden, in denen ein Abruf der Kapazitätsreserve nach § 27 KapResV-E erfolgt, im Rahmen der Ausgleichsenergieabrechnung nach § 8 Abs. 2 StromNZV ab. Gem. § 33 Abs. 2 KapResV-E betragen die Preise für Ausgleichsenergie, die nach § 33 Abs. 1 KapResV-E den BKV für Bilanzkreisunterspeisungen in Rechnung gestellt werden, mindestens das Zweifache des im untertägigen Börsenhandel höchsten zulässigen Gebotspreises, wenn (1) der für die Bilanzkreisabrechnung veröffentlichte Saldo des deutschen Netzregelverbundes für die entsprechende Fahrplanviertelstunde größer als die für die ÜNB zu diesem Zeitpunkt insgesamt verfügbare positive Sekundärregelleistung und positive Minutenreserveleistung war und (2) ein Abruf nach § 27 KapResV-E erfolgt ist.

Das Aufkommen von extremen Ausgleichsenergiepreisen bei eigentlich stabilem Netz soll so vermieden werden.

BKV sind angehalten, Abweichungen von ihren Prognosen durch Handel am *Intraday*-Markt viertelstundenscharf auszugleichen. Aktuell wird der stündliche, mengengewichtete *Intraday*-Preis als Referenz herangezogen, wodurch Händler theoretisch die Möglichkeit haben, für einzelne Viertelstunden wirtschaftliche Vorteile mit der Nutzung von Regelenergie zu erzielen. Um dies künftig zu verhindern, soll über die Kopplung des reBAP an den viertelstündlichen *Intraday*-Preis (an Stelle des stündlichen Preises) sichergestellt werden, dass die Kosten für die Inanspruchnahme von Regelenergie höher sind als der vorzeitige Ausgleich der Differenzmengen am *Intraday*-Markt. Die Nutzung von viertelstündlichen, mengengewichteten *Intraday*-Preisen als Referenz wird ermöglicht durch die stark gestiegene Liquidität im *Intraday*-Viertelstunden-Handel.

3.4   Anreize für Neuinvestitionen in Erzeugungskapazität

3.4.1   Reicht der *Energy-only*-Markt aus?

Die Flexibilisierung des Energiesystems ist eine mittel- bis langfristige Folge der Marktintegration erneuerbarer Energien. Das Stromsystem ist historisch darauf angelegt, dass sich die Erzeugung der Nachfrage anpasst, klassischerweise geprägt durch die Unterscheidung in Grund- und Spitzenlast. Diese Unterscheidung ist mit dem starken Anfall erneuerbarer Energien mittlerweile weitgehend hinfällig geworden, da der Zustrom von Wind- und Sonnenenergie nicht bedarfs- sondern dargebotsabhängig erfolgt. Insofern muss es in Zukunft darum gehen, zunehmend auch auf der Nachfrageseite Anreize zu setzen, das Energiesystem flexibel zu gestalten[321]: Last hat in dieser Sicht den gleichen Wert wie Kapazität.

Derzeit ist die Flexibilisierung des Stromsystems noch in den Anfängen und v.a. auf der Angebotsseite ausgeprägt. Die Stromerzeuger haben in den letzten Jahren viele Bemühungen in den flexiblen Einsatz ihrer Kraftwerksparks gesetzt. Paradoxerweise hat die Energiewende in Deutschland und den umliegenden Ländern v.a. Kohlekraftwerke begünstigt, während die wesentlich flexibleren Gaskraftwerke aufgrund der Preissituation bei CO_2 und Kohle versus Gas praktisch nicht zum Einsatz kamen. Auf der Nachfrageseite ist die Flexibilisierung ein noch größeres Problem. Private Haushalte reagieren bislang kaum auf Preisimpulse, die im Übrigen sehr schwach ausgeprägt sind, da der Endverbraucherpreis für Strom zu ca.

---

[321]   Vgl dazu unten Abschnitt 4.5 (Lastmanagement – *Demand Side Management*).

drei Vierteln durch Umlagen, Steuern und Abgaben bestimmt wird[322]. Gewerbe-treibende und Industrieunternehmen sehen ihre Sparpotenziale aufgrund von Flexibilisierung oft schon weitgehend ausgeschöpft. Es bedarf noch umfassender Anstrengungen im Verbund von digitalen Angeboten, Maßnahmen der Regulierung, technologischen Innovationen (u.a. im Speicherbereich[323]) und wirtschaftlichen Anreizen, um die Flexibilisierung auf der Nachfrageseite voran zu bringen[324]. Hier setzt die Diskussion um „Kapazitätsmechanismen" an. Wie honoriert das Strom-marktdesign Erzeugungskapazitäten – bestehende Leistung, aber auch künftige Investitionen? Wie sehen geeignete „Kapazitätsmechanismen" aus, für erneuerbare und konventionelle Kapazitäten, aber auch für Speicher und Flexibilitätsoptionen auf der Nachfrageseite?

Der *Energy-only*-Markt vergütet die Lieferung von Energie auf der Grundlage des Preises, der den Grenzkosten des Grenzanbieters am Strommarkt entspricht[325], also jenes Kraftwerks, das zu diesem Preis in einer bestimmten Stunde gerade noch seine variablen Kosten deckt. In Deutschland sind das in der Mehrzahl der Stunden typi-scherweise Steinkohlekraftwerke. Anbieter in der Grund- und Mittellast (Kernkraft- und Braunkohlekraftwerke) mit niedrigeren variablen Kosten gegenüber dem preis-setzenden Kraftwerk erzielen eine zusätzliche Marge, mit der sie ihre Kapitalkosten teilweise oder ganz decken können, Anbieter mit höheren variablen Kosten (vielfach Gaskraftwerke zur Abdeckung von Spitzenlast) fallen in diesem *Merit-Order*-System häufig aus dem Markt heraus[326]. Im *EOM* wird die Vorhaltung und Bereit-stellung, insb. auch die Neuinvestition in Kraftwerkskapazität, nicht explizit sondern implizit über die Rente aus der Differenz von Marktpreis und variablen Kosten ver-gütet. Dies ist bei den erneuerbaren Energien durch die garantierte Einspeiseever-gütung, den „*Feed-in*"-Tarif und neuerdings die „Marktprämie", bewusst anders gestaltet, um zu gewährleisten, dass die Vollkosten ohne Investorenrisiken in Bezug auf die Marktpreise gedeckt werden. Auch im Netzbereich sorgt die Regulierung dafür, dass die Kapitalkosten der Netzinvestitionen durch die Netzentgelte gedeckt werden. Darüber hinaus bestehen zur Sicherstellung der Versorgungssicherheit In-strumente am Strommarkt,– Regelenergie und Netzreserve, neuerdings nach dem StrommarktG auch Kapazitätsreserve und Sicherheitsbereitschaft –, über die eine Deckung von Kapitalkosten möglich ist[327].

---

[322] Vgl. dazu ausführlich unten Abschnitt 2.2.3 (Strompreis einschließlich Umlagen und Steuern).
[323] Vgl. dazu unten Abschnitt 4.3 (Speicher).
[324] Siehe dazu unten Abschnitt 4.5 (Lastmanagement – *Demand Side Management*).
[325] Vgl. oben Abschnitt 2.3.1.3 (Preisbildung an der Börse).
[326] Siehe. dazu den Nachweis in der vorstehenden Fn.
[327] Siehe dazu unten Abschnitte 3.6.6 (Netzreserve) und 3.6.7 (Kapazitätsreserve und Sicher-heitsbereitschaft).

Natürlich ist es einem Akteur am Strommarkt unbenommen, bilaterale Verträge (*OTC*-Geschäfte) über Kraftwerksleistung mit anderen Marktteilnehmern abzuschließen, die sich gegen Kapazitätsengpässe absichern wollen. Derzeit besteht am deutschen Markt nach herrschender Auffassung aber kein generelles Kapazitätsproblem, da hinreichende Erzeugungskapazitäten technisch verfügbar sind und zudem in Teilen auf Stromimporte aus den Nachbarländern zurückgegriffen werden kann. Allerdings muss berücksichtigt werden, dass auch in Zukunft hinreichend gesicherte Kapazität benötigt wird, Investitionen in Erzeugungskapazitäten einen nicht zu vernachlässigenden Zeitrahmen benötigen und dass daher schon heute die Weichen für morgen gestellt werden müssen. Dazu gibt es zwei Elemente: (i) die Erhaltung von bestehenden Kraftwerken, deren Fixkosten nicht hinreichend gedeckt werden und deswegen von einer Stilllegung bedroht sind, und (ii) Investitionen in neue Kapazität.

In Deutschland ist mit dem von über 70 EUR/MWh in 2008 auf unter 30 EUR/MWh in 2016 gesunkenen Großhandelspreis die Rentabilität konventioneller Energieerzeugung deutlich eingeschränkt, sodass in der Folge die Zahl der bei der BNetzA eingehenden Kraftwerks-Stilllegungsanzeigen deutlich gestiegen ist und per Dezember 2016 82 Kraftwerke[328] betraf. Hinzu kommt der sukzessive Ausstieg aus der Kernenergie bis 2022. Insofern ist die „Kapazitätslücke" ein realistisches Szenario in den nächsten 5 Jahren.

Bedarf der Preismechanismus im Strommarkt einer Ergänzung, der die Bereitstellung von Kapazität oder Leistung explizit vergütet? Die Einführung eines Kapazitätsmarktes wird derjenige befürworten, der die Vorhaltung von Stromerzeugungskapazität unter den derzeitigen Marktbedingungen als ein (weitgehend) öffentliches Gut ansieht, da die Bereitstellungskosten hierfür zunächst vom Investor allein zu tragen seien, der Nutzen aus dem Einsatz dieser Reserve in wind- und sonnenarmen Großwetterlagen, d.h. die resultierende Versorgungssicherheit, hingegen allen zu Gute komme. Diese Systemrelevanz, so wird dann zugunsten eines Kapazitätsmarktes argumentiert, sollte demnach auch von allen über das Stromnetz verbundenen Erzeugern und Verbrauchern honoriert bzw. (re-)finanziert werden.

Damit Energieerzeugern über den *Energy-only*-Markt (*EOM*) die bereitgestellte Kapazität vergütet werden kann, müssen sie in der Lage sein, über ihre jeweiligen Grenzkosten hinaus eine Zusatzmarge zu verdienen. Soweit diese Zusatzmarge über die Marge hinausgeht, die zwischen ihren Grenzkosten und den Grenzkosten des Grenzanbieters liegt, setzt dies zunächst voraus, dass ein solches *Mark-up*, also ein Preis oberhalb der Grenzkosten, anerkannt wird, was bislang zumindest wettbe-

---

[328] Vgl. die aktuelle Liste der Kraftwerksstilllegungsanzeigen der BNetzA v. 10.11.2016, abrufbar unter: http://bit.ly/2pIoMt0, Aufruf am 04.01.2017.

werbsrechtlich umstritten ist[329]. Zukünftig könnte der Druck auf die Politik wachsen, extreme Preisspitzen zu unterbinden, auch wenn § 1a Abs. 1 StrommarktG feststellt: „Der Preis für Elektrizität bildet sich nach wettbewerblichen Grundsätzen frei am Markt. Die Höhe der Preise für Elektrizität am Großhandelsmarkt wird regulatorisch nicht beschränkt".

Ungeachtet dieser rechtlichen bzw. politischen Problematik ist es unter wirtschaftlichen Gesichtspunkten fraglich, ob knappheitsbedingte Preisspitzen ausreichen, hinreichende Anreize für Neuinvestitionen zu liefern.

Zum einen bewirkt der Ausbau der erneuerbaren Energien eine nachhaltige Absenkung des Preisniveaus am EOM, da deren variable Kosten Null betragen, sodass der durchschnittliche Großhandelspreis und damit die erzielbare Marge immer weiter sinken. In der Folge kommen viele konventionelle Kraftwerke nicht mehr mit genügend Volllaststunden ans Netz, zudem produzieren aufgrund des niedrigen CO_2-Preises v.a. Kohlekraftwerke, in Deutschland auch auf Braunkohlebasis, neben den Kernkraftwerken in Europa den konventionellen Strom. Die flexibleren und emissionsärmeren, deshalb im Zeichen der Energiewende erwünschten Gaskraftwerke stehen still[330]. Diese strukturelle Tendenz zur Absenkung des Preisniveaus trifft v.a. den Terminmarkt, über den etwa zwei Drittel des Stroms zwischen ein und drei Jahren vorab verkauft werden. Kurzfristige, knappheitsbedingte Preisspitzen können nur auf dem deutlich kleineren *Day Ahead* und *Intraday*-Markt im vollen Maß abgebildet werden können.

Zum anderen kommt am Großhandelsmarkt die Zahlungsbereitschaft der Stromkunden nicht zum Ausdruck; Anbieter und Nachfrager erhalten ganz unterschiedliche Preissignale: Ein typischer Kleinkunde sieht aufgrund der Belastung mit Steuern, Umlagen, etc. einen viel höheren Preis und auch nicht den realen stündlichen Preis. Der hohe Endkundenpreis belegt die Zahlungsbereitschaft der Stromabnehmer, die Stromerzeuger sehen aber nur den erheblich niedrigeren Großhandelspreis und können nicht auf die eigentliche Zahlungsbereitschaft der Stromverbraucher reagieren. In der Konsequenz besteht die Gefahr, dass über den *EOM* die Anreize für Neuinvestitionen nur gering ausfallen, Investoren sich zurückhalten: Das „*Missing-Money*-Problem", d.h. die steigende Irrelevanz des Großhandelsmarktes für Investitionsentscheidungen.

---

[329] Zu den maßgeblichen Grundsätzen vgl. oben Abschnitt 2.4.1 (Kartellrechtliche Preisaufsicht).

[330] Vgl. unten Abschnitt 3.5.4.2 (Wirtschaftliche Situation der Gaskraftwerke).

3.4.2   Arten von Kapazitätsmechanismen

In zahlreichen Ländern, z.b. England und Frankreich, zuvor bereits in Russland und in verschiedenen Bundesstaaten der USA, hat die Politik Kapazitätsmechanismen, häufig in der Form von Kapazitätsmärkten, eingeführt. Es liegen also Erfahrungen mit Kapazitätsmärkten vor. Eine Bewertung der verschiedenen Ausgestaltungsformen unter den Aspekten Versorgungssicherheit, Wirtschaftlichkeit und Umweltverträglichkeit hat bislang nicht zu einer Präferenz für ein bestimmtes Modell geführt, sodass die Einführung eines Kapazitätsmarktes immer vor dem Hintergrund der konkreten Umstände und Zielsetzungen im Einzelfall diskutiert werden muss. Insb. die Wirtschaftlichkeit ist eine kritische Fragestellung: Werden wirklich die richtigen Anreize gesetzt oder nur Mitnahmeeffekte erzeugt? In Großbritannien hat der ÜNB *National Grid* z.b. Ende 2016 Kapazitäten für den Zeitraum von Oktober 2020 bis September 2021 versteigert und dabei einen eher niedrigen Marktpreis von umgerechnet ca. 22 EUR/KW vergütet[331].

Bei der Ausgestaltung von Kapazitätsmärkten stellen sich verschiedene Grundsatzfragen. Zum einen ist der Anwendungsbereich festzulegen: Umfasst der Kapazitätsmarkt nur Kraftwerke oder auch Speicher bzw. *Demand Side Management,* insb. Energieeffizienzmaßnahmen, Lastmanagement und die dezentrale Erzeugung bei Spitzenlast? Werden alle bestehenden und neuen Kapazitäten einbezogen (umfassender Kapazitätsmarkt) oder wird die Auswahl nach gewissen Kriterien beschränkt (z.b. nur Neubauten, möglichst geringe CO2-Belastung, Geografie)[332]?

Zum anderen ist festzulegen, ob ein Regulator Mengen- und Preisvorgaben macht oder ob der Kapazitätsmarkt wettbewerblich ausgestaltet wird. Im Falle regulatorisch festgelegter Kapazitätszahlungen bestimmt ein Regulator die erforderliche Menge an Kapazität und entwickelt die Entgeltstruktur, um die Refinanzierung sicherzustellen. Das Risiko liegt hierbei darin, die richtige Höhe von Menge und Preis zu ermitteln, da der Markt als Informationsinstrument nicht genutzt wird. In der Folge können Kapazitätsentgelte überhöht oder Marktanreize zu gering sein, wenn die Refinanzierungskosten nicht attraktiv genug sind für die Investoren. Demgegenüber nutzen wettbewerblich organisierte Kapazitätsmärkte den Marktmechanismus, indem sie die erforderliche Kapazität und/oder die Entgelte über Auktionen oder vergleichbare Instrumente bestimmen. Die Energieversorger sind verpflichtet, eine bestimmte Kapazität als Gegenleistung für das Entgelt vorzuhalten, die entsprechende Kapazität ist als Produkt an einem Markt verfügbar.

---

[331] Vgl. Sichere Prämien für sichere Stromversorgung", FAZ v. 24.12.2016, S. 23.
[332] Vgl. Oliver Tietjen, Kapazitätsmärkte, Bonn/Berlin 2012, S. 15 ff., abrufbar unter: https://germanwatch.org/de/download/3564.pdf, Aufruf am 10.03.2017.

Aufgrund ihrer Sektor-Untersuchung mahnt die EU-Kommission zur Vorsicht bei der Einrichtung von Kapazitätsmärkten und fordert, dass Kapazitätsmechanismen einen ökonomischen Bedarf an erforderlicher Erzeugungskapazität aus Gründen der Versorgungssicherheit reflektieren müssen. Sie sollen

- problemadäquat und i.d.R. auf langfristige Entscheidungen über den Zubau an Kapazität gerichtet sein,

- den Preis für Kapazitäten im Wettbewerb, z.b. durch Ausschreibungen, bestimmen und

- nicht nur nationalen Energieversorgern zur Verfügung stehen, sondern über die Grenzen hinweg auch ausländischen Anbietern[333],

- nur Kraftwerke mit einem Emissionsfaktor unter 550g/kWh CO_2 unterstützen[334].

Ein in Deutschland intensiv diskutiertes Modell ist der Vorschlag des „Dezentralen Leistungsmarktes" des BDEW[335]. Das Modell setzt den Bedarf der Stromkunden nach gesicherter Leistung in dem Mittelpunkt. Nachfrage für ein Produkt „gesicherte Leistung" entsteht, wenn der *EOM* den Bedarf an „gesicherter Leistung" nicht in ausreichendem Maße bereitstellt. Der Vorschlag spaltet die Dienstleistung des Stromversorgers in zwei getrennte Leistungen auf: Die Lieferung elektrischer Arbeit und die Bereitstellung von gesicherter Leistung. Demgemäß soll ein dezentraler Leistungsmarkt den Großhandelsmarkt ergänzen, auf dem der Kunde (bzw. die Vertriebe) zusätzlich zu der elektrischen Arbeit (kWh) sog. Versorgungssicherheitsnachweise (KW) erwerben kann, die letztlich eine Versicherung gegen Systemknappheit darstellen, und zwar bis zu der mit VSN abgesicherten Leistung. Der Emittent der VSN muss bei Systemknappheit lieferfähig sein, sich also mit ausreichender Leistung eindecken und in Versorgungssicherheit investieren, um Strafzahlungen zu vermeiden. Die insgesamt notwendige Kapazität wird in diesem Modell letztlich dezentral bestimmt, nicht durch einen „Regulator". Der Höhe der Pönalisierung kommt hierbei zentrale Bedeutung zu[336].

Die BReg hat sich im StrommarktG 2016 gleichwohl für eine Weiterentwicklung des *EOM* zum Strommarkt 2.0 entschieden und der Einführung des Kapazitätsmarktes eine Absage erteilt. Nach Ansicht des BMWi ermöglicht der weiterentwickelte

---

[333] Vgl. European Commission – Factsheet, State Aid: Sector Inquiry gives Guidance on capacity mechanisms – frequently asked questions, abrufbar unter: http://bit.ly/2qz6EzQ.

[334] Vgl. Art. 23(4) *Proposal for a Regulation of the European Parliament and of the Council on the internal market for electricity*, abrufbar unter: http://bit.ly/2oY1yQj, Aufruf am 14.03.2017.

[335] Vgl. BDEW, Positionspapier „Ausgestaltung eines dezentralen Leistungsmarktes", Berlin, 2014.

[336] Vgl. ebenda, S. 21.

Strommarkt den Betreibern von Erzeugungsanlagen die Refinanzierung ihrer Kapazitäten[337]. Der Strommarkt 2.0 sei kostengünstiger, weil weniger subventionsanfällig als ein Stromversorgungssystem mit zusätzlichem Kapazitätsmarkt[338] und schaffe über die Marktpreissignale im Verbund mit flankierenden Instrumenten Anreize für neue Geschäftsfelder. Demgegenüber erschwerten Kapazitätsmärkte die Transformation des Stromsystems und verzerrten die Marktpreissignale, außerdem behinderten sie Anreize zur Flexibilisierung auf der Angebots- und auf der Nachfrageseite[339]. Auch wird darauf verwiesen, dass ein funktionierender europäischer Strommarkt mit ausreichenden grenzüberschreitenden Übertragungskapazitäten langfristig einen Kapazitätsmechanismus überflüssig mache. Insgesamt sei ein derartiger Markteingriff nicht zu empfehlen, solange nicht sichtbar sei, dass der bestehende Markt mit weniger starken Eingriffen funktionstüchtig erhalten werden kann.

Auch vor dem Hintergrund der derzeitigen Marktsituation hat die BReg das Instrument der strategischen Reserve aufgegriffen. Für diese Art des Kapazitätsmechanismus werden ausgewählte, meist ältere oder stilllegungsbedrohte Kraftwerke von einer zentralen Stelle kontrahiert und kommen bei Versorgungsengpässen gegen eine fixe Vergütung zum Zug. Unter bestimmten Voraussetzungen können die Stromnetzbetreiber auch selbst eigene Kraftwerke errichten. Die Kosten würden über die Netzentgelte an die Kunden weitergegeben.

3.4.3   Investitionsanreize durch konsistente Preissignale

Die Diskussion um *EOM* und Kapazitätsmarkt fokussiert auf die Angebotsseite am Strommarkt, und hier auch nur auf einen Teil. Denn Anreize für Neuinvestitionen in Erzeugungsleistung aus Anlagen für erneuerbare Energien werden Marktpreissignalen praktisch entzogen, da trotz der „Marktprämie" die Vergütung fixiert wird, wenn auch neuerdings auf der Basis von Ausschreibungen[340]. Damit tragen die Investoren im Vergleich zu den Kunden nur geringe Marktpreisrisiken. Zugleich steigt die Zahl dieser Anlagen entsprechend der politischen Zielsetzung entlang des Ausbaupfades. Folge ist eine weiter steigende Kapitalintensität des Stromsektors bei

---

[337] BMWi Weißbuch „Ein Strommarkt für die Energiewende", S. 34.

[338] BMWi Weißbuch, a.a.O., S. 44. Einzelne Schätzungen über die Höhe der notwendigen Zahlungen für Reservekapazitäten belaufen sich auf 6 Mrd. EUR im Jahr; vgl. http://bit.ly/2pIhllM.

[339] BMWi Weißbuch, a.a.O., S. 48.

[340] Vgl. oben Abschnitt 3.3.1 (Heranführung an den Markt).

- sinkender Gesamtauslastung aller Anlagen, da die Stromerzeugung nicht oder nur geringfügig wächst, und

- einer strukturellen Tendenz zur Absenkung des Preisniveaus im *EOM*, da die durchschnittlichen Grenzkosten der Produktion fallen.

Die Schere zwischen Marktpreissignal am *EOM* (tendenziell fallend) und zu deckenden Kapitalkosten je erzeugter Einheit Strom (tendenziell steigend) öffnet sich in Abhängigkeit vom Ausbau der erneuerbaren Energien. Ein solches Preissystem kann das Energiesystem der Zukunft nicht (re)finanzieren – weder den Neubau von erneuerbaren Erzeugungsanlagen (nach Ende des Subventionssystems), noch den erforderlichen Back-Up aus konventionellen Kapazitäten oder Speichern[341].

Die Entscheidung über die Erzeugung einer zusätzlichen Arbeitseinheit (kWh) Strom ist betriebswirtschaftlich von der Entscheidung, eine zusätzliche Leistungseinheit (kW) an konventioneller Erzeugungskapazität (oder Flexibilität) zu errichten, zu trennen. Vor dem Hintergrund der beschriebenen Schere zwischen Preis- und Kapitalkostenentwicklung ist es nur eine Frage der Zeit, bis sich für beide Entscheidungen adäquate Preissignale entwickeln.

Bedarf es hierzu eines staatlichen Eingriffs? Ein Markt entsteht in einer privatautonomen Gesellschaft durch das Zusammentreffen von Bedarf und Angebot. Aufgabe des Staates ist es grundsätzlich nicht, eine der Marktseiten direkt zu beeinflussen, sondern geeignete Rahmenbedingungen für das Marktgeschehen zu setzen und fairen Wettbewerb zu ermöglichen. Allerdings nimmt der Staat im Stromsektor massiven Einfluss auf die Preisbildung, die Strompreise reflektieren aufgrund von Umlagen, Steuern und Abgaben nicht die Zahlungsbereitschaft der Nachfrage. Zwar ist in einer Marktwirtschaft Wettbewerb das „Entdeckungsverfahren", um Wissen und Tatsachen zutage zu fördern, „die ohne sein Bestehen entweder unbekannt bleiben oder doch zumindest nicht genutzt werden würden". Bei in hohem Maße staatlich gelenkten Preisen kann Marktwirtschaft aber nicht die „spontane Ordnung" schaffen, die die Summe der Einzelinteressen der am Marktprozess Beteiligten widerspiegelt. Am Strommarkt dominiert bis heute das Konzept staatlicher Lenkung, basierend auf einer „höheren" gesamtpolitischen Zielsetzung[342].

Vor diesem Hintergrund gibt es zwei Wege: (i) Den Ruf nach dem Staat aufgrund der „Einsicht", der Marktprozess erkenne und honoriere ein behauptetes Defizit an

---

[341] Vgl. Graham Weale, *Discussion Paper – The inherent problems of the power market and the solution of a market design to optimize the supply system*, Bochum 2017.

[342] Vgl. F.A. von Hayek, Der Wettbewerb als Entdeckungsverfahren, in: Internationales Institut „Österreichische Schule der Nationalökonomie" (Hrsg.): Die Österreichische Schule der Nationalökonomie. Texte – Band II von Hayek bis White, Wien 1968, S. 119 bis 137, S. 119, zum folgenden S. 124 f.

Leistung nicht, weshalb deren Zurverfügungstellung staatlich gelenkt werden müsse. Die Energiewirtschaft ist voll von Beispielen für direkte staatliche Eingriffe, etwa in den Erzeugungsmix. Und (ii) die alternative Sicht, der Marktprozess sollte zu aussagefähigen Preissignalen führen, die bei sich abzeichnenden Kapazitätslücken Anreize schaffen, in Leistung zu investieren.

Für den Ausbaupfad der erneuerbaren Energien ist die staatliche Willensbildung heute noch notwendig. Damit sich im Wettbewerb mittelfristig marktbasierte und konsistente Preissignale entlang der Wertschöpfungskette herausbilden, die die Bereitstellung von Leistung/Kapazität anreizen, sollten die vorhandenen Regularien so umgebaut werden, dass

1. die Preisstruktur für die Kunden die Kostenstruktur für die Erzeuger widerspiegelt, sodass Stromerzeuger, Netzbetreiber und Kunden konsistente Preissignale und damit die gleichen Investitionsanreize bekommen. Ein Energiesystem, dass zunehmend Flexibilität in den Vordergrund stellt, muss neben der Angebots- auch die Nachfrageseite auf gleicher Basis einbeziehen.

2. Investitionen zum Zuge kommen, die aus Systemsicht hinsichtlich der Technologie und des Standortes – ob erneuerbar oder gesichert – am besten geeignet sind. Nachfrageseitige Investitionen sind hierbei von gleicher Relevanz.

3. eine faire Verteilung der Kosten und Risiken zwischen Strombetreibern und Kunden entsteht, d.h. anders als heute v.a. bei den erneuerbaren Energien die Erzeuger stärker an den Risiken beteiligt werden.

Dies bedeutet, über die Allokation der zahlreichen Sonderregelungen, Abgaben und Umlagen, die die Preissignale verzerren, neu nachzudenken. Diese Diskussion hat bereits eingesetzt: Derzeit wird von der Regierung eine Deckelung für den „staatlichen" Anteil des Kundenpreises erwogen.

Ein auf diesen Grundsätzen aufbauendes Preissystem würde für Investoren wie Kunden zwei Preiselemente enthalten:

1. ein Preis(element) für Erzeugungseinheiten. Ausgangspunkt ist, dass die Regierung/ein Regulator festlegt, wie viel an erneuerbarer Leistung jährlich benötigt wird ist und hierfür Ausschreibungsprozesse organisiert. Auf dieser Grundlage wird ebenfalls über Ausschreibungen ermittelt, wie viel gesicherte Leistung zusätzlich erforderlich ist, wobei Speicherkapazitäten und auch Maßnahmen der Nachfrageflexibilität berücksichtigt werden. Es ist zu diskutieren, wie die Festlegung der Menge an gesicherter Leistung erfolgt, ob dezentral oder über einen Regulator, um der Gefahr einer ineffizienten Überabsicherung zu begegnen. Auch erforderliche Netzinvestitionen könnten einbezogen werden. Die Summe aller dieser Investitionen (bei im bisherigen Modell finanzierten erneuerbaren Energien: die Differenzkosten; nach Auslauf des Modells: deren Gesamtkosten)

bildet einen Topf, der insgesamt der Vergütung entspricht, die Investoren in erneuerbare wie in gesicherte Leistung/Netze für die Kapitalkosten der errichteten und bereitgestellten Infrastruktur erhalten (EUR/MW/Jahr). Dies weicht von der heutigen Regelung bei den erneuerbaren Energien ab, die bislang für die erzeugte Einheit Energie (EUR/MWh) vergütet werden.

Auf der Kundenseite spiegelt sich diese Leistungsvergütung für die Investoren in einem Leistungspreis wider. Dieser sollte heute in Abhängigkeit von der Netzanschlussleistung des Kunden festgelegt werden, sich mittelfristig aber an der von ihm nachgefragten Spitzenlast orientieren. Dabei sollte eine „Gleichzeitigkeitskomponente" eingebaut werden, um Anreize zu setzen, das System nicht über seine Spitzenlast hinaus auszunutzen (*system coincident peak*). Letzteres setzt entsprechende Messvorrichtungen und Datenerfassung voraus.

2. ein Preis(element) für die Lieferung von Energie, wie bisher ermittelt am Großhandelsmarkt auf der Grundlage der variablen Kosten der Energieerzeugung. Im Unterschied zum derzeitigen Strommarkt sollte dieser Preis weitestgehend unverfälscht als Arbeitspreis beim Kunden ankommen. Dies bedingt einen Umbau des Systems an Steuern und Umlagen[343], das zurzeit den Strompreis für den Endkunden deutlich belastet. Zudem sollte der Kunde auf Grundlage von *Smart Metering* Preisschwankungen unmittelbar spüren (es sei denn, ein Dienstleister oder ein intelligentes Gerät glätten diese Schwankungen).

Ein solches zweistufiges Vergütungs- und Preissystem ermöglicht den Wettbewerb um die Bereitstellung von gesicherter Leistung und Flexibilität zu den günstigsten Gestehungskosten und schafft Anreize, Anlagen dort zu errichten, wo sie aufgrund der Erzeugungsbedingungen oder des vorhandenen Bedarfs die besten Laufzeiten erzielen. Investoren hätten den Anreiz, die Art von Erzeugung und den Standort so auszuwählen, dass sie über die Teilnahme an dem mengenbasierten Energiemarkt (MWh) Erlöse zur Deckung der variablen Kosten realisieren. Zusätzlich kann die Erwartung auf Zusatzerlöse den Leistungspreis mindern, da die Investoren sie im Rahmen der Kapazitätsausschreibungen antizipieren und bei ihren Geboten berücksichtigen. Mit einem durch Arbeits- und Leistungspreise ausdifferenzierten Preissystem würde eine Diskussion über die Einführung unterschiedlicher Preiszonen in Nord- und Süddeutschland unter anderen Vorzeichen geführt.

---

[343] Vgl. dazu unten Abschnitt 2.2.3.1 (Welche Umlagen und Steuern werden erhoben?).

Unberührt bleibt, dass der unbefriedigend empfundene Ausbauzustand der Übertragungsnetze, der in diesem Zusammenhang von der EU-Kommission thematisiert wird[344], vorrangig angegangen werden sollte.

Das zweistufige Vergütungssystem bestimmt in der Konsequenz auch den Stromtarif für die Kunden. Diese erhalten über den Leistungspreis Anreize, ihren Leistungsbedarf bzw. mittelfristig die Netzanschlussleistung durch Maßnahmen zur Erhöhung von Energieeffizienz und Flexibilität (z.B. *Demand Side Management*[345]) zu reduzieren. Beim Leistungspreis sollte eine Gleichzeitigkeitskomponente einbezogen sein, die berücksichtigt, ob ein Verbraucher seine Spitzenlast zu den Spitzenlastzeiten im Netz abruft oder zu anderen Zeiten. Zugleich regt der fluktuierende Arbeitspreis dazu an, den Stromverbrauch kurzfristig in Zeiten zu verlagern, in denen das Stromnetz weniger stark ausgelastet ist. Voraussetzungen hierfür sind *Smart Meter* und eine intelligente, IT-basierte Steuerung des Gesamtsystems bzw. des individuellen Stromverbrauchs, unterstützt durch neue Dienstleistungen. Unterschiedliche Tarifmodelle sind denkbar, wie sie sich auch in der Telekommunikation von gesprächsbezogener zur leistungsbezogener Abrechnung entwickelt haben. Für Haushalte mit geringem Verbrauch kann eine reine Arbeitspreisabrechnung angeboten werden.

Ein auf Angebots- und Nachfrageseite die Kosten reflektierendes Preissystem setzt Anreize, dass jede verfügbare kWh die beste Verwendung findet. Bei strukturell durch den wachsenden Anteil erneuerbarer Energien sinkenden variablen Erzeugungskosten und damit sinkenden Arbeitspreisen wird es zugleich zunehmend attraktiv, Strom in anderen Sektoren, z.B. im Bereich der Wärme und des Verkehrs, zu nutzen und bisherige Energieträger (Öl, Gas) zu ersetzen.

3.5 Kraftwerksmix für die Energiewende

3.5.1 Veränderung des Kraftwerksparks

Auf dem Weg der Energiewende bis zu ihrer Vollendung wird sich die Zusammensetzung des Kraftwerksparks in Deutschland weiter verändern. Eine Momentaufnahme der Struktur installierter Erzeugungskapazitäten zum Ende des Jahres 2015 ergibt folgendes Bild: Deutlich zu erkennen sind die in den vier Hauptregionen Nord-, Ost-, Süd- und Westdeutschland unterschiedlich stark vertretenen Erzeugungstechnologien (unterteilt nach Energieträgern).

---

[344] Vgl. „EU-Kommission will deutschen Strommarkt aufspalten", abrufbar unter: http://bit.ly/2qFsSPQ; kritisch hierzu: Sondergutachten 71 der Monopolkommission, Energie 2015: Ein wettbewerbliches Marktdesign für die Energiewende, 2015, S. 106 ff.

[345] Vgl. dazu unten Abschnitt 4.5 (Lastmanagement – *Demand Side Management*).

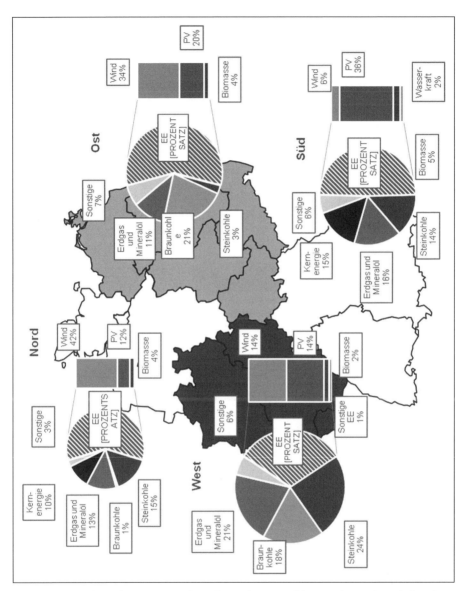

Abb. 30: Verteilung der Erzeugungskapazitäten (prozentual je Energieträger) nach den vier Hauptregionen in Deutschland (Stand: 31.12.2015), Quelle: BNetzA (2016), Grafik: PwC

MW$_{el.\,installiert}$ je Energieträger		Nord	Ost	Süd	West	Summe
Konventionell	Steinkohle	6.293	1.291	6.372	14.331	28.287
	Braunkohle	352	10.050	–	10.654	21.056
	Erdgas und Mineralöl	5.181	5.079	7.210	12.156	29.626
	Kernenergie	4.106	–	6.694	–	10.800
	Wasserkraft	71	278	1.019	242	1.610
	Sonstige	1.064	3.224	2.758	3.294	10.340
Erneuerbar	Wind	17.654	15.835	2.577	8.547	44.612
	Solare Strahlung	5.158	9.237	16.426	8.511	39.332
	Biomasse	1.764	1.779	2.153	1.149	6.846
	Sonstige	46	78	94	360	579
Summe		41.689	46.851	45.303	59.244	193.088

Abb. 31: Verteilung der Erzeugungskapazitäten (absolut) nach Regionen in Deutschland (Stand: 31.12.2015), Quelldaten: BNetzA (2016)

Durch den forcierten Ausbau der Windenergienutzung im Norden und Osten Deutschlands erreichen diese Regionen mit jeweils 58 % die im Vergleich der Hauptregionen höchsten Anteile an erneuerbaren Erzeugungskapazitäten. Geprägt von der Photovoltaik (36 %) schließt sich der Süden mit einem erneuerbaren Gesamtanteil von 49 % daran an. Dem deutschen Westen gereicht der dort installierte erneuerbare Erzeugungstechnologiemix, vornehmlich bestehend aus nahezu gleichen Kapazitätsanteilen von WE-Anlagen und PV-Anlagen, bisher lediglich zu einer Quote von 31 %.

Demgegenüber entstehen vorwiegend in den Regionen Süd[346] und Nord bis 2022 Kapazitätslücken infolge des Ausstiegs aus der Kernkraft. Die Erzeugungsstruktur in der Region West ist stark von der Braun- und Steinkohleverstromung geprägt, über deren Zukunft bereits heute kontrovers debattiert wird, da sie für einen großen Teil der klimaschädlichen Emissionen verantwortlich ist. In der Region Ost gilt

---

[346] Die Region Süd wird bereits heute zu vermehrten Zeiten zum Stromimporteur sobald die dort installierten PV-Anlagen zu wenig Strom erzeugen, um mit ihrem Erzeugungsbeitrag eine Bedarfsdeckung zu erreichen.

Gleiches für die dort angesiedelte Braunkohleverstromung[347]. Für eine versorgungs-sichere Zukunft muss insofern in den betroffenen Regionen rechtzeitig für adäquate und in ausreichendem Umfang vorhandene Ersatzerzeugungstechnologien oder alternativ für entsprechend dimensionierte Stromtransportkapazitäten gesorgt wer-den, um die von ausscheidenden Kraftwerkstechnologien hinterlassenen Kapazitäts-lücken abfedern zu können.

Anhand dieser Beschreibungen allein lässt sich noch kein Urteil über einen (gesun-den) Fortschritt der Veränderungen des Kraftwerksparks im Zuge der Energiewende fällen. Unzweifelhaft ist eine hohe Quote erneuerbarer Erzeugungskapazität ein Indiz für eine klimafreundliche Stromerzeugung, indes sollte gleichzeitig hinterfragt werden, inwiefern das Leistungsvermögen eines Kraftwerksparks die nachfragesei-tigen Anforderungen, d.h. die Verbraucherbedarfe, zu jeder Zeit und an jedem Ort sicher und effizient bedienen kann. Um ein stetes Gleichgewicht zwischen Stromer-zeugung und -verbrauch zu gewährleisten, müssen bestimmte Grundvoraussetzun-gen gegeben sein. Insb. sollte die fluktuierende erneuerbare Erzeugung während ihres Ausbaus durch einen immer ausreichend dimensionierten Anteil an gesicherter Erzeugungsleistung im Kraftwerkspark komplementiert werden, der im Falle von Witterungs- oder Bedarfsschwankungen die notwendige Residuallast entsprechend schnell und ausdauernd erbringen kann. Fallen die Regionen der vermehrten Strom-erzeugung und des vermehrten Stromverbrauchs geografisch stärker auseinander, so sind zusätzlich ausreichende Stromtransportkapazitäten zur Aufrechterhaltung des Gleichgewichts aus Erzeugung und Verbrauch vorzuhalten. Ein hoher Strombedarf tritt i.d.R. in Regionen mit dichter Besiedlung und starker Wirtschaftskraft auf. In Deutschland sind diese sog. Lastzentren v.a. im Süden und im Westen angesiedelt. Dies hat i.W. wirtschafts- und handelshistorische und somit auch infrastrukturelle Gründe. Ende des Jahres 2014 lebten 64,2 %[348] der Einwohner Deutschlands in diesen beiden Regionen. Rechnerisch ergibt sich eine gesicherte Erzeugungsleistung je Einwohner von 0,81 kW im Süden und lediglich 0,65 kW im Westen. Damit lie-gen die beiden bevölkerungsstärksten Hauptregionen Deutschlands deutlich hinter dem Norden und Osten (1,70 bzw. 1,36 kW je Einwohner).

Die Schaffung eines leistungsfähigen Kraftwerksparks, mit einem i.S.d. beschlosse-nen Klimaschutzziele ausreichend ökologischen Erzeugungstechnologiemix, stellt ein sehr couragiertes Vorhaben dar. Die „Wachablösung" großer Teile der konventi-onellen Erzeugung durch die erneuerbaren Erzeugungstechnologien, d.h. der eigent-liche nahtlose Übergang zu einer klimafreundlichen Stromerzeugung selbst, ist die derzeitige Kernherausforderung. Der zu vollführende Systemwechsel muss unter

---

[347] Vgl. hierzu vertiefend Abschnitt 3.5.3 (Ausstieg aus der Stromerzeugung aus Kohle?).
[348] Destatis – Statistisches Bundesamt *online* (2015): Bevölkerungszahlen nach Bundeslän-dern.

unverminderter Last vorgenommen werden und gleicht daher einer „Operation am wachen Patienten", dessen Gesundheit von der ausreichenden und unterbrechungsfreien Versorgung mit Strom bis in die äußersten Gliedmaßen abhängt. Bereits heute werden große Mengen Windstrom aus dem Norden und Osten zu den Lastzentren im Süden und Westen transportiert, was die Übertragungsnetze nicht selten an den Rand ihrer Leistungsfähigkeit bringt und „Bypässe" in Form des zusätzlichen Netzausbaus verlangt.

Während der Einzug und die Marktdurchdringung erneuerbarer Erzeugungstechnologien mit Hilfe staatlicher Förderprogramme (und seit 2014 innerhalb fester Kapazitätskorridore) vorangetrieben werden, bringt dies eine Vielzahl von Betreibern konventioneller Großkraftwerke in finanzielle Bedrängnis. Ihre Erzeugungsanlagen können sich zunehmend nicht mehr durch konstant hohe Auslastungen, wie zum Zeitpunkt der jeweiligen Investitionsentscheidung angenommen, amortisieren. Ermöglicht durch die vorrangige Einspeisung und die vergleichsweise niedrigeren Grenzkosten der Erzeugung von erneuerbarem Strom, verdrängen die an den Strombörsen platzierten Gebote aus erneuerbarer Erzeugung i.d.R. diejenigen aus konventioneller Erzeugung (v.a. aus Gasturbinen-, GuD- und Steinkohlekraftwerken). Es kommt durch den Zubau der Erneuerbaren an den Strombörsen zu einer Verschiebung der *Merit-Order* nach rechts, wodurch zunehmend Kraftwerke mit günstigeren Grenzkosten der Erzeugung den einheitlichen Börsenpreis setzen. Die folgende Abb. zeigt beispielhaft den *Merit-Order*-Effekt im Vergleich der Zeitpunkte t=0 (Ausgangsszenario mit geringem Anteil erneuerbarer Erzeugungskapazität im Strommarkt) und t=1 (fortgeschrittener Zubau) schematisch.

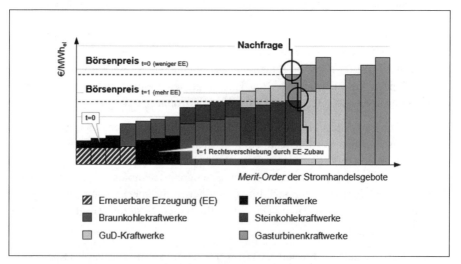

Abb. 32: *Merit-Order*-Effekt an den Strombörsen durch Zubau erneuerbarer Stromerzeugung (Quelle und Grafik: PwC)

Ist zum Zeitpunkt t=0 noch das günstigste der dargestellten Gasturbinenkraftwerke preissetzend, so ist es zu t=1 bereits das teuerste der dargestellten Steinkohlekraftwerke. Das vormals angestammte Geschäftsmodell im etablierten, herkömmlichen Kraftwerksgefüge (mit grds. ausreichenden Deckungsbeiträgen für alle konventionellen Erzeugungstechnologien) verändert sich durch den ErneuerbarenZubau grundlegend, da der durchschnittliche Börsenstrompreis tendenziell sinkt. Die Wirtschaftlichkeit vieler konventioneller Grundlast-, Mittellast- und auch Spitzenlastkraftwerke wird durch diesen Umstand erschwert – sie werden aber dennoch zur Gewährleistung der Versorgungssicherheit weiterhin benötigt. Die derzeitige Erlössituation der existenten Kraftwerke variiert stark mit ihrer jeweiligen Erzeugungstechnologie und im Bereich der konventionellen Erzeugung auch erheblich mit dem Wirkungsgrad der Kraftwerke, d.h. mittelbar auch mit dem Alter der Erzeugungsanlagen. Moderne Kraftwerke haben Wirkungsgradvorteile und daher geringere Grenzkosten der Erzeugung, hingegen sehen sich ihre Betreiber gleichzeitig mit anfänglich hohen Abschreibungsraten konfrontiert. Neben verminderten Deckungsbeiträgen verringert sich mit dem fortschreitenden Ausbau der erneuerbaren Erzeugungskapazitäten auch die durch konventionelle Großkraftwerke insgesamt zu erbringende, residuale Stromerzeugungsmenge, d.h. die absolute stromseitige Ausbringungsmenge dieser Erzeugungsanlagen.

Gesucht wird derzeit ein Fahrplan für einen (geordneten) Rückzug der klimabelastenden konventionellen Erzeugungsteile unter der Prämisse der wirtschaftlichen Vertretbarkeit für die Stromendkunden und die betroffenen Kraftwerksbetreiber. Kann eine diesbezügliche Lösung nicht realisiert werden, drohen vorzeitige Kraftwerksstilllegungen und der Planungsabbruch ggf. benötigter Neubauprojekte aufseiten der konventionellen, gesicherten Erzeugungsleistung mit potenziell negativen Auswirkungen auf die Versorgungssicherheit. Vordergründig gilt es, die Auswirkungen des Strukturwandels im Stromversorgungssystem der Zukunft mit dem Siegeszug der volatilen Erzeugung durch WE-Anlagen und PV-Anlagen, zu durchdenken und kosteneffiziente sowie gleichzeitig wirkungsvolle Lösungsansätze zu generieren. Die nachfolgende Abb. verdeutlicht die Verdrängung konventioneller Großkraftwerke aus dem Stromversorgungssystem der Zukunft. Es zeigt die anteilige Bedienung eines tagestypischen Lastganges durch die unterschiedlichen Erzeugungstechnologien – heute und in einer Prognose für das Jahr 2050.

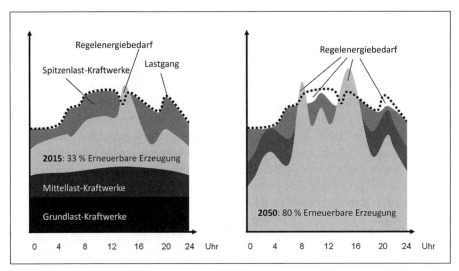

Abb. 33: Das deutsche Stromversorgungssystem im Wandel: 2015 (links) und 2050 (rechts),
Quelle und Grafik: PwC

Die erneuerbaren Erzeugungstechnologien werden in Zukunft den weitaus überwiegenden Teil der benötigten Strommenge in das deutsche Stromnetz liefern. Ausschlaggebend für die zukünftige Versorgungssicherheit sind speziell die in der obigen Abb. dunkler dargestellten Bereiche unterhalb der Lastgangkurve, die bisher noch nicht durch die erneuerbare Erzeugung gedeckt werden können (Grund- und Mittellastkraftwerke). Für die Erfüllung dieser Aufgabe werden regelbare, d.h. nach heutigem Stand der Technik vornehmlich konventionelle, große Kraftwerke auch weiterhin benötigt. Die Anforderungen an ihre Flexibilität werden zunehmend steigen, da die durch ihren Betrieb wirtschaftlich noch bedienbaren Zeitintervalle der Erzeugung stetig kürzer und in Bezug auf den residual benötigten Leistungsumfang schrumpfen werden. Es werden folglich immer kurzfristiger und häufiger tendenziell kleiner werdende Strommengen nachgefragt, gehandelt und physisch erbracht werden müssen, um die Stromnachfrage mit dem Stromangebot harmonisieren zu können.

Energetisch aufwendige und zeitintensive Anfahrprozesse sowie verminderte Wirkungsgrade im Teillastbetrieb könnten die notwendige Flexibilität von konventionellen Großkraftwerken künftig noch fordern und sie zu häufigerem Stillstand zwingen, d.h. ihre wirtschaftliche Lage weiter verschärfen.

Neben der ökonomischen Krise, in der sich viele konventionelle Großkraftwerke bereits heute befinden, könnte ihre Existenz zusätzlich durch energiepolitische Entscheidungen der Gesetzgebung beeinflusst werden. Es muss angenommen werden, dass die Politik dabei v.a. i.S.d. Erreichung festgeschriebener Klimaschutzziele agieren und/oder sich den (teilweise) vehementen Forderungen der Öffentlichkeit nach Sicherheit und Klimaneutralität in der Stromerzeugung beugen wird.

3.5.2 Ausstieg aus der Kernenergieerzeugung

3.5.2.1 Änderungen des Atomgesetzes

Die Entwicklung des rechtlichen und des politischen Rahmens der nuklearen Stromerzeugung in Deutschland war und ist dynamisch. Die ursprüngliche Zwecksetzung des AtG einer „Förderung, Erforschung, Entwicklung und Nutzung der Kernenergie zu friedlichen Zwecken" ist im Jahr 2002 der Zielsetzung gewichen, „die Nutzung der Kernenergie zur gewerblichen Erzeugung von Elektrizität geordnet zu beenden (...)"[349].

Die Verhandlungen der rot-grünen BReg mit den Kernkraftwerksbetreibern über den Ausstieg aus der Kernenergie führten im Juni 2000 zu einer Konsensvereinbarung[350] zwischen der Bundesrepublik Deutschland und den Unternehmen. Deren Umsetzung durch das Gesetz zur geordneten Beendigung der Kernenergienutzung zur gewerblichen Erzeugung von Elektrizität vom 22.04.2002[351] markierte den Eintritt in den Ausstieg aus der Kernenergie.

Das Gesetz führte das Konzept der sog. Reststrommengen als übertragbare Rechte für die Produktion von Strom aus Kernkraftwerken in Deutschland ein, nach deren Verbrauch die Berechtigung zum Leistungsbetrieb eines Kernkraftwerks erlischt. Die Entsorgung radioaktiver Abfälle im Wege der Wiederaufarbeitung endete nach dem ebenfalls neu gefassten § 9a Abs. 1 AtG am 30.06.2005, seitdem ist nur noch die direkte Endlagerung zulässig. Mit dem Ziel, die Zahl der Transporte von radioaktiven Abfällen zu begrenzen, wurden die Kernkraftwerksbetreiber verpflichtet, standortnahe Zwischenlager zu errichten. Die Neuerrichtung und Inbetriebnahme von Kernkraftwerken in Deutschland wurde verboten.

Nach der Bundestagswahl am 27.09.2009 kam es mit der neuen schwarz-gelben Regierung unter Bundeskanzlerin Merkel zunächst zu einer geänderten Beurteilung der Kernenergienutzung. Das Energiekonzept der BReg vom 28.09.2010[352] bezeichnete die nukleare Stromerzeugung in Deutschland als vorläufig nicht verzichtbare „Brückentechnologie" auf dem Weg zu einem vollständigen Umstieg auf erneuerba-

---

[349] § 1 Nr. 1 AtG.

[350] Vereinbarung zwischen der BReg und den EVU v. 14.06.2000, abrufbar unter: http://bit.ly/2pYEuRH.

[351] BGBl. I, S. 1351.

[352] Energiekonzept für eine umweltschonende, zuverlässige und bezahlbare Energieversorgung, 28.09.2010, abrufbar unter: http://bit.ly/2qzcv8k.

re Energien, die die Vorteile Versorgungssicherheit, Strompreisstabilität, begrenzte CO_2-Emissionen und Unabhängigkeit von Energieimporten vereint.

In der Konsequenz behielt das Elfte Gesetz zur Änderung des Atomgesetzes v. 08.12.2010 zwar das Konzept der begrenzten Restlaufzeit der deutschen Kernkraftwerke bei, verlängerte diese aber durch Erhöhung der Reststrommengen um durchschnittlich zwölf Jahre. Für Kernkraftwerke, die bis einschließlich 1980 in Betrieb genommen worden waren, erhöhten sich die Laufzeiten um rechnerisch acht Jahre, für die seit 1981 in Betrieb genommenen Kernkraftwerke demgegenüber um vierzehn Jahre[353]. Im Gegenzug führte die BReg mit dem KernbrStG eine Kernbrennstoffsteuer als Verbrauchsteuer ein, die den Einsatz und die Erstbestrahlung von Brennelementen oder Brennstäben in einem Kernreaktor zur gewerblichen Erzeugung von elektrischem Strom – zeitlich befristet auf die Jahre 2011 bis 2016 – mit einem Satz von 145 EUR pro Gramm Kernbrennstoff belastete. Schließlich sah ein zwischen der Bundesrepublik Deutschland, den Kernkraftwerksbetreibergesellschaften und deren Konzernobergesellschaften geschlossener Förderfondsvertrag[354] vor, dass die Betreiberunternehmen definierte Teile der erwarteten Mehrerlöse aus der Laufzeitverlängerung in ein Sondervermögen des Bundes zur Förderung des Ausbaus erneuerbarer Energien einzahlen (sog. „Energie- und Klimafonds").

Unter dem Eindruck der Auswirkungen des Tsunamis vom 11.03.2011 auf das Kernkraftwerk Daiichi in Fukushima (Japan) verfügte die BReg sodann am 15.03.2011 die vorläufige Einstellung des Leistungsbetriebs der bis einschließlich 1980 in Betrieb genommenen Kernkraftwerke sowie des Kernkraftwerks Krümmel für zunächst drei Monate (sog. „Moratorium")[355]. Außerdem ordnete sie die Überprüfung sicherheitsrelevanter Aspekte der deutschen Kernkraftwerke durch die Reaktor-Sicherheitskommission und eine neu eingerichtete Ethik-Kommission an. Die Kommissionen legten ihre Berichte im Mai 2011 vor[356].

Das auf den Erkenntnissen der beiden Kommissionsberichte aufbauende dreizehnte Gesetz zur Änderung des Atomgesetzes vom 31.07.2011[357] kassierte die nur wenige Monate zuvor durch die 11. AtG-Novelle gewährten zusätzlichen Reststrommengen

---

[353] BGBl. I S. 1814.
[354] Förderfondsvertrag v. 06.09.2010, abrufbar unter: http://bit.ly/2pFJtDX.
[355] Zum Stand der Kontroverse um die Rechtmäßigkeit des Moratoriums vgl. etwa Gierke/Paul in Danner/Theobald, Energierecht, Vorbem. AtG Rn. 60 (Stand: Mai 2016) sowie die Darstellung im Abschnitt 3.5.2.4 (Klageverfahren).
[356] RSK: Anlagenspezifische Sicherheitsüberprüfung (RSK-SÜ) deutscher Kernkraftwerke unter Berücksichtigung der Ereignisse in Fukushima-I (Japan), abrufbar unter: http://bit.ly/1KapOhO; Ethik-Kommission Sichere Energieversorgung: Deutschlands Energiewende – Ein Gemeinschaftswerk für die Zukunft; Berlin, 30.05.2011, abrufbar unter: http://bit.ly/2qzmD0K.
[357] BGBl. I, S. 1704.

und bestimmte den beschleunigten Ausstieg aus der Kernenergie in Deutschland. Die Eckpunkte waren:

1. der unmittelbare Entzug der Berechtigung zum Leistungsbetrieb für die sieben ältesten deutschen Kernkraftwerke und für das Kernkraftwerk Krümmel im Jahr 2011,

2. die Reduzierung der Reststrommengen für die weiterhin produzierenden Kernkraftwerke sowie

3. die Festlegung von Zeitpunkten für die späteste Beendigung des Leistungsbetriebs der verbleibenden Kernkraftwerke.

Ende der Berechtigung zum Leistungsbetrieb gem. § 7 Abs. 1a AtG	
Späteste Abschaltung	**Kernkraftwerk**
31.12.2015	Kernkraftwerk Grafenrheinfeld
31.12.2017	Kernkraftwerk Gundremmingen B
31.12.2019	Kernkraftwerk Philippsburg 2
31.12.2021	Kernkraftwerke Grohnde, Gundremmingen C und Brokdorf
31.12.2022	Kernkraftwerke Isar 2, Emsland und Neckarwestheim 2

Abb. 34:   Ende der Berechtigung zum Leistungsbetrieb gem. § 7 Abs. 1a AtG

3.5.2.2 Verfahren bei Stilllegung, Rückbau und Endlagerung

Nach dem Ende des Leistungsbetriebs werden die Brennelemente aus einem Kernkraftwerk in der Nachbetriebsphase entfernt. Nicht mehr benötigte Systeme werden abgeschaltet und dekontaminiert. Die Stilllegungs- und Abbaugenehmigung beendet die Nachbetriebsphase. Den rechtlichen Rahmen für die Stilllegung und den Rückbau von Kernkraftwerken in Deutschland bilden hauptsächlich das AtG und das UVPG sowie die AtVfV und die StrlSchV[358].

Für den Rückbau werden zwei Varianten unterschieden.

1. Mit dem Ziel, das Strahlungsniveau des in der Anlage vorhandenen radioaktiven Inventars durch Abklingen zu reduzieren, werden für die Variante des sicheren Einschlusses Systeme abgeschaltet und entleert; ein Bereich der Anlage (zumeist das Reaktorgebäude mit dem Sicherheitsbehälter) wird über eine gewisse Zeit physisch verschlossen und überwacht. Erst in der sich später anschließenden Ab-

---

[358] Eine Zusammenstellung der rechtlichen und technischen Bestimmungen enthält der Leitfaden zur Stilllegung, zum sicheren Einschluss und zum Abbau von Anlagen oder Anlagenteilen nach § 7 des Atomgesetzes; Bekanntmachung des BMUB v. 23.06.2016; BAnz AT 19.07.2016 B7.

bauphase wird das Kernkraftwerk demontiert. Die Vorteile für die späteren Ab-
bauarbeiten aus dem sicheren Einschluss über einige Jahrzehnte sind v.a. die geringere Radioaktivität und die Erwartung weiteren technologischen Fortschritts.

2. Bei dem direkten Rückbau schließen sich die Demontage der Bestandteile und
   die schadlose Verwertung bzw. geordnete Beseitigung der Reststoffe als radioaktive Abfälle unmittelbar an die Nachbetriebsphase an. Dies bietet den Vorteil,
   dass fachkundiges Personal mit Kenntnissen und Erfahrungen aus dem vorangegangenen (Nach-)Betrieb unmittelbar weiterbeschäftigt werden kann und ein
   Wissenstransfer auf nachfolgende Generationen nicht geleistet werden muss.

Nachdem die Wiederaufarbeitung von radioaktiven Reststoffen aus deutschen Kernkraftwerken seit dem 30.06.2005 nicht mehr zulässig ist[359], verbleibt als allein zulässiger Weg der Entsorgung von Brennelementen die geordnete Beseitigung in der
direkten Endlagerung (§ 9a Abs. 1 AtG). Die mittel und hoch radioaktiven Reststoffe werden in Transportbehälter verpackt und zunächst in den Zwischenlagern an den
Kernkraftwerksstandorten aufbewahrt. Es ist vorgesehen, am Standort des Endlagers
für wärmeentwickelnde Abfälle eine industrielle Konditionierungsanlage zu errichten, um die mittel und hoch radioaktiven Reststoffe zu zerlegen und in einen endla-
gerfähigen Zustand zu verarbeiten, z.B. durch das Einschmelzen in Glaskokillen,
und in Endlagerbehälter umzuladen. Die Pilot-Konditionierungsanlage am Standort
Gorleben hat die technische Durchführbarkeit der Zerlegung und Verpackung gezeigt, ist indes nicht für die Verarbeitung der erwarteten Abfallmengen dimensioniert und wird derzeit nur zur Reparatur von defekten Behältern genutzt. Für
schwach radioaktive Abfälle mit vernachlässigbarer Wärmeentwicklung ist das vom
Bundesamt für Strahlenschutz betriebene Endlager Schacht Konrad in Niedersach-
sen vorgesehen.

Das StandAG[360] wurde am 28.06.2013 vom Bundestag und am 05.07.2013 vom
Bundesrat verabschiedet. Es regelt ein wissenschaftsbasiertes und transparentes
Verfahren zur Suche und Auswahl eines Endlagerstandortes, das bis zum Jahr 2031
abgeschlossen sein soll. Die dazu im Jahr 2014 von der BReg gebildete Kommission
„Lagerung hoch radioaktiver Abfallstoffe"[361] hat in ihrem Abschlussbericht vom
05.07.2016 Ergebnisse und Empfehlungen vorgelegt[362]. Sie richtet die Zielsetzung
des StandAG, „die bestmögliche Sicherheit für einen Zeitraum von einer Million

---

[359] Bis 1994 hatte die Wiederaufarbeitung abgebrannter Brennelemente den Vorrang vor der
     direkten Endlagerung.
[360] BGBl. I, S. 2553.
[361] § 3 StandAG.
[362] Kommission Lagerung hoch radioaktiver Abfallstoffe: Abschlussbericht; Verantwortung
     für die Zukunft; Ein faires und transparentes Verfahren für die Auswahl eines nationalen
     Endlagerstandortes; 05.07.2016; K-Drs. 268.

Jahren" zu erreichen, an technischen, gesellschaftlichen, ethischen, politischen und juristischen Aspekten aus und bevorzugt für die Umsetzung ein unterirdisches Endlagerbergwerk mit einer Rückholbarkeit der einzulagernden Abfälle über einen Zeitraum von 500 Jahren. Nach § 4 Abs. 5 StandAG müssen die von der Kommission empfohlenen Ausschlusskriterien, Mindestanforderungen, Abwägungskriterien und weiteren Entscheidungsgrundlagen vom Deutschen Bundestag als Gesetz beschlossen werden[363].

Die bergmännische Erkundung des Salzstocks Gorleben als Endlager für die hoch radioaktiven Abfälle wurde mit dem StandAG beendet und der Standort wird „wie jeder andere in Betracht kommende Standort"[364] anhand der Auswahlkriterien gemessen. Der Abschlussbericht der Endlagerkommission prägt den Begriff von Deutschland als „weiße Landkarte"[365], um die Zielstellung der ergebnisoffenen Standortauswahl zu beschreiben.

Das im August 2015 vom BMUB aufgestellte Nationale Entsorgungsprogramm[366] nach § 2c AtG geht auf eine europarechtliche Berichtspflicht[367] zur Darlegung der Strategie des Mitgliedstaates für eine verantwortungsvolle und sichere Entsorgung bestrahlter Brennelemente und radioaktiver Abfälle zurück. Es steht konzeptionell unter dem Revisionsvorbehalt der Empfehlungen der Endlager-Kommission. Das Programm umfasst Angaben zum Bestand und zur Prognose radioaktiver Abfälle. Danach lagerten zum 31.12.2014 in Deutschland bestrahlte Brennelemente mit einer Schwermetallmasse von 8.379 Mg SM und gem. der Prognose werden insgesamt noch etwa 10.500 Mg SM in Form bestrahlter Brennelemente aus Leistungsreaktoren anfallen, die endgelagert werden müssen[368].

3.5.2.3 Finanzierung des Kernenergieausstiegs

Die im Oktober 2015 vom Bundeskabinett eingesetzte Kommission zur Überprüfung der Finanzierung des Kernenergieausstiegs legte am 25.05.2016 ihren Ab-

---

[363] Nach der Gesetzesbegründung bilden die Empfehlungen der Kommission die technisch-wissenschaftliche und gesellschaftspolitische Basis, haben aber keine den Deutschen Bundestag bindende Qualität; BT-Drs. 17/13471 v. 14.05.2013, S. 22.

[364] § 29 Abs. 1 StandAG.

[365] Kommission Lagerung hoch radioaktiver Abfallstoffe: Abschlussbericht, a.a.O., S. 253.

[366] BMUB: Programm für eine verantwortungsvolle und sichere Entsorgung bestrahlter Brennelemente und radioaktiver Abfälle (Nationales Entsorgungsprogramm) August 2015, abrufbar unter: http://bit.ly/1UHrXb6.

[367] Richtlinie 2011/70/Euratom des Rates v. 19.07.2011 über einen Gemeinschaftsrahmen für die verantwortungsvolle und sichere Entsorgung abgebrannter Brennelemente und radioaktiver Abfälle.

[368] Nationales Entsorgungsprogramm, a.a.O., S. 7 f.

schlussbericht[369] vor. Er umfasst eine Analyse der durch die Energiewende und insb. den Atomausstieg geänderten Bedingungen, die Implikationen für die Finanzierungssituation der betroffenen Unternehmen sowie daraus abgeleitete Empfehlungen für die Ausgestaltung der Finanzierung von Stilllegung, Rückbau und Entsorgung der Brennelemente und Anlagen.

Die Analyse geht von den derzeit geltenden Regelungen zur Kostenteilung nach dem Verursacherprinzip aus, wonach die Betreiber die Kosten der Stilllegung und des Rückbaus unmittelbar selbst tragen und mit den Kosten der staatlich zu errichtenden und zu betreibenden Endlager (§ 9a Abs. 3 AtG) anteilig je nach der Verursachung des radioaktiven Abfalls (§§ 21a, 21b AtG, § 21 StandAG) zu belasten sind.

Als Risikofaktoren identifiziert die Kommission die Prognoseunsicherheit des Finanzbedarfs hinsichtlich Höhe und zeitlichem Verlauf sowie die dauerhafte Fähigkeit der Unternehmen, diesen Verpflichtungen nachzukommen. Die Kommission leitet daraus das Erfordernis ab, die „finanzielle Sicherung der nuklearen Entsorgung vom wirtschaftlichen Schicksal der Betreiber langfristig abzukoppeln"[370]. Sie empfiehlt zur Erreichung dieses Ziels, die Verpflichtungen der Betreiber zur Kostentragung für die Standortzwischenlager sowie für die Endlager in einen öffentlich-rechtlichen Fonds zu überführen und bewertet den Verpflichtungsbarwert in Höhe der dafür gebildeten Rückstellungen mit 17,2 Mrd. EUR (Preisbasis 31.12.2014). Diesen Betrag erhöht die Kommission um einen Risikozuschlag von rund 35 %.

Der Gesetzentwurf zur Neuordnung der Verantwortung in der kerntechnischen Entsorgung[371] wurde im Dezember 2016 vom Gesetzgeber verabschiedet[372] und wird vorbehaltlich der Prüfung durch den Bundespräsidenten und der EU Kommission voraussichtlich im Jahr 2017 geltendes Recht. Er setzt die Empfehlungen der Kommission zur Überprüfung der Finanzierung des Kernenergieausstiegs wie folgt um:

1. Die Verantwortung für Stilllegung, Rückbau sowie die Verpackung radioaktiver Abfälle in Transportbehälter verbleibt bei den Kernkraftwerksbetreibern, während der Betrieb der Standortzwischenlager und der Endlager in der Verantwortung des Staates liegt.

---

[369] Kommission zur Überprüfung der Finanzierung des Kernenergieausstiegs: Verantwortung und Sicherheit – Ein neuer Entsorgungskonsens; Abschlussbericht der Kommission zur Überprüfung der Finanzierung des Kernenergieausstiegs; Berlin, 25.05.2016, abrufbar unter: http://bit.ly/2p9aY7R.

[370] Kommission zur Überprüfung der Finanzierung des Kernenergieausstiegs, a.a.O., S. 16.

[371] BT Drs. 18/10469 v. 29.11.2016 und 18/10353 v. 17.11.2016.

[372] Der BT hat den Entwurf am 15.12.2016 mit 516 gegen 58 Stimmen (sechs Enthaltungen) angenommen. Der BR hat dem Gesetz am 16.12.2016 zugestimmt.

2. Finanzierung und Risiko von Kostensteigerungen für Stilllegung und Rückbau sowie Verpackung verbleiben bei den Betreibern.

3. Die Finanzierung der Zwischen- und Endlager erfolgt durch einen Entsorgungsfonds in der Rechtsform einer Stiftung des öffentlichen Rechts.

4. Die Kernkraftwerksbetreiber sind verpflichtet, am 01.07.2017 insgesamt 17,389 Mrd. EUR als Grundbetrag in den Entsorgungsfonds einzuzahlen.

5. Es ist grds. eine Nachschusspflicht der Kernkraftwerksbetreiber in das Fondsvermögen für den Fall vorgesehen, dass die eingezahlten Mittel und die Erträge aus der Finanzmittelanlage die Kosten der Zwischen- und Endlagerung nicht vollständig tragen. Jeder Betreiber hat aber die Möglichkeit, sich durch die vollständige Zahlung des auf ihn entfallenden Anteils am Risikoaufschlag von insgesamt 6,167 Mrd. EUR von dieser Nachschusspflicht zu befreien.

Ein Unternehmen, das den Kernkraftwerksbetreiber aufgrund einer Mehrheit der Anteile oder der Stimmrechte, als persönlich haftender Gesellschafter oder in sonstigen Fällen beherrscht (§ 2 Nachhaftungsgesetz[373]), haftet für die öffentlich-rechtlichen Zahlungsverpflichtungen des Kernkraftwerksbetreibers aus der Stilllegung, dem Rückbau und der Beseitigung von kerntechnischen Anlagen einschließlich der Einzahlungen in den Entsorgungsfonds. Maßgeblich dafür ist eine Beherrschung, die bis zum 01.06.2016 bestand oder danach entstanden ist. Für die Zahlungsverpflichtungen aus § 8 Abs. 2 EntsorgFondsG[374] (Nachschusspflicht eines Kernkraftwerksbetreibers, der bereits den Grundbetrag, aber noch nicht den vollständigen Risikoaufschlag eingezahlt hat) haftet darüber hinaus auch ein Rechtsträger, auf den das Vermögen des herrschenden Unternehmens ganz oder teilweise nach dem 01.06.2016 durch einen Umwandlungsvorgang oder auf sonstige Weise übergeht (§ 3 Abs. 3 und Abs. 4 Nachhaftungsgesetz).

3.5.2.4 Klageverfahren

Das BVerfG hat mit Urteil vom 06.12.2016[375] die 13. AtG-Novelle für weitgehend verfassungsgemäß erklärt. So hält das BVerfG den Wegfall der durch die Laufzeitverlängerung 2010 zusätzlich gewährten Reststrommengen (11. AtG-Novelle) für in Einklang mit dem GG.

---

[373] Gesetz für Nachhaftung für Abbau- und Entsorgungskosten im Kernenergiebereich – NachhaftungsG v. 27.01.2017, BGBl. I, S. 127 (Art. 8 des Gesetzes zur Neuordnung der Verantwortung in der kerntechnischen Entsorgung).

[374] Entsorungsfondsgesetz v. 27.01.2017, BGBl. I, S. 114. (Art. 1 des Gesetzes zur Neuordnung der Verantwortung in der kerntechnischen Entsorgung).

[375] BVerfG v. 06.12.2016, 1 BvR 2821/11; 1 BvR 321/12; 1 BvR 1456/12.

Bei den nach der 13. AtG-Novelle abzuschaltenden Kernkraftwerken, für die eine konzerninterne Übertragung von Reststrommengen aus der ursprünglichen Zuweisung in 2002 auf weiter laufende Kernkraftwerke nicht möglich war, sieht das Gericht hingegen eine unzumutbare Einschränkung der Nutzungsmöglichkeiten.

Das Gericht sieht auch darin einen Verstoß gegen Art. 14 Abs. 1 GG, dass die 13. AtG-Novelle keinen Ausgleich für Investitionen der Betreiber regelt, die im Vertrauen auf den Bestand der Laufzeitverlängerung 2010 getätigt und deren Nutzungswert durch das Gesetz erheblich eingeschränkt wurde. Insofern ist § 7 Abs. 1a Satz 1 AtG nicht mit dem GG vereinbar und der Gesetzgeber bis Ende Juni 2018 aufgefordert, die Regelung neu zu fassen.

3.5.3 Ausstieg aus der Stromerzeugung aus Kohle?

3.5.3.1 Stand der Diskussion

Die Stromerzeugung aus Stein- und Braunkohle hat in Deutschland quer durch alle Regionen hohe Bedeutung, nicht nur für die Energieversorgung, sondern auch in wirtschaftlicher Hinsicht unter Produktions- und Beschäftigungsaspekten (vgl. oben Abb. 31). Mit dem Ausstieg aus der Kernenergie rückt die Kohleverstromung in der Merit-Order weiter nach links und bestreitet mit wachsendem Anteil die Stromerzeugung in der Grund- und Mittellast. V.a. Braunkohlekraftwerke sind durch ihre bevorzugte Lage in der *Merit-Order* gut ausgelastet.

Wegen ihrer Kohlendioxidbilanz wird die Kohleverstromung als Energieträger kontrovers diskutiert. Die Ergebnisse zweier aktueller Studien im Zusammenhang mit dem Einfluss der Kohleverstromung auf den Klimaschutz kommen zu der Einschätzung, dass die innerdeutschen Klimaziele nur unter der Prämisse eines zeitnah beginnenden, schrittweisen und spätestens bis zum Jahr 2040 vollständig erfolgten Kohleausstiegs zu erfüllen seien[376].

Obwohl die Steinkohleverstromung aufgrund ihres vergleichsweise niedrigeren CO_2-Emissionsfaktors pro erzeugter Stromeinheit und ihres deutlich geringeren Flächenverbrauchs zur Brennstoffgewinnung Vorteile gegenüber der Stromerzeugung aus Braunkohle hat, formiert sich in der Politik vor dem Hintergrund der Klimaziele auch ihr gegenüber zunehmend eine kritische Haltung, was z.B. bei der Entscheidung zum Wegfall der KWK-Förderung für neue oder modernisierte kohle-

---

[376] Vgl. Agora Energiewende: Elf Eckpunkte für einen Kohlekonsens. Konzept zur schrittweisen Dekarbonisierung des deutschen Stromsektors (Langfassung); Hochschule für Technik und Wirtschaft Berlin (2016): Sektorkopplung durch die Energiewende – Anforderungen an den Ausbau erneuerbarer Energien zum Erreichen der Pariser Klimaschutzziele unter Berücksichtigung der Sektorkopplung.

befeuerte Kraftwerke zum Ausdruck kam[377]. Hinzu tritt, dass bis Ende 2018 die letzten Steinkohle-Bergwerke in Deutschland schließen und die hiesige Steinkohle im Gegensatz zur Braunkohleverstromung brennstoffseitig zur Gänze importabhängig wird. Ein mittelfristiger Verzicht auf wesentliche Teile der Stromerzeugung aus Steinkohle scheint gleichwohl unwahrscheinlich, weil insb. die neueren Steinkohlekraftwerke (Zubau seit 2000: rd. 7,7 GW_{el}) in großen Mengen flexible Mittellast bereitstellen können und als *Back-Up*-Kapazität im Rahmen der Energiewende benötigt werden. Die Diskussion um einen Ausstieg aus der Kohleverstromung konzentriert sich demgemäß v.a. auf die Braunkohle.

Die gesamte Brutto-Stromerzeugung in Deutschland auf Basis von Braunkohle belief sich in 2015 auf 155 TWh. Die installierte Bruttoleistung der Braunkohlekraftwerke betrug zum 01.01.2016 insgesamt 22.774 MW[378].

	Installierte Bruttoleistung zum 01.01.2016 MW	Bruttostromerzeugung 2015 TWh
Nordrhein-Westfalen	11.502	78,4
Brandenburg	4.764	34,6
Sachsen	4.640	32,0
Sachsen-Anhalt	1.229	6,8
Niedersachsen	407	2,4
Berlin	188	0,8
Hessen	40	
Bayern	2	
Baden-Württemberg	2	
Summe	**22.774**	**155,0**

Abb. 35: Installierte Bruttoleistung Braunkohlekraftwerke

---

[377] Seit Inkrafttreten des novellierten KWKG zum 01.01.2016.

[378] Vgl. DEBRIV „Braunkohle in Deutschland 2015 – Daten und Fakten", S. 2.

Die Braunkohleverstromung zeichnete in 2015 für 173,1 Mio. t Kohlendioxid-Emissionen verantwortlich. Die Befürworter der Braunkohle verweisen insb. darauf, dass Braunkohlekraftwerke als zunehmend flexible Grundlastkraftwerke einen wesentlichen Beitrag zur Versorgungssicherheit leisten und Braunkohle als einziger heimischer Energieträger in großen Mengen langfristig subventionsfrei zu wettbewerbsfähigen Konditionen bereitgestellt werden kann; Importabhängigkeit und Transportrisiken werden minimiert[379]. Die Gegner stellen demgegenüber die Emissionen sowie die mit der Braunkohlegewinnung einhergehende Inanspruchnahme der Landschaft in den Vordergrund ihrer Argumentation.

Die klimapolitischen Gesichtspunkte waren Teil der Diskussion im Vorfeld des StrommarktG, im Zuge dessen eine „Sicherheitsbereitschaft" in den deutschen Strommarkt eingeführt wurde. Die Vorgaben zur Sicherheitsbereitschaft (insb. § 13g EnWG) stellen im Ergebnis einen Teilausstieg aus der Braunkohleverstromung dar als Beitrag zur Erreichung der deutschen Klimaziele.

Nicht zuletzt aufgrund der mit einem Braunkohleausstieg verbundenen Implikationen auf (regionale) Wirtschaftsstrukturen einschließlich der damit einhergehenden Beschäftigungseffekte[380] gibt es – anders als im Bereich der Kernenergie[381] – bislang kein Zieldatum für einen vollständigen Braunkohleausstieg.

3.5.3.2 Sicherheitsbereitschaft für Braunkohle

Die mit dem StrommarktG in Kraft getretenen Änderungen des EnWG sehen die Einrichtung verschiedener Mechanismen zur Gewährleistung der Versorgungssicherheit vor[382], neben der bereits zuvor bestehenden Netzreserve (§ 13d EnWG) und den neu eingeführten Netzstabilitätsanlagen (§ 13k EnWG) eine Kapazitätsreserve, die Engpässe im deutschen Strommarkt abfangen soll.

---

[379] Vgl. u.a. DEBRIV, a.a.O., S. 2.

[380] Vgl. hierzu beispielsweise Positionspapiere und Studien wie „Ökonomische Effekte eines deutschen Kohleausstiegs auf den Strommarkt in Deutschland und der EU" (ewi, 2016), „Beitrag der Kohle zur Transformation der deutschen Stromversorgung" (DEBRIV, 2016), „Braunkohleausstieg – Gestaltungsoptionen im Rahmen der Energiewende" (DIW, 2014), „Der Klimaschutzbeitrag des Stromsektors bis 2040. Entwicklungspfade für die deutschen Kohlekraftwerke und deren wirtschaftliche Auswirkungen" (enervis, 2015).

[381] Vgl. oben Abschnitt 3.5.2 (Ausstieg aus der Stromerzeugung aus Kernenergie).

[382] Dem Gesetzgebungsverfahren ging eine Beteiligung der betroffenen Betreiber von Braunkohlekraftwerken voraus, die am 02.11.2015 in der Unterzeichnung einer politischen Verständigung zwischen der BReg und den Betreibern resultierte; vgl. Pressemitteilung BMWi v. 04.11.2015 „Gabriel: Das Fundament für den Strommarkt der Zukunft steht", abrufbar unter: http://bit.ly/2pxLeo5.

Hinzu tritt nunmehr die Sicherheitsbereitschaft von Braunkohlekraftwerken (§ 13g EnWG, auch als „Braunkohlereserve" oder als „Klimareserve" bezeichnet). Sie umfasst acht Braunkohlekraftwerksblöcke mit einer installierten Nettonennleistung von 2,7 GW, die zeitlich gestaffelt zunächst vorläufig und nach Ablauf von vier Jahren endgültig stillgelegt werden[383]. Nach der Gesetzesbegründung sollen durch die Stilllegung der Braunkohleblöcke bis zu 12,5 Mio. t Kohlendioxid im Jahr 2020 eingespart werden. Bei der Auswahl der stillzulegenden Kraftwerksblöcke wurden nach der Gesetzesbegründung neben dem Einsparungseffekt Kriterien wie Kosteneffizienz der Gesamtmaßnahme, regionale Aspekte, Beschäftigungseffekte und die Beteiligung aller Betreiber von Braunkohlekraftwerken berücksichtigt.

Name Kraftwerksblock	Netto-Nennleistung	Datum der Überführung	Datum der endgültigen Stilllegung
MIBRAG			
Buschhaus	352 MW	1.10.2016	30.9.2020
RWE			
Frimmersdorf P	284 MW	1.10.2017	30.9.2021
Frimmersdorf Q	278 MW	1.10.2017	30.9.2021
Niederaußem E	295 MW	1.10.2018	30.9.2022
Niederaußem F	299 MW	1.10.2018	30.9.2022
Neurath C	292 MW	1.10.2019	30.9.2023
Vattenfall*			
Jänschwalde F	465 MW	1.10.2018	30.9.2022
Jänschwalde E	465 MW	1.10.2019	30.9.2023
Gesamt	**2.730 MW**		

* Nach Verkauf der Braunkohlensparte durch Vattenfall an *Energetický a průmyslový holding a.s.* („*EPH*") zum 30.09.2016 umfirmiert in Lausitz Energie Kraftwerke AG, abrufbar unter: http://bit.ly/2p9kSpM

Abb. 36: In die Sicherheitsbereitschaft nach § 13g EnWG zu überführende Braunkohlekraftwerksblöcke

Die Kraftwerksblöcke werden zu den genannten Daten zwischen dem 01.10.2016 und dem 01.10.2019 vorläufig stillgelegt. Dies bedeutet nach § 13b Abs. 3 Satz 1 EnWG, dass sie nicht mehr anfahrbereit gehalten werden, jedoch wieder betriebsbereit gemacht werden können, um im Bedarfsfall in das Netz einzuspeisen. Für den Zeitraum von (tagesgenau) vier Jahren dürfen die bezeichneten Braunkohleblöcke seitens des Betreibers allerdings auch nicht endgültig stillgelegt werden. Die endgül-

---

[383]   § 13g Abs. 1 Satz 1 EnWG.

tige Stilllegung folgt zwingend und unmittelbar mit Ablauf der Vier-Jahres-Frist zum 01.10. des jeweiligen Jahres, also jeweils zum 30.09. der Jahre 2020 bis 2023. Zum 01.10.2023 wird die Sicherheitsbereitschaft vollständig beendet sein.

Betriebskonzept der Sicherheitsbereitschaft

Die Anlagen werden mit der vorläufigen Stilllegung vollständig konserviert und gelten damit, sofern die zeitlichen Vorgaben zur Herstellung der Betriebsbereitschaft nach § 13g Abs. 3 Satz 1 Nr. 1 EnWG eingehalten werden können, weder i.S.v. § 13b Abs. 3 Satz 2 Alt. 2 EnWG noch nach § 18 BImSchG als endgültig stillgelegt[384]. Sie stehen für die Dauer der Sicherheitsbereitschaft ausschließlich für Anforderungen der ÜNB nach § 1 Abs. 6 der Elektrizitätssicherungsverordnung zur Verfügung und dürfen dabei nur als „ultima ratio" eingesetzt werden, wenn keine anderen Maßnahmen zur Verfügung stehen, um eine Extremsituation zur Deckung des Bedarfs an Elektrizität zu bewältigen (§13g Abs. 2 Satz 1 EnWG). Die Details solcher Einsätze sind zwischen den ÜNB und den Anlagenbetreibern vertraglich zu regeln, wobei zur Erreichung einer weitestgehend einheitlichen Ausgestaltung eine Abstimmung zwischen den ÜNB geboten ist[385].

Während der Dauer der Sicherheitsbereitschaft müssen die stillzulegenden Anlagen nach § 13g Abs. 3 Satz 1 Nr. 1 EnWG innerhalb von 240 Stunden (minutengenau) ab Vorwarnung durch den zuständigen ÜNB betriebsbereit sein („Vorwarnzeit"). Diese Vorwarnzeit soll den Betreibern der stillzulegenden Anlagen genügend Zeit geben, die notwendigen Maßnahmen zur Einhaltung aller rechtlichen Anforderungen vorzunehmen sowie die Braunkohle zuzuführen. Nach § 13g Abs. 3 Satz 1 Nr. 2 EnWG müssen die stillzulegenden Anlagen ab Herstellung der Betriebsbereitschaft – d. h. nach Ablauf der Vorwarnzeit – innerhalb eines Zeitraums von höchstens elf Stunden (minutengenau) auf Mindestteilleistung angefahren werden können. Die Nettonennleistung muss innerhalb eines weiteren Zeitraums von 13 Stunden (minutengenau) erreicht werden können.

Die Einspeisung der Mindestteilleistung bzw. der Nettonennleistung muss im Bereich der üblichen Schwankungen liegen, d.h. Schwankungen sind im einstelligen Prozentbereich erlaubt. Nach einem tatsächlichen Abrufzeitraum dürfen die stillzulegenden Anlagen höchstens so lange mit Nettonennleistung betrieben werden, bis sämtliche Kohlebänder, Kesselbunker und ggf. Kraftwerksbunker leer gefahren sind,

---

[384] Vgl. BT-Drs. 18/7317 v. 20.01.2016, S. 102.
[385] Vgl. BT-Drs. 18/7317, S. 103.

maximal jedoch 72 Stunden. Im Falle eines Abbruchs des Abrufes oder des Einsatzes beginnt die 72-Stundenfrist zum Zeitpunkt des Abbruchs[386].

Während des Zeitraums der Sicherheitsbereitschaft, beginnend mit dem Zeitpunkt der vorläufigen Stilllegung, dürfen die Anlagen keinen Strom mehr erzeugen und insoweit folgerichtig auch nicht vermarkten; auch die Eigenversorgung durch diese Anlagen ist ausgeschlossen. Zudem dürfen diese Anlagen nicht mehr in der Kapazitäts- oder Netzreserve eingesetzt werden. Nur ausnahmsweise darf Strom erzeugt werden, wenn ein Einsatz im Rahmen der Sicherheitsbereitschaft nach § 13g Abs. 2 EnWG angefordert oder ausnahmsweise ein Probestart durchgeführt wird. Der hierbei erzeugte Strom muss – mit Ausnahme des Eigenbedarfs der Anlage – in das Netz der allgemeinen Versorgung eingespeist werden und im Bilanzkreis des zuständigen ÜNB bilanziert werden. Zur Vermeidung des Ausstoßes von Kohlendioxid und Kosten sind Probestarts während des Zeitraums der Sicherheitsbereitschaft auf ein Minimum zu reduzieren. In Abstimmung mit dem zuständigen ÜNB und nach Anzeige bei der BNetzA mit Darlegung der technischen oder rechtlichen Erforderlichkeit darf der Anlagenbetreiber im zweiten Jahr der Sicherheitsbereitschaft einen Probestart durchführen[387].

Die ÜNB sind nach § 13g Abs. 3 Satz 3 EnWG zur Durchführung eines Funktionstests der stillzulegenden Anlagen verpflichtet, mithin ob die vorgenannten Anforderungen erfüllt werden. Der Funktionstest muss spätestens bis zur und möglichst zeitnah vor der Überführung der jeweiligen stillzulegenden Anlage in die Sicherheitsbereitschaft erfolgen. Da gesonderte Probestarts einer stillzulegenden Anlage für den Funktionstest nicht durchgeführt werden sollen, ist die Funktionsfähigkeit der stillzulegenden Anlage während des Betriebs im Strommarkt vor Überführung in die Sicherheitsbereitschaft durchzuführen. Der Funktionstest gilt als erfolgreich durchgeführt, wenn die Anlage innerhalb von elf Stunden ihre Mindestteilleistung erreicht und innerhalb von weiteren 13 Stunden ihre Nettonennleistung erreicht[388].

Vergütung für die Vorhaltung in der Sicherheitsbereitschaft

Die Betreiber erhalten für die Nutzung der Anlagen in der Sicherheitsbereitschaft und ihre Stilllegung eine Vergütung, deren Höhe sich nach den Erlösen (abzüglich der kurzfristig variablen Kosten) bemisst, die die Betreiber mit der jeweils stillzulegenden Anlage in den Strom- bzw. Wärmemärkten erzielt hätten[389]. Damit soll

---

[386] Die 72-Stunden-Frist entfällt, sofern der Kraftwerksbunker, die Kohlebänder und die Kesselbunker zum Zeitpunkt des Abbruchs des Abrufes oder des Einsatzes noch nicht mit Braunkohle befüllt sind.

[387] § 13g Abs. 4 EnWG; vgl. BT-Drs. 18/7317, S. 104.

[388] Vgl. BT-Drs. 18/7317, S. 103.

[389] § 13g Abs. 5 EnWG.

sichergestellt werden, dass die Betreiber während der Sicherheitsbereitschaft keine größeren Deckungsbeiträge erzielen als sie in dieser Zeit am Strommarkt erzielt hätten[390]. Die Höhe der Vergütung bemisst sich nach in einer Anlage zu § 13g EnWG festgelegten Formel wie folgt:

$$V_{it} = \left[P_t + RD_i + RE_i + O_i + W_i - \left(RHB_i + \frac{C_i}{E_i} \cdot EUA_t \right) \right] \cdot E_i + \left(H_{it} + FSB_{it} - FHIST_i \right)$$

Im Rahmen der Berechnung gilt die Maßgabe, dass der Wert der Summe aus

$$H_{it} + FSB_{it} - FHIST_i$$

mit null festgesetzt wird, sofern sich ein Wert kleiner null ergibt. Die einzelnen Bestandteile der Vergütungsformel sind wie folgt definiert[391]:

- V_{it} ist die Vergütung (in Euro), die ein Betreiber für eine stillzulegende Anlage i in einem Jahr t der Sicherheitsbereitschaft erhält.

- P_t ist der rechnerisch ermittelte jahresdurchschnittliche Preis aller verfügbaren Handelstage im Zeitraum vom 01.10.2014 bis zum 30.09.2015 für die beiden für das jeweilige Jahr der Sicherheitsbereitschaft t relevanten Phelix-Base-Futures am Terminmarkt der Energiebörse European Energy Exchange AG in Leipzig für die jeweilige Preiszone in Euro je MWh; der Preis für die Lieferung im ersten für das jeweilige Sicherheitsbereitschaftsjahr relevanten Kalenderjahr geht dabei zu einem Viertel und der Preis für die Lieferung im darauffolgenden Kalenderjahr zu drei Vierteln in die Berechnung ein; soweit an der Energiebörse noch kein Preis des Futures für ein relevantes Lieferjahr ermittelt wurde, wird der Preis für das letzte verfügbare relevante Lieferjahr in Ansatz gebracht.

- RD_i sind die für eine stillzulegende Anlage i von dem Betreiber nachgewiesenen Erlöse für Anpassungen der Einspeisung nach § 13a EnWG als jährlicher Durchschnitt der Jahre 2012 bis 2014 in Euro je MWh.

- RE_i sind die für eine stillzulegende Anlage i von dem Betreiber nachgewiesene Regelenergieerlöse als jährlicher Durchschnitt der Jahre 2012 bis 2014 in Euro je MWh.

- O_i sind die für eine stillzulegende Anlage i von dem Betreiber nachgewiesene Optimierungsmehrerlöse in den Jahren 2012 bis 2014 gegenüber dem jahresdurchschnittlichen Spotmarktpreis als jährlicher Durchschnitt der Jahre 2012 bis 2014 in Euro je MWh.

---

[390] Vgl. BT-Drs. 18/7317, S. 104.
[391] Anlage zu § 13g EnWG.

- W_i sind die für eine stillzulegende Anlage i von dem Betreiber nachgewiesene Wärmelieferungserlöse als jährlicher Durchschnitt der Jahre 2012 bis 2014 in Euro je MWh.

- RHB_i sind die für eine stillzulegende Anlage i von dem Betreiber nachgewiesenen kurzfristig variablen Betriebskosten für Brennstoffe, Logistik sowie sonstige Roh-, Hilfs- und Betriebsstoffe zur Erzeugung einer MWh Strom als jährlicher Durchschnitt der Jahre 2012 bis 2014 in Euro je MWh[392].

- C_i sind die für eine stillzulegende Anlage i von dem Betreiber nachgewiesene Kohlendioxidemissionen als jährlicher Durchschnitt der Jahre 2012 bis 2014 in Tonnen Kohlendioxid[393].

- E_i ist die für eine stillzulegende Anlage i von dem Betreiber nachgewiesene an das Netz der allgemeinen Versorgung und in Eigenversorgungsnetze abgegebene Strommenge der stillzulegenden Anlage (Netto-Stromerzeugung) als jährlicher Durchschnitt der Jahre 2012 bis 2014 in MWh[394].

- EUA_t ist der rechnerisch ermittelte jahresdurchschnittliche Preis aller verfügbaren Handelstage im Zeitraum vom 01.10 2014 bis zum 30.09.2015 für die beiden für das jeweilige Jahr der Sicherheitsbereitschaft t relevanten Jahres-*futures* für Emissionsberechtigungen (*EUA*) am Terminmarkt der Energiebörse *European Energy Exchange* AG in Leipzig für die jeweilige Preiszone in Euro je Tonne Kohlendioxid; der Preis für die Lieferung im ersten für das jeweilige Sicherheitsbereitschaftsjahr relevanten Kalenderjahr geht dabei zu einem Viertel und der Preis für die Lieferung im darauffolgenden Kalenderjahr zu drei Vierteln in die Berechnung ein; soweit an der Energiebörse noch kein Preis des Jahres*futures* für ein relevantes Lieferjahr ermittelt wurde, wird der Preis für das letzte verfügbare relevante Lieferjahr in Ansatz gebracht.

---

[392] Bei konzernintern bezogenen Lieferungen und Leistungen bleiben etwaige Margen außer Betracht (Zwischenergebniseliminierung); wenn Kraftwerksbetrieb und Tagebaubetrieb bei verschiedenen Gesellschaften liegen, sind für Brennstoffe und Logistik die variablen Förder- und Logistikkosten der Tagebaugesellschaften zu berücksichtigen; im Falle eines Eigentümerwechsels in den Jahren 2012 oder 2013 kann der Betreiber auf die Daten aus dem Jahr 2014 abstellen, wobei konzerninterne Eigentümerwechsel nicht berücksichtigt werden; bei den variablen Logistikkosten kann ausnahmsweise auf die Belieferung mit Braunkohle aus dem nächstgelegenen Tagebau abgestellt werden, sofern die Belieferung in dem maßgeblichen Zeitraum zu mehr als 60% aus diesem Tagebau erfolgte; bei den variablen Brennstoffkosten kann bei einer Mischbelieferung aus verschiedenen Tagebauen ein Tagebau unberücksichtigt bleiben, wenn dieser Tagebau im maßgeblichen Zeitraum zu mehr als 90% ausgekohlt war.

[393] Im Falle eines Eigentümerwechsels in den Jahren 2012 oder 2013 kann der Betreiber auf die Daten aus dem Jahr 2014 abstellen, wobei konzerninterne Eigentümerwechsel nicht berücksichtigt werden.

[394] Vgl. BT-Drs. 18/7317, S. 104.

- H_{it} sind die für eine stillzulegende Anlage i in einem Jahr t der Sicherheitsbereitschaft von dem Betreiber nachgewiesene Kosten zur Herstellung der Sicherheitsbereitschaft mit Blick auf die Stilllegung in Euro; in der Sicherheitsbereitschaft werden auch nachgewiesene Kosten zur Herstellung der Sicherheitsbereitschaft berücksichtigt, die vor Beginn der Sicherheitsbereitschaft entstanden sind,

- FSB_{it} sind die für eine stillzulegende Anlage i in einem Jahr t der Sicherheitsbereitschaft von dem Betreiber nachgewiesene fixe Betriebskosten während der Sicherheitsbereitschaft in Euro; in der Sicherheitsbereitschaft werden auch nachgewiesene fixe Betriebskosten der Sicherheitsbereitschaft berücksichtigt, die vor Beginn der Sicherheitsbereitschaft entstanden sind.

- $FHIST_i$ sind die für eine stillzulegende Anlage i von dem Betreiber nachgewiesene fixe Betriebskosten ohne Tagebau und Logistik als jährlicher Durchschnitt der Jahre 2012 bis 2014 in Euro[395].

- i ist die jeweilige stillzulegende Anlage.

- t ist das jeweilige Jahr der Sicherheitsbereitschaft, das sich jeweils auf den Zeitraum vom 01.10. bis 30.09. erstreckt.

Nach dieser Vergütungsformel ermittelt sich die Vergütung zum einen aus den Erlösen am Strom- und Wärmemarkt abzüglich der kurzfristig variablen Erzeugungskosten (Brennstoff, Emissionsberechtigungen, weitere Roh-, Hilfs- und Betriebsstoffe, Logistikkosten) auf der Grundlage tatsächlicher (nachgewiesener) Mengen, Erlöse und Aufwendungen im Durchschnitt der Jahre 2012 bis 2014 und auf Basis des durchschnittlichen Stromgroßhandelspreises im Zeitraum Oktober 2014 bis September 2015. Damit ist dieser Vergütungsanteil, da er allein auf Vergangenheitsdaten basiert, faktisch bereits fixiert. Als weiterer Vergütungsbestandteil ist eine positive Differenz aus der Summe aus den einmaligen Kosten zur Herstellung der Sicherheitsbereitschaft zzgl. der Kosten für die Vorhaltung des Kraftwerksblocks in der Sicherheitsbereitschaft und abzüglich der nachgewiesenen historischen fixen Betriebskosten des Kraftwerksblocks erstattungsfähig. Damit soll der Fall berücksichtigt werden, dass eine stillzulegende Anlage in den vier Jahren Sicherheitsbereitschaft u.U. höhere Fixkosten hat als sie bei einem Betrieb im Strommarkt hätte[396].

Über alle stillzulegenden Braunkohlekraftwerksblöcke fallen lt. Berechnungen des BMWi Gesamtkosten von durchschnittlich 230 Mio. EUR pro Jahr über sieben Jahre

---

[395]   Vgl. BT-Drs. 18/7317, S. 104.
[396]   Vgl. BT-Drs. 18/7317, S. 104.

an[397]. Die beihilferechtliche Genehmigung durch die EU-Kommission erfolgte am 27.05.2016[398].

(Teilweiser) Verlust des Vergütungsanspruchs bei Nichteinhaltung der Voraussetzungen für die Sicherheitsbereitschaft

Ein Betreiber einer stillzulegenden Anlage verliert seinen Vergütungsanspruch teilweise, wenn die Anlage bei einem Einsatz durch ÜNB nach § 13g Abs. 2 Satz 1 EnWG nicht innerhalb von 288 Stunden (minutengenau) ab Abruf betriebsbereit ist oder nicht innerhalb der Anfahrzeiten nach § 13g Abs. 3 Satz 1 Nr. 2 EnWG die angeforderte Leistung im Bereich der üblichen Schwankungen einspeist (§ 13g Abs. 5 Satz 3 EnWG).

Zusätzliche Erstattung der Erzeugungsauslagen

Zusätzlich zu der bereits dargestellten Vergütung nach § 13g Abs. 5 Sätze 1 bis 5 EnWG und korrespondierend mit der Regelung, dass während der Sicherheitsbereitschaft ausnahmsweise erzeugter Strom gem. § 13g Abs. 4 EnWG einem Vermarktungsverbot unterliegt, werden die einsatzbedingten Kosten („Erzeugungsauslagen") gesondert erstattet (§ 13g Abs. 5 Satz 6 EnWG). Als Erzeugungsauslagen sind die notwendigen Auslagen des Betreibers für die stillzulegende Anlage, die zugehörige Logistik (anteilig) sowie die angeschlossenen Tagebausysteme (anteilig) für eine konkrete Einspeisung; zudem werden die Kosten für die Entkonservierung vor und die Wiederkonservierung nach einem Abruf bzw. einem Probestart als Erzeugungsauslagen zusätzlich erstattet.

Vorzeitige endgültige Stilllegung von Anlagen der Sicherheitsbereitschaft

Unter bestimmten Voraussetzungen dürfen Anlagen der Sicherheitsbereitschaft vorzeitig, d.h. vor Ablauf der vier Jahre, endgültig stillgelegt werden. Hierbei sind nach § 13g Abs. 6 EnWG zwei Fallkonstellationen zu unterscheiden, wobei in beiden Fällen eine Antragstellung bei der BNetzA erforderlich ist[399]:

---

[397] Vgl. Pressemitteilung des BMWi.

[398] Vgl. Pressemitteilung der EU-Kommission „Staatliche Beihilfen: Kommission genehmigt Beihilfen für die Stilllegung von Braunkohlekraftwerken in Deutschland" v. 27.052016, abrufbar unter: http://bit.ly/2pFGlI5.

[399] Vgl. BT-Drs. 18/7317, S. 110.

- Eine funktionstüchtige Anlage darf frühestens nach einem Jahr in der Sicherheitsbereitschaft endgültig stillgelegt werden, um

  - zu gewährleisten, dass vor der endgültigen Stilllegung der Anlage die Auswirkungen der Stilllegung auf das Elektrizitätsversorgungssystem erkennbar werden und

  - eine ausreichende Kapazität in der Sicherheitsbereitschaft sicherzustellen.

- Der Betreiber hat die endgültige Stilllegung ein halbes Jahr vor der endgültigen Stilllegung dem zuständigen ÜNB anzuzeigen. Der Vergütungsanspruch reduziert sich auf eine pauschalierte Abschlussvergütung.

- Falls eine stillzulegende Anlage die Voraussetzungen der Sicherheitsbereitschaft dauerhaft nicht oder nur mit unverhältnismäßig hohem Aufwand[400] erfüllen kann, ist der Betreiber gehalten, die BNetzA unverzüglich zu informieren. Die Entscheidung darüber, ob eine stillzulegende Anlage aus der Sicherheitsbereitschaft ausscheiden darf, obliegt der BNetzA. Die betreffende Anlage würde ersatzlos und unverzüglich endgültig stillgelegt und der Betreiber verliert für die betroffene stillzulegende Anlage ab dem von der BNetzA festgelegten Zeitpunkt des Ausscheidens seinen gesamten Vergütungsanspruch.

Festsetzung und Wälzung der Vergütung

Die Höhe der Vergütung der Sicherheitsbereitschaft wird durch die BNetzA festgesetzt (§ 13g Abs. 7 Satz 1 EnWG). Der Vergütungsanspruch des Anlagenbetreibers richtet sich gegen den zuständigen ÜNB in der von der BNetzA festgesetzten Höhe.

Die BNetzA legt den Leistungspreis für jeweils zwei Jahre in der Sicherheitsbereitschaft fest, wobei sie bei den fixen Betriebskosten während der Sicherheitsbereitschaft FSB_{it} und den Kosten zur Herstellung der Sicherheitsbereitschaft H_{it} von den von den Betreibern plausibel darzulegenden zu erwartenden Kosten ausgeht. Eine Abweichung der tatsächlichen Kosten von den der Festsetzung zugrunde gelegten erwarteten Kosten von mehr als 5 % in einem Bereitschaftsjahr sind der BNetzA durch den Anlagenbetreiber zu melden und führen zu einer Anpassung der Vergütung an die tatsächlichen Kosten (sowohl rückwirkend als auch für die verbleibenden Jahre).

---

[400] Hierzu zählt insb. erheblicher Umrüstungsbedarf aufgrund von nachträglichen gesetzlichen, regulatorischen oder behördlichen Änderungen für den Anlagenbetrieb.

Die ÜNB dürfen die ihnen nach den § 13g Abs. 5 und 6 EnWG entstehenden Kosten nach Abzug der entstehenden Erlöse über die Netzentgelte geltend machen[401]. Die Kosten mit Ausnahme der Erzeugungsauslagen – mithin also die Kosten für die Vorhaltung der Anlagen in der Sicherheitsbereitschaft – gelten als dauerhaft nicht beeinflussbare Kostenanteile nach § 11 Abs. 2 Satz 1 Nr. 16 ARegV.

Die Wälzung dieser Kosten und damit die mittelbare Kostentragung durch die Stromkunden wird durch den Gesetzgeber damit begründet, dass die Sicherheitsbereitschaft zur Versorgungssicherheit beiträgt, die Belastungen für das Stromnetz reduziert und dadurch Kosten eingespart werden sowie durch die Stilllegung der Anlagen erhebliche Kohlendioxideinsparungen erreicht werden und damit unmittelbar ein Beitrag zu einer umweltverträglichen Energieversorgung erreicht wird[402].

Monitoring der Kohlendioxideinsparziele

Bis zum Jahr 2020 sollen durch die Einführung der Sicherheitsbereitschaft 12,5 Mio. t Kohlendioxid-Emissionen zusätzlich eingespart werden. Das BMWi wird nach § 13g Abs. 8 EnWG bis zum 30.06.2018 prüfen, ob dieses Ziel durch die – zunächst vorläufige – Stilllegung der Braunkohlekraftwerke absehbar erreicht werden kann. Sollte dies nicht der Fall sein, hat jeder der von der Sicherheitsbereitschaft betroffenen Anlagenbetreiber bis zum 31.12.2018 einen Vorschlag über weitere geeignete Maßnahmen ab dem Jahr 2019 vorzulegen. Sofern in diesem Fall keine Einigung zwischen dem BMWi und den Anlagenbetreibern erreicht werden kann, ist die BReg nach Anhörung der Betreiber befugt, durch Rechtsverordnung nach § 13i Abs. 5 EnWG weitere Maßnahmen zur Kohlendioxideinsparung in der Braunkohlewirtschaft erlassen.

3.5.3.3 Effekte des Kohleausstiegs auf die CO_2-Emissionen

Die Ergebnisse der nachfolgenden Analyse der CO_2-Emissionsentwicklung durch Braun- und Steinkohlekraftwerke in Deutschland fußen auf einer Simulationsrechnung mit einem fundamentalen (europaweiten) Energiemarktmodell (*Merit-Order-Modell*)[403]. Es wurde dabei im Kern der Einsatz von Erzeugungsanlagen auf Kraftwerksebene für die Jahre 2017 und 2030 ermittelt. Ausgangspunkt für diese Ermittlung ist die stundenscharfe Simulation der europäischen Spotmarktpreise für Strom.

---

[401] Vgl. § 13g Abs. 7 Satz 7 EnWG.
[402] Vgl. BT-Drs. 18/7317, S. 110.
[403] *Power2Sim:* Fundamentales Energiemarktmodell der *Energy Brainpool* GmbH & Co. KG, Berlin.

Maßgeblich für den Einsatz von Erzeugungsanlagen sind ihre individuellen, auf Basis fundamentaler *Input*daten[404] abgeleiteten, kurzfristigen Grenzkosten der Erzeugung. Für die vorliegende Simulation wurden die *Input*daten dahingehend modifiziert, dass die Erzeugungskapazitäten konventioneller Erzeugungsanlagen bei Erreichen ihrer betriebsgewöhnlichen Nutzungsdauern aus dem Markt ausscheiden (unterstellte Sterbekurve) und jeweils leistungsadäquat durch den Zubau erneuerbarer Erzeugungsanlagen substituiert werden. Zusätzlich wurde das stufenweise Ausscheiden der derzeit am Strommarkt noch partizipierenden Kernkraftwerke bis 2022 sowie die ebenfalls stufenweise Überführung einzelner Braunkohlekraftwerke in die Sicherheitsbereitschaft termingerecht im Simulationsmodell hinterlegt.

Kraftwerke-Cluster nach Energieträger und η_{el}	2017	2030
Braunkohle		
1BK: $\eta \geq 0{,}40$	9,0 GW/8.450 h/76,1 TWh	9,0 GW/7.600 h/68,4 TWh
2BK: $0{,}40 > \eta \geq 0{,}36$	7,5 GW/5.850 h/43,9 TWh	5,2 GW/1.550 h/8,2 TWh
3BK: $\eta < 0{,}36$	2,8 GW/0 h/0,0 TWh	0,0 GW/0 h/0,0 TWh
Steinkohle		
1SK: $\eta \geq 0{,}41$	11,0 GW/6.800 h/74,9 TWh	11,0 GW/6.250 h/69,2 TWh
2SK: $0{,}41 > \eta \geq 0{,}38$	11,3 GW/2.850 h/31,8 TWh	10,6 GW/1.450 h/15,4 TWh
3SK: $\eta < 0{,}38$	4,8 GW/0 h/0,0 TWh	0,4 GW/0 h/0,0 TWh
installierte Leistung/Ø jährliche Volllaststunden/erzeugte Arbeit		

Abb. 37: Kraftwerkskapazitäten, Vollbenutzungsstunden und Stromerzeugung in 2017 und in 2030: Braun- u. Steinkohleverstromung in Deutschland nach Kraftwerke-Clustern[405]

---

[404] Eingang in das Strompreismodell finden u.a. das aktuelle europäische Verzeichnis konventioneller Kraftwerke mit kraftwerksspezifischen Wirkungsgraden und Restriktionen (z.B. Alter, Revisionen etc.), Preise für Brennstoffe und CO_2-Zertifikate, stündliche Lastkurven, Wetterdaten und Grenzkuppelkapazitäten.

[405] PwC (2016): Simulationsergebnisse, gerundet, (durchgeführt mit Energiemarktmodell *Power2Sim* der Energy Brainpool GmbH & Co. KG, Berlin.

Anhand ihres elektrischen Wirkungsgrads wurden die untersuchten deutschen Braun- und Steinkohlekraftwerke für die CO_2-Emissionsanalyse zunächst in die drei *Cluster* „hoch", „mittel" und „gering" eingeteilt. Die Tabelle (Abb. 37) bildet neben den wirkungsgradbezogenen *Cluster*-Grenzen als weitere begleitende Simulationsergebnisse die Entwicklung der installierten elektrischen Leistungen sowie die Vollbenutzungsstunden und die insgesamt erzeugten Strommengen der *Cluster* zwischen den beiden betrachteten Jahren ab.

Die nachfolgenden Abb. zeigen die resultierenden CO_2-Gesamtemissionen der einzelnen *Cluster*, jeweils im Vergleich der Jahre 2017 und 2030.

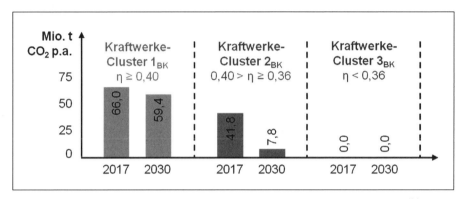

Abb. 38: CO_2-Emissionen in Deutschland 2017 und 2030: Braunkohleverstromung[406]

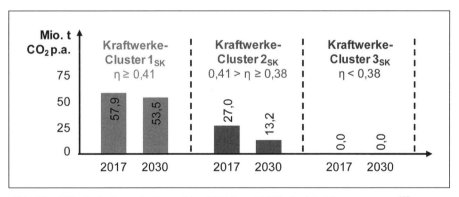

Abb. 39: CO_2-Emissionen in Deutschland 2017 und 2030: Steinkohleverstromung[407]

---

[406]   Siehe die vorige Fn zu Abb. 37.
[407]   Siehe die Fn. zu Abb. 37.

Die Simulation ergibt für beide Brennstoffe, dass Kraftwerke der *Cluster* 3_{BK} und 3_{SK} mit geringem Wirkungsgrad voraussichtlich bereits 2017 keine oder nur verschwindend geringe Laufzeiten haben werden. Der im Vergleich zu den *Clustern* 1_{BK} und 1_{SK} zwischen den betrachteten Jahren deutlich stärkere Rückgang der CO_2-Emissionen aus Kraftwerken der *Cluster* 2_{BK} und 2_{SK} macht deutlich, dass sich mit sinkender Klimaeffizienz von Kraftwerken auch deren Laufzeiten reduzieren werden.

3.5.4   Gaskraftwerke

3.5.4.1 Aktuelle Rolle der mit Erdgas befeuerten Kraftwerke

Gaskraftwerke (d.h. Gasturbinenkraftwerke und GuD-Kraftwerke) gelten unter den Technologien, die fossile Energieträger zur Stromerzeugung verfeuern, als klimafreundlichste Alternative. Der Brennstoff selbst hat unter den fossilen Brennstoffen den niedrigsten Emissionsfaktor. Darüber hinaus beträgt der Wirkungsgrad von GuD-Kraftwerken bis zu ca. 60 % und liegt damit zumeist über denen von Kohlekraftwerken (ca. 40 bis 50 %). Zudem könen Gasturbinen auch nach einem Kaltstart i.d.R. schneller als Kohlekraftwerke hochgefahren werden und haben größere Lastgradienten (Änderungsgeschwindigkeiten von bis zu 20 % der Nennleistung pro Min.). Damit können sie die hoch volatilen erneuerbaren Energiequellen durch schnelle Bereitstellung von Strom ausgleichen und so die Versorgungssicherheit gewährleisten. Dies gilt insb. für Gasturbinenkraftwerke.

Aus den genannten Gründen werden mit Erdgas befeuerte Kraftwerke allgemein häufig als geeignete Brückentechnologie gesehen, die den Wandel in ein nachhaltiges Energieversorgungssystem unterstützen kann[408, 409].

Seit 2004 sind die installierten Kapazitäten von Gaskraftwerken in Deutschland von rd. 19 auf rd. 27 GW angestiegen. Allerdings stagniert diese Entwicklung seit 2012 aufgrund fehlender wirtschaftlicher Anreize für den weiteren Neubau.

---

[408] Sofern nicht anders gekennzeichnet, werden hier und im Folgenden dem Begriff Gaskraftwerke vereinfachend Gasturbinenkraftwerke und Gas- und Dampfturbinenkraftwerke zugeordnet.

[409] BMWi, Moderne Kraftwerkstechnologien, 2016.

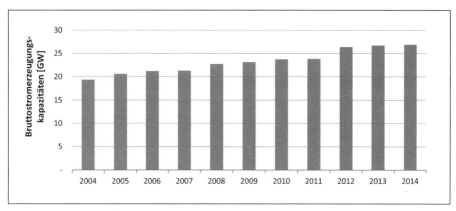

Abb. 40: Entwicklung der installierten Kapazitäten von Gaskraftwerken und deren Stromerzeugung in Deutschland[410]

Die tatsächliche Stromerzeugung auf Basis von Erdgas ist ebenfalls nach 2004 angestiegen. Seit 2010 ist diese Tendenz jedoch rückläufig; die Stromerzeugung sinkt
von 2010 bis 2015 von rd. 89 TWh auf 60 TWh. Dies steht somit im Gegensatz zu
den zugebauten Kapazitäten und verdeutlicht das schwierige wirtschaftliche Umfeld
bedingt durch den weiteren Zubau von erneuerbaren Energien sowie die Konkurrenz
zur vergleichsweise günstigen Steinkohle als Brennstoff. Die Preise für CO_2-
Zertifikate liegen seit Jahren zudem auf einem niedrigen Niveau, weshalb die niedrigen Emissionen von Erdgaskraftwerken bislang nur eine untergeordnete wirtschaftliche Bedeutung haben.

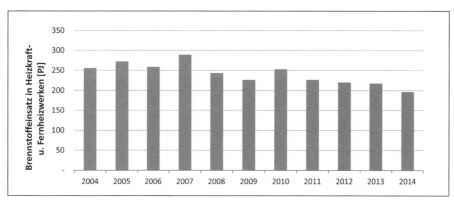

Abb. 41: Entwicklung der Fernwärmeerzeugung aus Gasfeuerung[411]

---

[410] BMWi, Zahlen und Fakten Energiedaten 2016.
[411] BMWi ebenda.

Neben der Stromerzeugung wird Erdgas in KWK-Anlagen auch zur Wärmeerzeugung genutzt. Auch hier zeigt sich – ähnlich der Stromerzeugung – seit 2010
ein Absinken der Wärmeerzeugung um rd. 20 % bis 2014.

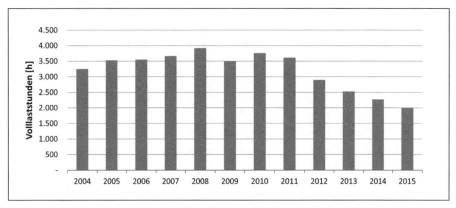

Abb. 42:   Mittlere Volllaststunden von Gaskraftwerken in Deutschland[412]

Der Rückgang der Strom- und Wärmeerzeugung zeigt sich insb. bei Betrachtung der
mittleren Volllaststunden für Gaskraftwerke. Diese weisen nahezu eine Halbierung
seit 2010 auf. Die Werte sinken von rd. 3.780 h/a auf rd. 2.000 h/a in 2015.

3.5.4.2   Wirtschaftliche Situation der Gaskraftwerke

Der wirtschaftliche Betrieb von Gaskraftwerken hat sich in den letzten Jahren zunehmend erschwert. Der *Clean Spark Spread* für *Peakload* Frontjahres-Produkte
(spezifischer Deckungsbeitrag samt Kosten für CO_2-Zertifikate; in Abb. 43 exemplarisch für ein GuD-Kraftwerk mit Wirkungsgrad 60 % dargestellt) ging im Zeitraum von Januar 2010 bis Mai 2013 deutlich zurück und sank in den negativen Bereich. Im folgenden Zeitraum bis Januar 2015 hält sich der *Clean Spark Spread* auf
einem niedrigen Niveau im negativen Bereich. Exemplarisch zeigt dies, dass Gaskraftwerke an den Terminmärkten in diesem Zeitraum kaum profitabel bewirtschaf-
tet werden konnten. Seit Juni 2015 steigt der *Clean Spark Spread* leicht an, was u.a.
auf fallende Gaspreise zurückzuführen ist. Die *Spreads* liegen jedoch konstant auf
einem niedrigen Niveau mit Maximalwerten von rd. 4 EUR/MWh. Damit sind langfristige finanzielle Absicherungen an den Terminmärkten kaum möglich. Gaskraftwerke werden deshalb über die vergleichsweise schwer langfristig prognostizierbaren Kurzfristmärkte (*Day-Ahead, Intraday*, Regelenergie) vermarktet.

---

[412]   BMWi ebenda.

Generell erschweren niedrige Börsenstrompreise, i.w. bedingt durch niedrige CO_2- und Kohlepreise, die wirtschaftliche Situation für Gaskraftwerke.

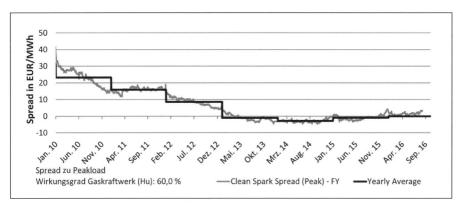

Abb. 43: Entwicklung des *Clean Spark Spread* in Deutschland

Seit 2014 liegen die Preise für CO_2-Zertifikate im Bereich von 4,5 bis 8,5 EUR/EUA (*European Emission Allowance*) Future. Der Einfluss von CO_2-Preisen auf die Grenzkosten der verschiedenen Kraftwerke ist damit derzeit begrenzt. Die Kosten für CO_2-Emissionen sind momentan zu niedrig, um den Unterschied bei den Brennstoffkosten zwischen bspw. Erdgas und Steinkohle auszugleichen (siehe Abb. 44). In Zukunft wird ein Anstieg der CO_2-Emissionskosten erwartet. Ob jedoch in den nächsten Jahren ein Preisniveau von rd. 30 EUR/EUA und damit ein möglicher „*Fuel-Switch*" von Kohle zu Erdgas erreicht werden, erscheint aktuell nicht absehbar. Erst in vergleichbaren Preisregionen kann der CO_2-Preis ein entscheidender Einflussfaktor für die Wirtschaftlichkeit von Gaskraftwerken werden.

Mit dem Ausbau erneuerbarer Energien und dem Fall der Börsenstrompreise haben viele konventionelle Kraftwerke an Bedeutung verloren. Die Einspeisung erneuerbarer Energien und die damit einhergehende Verschiebung der Grenzkosten auf der *Merit-Order* verdrängen insb. Erdgaskraftwerke, sodass aus wirtschaftlichen Gründen vorrangig Kern- und Kohlekraftwerke die Netze mit versorgen. Die vergleichsweise teuren Gaskraftwerke werden erst bei Lastspitzen bzw. hohen Preisen zugeschaltet. Aktuelle politische Entscheidungen wie die Schaffung der Klimareserve[413] zeigen jedoch den politischen Willen, Erdgaskraftwerken künftig eine größere Rolle zukommen zu lassen.

---

[413] Siehe auch Strommarktgesetz: Herausnahme von 2,7 GW Kapazitäten von Braunkohlekraftwerken.

Zu diesem Ergebnis kommt auch eine Arbeitsgruppe mehrerer deutscher Akademien. Gaskraftwerke sind das „Rückgrat jedes stabilen Energiesystems der Zukunft", meinen die Wissenschaftler der Akademien *Acatech* und *Leopoldina* sowie der Union der deutschen Akademien der Wissenschaften[414].

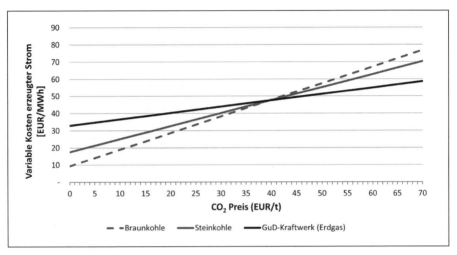

Abb. 44: Auswirkung von variierenden CO_2-Preisen auf die Grenzkosten verschiedener Kraftwerkstypen[415]

Zusätzlich sollen Gaskraftwerke der flexiblen und klimaschonenden Versorgungssicherheit in der Übergangszeit nach dem endgültigen Ausstieg aus der Kernenergie 2022 dienen[416]. Damit Gaskraftwerke rentabel werden, müssten sie allerdings langfristig ihren Kostennachteil gegenüber Kohlekraftwerken ausgleichen, z.B. durch steigende CO_2-Preise.

3.6   Versorgungssicherheit

3.6.1   Europäischer Regelungsrahmen (Strom und Gas)

Lange Zeit war die Versorgungssicherheit auf europäischer Ebene ein überwiegendes Thema in der Gasversorgung, wobei sie maßgeblich durch den russisch-ukrainischen Gasstreit im Jahr 2009 in den Vordergrund rückte. Bis zu diesem Zeit-

---

[414] Energate Messenger, 2015.
[415] Vereinfachte Annahmen zu Wirkungsgraden: Braunkohle: 41 %; Steinkohle: 45 %; Erdgas: 55 %. Brennstoffpreise (EUR/MWhth): Braunkohle: 3 EUR/MWhth; Steinkohle: 7 EUR/MWhth; GuD-Kraftwerk (Erdgas): 17 EUR/MWhth.
[416] BSZ 2014.

punkt war das Thema Gegenstand der Richtlinie 2004/67/EG des Rates v. 26.04.2004 über Maßnahmen zur Gewährleistung der sicheren Erdgasversorgung. Als Reaktion auf den Gasstreit wurde die sog. Erdgas-SoS-VO geschaffen, mit der der europäische Erdgasbinnenmarkt gestärkt und Vorsorge für den Fall einer Versorgungskrise getroffen werden soll, indem sowohl präventive Instrumente als auch Reaktionsmöglichkeiten auf konkrete Versorgungsstörungen eingeführt werden. Die Gewährleistung der sicheren Erdgasversorgung ist dabei nicht allein Aufgabe der EU-Kommission als Exekutiv-Organ; sie liegt vielmehr in der gemeinsamen Verantwortung mit den Erdgasunternehmen, den Mitgliedstaaten der Union und insb. ihren zuständigen Behörden.

Die Verordnung gilt nach Maßgabe des Art. 288 Abs. 2 AEUV unmittelbar, sie bedarf also keiner weiteren Umsetzung in nationales Recht[417].

In der Erdgas-SoS-VO ist einerseits die Aufstellung eines Präventionsplans durch die zuständige Behörde[418] eines jeden Mitgliedstaates nach Konsultation der Erdgasunternehmen, der Interessenverbände sowie der Privathaushalte und gewerblichen Verbraucher vorgesehen. Dieser Präventionsplan muss die für die Risikobeseitigung oder -eindämmung notwendigen Maßnahmen enthalten. Die zuständige Behörde verpflichtet die von ihr bezeichneten Erdgasunternehmen zudem dazu, die Energieversorgung geschützter Kunden in den, in Art. 8 Abs. 1 Erdgas-SoS-VO genannten Fällen (insb. bei extremer Kälte) zu gewährleisten. Als geschützte Kunden gelten dabei jedenfalls alle Haushaltskunden, die an ein Erdgasverteilernetz angeschlossen sind. Nach Maßgabe des jeweiligen Mitgliedstaates können zudem kleinere und mittlere Unternehmen sowie Fernwärmeanlagen unter bestimmten Voraussetzungen als schützenswert angesehen werden.

Neben der Aufstellung eines Präventionsplans muss die zuständige Behörde andererseits einen Notfallplan mit Maßnahmen zur Beseitigung oder Eindämmung der Folgen einer Störung der Erdgasversorgung aufstellen. Die Notfallpläne müssen sich dabei auf die drei in Art. 10 Abs. 3 Erdgas-SoS-VO näher umschriebenen Krisenstufen[419] stützen. Liegt ein Notfall vor, kann die Kommission auf Antrag nach erfolgter Überprüfung einen unionsweiten Notfall bzw. einen regionalen Notfall für

---

417 Verordnung (EU) Nr. 994/2010 des europäischen Parlaments und des Rates v. 20.10.2010 über Maßnahmen zur Gewährleistung der sicheren Erdgasversorgung und zur Aufhebung der Richtlinie 2004/67/EG des Rates.

418 Zuständige Behörde ist nach der Begriffsbestimmung in Art. 2 Nr. 2 Erdgas-SoS-VO die nationale Regierungs- oder Regulierungsbehörde, die von den Mitgliedstaaten benannt wurde, um die Umsetzung der in der Verordnung genannten Maßnahmen sicherzustellen. Zuständige Behörde in Deutschland ist das BMWi.

419 Die Krisenstufen sind Frühwarnung, Alarm und Notfall, vgl. zu den jeweiligen Definitionen Art. 10 Abs. 3 der Erdgas-SoS-VO.

eine besonders betroffene Region ausrufen. In diesen Fällen beruft sie die sog. Koordinierungsgruppe Gas ein, die die Koordinierung der Maßnahmen erleichtern soll. Mitglieder der Koordinierungsgruppe sind Vertreter der Mitgliedstaaten, der *ACER*, der *ENTSO-G* und der Interessenverbände der Erdgasindustrie und der betreffenden Verbraucherverbände.

Auch die Versorgungssicherheit des Strommarktes ist auf europäischer Ebene thematisiert und entsprechend geregelt worden. In der aktuell noch maßgeblichen Versorgungssicherheitsrichtlinie Strom[420] werden Maßnahmen zur Gewährleistung der Sicherheit der Elektrizitätsversorgung festgelegt, wenn auch nur sehr abstrakt. Zweck der Richtlinie ist es, das ordnungsgemäße Funktionieren des Elektrizitätsbinnenmarktes, einen angemessenen Umfang an Erzeugungskapazität, ein ausgewogenes Gleichgewicht zwischen Nachfrage und Angebot sowie einen angemessenen Grad der Zusammenschaltung zwischen den Mitgliedstaaten zum Zwecke der Entwicklung des Binnenmarktes sicherzustellen. Die Gewährleistung einer hohen Sicherheit wird dabei als Grundvoraussetzung für das erfolgreiche Funktionieren des Binnenmarktes angesehen[421]. Die Mitgliedstaaten haben die Betriebssicherheit der Netze und die Erhaltung des Gleichgewichts zwischen Angebot und Nachfrage sicherzustellen sowie einen gesetzlichen Rahmen für Netzinvestitionen zu schaffen. Die Richtlinie gilt nicht unmittelbar, sondern bedurfte der Umsetzung in nationales Recht[422].

Mit dem von der EU-Kommission Ende November 2016 vorgestellten Maßnahmepaket „Saubere Energie für alle Europäer" soll entsprechend zum Gasbereich eine Verordnung zur Risikovorsorge im Elektrizitätssektor[423] geschaffen werden, die gleichzeitig die o.g. Versorgungssicherheitsrichtlinie aufheben soll. Die Kommission konstatiert eine Regelungslücke in diesem Bereich, da die Versorgungssicherheitsrichtlinie nur generelle Zielvorgaben hinsichtlich der Versorgungssicherheit mache[424].

---

[420] Richtlinie 2005/89/EG des europäischen Parlaments und des Rates v. 18.01.2006 über Maßnahmen zur Gewährleistung der Sicherheit der Elektrizitätsversorgung und von Infrastrukturinvestitionen.

[421] Erwägungsgrund (1) der RL 2005/89/EG.

[422] Die Umsetzung dieser Richtlinie ist u.a. durch die KraftNAV erfolgt.

[423] *Proposal for a Regulation of the European Parliament and of the Council on risk-preparedness in the electricity sector and repealing Directive 2005/89/EC, KOM (2016) 862.*

[424] Ebenda, S. 2.

Die derzeitige Rechtslage entspreche insofern nicht mehr der Realität des vernetzten Strommarktes, in dem die Wahrscheinlichkeit einer diverse Mitgliedstaaten berührenden Krise stetig zunimmt[425].

Gegenstand der neuen Verordnung sollen dementsprechend Bestimmungen sein, mit denen sichergestellt wird, dass die Mitgliedstaaten bei der Vorsorge für Stromversorgungskrisen sowie bei deren Prävention und Bewältigung solidarisch und transparent zusammenarbeiten und zugleich die Anforderungen eines wettbewerbsorientierten Binnenmarktes vollumfänglich berücksichtigen. Die Mitgliedstaaten müssen sicherstellen, dass alle Risiken hinsichtlich der Versorgungssicherheit bewertet werden. Sie sollen zu diesem Zweck mit der *ENTSO-E* und den regionalen Betriebszentren kooperieren. Die bei der Bewertung zu verwendende Methodik wird in der Verordnung näher festgelegt. Im Anschluss obliegt es der *ENTSO-E* bzw. den Mitgliedstaaten, die relevantesten Krisenszenarien für jede Region bzw. auf nationaler Ebene zu bestimmen. Gleichzeitig ist in der Verordnung die Einführung von Plänen zur Risikovorsorge vorgesehen, die auf Basis der zuvor identifizierten Krisenszenarien erstellt werden sollen.

Ein Risikovorsorgeplan muss alle geplanten oder getroffenen Maßnahmen zur Prävention und Eindämmung der identifizierten Stromversorgungskrisen sowie zur Vorsorge für solche Krisen enthalten. Die genauen inhaltlichen Mindestanforderungen ergeben sich insoweit aus Art. 11 des Verordnungsentwurfs. Der Plan jedes Mitgliedstaates muss darüber hinaus regionale Maßnahmen umfassen, um sicherzustellen, dass Krisensituationen mit grenzübergreifenden Auswirkungen angemessen verhindert und bewältigt werden können. Gegenstand der Verordnung sind außerdem Vorgaben zur Bewältigung von Stromversorgungskrisen. Liegen Informationen vor, dass ein Ereignis eintreten könnte, das zu einer erheblichen Verschlechterung der Stromversorgung in einem Mitgliedstaat führt, sind die Kommission und die Koordinierungsgruppe Strom zu warnen. Ist die Krise bereits eingetreten, hat der Mitgliedstaat deren Eintritt zu erklären. Insb. an dieser Stelle des Verordnungsentwurfs ergeben sich wiederum deutliche Parallelen zur Erdgas-SoS-VO.

3.6.2 Nationaler Regelungsrahmen

Mit der anteiligen Zunahme volatiler EEG-Erzeugung im deutschen Kraftwerksmix vergrößert sich tendenziell der zeitliche Versatz von Erzeugung und Verbrauch, wodurch sich witterungsabhängig entweder häufiger Zeitfenster der versorgungstechnischen Unterdeckung oder des erzeugungsseitigen Überangebots ergeben. Letzteres lässt sich im bisher auftretenden Umfang und mit verfügbarer Technik unkritisch i.S.d. Netzstabilität abfedern, z.B. durch die gesteuerte Reduzierung der

---

[425] Ebenda.

Einspeiseleistung bei WE-Anlagen (Verstellung der Rotorgeometrie zum Wind) und PV-Anlagen (Abschaltung des Wechselrichters) oder mithilfe thermischer Speicher (sog. *Power-to-heat*-Anlagen zur Erhitzung von Wasser mittels elektrischem Strom zu Zeiten eines Stromüberangebots).

Hingegen bedroht das kontinuierliche betriebswirtschaftlich- und altersbedingte Ausscheiden konventioneller Kraftwerkskapazitäten zunehmend die notwendige Flexibilität in der Erzeugung im Falle der versorgungstechnischen Unterdeckung, d.h. zur bedarfsgerechten Erbringung fehlender Differenzleistung (Residualleistung) zwischen der momentan durch die Verbraucher verursachten Gesamtlast und der zeitgleich erbrachten, aber nicht ausreichenden Einspeiseleistung von EEG-Anlagen. Folglich droht der Verlust der Netzstabilität. Eine fundamentale Rolle im Rahmen der Versorgungssicherheit kommt hier künftig der Speichertechnologie zu[426].

Ausgangspunkt des nationalen Regelungsrahmens zur Versorgungssicherheit im Strombereich sind die §§ 13 ff. EnWG. § 13 EnWG regelt die Systemverantwortung der ÜNB und knüpft damit an deren Verpflichtung zur Regelung der Energieübertragung aus § 12 EnWG an[427]. Über § 14 Abs. 1 EnWG gelten diese Regelungen auch auf Verteilernetzebene.

Die ÜNB werden berechtigt und verpflichtet, die Gefährdung oder Störung der Sicherheit und Zuverlässigkeit des Elektrizitätsversorgungssystems durch netz- oder marktbezogene Maßnahmen oder zusätzliche Reserven zu beseitigen. Nur unter der Bedingung, dass sich die Gefährdung bzw. Störung nicht durch solche Maßnahmen nach § 13 Abs. 1 EnWG beheben lässt, können sie als ultima ratio sog. Notfallmaßnahmen nach § 13 Abs. 2 EnWG ergreifen. Die für die Ergreifung entsprechender Maßnahmen erforderliche Gefährdung liegt insb. in den in § 13 Abs. 4 EnWG genannten Fällen vor, d.h. wenn örtliche Ausfälle des Übertragungsnetzes oder kurzfristige Netzengpässe zu besorgen sind oder zu befürchten ist, dass die Haltung von Frequenz, Spannung oder Stabilität durch die ÜNB nicht im erforderlichen Maße gewährleistet werden kann. Dies bedeutet, dass der Eintritt der beschriebenen Situation objektiv hinreichend wahrscheinlich erscheinen muss[428]. Es bedarf also einer konkreten Gefahr, deren Vorliegen allerdings aus einer ex ante-Perspektive bestimmt wird[429]. Der Begriff der Störung ist dagegen nicht durch das Gesetz näher

---

[426] Vgl. dazu unten Abschnitt 4.3 (Speicher).
[427] Tüngler, in: Kment, EnWG, § 13 Rn. 1.
[428] Hartmann/Weise, in: Danner/Theobald, Energierecht, EnWG, § 13 Rn. 12.
[429] Ebenda.

definiert; allgemein liegt eine Störung vor, wenn sich die zeitlich zuvor gegebene Gefahr realisiert hat[430].

Die netz- und marktbezogenen Maßnahmen sowie die Mobilisierung zusätzlicher Reserven stehen im Verhältnis der Subsidiarität zueinander. Dies ergibt sich zwar nicht ohne weiteres aus dem Wortlaut des § 13 Abs. 1 EnWG, jedoch sind die ÜNB nach der Gesetzesbegründung berechtigt und verpflichtet, vorrangig netzbezogene und sodann marktbezogene Maßnahmen zur Erhaltung der Elektrizitätsversorgung einzusetzen[431]. Unterstützend wird auf die Bindung der ÜNB an die Zielvorgaben des § 1 EnWG hingewiesen[432].

Die in § 13 Abs. 1 Nr. 1 EnWG genannten netzbezogenen Maßnahmen betreffen den technischen Netzbetrieb[433], was der ausdrückliche Hinweis auf Netzschaltungen verdeutlicht. Gemeint sind folglich nur solche Maßnahmen, die dem Netzbetreiber innerhalb des Netzbetriebs zur Verfügung stehen. Diese Maßnahmen verändern den Lastfluss im Netzversorgungssystem, allerdings ohne in die Rechte einzelner Netzkunden einzugreifen[434]. Die dazu subsidiären marktbezogenen Maßnahmen können dagegen u.U. zu Beeinträchtigungen des Netznutzungsrechts einzelner Netzkunden führen.

In diesem Rahmen hat insb. das Erzeugungs- und Lastmanagement[435] erhebliche praktische Relevanz[436]. Beim Erzeugungsmanagement ist maßgeblich zwischen dem sog. *Redispatch* und dem *Countertrading* zu differenzieren. Unter *Redispatch*[437] wird die präventive oder kurative Anpassung der Wirkleistung von Erzeugungsanlagen und Speichern, also der Eingriff in die Fahrweise verstanden, um Leistungsüberlastungen vorzubeugen bzw. diese zu beheben[438]. *Countertrading* bezeichnet demgegenüber das präventive oder kurative gegenläufige und regelzonenübergreifende Handelsgeschäft, das von einem ÜNB veranlasst wird, um kurzfristig auftretende Netzengpässe zu vermeiden oder zu beseitigen[439].

---

[430]   Hartmann/Weise, in: Danner/Theobald, Energierecht, ENWG, § 13 Rn. 11; Tüngler, in: Kment, EnWG, § 13 Rn. 17.

[431]   Vgl. BT-Drs. 15/3917 v. 14.10.2004, S. 57.

[432]   Tüngler, in: Kment, EnWG, § 13 Rn. 42.

[433]   Tüngler, in: Kment, EnWG, § 13 Rn. 21.

[434]   Vgl. dazu u.a. Sötebier, in: Britz u.a., EnWG § 13 Rn. 25.

[435]   Zum Lastmanagement vgl. ausführlich unten Abschnitt 4.5 Lastmanagement – *Demand Side Management*).

[436]   Tüngler, in: Kment, EnWG, § 13 Rn. 23.

[437]   Sieh auch unten Abschnitte 3.6.5 (Redispatch) und 3.6.6 (Netzreserve).

[438]   Tüngler, in: Kment, EnWG, § 13 Rn. 24.

[439]   Tüngler, in: Kment, EnWG, § 13 Rn. 26.

§ 13 Abs. 2 EnWG berechtigt und verpflichtet die ÜNB, sämtliche Stromeinspeisungen, Stromtransite und Stromabnahmen in ihren Regelzonen anzupassen oder eine solche Anpassung zu verlangen. Diese Notfallmaßnahmen sind gegenüber den Maßnahmen aus § 13 Abs. 1 EnWG nachrangig[440]. Entsprechende Schaltungen können z.b. ausnahmsweise dann erforderlich sein, wenn ein Netzzusammenbruch droht[441]. Weil sowohl die Anpassung von Stromeinspeisungen als auch von Stromtransiten und Stromabnahmen in Betracht kommt, können Stromerzeuger, Abnehmer und Netzkunden gleichermaßen von diesen Schaltmaßnahmen betroffen sein.

3.6.3   Vorgaben zur Abschaltkaskade

Im Falle einer Unterfrequenz des Netzes oder einer Unterspannung erfolgt die Anpassung durch zwangsweise Lastabschaltungen. Bei drohender Überfrequenz durch erhöhte Einspeisung findet die Anpassung durch die zwangsweise Abschaltung von Erzeugungsanlagen statt. Zu beachten ist insofern allerdings der Einspeisevorrang von EEG- und KWK-Anlagen.

Im Rahmen der Notfallmaßnahmen nach § 13 Abs. 2 EnWG wird zwischen der Anpassung durch den Netzbetreiber und dem Anpassungsverlangen differenziert[442]. Die Notwendigkeit eines Anpassungsverlangens kann sich ergeben, wenn Mitwirkungshandlungen aufseiten des Erzeugers oder des Abnehmers erforderlich sind. Keine Voraussetzung des „Anpassens" ist, dass bereits eine Einspeisung oder Abnahme vorliegt, vielmehr können auch zum Zeitpunkt der Notfallmaßnahme nicht betriebsbereite Anlagen Adressaten eines Anpassungsverlangens sein.

Die Verbände BDEW und VKU haben einen gemeinsamen „Praxis-Leitfaden für unterstützende Maßnahmen von Stromnetzbetreibern – Kommunikations- und Anwendungsleitfaden zur Umsetzung der Systemverantwortung gem. §§ 13 Abs. 1, 14 Abs. 1 und 1c EnWG"[443] zur Konkretisierung bei der Umsetzung von Notfallmaßnahmen veröffentlicht. Beschrieben werden die Zusammenarbeit und das Verhältnis der Netzbetreiber zueinander, m.a.W. das Verhältnis des ÜNB zu seinem nachgelagerten VNB sowie das Verhältnis des vorgelagerten VNB zu seinem unmittelbar nachgelagerten VNB und jeweils umgekehrt. Die Maßnahmen zur Beseitigung von Gefährdungen und Störungen sollen dabei im Rahmen einer Kaskade erfolgen.

Der Begriff der Kaskade wird letztlich dadurch festgelegt, dass der jeweilige Netzbetreiber bei einer Gefährdung oder Störung des Elektrizitätsversorgungssystems,

---

[440]   BT-Drs. 15/3917 v. 14.10.2004, S. 57.

[441]   Ebenda.

[442]   Dazu sowie zum Folgenden Reuter/Meier, in: PwC (Hrsg.) Regulierung in der deutschen Energiewirtschaft, 4. Aufl. Band I 2015, S. 619 ff.

[443]   Aktuelle Fassung v. 31.10.2014, Version 3.0.

die durch netz- oder marktbezogene Maßnahmen nicht bzw. nicht rechtzeitig behoben werden kann, Anpassungsmaßnahmen nach Maßgabe des § 13 Abs. 2 EnWG im eigenen Netz durchführt sowie – soweit vorhanden – im nachgelagerten Netz veranlasst. Der Netzbetreiber stellt mit Unterstützung seiner nachgelagerten Netzbetreiber die Sicherheit des Elektrizitätsversorgungssystems mit den geringstmöglichen Eingriffen wieder her. Die Umsetzung aller erforderlichen Maßnahmen erfolgt kaskadiert über alle Netzebenen. Sie beginnt in dem Netz, in dem die Störung vorliegt. Der oben erwähnte Leitfaden enthält Handlungsempfehlungen, die primär darauf abzielen, die operative Handlungsfähigkeit bei der Vornahme von Anpassungsmaßnahmen nach § 13 Abs. 2 EnWG durch Abstimmung der Netzbetreiber zu ermöglichen.

Die Verbände haben darüber hinaus ein Muster für eine „Vereinbarung über die Anwendung des BDEW/VKU-Praxisleitfadens zur Umsetzung der Systemverantwortung" konzipiert. Diese Vereinbarung dient sowohl der vertraglichen Implementierung des Leitfadens zwischen den Netzbetreibern untereinander als auch der näheren Ausgestaltung des Leitfadens. Anders als der Leitfaden „Krisenvorsorge Gas" über § 3 Abs. 1 KOV IX gilt der Praxisleitfaden Strom nicht unmittelbar zwischen vor- und nachgelagertem Netzbetreiber. Die Muster-Vereinbarung hat insofern Regelungen zwischen dem vor- und dem nachgelagerten Netzbetreiber zur konkreten Anwendung des Praxisleitfadens zum Gegenstand, insb. zur Umsetzung der operativen und informatorischen Kaskade unter Berücksichtigung der jeweiligen technischen Möglichkeiten.

Zur Umsetzung der Kaskade müssen geeignete Voraussetzungen in der Kommunikationsinfrastruktur zwischen den Netzbetreibern geschaffen werden. In der informatorischen Kaskade sollen die Kommunikationswege beschrieben, festgelegt und erprobt werden. Hier müssen die Netzbetreiber untereinander die Kommunikation sicherstellen. Gegenstand der operativen Kaskade ist dagegen die Beschreibung der Szenarien, die zu einem Netzengpass oder einer Systembilanzstörung führen sowie die grundsätzliche Handlungsabfolge. Hier obliegt es jedem Netzbetreiber selbst, ein eigenes Konzept zur Abschaltung von Verbrauchern und Erzeugern zu erstellen und für dessen effiziente Umsetzung zu sorgen.

Die operative und informatorische Kaskade wird in technischer Hinsicht durch die neue VDE-Anwendungsregel VDE-AR-N 4140[444] ausgestaltet. Die Anwendungsregel konkretisiert den BDEW/VKU-Praxisleitfaden und ersetzt Abschnitt 2 des *Transmission Code* 2007. Sie ist am 01.02.2017 in Kraft getreten.

---

[444] VDE-AR-N 4140 „Kaskadierung von Maßnahmen für die Systemsicherheit von elektrischen Energieversorgungsnetzen".

Wenn die Netzbetreiber die sich aus der Anwendungsregel ergebenden Vorgaben einhalten, wird nach § 49 Abs. 2 Satz 1 Nr. 1 EnWG vermutet, dass sie die allgemein anerkannten Regeln der Technik eingehalten haben.

Die Anwendungsregel enthält u.a. konkrete Handlungsabfolgen für Maßnahmen im Rahmen der operativen Kaskade. Diese werden für fünf Szenarien dargestellt:

- Netzengpass wegen Erzeugungsüberschuss/zu geringer Netzlast
- Systembilanzabweichung wegen Erzeugungsüberschusses/geringer Netzlast
- Netzengpass wegen zu hoher Netzlast/geringer Erzeugung
- Systembilanzabweichungen wegen Erzeugungsmangel/zu hoher Netzlast
- Spannungsproblem (schleichender Spannungskollaps).

Hinsichtlich der Verantwortlichkeit für die einzelnen Maßnahmen der Handlungsabfolge wird zwischen drei Rollen unterschieden: Rolle des auslösenden Netzbetreibers, der des anfordernden Netzbetreibers und der des ausführenden Netzbetreibers.

Relevant dürfte insb. sein, dass die Anwendungsregel konkrete Zeitvorgaben für die Umsetzung von Maßnahmen aufstellt. Die Kaskadenstufenzeit darf für jeden einzelnen in der Kaskade beteiligten ausführenden Netzbetreiber maximal 12 Minuten betragen. Sie setzt sich bei dem ausführenden Netzbetreiber aus der Vorbereitungs- und der Umsetzungszeit zusammen, wobei die Vorbereitungzeit wiederum eine Dauer von 6 Minuten nicht überschreiten darf. Zudem sollen die ersten drei Stufen einer Kaskade, d.h. die Umsetzungszeit beim auslösenden Netzbetreiber sowie die Kaskadenstufenzeit bei den beiden jeweils nachgelagerten Netzbetreibern, eine Kaskadenzeit t_K von 18 Minuten nicht überschreiten. Diese Anforderungen müssen grundsätzlich so schnell wie möglich, spätestens jedoch zwei Jahre nach dem Inkrafttreten der Anwendungsregel eingehalten werden.

Soweit der Verteilernetzbetreiber diese zeitlichen Vorgaben nicht eigenständig sicherstellen kann, muss er sich eines Dienstleisters bedienen. Dienstleistungen über Schaltmaßnahmen können sowohl durch den vorgelagerten Netzbetreiber erfolgen oder aber durch benachbarte Netzbetreiber mit durchgängig besetzter Leitwarte auf derselben Spannungsebene. Hierzu müssen entsprechende Dienstleistungsverträge geschlossen werden, in denen die Integration in das Schaltkonzept des Dienstleisters sowie Haftungsfragen geregelt werden.

3.6.4   Regelenergie

Als Teil des kontinentaleuropäischen Strom-Verbundnetzes haben die deutschen ÜNB die Aufgabe, innerhalb ihrer Verantwortungsgebiete für Netzstabilität zu sorgen. In diesen Regelzonen kommt es durch unvorhersehbare technische Störfälle

regelungstechnisch unvermeidbar zu kleinen und durch den Ausbau der (flukturie-
renden) erneuerbaren Energien zeitweise aber auch zu größeren Erzeugungsschwan-
kungen.

Die nachfolgende Abb. 45 zeigt vier typische Ursachen für Regelenergiebedarf im
Verlauf eines Tages. Der dargestellte Lastgang sowie der Kraftwerkseinsatz
entsprechen einem Szenario, mit dessen Eintreten im derzeitigen deutschen
Stromversorgungssystem durchaus zu rechnen sein kann.

- Ursache [1] simuliert einen unvorhersehbaren technischen Störfall (hier: der
  plötzliche Ausfall eines Spitzenlastkraftwerks); es wird positive Regelenergie
  benötigt.

- Die Ursachen [2] und [4] entsprechen einer vermehrten flächendeckenden Son-
  neneinstrahlung (sog. *solar peak*) bzw. einem vermehrten flächendeckenden
  Windaufkommen (sog. *wind peak*) oberhalb der Prognosen. Während dieser
  Zeitintervalle wird negative Regelleistung erforderlich.

- Ursache [3] zeigt ein mögliches Flexibilitätsdefizit in der Spitzenlasterzeugung.
  Im Zeitraum zwischen den Erzeugungsspitzen von PV- und WE-Anlagen, kann
  es passieren, dass Spitzenlastkraftwerke nicht ausreichend schnell auf den Witte-
  rungsumschwung reagieren können und sich eine Erzeugungslücke bildet, die
  mit Hilfe von positiver Regelenergie geschlossen werden kann.

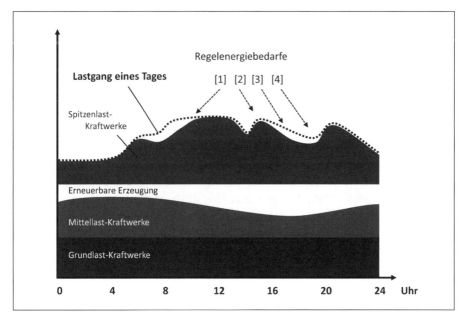

Abb. 45: Regelleistungsbedarf in einem Stromversorgungssystem mit hohem Anteil erneu-
          erbarer Energien

Konkret erfordert diese Situation die ausreichende Vorhaltung flexibler Erzeugungs- und Verbrauchseinrichtungen, um einen stetigen Ausgleich von Einspeisung und Entnahme herstellen zu können, sodass die Sollnetzfrequenz von 50 Hz (± 0,01 Hz Toleranz) und damit die einwandfreie Funktion elektrischer Verbraucher (z.B. elektrische Uhren ohne Funksignal-Steuerung) gewährleistet wird. Übersteigt das Stromangebot die Stromnachfrage, muss der überschüssige Strom aus dem Netz entnommen, d.h. die Nachfrage erhöht oder die Erzeugung reduziert werden. Man spricht in diesem Fall von negativer Regelleistung, die z.B. durch das Drosseln oder Abschalten variabler Stromerzeugungskapazitäten oder das Zuschalten variabler Lasten erreicht werden kann. Überschreitet hingegen die Nachfrage das Stromangebot, wird positive Regelleistung erforderlich. Durch das weitere Hochfahren von noch nicht voll ausgelasteten Kraftwerken muss zusätzliche Leistung in das Stromnetz eingespeist oder durch das Abschalten variabler Lasten die Nachfrage reduziert werden.

Um auf Abweichungen von der Sollfrequenz – ausgelöst durch Prognosefehler, Kraftwerksausfälle oder ungünstige Witterungsbedingungen – adäquat reagieren zu können, wurden verschiedene gestaffelte Regelmechanismen unter Einsatz der sog. Regelenergiearten eingeführt. Die Abgrenzung dieser Regelenergiearten findet insb. nach der Lastfolgefähigkeit ihrer Erzeugungstechnologie statt, d.h. der Fähigkeit, innerhalb einer bestimmten Vorlaufzeit eine bestimmte positive oder negative Last für einen definierten Mindestzeitraum anbieten zu können.

- Nicht zu den klassischen Regelenergiearten zählend, jedoch vorgelagert, ist die Momentanreserve. Diese wird bauartbedingt durch die Generatoren konventioneller Kraftwerke bereitgestellt. Der bei einem Erzeugungsausfall im Stromnetz entstehende Frequenzabfall wird durch die Trägheit der rotierenden Schwungmassen der Generatoren und daran gekoppelter Strömungsmaschinen (Turbinen) kurzzeitig abgefangen. Dadurch kann das Stromnetz bis zum Einsatz von Primärregelleistung (siehe b)) kurzfristig stabil gehalten werden. Aufgrund tendenziell abnehmender rotierender Massen im deutschen Großkraftwerkspark infolge ihrer Verdrängung durch die erneuerbaren Energien, werden in der Zukunft alternative Erbringer von Momentanreserve notwendig. Als technisch geeignet gelten Biomasse-Anlagen und WE-Anlagen, letztere insb. durch die zusätzlich mit den Generatoren verbundenen großen Schwungmassen ihrer Rotoren.

- Primärregelleistung hat mit einer Bereitstellung von Strom innerhalb von 30 sec. die geringste Vorlaufzeit[445]. Ihr Abruf erfolgt überwiegend über große konventionelle Kraftwerke und hydraulische (Pump-)Speicher- oder Laufwasserkraftwerke mit Stauwasserbecken und wird im kontinentaleuropäischen Strom-Verbundnetz solidarisch, unselektiv und automatisch bei einer Frequenzverschiebung außerhalb der Toleranz aktiviert. Der Ausgleich erfolgt also nicht nach dem Verursacherprinzip, sondern gemeinsam durch alle Verbundpartner. Bei der Ausschreibung von Primärregelleistung wird nicht in positive und negative Leistung unterschieden – es handelt sich um ein symmetrisches Produkt.

- Im Anschluss an die Primärregelleistung wird die Sekundärregelleistung abgerufen, die innerhalb von 5 Miunten. (und mit einem Leistungsgradienten von nicht weniger als 2 % der Kraftwerksbemessungsleistung pro Min.) bereitgestellt werden muss und die Primärregelleistung ablöst. Ihre Aktivierung erfolgt im Gegensatz zur PRL verursachergerecht. Tritt innerhalb seiner Regelzone eine Systembilanzstörung auf, so hat der zuständige ÜNB für deren Behebung zu sorgen. Jeder ÜNB besitzt dazu eine leittechnische Verbindung, den sog. Leistungs-Frequenz-Regler, welcher im Störungsfall automatisiert Regelleistung aus dem Regelkraftwerkspool einer Regelzone anfordert. Zur Bereitstellung von Sekundärregelleistung werden überwiegend Steinkohle-, GuD- sowie (Pump-)Speicherkraftwerke eingesetzt. Sekundärregelleistung wird nicht als symmetrisches Produkt gehandelt, sondern separat für negative und positive Leistung ausgeschrieben.

- Die Aktivierung von Minutenreserveleistung bzw. Tertiärregelleistung hat innerhalb von spätestens 15 Minuten zu erfolgen und wird manuell durch den jeweiligen ÜNB angestoßen, wobei ausschreibungsseitig wiederum in positive und negative Leistung unterschieden wird. Zur Bereitstellung von Minutenreserveleistung kommen insb. schnellstartende Gasturbinenkraftwerke und direktvermarktende EEG-Anlagen (z.B. Biogas-BHKW) sowie nachfrageseitiges Lastmanagement[446] (*Demand Side Management*) zum Einsatz.

- Der Bilanzkreisausgleich (häufig auch als Stundenreserve bezeichnet) gehört faktisch nicht zu den Regelenergiearten, sondern ist diesen in ihrer Aktivierung nachgelagert. Weicht die Frequenz mehr als 60 Minuten von ihrem Soll ab, muss der BKV mittels Stundenreserve für einen Ausgleich sorgen. Dabei kommen insb. kurzfristige Börsengeschäfte (*Intraday*-Produkte) zum Einsatz.

---

[445] Gleichmäßig in 30 sec. aktivieren und mindestens über einen Zeitraum von 15 Minuten abgegeben Regelleistung.net, Zugriff am 22.08.2016: Gem. dem *TransmissionCode* 2007: (Netz- und Systemregeln der deutschen ÜNB) müssen Erzeugungseinheiten mit einer Nennleistung ≥ 100 MW grds. zur Abgabe von Primärregelleistung fähig sein und ständig ±2% ihrer Nennleistung können.

[446] Vgl. dazu unten Abschnitt 4.5.2 (*Demand Side Management*).

Folgende Grafik veranschaulicht schematisch die zeitliche Abfolge beim Abruf von
Regelleistung:

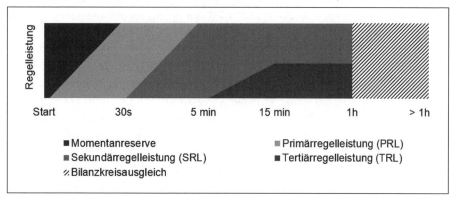

Abb. 46: Schema der zeitlichen Abfolge beim Abruf von Regelleistung[447]

Einem besonderen Leistungstest wurden die ÜNB und das System der Regelenergie
am 20.03.2015 durch die hochprozentige partielle Sonnenfinsternis (83 % Bede-
ckungsgrad über Mitteleuropa) unterzogen. Dank gründlicher, mehrmonatiger Vorbereitungen der ÜNB durch vermehrte Regelleistungsbeschaffung konnte ein insgesamt stressfreier Netzbetrieb aufrechterhalten werden. Im Zeitfenster von 8 bis 12
Uhr standen am Tag der Sonnenfinsternis insgesamt rd. 8 GW positive und über
7 GW negative Gesamtregelleistung zur Verfügung[448].

Regelleistung wird seit Dezember 2007 gemeinsam von den deutschen ÜNB über
die Internetplattform „Regelleistung.net" ausgeschrieben. Die Ausschreibungen für
Primär- und Sekundärregelleistung finden im wöchentlichen Turnus statt, Minutenregelleistung wird werktäglich ausgeschrieben. Um an den Ausschreibungen als
Anbieter von Regelenergie teilnehmen zu können, müssen die technischen Präquali-
fikationsvorgaben, je nach Regelenergieart eine Mindestgebotsgröße (Primärregelleistung: 1 MW, Sekundärregelleistung und Minutenregelleistung: 5 MW) gewährleistet sein. Diese kann auch durch Angebotspooling, also das Zusammenfassen
mehrerer Anlagen, erreicht werden[449]. Bei der Ausschreibung von Primärregelleistung ist regelzoneninternes Angebotspooling erlaubt, für Sekundär- und Minuten-

[447] Darstellung basierend auf Panos Konstantin: Praxisbuch Energiewirtschaft – Energieum-
       wandlung, -transport und -beschaffung im liberalisierten Markt, 3. Aufl. 2013, S. 286.

[448] Fraunhofer IWES, Institutsteil Energiesystemtechnik, Kassel (2015): Auswertung des
       Effekts der Sonnenfinsternis v. 20.03.2015 auf das deutsche Energieversorgungssystem.

[449] Vgl. dazu weiterführend Abschnitte 4.2 (Virtuelle Kraftwerke) und 7.2.1 (Erzeugungs-
       konzepte von der dezentralen Einzelanlage über das Großkraftwerk bis zum Anlagenclus-
       ter).

regelleistung kann sowohl regelzonenintern als auch regelzonenübergreifend gepoolt werden.

Die Vorhaltung von Leistung aller Regelenergiearten wird jeweils mit einem Leistungspreis (Bereitschaftsvergütung) vergütet, der tatsächliche Abruf von Sekundär- und Minutenregelleistung zusätzlich mit einem spezifischen, mengenbasierten Arbeitspreis. Die Zuschlagsvergabe innerhalb der Ausschreibungen folgt dem *Merit-Order*-Prinzip[450]. In einer ersten Runde werden alle Gebote nach ihren Leistungspreisen in aufsteigender Reihenfolge kumuliert. Bis zur Erreichung der ausgeschriebenen Menge erhalten alle gebotenen günstigsten Leistungspreise den Zuschlag nach dem sog. *Pay-as-bid*-Verfahren. In einer zweiten Runde (für Sekundär- und Minutenregelleistung) werden alle bezuschlagten Gebote der ersten Ausschreibungsrunde nach ihren Arbeitspreisen aufsteigend sortiert und im Bedarfsfall – mit den günstigsten Angeboten beginnend – abgerufen. Die Kosten der Regelenergievorhaltung und -aktivierung tragen zum einen die Endverbraucher über die Netzentgelte (Leistungspreis), zum anderen die Bilanzkreise über den Ausgleichsenergiemechanismus (Arbeitspreis).

Lt. Monitoringbericht 2015 der BNetzA steigt die Anzahl der Anbieter von Regelenergie stetig an – ein Zeichen für die Attraktivität der Vermarktungsmöglichkeit sowie der kontinuierlichen Verbesserung der Präqualifikationsanforderungen, um auch kleinen und EEG-Anlagen (insb. Biogas-BHKW) die Ausschreibungsteilnahme zu ermöglichen. So betrug die Anzahl der präqualifizierten Anbieter von Primärregelleistung Mitte 2015 16, von Sekundärregelleistung 31 und für Minutenregelleistung 42[451]. Sanken die Ausschreibungsvolumina von PRL seit 2009 leicht, nahmen sie 2014 mit 568 MW je Ausschreibungsrunde im Vergleich zum Vorjahr (2013: 551 MW) leicht zu[452]. Im Jahr 2014 wurden insgesamt 1,2 TWh (2013: 1,5 TWh) positive Sekundärregelleistung und 1,6 TWh (2013: 2,3 TWh) negative Sekundärregelleistung abgerufen, was rd.7 % bzw.9 % der ausgeschriebenen Maximalvolumina entspricht[453]. Die aktivierte Menge positiver Minutenregelleistung betrug 2014 176 GWh (2013: 244 GWh), diejenige negativer Minutenregelleistung 185 GWh (2013: 458 GWh)[454].

---

[450] Vgl. dazu Abschnitt 2.3.1.2 (Börsenhandel).
[451] BNetzA (2016): Monitoringbericht 2015, S. 127.
[452] BNetzA (2016): a.a.O., S. 126.
[453] BNetzA (2016): a.a.O., S. 127 ff.
[454] BNetzA (2016): a.a.O., S. 133.

Mit der AbLaV vom 28.12.2012[455] wurden die ÜNB erstmalig verpflichtet, monatlich 3.000 MW Abschaltleistung aus abschaltbaren Lasten auszuschreiben, um das Regelungspotenzial von *DSM* zu stärken. Es wird zwischen sofort abschaltbaren Lasten und schnell abschaltbare Lasten unterschieden. An den Ausschreibungen für abschaltbare Lasten können Großverbraucher teilnehmen, die an ein Höchstspannungsnetz angeschlossen sind und kurzfristig ihren Verbrauch reduzieren bzw. vollständig herunterfahren können. Die Vergütung erfolgt analog zur Regelenergie über einen Leistungs- und Arbeitspreis, wobei der monatliche Leistungspreis nach § 4 Abs. 2 AbLaV festgelegt ist.

3.6.5   Redispatch

Im Bereich der Übertragungsnetze kann eine lokal übermäßige Belastung von Betriebsmitteln, wie bspw. Freileiterseile oder Transformatoren, durch Nichteinhaltung von Grenzwerten (bzgl. Stromstärke und Spannung) besonders schwerwiegende Folgen haben, da sich ein Ausfall ihrer Transportleistung kaskadierend auch auf die Netzstabilität der darunter liegenden Netzebenen auswirken kann. Den ÜNB wurde daher auf Basis vertraglicher Vereinbarungen, gesetzlicher Schuldverhältnisse und im Rahmen des Einspeisemanagements nach § 13 EnWG bzw. §§ 6, 11 und 12 EEG das Recht eingeräumt, in Engpasssituationen steuernd in die Erzeugung derjenigen Kraftwerke innerhalb ihrer Regelzone einzugreifen, die über eine elektrische Netto-Bemessungswirkleistung von mind. 50 MW verfügen.

Dieser sog. *Redispatch* ist das Ergebnis einer vorausberechneten Lastflussanalyse, die die ÜNB auf Basis der lieferantenseitig vorgelegten Fahrpläne und dem daraus akkumulierten *Dispatch* ihrer Regelzone durchführen[456].

Ergeben sich aus der Lastflussanalyse für bestimmte Netzabschnitte Kapazitätsengpässe für den Folgetag, so müssen diese durch eine veränderte Allokation der Wirkleistungseinspeisung aus Kraftwerken diesseits und jenseits der Engpässe entschärft werden. Die ÜNB weisen infolgedessen einspeiseseitig den Engpässen naheliegende Betreiber konventioneller oder regenerativer Kraftwerke in ihrer Regelzone eine reduzierte Stromproduktion im berechneten Zeitfenster und im notwendigen Umfang an. Parallel erhalten Betreiber geeigneter Kraftwerke am Ende der Engpässe das Signal zur ersatzweisen Bereitstellung der benötigten Wirkleistung. Engpässe werden somit auf Geheiß der ÜNB durch gegenläufige Fahrplanänderungen geeigneter Kraftwerkspaarungen eliminiert. Räumlich verkürzt sich dadurch die Trans-

---

[455] Novelliert durch Verordnung v. 10.10.2016, BGBl. I, S. 2241; Einzelheiten vgl. unten Abschnitt 4.5.4 (Die Verordnung zu abschaltbaren Lasten und sonstige Erlösmöglichkeiten).

[456] BNetzA (2012): BK6-11-09, Stand: 30.10.2012.

portdistanz zwischen Stromerzeugung und Stromentnahme aus dem Netz, wodurch weniger Transportkapazitäten benötigt werden. Insgesamt soll die eingespeiste Wirkleistung in den betroffenen Regelzonen möglichst konstant bleiben, um alle Strombedarfe der Letztverbraucher unter Erhalt der Netzstabilität bedienen zu können.

Die Bedarfsanalyse wird seitens der BNetzA turnusmäßig überprüft und die errechnete Netzreservekapazität für *Redispatch*-Maßnahmen jährlich veröffentlicht.

Angesichts des Atomausstiegs und der damit verbundenen Abschaltungen mehrerer Kernkraftwerke sowie des stark gewachsenen Ausbaus von PV- und WE-Anlagen hat in den vergangenen Jahren die Zahl der Störungen und Engpässe im Stromnetz deutlich zugenommen. Damit einhergehend steigerte sich auch die Anzahl an *Redispatch*-Maßnahmen, um die auftretenden Netzengpässe aufzulösen. Während im Jahr 2010 insgesamt in 1588 Stunden *Redispatch* betrieben wurde, lag diese Zahl mit 8116 Stunden im Jahre 2014 mehr als fünfmal so hoch[457]. Dieser Umstand spiegelt sich auch in der Entwicklung der *Redispatch*-bedingten Kosten wider. Die Anlagenbetreiber, deren Anlagen im Rahmen von *Redispatch*-Maßnahmen rauf- oder runtergefahren werden, erhalten vom jeweiligen Übertragungsnetzbetreiber Vergütungszahlungen, die die Übertragungsnetzbetreiber wiederum als Regelkosten auf die Netznutzer umlegen. Infolge der gestiegenen *Redispatch*-Maßnahmen haben sich die Kosten hierfür im Zeitraum von 2010 bis zum Jahr 2015 mehr als verdoppelt[458]; Tendenz steigend.

Die *Redispatch*-Maßnahmen zur Drosselung und Erhöhung der Wirkleistungseinspeisung umfassten im Jahr 2014 insgesamt 5.197 GWh, 2015 summierten sich dem Bericht der BNetzA nach zufolge bereits 16.000 GWh[459] auf. In den Wintermonaten ist der *Redispatch*-Bedarf am höchsten, weil große Mengen an Windstrom in Norddeutschland ins Stromnetz eingespeist werden, während die in Süddeutschland installierten PV-Anlagen den dortigen Bedarf wetterbedingt nicht befriedigen können. 2015 wurden an 39 Tagen Reservekraftwerke mit einer Leistung von 1.193 MW eingesetzt (Gesamtarbeit: 548 GWh). Reservekraftwerke werden dann abgerufen, wenn *Redispatch*-Maßnahmen nicht ausreichend sind, um die Netzstabilität zu gewährleisten. Die im Jahr 2015 praktizierten Eingriffe in das Stromnetz wurden fast ausschließlich von den beiden ÜNB Tennet (9.095 GWh) und 50Hertz (6.512 GWh) in Nord- und Ostdeutschland vorgenommen. In Mittel- und Süddeutschland mussten TransnetBW (126 GWh) und Amprion (78 GWh) dagegen kaum eingreifen. Darüber hinaus verschärfte sich die Situation durch die Abschaltung des Kernkraft-

---

[457] Vgl. Monopolkommission, Sondergutachten 71, Rz. 270 f.

[458] Vgl. Monopolkommission, Sondergutachten 71, Rz. 271 f.

[459] BNetzA (2015 u. 2016): Quartalsberichte 2015 sowie Gesamtjahresbetrachtung 2015 zu Netz- und Systemsicherheitsmaßnahmen.

werks Grafenrheinfeld am 27.06.2015[460] und durch hohe Stromexporte nach Österreich[461]. Für den Winter 2016/17 wurden 5.400 MW an Erzeugungskapazität prognostiziert, für den Winter 2018/19 mit 1.900 MW deutlich weniger[462].

Die Kosten für den *Redispatch* entstehen aus der Erstattung der Brennstoff- und Anfahrkosten an die Betreiber der beteiligten Kraftwerke, Ausgleichzahlungen durch das Einspeisemanagement (Abregelung von EEG- und KWK-Anlagen, insgesamt 4.722 GWh im Jahr 2015) und dem Ausgleich der Bilanzkreise der von den Netz- und Systemsicherheitsmaßnahmen betroffenen Betreiber. Sie werden auf die Netzentgelte[463] umgelegt und den Betreibern durch die ÜNB erstattet. Durch das am 30.07.2016 in Kraft getretene StrommarktG[464] erhielt die Vergütung von *Redispatch*-Maßnahmen eine gesetzliche Grundlage.

Bis 2012 war in Deutschland die Vergütung von *Redispatch*-Maßnahmen nicht einheitlich geregelt. Es bestanden bilaterale einzelvertragliche Vereinbarungen zwischen Netzbetreibern und Kraftwerksbetreibern. Mit Blick auf den steigenden Bedarf an *Redispatch*-Maßnahmen hielt die BNetzA eine bundesweit einheitliche Regelung für notwendig. Deshalb legte sie schließlich in 2012 Kriterien zur Anwendung des damals geltenden § 13 Abs. 1a EnWG (in Kraft ab 4.8.2011) fest, der lediglich sehr allgemeine und grds. Vorgaben für *Redispat*ch-Maßnahmen vorsah. Die Festlegungen enthielten sowohl Kriterien zur Bestimmung der zum *Redispatch* verpflichteten Adressaten als auch zur Bestimmung der gesetzlich vorgesehenen *„angemessenen Vergütung"*.

Nach Auffassung der BNetzA sollten Kraftwerksbetreiber für einen *Redispat*ch-Einsatz lediglich einen Aufwendungsersatz, insb. Ersatz der variablen Kosten wie Brennstoffkosten, erhalten. Bei einem nur geringfügigen Kraftwerkseinsatz sollte sich die Vergütung auf der Basis des niedrigsten stündlichen Strom-Börsenpreises des Vormonats (*EPEX-Spot*-Preis), zu dem ein Kraftwerk Strom eingespeist hatte, berechnen. Wird eine Anlage heruntergefahren, sollten entsprechend die ersparten Aufwendungen an den Übertragungsnetzbetreiber zu erstatten sein, nicht aber Fixkosten und der Ersatz entgangener Gewinnchancen oder eine Eigenkapitalrendite. Erst sofern *Redispatch*-Maßnahmen eines Kraftwerks mehr als 10 % der Stromeinspeisemengen des Vorjahres betreffen, sollte ein über einen bloßen Aufwendungsersatz hinausgehender Leistungsanteil gewährt werden. Auf die Beschwerden einer

---

[460] E.ON Kernkraft GmbH *online* (2016): Informationen über unsere Kernkraftwerke.

[461] *Tradenews Energy*, Freitag, 05.08.2016, Nr. 150 MBI/aul/hek/4.8.2016.

[462] BNetzA, Bericht zur Feststellung des Bedarfs an Netzreserve für den Winter 2016/17 sowie das Jahr 2018/2019, Stand: April 2016.

[463] Vgl. dazu oben Abschnitt 2.2.2.1 (Netzentgelte).

[464] Als sog. Artikelgesetz ändern sich durch den Erlass des StrommarktG verschiedene weitere Gesetze und Verordnungen, u.a. das EnWG, das EEG sowie die ResKV.

Reihe von Kraftwerksbetreibern hin, hob das OLG Düsseldorf die Festlegungen der BNetzA auf.

Das OLG Düsseldorf wandte gegen die Vorgaben der BNetzA ein, dass die vorgesehene Vergütung nicht ausreichend und nicht kostendeckend sei. Das Gericht sah neben dem reinen Aufwandsersatz auch Kapitalkosten und entgangene Gewinne (sog. Opportunitätskosten) als erstattungsfähig an[465]. In die Verfahren vor dem OLG Düsseldorf hatte sich zudem das BKartA als „amicus curiae" eingebracht, v.a. mit Kritik an der Regelung, wonach ab einer *Redispatch*-Einspeisung von mehr als 10 % im Vergleich zur Vorjahreserzeugung auch ein Leistungsentgelt vergütet werden könne. Denn diese Regelung wirkte aus Sicht des BKartA als Anreiz für Kraftwerksbetreiber, *Redispatch*-Maßnahmen zu provozieren oder die normale Vermarktung von „*redispatch*-affinen" Erzeugungsanlagen zu reduzieren und sei so geeignet, den Wettbewerb einzuschränken[466].

Das BKartA hatte aus den gleichen Bedenken hinsichtlich der sog. Irsching Verträge[467] bereits ein Kartellverfahren eingeleitet und wurde darin vom OLG Düsseldorf bestätigt. Die BNetzA griff die Entscheidungen des OLG nicht an, sondern nahm in Folge seine Festlegungen zum *Redispatch* zurück.

Die seither mit Blick auf die *Redispatch*-Vergütung unklare und unsichere Rechtslage hat der Gesetzgeber durch Einführung des § 13a EnWG zum 30.07.2016 beseitigt. Wie bereits der durch diese Regelung abgelöste alte § 13 Abs. 1a EnWG bestimmt der neue § 13a EnWG in Abs. 1, dass *Redispatch*-Maßnahmen vom Übertragungsnetzbetreiber dem Kraftwerksbetreiber angemessen zu vergüten sind. § 13 EnWG gibt darüber hinaus handhabbare Vorgaben zur Bestimmung einer angemessenen Vergütung. Diese ist nach § 13a Abs. 2 EnWG (dann) angemessen, wenn sie den Anlagenbetreiber wirtschaftlich weder besser noch schlechter stellt, als er ohne die *Redispatch*-Maßnahme stünde. In den Nummern 1 bis 4 folgen dann sog. „Bestandteile einer angemessenen Vergütung". So umfasst eine angemessene Vergütung die sogenanntesog. Erzeugungsauslagen (Nr. 1), also notwendige Auslagen für die tatsächliche Anpassung der Einspeisung, ferner einen anteiligen Werteverbrauch (Nr. 2) sowie die nachgewiesenen entgangenen Erlösmöglichkeiten (Opportunitätskosten), soweit diese die Erzeugungsauslagen und den anteiligen

---

[465] OLG Düsseldorf, Beschluss v. 28.4.2015,VI-3 Kart 332/12 (V), Rz. 122 ff.

[466] BKartA, Az. B8-78/13, P-65/14, Fallbericht v. 29.05.2015, S. 6 f.

[467] Das BKartA führte ein Kartellverwaltungsverfahren nach Art. 101 AEUV, § 32 GWB gegen die E.ON Kraftwerke GmbH, die Gemeinschaftskraftwerk Irsching GmbH und den Übertragungsnetzbetreiber TenneT TSO GmbH wegen zweier Redispatch Vereinbarungen v. 26.04.2013 („Irsching Verträge"). Das Kartellverfahren lief parallel zum Verfahren beim OLG Düsseldorf. Das Verfahren wurde im Nachgang zur Entscheidung des OLG eingestellt.

Werteverbrauch übersteigen (Nr. 3). Soweit die Betriebsbereitschaft der Anlage erst für die *Redispatch*-Maßnahme hergestellt oder eine Revision verschoben werden muss, sind auch insofern notwendige Auslagen zu erstatten(Nr. 4).

Unter die Erzeugungsauslagen fallen ausweislich der Gesetzesbegründung zusätzliche Kosten für Brennstoff, für Emissionszertifikate, sowie Kosten für zusätzliche Instandhaltung und Verschleiß. Auch Kosten, die für *Redispatch*-bedingte alternative Wärmeerzeugung aufgewendet werden müssen, sind als Erzeugungsauslagen erstattungsfähig[468]. Hinweise zur Bestimmung des anteiligen Werteverbrauchs finden sich in § 13a Abs. 3 EnWG. Grundlage sind demnach die handelsrechtlichen Restwerte und handelsrechtlichen Restnutzungsdauern der abgerufenen Erzeugungsanlagen. Auf Basis des Quotienten von Restwerten und Restnutzugsdauern wird eine Jahresabschreibung bestimmt, die dem Werteverbrauch bei normaler Auslastung entspricht.

Der *Redispatch*-bedingte anteilige Werteverbrauch bestimmt sich auf Basis der Jahresabschreibung aus dem Verhältnis von *Redispatch*-Stunden und Anzahl geplanter Betriebsstunden bei der Investitionsentscheidung für die jeweilige Anlage.

§ 13a Abs. 4 EnWG verschafft Klarheit über die nicht erstattungsfähigen Kosten. Dies sind im Grundsatz solche Kosten, die unabhängig von der Heranziehung einer Erzeugungsanlage zum *Redispatch* entstehen (Sowieso-Kosten), z.B. die Verzinsung des gebundenen Eigenkapitals, Betriebsbereitschaftsauslagen, etc.[469]. § 13a Abs. 5 EnWG sieht schließlich vor, dass die Regelungen zur Redispatch-Vergütung bis zum 01.01.2013 zurückwirken; für die Zeit bis zum 30.04. 2015 allerdings nur, soweit sie den Anlagenbetreiber nicht schlechter stellen.

3.6.6   Netzreserve

Mit § 13 Abs. 1 Nr. 3 i.V.m. § 13d EnWG wurde im Zuge des StrommarktG 2016 die Netzreserve als weiteres Element zur Gewährleistung der Versorgungssicherheit ausgeweitet. Die ÜNB halten nach § 13d Abs. 1 EnWG Anlagen zur Gewährleistung der Sicherheit und Zuverlässigkeit des Elektrizitätsversorgungssystems, insb. für die Bewirtschaftung von Netzengpässen, für die Spannungshaltung und zur Sicherstellung eines möglichen Versorgungswiederaufbaus vor.

Gebildet wird die Netzreserve zum einen aus Anlagen, die derzeit nicht betriebsbereit sind und aufgrund ihrer Systemrelevanz auf Anforderung der ÜNB wieder betriebsbereit gemacht werden müssen, zum anderen aus systemrelevanten Anlagen,

---

[468] Vgl. BT-Drs. 542/15 v. 06.11.2015, S. 98.
[469] Vgl. BT-Drs. 542/15, S. 98 f.

für die die Betreiber eine vorläufige oder endgültige Stilllegung angezeigt haben, sowie aus geeigneten Anlagen im europäischen Ausland.

Die eigentliche Bildung der Netzreserve und der Einsatz der Anlagen zur Netzreserve erfolgt dabei auf Grundlage von Verträgen zwischen den Übertragungsnetz- und den Anlagenbetreibern in Abstimmung mit der BNetzA nach Maßgabe der Bestimmungen der NetzResV[470, 471].

Die Netzreserveverordnung[472] ist aus der früheren Reservekraftwerksverordnung hervorgegangen. In beihilferechtlicher Hinsicht[473] wurde sie erst im Dezember 2016 von der EU-Kommission genehmigt. Sie regelt das Verfahren der Beschaffung der Netzreserve, den Einsatz von Anlagen in der Netzreserve sowie Anforderungen an Anlagen in der Netzreserve. § 2 NetzResV statuiert als Zweck der Netzreserve die Vorhaltung von Erzeugungskapazitäten zur Gewährleistung der Sicherheit und Zuverlässigkeit des Elektrizitätsversorgungssystems. Aufgabe der BNetzA ist es, den jährlichen Bedarf an Erzeugungskapazität für die Netzreserve auf der Grundlage einer von den ÜNB gemeinsam erstellten Analyse zu prüfen. § 7 NetzResV sieht vor, dass Anlagen der Netzreserve ausschließlich außerhalb der Strommärkte nach Maßgabe der von den ÜNB angeforderten Sicherheitsmaßnahmen eingesetzt werden dürfen. Der Einsatz der Anlagen der Netzreserve ist gem. § 7 Abs. 2 Satz 2 NetzResV nachrangig zu geeigneten Maßnahmen nach § 13 Abs. 1 Nr. 1 und 2 EnWG sowie § 13a EnWG, solange und soweit diese Maßnahmen zur Gewährleistung der Systemsicherheit zuvor bereits ausreichend gewesen sind.

Dem Anlagenbetreiber werden die Kosten, die durch die Nutzung der bestehenden Anlage in der Netzreserve entstehen, von dem jeweiligen ÜNB nach Maßgabe des § 5 NetzResV erstattet. Nicht erstattungsfähig sind solche Kosten, die auch im Falle einer endgültigen Stilllegung angefallen wären. Hinsichtlich der Art des Einsatzes gilt § 7 NetzResV zudem entsprechend, wenn der Betreiber einer Anlage, die vorläufig stillgelegt werden sollte, zu einer längeren Bereithaltung und dem Einsatz seiner Anlage zur Gewährleistung der Sicherheit und Zuverlässigkeit des Elektrizitätsversorgungssystems verpflichtet wird. Gleiches gilt, wenn dem Betreiber die endgültige Stilllegung seiner Anlage verboten wurde.

---

[470] Vgl. dazu auch Stelter/Ipsen, EnWZ 2016,S. 483, 486.

[471] Vgl. dazu § 13d Abs. 3 Satz 1 EnWG.

[472] Verordnung zur Regelung der Beschaffung und Vorhaltung von Anlagen in der Netzreserve (Netzreserveverordnung – NetzResV) v. 27.06.2013 (BGBl. I; S. 1947), zuletzt geändert durch Art. 4 des Gesetzes zur Änderung der Bestimmungen zur Stromerzeugung aus Kraft-Wärme-Kopplung und zur Eigenversorgung v. 22.12.2016 (BGBl. I, S. 3106).

[473] Zur Beihilfeproblematik vgl. oben allgemein Abschnitt 3.1.2.4 (Beihilfenrechtlicher Rahmen).

3.6.7   Kapazitätsreserve und Sicherheitsbereitschaft

Um die Versorgungssicherheit für den stromversorgungstechnisch sehr sensiblen Industriestandort Deutschland auch unter den veränderten Bedingungen der Energiewende zu gewährleisten, wurde durch das StrommarktG und auf Grundlage einer finalen Systemanalyse im Herbst 2016 eine Kapazitätsreserve eingeführt. Die Kapazitätsreserve dient als externes Instrument der Absicherung des Strommarktes und kommt zum Einsatz, wenn trotz freier Preisbildung an der Strombörse kein ausreichendes Stromangebot existiert, um einen stetigen Ausgleich mit der Stromnachfrage zu ermöglichen. Dazu werden Erzeugungskapazitäten strikt außerhalb des Strommarktes vorgehalten und bei Bedarf eingesetzt.

Die Kapazitätsreserve wird schrittweise auf Basis regelmäßiger wettbewerblicher Ausschreibungen[474] gebildet. Sie soll ab dem Winterhalbjahr 2018/19 eine Reserveleistung von bis zu 2 GW umfassen. Die Betreiber von Kraftwerken in der Kapazitätsreserve erhalten eine Vergütung zur Kompensation ihrer Kosten im Zusammenhang mit der Vor- und Instandhaltung der betriebsbereiten Anlagen und der variablen Erzeugungskosten. Ergibt die regelmäßig zu erneuernde Bedarfsprüfung einen Kapazitätsreservebedarf oberhalb von 5 % der durchschnittlichen Jahreshöchstlast im Gebiet der Bundesrepublik Deutschland (entspricht rd. 4 GW), so kann die Entscheidung über ihre Ausweitung nur durch die Rechtsverordnung nach § 13h StrommarktG und mit Zustimmung des Bundestages ergehen. Die Anlagen der Kapazitätsreserve werden ausschließlich auf Anforderung der ÜNB Strom erzeugen und einspeisen. Die in der Netz- und Kapazitätsreserve[475] vertraglich gesicherten Kraftwerke können Schnittmengen aufweisen.

Nach § 13e EnWG[476]soll die Kapazitätsreserve in Ergänzung zur Netzreserve die Stromversorgung zusätzlich absichern[477] und kostengünstiger sein als ein Stromversorgungssystem mit einem zusätzlichen Kapazitätsmarkt[478]. § 13e Abs. 1 EnWG definiert die Kapazitätsreserve als diejenige Regelleistung, die von den ÜNB vorgehalten wird, um im Falle einer Gefährdung oder Störung der Sicherheit oder Zuverlässigkeit des Elektrizitätsversorgungssystems Leistungsbilanzdefizite infolge des nicht vollständigen Ausgleichs von Angebot und Nachfrage an den Strommärkten

---

[474] Ab 2017 mindestens im Abstand von zwei Jahren regelmäßig durchgeführtes technologieneutrales Beschaffungsverfahren mit vorgeschalteter Bedarfsprüfung durch das BMWi (nach Abstimmung mit der EU-Kommission) auf Basis des Berichts zum Monitoring der Versorgungssicherheit.

[475] Vgl. unten Abschnitt 3.6.6 (Netzreserve).

[476] BT-Drs. 18/7317 v. 20.01.2016, S. 96.

[477] BT-Drs. 18/7317, S. 98.

[478] Zur Problematik eines Kapazitätsmarktes vgl. oben Abschnitt 3.4 (Anreize für Neuinvestitionen in Erzeugungskapazität).

im deutschen Netzregelverbund auszugleichen. Die Kraftwerke für das Kapazitäts-segment werden mittels Ausschreibungen im Einheitspreisverfahren (*pay-as-cleared*) kontrahiert. Die Bemessung der zu beschaffenden Kapazität wird durch die BNetzA ermittelt und festgelegt. Insb. für Kraftwerksbetreiber, deren Erzeugungsan-lagen unter den wirtschaftlichen Bedingungen des *Energy-only-markets* (*EOM*) stillzulegen wären, ergibt sich durch die mögliche Teilnahme an den Ausschreibun-gen für das Kapazitätssegment eine Chance auf eine zusätzliche Einnahmequelle[479]. Mehrfachteilnahmen an Ausschreibungen sind im Kapazitätssegment möglich, eine Rückkehr in den freien Strommarkt ist nach erfolgtem Zuschlag hingegen ausge-schlossen (sog. Veräußerungs- u. Rückkehrverbot nach § 13e Abs. 4 EnWG) [480].

Untergesetzlich ergänzt werden soll die Vorschrift des § 13e EnWG durch die Ka-pazitätsreserveverordnung. Eine entsprechende Verordnungsermächtigung sieht § 13h EnWG vor. Von dieser ist allerdings bis Ende Januar 2017 noch kein Ge-brauch gemacht worden. Anfang November 2016 hat das BMWi einen Entwurf der Kapazitätsreserveverordnung[481] zur Stellungnahme an die Länder und Verbände übersandt. Regelungsgegenstand der Verordnung sollen nach dem Entwurf die Be-schaffung, die Teilnahmevoraussetzungen, der Einsatz und die Abrechnung der Kapazitätsreserve sein. Hinsichtlich des Verhältnisses zur Netzreserve ist vorge-sehen, dass Kapazitätsreserve-Anlagen den Umfang der nach §§ 3 und 4 NetzResV zu beschaffenden Netzreserve verringern, soweit sie auch die Funktion der Netzre-serve erfüllen können. In dem Entwurf der Kapazitätsreserveverordnung ausführlich geregelt wird das Beschaffungsverfahren zur Kapazitätsreserve. Der Einsatz der Kapazitätsreserve durch die ÜNB darf ausschließlich als Systemdienstleistung erfol-gen; er ist allerdings gleichsam nachrangig zu anderen geeigneten Maßnahmen nach § 13 Abs. 1 Nr. 1 und 2 EnWG.

Zusätzlich zu den Absicherungsinstrumenten Netz- und Kapazitätsreserve wird die sog. Sicherheitsbereitschaft eingeführt[482]. Durch sie werden dem freien Markt mit-telfristig rund 2,7 GW der im Jahr 2016 noch bestehenden, aktiven Braunkohlekapa-zitäten[483] (rd. 13 %) entzogen, welche nach jeweils vier Jahren in der Bereitschaft endgültig stillgelegt werden müssen.

Der tatsächliche Einsatz von Braunkohle-Kraftwerken in der Sicherheitsbereitschaft für die Erzeugung von Strom in Engpasssituationen gilt aufgrund der technischen Auslegung dieser Kraftwerke allgemein als unwahrscheinlich. Die Anfahrzeiten

---

[479] Neben Kraftwerksanlagen können grds. auch flexible Lasten am Kapazitätssegment teilnehmen, es gelten die analogen technischen und wirtschaftlichen Voraussetzungen.

[480] Vgl. dazu § 13e Abs. 4 EnWG.

[481] Abrufbar unter: http://bit.ly/2qED2kW.

[482] Vgl. oben Abschnitt 3.5.3.2 (Sicherheitsbereitschaft für Braunkohle).

[483] In § 13g EnWG werden die betreffenden Braunkohlekraftwerke benannt.

dieser Kraftwerke betragen mehrere Tage bis sogar Wochen, wodurch sich bei den voraussichtlich kurzen Einsatzintervallen ein Nutzungsgrad dieser Kraftwerke weit unterhalb ihres Wirkungsgrads im Betriebsoptimum (stationärer Betrieb unter Nennleistung) ergäbe. Dies wäre gleichbedeutend mit hohen Kosten und einem hohen spezifischen CO_2-Ausstoß.

3.7   Vernetzungen in Europa

3.7.1   Bedeutung der Grenzkuppelkapazitäten

Im Rahmen des EU-Ziels, einen einheitlichen EU-Binnenmarkt für Strom zu schaffen, sowie mit dem zunehmenden Anstieg der Stromerzeugung aus fluktuierenden erneuerbaren Energien, nimmt die Bedeutung des Stromaustauschs über Grenzkuppelkapazitäten immer weiter zu.

Notwendige Voraussetzung für die Funktionsfähigkeit eines europäischen Elektrizitätsbinnenmarktes ist die ausreichende Verfügbarkeit von Grenzkuppelkapazitäten. Sind genügend Interkonnektoren zwischen den einzelnen Ländern vorhanden, können mehr grenzüberschreitende Stromexporte und -importe stattfinden und die europaweite Vereinheitlichung der Strommärkte voranschreiten. Außerdem treten bei der Betrachtung eines größeren Marktgebietes Ausgleichs- und Synergieeffekte auf. Einerseits kann die Volatilität, die durch die Einspeisung fluktuierender erneuerbarer Energien entsteht, ausgeglichen und somit Versorgungssicherheit gewährleistet werden. Weiterhin ergeben sich Kostensenkungspotenziale bei der Leistungsabsicherung. Diese Effekte steigen, je größer das betrachtete geografische Gebiet bzw. die enthaltenen Erzeugungseinheiten sind. Zudem ermöglicht der Ausbau der Grenzkuppelkapazität eine Stabilisierung der Netze durch die grenzüberschreitende Kopplung von Regelenergiemärkten.

Die Vereinheitlichung der Märkte zur Schaffung eines europäischen Strombinnenmarktes ist ein erklärtes Ziel der EU und soll mit dem 3. Binnenmarktpaket weiter vorangetrieben werden. Im grenzüberschreitenden Stromhandel, dem sog. *Market Coupling*, sind momentan bereits 15 europäische Länder und somit dreiviertel des europäischen Strommarktes im *Day-Ahead*-Markt miteinander gekoppelt. Durch Marktkoppelung soll zwischen den teilnehmenden Ländern eine effizientere Nutzung der verfügbaren Übertragungskapazitäten erreicht werden. Ziel ist eine weitere Angleichung der Preise in den teilnehmenden nationalen *Day-Ahead*-Märkten. Denn je höher die Preiskonvergenz, desto effizienter werden die vorhandenen Grenzkuppelkapazitäten genutzt (vgl. BNetzA 2015). Deutschland, Österreich und Luxemburg sind darüber hinaus in einer gemeinsamen Gebotszone verbunden, in der Strom gehandelt werden kann und in der ein einheitlicher Preis existiert. Diese gemeinsame Gebotszone ist möglich, da – historisch bedingt – stets ausreichend grenzüberschreitende Übertragungskapazitäten vorhanden sind.

Mit einer zunehmenden Integration des europäischen Strommarktes können Ausgleichs- und Synergieeffekte erzielt werden. Die volatile Erzeugung aus erneuerbaren Energien steigt in Deutschland und in Europa sukzessive an. Wird das gemeinsame Netz,- bzw. Marktgebiet durch den Ausbau der Grenzkuppelkapazitäten vergrößert, können durch eine Erhöhung der länderüberschreitenden Stromimporte- und -exporte „Portfolioeffekte" bei der Einspeisung von Windenergie und PV entstehen. Der überregionale Ausgleich der regionalen Wetterbedingungen bei einer räumlichen Ausweitung führt zu einer Erhöhung der gesicherten Erzeugungsleistung, die durch erneuerbare Energien bereitgestellt werden kann. Daher führt länderübergreifende Zusammenarbeit zu Einsparpotenzialen hinsichtlich der gesicherten Leistung, die durch konventionelle Kraftwerke zur Verfügung gestellt werden und finanziell entlohnt werden muss.

Zusätzlich sinkt die Wahrscheinlichkeit, dass konventionelle Kraftwerke zeitgleich ausfallen mit der Größe des betrachteten Marktgebiets (bzw. mit der installierten Erzeugungsleistung und Anzahl der Anlagen). Auch treten Lastspitzen europaweit zeitlich unterschiedlich auf, was weitere Portfolioeffekte – hier auf der Nachfrageseite – möglich macht. Insgesamt ist also die Summe der verbundweiten residualen Jahreshöchstlast deutlich geringer als die der aggregierten nationalen residualen Jahreshöchstlasten. Inwiefern diese Synergieeffekte genutzt werden können, wird auch vom Ausbaustand der Grenzkuppelkapazitäten bestimmt (vgl. BNetzA 2015). Unter der Annahme, dass keine Netzengpässe vorhanden sind, können lt. Prognos (2015) im Jahr 2030 im Verbund von 15 europäischen Ländern Potenziale in einer Größenordnung von insgesamt etwa 34 GW bei einer Integration der Leistungsabsicherung abgeschöpft werden.

Durch fluktuierende Stromerzeugung aus Sonne und Wind, der regelmäßig Prognosefehlern unterliegt, steigt auch der Bedarf an Regelenergie. Der Regelenergiemarkt ist ein weiterer Bereich, in dem durch die ausreichende Verfügbarkeit von Grenzkuppelkapazitäten Einsparpotenziale erzielt werden können. Momentan werden die Regelenergiemärkte primär national gesteuert, es existieren nur wenige grenzüberschreitende Initiativen mit geringer geografischer Ausdehnung. Das kann zu einem „Gegeneinanderregeln" in benachbarten Regelzonen führen. Das bedeutet, dass in einer Regelzone eine positive Reserve aktiviert wird, bspw. um einen Kraftwerksausfall auszugleichen, während in der benachbarten Regelzone eine negative Reserve zum Einsatz kommt.

Diesen Effekt kann man durch den Aufbau eines grenzüberschreitenden Regelenergiemarktes verhindern, in dem Leistungsungleichgewichte zentral erfasst und saldiert werden. In Deutschland besteht seit dem Jahr 2010 aufgrund einer Anordnung der BNetzA ein Netzregelverbund der vier deutschen ÜBN, in dem der Regel leistungsbedarf gemeinsam definiert wird. Damit wird die Aktivierung gegenläufiger Regelleistung verhindert. Zudem wird so ein deutschlandweit einheitlicher Marktmechanismus geschaffen, der zu einem deutschlandweiten kostenoptimalen Einsatz von Regelenergie führt. In den letzten Jahren wurden außerdem mit den Ländern Dänemark, Niederlande, Schweiz, Tschechien, Belgien und Österreich Kooperationen zur Vermeidung gegenläufiger Regelung geschlossen. Dadurch konnten bereits Kosten in Höhe von rd. 200 Mio. eingespart werden. Da die physikalische Saldierung von Leistungsungleichgewichten hohe Potenziale für Wohlfahrtgewinne für Gesamteuropa bietet, ist im Netzkodex Regelenergie eine verbindliche Implementierung für alle europäischen Übertragungsnetzbetreiber vorgesehen (vgl. BNetzA 2015).

Deutschland ist durch seine geografische Lage in der Mitte Europas und Transitland eine Drehscheibe für den grenzüberschreitenden Stromaustausch in Europa. Dabei exportiert Deutschland mehr Strom als es importiert. Seit 2011 sind die deutschen Stromexporte kontinuierlich gestiegen (vgl. Abb. 47) und lagen im Jahr 2015 bei 83 TWh. Die Steigerung der Exporte begründet sich durch die zunehmende Stromerzeugung aus erneuerbaren Energien mit niedrigen Grenzkosten. Dies führt zu niedrigen Strompreisen im deutschen Markt im Vergleich zum europäischen Durchschnitt (vgl. BNetzA 2015). Bis zum Jahr 2025 wird ein weiterer Anstieg der Stromexporte auf 126 TWh erwartet (NEP).

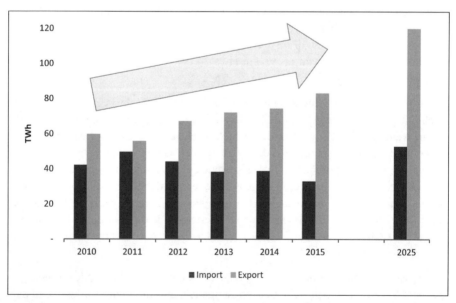

Abb. 47:   Stromexporte und –importe in Deutschland (Quelle: ÜNB 2015, AGEB 2016)

Abb. 48 beschreibt die Höhe der mittleren verfügbaren Im- und Export-Grenz-
kuppelkapazitäten im Jahr 2014 für Deutschland. Insgesamt besaß Deutschland im
Jahr 2014 eine mittlere verfügbare Übertragungskapazität von 21.193 MW[484]
(BNetzA 2015). Aufgrund der gemeinsamen Gebotszone mit Österreich und Luxemburg sind die Übertragungskapazitäten in diese Länder in der Darstellung ausgenommen.

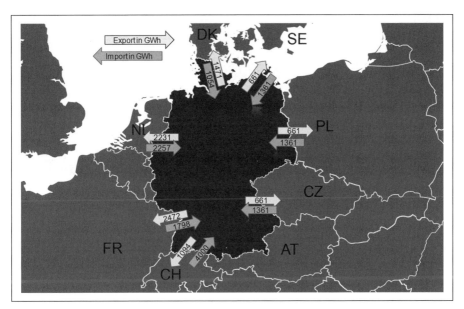

Abb. 48:   Mittlere verfügbare Ex- und Import-Grenzkuppelkapazitäten in Deutschland 2014
           (Quelle: BNetzA 2015)

Im Zeitraum bis 2030 wird ein deutlicher Ausbau der Grenzkuppelkapazitäten
Deutschlands erwartet (vgl. Abb. 48 und Abb. 49). Die Kapazitäten zu den Nachbarländern sollen i.d.R. um das zwei bis dreifache ausgebaut werden. Durch einen zunehmenden Ausbau der Grenzkuppelkapazitäten und der daraus resultierenden
Ausweitung des Markt- und Wettbewerbsgebiets wird in den Strommärkten die
Liquidität steigen. Für Unternehmen werden neue Perspektiven, neue Marktgebiete
und Marktsegmente eröffnet, bspw. im Rahmen einer grenzüberschreitenden Teilnahme am Regelenergiemarkt.

---

[484]   Nicht enthalten sind die sind die Übertragungskapazitäten in Länder mit einer gemeinsa-
        men Gebotszone (Österreich und Luxemburg).

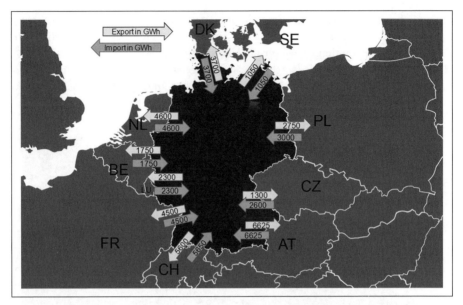

Abb. 49: Geplante Im- und Exportkapazitäten in Deutschland 2030, Quelle: R2b 2014

Andererseits werden sie aber auch mit neuen Herausforderungen konfrontiert. Denn eine Ausweitung des Marktgebiets und Verringerung der Markteintrittsbarrieren bedeutet auch einen Anstieg der Konkurrenz. Einhergehend werden sich die europaweiten Strompreisunterschiede an den Großhandelsmärkten weiter verringern.

Je stärker der Anstieg der Verbundgröße, desto mehr steigen die möglichen Synergiepotenziale, desto größer werden jedoch auch die Transaktions- und Umsetzungskosten. Kosten für Anpassungen der Rahmenbedingungen, bspw. für die Schaffung von Rechtssicherheit durch einen gemeinsamen rechtlichen Rahmen werden anfallen. Die Kosten des Ausbaus der Netze sollten daher den möglichen Kosteneinsparungen gegenübergestellt werden, um zu überprüfen, ob ein volkswirtschaftlich effizientes Integrationsniveau erreicht ist.

3.7.2 Status Quo: Verbundnetz Strom

Stromhandel zwischen unterschiedlichen Marktgebieten führt auch zu ungeplanten Stromflüssen. Aufgrund des Ausbaus der Stromerzeugung aus erneuerbaren Energien ist in Deutschland das Transportaufkommen gestiegen, während die Fortschritte beim Netzausbau noch vergleichsweise gering sind. Überkapazitäten im Erzeugungsbereich im Norden Deutschlands haben daher in der Vergangenheit zu Ringflüssen geführt (vgl. Abb. 50). Ein ausländisches Stromnetz wird dabei für den Stromtransport genutzt, wenn im nationalen Netz Engpässe auftreten. In Polen und in der Tschechischen Republik haben deutsche Ringflüsse vermehrt zu Netzinstabilität geführt.

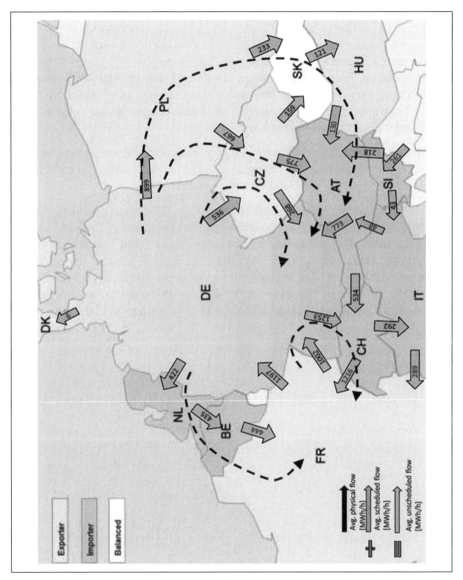

Abb. 50: Ungeplante Ringflüsse von Deutschland (Quelle: THEMA *Consulting Group, The Polish Institute for International Affairs*)

Momentan wird daher an der Installation physikalischer Phasenschieber-Transformatoren gearbeitet, um die ungeplanten Stromflüsse einzudämmen. So soll sichergestellt werden, dass der in der Gebotszone Deutschland-Österreich verbrauchte Strom vorrangig durch die eigenen Netze fließt[485].

Der weitere Anstieg dargebotsabhängiger erneuerbarer Energien schafft europaweit neue Herausforderungen für das Versorgungssystem der Zukunft. Durch deren Ausbau an günstigen Erzeugungsstandorten der oftmals weit entfernt der Lastzentren stattfindet (wie bspw. Solarparks im sonnenreichen europäischen Süden oder Windanlagen an windstarken Küsten) steigen die Anforderungen an die ausgleichende Funktion des europäischen Verbundnetzes.

Für die Zukunft ist daher zu erwarten, dass die Integration und Vernetzung der nationalen Strommärkte weiter fortschreiten wird. Auch in der Politik wird sie auf nationaler sowie europäischer Ebene aktiv vorangetrieben.

Dabei bestimmt die verfügbare grenzüberschreitende Stromnetzinfrastruktur wesentlich die weitere Integration und Flexibilisierung des europäischen Strommarktes. Je weiter der zukünftige Netzausbau voranschreitet, desto besser können Lastspitzen ausgeglichen werden und erneuerbare Energien integriert werden – ausreichende Transportkapazitäten in den nationalen Netzen vorausgesetzt. Dafür müssen die momentan vorhandenen Engpässe im bestehenden Binnenmarkt behoben werden und innereuropäische Grenzkuppelstellen[486] ausgebaut werden (vgl. Abb. 48).

---

[485] BNetzA 2015.
[486] Vgl. dazu oben Abschnitt 3.7.1 (Bedeutung der Grenzkuppelkapazitäten).

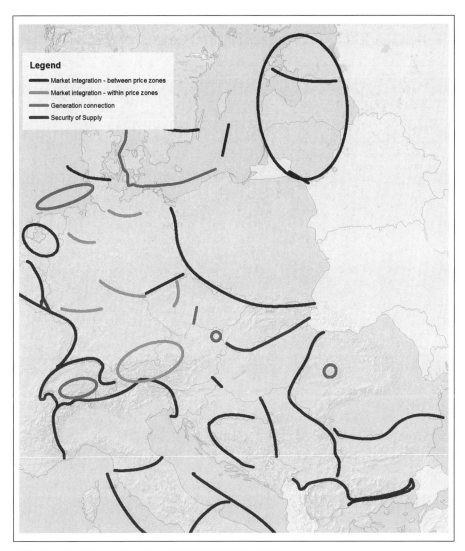

Abb. 51:   Verbliebene Engpässe (*ENTSO-E* 2014b, S.42)

Der europaweite Bedarf am notwendigen Ausbau des Übertragungsnetzes wird von den *TSO* im *TYNDP* (*Ten-Year Network Development* Plan) aufgezeigt. Bis 2030 soll die momentan vorhandene Kapazität in Europa im Durchschnitt verdoppelt werden (*ENTSO-E* 2014a). Dabei gilt v.a. die Einbindung der „Inselregionen" Spanien/Portugal, Italien, Großbritannien sowie der baltischen Staaten als wesentliche Herausforderung. Abb. 52 zeigt die Zielkapazitäten für Zentral- und Osteuropa. In

Deutschland, dem als Transitland eine Schlüsselrolle zukommt, sind Investitionen in den Netzausbau in Höhe von 35 bis 54 Mrd. EUR geplant (*ENTSO-E*, 2014b).

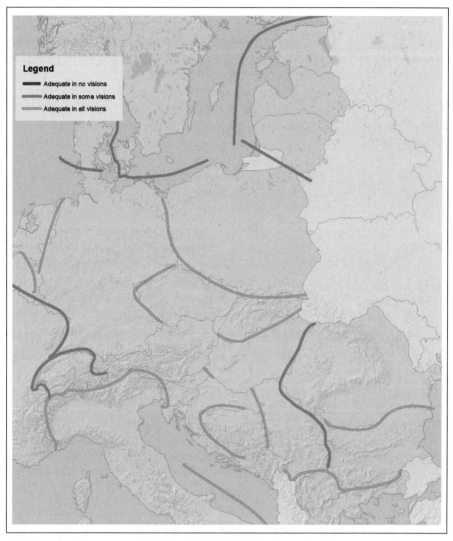

Abb. 52:   Zielkapazitäten 2030 Vision 1 (*ENTSO-E* 2014b, S. 76)

Insb. fehlende gesellschaftliche Akzeptanz stellt jedoch für großflächige Netzausbauprojekte aktuell ein Hindernis dar.

3.7.3 Öffnung der Märkte für Regelenergie

Die Öffnung der Regelenergiemärkte war ein wesentlicher Bestandteil des Weißbuches, das im Sommer 2015 vom BMWi veröffentlicht wurde. Insb. Speichern, flexiblen Verbrauchern und erneuerbaren Energien sollten einen Zugang zu den Regelleistungsmärkten haben. Die BNetzA berücksichtigte bei Überarbeitung des Regelenergiemarktes in erster Linie folgende Punkte[487]:

- Die Produktlaufzeiten bei der Sekundärregelleistung verkürzen,

- Sekundärregelleistung und Minutenreserve kalendertäglich ausschreiben,

- Anbietern von Sekundärregelleistung ermöglichen ihren Leistungszuschlag weiterzuverkaufen,

- mehr Anbietern die Bereitstellung von Regelenergie ermöglichen,

- den Zeitpunkt der Gebotsabgabe für die Sekundärregelleistung verschieben,

- die Produktlänge der Minutenreserve verkürzen,

- Regelarbeitspreise der Minutenreserve und der Sekundärregelleistung mit Einheitspreisverfahren bestimmen.

Um eine höhere Versorgungssicherheit zu erreichen, wird von der BNetzA angepeilt, den Markt mehr Anbietern zu öffnen. Bislang können Netzbetreiber kurzfristig benötigte Regelenergie nur von Kapazitäten abrufen denen zuvor per Ausschreibung ein Leistungszuschlag erteilt wurde.

Ein weiterer Aspekt, der von der BNetzA hervorgehoben wird, ist der erleichterte Zugang für Aggregatoren zu den Regelenergiemärkten. Die Rolle des Aggregators ist eine eigens für das Stromdesign 2.0 geschaffene Rolle. Der Aggregator ist für die Identifizierung und Bewertung von flexiblen Verbrauchern und für die Anbindung dieser Verbraucher zuständig. V.a. die Integration der Aggregatoren in den Regelenergiemarkt könnte dazu beitragen, die Flexibilität und Versorgungssicherheit zu erhöhen. Auch die Einrichtung grenzüberschreitender Regelenergiemärkte bspw. einer europaweit gemeinsamen *Merit Order*-Liste wird in Erwägung gezogen, um Versorgungssicherheit europaweit steigern zu können[488].

3.7.4 Auftrennung der DE-AT Strompreiszone

Die im September 2015 von der Agentur für die Zusammenarbeit der Energieregulierungsbehörden empfohlene Trennung der Deutsch-Österreichischen Strompreiszone trat eine Diskussion in beiden betroffenen Ländern sowie in der gesamten EU

---

[487] BMWi, Ein Strommarkt für die Energiewende, Juli 2015.
[488] BDEW, Analyse und Bewertung von Möglichkeiten zur Weiterentwicklung des Regelenergiemarktes Strom, April 2015.

los. Während man in Österreich vollkommen ablehnend auf die Auftrennung reagierte, sahen die restlichen EU-Mitglieder die Auftrennung als längst hinfällig an. In erster Linie klagten die direkten Nachbarländer Deutschlands Tschechien und Polen über die zunehmenden Transitströme in ihren Netzen, denn große Strommengen wurden und werden weiterhin vom Norden Deutschlands über die direkten Nachbarländer in den Süden bzw. nach Österreich transportiert. Der Grund hierfür sind mangelnde Netzkapazitäten und der langsame Ausbau der Übertragungsnetze. Um den in Polen und Tschechien ungewollten Stromfluss zu verhindern, haben ansässige Transportnetzbetreiber sogar mit der Installation von sog. Phasenschiebern begonnen, die zukünftig Stromflüsse aus Deutschland abblocken sollen.

Eine Auftrennung der einheitlichen Strompreiszone hätte v.a. für Österreich große Auswirkungen. Bei einer Aufteilung der Strompreiszone könnten für Verbraucher in Österreich Mehrkosten in Höhe von 300 Mio. EUR/a entstehen. Aktuell profitiert auch Österreich vom schnellen Ausbau erneuerbarer Energien in Deutschland, da bei hoher Einspeisung in Deutschland auch gleichzeitig der Preis in Österreich sinkt. In Österreich können dementsprechend teurere Kraftwerke vom Netz genommen werden, da der Stromfluss aus Deutschland mit „billigerem" Strom hoch genug ist. Bricht die einheitliche Strompreiszone weg, bedeutet dies für Österreich einen kleineren, weniger liquiden Markt mit höheren Strompreisen.

In Deutschland herrschen verschiedene Meinungen bzgl. der Auftrennung der DE-AT-Strompreiszone vor. Während sich die BNetzA für eine Trennung der DE-AT-Strompreiszone ausspricht, stößt die Auftrennung beim BDEW und bei der DIHK auf Ablehnung. Die BNetzA begründet ihre Zustimmung v.a. mit der jährlichen Einsparung von 280 Mio. EUR/a für die Verbraucher[489]. BDEW und DIHK hingegen sehen eine Aufteilung als Rückschritt in der Schaffung eines europäischen Energiebinnenmarktes an und fürchten das Wegbrechen eines wichtigen Stromhandelspartners.

---

[489] Deutscher Bundestag, Strompreiszonen, Juli 2016.

4 Technologien zur Umsetzung der Energiewende

4.1 *Smart Grid* und intelligente Messsysteme

4.1.1 *Smart Grid* in der Energiewende

Der Begriff „*Smart Grid*" beschreibt die intelligente Vernetzung der an einem Versorgungsnetz angeschlossenen Komponenten. Schlüsselfaktoren sind dabei Anlagen, die fernüberwachbar und – steuerbar sind und deren Netzbezug an einer zentralen Stelle erfasst wird. Die Kommunikation dieser Anlagen – der sog. „Primärtechnik" – mit einer zentralen Instanz, i.d.R. eine Netzleitstelle, setzt eine entsprechende Sekundärtechnik voraus. Diese besteht entweder aus klassischen fernwirktechnischen Einrichtungen, in die *Cloud* integrierte Steuerboxen oder Steuermöglichkeiten intelligenter Messsysteme, die mit dem *Smart Meter Rollout* ab 2017 in Deutschland eingeführt werden und die Chance einer flächendeckenden Integration auf allen Netzebenen bieten.

Beim „*Smart Grid*" geht es um die adaptive Steuerung der Stromnetze und deren Optimierung. *Smart Grids* unterstützen das Zusammenspiel von Energieangebot und Energienachfrage sowie die Integration der Erzeugung aus EEG-Anlagen. Aktuell sind Energieübertragungsnetze auf die maximale Belastung ausgelegt. Bei Technologien, wie Energieerzeugung durch Kohle- oder Atomkraftwerke, besteht i.d.R. eine gleichmäßige Energieerzeugung, die verhältnismäßig einfach zu berechnen ist; dies beugt Überlastungen des Netzes vor. Bereits heute stehen den „alten" Erzeugungstechnologien jedoch immer weiter zunehmende Anteile von dezentralen Energieerzeugern gegenüber, die darüber hinaus nicht immer gleichbleibend viel elektrische Energie in das Netz einspeisen. So kann etwa bei entsprechender Wetterlage der Anteil erzeugter und eingespeister Energie durch WE-Anlagen plötzlich deutlich ansteigen oder alle PV-Anlagen einer Region produzieren entsprechend mehr Solarstrom. Die Aufgabe eines *Smart Grids* ist es dann, dafür Sorge zu tragen, dass Angebot und Nachfrage an elektrischer Energie ausgeglichen werden, um Überlastungen des Stromnetzes zu vermeiden.

Um diese Aufgabe zu bewältigen, muss in einem intelligenten Stromnetz die Datenkommunikation in beiden Richtungen möglich sein. Deshalb werden *Smart Grids* auch gerne mit dem Schlagwort „Internet der Energie" beschrieben. Moderne Informations- und Kommunikationstechnologie und dazu passende Messeinrichtungen bilden die Basis für *Smart Grids*.

Ein *Smart Grid* stellt also die Kommunikation aller Energieerzeuger, aller Energiespeicher und aller Energieverbraucher miteinander sicher. Auf der Seite der Verbraucher sind dafür sog. *Smart Meter* (intelligente Stromzähler) notwendig, die schon jetzt in Neubauten verpflichtend eingebaut werden müssen. Durch die Vorgaben des am 02.09.2016 in Kraft getretenen MsbG ist indes gewährleistet, dass im Netz vorhandene, konventionelle Zähler bis spätestens 2032 nahezu vollständig durch sog. moderne Messeinrichtungen und intelligente Messsysteme ausgetauscht werden. Die intelligenten Messsysteme verfügen über die Möglichkeit, Verbrauchsdaten zu erheben und automatisiert an die berechtigten Empfänger zu übermitteln. Darüber hinaus sollten die elektrischen Verbraucher (also z.b. Wasch- oder Spülmaschine) selbst „*smart*" werden. Dann schaltet sich die Waschmaschine z.b. automatisch ein, wenn gerade ein Überangebot an Strom vorhanden ist (und dieser vom Versorger besonders preiswert zur Verfügung gestellt wird).

Smart-Grid-Konzepte sind im Zusammenhang mit anderen Technologiebereichen wie *Smart Home* und Industrie 4.0 zu sehen. Durch die Vernetzung von „intelligenten" Komponenten entstehen sich weitgehend selbst regelnde dezentrale Cluster, die von zentralen Managementinstanzen, wie Netzbetreibern oder Betreibern virtueller Kraftwerke, in technischen und kommerziellen Korridoren zum optimalen Einsatz gebracht werden. *Smart Grids* ermöglichen über die gleichmäßigere Auslastung der Netze einen effizienteren Betrieb von Kraftwerken und können damit einen bedeutenden Beitrag zur Reduzierung des CO_2-Ausstoßes liefern.

Smart Grids können auch als technische Plattform regionaler Leistungsmärkte fungieren. Die Einteilung des Energiemarktes in verschiedene regionale Märkte ist in Deutschland bisher nicht über den Status eine Zukunftsidee hinaus gekommen, während sie in Skandinavien bereits umgesetzt ist. In Schweden wurde bspw. die Einteilung in verschiedene *Bidding-Areas* (Angebotszonen) vorgenommen, wo die Preise an Tagen hoher Netzauslastung variieren können. Während in Deutschland je nach Netzanforderung auf den *Redispatch* zurückgegriffen wird, wird in Schweden in der jeweiligen *Bidding-Area* eine Preisanpassung vorgenommen, sodass die Marktakteure ihre Erzeugung bzw. Entnahme anpassen müssen um eine Preisreduzierung auslösen zu können.

4.1.2   Anforderungen an ein *Smart Grid*

Der Aufbau des *Smart Grid* bedeutet grds. die Aufrüstung des passiven Stromnetzes durch Informations- und Kommunikationstechnologien, um ein aktiv steuerbares Netz zu schaffen. Er ist mit Anforderungen an das Netz selbst und mit Auswirkungen auf Primär-, Sekundär- und Leittechnik von Kraftwerken verbunden. Die größte Herausforderung besteht darin, die schwankende Einspeisung und den Verbrauch durch die Zunahme dezentraler Erzeugungsanlagen auszubalancieren. Eine andere Herausforderung liegt in den Netzeigenschaften selbst. Die Stromnetze wurden ursprünglich für den Transport vom Erzeuger zum Endverbraucher ausgelegt. Im

Rahmen der Integration der dezentralen Erzeugungsanlagen fließt der Strom aber zunehmend auch umgekehrt vom Verbraucher, der z.b. Solarstrom produziert (d.h. vom „Prosumer"), ins Netz zurück. Dies bedingt einen Netzausbau, da insb. die Nieder- und Mittelspannungsnetze nicht für eine Einspeisung ausgelegt sind[490]. Des Weiteren fallen weitreichende Aufgaben in Datenerfassung und -verarbeitung an, da der Aufbau eines intelligenten Netzes eng verbunden ist mit der Installation von intelligenten Messsystemen, welche kontinuierlich Verbrauchsdaten sammeln. Bei einer viertelstündlichen Messung beim Endverbraucher werden somit hohe Daten-mengen anfallen, die zum einen über ein Kommunikationsnetz übertragen und zum anderen beim Energieversorger verarbeitet werden müssen. In der Folge besteht bei *Smart Grids* ein erhöhtes Sicherheits- und Störungsrisiko, etwa durch Manipulation oder den Verlust von Verbrauchsdaten der Kunden.

Zusätzlich zu den Anforderungen an das Netz selbst ist der Aufbau von *Smart Grids* mit Auswirkungen auf die Erzeugungsanlagen verbunden. Während bei mechani-schen Stromzählern die *Point to Point Connection* maßgebend war, wird die Instal-lation von intelligenten Messsystemen moderne Kommunikationsverfahren notwen-dig machen. Hier sind in erster Linie die Protokollstandards IEC 61850 (Übertragungsprotokoll für die Schutz- und Leittechnik) und das in Deutschland weit verbreitete Protokoll *SML* (*Smart Meter Language*) zu nennen. Mit Hilfe der sog. Steuerbox wird es zukünftig möglich sein, Erzeugungsanlagen bzw. Verbrau-cher anzusteuern und die Erzeugung ab- oder hoch zu regeln. Parallel dazu können auch Lasten hinzu- oder abgeschaltet werden (z.B. Elektroautos). Die intelligenten Messsysteme selbst können in Zukunft dazu beitragen, teure Fernwirktechniken zur Überwachung von Erzeugungsanlagen abzulösen. Fernwirktechniken garantieren zwar eine hohe Reaktionsgeschwindigkeit, doch die Reaktionszeit von intelligenten Messsystemen genügt beim Einsatz in den meisten Erzeugungsanlagen.

Die Leittechnik nimmt beim Aufbau des *Smart Grid* eine übergeordnete Rolle ein – so ist sie notwendig für die Überwachung, Optimierung und Umleitung der Lastflüs-se. Die größte Herausforderung für die Leittechnik wird v.a. in den zunehmend komplexeren Lastflüssen bestehen, da bei dezentralen Erzeugungsanlagen die Last-flussrichtung nicht mehr in eine Richtung fixiert ist, wird der multi-direktionale Lastfluss vielmehr immer dominanter wird.

4.1.3   *Smart Meter Gateway* und Administration

Die Einführung von intelligenten Messsystemen und dazugehörigen neuen Kommu-nikationseinrichtungen basiert auf einem neuen konzeptionellen und technologi-

---

[490]   Vgl. Moderne Verteilernetze für Deutschland, BMWi, 2014.

schen Ansatz und ist mit den zurzeit bestehenden Lösungen, z.B. für die Anbindung von RLM-Anlagen, nicht vergleichbar.

Diese Regelungen des GDEW[491] mit dem MsbG bedingen u.a. die Einführung der Aufgaben der *Gateway-Administration* für das intelligente Messsystem, forcieren neue IT-Sicherheitsanforderungen für den Betrieb der Systeme und definieren neue Anwendungsszenarien für diese Systeme. Aus Sicht des BMWi ist das im Messsystem enthaltende *SMG* die Standard-Kommunikationslösung für das intelligente Netz und damit zentrales Element der Energiewende. Das *SMG* stellt Verbindungen zur sicheren Kommunikation von netzdienlichen Informationen, von Stromverbrauchs- und Erzeugungswerten sowie das sichere Bewirken von Maßnahmen zum Last- und Erzeugungsmanagement her.

Daneben beinhaltet die Vorgabe zur nachhaltigen Modernisierung der Zählerinfrastruktur die Pflicht zum *„Full Rollout"* mit modernen Messeinrichtungen, wo keine intelligenten Messsysteme eingebaut werden können. Im Detail führt diese gesetzliche Einbauverpflichtung zu nachfolgenden Veränderungen:

- Mit der Einführung der Aufgaben zur *„Gateway-Administration"*, ergeben sich eine ganze Reihe von neuen Anforderungen an die Prozessabwicklung und die Sicherheit der Kommunikation von Messwerten. Die sehr hohen Hürden der bereits abgestimmten und durch die EU-Gremien notifizierten Technischen Richtlinie des BSI haben zur Folge, dass im Bereich der Infrastruktur und IT-Sicherheitsregelungen beim Betrieb von Rechenzentren und der Infrastruktur der intelligenten Messsysteme erhebliche Investitionen in Sicherheitsmaßnahmen und Datenschutzbelange betreffende Prozesse zu tätigen sind.

- Neben den IT-nahen Implikationen erfordern die neuen Aufgaben, je nach Definition der zulässigen Kommunikationswege, auch eine Anpassung der Marktkommunikation, z.B. zum Lieferantenwechsel, der Wechselprozesse im Messwesen und anderer regulierter Prozesse. Diese werden dadurch wesentlich komplexer und im operativen Betrieb fehleranfälliger werden. Eine Umsetzung wird in zwei Schritten erfolgen: Zunächst werden für eine Übergangsfrist bis 2020 die Interimsprozesse anzuwenden sein, die auf einen möglichst geringen Änderungshub ausgerichtet sind. Ab 2020 gelten dann die Zielprozesse mit sternförmiger Kommunikation aus dem *Gateway*. Damit verbunden ist, dass die bisherigen Datenströme über die einzelnen Marktteilnehmer durch eine direkte Kommunikation zwischen Datenquelle und Empfänger ersetzt werden. Damit agiert das *Gateway* als zentrale Datendrehscheibe und sendet die benötigten Werte an die im *Gateway* hinterlegten und berechtigten Empfänger. Auf diese Weise erhält jeder Teilnehmer die für ihn benötigten Daten direkt aus der Quelle,

---

[491] Gesetz zur Digitalisierung der Energiewende v. 29.08.2016, BGBl. I, S. 2034.

ist nicht mehr an andere Teilnehmer gebunden und muss die Daten nicht an andere weiterleiten.

- Zusätzliche Prozesse und IT-Funktionen, die zur *Gateway-Administration* notwendig sind, müssen aufgebaut und in die bestehende IT-Architektur integriert werden. Neben neuen IT-Sicherheits- und Datenschutzanforderungen, wie die Anbindung an eine zentrale *Public Key Infrastruktur* (*PKI*) für die Energiewirtschaft und die Fernwartung der intelligenten Messsysteme (technische Geräteverwaltung/*Meter Management*-System) müssen die Kernaufgaben zur Konfiguration der Tarifierung und Übermittlung der Messwerte im *Push*-Verfahren in einer neuen IT-Funktion „*Gateway-Administration*" gebündelt werden.

- Intelligente Messsysteme übermitteln Messwerte künftig in unterschiedlichsten Tarifmodellen, die sich durch eine beliebige Kombination von verbrauchs-, last- oder ereignisvariablen Parametern auszeichnen. Für die Verarbeitung dieser Messwerte und der damit verbundenen Datenmengen müssen ggf. neue Systeme eingeführt, mind. aber bestehende Systeme zum *MDM*/EDM stark erweitert werden.

Der *Rollout* der intelligenten Messsysteme und der flächendeckende *Rollout* von modernen Messeinrichtungen, für die sich nach den gesetzlichen Regelungen ein Zeitfenster bis 2032 ergibt, stellt hohe Anforderungen an die Logistik und administrativen Bereiche der Unternehmen. Die Beschaffung und Logistik der Geräte, die Planung der Einsätze der Installateure sowie die Inbetriebnahme der eingebauten Kommunikationseinrichtungen erfordern optimierte Lösungen im *Workforce-Management*, um die einzelnen Arbeitsschritte koordiniert und fehlerfrei ablaufen zu lassen. Während die Übermittlung von Stamm- und Bewegungsdaten heute häufig asynchron und *offline* durchgeführt wird, führt das begrenzte *Rollout*-Zeitfenster zu einem hohen Automatisierungszwang, der nur über „*Online*"-Prozesse mit entsprechend ertüchtigten *Workforce-Management*-Lösungen erreicht werden kann. Neben der komplexen Erfassung der zahlreichen Stammdaten der Zähler und Geräte müssen die *PKI*-Zertifikate und Kommunikationsdaten zeitgleich zugeordnet und getestet werden können. Der elektronische Lieferschein soll eine Automatisierung der Bestell- und Logistikprozesse erleichtern.

Der Einbau, der je nach Umfang des Netzgebiets teilweise sehr zahlreichen Geräte und Zähler, erfordert auch seitens der Einkaufsportale und hinsichtlich der Finanzierungssteuerung eine Anpassung bzw. Optimierung der Systeme, um die zeitliche Steuerung des Einbaus mit den Finanzströmen und den Erfordernissen der Anreizregulierung in Einklang zu bringen. Dies hat Auswirkungen auf die kaufmännischen Systeme von der Finanzierung über die Buchungslogiken bis zum *Controlling* und dem internen und externen Berichtswesen.

Der Einbezug großer EEG- oder KWKG-Anlagen ab 7 kW in den *Roll-Out* von intelligenten Messsystemen sowie die Steuerung von Lasten und Einspeisungen durch den Netzbetreiber, je nach Zustand einzelner Netzabschnitte, erfordert eine detaillierte Kenntnis der Lastverhältnisse einzelner Teile des Niederspannungsnetzes und eine Möglichkeit, zielgerichtete Eingriffe vornehmen zu können. Diese Möglichkeiten sind derzeit in der IT der meisten Netzbetreiber weder vorgesehen, noch liegt eine Möglichkeit zur Erhebung der dafür benötigten umfangreichen Daten vor. Es ist derzeit noch nicht absehbar, ob die Steuerung der Verbrauchsgeräte und Einspeiser direkt durch den Netzbetreiber erfolgen wird oder ob möglicherweise ein eher marktgesteuertes Modell mittels *Demand-Side-Manager* als Aggregatoren implementiert werden wird.

In der Branche und in den Verbänden wird diskutiert, die Daten von Einspeiseanlagen und von intelligenten Messsystemen in zentralen Datenbanken zu verwalten und berechtigten Interessenten den Zugriff auf diese Daten zu ermöglichen. Die Rolle eines solchen *Data Access Managers* ist derzeit noch nicht ausreichend definiert, um konkrete Einflüsse auf die IT-Infrastrukturen zu bewerten. Erkennbar ist aber, dass eine solche Zentralisierung der Datenhaltung einen sehr erheblichen Einfluss auf alle betroffenen Prozesse und IT-Anwendungen haben würde. Erste Schritte in diese Richtung könnten in der Einführung von Markt- und Messlokationen mit der letzten Konsultation der Marktprozesse erkennbar sein.

Neben den Auswirkungen des *Smart Meter Rollout* ergeben sich zusätzliche Anforderungen an die IT der Netzbetreiber durch den Ausbau der Netze mit Komponenten des *Smart Grids*, also insb. Sensoren und Steuerungstechniken für technische Komponenten, die zu einer schnelleren und teilweise autonomen Steuerung einzelner Netzbereiche führen. Die Beschreibung dieser Aktoren im Netz und die Dokumentation von Schaltzuständen aus der Kommunikation von technischen Komponenten miteinander (*Machine to Machine M2M*) erfordert eine Ertüchtigung und Vernetzung aller technischen Systeme und der Prozessleittechnik. Eine zusätzliche Möglichkeit zur Last- bzw. Einspeisebeeinflussung durch den Netzbetreiber ergibt sich mit Einführung der Steuerboxen, deren technische Spezifikation derzeit erarbeitet wird. Mit deren Hilfe können schaltbare Lasten und Einspeiser zeitweise abgeschaltet werden, um Netzengpässe zu beseitigen. Die genauen regulatorischen Anforderungen sind teilweise bereits im MsbG und dem EnWG beschrieben, eine genaue Ausprägung ist aber derzeit noch offen. Anhand der dann vorliegenden Daten zu einzelnen Netzabschnitten lassen sich Instandhaltung, Bauplanung und Ertüchtigungen für die Netzwirtschaft detaillierter und zielgerichteter planen.

Durch die neue Infrastruktur der intelligenten Messsysteme und intelligenten Zähler ergeben sich mögliche neue Ansätze für neue Produkte und Dienstleistungen der

Vertriebe im Bereich der Energieversorgung und angrenzender oder gänzlich neuer Bereiche[492]. Um diese nutzen zu können, sind neben der kreativen Kraft der Produktdesigner entsprechende Infrastrukturen und IT-Systeme erforderlich, um die Bedarfe der Kunden, die Zustände des Netzes und die Dienstleistungen unterschiedlicher Zulieferer in Echtzeit bedienen zu können. Möglicherweise entstehen daraus neue Produkte, die dann in die Handelssysteme zu integrieren sind. Die Aufgabe der IT-Bereiche besteht darin, die technischen Möglichkeiten von intelligenten Zählern und Messsystemen transparent zu machen und die Vertriebsdiskussion kompetent zu unterstützen.

Die deutlich steigende Datenerfassung und deren Echtzeit-Auswertung erfordern entsprechende Bandbreiten. Dies bedingt eine enge Verknüpfung von IT-Anwendungen mit Breitbandtechnologien und EVU-relevanten Technologien. Es ist davon auszugehen, dass auch der aktuelle 4G-Mobilfunkstandard (LTE) nur für einen kurzen Zeitraum (ca. 5 Jahre plus x) ausreichende Übertragungskapazitäten abbilden kann. Wichtig für die Umsetzung im eigenen Unternehmen ist dabei der Aspekt, dass auch bei einer Auslagerung der betroffenen Systeme umfangreiche Abhängigkeiten zur vorhandenen IT bestehen können. Das bedeutet, dass bei der Integration eines Dienstleisters die eigenen Systeme für die Zusammenarbeit geeignet sein müssen und ggf. Überschneidungen in den Funktionalitäten bestehen.

Für die Einführung der Messsysteme müssen daher folgende Umsetzungsaspekte von einer IT-Referenzarchitektur berücksichtigt werden:

- Ein-/Anbindung der Funktionen des *Gateway-Administrators* in die eigenen Systeme und Abgrenzung der Funktionalitäten,

- Einführung und Auditierung komplexer ISMS-Anforderungen,

- Umbau der klassischen *Backend*-Systeme für die Messwertverarbeitung, Geräteverwaltung, Abrechnung und Kundenservice,

- Professionalisierung und Automatisierung der IT-Funktion *Workforcemangement,*

- Vernetzung der kaufmännischen IT mit der Prozessleit- und Verfahrenstechnik.

4.1.4   Typische Betriebs- und Geschäftsprozesse

Die Einführung der intelligenten Messsysteme erlaubt es dem Energieversorger, seine Betriebs- und Geschäftsprozesse individueller zu gestalten. Zu den allgemeinen Daten eines Kunden, Standortdaten, Daten zur Energienutzung, technischen Daten aus dem Netzbereich, Wetterdaten und sozio-ökonomischen Daten, auf die

---

[492] Vgl. dazu unten Abschnitte 7.4 (Netzbetreiber) und 7.6 (Vertrieb).

der Energieversorger schon Zugriff hat, treten zukünftig Messdaten, die im 15-
Minuten- oder einem individuellem Takt übermittelt werden. Der Abruf von Mess-
werten kann auch in nicht planbaren Situationen, z.B. beim Lieferantenwechsel,
einem Wechsel in den Grundversorgungstarif oder beim Auszug/Einzug eines
Letztverbrauchers erfolgen. Hieraus ergeben sich für den Energieversorger neue
Kanäle und Märkte, die in folgenden Tarifanwendungsfällen hinterlegt sind.

- Tarife, die für Verbrauchsabrechnungen herangezogen werden können, bei denen ein hohes Interesse an Datensparsamkeit besteht. Diese Datensparsamkeit
  soll verhindern, dass auf Basis der vom *SMG* versandten Messwerte, Auswertungen über das Verbrauchsverhalten des Letztverbrauchers getätigt werden
  können (Datensparsame Tarife nach § 40 Abs. 5 EnWG).

- Tarif, bei dem der Lieferant dem Letztverbraucher für unterschiedliche Zeiträume verschiedene Preise für die in den jeweiligen Zeiträumen angefallenen Energiemengen in Rechnungen stellt. Die jeweiligen Energiemengen können dann
  beim Lieferanten separiert mit Preisen versehen und abgerechnet werden. (Zeit-
  variabler Tarif nach § 40 Abs. 5 EnWG).

- Tarif, bei dem der Lieferant dem Letztverbraucher flexibel auf Basis der konkret
  anfallenden Last den Verbrauch zu unterschiedlichen Preisen in Rechnung stellt
  (lastvariabler Tarif).

- Tarife, die es ermöglichen, verbrauchte Energiemengen in Verbrauchsstufen
  einzuteilen. Verbrauchsstufen haben dabei festgelegte Mengenkontingente. Wird
  der Verbrauch überschritten, so wird die nächste Stufe aktiviert (verbrauchs-
  variable Tarife).

- Tarife, die mehrere Stufen vorsehen, zwischen denen bei Eintritt von bestimmten
  Ereignissen gewechselt werden kann. Ereignisse können auch externe Marktteilnehmer hervorrufen (ereignisvariable Tarife).

4.1.5   IT-Architektur und Technologiestack von der Zentrale bis zum Zählerschrank

Prozess-Automatisierung und Digitalisierung des Messwesens bedingen erhebliche
Änderungen in der IT-Architektur. Das Einsatzgebiet muss den neuen Anforderungen standhalten, was digitale Zähler und Kommunikationskanäle voraussetzt. Die
Zählwerke müssen in der Lage sein, die Mengen digital zu erfassen und über eine
Schnittstelle bereit zu stellen, an welcher dann ein *Gateway* die Daten erhebt und
einsammelt. Dieses *Gateway* verarbeitet die Daten und übermittelt diese per GSM,
DSL, PLC, Fiber oder einer anderen geeigneten Kommunikationsleitung an die
beteiligten Akteure. Um den einwandfreien und geregelten Betrieb des *Gateways* zu
gewährleisten wird ein neuer Akteur, der *Gateway Administrator*, eingeführt.

Die folgenden Komponenten prägen i.W. das architektonische Umfeld intelligenter Messsysteme:

1. Elektronischer Zähler: Der elektronische Zähler ist zuständig für das Messen der Werte mit entsprechendem Zeitstempel und anschließender Verschlüsselung und Signatur, nach Standard der TR-03109.

2. *Gateway* mit Sicherheitsmodul: Das *Gateway* übernimmt die Aufgaben des Empfangs, der Zuordnung und Verarbeitung sowie Plausibilisierung und Ersatzwertbildung der Messwerte. Deren Ver- und Entschlüsselung ist entsprechend der Sicherheitsrichtlinien in der TR-03109 anzuwenden. Der anschließende Versand an berechtigte Kommunikationspartner erfolgt in einem standardisierten Cosem-XML Datenformat. Das *Gateway* ergibt in Verbindung mit dem Sicherheitsmodul und der modernen Messeinrichtung das eigentliche intelligente Messsystem.

3. *Administratortools* beim *Gateway-Administrator*: Die *Administratortools* spiegeln die Funktionen des *Gateways* und sind für die Verwaltung jeglicher Funktionen und Zertifikate, sowie Benutzerprofilen auf dem *Gateway* von Nöten. Der *Gateway-Administrator* selbst muss ebenso nach TR-03109-6 zertifiziert sein.

4. Zentrale IT: Zu den Aufgaben der zentralen IT gehören das Gerätemanagement, sowie das *Meter-Data-Management* (*MDM*) und die entsprechenden Weiterleitungen an *ERP* und EDM-Systeme auf Basis von *EDIFACT*-Nachrichten. Die dafür eingesetzten *Backend*-Systeme müssen erweitert und angepasst werden.

Daraus folgend sind für die Prozessautomatisierung i.W. drei neue IT-Systeme zu realisieren.

- Zum einen das *Meter-Data-Management*-System, was zukünftig der Kern der *Smart-Metering*-Architektur wird. Es beinhaltet den Datenempfang, sowie die Verarbeitung der Messwerte vom *Gateway* und Standardisierungen. Neben diesen Funktionalitäten bietet es die Möglichkeit, aktuelle und historische Messwerte für Visualisierungen, Prognosen und andere Anwendungen bereit zu stellen.

- Ein weiteres System ist das *Meter-Management*-System (*MMS*), das für die technische Verwaltung zuständig ist. Dies beinhaltet Zähler-, *Gateway*-, Statusverwaltung, sowie die Bearbeitung von Störungsfällen und allgemeinen Wartungen.

- Das dritte neue System, das *Gateway Administrator Tool*, spiegelt die initiale Datenschnittstelle zum *Gateway* ab. Zum Funktionsumfang gehören die Verwaltung der Berechtigten, die Verwaltung der Zertifikate und Softwarestände des *Gateways*, sowie das Empfangen von Preissignalen und Tarifen.

Auch in der technischen Infrastruktur finden durch den *Smart Meter Rollout* Veränderungen statt. So wird bei etlichen Anlagen ein Umbau von Zählerschränken erforderlich sein, um den zusätzlichen Platz für neue Komponenten wie Steuermodule, *Gateways* und ähnliches zu schaffen.

4.1.6   Flexibilität im Energiesystem aus Netzsicht

Die Dezentralisierung und Volatilität der Erzeugung führen tendenziell zu einer stärkeren Vergütung elektrischer Leistung anstelle einer reinen Mengenvergütung (*Energy only Market*). Dies hat Folgen im Zusammenspiel zwischen Erzeugungsanlagen und Netzen. Im Kern müssen dezentrale Erzeugungsanlagen und Verteilernetze ähnliche Ausprägungen wie zentrale Großkraftwerke und Übertragungsnetze erfahren. Ziel sind die Fähigkeiten, Regelleistungsbedarf auf dezentraler Netzebene zu erkennen, zu signalisieren und dezentrale Erzeugungsanlagen entsprechend einzusetzen. Die kommerzielle Abbildung kann mit Hilfe lokaler Auktionsplattformen erfolgen, die von einem VNB oder einem regionalen Bilanzkoordinator betrieben werden. Dessen Aufgabe wäre, den zu erwartenden Regelleistungsbedarf mit Hilfe von Lastflussberechnungen und Netzlastprognosen auf Netzknotenebene zu ermitteln.

Auf der Stammdatenseite müssten dann die den Netzknoten zuordenbaren Lasten und Einspeisungen abgebildet werden. Mittels Szenarien könnte abgebildet werden, wie sich das lokale bzw. regionale Energiesystem verhält[493]. Aus diesen Berechnungen ergeben sich die tages-, stunden- und viertelstundenscharfen Regelleistungsbedarfe inkl. der maximal zu erwartenden Momentan-Regelleistung, die aus Gründen der Netzstabilität ebenfalls erbracht werden muss.

Hieraus ist schließlich der benötigte langfristige Regelleistungsbedarf ableitbar, für dessen Erbringung sich beeinflussbare Einspeiser und Verbraucher präqualifizieren können und mit dem regionalen Bilanzkoordinator einen Rahmenvertrag über die Lieferung von Regelleistung abschließen. Hierzu muss der Anbieter nachweisen, dass seine Anlagen organisatorisch (Personal, Sicherstellung der Verfügbarkeit), primär- und sekundärtechnisch (Leistungsbandbreite, Stufigkeit, Regelgradienten) in der Lage sind, die geforderte Leistungsdynamik zu erbringen. Die Inhalte des Rahmenvertrags werden als Stammdaten in einem Vertragsmanagementsystem festgehalten, das die Eckdaten für die folgenden Verarbeitungsschritte vorhält. Ebenso werden hier die Anbieter-individuellen Zugriffsrechte und Plausibilisierungsdaten für die spätere Interaktion per Internet festgehalten.

---

[493] Beispiel: Feiertag mit geringem Leistungsbedarf auf der Verbraucherseite und hohem Wind- und Solarenergieaufkommen auf der Einspeiseseite.

Weiterhin müssen vertragliche Nebenbedingungen, wie z.B. die Erbringung von Wärmelieferungen seitens des Anbieters, in Betracht gezogen werden. Eine mögliche Lösung hierfür ist die Bündelung mehrerer unterschiedlicher Anlagentypen (Wind, KWK, Speicher, beeinflussbare Lasten) im virtuellen Kraftwerksverbund, um jederzeit Regelleistung, Strom- und Wärmelieferung zuverlässig und betriebswirtschaftlich optimal erbringen zu können. Hier findet sich auch ein mögliches Einsatzgebiet für direkt vermarktete Anlagen, deren volatiles Einspeiseverhalten so besser ausgeglichen und vergütet werden kann. Ein virtuelles Kraftwerk eignet sich auch, den Wechsel oder sogar parallelen Betrieb von Regelenergiemärkten und EOM (Terminmarkt, Spotmarkt) mit optimalen betriebswirtschaftlichen Ergebnissen durchzuführen. Herzstück ist hierbei eine mathematische Optimierungssoftware, die unter Beobachtung von Marktpreisen, Lastprognosen und Verfügbarkeiten optimierte Einsatzfahrpläne auf Anlagen- oder Poolbasis ermittelt.

Im Kern muss durch die IT-Referenzarchitektur eine „Kraftwerkseinsatzplanung" auf dezentraler Ebene unterstützt werden, die durch den Einbezug von Energiehandel und Absatzportfolio zur vollwertigen Querverbundoptimierung wird. Die Signalisierung und damit die Interaktion der Marktteilnehmer, sollte hier über das Ampelkonzept gem. BDEW-*Roadmap Smart Grid* erfolgen. Ergänzend dient die in der BDEW-*Roadmap Smart Grids* vorgeschlagene Diensteplattform zur diskriminierungsfreien Datenvermittlung zwischen den Marktpartnern.

Anwendungsbezogen und funktional sollten folgende Umsetzungsaspekte von einer IT-Architektur berücksichtigt werden:

1. Die zentrale Herausforderung besteht in der echtzeitnahen Verknüpfung der kommerziellen IT (Portfolio-, Energiedatenmanagement, Prognosen) und der industriellen IT (Leitsysteme, Übertragungstechnik, Mess-/Steuer-/Regelungstechnik). Außerdem muss – i.S.v. Hybridnetzen – das Verhalten der leitungsgebundenen Energieträger Strom, Gas und Wärme einbezogen und „*Cross Commodity*" aufeinander abgestimmt werden.

2. Zum Betrieb eines solchen Pools benötigt der Anbieter neben der technischen Anbindung (Fernwirk-, Prozessleit-, Gebäudeleit-, Mess-/Steuer-/Regelungstechnik, zukünftig *SMG*) der Anlagen auch *SCADA*-Funktionen sowie eigene Prognose und Optimierungswerkzeuge.

3. Der kurzfristige Leistungsabruf erfolgt dann über den regionalen Bilanzkoordinator, der mit Hilfe von Kurzfristprognosen und dem aktuellen Netzzustand einschließlich geplanter Maßnahmen (z.B. Abschalten von Netzbereichen wegen Baumaßnahmen) den Regelleistungsbedarf bestimmt. Spätestens hier ergibt sich die Notwendigkeit, die Verteilernetze stärker dezentral zu automatisieren („*Feeder Automation*").

4. Hierzu müssen bisher nur nachgeführte Ortsnetzeinrichtungen fernwirktechnisch eingebunden werden, mind. auf der Meldungsseite, idealerweise auch in Steuerrichtungen. Zusätzliche Messeinrichtungen ermitteln in Echtzeit die Einspeisung und Entnahme an kritischen dezentralen Netzknoten. Alternativ, ergänzend oder übergangsweise ist der stärkere Einsatz von Netzzustandsschätzungen (*„Online State Estimation"*) vorstellbar, da hiermit die Ausbaukosten der Messtopologie reduziert oder verlagert werden können.

5. Hinzu kommen Kaskadenabrufe der vorgelagerten Netzebene. Ähnlich dem Prinzip der Primär-, Sekundär- und Tertiärregelung steuert der regionale Bilanzkoordinator entweder die Anlagen direkt oder ruft die Leistung elektronisch ab.

6. Für diese Anbindung sind Standardschnittstellen, -prozesse und -formate erforderlich. Hierfür eignen sich XML-basierte Lösungen (bis auf Viertelstundenebene) und prozesstechnische Lösungen (z. B. OPC, IEC 870-5, IEC 61850, CIM) für den kurzfristigen Abruf. Die Sicherheit der Transaktionen ist über ein mehrstufiges Quittierungsverfahren (Empfangs- und Syntaxbestätigung, Akzeptanzbestätigung, Antwort-Nachricht) und eine gesicherte Datenübertragung (gegenseitige Authentifizierung, Verschlüsselung) zu gewährleisten.

Die nötige Übertragungsinfrastruktur sollte als gemeinsames Energieinformationssystem aufgebaut werden, um eine einheitliche, hochautomatisierte, sichere und leicht administrierbare Umgebung unter Einhaltung aller Zeit- und Sicherheitsbedingungen zu gewährleisten. Dieses Netz könnte auch die konsistente Haltung von Stamm-, Plan- und Bewegungsdaten für alle Marktteilnehmer leisten.

Weiterhin ist auf die eindeutige Referenzierung der Nachrichtenaustausche und deren manipulationssicheren Vorhaltung zu achten. Ähnlich einem Betriebsprotokoll einer Leitstelle muss der komplette Datenaustausch nachvollziehbar, revisionssicher, zugriffsgeschützt und einsehbar hinterlegt sein. Da die Abrufe i.S.d. Netzstabilität zeitkritisch sind, müssen ggf. Ersatzwege für die Kommunikation vorgehalten werden.

Nach dem Abruf muss eine vertragskonforme Abrechnung und Bilanzierung erfolgen. Diese basiert einerseits auf den Leistungspreisen, die gem. Auktionsergebnis und Leistungsbereitstellungszeitraum verrechnet werden müssen. Dafür benötigen die Anbieter Werkzeuge zur formalen und sachlichen Rechnungsprüfung. In jedem Fall reichen klassische Abrechnungssysteme nicht aus, da die kurzzyklische bzw. spontane Leistungsbereitstellung Energiedatenmanagementlösungen erforderlich macht, die u.U. sogar azyklische (minutenscharfe, spontane) Ereignisse verarbeiten müssen (echtes *„Realtime Pricing"*).

Hinzu kommt die Notwendigkeit der Netzbilanzierung auf regionaler Ebene, die eine weitere Untergliederung vorhandener EDM-Systeme beim regionalen Bilanzkoordinator und eine Einführung solcher Systeme beim Anbieter erforderlich macht.

4.1.7 Flexibilität im Energiesystem aus Vertriebssicht

Das Energiesystem Deutschlands entwickelt sich zunehmend zu einem verbrauchsbestimmten Regelkreis. Deshalb steht das Energiesystem vor der Herausforderung, zukünftig den aktuellen Verbrauch stärker auf die momentane regionale oder sogar lokale Einspeisesituation einzustellen. *„Demand Side Management"*[494] (*DSM*) beschreibt die aktive Beeinflussung des Verbraucherverhaltens durch Lastabsenkung und -anhebung sowie die zeitliche Verlagerung von Verbräuchen.

Die von der Einführung eines *DSM* betroffenen Systeme und Abhängigkeiten sowie neu zu etablierenden Funktionen und (kommunikations-) technischen Anforderungen müssen identifiziert und im zweiten Schritt neu etabliert oder ertüchtigt werden.

Wichtig für die IT-Umsetzung eines *DSM* sind:

- Die Verlagerungsfähigkeit von Energiebezügen (z.B. mögliche Produktionsverlagerungen in der Industrie, Wärme- und Kälteproduktion) und deren Kosteneffekte ist zu ermitteln (ggf. höhere Kosten durch Produktionsunterbrechungen in Folgeprozessen).

- Ist die Verlagerungsfähigkeit gegeben, muss die erforderliche Sensorik und Aktorik in den Verbrauchsanlagen und zwischen den beteiligten Unternehmen hergestellt werden.

- Ein kritischer Faktor ist zusätzlich, dass bisherige Lastprognosen auf einem unbeeinflussten Verbraucherverhalten beruhen. Diese sog. „Arbitragefreiheit" wird zukünftig nicht mehr gegeben sein, da sich signifikante Verbrauchsmengen aktiv nach dem Marktgeschehen richten werden. Dies muss bei allen Marktakteuren (Lieferanten, Netzbetreiber) durch unterschiedliche Prognosestrategien für beeinflussbare und nicht-beeinflussbare Verbraucher berücksichtigt werden.

- Zu beachten bleibt, dass beeinflussbare Verbrauchseinrichtungen optimal in ein virtuelles Kraftwerkskonzept integriert werden können – als „Erzeuger mit negativem Vorzeichen".

- Diese Aussage gilt auch für vorhandene und zukünftige Speichertechnologien, die gedanklich je nach Situation als Einspeiser oder Verbraucher agieren können und gem. den vorigen Ausführungen in das Energieinformationsnetz einbezogen

---

[494] Vgl. dazu unten ausführlich Abschnitt 4.5 (Lastmanagement – *Demand Side Management*).

werden müssen. Stellvertretend seien hier die Diskussionen aus der *eMobility* „*Vehicle-to-Grid*" genannt.

▪ Darüber hinaus ermöglicht eine detailliertere Auswertung des Verbraucherverhaltens mit den Daten der *Smart Meter* und *Big Data*-Technologien eine bessere individuelle Prognose und eine Optimierung der Bilanzkreise.

4.1.8 Rolle von Speichern, *Demand Side Management* und virtuellen Kraftwerken für das *Smart Grid*

Das *Smart Grid* bietet die Möglichkeit, neue Technologien und Geschäftsmodelle in den Markt zu integrieren, z.b. Speichertechnologien. Die Ideen für Stromspeicher sind vielfältig[495]: So könnten Elektroautos herangezogen werden, um Strom zu speichern und sie bei Bedarf wieder ins Netz einzuspeichern oder die Umwandlung von Strom zu Wasserstoff mit Hilfe des Elektrolyse-Prozesses könnte umgesetzt werden. Jüngst haben Automobilhersteller den Vertrieb von reinen Haushaltsbatterien begonnen, die nicht mehr in Elektroautos verbaut werden, sondern zuhause vor Ort montiert werden. Weiterhin bestehen Überlegungen seitens der Energieversorger, solche Haushaltsbatterien zu einem Schwarm zu bündeln, um noch flexibler auf fluktuierende Erzeugung reagieren zu können.

DSM kann mit Hilfe von *Smart Grids* effizienter durchgeführt werden, da jeder Verbraucher und Erzeuger durch die Installation von Steuerboxen individuell angesteuert werden kann, sodass mehr Erzeugungseinheiten im optimalen Betriebspunkt gefahren werden können, wodurch die Auslastung steigt und Einsatzkosten verringert werden. Nutzen gegenwärtig noch vorwiegend gewerbliche Kunden das *DSM* (z.B. Lastabwurf), so könnten mit der Etablierung des *Smart Metering* auch bei Haushaltskunden individuell Laststeuerungen vorgenommen werden.

---

[495] Dazu ausführlich Abschnitt 4.3.1 (Überblick zu Stromspeichertechnologien).

4.1.9 *Smart Meter Rollout* und Bedeutung für das deutsche Energiesystem

4.1.9.1 Das Messstellenbetriebsgesetz

Der bundesdeutsche Gesetzgeber hat auf der Grundlage von Vorgaben der EU[496] mit dem MsbG die rechtliche Basis für den verpflichtenden und optionalen Einbau von „*Smart Metern*" geschaffen[497]. Das MsbG unterscheidet Verbraucherkategorien und Anlagenbetreibergruppen. § 29 Abs. 1 Nr. 1 und Nr. 2 MsbG verpflichtet den grundzuständigen Messstellenbetreiber, ortsfeste Zählpunkte bei Letztverbrauchern mit einem Jahresstromverbrauch über 6.000 kWh, bei solchen Letztverbrauchern, mit denen eine Vereinbarung nach § 14 EnWG besteht, und bei Anlagenbetreibern mit einer installierten Leistung über 7 kW mit intelligenten Messsystemen auszustatten. Für ortsfeste Zählpunkte bei Letztverbrauchern mit einem Jahresstromverbrauch bis einschließlich 6.000 kWh sowie bei Anlagen mit einer installierten Leistung über 1 bis einschließlich 7 kW besteht die Option, sie mit intelligenten Messsystemen auszustatten. Sowohl die verbindliche, als auch die optionale Ausstattung unterliegt den Voraussetzungen der technischen Möglichkeit nach § 30 MsbG und der wirtschaftlichen Vertretbarkeit gem. § 31 MsbG.

Von der europäischen Ebene aus betrachtet, handelt es sich bei dem „*Smart Meter*" um eine kommunikationsfähige Messeinrichtung beim Endkunden. Auf nationaler Ebene wird der Begriff des „*Smart Meter*" im MsbG nicht verwendet. Daher ist er nicht legal definiert. Regelmäßig wird er jedoch als Oberbegriff für Messsysteme beim Kunden gebraucht[498]. Die BNetzA definiert *Smart Meter* als eine Messeinrichtung zur Erfassung elektrischer Energie, die in ein Kommunikationsnetz eingebunden ist und die der Verbraucherin/dem Verbraucher den tatsächlichen Energieverbrauch und die tatsächliche Nutzungszeit anzeigt. Sie sieht in einem *Smart Meter* demnach ein intelligentes Messsystem (Vorliegen einer Einbindung in ein Kommunikationsnetz).

Das MsbG definiert den Begriff des intelligenten Messsystems. Dieses besteht aus einer modernen Messeinrichtung, der Informationsgrundlage in standardisierter

---

[496] Erdgasbinnenmarktrichtlinie 2009/73, Anhang I Abs. 2; Lüdemann/Ortmann/Pokrant, a.a.O. (Fn. 216), S. 339 f., I; für Strom vgl. RL 2009/72/EG, Anhang I, 2: BT-Drs. 18/7555 v. 17.02.2016, A, S. 1. Vgl. dazu auch oben Abschnitt 3.1.2.3 (Digitalisierung des Messwesens).

[497] Lüdemann/Ortmann/Pokrant, wie vorige Fn.

[498] Erwägung 17 der Empfehlungen der Kommission v. 09.03.2012 zu Vorbereitungen für die Einführung intelligenter Messsysteme, ABl. EU2012 Nr. 73, I Nr. 3b; Schäfer-Stradowsky/Boldt, Energierechtliche Anmerkungen zum *Smart Meter-Rollout*, in: EnWZ, Heft 8, 2015, S. 349 f., I.1.

Form, die gem. § 2 Satz 1 Nr. 15 MsbG in der Lage ist, den tatsächlichen Elektrizitätsverbrauch und die tatsächliche Nutzungszeit widerzuspiegeln, sowie einer BSI-zertifizierten Kommunikationseinheit, dem sog. „*Smart-Meter-Gateway*'" zur Einbindung der Messeinrichtung in ein Kommunikationsnetz[499]. Intelligente Messsysteme grenzen sich durch Plattform-Kompatibilität, sowie durch die Fertigung nach einem *Privacy-by-design*-Standard des BSI von herkömmlichen Messsystemen ab[500]. Damit stellen intelligente Messsysteme eine Ausführung des „*Smart Meter*" dar. Durch diese informations- und regeltechnischen Erweiterungen wird eine Basis geschaffen, um konventionelle Energienetze zu modernen, intelligenten Netzen, sog. „*Smart Grids*", auszubauen.

Durch den „*Rollout*" intelligenter Messsysteme werden zukünftig 96 Viertelstundenwerte pro Tag und damit 35.040 Einzelwerte pro Jahr je angebundenem Zählpunkt erfasst und übermittelt[501]. Während „*Smart Meter*" zunächst einmal auf Letztverbraucherseite Informationen über das Verbrauchsverhalten bereitstellen, verarbeiten „*Smart Grids*" diese Informationen auch netzseitig, um Erzeugung und Verbrauch besser aufeinander abzustimmen. Ferner kommt dem „*Smart Grid*" die intelligente Steuerung von Verbrauchs- und Speicheranlagen perspektivisch zu[502]. Der durch das GDEW vorgesehene „*Rollout*" von intelligenten Messsystemen geht insoweit deutlich über die von der EU verlangte Einführung von „*Smart Meter*" hinaus. Die zentralen Beweggründe hierfür sind in der deutschen Energiewende und den besonders hohen Datenschutzzielen zu suchen[503].

Auf der Anlagenseite soll eine einheitliche Kommunikations- und Steuerungstechnik das Einspeisemanagement verbessern und es somit ermöglichen, Schwankungen zwischen Angebot und Nachfrage besser zu koordinieren. Ferner können somit Ausgleichskosten reduziert werden[504]. Zu den Maßnahmen des Einspeisemanagements zählt auch die Abregelbarkeit sowie die damit verbundene Direktvermarktungsfähigkeit von EEG-/KWK-Anlagen[505]. Intelligente Messsysteme mit Steuerungstechnik, die sog. Steuerbox, wird in schaltungskritischen Fällen als Zusatzmodul und -leistung implementiert – liefern also eine standardisierte Schnittstelle, um durch Einspeise- und Preismanagement entstehende Einspeiseschwankungen auszugleichen und eine Abrechnung der schwankenden zu Preise ermöglichen.

---

[499] Lüdemann/Ortmann/Pokrant, a.a.O. (Fn. 216).

[500] BT-Drs. 18/7555 v. 17.02.2016, A, S. 1.

[501] BT-Drs. 18/7555, S. 2.

[502] Vgl. http://www.bmwi.de/Redaktion/DE/Artikel/Energie/intelligente-netze.html.

[503] BT-Drs. 18/7555, a.a.O.

[504] BT-Drs. 18/8218 v. 25.04.2016, S.9; Lüdemann/Ortmann/Pokrant, a.a.O. (Fn. 216).

[505] BNetzA, BK 6, Festlegungsverfahren zur bilanziellen und energetischen Behandlung von Einspeisemanagementmaßnahmen v. 25.09.2013, S. 2.

Über intelligente Messsysteme mit Steuerungstechnik kann der Netzbetreiber Maßnahmen des Einspeisemanagements zur optimalen Netzauslastung durchführen und
durch Kenntnis der aktuellen Einspeiseleistung Überlastungen des Netzes verhindern. Ferner ist hier der Netzausbau als Kosten– und Infrastrukturposition zu beachten. Da die Netzdimensionierung von der Jahreshöchstlast abhängig ist, können
Netzbetreiber Detailinformationen über Einspeisung und Verbrauch für genauere
Prognosen nutzen, um volatile Einspeisungen sichtbar zu machen[506]. Somit können
Netzüberlastungen und volkswirtschaftlich unnötige Netzausbauten vermieden werden, wobei die Notwendigkeit eines Netzausbaus für die Aufnahme weiteren Stroms
aus EEG-Anlagen unstreitig ist[507]. Für die erforderliche „Austarierung" des Netzes
braucht man intelligente Messsysteme.

Auf Letztverbraucherseite verfolgt der Gesetzgeber das Ziel, durch Informationen
über den Energieverbrauch Einsparpotenziale zu heben. Hinzu kommt, dass der
Gesetzgeber tageszeit- und lastvariable Tarife anstrebt[508]. Hierzu haben Lieferanten
gem. § 40 Abs. 5 EnWG für Letztverbraucher von Elektrizität einen Tarif anzubieten, der einen Anreiz zu Energieeinsparung oder Steuerung des Energieverbrauchs
setzt. Grundsätzlich erhält der Letztverbraucher mit einer bloßen modernen Messeinrichtung sowie frei zugänglichen Informationen über aktuelle Tarife ausreichend
Daten, um seinen Energieverbrauch zu optimieren. Dies würde allerdings vom
Letztverbraucher häufiges, regelmäßiges Ablesen und selbstständiges Auswerten der
Verbrauchswerte verlangen. Der Energieversorger kann die in der modernen Messeinrichtung gespeicherten Daten z.B. jährlich ablesen und somit auch flexible Tarife
abrechnen.

Damit stellt sich jedoch die datenschutzrechtlich Frage, ob diese personenbezogenen
Daten ohne das Vorhandensein eines intelligenten Messsystems die Sphäre des Verbrauchers verlassen dürfen, wodurch auf Letztverbraucherseite der *„Rollout"* moderner Messsysteme ausreichen würde. Dies ist jedoch zu bezweifeln: Zunächst
spricht der Gesetzgeber dem Datenschutz im GDEW eine wichtige Rolle zu[509].
Gem. § 2 Satz 1 Nr. 15 MsbG kann die moderne Messeinrichtung über ein *SMG* in
ein Kommunikationsnetz eingebunden werden. Dem Sinn und Zweck dieser Norm
folgend ist davon auszugehen, dass die grundsätzliche Kommunikation über das
SMG erfolgen soll.

---

[506] BT-Drs. 18/8218 v. 25.04.2016, S. 9.
[507] Fest, Der Netzausbau im Recht der Energiewende, in: NVwZ, 2013, S. 824, I.
[508] Siehe hierzu § 40 Abs. 5 EnWG; BT-Drs. 18/7555 v. 17.02.2016, A.
[509] BT-Drs. 18/7555 v. 17.02.2016, B, S. 2; BMWi, Baustein für die Energiewende:
       7 Eckpunkte für das „Verordnungspaket intelligente Netze".

Diese Auffassung bestärken auch die §§ 21 und 22 MsbG, wonach hohe Mindestanforderungen u.a. für die Datenübermittlung an intelligente Messsysteme bzw. *SMG* gestellt werden. Ein Verlassen personenbezogener Daten der modernen Messeinrichtung auf „analoge Weise" würde dem Zweck dieser Normen zuwider laufen. Rechtsprechung zu dieser Frage bleibt abzuwarten.Um zu verhindern, dass ein – wie von der EU- Kommission verlangter – *„Rollout"* mehr Kosten verursacht als Nutzen bringt, wurde in Deutschland eine Kosten- Nutzen- Analyse in Auftrag gegeben. Der im Juli 2013 veröffentlichte Endbericht bewertet einen *„Rollout"* für einen Großteil der Stromkunden als wirtschaftlich nicht zumutbar. Es wurde eine stufenweise Einführung empfohlen, um Kunden mit höherem Einsparpotenzial die Möglichkeit zu geben, von einer verpflichtenden Ausstattung zu profitieren[510]. Grds. erhält der Letztverbraucher mit einer bloßen modernen Messeinrichtung sowie frei zugänglichen Informationen über aktuelle Tarife ausreichend Daten, um seinen Energieverbrauch zu optimieren. Dies würde allerdings vom Letztverbraucher häufiges, regelmäßiges Ablesen und selbstständiges Auswerten der Verbrauchswerte verlangen. Der Energieversorger kann grds. die in der modernen Messeinrichtung gespeicherten Daten z.B. jährlich ablesen und somit auch flexible Tarife abrechnen.

Damit stellt sich jedoch die datenschutzrechtlich Frage, ob diese personenbezogenen Daten ohne das Vorhandensein eines intelligenten Messsystems die Sphäre des Verbrauchers verlassen dürfen, wodurch auf Letztverbraucherseite der *„Rollout"* moderner Messsysteme ausreichen würde. Dies ist jedoch zu bezweifeln: Zunächst spricht der Gesetzgeber dem Datenschutz im GDEW eine wichtige Rolle zu[511]. Gem. § 2 Satz 1 Nr. 15 MsbG kann die moderne Messeinrichtung über ein *SMG* in ein Kommunikationsnetz eingebunden werden. Dem Sinn und Zweck dieser Norm folgend ist davon auszugehen, dass die grundsätzliche Kommunikation über das *SMG* erfolgen soll. Diese Auffassung bestärken auch die §§ 21 und 22 MsbG, wonach hohe Mindestanforderungen u.a. für die Datenübermittlung an intelligente Messsysteme bzw. *SMG* gestellt werden. Ein Verlassen personenbezogener Daten der modernen Messeinrichtung auf „analoge Weise" würde dem Zweck dieser Normen zuwider laufen. Rechtsprechung zu dieser Frage bleibt abzuwarten.

4.1.9.2 Moderne Messeinrichtung

Gem. § 2 Nr. 15 MsbG stellt eine moderne Messeinrichtung eine Messeinrichtung dar, die den tatsächlichen Elektrizitätsverbrauch und die tatsächliche Nutzungszeit widerspiegelt und über ein *SMG* sicher in ein Kommunikationsnetz eingebunden werden kann. Prägend für die Einordnung einer Messeinrichtung als „modern" ist

---

[510] BT-Drs. 18/7555 v. 17.02.2016, A. S. 1; Lüdemann/Ortmann/Pokrant, a.a.O. (Fn. 216).

[511] BT-Drs. 18/7555 v. 17.02.2016, B, S. 2; BMWi, Baustein für die Energiewende: 7 Eckpunkte für das „Verordnungspaket intelligente Netze".

also deren Fähigkeit, die tatsächlichen Elektrizitätsverbräuche und Nutzungszeiten zu visualisieren und das Potenzial zur sicheren Einbindung in ein Kommunikationsnetz über ein *SMS*. „Gewöhnliche" Messgeräte müssen diese Anforderungen nicht erfüllen. Sie sind als Messgeräte, die allein oder in Verbindung mit anderen Messgeräten für die Gewinnung eines oder mehrerer Messwerte eingesetzt werden, definiert (§ 2 Nr. 10 MsbG).

Die Fähigkeit zur Visualisierung ist in Abgrenzung zu den konventionellen Zählern (Ferraris-Zählern) zu sehen. Bei Vorhandensein einer modernen Messeinrichtung hat der Messstellenbetreiber dafür Sorge zu tragen, dass der Anschlussnutzer standardmäßig über die Informationen zum tatsächlichen Energieverbrauch und der tatsächlichen Nutzungszeit hinaus historische tages-, wochen-, monats- und jahresbezogene Energieverbrauchswerte jeweils für die letzten 24 Monate einsehen kann.

Bei Vorhandensein eines intelligenten Messsystems muss der Messstellenbetreiber sogar dafür Sorge tragen, dass der Anschlussnutzer standardmäßig jederzeit zumindest folgende Informationen einsehen kann:

- Informationen über den tatsächlichen Energieverbrauch sowie über die tatsächliche Nutzungszeit,

- abrechnungsrelevante Tarifinformationen und zugehörige abrechnungsrelevante Messwerte zur Überprüfung der Abrechnung,

- historische Energieverbrauchswerte entsprechend den Zeiträumen der Abrechnung und Verbrauchsinformationen nach § 40 Abs. 3 EnWG für die drei vorangegangenen Jahre,

- historische tages-, wochen-, monats- und jahresbezogene Energieverbrauchswerte und, soweit vorhanden, Zählerstandsgänge jeweils für die letzten 24 Monate sowie

- die Informationen aus § 53 Abs. 1 Nr. 1 MsbG (Einsicht in die im elektronischen Speicher- und Verarbeitungsmedium gespeicherten, auslesbaren Daten).

Des Weiteren muss die moderne Messeinrichtung über ein *SMG* in ein Kommunikationsnetz eingebunden werden können. Ein *SMG* ist „die Kommunikationseinheit eines intelligenten Messsystems, die ein oder mehrere moderne Messeinrichtungen und weitere technische Einrichtungen wie Erzeugungsanlagen nach dem EEG oder KWKG zur Gewährleistung des Datenschutzes, der Datensicherheit und Interoperabilität unter Beachtung der besonderen Anforderungen von Schutzprofilen und Technischen Richtlinien nach § 22 Abs. 1 und 2 MsbG sicher in ein Kommunikationsnetz einbinden kann und über die Funktionalitäten zur Erfassung, Verarbeitung und Versendung von Daten verfügt" (§ 2 Nr. 19 MsbG).

4.1.9.3 Intelligente Messsysteme

In § 2 Nr. 7 MsbG ist das intelligente Messsystem definiert als „eine über ein *SMG* in ein Kommunikationsnetz eingebundene moderne Messeinrichtung zur Erfassung elektrischer Energie, das den tatsächlichen Energieverbrauch und die tatsächliche Nutzungszeit widerspiegelt und den besonderen Anforderungen nach den § 21 und 22 MsbG genügt, die zur Gewährleistung des Datenschutzes, der Datensicherheit und Interoperabilität in Schutzprofilen und Technischen Richtlinien festgelegt werden können".

§ 21 MsbG stellt dabei Mindestanforderungen an intelligente Messsysteme. Sie müssen:

- die zuverlässige Erhebung, Verarbeitung, Übermittlung, Protokollierung, Speicherung und Löschung von aus Messeinrichtungen stammenden Messwerten gewährleisten,
- eine Visualisierung des Verbrauchsverhaltens des Letztverbrauchers ermöglichen,
- sichere Verbindungen in Kommunikationsnetzen durchsetzen,
- ein *SMG* beinhalten,
- die von der BNetzA vorgegebenen Grenzen für den Eigenstromverbrauch einhalten und
- die Stammdaten angeschlossener Anlagen übermitteln können.

Das intelligente Messsystem besteht aus einer oder mehreren modernen Messeinrichtungen und einem Kommunikationsmodul, dem sog. *Gateway*. Es erhebt und übermittelt die Verbrauchsdaten sicher und verschlüsselt und muss die Anforderungen nach § 22 MsbG erfüllen.

Bei der Unterscheidung zwischen modernen Messeinrichtungen und intelligenten Messsystemen ist demnach darauf abzustellen, ob die Messeinrichtung nur potenziell in ein Kommunikationsnetz eingebunden werden kann oder ob sie faktisch eingebunden ist und darüber hinaus die Anforderungen aus §§ 21, 22 MsbG erfüllt.

Das intelligente Messsystem stellt demnach durch das implementierte *SMG*, das die Einbindung in das Kommunikationsnetz ermöglicht, ein „Mehr" gegenüber den modernen Messeinrichtungen dar.

4.2 Virtuelle Kraftwerke

4.2.1 Begriffsdefinition

Eine einheitliche Definition des Begriffs „virtuelles Kraftwerk" ist nur schwer möglich. So weisen sogar die Definitionen der einzelnen Betreiber von virtuellen Kraftwerken und spezialisierten IT-Dienstleistern signifikante Differenzen auf. Die Definitionen reichen von „gemeinschaftlicher Bewirtschaftung (Planung, Vermarktung, Überwachung und Steuerung) einer Vielzahl von kleinen Erzeugungsanlagen und flexiblen Verbrauchern an unterschiedlichen Orten, mit verschiedenen Energieträgern, unterschiedlichen Technologien und Leistungen"[512] bis hin zu „multimodalen Energiemanagement-Systemen zur Unterstützung klassischer (Direktvermarktung, Demand Response, Regelenergie...) und künftiger Anwendungsfälle (*EV2Grid*, *Home2Grid* ...)"[513].

Zusammenfassend treffen die nachfolgend aufgezeigten Eigenschaften auf virtuelle Kraftwerke zu, aus denen sich eine weitgefasste Definition herableiten lässt:

Virtuelle Kraftwerke bezeichnen die zentrale Steuerung mehrerer Energieerzeugungsanlagen, Verbrauchern und Speichern wobei die technische Einheit nur auf der Steuerung und auf der IT beruht. Die Energieerzeugungsanlagen stehen in keinem räumlichen Verhältnis zueinander und eine räumliche Verbundenheit der einzelnen Energieerzeugungsanlagen liegt nicht vor. Weitere typische Eigenschaften eines virtuellen Kraftwerks sind zum einen die dezentrale Erzeugung an mehreren Standorten sowie die bereits angeschnittene zentrale Steuerung und Fernüberwachung. Weiterhin ist die Flexibilität virtueller Kraftwerke hervorzuheben, womit Betreiber von virtuellen Kraftwerken in kürzester Zeit auf Markt- und Preisveränderungen reagieren können. Diese Flexibilität rührt v.a. aus der Mischung von verschiedenen Anlagenarten und Energieträgern – so lassen sich verschiedenste Energieerzeugungsanlagen (sowohl konventionell als auch erneuerbar) zu einem virtuellen Kraftwerk bündeln und im Optimalfall Synergieeffekte realisieren.

Zusammenfassend erfüllen virtuelle Kraftwerke folgende Eigenschaften:

- Verbund/Pool von Erzeugungsanlagen, Verbrauchern und Speichern,
- die dezentral,
- vernetzt,
- mit zentraler Steuerung,
- fernüberwacht werden

---

[512] Theodor Baumhoff, *Sales Manager* der Procom GmbH (05/2016).
[513] Gerhard Graf, *Product Manager* VPP der Bosch *Software Innovations* GmbH (05/2016).

- und in einem flexiblen System
- mit flexiblen Komponenten
- unter Mischung von verschiedenen Anlagenarten agieren.

4.2.2 Virtuelle Kraftwerke im *Smart Market* und *im Smart Grid*: Nutzen und Einsatzfelder

Die Energiewirtschaft durchlebt in den letzten Jahren einen intensiven Wandel. V.a. der Begriff *Smart Grid* gewann und gewinnt weiterhin an Bedeutung und soll zukünftig das konventionelle Elektrizitätsnetz ablösen. Der Begriff *Smart Grid* lässt sich grob als konventionelles Elektrizitätsnetz aufgerüstet durch Kommunikations-, Mess-, Steuer-, Regel- und Automatisierungstechnik sowie IT-Komponenten definieren. Durch diese Aufrüstung erhofft man sich eine bessere Ausnutzung der Netzinfrastruktur sowie eine Verbesserung der Netzstabilität. Im Gegensatz zum konventionellen Elektrizitätsnetz lassen sich in *Smart Grids* verschiedene Parameter individuell variieren. Diese Neuerung ermöglicht zukünftig auch kleineren Netznutzern am Markt agieren und aktiv am Marktgeschehen teilnehmen zu können. Mit der Umsetzung der *Smart Grids* soll ein aktiv steuerbares Energienetz entstehen, um ein Zusammenspiel aller Akteure am Energiemarkt zu ermöglichen.

Ein anderer Begriff, der eng mit *Smart Grid* verbunden ist, ist der Begriff des *Smart Market*. Der *Smart Market* kann hierbei als Überbau der *Smart Grids* aufgefasst werden. Während *Smart Grids* explizit auf dem Elektrizitätsnetz beruhen, bezieht sich der Begriff des *Smart Market* auf den Bereich außerhalb des Netzes, auf dem die jeweiligen Marktakteure Energiemengen austauschen und Dienstleistungen bereitstellen.

Virtuelle Kraftwerke können sowohl marktdienlich, als auch netzdienlich eingesetzt werden. Im *Smart Market* liegt die Stärke von der Substitution von Bandlieferungen aus Großkraftwerken bis zum Einsatz im *Intraday*-Markt. Die Flexibilität virtueller Kraftwerke ermöglicht aber auch die Bereitstellung von Regelleistung von der Minutenreserve bis zur Primärregelung. Dabei bietet das Anlagen-*Cluster* des virtuellen Kraftwerks eine grds. höhere Verfügbarkeit als eine einzelne Großanlage[514].

---

[514] Die Geschäftsmodelle zur Nutzung dieser Potenziale werden unten in den Abschnitten 7.1 (Herkömmliche Geschäftsmodelle unter Druck) und 7.2 (Erzeuger) dieses Buchs beschrieben.

4.2.3   Technologien und Komponenten virtueller Kraftwerke

Der Aufbau eines virtuellen Kraftwerks lässt sich grob in das zentrale Portfoliomanagement, die zentrale Intelligenz und die dezentrale Prozesstechnik einteilen.

Die dezentrale Prozesstechnik ist nicht nur auf dezentrale Energieerzeugungsanlagen begrenzt, sondern auch Verbraucher und Speicher finden ihren Platz auf dieser Ebene. Je nach Bedarf lassen sich auf dieser Ebene individuell Energieerzeugungsanlagen, Verbraucher und Speicher ab- oder zuschalten. Besonders der Einsatz von Speichern trägt zur Minimierung der Einsatzkosten (Minimierung von Regelungsvorgängen in den Erzeugungseinheiten, Fahren möglichst vieler Erzeugungseinheiten im optimalen Betriebspunkt), Reduktion der Investitionskosten (verringerte Anzahl Erzeugungseinheiten zur Erreichung des gleichen Einsatzergebnisses) und zur Erhöhung der Regelgeschwindigkeit (Erhöhung der Erträge) bei.

Die dezentrale Prozesstechnik ist mit der zentralen Intelligenz verknüpft, die die dezentrale Prozesstechnik durch individuelle Steuersignale steuert und lenkt. Die zentrale Intelligenz erstreckt sich neben der Steuerungstechnik auch auf die Meldetechnik, da in kürzester Zeit enorme Datenmengen anfallen können. Die zentrale Intelligenz lässt sich grob in die technische IT und die kommerzielle IT einteilen:

Zur technischen IT zählen hierbei Prozessleitsysteme mit SCADA- und EMS-Funktionen, dezentrale Automatisierungstechniken, wie SPS, oder anlagenspezifische Komponenten. Diese Techniken erfüllen v.a. den Zweck der Fernsteuerung und Überwachung. Bindeglieder auf der Ebene der technischen IT sind Fernwirksysteme, Zählerfernauslesesysteme und Betriebsdatenerfassungssysteme. Anlagen- oder Prozessdaten lassen sich mit Hilfe dieser Techniken sofort umsetzen und die einzelnen Anlagen können durch Fernwirktechnik und Leittechnik ferngesteuert und gelenkt werden.

Die kommerzielle Seite hingegen besteht aus *ERP*-Systemen, die notwendige betriebswirtschaftliche Daten und Funktionen bereitstellen. Weiterhin sorgen Portallösungen und *Reportingtools* für den Informationsaustausch mit Anlagenbetreibern und *Stakeholdern*. Die Hauptaufgaben der zentralen Intelligenz sind zum einen, Informationen vom zentralen Portfoliomanagement zu verarbeiten und mit Hilfe dieser Informationen eine Optimierung und Steuerung der dezentralen Prozesstechnik vorzunehmen. Andererseits ist die zentrale Intelligenz für die Überwachung und Prognose zuständig, woraus Kenntnisse gezogen werden können, die vorrangig für das zentrale Portfoliomanagement von Bedeutung sind. Eine Komplettlösung der IT-Komponenten ist kaum üblich – so können bspw. Einzelanlagen verschiedenen Betreibern gehören, sodass hier organisatorische Herausforderungen entstehen können.

Die oberste Ebene bildet das zentrale Portfoliomanagement, das für die stetige Balance zwischen Marktgeschehen, Anlagenverfügbarkeit und Kostensituation zuständig ist und durch richtiges Handeln das betriebswirtschaftliche Optimum erreicht. Ziel des zentralen Portfoliomanagement sollte es sein, die Flexibilität des virtuellen Kraftwerks optimal zu nutzen und so Marktvorteile zu erreichen.

Grundlage für das Funktionieren von virtuellen Kraftwerken ist der *Smart-Meter Rollout* in Deutschland. Ohne intelligente Messsysteme sind viele grundsätzliche Bestandteile der zentralen Intelligenz (Prognose, Überwachung, Optimierung und Steuerung) nicht umsetzbar – weswegen die Umrüstung auf intelligente Messsysteme von eminenter Bedeutung ist.

Der Betrieb von virtuellen Kraftwerken umfasst mehrere Ebenen:

- *Front Office*
- *Middle Office*
- *Back Office*
- Technischer Betrieb
- Unternehmensführung

Das *Front Office* ist hauptsächlich für den Handel und damit den Abschluss von Verträgen mit verschiedensten Marktpartnern zuständig. Beim Konzept des virtuellen Kraftwerks umfasst dies bspw. den Abschluss von Verträgen mit Anlagenbetreibern, um Erzeuger in ein virtuelles Kraftwerk integrieren zu können. Weiterhin gehört der Austausch mit Netzbetreibern bzw. ÜNB (um am Regelenergiemarkt teilnehmen zu können) zu den Aufgaben des *Front Office*. Um den erzeugten Strom vermarkten zu können, müssen außerdem Verhandlungen an der Börse oder außerbörslich im *OTC*-Handel geführt werden. Das *Front Office* von virtuellen Kraftwerken kann dabei mit dem eines herkömmlichen Kraftwerks verglichen werden. So kann auch der Vertrieb Teil des *Front Office* sein, denn neben der Akquisition von Anlagenbetreibern kann auch der Verkauf von Strom zu den Aufgaben des *Front Office* gehören. V.a. im aktuellen Marktdesign entwickeln sich klassische Kunden zu *Prosumern*, die sowohl Strom abnehmen als auch verkaufen. Um auf diese Entwicklung reagieren zu können, sollte das *Front Office* von virtuellen Kraftwerken einen Vertriebszweig beinhalten.

Die Aufgaben des *Middle Office* umfassen v.a, das operative Geschäft, bspw. die operative Abwicklung der vom *Front Office* abgeschlossenen Verträge oder auch die Prognoseerstellung. Weiterhin bietet das *Middle Office* kurzfristig lieferbare Energiemengen auf dem Spotmarkt im *Day-Ahead-*, *Intraday-* und *Yesterday*-Handel an. Darüber hinaus gehören der operative Einsatz in den Regelleistungsmärkten (falls das virtuelle Kraftwerk am Regelleistungsmarkt agiert) und der operative Einsatz der Anlagen zu den Aufgaben des *Middle Office*. Hier ist insb. der operative Einsatz der Anlagen hervorzuheben; dieser umfasst tiefgreifende Aufgaben von der Steuerung über die Optimierung bis hin zur Überwachung der Anlagen. Zur Überwachung ist die Wichtigkeit der Leitstelle zu betonen, die aus spezialisiertem Personal bestehen sollte, um Störungsursachen schnell erfassen und beseitigen zu können. Die Herausforderung im Konzept der virtuellen Kraftwerke liegt in erster Linie in der Entfernung zwischen den einzelnen Erzeugungsanlagen, Speichern oder Verbrauchern, die die Störungsbeseitigung nochmals erschweren kann. Zu den weiteren Aufgaben des *Middle Office* gehören das Fahrplanmanagement und damit der Austausch mit den zuständigen ÜNB und der einfache Datenaustausch mit Marktpartnern.

Das *Back Office* übernimmt typische Aufgaben der Verwaltung – dazu zählen in virtuellen Kraftwerken die Abrechnung, Buchhaltung oder das Forderungsmanagement. Das *Back Office* fungiert hierbei als Unterstützung des *Front-* und *Middle Office* und hat nur in Ausnahmefällen direkten Kontakt zu Kunden und Marktpartnern. Die besondere Herausforderung im Konzept virtueller Kraftwerke liegt in der Vielfalt und räumlichen Ausdehnung der einzelnen Anlagen. Die vertrags- und verursachergerechte Leistungsverrechnung gegenüber akquirierten Anlagenbetreibern sollte daher oberste Priorität besitzen und mit größter Genauigkeit abgewickelt werden.

Ein weiterer wichtiger Bestandteil virtueller Kraftwerke ist der technische Betrieb. Hier ist ähnlich wie beim Betrieb von klassischen Kraftwerken ein *Asset-Management* aufzubauen, das zur Bewirtschaftung der einzelnen Anlagen, Speichern und Verbrauchern beitragen soll. Ziel ist es, ähnlich wie bei der ursprünglichen Definition in der Finanzwirtschaft, für die Bestands- und Werterhaltung der Anlagen zu sorgen und die Garantie der Leistungsbereitschaft dieser Anlagen zu gewährleisten. Auch hier liegt die Herausforderung in der räumlichen Ausdehnung der Anlagen möglicherweise kann sich der „Schwarm" der Anlagen, Speicher und Verbraucher auf das gesamte Bundesgebiet ausdehnen. Um diese Problematik zu umgehen, bedarf es u.U. eines national agierenden *Field-Services*, der sich umgehend um Störungen kümmert und Wartungen durchführt.

Eine weitere Ebene des Betriebs von virtuellen Kraftwerken umfasst die Unternehmensführung – grds. können auch virtuelle Kraftwerke wie klassische Unternehmen angesehen werden. Um ein virtuelles Kraftwerk erfolgreich führen zu können, sind also ähnliche Grundsätze wie bei der klassischen Unternehmensführung zu befolgen: Lt. Koontz/O´Donnell (1972) ist die Unternehmensführung in folgende Bereiche unterteilt: Planung („*Planning*"), Organisation („*Organizing*"), Personalbereitstellung („*Staffing*"), Führung („*Directing*") und Controlling („*Controlling*"). Diese klassischen Bereiche können auch auf die Unternehmensführung eines virtuellen Kraftwerks angewendet werden.

So bedarf es einer Strategie bzw. Planung, um dieses vielfältige Konstrukt als Ganzes steuern und so Marktvorteile erzielen zu können. Außerdem ist ein gewissenhaftes *Controlling* notwendig, um die Kommunikation zwischen den verschiedenen Bereichen zu koordinieren und für die Bereitstellung von Informationen zu sorgen. Auch das *Staffing* und damit die Auswahl der richtigen Mitarbeiter besitzt eine enorm wichtige Rolle – in erster Linie aufgrund der Neuartigkeit des Konzepts virtueller Kraftwerke bedarf es ausgewiesener Experten, um ein reibungsloses Funktionieren zu gewährleisten.

Ähnlich wie in klassischen EVU und bei klassischen Kraftwerksbetreibern ist es möglich, einzelne Ebenen des Kraftwerksbetriebs an Dienstleister abzutreten oder mit dem Modell des *Shared-Service* zu arbeiten. Eine große Herausforderung für die Betreiber von virtuellen Kraftwerken kann es sein, die richtigen IT-Lösungen zu finden. Noch ist eine IT-Komplettlösung nicht zu erwerben, weshalb die Betreiber von virtuellen Kraftwerken auf den Einkauf einzelner IT-Komponenten zurückgreifen müssen. Insb. bei zentralen Aufgabenstellungen des *Middle Office* werden IT-Lösungen benötigt, die bei der Überwachung, Steuerung und Optimierung eingesetzt werden können. So werden auf dem Markt bspw. Softwarelösungen zur Erzeugungsplanung und Einsatzoptimierung oder Prognosesysteme angeboten.

Ähnlich wie bei klassischen EVU ist es außerdem möglich, mit dem Modell des *Shared-Service-Centers* zu arbeiten. In Frage kämen hierbei typische Aufgaben des *Back Office,* wie die Abrechnung oder das Forderungsmanagement. Diese könnten intern an ein Tochterunternehmen ausgegliedert werden, um damit das eigene *Back Office* zu entlasten.

4.2.4   Virtuelle Kraftwerke: Eine Integrationsaufgabe in Echtzeit

Damit die IT wie eine Einheit funktioniert und die einzelnen Ebenen der IT (kommerziell und technisch) nahtlos zusammengeführt werden können, bedarf es einer riesigen Integrationsaufgabe. Betrachtet man die technische IT, so besteht die Hauptaufgabe in der Überwachung und Steuerung der einzelnen Anlagen.

Auf der kommerziellen Seite gehen neben verschiedenen betriebswirtschaftlichen Daten u.a. Wetterdaten oder Messzeitreihen, ein. Die Schnittstellen über die diese Informationen bezogen werden sind *MDM*-Systeme, der Datenservice oder das Portfoliomanagement. Auch *Merit-Order* Listen fließen auf der kommerziellen Seite mit ein. Die Daten auf der kommerziellen Seite dienen v.a. als Grundlage zur Prognose und Optimierung.

Für die Kommunikation mit externen Marktpartnern und den Datenaustausch stehen unterschiedliche Integrationswerkzeuge zur Verfügung. Im Rahmen der kommerziellen Integration sollten hier entsprechende Standards, wie *EDIFACT, CSV* oder XML, unterstützt werden. Auf technischer Seite sind Standards wie IEC 61850, *OPC* oder *CIM* zu nennen. Zusammenfassend ist es wichtig, die kommerzielle und technische Seite ausgewogen miteinander zu verknüpfen. Die entsprechenden Komponenten sollten folgende Eigenschaften erfüllen:

- Hohe Integrationsfähigkeit
- Unterstützung von Standards (kommerziell: u.a. *EDIFACT, CSV* oder technisch: u.a. *OPC, CIM*)
- Hohe Performance und Reaktionsgeschwindigkeit bis hin zur Echtzeitverarbeitung
- Hohes Verarbeitungspotenzial für wachsende Datenvolumina.

Rückt man von der Integration auf IT-Ebene ab und betrachtet die organisatorische Integration zwischen den kommerziellen Bereichen, wie dem Handel oder dem Vertrieb, und den technischen Bereichen, wie der Leitstelle oder dem *Field Service*, so sollte auch hier eine Verknüpfung zwischen den beiden Bereichen vorgenommen werden. Dazu könnte bspw. eine übergeordnete Stabstelle eingerichtet werden, die nur organisatorische und vermittelnde Aufgaben zwischen kommerziellen und technischen Bereichen übernimmt.

4.3 Speicher

4.3.1 Überblick zu Stromspeichertechnologien

Stromspeicher dienen zum Ausgleich des zeitlichen Versatzes von Erzeugung und Nachfrage. Damit sind sie ein wichtiger Baustein für die Integration der (dargebotsabhängigen) erneuerbaren Energien sowie der Gewährleistung der Versorgungssicherheit im Hinblick auf hohe Bedarfs- und Leistungsgradienten dank ihrer schnellen Verfügbarkeiten.

Im Zuge der Energiewende kommt Stromspeichern eine immer wichtigere Rolle zu, da mit der Umstellung von fossilen auf erneuerbare Energieträger die Stromproduktion weder gleichmäßig, noch dann erfolgt, wenn erhöhte Nachfrage nach Strom besteht. Damit einher steigt die Bedeutung von kurzfristig zu- oder abschaltbarer Kapazität. Auf diesem Feld konkurrieren Stromspeicher mit regelbaren Kraftwerken sowie weiteren Flexibilitätsquellen.

Die verschiedenen Stromspeichertechnologien können vereinfachend als Kurzzeitspeicher, mittelfristig nutzbare Speicher und Langzeitspeicher in unterschiedliche zeitliche Kategorien gem. ihrer Speicherdauer und ihrer Anwendungsfälle unterschieden werden. Wesentlicher charakteristischer Parameter ist dabei die sog. *E2P ratio*, das das Verhältnis aus speicherbarer Energiemenge zur Leistung des jeweiligen Speichers darstellt (kWh im Vergleich zu kW). Der Einsatz von Langzeitspeichern ist z.B. zur Überbrückung längerer Windflauten, in denen große Energiemengen benötigt werden, geeignet. Speicher mit geringer *E2P ratio* dienen eher der Bereitstellung von Leistung und dabei z.B. zur untertägigen Lastverlagerung oder Netzstabilisierung.

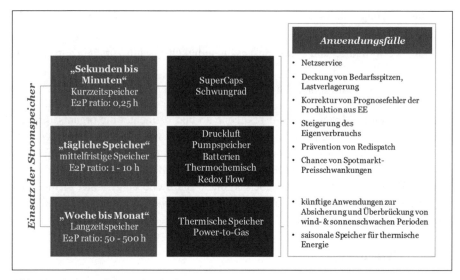

Abb. 53: Stromspeichertechnologien

In Deutschland stehen aktuell i.W. folgende Speichertechnologien zur Verfügung: Pump-, Druckluftspeicher, Batterien und *Power-to-Gas*.

Zu den Speichertechnologien:

Pumpspeicherkraftwerke pumpen bei Stromüberschüssen Wasser von einem Unter- in ein Oberbecken. Bei Nachfragespitzen wird das Wasser über Turbinen zurück ins Unterbecken geleitet und der dabei erzeugte Strom ins Netz zurückgespeist.

Druckluftspeicherkraftwerke nutzen Druckluft als Energiespeicher. Wenn die Produktion von Strom die Nachfrage übersteigt, wird Luft elektromechanisch verdichtet und unter Druck in eine unterirdische Kaverne gepumpt. Bei Strombedarf wird die Druckluft in eine Expander-Turbine geleitet, die Strom erzeugt.

Batterien sind elektrochemische Stromspeicher. Es gibt sowohl Batteriesysteme, die einen internen Speicher besitzen wie Lithium-Ionen- oder Blei-Säure-Akkus, als auch Systeme mit externem Speicher wie *Redox-Flow*-Batterien. Blei-Säure-Batterien stellen die älteste und am weitesten entwickelte Batterietechnologie dar.

Power-to-Gas[515] bezeichnet die Umwandlung von EE-Strom in Wasserstoff oder synthetisches Methan (*SNG – synthetic natural gas*), das als Gas oder als Flüssigkeit gespeichert werden kann. Anschließend steht es zur Verwendung als Brennstoff in Kraftwerken oder als Kraftstoff im Verkehr zur Verfügung.

Die verschiedenen Technologien zur Stromspeicherung unterscheiden sich bzgl. ihrer Speicherkapazität, Speicherleistung, Flexibilität sowie ihres Wirkungsgrads bei der Rückverstromung und sind daher für unterschiedliche Anwendungen geeignet.

4.3.2   Marktüberblick Deutschland

Bei Pumpspeicherkraftwerken sind trotz des vorhandenen technischen Potenzials die Ausbaumöglichkeiten durch wirtschaftliche und (umwelt-)politische Einschränkungen begrenzt. Neubauten rufen stets einen Umwelteingriff hervor, da große Staubecken benötigt werden. Neben den landschaftsverändernden Eingriffen im Zuge ihrer Errichtung steht häufig auch der ökologische Aspekt von Pumpspeicherkraftwerken im Fokus, da der eingesetzte Pumpstrom[516] bis heute teilweise fossiler Herkunft entstammt und somit mit CO_2 belastet ist. Standorte mit erfolgversprechenden Rahmenbedingungen sind in Deutschland sehr selten geworden. Namhafte Institutionen[517] erforschen und entwickeln daher bereits alternative Pumpspeicher-Technologien. Getestet werden bspw. Pumpspeicher in ausgedienten Bergwerksschächten des Ruhrgebiets und Betonkugelspeicher[518] auf Gewässergründen.

Auch die Druckluftspeichertechnologie ist technisch ausgereift, allerdings ist ihr Beitrag zur großvolumigen Stromspeicherung deutlich geringer als derjenige von Pumpspeichern. Weltweit existieren bisher nur zwei Anlagen; eine davon befindet sich in Huntorf in Deutschland (320 MW installierte Leistung). Die spezifischen Investitionskosten betragen momentan zwischen 950 und 1800 EUR/kW[519] und die

---

[515] Vgl. dazu ausführlich unten Abschnitt 4.4.1 (*Power to Gas*).

[516] Pumpspeicherkraftwerke nutzen häufig günstigen Nachtstrom aus konventionellen Grundlastkraftwerken (sog. *Must-run*-Kapazitäten) und fördern dadurch deren Wirtschaftlichkeit durch Vermeidung von An- und Abfahrzyklen.

[517] U.a. das Fraunhofer-Institut für Windenergie und Energiesystemtechnik in Kassel.

[518] Betonkugelspeicher werden in möglichst großen Tiefen auf den Grund von Gewässern versenkt und können durch das Vakuum in ihrem Inneren beim Öffnen eines Seeventils einströmendes Wasser mittels einer Turbine (samt Generator) in elektrischen Strom wandeln. Zu Zeiten des Stromüberangebots fungiert die Turbine dann als elektrische Pumpe und befördert das im Inneren der Kugel befindliche Wasser unter Wiederherstellung des Ausgangsvakuums erneut hinaus (Quelle: stromtarife-vergleich.net – Pumpspeicherkraftwerk 2.0 im Bodensee: Betonkugel als Stromspeicher, abrufbar unter: http://bit.ly/2ptuLkZ, Aufruf am 26.10.2016).

[519] *E-storage: Shifting from cost to value Wind and solar applications.*

Stromspeicherkosten liegen zwischen denen von Pumpspeichern und Batterien[520]. Für Druckluftspeicher besteht in Deutschland ein hohes nutzbares Potenzial, v.a. in den in Norddeutschland existierenden großen Salzkavernen. Allerdings sind die Wirkungsgrade von Druckluftspeichern noch vergleichsweise gering (40 bis 55 %). Ihre derzeitige Technologie ist Wärmeverlusten unterworfen, die sich hauptsächlich durch das Komprimieren des Arbeitsgases Luft zur Speicherung ergeben. Eine weitere Nutzung dieser Speichertechnologie hängt im großen Umfang von den weiteren technologischen Fortschritten ab. Momentan befinden sich adiabate (wärmedichte) Druckspeicher in der Entwicklungsphase, bei denen der Wirkungsgrad voraussichtlich auf 60 bis 70 % gesteigert werden kann[521].

Batterien werden seit dem 19. Jahrhundert als Stromspeicher genutzt, hauptsächlich in *Small-Scale*-Anwendungen wie tragbaren Stromquellen für Handys oder Laptops sowie in der Automobilindustrie (z.B. als Starterbatterie im Pkw). Die Entwicklungen im Rahmen der Energiewende und dem Ausbau im Bereich Elektromobilität haben jedoch beträchtliche Investitionen in die Entwicklung von Batterietechnologien auch für Anwendungen von Großspeichern ausgelöst. Momentan sind Bleisäure- und Lithium-Ionen-Akkus die führenden marktreifen Technologien. Die Investitionskosten für Bleisäurebatterien und für Lithium-Ionen-Akkus sind stark abhängig vom jeweiligen Einsatzzweck bzw. der jeweiligen Auslegung der Anlage. Das Verhältnis aus speicherbarer Energiemenge zur Leistung des jeweiligen Speichers ist hier ein entscheidender Kostentreiber. Für Bleisäure-Batterien fallen Kosten von 500 bis 16.000 EUR/kW und für Lithium-Ionen-Batterien von 500 bis 9.000 EUR/kW an[522]. Letztere gelten jedoch technisch u.a. aufgrund einer längeren Lebensdauer und eines höheren Wirkungsgrads als überlegen[523]. Für die Zukunft wird von Batterien in der Energiewirtschaft, einhergehend mit der Weiterentwicklung der Elektromobilität, v.a. bei Lithium-Ionen-Akkus ein weiterer Ausbau erwartet.

Für höhere *E2P ratios* können künftig auch *Redox-Flow*-Batterien (Nasszelle) eine interessante Alternative darstellen, da die speicherbare Energie kostengünstig in Form größerer Tanks hergestellt werden kann.

Dennoch ist ihr Unterhalt unter rein wirtschaftlichen Gesichtspunkten derzeit oft noch nicht gegeben. Die Kosten ihrer Anschaffung und des Betriebs sind daher zumeist auch als mittel- und langfristige Investition in den Aufbau von *Know-how* anzusehen. Nur im Falle einer deutlichen Kostendegression sowie wieder steigenden

---

[520] Möglichkeiten zum Ausgleich fluktuierender Einspeisungen aus Erneuerbaren Energien.
[521] A.a.O., S. 70.
[522] *E-storage: Shifting from cost to value Wind and solar applications;* Lazard (2015): *Lazard's levelized cost of storage analysis – version 1.0.*
[523] Batteriespeichermarkt für Privathaushalte bis 2025.

Erlöspotenzialen für Primärregelleistung oder dauerhaft stark volatiler Strompreise können diese Speicherarten in der Zukunft eine gewichtigere Rolle spielen.

Während Batterien, Pump- und Druckluftspeicher i.w. die Möglichkeit zum kurzfristigen Ausgleich von Schwankungen bieten, kann über das *Power-to-Gas*-Verfahren[524] Strom in Wasserstoff oder Methan umgewandelt und langfristig in großen Kapazitäten im bereits existierenden Gasnetz gespeichert werden. Je nach Größe der Anlage und dem für die Elektrolyse verwendeten Verfahren liegen die Investitionskosten zwischen 1.600 und 3.100 EUR/kW[525]. Allerdings weist die Technologie ähnlich wie Druckluftspeicher momentan noch einen vergleichsweise niedrigen Wirkungsgrad von nur etwa 35 % (bei Rückverstromung von Erdgas) auf. Alternativ wird ein direkter Einsatz des erzeugten Produktgases im Verkehrssektor angestrebt (z.b. Wasserstoffmobilität), da durch die Einsparung der Rückverstromung und ggf. der Methanisierung geringere Investitionskosten und höhere Wirkungsgrade erreicht werden.

4.3.3 Entwicklungen und Trends

Für die Zukunft wird aufgrund des steigenden Produktionsvolumens von Stromspeichern eine klare Senkung der Investitionskosten bei allen Technologien (Ausnahme: Pumpspeicher) erwartet. Bei Druckluftspeichern beträgt die bis 2030 erwartete Kostensenkung mehr als 20 %, bei Lithium-Ionen-, bei Bleisäure- und bei *Redox-Flow*-Batterien mehr als 50 %. Auch im Bereich der *Power-to-Gas*-Systeme werden Kostensenkungen von rd. 40 % erwartet (vgl. die Abb. am Ende des Absatzes).

V.a. der Lithium-Ionen-Batterie wird im Rahmen des fortschreitenden Ausbaus von Elektroautos sowie in Kombination mit Anlagen zur Stromerzeugung aus erneuerbaren Energien in der Zukunft eine bedeutende Rolle zukommen. Auch *Redox-Flow*-Batterien versprechen hohes Potenzial bzgl. einer Vergrößerung der Speicherkapazität, da bei dieser Batterietechnologie die Batteriezelle und der Speichertank getrennt sind und diese daher im Prinzip beliebig vergrößert werden können. Treiber für Kostensenkungen bei Batteriespeichern wird v.a. der künftige Einsatz und die Verbreitung der Elektromobilität sein[526].

Batteriespeicher werden auch zunehmend für Privatverbraucher attraktiv, da sich für Besitzer von PV-Anlagen die Möglichkeit bietet, ihren Autarkiegrad und Eigenverbrauch zu steigern, indem sie einen Batteriespeicher installieren. Seit 2013 wird diese Entwicklung durch ein Förderprogramm für Batteriespeicher für Privathaus-

---

[524] Vgl. dazu ausführlich unten Abschnitt 4.4.1 (*Power-to-Gas*).
[525] *E-storage: Shifting from cost to value Wind and solar applications.*
[526] Preise für Großspeicher sinken weiter, abrufbar unter: http://bit.ly/2p6D0jg.

halte der KfW weiter vorangetrieben. Außerdem wird – ein zunehmend steigender Strompreis vorausgesetzt – der Eigenverbrauch im Vergleich zur Einspeisung mit Vergütung für Besitzer von Solaranlagen immer lohnender[527].

Auch im Bereich der Batterie-Großspeicher lässt sich derzeit in Deutschland eine erhöhte Marktaktivität beobachten[528]. Die Anzahl an Referenzprojekten steigt stetig. In Deutschland wurden innerhalb der letzten zwei Jahre etwa 10 Großspeicheranlagen mit einer Gesamtkapazität von 30 MW in Betrieb genommen[529]. Deutsche Unternehmen wie Younicos liefern bereits Großspeichersysteme für Industrieparks und der norwegische Energiekonzern Statkraft investiert als eines der ersten Unternehmen in Großbatterien zur Stabilisierung der Netzfrequenz. Anfang des Jahres ging das erste Großbatteriesystem ohne Fördermittel mit einer Primärregelleistung von 3 MW am Standort des Laufwasserkraftwerks Dörverden ans Netz[530]. Ein weiteres Pilotprojekt wurde durch eine Kooperation der Daimler AG zusammen mit ihrer Tochter *ACCUmotive* GmbH & Co. KG und *enercity* (Stadtwerke Hannover AG) begonnen[531].

Zu einem weiteren Trend könnte sich die Bündelung von vielen Heimspeichern zu virtuellen Großspeichern entwickeln. Ein Beispiel dafür bietet die Caterva GmbH, eine Ausgründung der Siemens AG, die ein System entwickelt hat, mit dem man lokale Speichersysteme, die an eine PV-Anlage angeschlossen sind, bündeln kann. So wird ein Autarkiegrad von bis zu 100 % für die Privathaushalte möglich. Gleichzeitig kann die Wirtschaftlichkeit der Speicher gesteigert werden, da die Batterien gebündelt im Regelenergiemarkt vermarktet und die partizipierenden Eigenheimbesitzer über ein Prämiensystem an den dabei erzielten Erlösen beteiligt werden[532].

---

[527] Vgl. hierzu und im folgenden PwC, Batteriespeichermarkt für Privathaushalte bis 2025; vgl unter: http://bit.ly/2pQwm5Y.

[528] „Großspeicher-Markt boomt auch in Deutschland", abrufbar unter: http://bit.ly/2pITDWm.

[529] Preise für Großspeicher sinken weiter, abrufbar unter: http://bit.ly/2p6D0jg.

[530] http://www.statkraft.de/presse/Pressemitteilungen/Pressemitteilungen-archiv/2016/statkraft-nimmt-batterie-in-betrieb/.

[531] Im Februar 2016 verkündeten die Vertreter der Kooperation den Bau eines Batteriespeichers auf Basis eines Ersatzteillagers für elektromobile Batteriesysteme. Die avisierte Speicherkapazität von 15 MWh resultiert dabei aus dem gemittelten Ladezustand der vorgehaltenen Ersatzbatteriesysteme. Für deren Einsatzbereitschaft in Elektrofahrzeugen ist eine schonende, zyklische Be- und Entladung während ihrer Bevorratung erforderlich, welche bestmöglich mit den Bedürfnissen und dem wirtschaftlichen Potenzial des Primärregelenergiemarktes abgestimmt werden soll (Quelle: enercity (Stadtwerke Hannover AG) (2016): Daimler und enercity machen Ersatzteillager zum Energiespeicher, abrufbar unter: http://bit.ly/2qGh53O, Aufruf am 26.10.216).

[532] Photovoltaik (2016): „Viele Heimspeicher im Verbund", abrufbar unter: http://bit.ly/2qG7QAH.

Zusammengefasst wird die zukünftige Entwicklung von Stromspeichertechnologien von einer steigenden Nachfrage (z.B. im Bereich Akkus für Elektroautos und für die Integration der erneuerbaren Energien in das Stromsystem) sowie von fallenden Kosten v.a. von Batterien geprägt sein. Lerneffekte aufgrund steigender Serienproduktion sowie Skaleneffekte werden dabei erhebliche Kostensenkungen generieren. Weitere Fortschritte sind auch bei Anwendungen zu erwarten, die von günstigen nationalen oder internationalen regulatorischen Rahmenbedingungen profitieren und bei denen durch ein ausreichendes Produktionsvolumen Kostensenkungen und Leistungssteigerungen erreicht werden können[533].

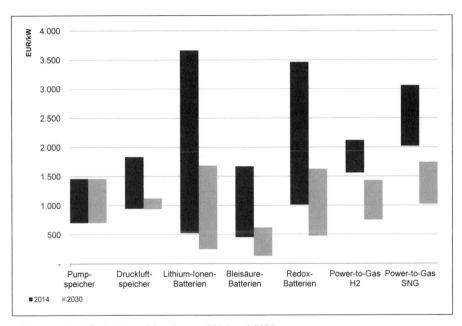

Abb. 54: Spezifische Investitionskosten 2014 und 2030

Aus rechtlicher Sicht ist der Begriff des Stromspeichers nicht definiert. Daran hat auch das StrommarktG vom 26.07.2016 nichts geändert. Es fügt zwar die Definition der Erzeugungsanlage über § 3 Nr. 18c in das EnWG ein und schafft mit § 19 Abs. 4 StromNEV eine Sonderregelung für die Bemessung von Netzentgelten bei Stromspeichern, beschreibt den Begriff des Stromspeichers aber nicht.

Unabhängig davon besteht in Literatur und Rechtsprechung weitgehend Einigkeit, dass Stromspeicher energierechtlich betrachtet, Zwitterwesen sind, die bei der Entnahme von Strom als Letztverbraucher anzusehen sind und bei der Einspeisung von

---

[533] *E-storage: Shifting from cost to value Wind and solar applications.*

Strom wie eine Erzeugungsanlage behandelt werden müssen[534]. Ein Ausgangspunkt dieser Sichtweise ist das BGH-Urteil aus dem Jahr 2009 zu Pumpspeichern, in dem der BGH u.a. klar stellt, dass die Inanspruchnahme von Elektrizität aus dem Netz für das Hochpumpen des Wassers einen Letztverbrauch begründet[535]. Zudem sind Stromspeicher Energieanlagen nach § 3 Nr. 15 EnWG. Dies hat zur Folge, dass Stromspeicher so zu errichten und zu betreiben sind, dass die technische Sicherheit nach § 49 EnWG mit den dort weiter normierten Anforderungen gewährleistet ist[536].

Netzbetreiber sind verpflichtet, Stromspeicher an ihr Netz anzuschließen (§ 17 Abs. 1 EnWG). Dies hat der Gesetzgeber mit der Ergänzung dieser Vorschrift im Jahr 2011 eindeutig klar gestellt. Der Wortlaut des Gesetzes ist dabei weit; er enthält weder Einschränkungen nach der Art des Stromspeichers noch nach dessen Größe.

Umstritten ist an dieser Stelle, ob der Netzbetreiber den Abschluss eines schriftlichen Netzanschlussvertrags verlangen kann. Die wohl überwiegende Meinung bejaht dies[537]. Nach anderer Ansicht begründet § 17 Abs. 1 EnWG selbst einen unmittelbaren Anspruch auf Netzanschluss[538]. Hierfür spricht, dass die Gründe für eine zulässige Verweigerung des Netzanschlusses im Gesetz ausdrücklich genannt sind[539]. Ob hierzu die fehlende Bereitschaft des Netzanschlusspetenten zum Abschluss eines Anschlussvertrags zählt, kann bezweifelt werden. Dies gilt insb. wenn der Netzanschlusspetent im Übrigen zur Zahlung von Netzentgelten bereit ist.

Im Lichte des EEG können Stromspeicher „Anlagen", d.h. Einrichtungen zur Erzeugung von Strom aus u.a. erneuerbaren Energien sein. Das gilt dann, wenn sie zwischengespeicherte Energie, die ausschließlich aus erneuerbaren Energien (oder Grubengas) stammt, aufnehmen und in elektrische Energie umwandeln (§ 5 Nr. 1 EEG). Auch wenn der Gesetzeswortlaut etwas holprig ist, dürfte klar sein, dass damit Stromspeicher, wie z.B. Pumpspeicher oder Batterien, gemeint sind[540].

---

[534] Vgl. u.a. Drerup/Bourwieg, ER 2016, S. 197, 198; Schneider/Kirch, RdE 2016, S. 165, 166; de Wyl/Weise, Blumenthal-Barby, RdE 2015, S. 507 und 508.

[535] BGH, Beschluss v. 17.11.2009, EnVR 56/08, NVwZ-RR 2010, S. 431, 432.

[536] Vgl. Sänger/Rümler in: PwC (Hrsg.) Regulierung in der deutschen Energiewirtschaft, Band I Netzwirtschaft, 4. Aufl. Freiburg/München 2015, Abschnitt 5.4.2, S. 175.

[537] Siehe: de Wyl/Weise, Blumenthal-Barby, RdE 2015, S. 507, 508, Gerstner, in: Kment, EnWG, § 17 Rn. 9; Stötzel, in: Britz/Hellermann/Hermes, EnWG 3. Aufl. 2015, § 17 RN 8.

[538] Säcker/Boesche, in: Berliner Kommentar zum Energierecht, 3. Aufl. 2017, Band 1, § 17 Rn. 3.

[539] § 17 Abs. 2 EnWG: „betriebsbedingte oder sonstige wirtschaftliche oder technische Gründe".

[540] Oschmann zur Vorfassung des EEG, in: Altrock/Oschmann/Theobald, Erneuerbare-Energien-Gesetz, 4. Aufl. 2013, § 3 Rn. 40.

Zentrale Batterie-Großspeicher werden diese Voraussetzungen des EEG wahrscheinlich schwer erfüllen können. Dass Batterie-Großspeicher ausschließlich Strom aufnehmen, der aus erneuerbaren Energien stammt, wird selten der Fall sein. Zumindest aktuell sind Batterie-Großspeicher fast ausschließlich netzdienlich und werden aus dem Netz der allgemeinen Versorgung gespeist. Eher möglich wird die Einordnung als Anlage bei Speichern sein, die in einem Privathaushalt installiert sind und Strom aus einer PV-Anlage o.ä. aufnehmen (Heimbatteriespeicher). Allerdings ist auch bei Heimbatteriespeichern darauf zu achten, dass der Strom tatsächlich nur aus einer erneuerbaren Quelle stammt. Bei Modellen, bei denen Heimbatteriespeicher auch zur Zurverfügungstellung von Regelenergie genutzt werden, nehmen sie oft nicht nur „Grün-„ sondern auch „Graustrom" auf. Dann ist das Ausschließlichkeitserfordernis des EEG nicht erfüllt. Sind die Anforderungen des § 5 Abs. 1 EEG aber gegeben, hat der Betreiber des betreffenden Speichers einen Anspruch auf vorrangigen Netzanschluss nach § 8 Abs. 1 EEG.

Die Frage, ob beim Betrieb von Stromspeichern Netzentgelte zu zahlen sind, ist getrennt für die Entnahme von Strom zur Einspeicherung und für die Ausspeicherung und die damit verbundene Einspeisung ins Netz zu betrachten.

Bei der Entnahme von Strom aus dem Netz zur Einspeicherung sind grds. Netzentgelte zu zahlen. Allerdings gibt es Ausnahmeregelungen, die den Speicherbetreiber privilegieren. Dazu gehört § 19 Abs. 4 StromNEV, der mit dem StrommarktG geschaffen wurde. Danach muss der Netzbetreiber dem Speicherbetreiber ein individuelles Netzentgelt anbieten. Dies gilt jedoch nur dann, wenn der Strom ausschließlich zur Speicherung entnommen und nach der Speicherung wieder in ein Netz eingespeichert wird. Bei Batterie-Großspeichern wird dies i.d.R. der Fall sein. Bei Heimbatteriespeichern kommt die Privilegierung nach § 19 Abs. 4 StromNEV nur für Strommengen in Betracht, die (zu Regelenergiezwecken) dem Netz entnommen und dann wieder in dieses eingespeist wurden. Für Strommengen, die z.B. aus einer PV-Anlage in den Heimbatteriespeicher gelangen, kann die Vergünstigung nicht greifen. Der weitere Regelungsinhalt des § 19 Abs. 4 StromNEV bezieht sich auf die Bemessung des Netzentgeltes. Dabei wird u.a. festgelegt, dass das Netzentgelt ein reines Leistungsentgelt ist und nur auf die Strommenge Anwendung findet, die nicht wieder ins Netz eingespeist wird.

Diese Ausgestaltung trägt dem Umstand Rechnung, dass auf den ins Netz zurückgespeisten Strom beim Verbrauch durch einen anderen Letztverbraucher Netzentgelte bezahlt werden. Unternehmen, die den Strom abgesehen von Speicherverlusten ins Netz zurückspeisen, können nun (bei einem reinen Leistungsentgelt) auf dem Strommarkt flexibel auf Preissignale reagieren. Bislang war eine solche Reaktion nur auf Preissignale möglich, die größer als das Arbeitsnetzentgelt zuzüglich der Kosten für den Verluststrom waren[541].

Eine weitere Besserstellung in Sachen Netzentgelte ist in § 118 Abs. 6 EnWG enthalten. Die Bestimmung erfasst Anlagen, die ab bestimmten Zeitpunkten errichtet (31.12.2008) und in Betrieb genommen worden sind (innerhalb von 15 Jahren ab dem 04.08.2011) und differenziert zwischen Anlagen zur Speicherung im Allgemeinen und Pumpspeicherkraftwerken. Bei den Anlagen im Allgemeinen wird vorausgesetzt, dass die elektrische Energie zur Speicherung und die zur Ausspeicherung zurück gewonnene Energie demselben Netz entnommen und eingespeichert werden. Ist dies gegeben, werden die Anlagen für 20 Jahre ab Inbetriebnahme von der Zahlung von Netzentgelten freigestellt. Pumpspeicherkraftwerke müssen andere Freistellungsvoraussetzungen erfüllen und sind dann für 10 Jahre entlastet. Die Entlastung nach § 118 Abs. 6 EnWG gilt insgesamt auch für Speicherverluste[542].

Wie bei § 19 Abs. 4 StromNEV gilt auch hier, dass bei Heimbatteriespeichern die Privilegierung nur für Strommengen in Betracht kommt, die (zu Regelenergiezwecken) dem Netz entnommen und dann wieder in dieses eingespeist wurden.

Bezogen auf sonstige Abgaben und Umlagen (Konzessionsabgabe, KWK-Umlage, § 19 StromNEV-Umlage, *Offshore* Haftungsumlage, Umlage abschaltbare Lasten) dürften diese bei Heimbatteriespeichern nicht anfallen, soweit der Strom direkt aus einer Erzeugungsanlage eingespeichert wird[543]. Wird der Strom aber (z.B. zu Regelenergiezwecken) aus dem Netz der öffentlichen Versorgung eingespeichert, fallen die betreffenden Entgelte grds. an.

Im Übrigen ist bezogen auf sonstige Abgaben und Umlagen die Reichweite des § 118 Abs. 6 EnWG von Bedeutung. Vertreter der BNetzA sind der Auffassung, dass weitere Strompreisbestandteile nicht von der Befreiung des § 118 Abs. 6 EnWG erfasst sind[544]. Die Literatur geht verschiedentlich davon aus, dass die genannten Abgaben und Umlagen nicht gezahlt werden müssen[545].

---

[541] BT-Drs. 18/8915 v. 22.06.2016, S. 40 f.
[542] BT-Drs. 17/10754 v. 24.09.2012, S. 33 f.
[543] Schneider/Kirch, RdE 2016, S. 165, 167.
[544] Abrufbar unter: http://bit.ly/2qGfMSq, S. 8.
[545] Siehe: de Wyl/Weise, Blumenthal-Barby, RdE 2015, S. 507, 513; Schneider/Kirch, RdE 2016, S. 165, 170 m.w.N.

Bei der Ausspeicherung des Stroms und der damit verbundenen Einspeisung ins Netz fallen keine Netzentgelte an[546]. Wird dieser Strom dann von einem Letztverbraucher entnommen, müssen die üblichen Entgelte gezahlt werden[547].

4.3.4 Stromspeicher und EEG sowie Stromsteuer

Im Rahmen des EEG erscheint es nicht sinnvoll, eine nach Ein- und Ausspeisevorgang getrennte Sichtweise vorzunehmen. Vielmehr ist maßgeblich, für welche Vorgänge eine Zahlung nach dem EEG anfallen kann und bei welchen Tatbeständen die EEG-Umlage reduziert wird oder wegfällt.

Ein Anspruch auf Zahlung der Marktprämie oder einer Einspeisevergütung kann nach § 19 Abs. 3 EEG bestehen. Demnach steht es dem grundsätzlichen Zahlungsanspruch nach § 19 Abs. 1 EEG nicht entgegen, wenn der Strom vor der Einspeisung zwischengespeichert ist. Der Anspruch bezieht sich auf die Strommenge, die in das Netz eingespeist wird. Speicherverluste bleiben bei der Zahlung also außen vor[548].

§ 19 Abs. 1 EEG enthält allerdings ein Stromspeicher kein Ausschließlichkeitsgebot, indem der Zahlungsanspruch nur für Strom aus Anlagen besteht, in denen ausschließlich u.a. erneuerbare Energien eingesetzt werden. Damit ist fraglich, ob das Ausschließlichkeitsgebot sich (nur) auf die Erzeugungsanlage bezieht, deren Strom in den Speicher eingespeist wird, oder ob das Gebot auch für den Speicher selbst gilt. Wäre Letzteres der Fall, würde ein Zahlungsanspruch insgesamt entfallen, wenn dem Speicher nicht nur „Grün-„ sondern auch „Graustrom" zugeführt wird. Modelle, bei denen z.B. Heimbatteriespeicher nicht nur Strom aus einer angeschlossenen PV-Anlage aufnehmen, sondern zu Regelenergiezwecken auch „Graustrom" aus dem Netz, würden dann unattraktiv. Das erscheint nicht sinnvoll; es dürfte dem Sinn und Zweck des EEG nicht entgegenstehen, wenn das Ausschließlichkeitsgebot nur für die Erzeugungsanlage, nicht aber für den Speicher gilt.

Der Anspruch aus § 19 Abs. 3 EEG bezieht sich auf die Konstellation, dass der Strom direkt von der Erzeugungsanlage in den Speicher eingespeist wird („Speicher vor dem Netz")[549]. Wird der Strom aus einer EEG-Anlage aber sofort in ein Netz der öffentlichen Versorgung eingespeist, gelten die „normalen" Vergütungsregelungen. Ob der Strom später in einen Speicher eingespeist wird, ist ohne Belang.

---

[546] Drerup/Bourwieg, ER 2016, S. 197, 199.
[547] Schneider/Kirch, RdE 2016, a.a.O.
[548] Wieser, ZUR 2011, S. 240, 242.
[549] Oschmann, in: Altrock/Oschmann/Theobald, Erneuerbare-Energien-Gesetz, 4. Aufl. 2013 § 19 Rn. 50 ff.

Bezogen auf den Vergütungsanspruch für Strom aus Speicheranlagen ist die Gesetzeslage im Laufe der verschiedenen Gesetzesfassungen damit eher unaufgeregt. Bezogen auf die Frage, ob bei der Speicherung von Strom die EEG-Umlage zu zahlen ist, hat der Gesetzgeber allerdings Hektik an den Tag gelegt. Das EEG 2017 in der Urfassung[550] vom Oktober 2016 enthielt mit § 61a EEG eine Regelung, wonach Strom, der zum Zwecke der Zwischenspeicherung an Stromspeicher „geliefert oder geleitet" wird, u.a. dann von der EEG-Umlage befreit wird, wenn für den Strom insgesamt die EEG-Umlage nach § 60 Abs. 1 oder § 61 Abs. 1 EEG gezahlt wird. Diese Regelung hat der Gesetzgeber bereits zwei Monate später wieder geändert. Versteckt im Gesetz zur Änderung der Bestimmungen zur Stromerzeugung aus Kraft-Wärme-Kopplung und zur Eigenversorgung vom 22.12.2016 wurde eine inhaltlich modifizierte und wesentlich ausführlichere Regel zur Befreiung von Stromspeichern ins EEG 2017 eingefügt[551]. In der Gesetzesbegründung wird dazu i.W. Folgendes ausgeführt[552]:

> „Mit § 61k Abs. 1 wird die bisherige Regelung des § 61a Abs. 1 EEG 2017 neu gefasst ....
>
> Nach Absatz 1 Satz 1 verringert sich für Strom, der in einer Saldierungsperiode zum Zweck der Zwischenspeicherung in einem Stromspeicher verbraucht wird, der Anspruch auf Zahlung der EEG-Umlage in der Höhe und in dem Umfang, in dem die EEG-Umlage für Strom, der dem Speicher entnommen wird, gezahlt wird. Regelungsziel ist es, eine Doppelbelastung mit der EEG-Umlage von Stromspeichern gänzlich zu vermeiden, die in bestimmten Fällen dadurch entsteht, dass Ein- und Ausspeicherung im Rahmen der Erhebung der EEG-Umlage als getrennte Sachverhalte bewertet werden (die Einspeicherung als Letztverbrauch des Speichers, die Ausspeicherung als Stromerzeugung des Speichers). Daher erfolgt die Befreiung der Strommengen, die in den Speicher eingespeichert werden (Letztverbrauch des Stromspeichers) auch nur in dem Umfang und in der Höhe, in der bei Ausspeicherung (Stromerzeugung des Stromspeichers) tatsächlich EEG-Umlage gezahlt wird. Die Verringerung nach Satz 1 darf höchstens dazu führen, dass die Pflicht zur Zahlung der EEG-Umlage für den von dem Speicher verbrauchten Strom entfällt. Ohne diese Begrenzung könnte man sonst versucht sein, die Saldierungsmöglichkeit in Satz 1 dergestalt anzuwenden, dass in Fällen, in denen für die Ein-

---

[550] Abrufbar unter: https://www.clearingstelle-eeg.de/files/EEG_2017_161013.pdf.

[551] Abrufbar unter: https://www.clearingstelle-eeg.de/files/EEG_2017_161222.pdf.

[552] BT-Drs. 18/10668 v. 14.12.2016, S. 167 ff., Kürzungen und Umstellungen vom Verfasser.

speicherung eine geringere EEG-Umlage geschuldet ist als für die Ausspeicherung, der Anlagenbetreiber eine negative EEG-Umlage und damit ein Guthaben erwirtschaften würde. ....

Nach Absatz 1 Satz 2 wird vermutet, dass für Strom, der dem Speicher entnommen und in ein Netz der allgemeinen Versorgung eingespeist wurde, die volle EEG-Umlage gezahlt worden ist. Hier ist ein Nachweis, dass auf den Strom EEG-Umlage gezahlt wird, grds. nicht erforderlich. Regelmäßig wird er auch nicht zu erbringen sein. ...

Absatz 1 Satz 3 und 4 betrifft die Umlagepflicht für Verlustenergie. Diese Mengen wurden nach bisheriger Rechtslage ebenfalls von der EEG-Umlage befreit. Dies wird mit Absatz 1 Satz 3 fortgeführt. Absatz 1 Satz 4 enthält eine Regelung für den Fall, dass unterschiedliche EEG-Umlagehöhen für die verschiedenen Formen der Einspeicherung bestehen und eine exakte Zuordnung der Verlustenergie zu den unterschiedlichen Einspeisequellen unmöglich ist.

Der neue Absatz 1a konkretisiert die in Absatz eingeführte Saldierungsperiode. Die kurze Saldierungsperiode des Absatzes 1a Satz 2 von einem Monat soll dabei insb. verhindern, dass Stromeinspeisungen aus dem Speicher in das Netz, denen im Sommer auf der Einspeicherungsseite keine oder jedenfalls nur eine geringere EEG-Umlagenschuld gegenüberstehen wird, erst im Winter mit den dann notwendigen grds. voll umlagepflichtigen Strombezügen aus dem Netz saldiert werden können.

Nach Absatz 1b Satz 1 Nummer 1 verringert sich der Anspruch auf Zahlung der EEG-Umlage nach Absatz 1 nur, wenn derjenige, der zur Zahlung der EEG-Umlage für den von dem Stromspeicher verbrauchten Strom verpflichtet ist, sicherstellt, dass die Voraussetzungen des Absatzes 1 jederzeit durch geeichte Messeinrichtungen und eine nachvollziehbare, die Saldierungsperioden des Absatzes 1a berücksichtigende Abrechnung eingehalten werden. Faktisch sind damit etwa bei einem Speicher, der sowohl durch eine Eigenerzeugungsanlage als auch durch das Netz gespeist wird und aus dem die eingespeicherte Energie sowohl zurück in das Netz gespeist als auch selbst verbraucht wird, wenigstens vier Messvorgänge erforderlich.

Absatz 1b Satz 1 Nummer 2 macht die Privilegierung des Absatzes 1 schließlich davon abhängig, dass die Meldepflichten nach § 4 und 74a EEG 2017 erfüllt werden.

§ 61k Abs. 2 EEG 2017 entspricht i.W. der bisherigen Regelung in § 61a Abs. 2 EEG, wurde aber in der Systematik an die neue Bestimmung in Absatz 1 angepasst.

Mit § 61k Abs. 4 EEG 2017 wird eine, dem neuen § 61g Abs. 2 EEG 2017 entsprechende Regelung für Speicher eingeführt. Nach Absatz 4 Satz 1 lebt der nach den Absätzen 1, 2 oder 3 entfallene oder verringerte Anspruch nach § 60 Abs. 1 EEG 2017 für jedes Kalenderjahr in Höhe von 20 % der EEG-Umlage wieder auf, wenn das Elektrizitätsversorgungsunternehmen seine Mitteilungspflichten nach § 74 Abs. 1 EEG 2017 nicht spätestens bis zum 31. Mai des Jahres erfüllt, das auf das Kalenderjahr folgt, in dem diese Mitteilungspflichten unverzüglich zu erfüllen gewesen wären."

Neben der speziell für Speicher geltenden Bestimmung des § 61k EEG 2017 enthält das Gesetz auch allgemeine Befreiungstatbestände, die beim Betrieb von Stromspeichern ebenfalls zu Anwendung kommen können. Größere Bedeutung wird hier die Befreiung für Eigenverbrauch haben. Hier hat der Gesetzgeber eine umfassende Neuregelung geschaffen, die in den §§ 61bis 61i EEG 2017 ihren Niederschlag gefunden hat. Deren Darstellung würde den hier gegeben Rahmen allerdings sprengen.

Im Rahmen der Stromsteuer ist von Belang, ob Strom durch einen Letztverbraucher aus dem Versorgungsnetz entnommen wird[553]. Dies ist bei Heimbatteriespeichern nicht der Fall. Die Einspeisung erfolgt hier direkt aus der betreffenden Erzeugungsanlage. Daher ist davon auszugehen, dass bei weder bei der Einspeisung von einer Erzeugungsanlage direkt in einen Heimbatteriespeicher noch bei der Ausspeisung von Strom aus dem Speicher in ein Netz der allgemeinen Versorgung Stromsteuer anfällt. Gleiches gilt für die Entnahme aus einem Heimbatteriespeicher zum eigenen Verbrauch. Stellt man sich nicht auf letzteren Standpunkt, so dürfte dieser Eigenverbrauch gem. § 9 Abs. 1 Nr. 3 StromStG befreit sein.

Zentrale Batterie-Großspeicher u.a. dagegen entnehmen durchaus Strom aus dem Versorgungsnetz. Da Speicher nach der oben geschilderten Sichtweise als Letztverbraucher anzusehen sind, würde für diese Entnahme auch Stromsteuer anfallen[554]. Fraglich ist damit, ob einer der Befreiungstatbestände des § 9 Abs. 1 Nr. 1 oder 2 StromStG greift. Nr. 1 kommt nur zur Anwendung, wenn Strom aus erneuerbaren Energien ausschließlich einem mit Strom aus erneuerbaren Energie gespeisten Netz oder einer entsprechenden Leitung entnommen wird.

---

[553] Von Oppen, ER 2014, S. 9, 14 mit Bezug auf § 5 StromStG.
[554] Von Oppen, ER 2014, S. 9, 14.

Das wird bei zentralen Batterie-Großspeichern i.d.R. nicht der Fall sein. Bezogen auf § 9 Abs. 1 Nr. 2 StromStG gilt, dass der konkretisierende § 12 StromStV nur Pumpspeicherkraftwerke erwähnt. Daher wird man davon ausgehen müssen, dass die Privilegierung von § 9 Abs. 1 Nr. 2 StromStG sonstige Stromspeicher nicht erfasst.

Die Frage, ob ein Betreiber eines Stromspeichers einen Anspruch gegen den vorgelagerten Netzbetreiber auf die Zahlung vermiedener Netzentgelte hat (§ 18 StromNEV), wird unterschiedlich beantwortet. Einerseits wird die Meinung vertreten, dass der Wortlaut von § 18 StromNEV auf die Einspeisung durch Anlagen zur Speicherung elektrischer Energie keine Anwendung findet, Sinn und Zweck aber für eine entsprechende Anwendung sprechen können[555]. Andererseits wird der Anspruch auf die Zahlung vermiedener Netzentgelte ohne weiteres bejaht[556]. Da Speicher nach den obigen Ergebnissen eindeutig als Erzeugungsanlagen behandelt werden, spricht viel dafür, ihren Betreibern auch den Anspruch nach § 18 Abs. 1 StromNEV zuzubilligen.

4.4   Power-to-X

4.4.1   Power-to-Gas

4.4.1.1   Spartenübergreifende Systemlösung – Definition und Standortbestimmung

Power-to-X-Konzepte sind Strategien mit dem Ziel der Nutzungsmaximierung des wachsenden fluktuierenden Stromangebots (überwiegend aus WE-Anlagen und PV-Anlagen) unter Effizienzgesichtspunkten.

Das *Power-to-Gas*-verfolgt das Ziel, die Energie von zeitweise überschüssig erzeugtem Strom mit Hilfe technischer Prozesse temporär in eine andere, einfacher bzw. kostengünstiger speicherbarer Energieform zu überführen und anschließend zu konservieren. Diese Energie soll i.d.R. zu nachgelagerten Bedarfszeitpunkten wieder in ihre elektrische Ausgangsform zurückgewandelt und ausgespeichert werden.

Die konstante Erhöhung der Leistung gerade von WE- und PV-Anlagen ist zwar politisch intendiert, sie bringt aber primär drei Probleme mit sich:

---

[555] De Wyl/Weise, Blumenthal-Barby, RdE 2015, S. 507, 513.

[556] Drerup/Bourwieg, ER 2016, S. 197, 201.

- Die hinlänglich bekannte Volatilität,
- die Integration in das Stromsystem sowie
- die mögliche Überlastung des Stromnetzes.

Neben dem Netzausbau sollen bzw. können Stromspeichertechnologien zur Lösung dieser Problematiken beitragen. Die Anforderungen, die in diesem Rahmen an Stromspeicher zu stellen sind, liegen auf der Hand: Sie müssen eine hohe Leistung und Kapazität über einen möglichst langen Zeitraum zur Verfügung stellen und dürfen nur geringe Verluste aufweisen.

Vor diesem Hintergrund ist der *Power-to-Gas*-Technologie Beachtung zu schenken. Dabei stellt sich vorab die Frage nach einer Definition des *Power-to-Gas*-Begriffs. In den Gesetzeswerken wird weder die übergeordnete Begrifflichkeit des Stromspeichers[557] noch die der *Power-to-Gas*-Anlage definiert. Jedenfalls in technischer Hinsicht bezeichnet *Power-to-Gas* die Umwandlung von Strom aus erneuerbaren Energien in Wasserstoff oder synthetisches Methan (*SNG*). Diese Technologie ermöglicht einerseits als einzige unter den heute verfügbaren Stromspeichertechnologien die Langfristspeicherung von Strom aus erneuerbaren Energien, andererseits dessen Nutzbarmachung in allen anderen Verbrauchssektoren[558]. Letzteres führt dazu, dass *Power-to-Gas* häufig auch als sektor- bzw. spartenübergreifende Systemlösung bezeichnet wird.

Es kommen verschiedene Technologien im Rahmen der Speicherung zum Einsatz. Gleichzeitig ist diese Form der Energiespeicherung nicht auf einen Sektor beschränkt, sondern erlaubt einen vielfältigen Einsatz. Die BNetzA bezeichnet in Einklang damit *Power-to-Gas* als vielversprechende Option zur Integration erneuerbarer Energien in andere Nutzungspfade, die zur CO_2- Reduktion beitragen sowie als Stromspeicher Schwankungen ausgleichen und Strom langfristig nutzbar machen kann[559].

Die Standorte der bereits existierenden *Power-to-Gas-Anlagen* konzentrieren sich nicht auf einen bestimmten Bereich, sondern verteilen sich innerhalb Deutschlands, was sicher auch mit den diversen für die Standortwahl relevanten Faktoren zusammenhängt. Die dena hat zumindest verschiedene *Cluster*-Regionen identifiziert, in

---

[557] § 3 Nr. 31 EnWG erfasst ausschließlich Anlagen zur Speicherung von Gas.
[558] Dena, Potenzialatlas *Power to Gas* 2016, S. 1.
[559] BNetzA, Positionspapier zur Anwendung der Vorschriften der Einspeisung von Biogas auf die Einspeisung von Wasserstoff und synthetischem Methan in Gasversorgungsnetze, S. 1.

denen es in den kommenden Jahren voraussichtlich zu einer verstärkten Anwendung von *Power-to-Gas* kommen wird[560].

4.4.1.2 Produkte Wasserstoff (Technologie Elektrolyse) und Methan (Technologie Methanisierung)

Als Produkt der *Power-to-Gas*-Technologie kann neben Wasserstoff auch Methan anfallen, wenn der Elektrolyse ein Methanisierungsverfahren nachgeschaltet ist. Grds. stehen bei der anschließenden Nutzung der Stoffe alle für Gase vorhandenen Nutzungsoptionen offen, da jedenfalls in chemischer Hinsicht nicht zwischen regenerativ und konventionell hergestellten Gasen differenziert wird. Bei beiden Varianten besteht zudem die Möglichkeit der Rückverstromung und anschließenden Einspeisung in das Stromnetz. Dieses Vorgehen ist derzeit allerdings nicht wirtschaftlich zu betreiben, was auf zwei Gründe zurückzuführen ist: Zum einen wird die Flexibilität von *Power-to-Gas* erst bei hohen Anteilen von erneuerbaren Energien im Stromsystem benötigt, zum anderen führen die Umwandlungsverluste entlang des Nutzungsgrads Strom-zu-Strom zu einer Stromausbeute, die zu gering ist, als dass sie einen kostendeckenden Betrieb ermöglichen könnte[561].

Wasserstoff gilt aufgrund seiner Emissionsfreiheit als Energieträger der Zukunft[562]. Er dient der Speicherung von Energie, die auf unterschiedliche Art und Weise, insofern auch in Abhängigkeit des Aggregatzustands, erfolgen kann. In Betracht kommen die Speicherung in Druckbehältern oder in vakuumisolierten Behältern sowie die Einlagerung in Metallhydriden oder in Kohlenstoff-Nanoröhren.

Die Wasserelektrolyse zur Erzeugung des Wasserstoffs bildet den Kernprozess des gesamten *Power-to-Gas*-Konzepts. In einem Elektrolyseur wird Wasser unter Einsatz von Strom in Wasserstoff und Sauerstoff zerlegt. Es werden drei verschiedene Verfahren angewendet: Die alkalische Wasserelektrolyse, die saure bzw. Polymer-Elektrolyt-Membran-Elektrolyse und die Hochtemperatur-Wasserdampfelektrolyse. Hinsichtlich der Wirkungsgrade ist zu differenzieren: Die Wasserelektrolyse erreicht einen Wirkungsgrad zwischen 75 % und 85 %. Findet eine Rückverstromung statt, ergibt sich für den Gesamtprozess Strom-H_2-Strom ein Wirkungsgrad von ca. 50 %[563]. Technische Herausforderungen bestehen bei der Wasserelektrolyse im

---

[560] Dena, a.a.O. (Fn. 558), S. 9 ff.

[561] Ebenda, S. 31.

[562] Abrufbar unter: http://bit.ly/2pITYZk.

[563] BEE, Möglichkeiten zum Ausgleich fluktuierender Einspeisungen aus erneuerbaren Energien, S. 74.

Hinblick auf die Anlagendynamik, die Stabilisierung des spezifischen Energieverbrauchs sowie die Verlängerung der Wartungsintervalle[564].

Darüber hinaus kann in einer *Power-to-Gas*-Anlage aus dem mittels Elektrolyse erzeugten Wasserstoff durch die Reaktion mit Kohlenstoffdioxid in einer nachgeschalteten Methanisierung Methan erzeugt werden. Als Verfahren kommen eine katalytische oder eine mikrobielle bzw. biologische Methanisierung in Betracht[565]. Notwendige Voraussetzung des Methanisierungsprozesses ist die Zuführung von Kohlenstoffdioxid. Vor dem Hintergrund der zugleich politisch angestrebten und rechtlich fixierten Reduktion der Treibhausgase kann das notwendige Kohlendioxid u.a. aus biogenen, effizient erschließbaren Kohlenstoffquellen oder aus konventionellen Kraftwerken bzw. anderen Prozessen, bei denen es anfällt, genutzt werden. Die Methanisierung ist ein zusätzlicher Umwandlungsschritt im *Power-to-Gas*-Verfahren, der einen weiteren Wirkungsgradverlust bedeutet. Der Wirkungsgrad der Methanisierung wird auf 60 % bis 65 % beziffert, bei einer Rückverstromung ergibt sich für die Prozesskette Strom-SNG-Strom dann ein Gesamtwirkungsgrad von lediglich 30 % bis 36 %[566]. Dem steht jedoch u.a. der wesentliche Vorteil gegenüber, dass die aktuellen Anlagen bereits Methangehalte von über 94 % erreichen[567], was entscheidend für das Potenzial im Zusammenspiel mit dem Erdgasnetz ist.

4.4.1.3 Bedeutung als Stromspeicher und Systemdienstleister

Dem *Power-to-Gas*-Konzept ist sowohl als Stromspeicher als auch als Systemdienstleister Bedeutung beizumessen.

Gegenüber anderen Stromspeichern zeichnet sich *Power-to-Gas* durch seine Eignung als langfristiger Speicher aus. Zugleich weisen das Erdgasnetz und die daran angeschlossenen Energiespeicher eine große Speicherkapazität auf, sodass auch die Speicherung großer Energiemengen möglich ist[568]. In diesem Zusammenhang wird mitunter darauf hingewiesen, dass die geringen Kosten für die Speicherkapazität die ineffiziente Umwandlung überwiegen[569].

Daneben kann *Power-to-Gas* als Systemdienstleister eine zentrale Rolle zukommen, was aber den im Zuge der Energiewende notwendig gewordenen Netzausbau nicht

---

[564] Abrufbar unter: http://bit.ly/2pGboUd.

[565] BEE, Möglichkeiten zum Ausgleich fluktuierender Einspeisungen aus erneuerbaren Energien, S. 71 f.

[566] Ebenda S. 74; *World Energy Council, World Energy Resources – E-storage: Shifting from cost to value*, S. 35.

[567] Abrufbar unter: http://bit.ly/2qsVhfq.

[568] Abrufbar unter: http://bit.ly/2pIO3TR.

[569] ISEA, *Technology Overview on Electricity Storage*, S. 33; zur Höhe der Kapazitätskosten vgl. auch Agora Energiewende, Stromspeicher in der Energiewende, S. 47 ff.

ersetzt. Die Technologie kann in diesem Rahmen zum kurzfristigen Lastausgleich eingesetzt werden, z.B. durch das Angebot von Regelenergie auf dem Regelenergiemarkt[570]. *Power-to-Gas*-Anlagen sind gerade auch im Hinblick auf die Abnahme von Strom sehr flexibel, sodass die Präqualifizierung für die Teilnahme am Regelenergiemarkt möglich ist[571]. Ein Teil der Pilotanlagen ist sogar schon für die Erbringung von Sekundärregelleistung qualifiziert und nimmt aktiv an diesem Markt teil[572]. Für die Vorhaltung der Regelleistung und den tatsächlichen Abruf fällt eine Vergütung an, hieraus ergibt sich eine zusätzliche Einnahmequelle für den Betreiber einer *Power-to-Gas*-Anlage[573].

Ein weiteres Anwendungsfeld liegt im präventiven Engpassmanagement. Gerade hier bieten sich chemische Speicher wie *Power-to-Gas* an, da sie durch das Speichern von Energie in das Erdgasnetz zu einer zeitlich-räumlichen Entkopplung von Erzeugung und Nachfrage führen können[574]. Ein solcher Einsatz der *Power-to-Gas*-Anlage ist allerdings nicht wirtschaftlich möglich, weshalb der Netzausbau als netzentlastende Möglichkeit vorzugswürdig ist. Wenn keine Rückverstromung erfolgt, handelt es sich aus der Perspektive des Stromsektors bei der sektorübergreifenden Speicherung durch *Power-to-Gas* ohnehin um reines Lastmanagement[575].

4.4.1.4 Potenziale im Zusammenhang mit dem Erdgasnetz

Grds. besteht für das in einer *Power-to-Gas*-Anlage erzeugte Gas der Vorteil, dass die gesamte bereits bestehende Gasinfrastruktur einschließlich aller dazugehörigen Speicherkapazitäten und Versorgungswege bis zum Endanwender genutzt werden kann. Damit wird durch *Power-to-Gas* eine inländische erneuerbare Gasquelle erschlossen, die durchaus geeignet erscheint, die traditionell starke Importabhängigkeit des Gasmarktes zu reduzieren[576]. Zur genaueren Bestimmung des tatsächlichen Potenzials der anfallenden Produkte im Hinblick auf das Erdgasnetz ist allerdings zwischen Methan und Wasserstoff zu differenzieren.

Die brenntechnischen Eigenschaften des im Wege der Methanisierung erzeugten *SNG* stimmen mit denen von fossilem Erdgas nahezu überein. Dadurch, dass Methan auch Hauptbestandteil natürlichen Gases ist, kann das *SNG* ohne jegliche Men-

---

[570] Schäfer-Stradowsky/Boldt, ZUR 2015, S. 451, 456.; vgl. dazu auch oben Abschnitt 3.6.4 (Regelenergie).

[571] Dena, a.a.O. (Fn. 558), S. 26 f.

[572] Ebenda.

[573] Ebenda.

[574] Agora Energiewende, Stromspeicher in der Energiewende, S 99 f.

[575] Agora Energiewende, a.a.O., S. 35; vgl. dazu auch Abschnitt 4.5 (Lastmanagement – *Demand Side Management*).

[576] Dena, a.a.O. (Fn. 558), S. 36.

genbegrenzung in die Erdgasinfrastruktur integriert werden. Aufgrund dessen ist auch die Erschließung von Nutzungspfaden möglich, z.B. im Bereich der Mobilität oder der Wärmeversorgung und damit weiterer Geschäftsbereiche[577].

Während *SNG* also den Vorteil vollständiger Integration in das Gasnetz für sich beanspruchen kann, ist der erzeugte Wasserstoff nur eingeschränkt einspeisefähig. Aus dem insofern maßgeblichen Arbeitsblatt des DVGW[578] ergibt sich wohl eine Beschränkung des Wasserstoffanteils im Erdgasnetz auf maximal 5 %. Es wird allerdings bereits eine Erhöhung des Wasserstoffanteils auf 10 % – jedenfalls im Gasverteilernetz, wenn keine kritischen Verbraucher wie Erdgastankstellen oder Großbrenner angeschlossen sind, – als realisierbar angesehen[579]. Die für den Transport von reinem Wasserstoff benötigte rohrleitungsgebundene Infrastruktur ist dagegen aktuell nur in einzelnen Regionen gegeben. Diesem *status quo* könnte für die Zukunft durch die Integration von *Power-to-Gas* in die Netzentwicklungsplanung entgegengewirkt werden[580].

4.4.1.5 Umsetzungsstand in Deutschland und entwicklungstechnische Tendenzen

Derzeit gibt es in ganz Deutschland über 20 Forschungs- und Pilotanlagen, in denen das *Power-to-Gas*-Verfahren eingesetzt und weiterentwickelt wird. Bei all diesen Projekten geht es um die Verfolgung von i.W. identischen Zielen: Die technische Machbarkeit soll aufgezeigt, eine Standardisierung sowie Normierung sollen erreicht, die Kosten gesenkt und verschiedene Geschäftsmodelle erprobt werden.

Bereits jetzt sind viele Anlagenhersteller und -betreiber der Auffassung, dass die entwickelten Elektrolyseure und Methanisierungsverfahren marktfähig und für eine Skalierung der Produktion geeignet sind[581]. Insgesamt gilt die Entwicklung der im Rahmen des *Power-to-Gas*-Konzepts eingesetzten Technologien als sehr weit fortgeschritten, was aber selbstverständlich Effizienzsteigerungen in der Zukunft nicht ausschließt[582].

---

577 Dena, a.a.O., S. 37.
578 DVGW-Arbeitsblatt G 260 und DVGW-Arbeitsblatt G 262.
579 DVGW, Abschlussbericht Wasserstofftoleranz der Erdgasinfrastruktur inkl. aller assoziierten Anlagen, S. 23 ff.
580 Dena, a.a.O. (Fn. 558), S. 9.
581 Dena, a.a.O. (Fn. 558), S. 33.
582 Dena, a.a.O. (Fn. 558), S. 8.

4.4.1.6 Rechtliche Rahmenbedingungen

Die Nutzung von *Power-to-Gas* wird i.W. durch das EnWG und dazu ergangene Rechtsverordnungen, das EEG und stromsteuerrechtliche Regelungen beeinflusst. Ausgangspunkt im EnWG sind die in § 3 Nr. 10c und Nr. 19a getroffenen Begriffsbestimmungen. Nach § 3 Nr. 19a EnWG fallen unter den Gasbegriff auch Wasserstoff, der durch Wasserelektrolyse erzeugt worden ist, sowie synthetisch erzeugtes Methan, das durch wasserelektrolytisch erzeugten Wasserstoff und anschließende Methanisierung hergestellt worden ist. Hier findet also bereits eine Gleichstellung der *Power-to-Gas*-Anlagen statt[583]. § 3 Nr. 10c EnWG geht darüber insofern noch hinaus, als danach Wasserstoff, der durch Wasserelektrolyse erzeugt worden ist, und synthetisch erzeugtes Methan als Biogas gelten können. Voraussetzung ist allerdings, dass der zur Elektrolyse erzeugte Strom und das zur Methanisierung eingesetzte Kohlendioxid oder Kohlenmonoxid nachweislich weit überwiegend aus erneuerbaren Energiequellen i.S.d. Richtlinie 2009/28/EG stammen[584].

Während die Anwendung der Entflechtungsvorgaben aus §§ 6 ff. EnWG bis heute noch recht ungeklärt erscheint[585], ergibt sich hinsichtlich der sonstigen Vorschriften ein klareres Bild. Liegen die Voraussetzungen des § 3 Nr. 10c EnWG vor, sind die in §§ 31 ff. GasNZV vorgesehenen Privilegierungen für Biogas anwendbar. Nach § 33 GasNZV besteht eine vorrangige Anschlusspflicht des Netzbetreibers, der darüber hinaus 75 % der Netzanschlusskosten zu tragen hat. Für den Anschlussnehmer ist hinsichtlich der verbleibenden 25 % eine Kostendeckelung bei 250.000 EUR vorgesehen. Der Netzbetreiber muss sicherstellen, dass der Netzanschluss jährlich zu mind. 96 % für die geplante Einspeisung zur Verfügung steht, und zugleich eine garantierte Mindesteinspeisekapazität zusichern. Diese Pflichten bestehen auch dann, wenn die Anschlussnutzung und Einspeisung im intermittierenden Betrieb stattfinden[586]. Nicht anwendbar sind die Vorschriften des § 33 Abs. 2 Satz 2 und Abs. 6 Satz 4 GasNZV dagegen auf die Wasserstoffverträglichkeit des Netzes[587]. Es besteht keine Verpflichtung des Netzbetreibers zur Anhebung der Wasserstoffverträglichkeit seines Netzes[588]. Vielmehr ist die Wasserstoffeinspeisung nur zulässig, solange und soweit die Sicherheit und Interoperabilität gewährleistet sind[589]. Dane-

---

[583] Schex in: Kment, EnWG, § 3 Rn. 45.

[584] Nach der Gesetzesbegründung müssen der Wasser- bzw. Kohlenstoff zu mindestens 80 % aus erneuerbaren Energien stammen, vgl. BT-Drs. 17/6072 v. 06.06.2011, S. 50.

[585] Vgl. u.a. Riewe/Meyer, EWeRK 2015, S. 138, 141; Schäfer-Stradowsky/Boldt, ZUR 2015, S. 451, 452 ff.

[586] BNetzA, Positionspapier, S. 4.

[587] Ebenda.

[588] BNetzA, Positionspapier, S. 5.

[589] Ebenda.

ben ist die Privilegierung des § 19 Abs. 1 Satz 3 GasNEV anwendbar, sodass für die Einspeisung von Biogas in das Fernleitungsnetz keine Einspeiseentgelte anfallen. Abgesehen von diesem positiven Effekt der Anwendbarkeit der Privilegierungsvorschriften soll nach Auffassung der BNetzA auch im Übrigen grds. die Rechtslage zur Einspeisung von Biogas Anwendung finden, was sogar noch weitergehend auf alle dazu ergangenen Entscheidungen der Regulierungsbehörden und Gerichte erstreckt wird[590].

Einen weiteren Privilegierungstatbestand enthält § 118 Abs. 6 Satz 1 EnWG. Für nach dem 31.12.2008 neu errichtete Speicheranlagen, die ab August 2011 innerhalb von 15 Jahren in Betrieb genommen werden, sind keine Netzentgelte hinsichtlich des Bezugs der zu speichernden elektrischen Energie zu entrichten. Voraussetzung der Netzentgeltbefreiung ist zwar an sich die Rückverstromung in dasselbe Netz, auf dieses Erfordernis wird aber bei *Power-to-Gas*-Anlagen verzichtet. Dadurch können der erzeugte Wasserstoff bzw. das Methan in andere Energiesektoren gelangen, ohne eine Zahlungspflicht auszulösen. Nach § 118 Abs. 6 Satz 8 EnWG sind *Power-to-Gas*-Anlagen zudem von den Einspeiseentgelten für das Gasnetz befreit. Bedeutung hat diese Befreiung allerdings nur insoweit, als dass es sich bei dem Wasserstoff oder Methan nicht um Biogas i.S.d. § 3 Nr. 10c EnWG handelt und in ein anderes als das örtliche Verteilernetz[591] eingespeist werden soll[592]. Umstritten sind die Auswirkungen der aus § 118 Abs. 6 EnWG folgenden Befreiung auf die sonstigen netzentgeltbezogenen Umlagen (namentlich die KWK-, *Offshore-* und die § 19 Strom-NEV-Umlage)[593]. Die BNetzA vertritt die Ansicht, dass sich kein Effekt hinsichtlich dieser Positionen ergebe, da sie kein Bestandteil des Netzentgeltes selbst seien[594]. Nach der Gegenauffassung knüpft die Befreiung von den weiteren Belastungen an die Befreiung von den Netzentgelten an[595].

Auch wenn der Begriff der Speicheranlage nicht definiert ist, dient die *Power-to-Gas*-Anlage doch unmittelbar und überwiegend der Speicherung von Energie und ist damit nicht nur Speicheranlage, sondern konsequenterweise auch zu den Energieanlagen i.S.d. § 3 Nr. 15 EnWG zu rechnen. Die Tatsache, dass es sich um eine Anlage zur Speicherung elektrischer Energie handelt, führt dazu, dass ein Anspruch auf Netzanschluss nach § 17 Abs. 1 EnWG besteht. Die Charakterisierung als Energie-

---

[590] BNetzA, Positionspapier, S. 1.

[591] Nach § 18 Abs. 1 Satz 3 GasNEV fallen per se keine Netzentgelte für die Einspeisung von Gas in das örtliche Verteilernetz an.

[592] Missling, in: Danner/Theobald/EnWG, § 118 Rn. 30.

[593] Vgl. dazu auch IWES et al., Roadmap Speicher, S. 100 f.

[594] Vgl. Dena, a.a.O. (Fn. 558), S. 29.

[595] Schäfer-Stradowsky/Boldt, ZUR 2015, S. 451, 454; Stappert/Vallone/Groß, RdE 2015, S. 62, 66 f.

anlage bewirkt die Pflicht zur Gewährleistung der technischen Sicherheit nach § 49 EnWG.

Im Rahmen des EEG sind zwei Aspekte zu differenzieren: Die Frage nach der EEG-Umlagebefreiung bzw. -begrenzung und die nach der Förderung im Zuge der Rückverstromung. § 60 Abs. 3 Satz 2 EEG sieht als Spezialtatbestand die Umlagebefreiung bei der Erzeugung von Speichergas[596] vor und ist damit eine Privilegierung der Stromspeicherung aus *Power-to-Gas*-Prozessen. Durch diesen Befreiungstatbestand soll eine Doppelbelastung des eingespeicherten Stroms mit der EEG-Umlage vermieden werden, da die Stromspeicherung ohnehin als nach § 60 Abs. 1 Satz 1 EEG umlagepflichtiger Letztverbrauch qualifiziert wird[597]. Voraussetzung für die Befreiung sind allerdings die Wiedereinspeisung und Rückverstromung des Gases. Die EEG-Umlagebefreiung kann damit grds. nur im Geschäftsmodell der Rückverstromung stattfinden. Der Förderanspruch aus § 19 Abs. 1 EEG ist nach Absatz 4 auch dann gegeben, wenn der Strom vor der Einspeisung in das Netz zwischengespeichert worden ist. Der Anwendungsbereich ist insofern auf den Fall beschränkt, dass die Zwischenspeicherung vor der Netzeinspeisung stattfindet. Nur wenn der zur Elektrolyse verwendete Strom direkt von der EEG-Anlage zum Elektrolyseur geleitet wird, kann die EEG-Vergütung in Anspruch genommen werden[598]. Vergütet wird nach Satz 2 dann aber nur die Strommenge, die aus dem Zwischenspeicher in das Netz eingespeist worden ist. Die Höhe der Vergütung bestimmt sich nach derjenigen, die der Netzbetreiber bei einer Direkteinspeisung des eingesetzten Stroms an den Anlagenbetreiber hätte entrichten müssen.

In stromsteuerrechtlicher Hinsicht ist in § 9 Abs. 1 Nr. 2 StromStG i.V.m. § 12 StromStV zwar eine Befreiungsmöglichkeit für Pumpspeicherkraftwerke vorgesehen, eine analoge Anwendung auf *Power-to-Gas*-Anlagen soll aber bereits an der planwidrigen Regelungslücke scheitern[599]. Nach § 9a Abs. 1 Nr. 1 StromStG ist aber zumindest ein Erlass, eine Erstattung oder Vergütung für die Elektrolyseure vorgesehen. Intention des Gesetzgebers war bei dieser Regelung zwar nicht die Privilegierung von Stromspeichern, sondern die des industriellen Verfahrens der Elektrolyse; dennoch ist der Anwendungsbereich nicht darauf beschränkt und kann demnach auch die Wasserstoffelektrolyse zur Herstellung von Speichergas erfassen[600]. Darüber hinaus kommt eine Steuerbefreiung nach § 9 Abs. 1 Nr. 1 StromStG

---

[596]   Vgl. dazu die Legaldefinition in § 5 Nr. 29 EEG.

[597]   BGH, Beschluss v. 9.10.2012, EnVR 47/11, NVwZ-RR 2013, S. 408, 409; Lietz, in: Danner/Theobald, EEG 2014, § 60 Rn. 45.

[598]   Schäfer-Stradowsky/Boldt, ZUR 2015, S. 451, 455.

[599]   BT-Drs. 17/10314 v. 16.07.2012, S. 12 f.; BMWi, Roadmap Speicher Kurzzusammenfassung, S. 42; Thomas/Altrock, ZUR 2013, S. 579, 584.

[600]   IWES et al., Roadmap Speicher, S. 102.

in Betracht, wenn der zur Speicherung eingesetzte Strom aus einem ausschließlich mit erneuerbaren Energien gespeisten Netz bzw. einer Direktleitung entnommen wird.

Auf europarechtlicher Ebene finden sich keine direkten Regelungen zur *Power-to-Gas*-Technologie. Dennoch sind Auswirkungen in verschiedener Hinsicht denkbar. Gerade wenn in Zukunft die Möglichkeit einer direkten finanziellen Förderung von *Power-to-Gas*[601] in Erwägung gezogen werden sollte, sind die beihilfenrechtlichen Regelungen in Art. 107 ff. AEUV und die dazu ergangenen Leitlinien[602] der Kommission zu beachten. Für den Einsatz der *Power-to-Gas*-Produkte im Mobilitätssektor ist die AFI-Richtlinie[603] relevant. Gegenstand der Richtlinie ist die Schaffung eines gemeinsamen Rahmens für Maßnahmen zum Aufbau einer Infrastruktur für alternative Kraftstoffe zur Verringerung der Erdölabhängigkeit sowie der Begrenzung der Umweltbelastung. Alternative Kraftstoffe i.S.d. Richtlinie sind u.a. Wasserstoff und Biomethan.

4.4.1.7 Kriterien für eine Standortwahl/erfolgskritische Faktoren

Neben den rechtlichen Rahmenbedingungen ist die Standortwahl entscheidend für die Frage der Rentabilität einer *Power-to-Gas*-Anlage. Da sich die *Power-to-Gas*-Technologie durch vielfältige Nutzungsoptionen auszeichnet, hängen die zu berücksichtigenden Standortfaktoren auch von der angestrebten Nutzung ab.

Allgemein relevante Kriterien der Standortwahl sind u.a. die Anbindung an das Strom-/Gasnetz, die Absatzmöglichkeiten für Wasserstoff und Methan sowie für anfallende Nebenprodukte (z.B. Wärme und Sauerstoff) und genehmigungsrechtliche Aspekte. Wenn in der konkreten Anlage nur eine Wasserelektrolyse stattfinden soll, ist die Nähe zum erneuerbaren Stromerzeuger entscheidend[604]. Ist dagegen eine nachgeschaltete Methanisierung vorgesehen, sind Standorte in der Nähe regenerativer CO_2-Quellen zu präferieren. Generell sind hier die Kosten und die Verfügbarkeit von Kohlenstoffdioxid zu berücksichtigen.

Betrachtet man die Standortwahl in einem größeren Kontext, nämlich vor dem Hintergrund des mit der Anlage verfolgten Zwecks, können weitere Kriterien hinzutreten oder eine andere Gewichtung der Faktoren geboten sein. Dies gilt namentlich für den Fall, dass die Anlage als Alternative zum Netzausbau angedacht ist. Dann muss die Wahl des Standorts, wenn tatsächlich zu einer Entlastung der Stromnetze

---

[601] Vgl. dazu IWES et al., Roadmap Speicher, S. 105 f.
[602] Leitlinien für staatliche Umweltschutz- und Energiebeihilfen (2014/C 200/1).
[603] Richtlinie 2014/94/EU über den Aufbau einer Infrastruktur für alternative Kraftstoffe.
[604] Dena, Thesenpapier: Standortfaktoren für die Nutzung der Systemlösung *Power to Gas*.

beigetragen werden soll, an den überlasteten Netzknoten des Stromnetzes ausgerichtet werden[605].

4.4.1.8 Bedeutung von Power-to-Gas für den Mobilitätssektor

Gemeinhin werden der *Power-to-Gas*-Technologie im Mobilitätssektor relativ gute Marktaussichten bescheinigt. Begründet wird dies mit dem dort herrschenden ausgeprägten Handlungsdruck zur Senkung der Treibhausgasemissionen und dem im Vergleich hohen Preisniveau für Energie in Form von Kraftstoffen. Der Mobilitätssektor ist eines der wichtigsten Einsatzfelder für Wasserstoff – wohl auch, weil hier die schnellsten Entwicklungen zu konstatieren sind. Hinzu kommt natürlich, dass die Energiewende auch vor diesem Bereich nicht Halt macht, weshalb verstärkt regenerative Kraftstoffe ins Blickfeld geraten.

Wasserstoff und *SNG* sollen dabei nicht nur eine nachhaltige und wirtschaftliche Kurz-, sondern auch die Langstreckenmobilität gewährleisten und den fossilen Kraftstoff vollständig ersetzen[606]. Wesentliches Problem im Mobilitätssektor ist stets die Größenordnung, in der Kraftstoffe benötigt werden, die tatsächlich gegenwärtig allein durch den Einsatz von Wasserstoff und Methan beibehalten werden kann[607]. Ein weiterer Vorteil ist die technologisch leichtere Umsetzung der Erzeugung von Wasserstoff und Methan aus erneuerbaren Energien gegenüber der Herstellung eines flüssigen erneuerbaren Kraftstoffs[608]. Daneben sind zwei weitere Aspekte hervorzuheben: Zum einen unterscheidet sich der Tankprozess sowohl für Methan als auch für Wasserstoff bezogen auf den Zeitaufwand und den Umgang mit dem Kraftstoff nur unwesentlich von konventionellen Prozessen, zum anderen liegt das CO_2-Reduktionspotenzial der *Power-to-Gas*-Produkte im Vergleich zu konventionellen Kraftstoffen (bspw. Diesel, Benzin, Erdgas) bei mind. 95 %[609].

Jedenfalls zurzeit können aber die Vorgaben des § 37a BImSchG zur Treibhausgasminderungsquote grds. nicht durch den Einsatz von durch *Power-to-Gas* erzeugtem Gas erfüllt werden[610]. Es wird nicht von dem insofern maßgeblichen Begriff des Biokraftstoffs bzw. des Biomethans erfasst, da dieser noch allein nach der auf Energieerzeugnisse aus Biomasse beschränkten Biomasseverordnung bestimmt wird.

---

[605] Ebenda, S. 62.
[606] Dena, *Power to Gas*. Eine innovative Systemlösung auf dem Weg zur Marktreife, S. 6.
[607] Ebenda.
[608] Ebenda.
[609] Dena, a.a.O. (Fn. 558), S. 15.
[610] Schäfer-Stradowsky/Boldt, ZUR 2015, S. 451, 457; zu den denkbaren Ausnahmen siehe Dena, a.a.O. (Fn. 558), S. 55 f.

4.4.2 *Power-to-Heat*

4.4.2.1 Sektorübergreifende Systemlösung – Definition und Standortbestimmung

Das *Power-to-Heat*-Konzept ist nicht per se ein Speicherkonzept und auch kein sog. *Power-to-Power*-Konzept – seine technische Umsetzung sieht bisher keine bidirektionale Stromwandlung vor. *Power-to-Heat* generiert Wärme aus elektrischem (Überschuss-)Strom und tritt zunehmend als Instrument der Wärmeversorgung in den Blickpunkt, mit dem die Nachfrageseite flexibler auf das Angebot am Börsenstrom- u. Regelenergiemarkt reagieren kann.

Die zugrundliegenden technischen Prozesse würden (zum heutigen Stand der Technik) hohe energetische Verluste verursachen[611].

Ein *Power-to-Heat*-System bzw. eine *Power-to-Heat*-Anlage ist per Definition ein hybrides Heizsystem, das Wärme wechsel- oder gleichzeitig aus Strom und fossilen Energieträgern (bspw. Erdgas, Erdöl oder Kohle) bereitstellen kann.

Der Einsatz der elektrischen Wärmeerzeugungseinheit ist wirtschaftlich grds. immer dann zu bevorzugen, wenn die dadurch verursachten Wärmeerzeugungskosten (i.W. die Strombezugskosten inkl. Netzentgelte, Umlagen und Steuern, soweit diese zu entrichten sind) diejenigen der alternativen fossilen Wärmeerzeugungskosten unterschreiten. Diese Voraussetzungen können bei deutschlandweiten oder regionalen Stromüberschusssituationen, wie nachfolgend abgebildet, eintreten.

---

[611] Hauptgrund hierfür sind die stark unterschiedlichen Exergieanteile bei der Betrachtung zweier kalorisch identischer Energiemengen in Form von elektrischem Strom (sehr hohe Exergie) gegenüber thermischer Energie (vergleichsweise niedrige Exergie; sinkend mit fallender Temperaturdifferenz im Vergleich zur Umgebungstemperatur). Exergie beschreibt den Anteil einer Energiemenge, der in der Lage ist, Arbeit zu verrichten; der verbleibende Anteil v.H. wird als Anergie bezeichnet. Arbeit wird benötigt, um die Generatoren für die Stromerzeugung anzutreiben.

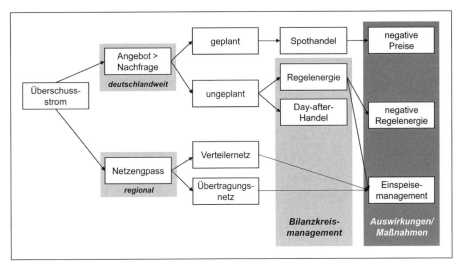

Abb. 55:   Entstehungsmöglichkeiten von Überschussstrom und dessen Auswirkungen[612]

Aus den Auswirkungen der Überschussstromsituationen ergeben sich grds. drei Anwendungsfälle für *Power-to-Heat*-Anlagen[613]:

Anwendungsfall 1: Niedrige und negative Preise an den Strombörsen

Im Fall ausreichend niedriger, insb. negativer Börsenstrompreise kann Überschussstrom über den Spothandel gekauft und *Power-to-Heat*-Anlagen zugeführt werden. Damit einher geht die aus Energieeffizienzgesichtspunkten wünschenswerte Vermeidung der Abregelung von WE- und PV-Anlagen in der Direktvermarktung.

Anwendungsfall 2: Regelenergie

Ein Großteil der sich bereits in Betrieb befindlichen *Power-to-Heat*-Anlagen wird vornehmlich am Regelenergiemarkt für Sekundär- und Minutenreserve eingesetzt und dort sowohl für die Vorhaltung von zumeist[614] negativer Regelenergie (Leistungspreis) als auch die für die tatsächlich abgenommene elektrische Energie vergütet (Arbeitspreis). In Konkurrenz zu konventionellen Stromerzeugungsanlagen bieten *Power-to-Heat*-Anlagen am Regelenergiemarkt den Vorteil, dass sie negative

---

612   *EuroHeat&Power* 43. Jg (2014), Heft 6: Speicher – Erörterung aus Sicht des AGFW, S. 41.

613   Gem. Agora Energiewende (2014): *Power-to-Heat* zur Integration von ansonsten abgeregeltem Strom aus Erneuerbaren Energien, S. 7 ff.

614   In Fällen, in denen eine KWK-Anlage Bestandteil eines *Power-to-Heat*-Systems ist, kann das System potenziell auch positive Regelleistung liefern.

Regelleistung aus dem Stillstand heraus bereitstellen können, wohingegen erstgenannte i.d.R. technisch bedingt nur eine Teillastreduzierung anbieten können, sofern sie sich in Betrieb befinden. Der verbleibende Teil der Last wird als *Must-run*-Kapazität bezeichnet und bedingt potenziell vermeidbare CO_2-Emissionen.

Anwendungsfall 3: Regionale Netzengpässe

Regionale Netzengpässe entstehen, wenn die Kapazität der Stromnetze auf der Verteilernetzebene nicht ausreicht, um die Stromerzeugung aus erneuerbaren Energien abzutransportieren. In diesen Fällen muss der Verteilernetzbetreiber EEG-Anlagen im Rahmen des Einspeisemanagements manuell abregeln, um Schaden von der Netzinfrastruktur abzuwenden.

4.4.2.2 Die Power-to-Heat-Technologie

Bei den am Markt verfügbaren *Power-to-Heat*-Technologien handelt es sich um etablierte ausgereifte Technologien. Prinzipiell lassen sich diese Technologien zwei Klassen zuordnen, die sich i.w. in Bezug auf ihre Energieeffizienz, ihre Anschaffungskosten und ihre Flexibilität unterscheiden lassen.

Die Klasse der Widerstands- und Elektrodenheisswasserkessel weist geringere spezifische Investitionskosten (rd. 100 bis 200 EUR/kW$_{el}$[615]), kürzere Ansprechzeiten[616] (i.d.R. < 30 sec.), geringere Minimallasten (< 1 % der Maximallast), höhere Lastgradienten (rd. 30 sec. zw. Minimal- u. Maximallast[617]) und vernachlässigbare fixe Betriebskosten auf. Sie ist somit außerordentlich flexibel zur Deckung von kurz(fristig)en Lastspitzen einsetzbar. Anlagen dieser Klasse können Nutzungsgrade > 99 % erreichen.

Im Vergleich dazu hat die Klasse der Wärmepumpen höhere spezifische Investitionen und ist weniger dynamisch im Regelverhalten, weist aber im Gegenzug eine mehrfach höhere Energieeffizienz auf. Der sog. *COP* (*Coefficient of Performance*) ist die Effizienzzahl von Wärmepumpen (analog zum Wirkungsgrad) und errechnet sich als Quotient von Wärmeabgabeleistung und eingesetztem Strom. Wärmepumpen in der Größenordnung von rd. 20 MW$_{th}$ erreichen bei betriebstypischer

---

[615] FfE (Forschungsstelle für Energiewirtschaft e. V.) (2016): Verbundforschungsvorhaben Merit Order der Energiespeicherung im Jahr 2030, Teil 2, S. 68 ff.

[616] Für die Teilnahme am Markt für Sekundärregelleistung muss mind. 1 MW$_{el}$ bereits nach 30 sec. abrufbar sein, die verbleibende Angebotsmenge spätestens innerhalb von 5 Min. nach Abruf.

[617] PARAT Halvorsen AS (2016): *High Voltage Electrode boiler for Steam and Hot water* (Produktdatenblatt), abrufbar unter: http://bit.ly/1qSf6Tr, Aufruf am 30.01.2017.

Fahrweise *COP* oberhalb von 2,7[618, 619]. Wärmepumpen haben aus vorstehendem Grund wesentlich niedrigere variable Kosten und sind tendenziell bei der Deckung von relativ gleichmäßigen Grundlastwärmebedarfen zu präferieren. Die spezifischen Investitionskosten für Großwärmepumpen liegen ca. um den Faktor 2 über denjenigen für Widerstands- und Elektrodenheisswasserkessel[620]. Die fixen Betriebskosten von Wärmepumpen lassen sich mit jährlich rd. 1 bis 2 % der Investitionssumme abschätzen.

Die Amortisationszeiten von *Power-to-Heat*-Anlagen hängen stark vom Einsatzprofil der Anlagen ab, d.h. davon wie häufig und zu welchen betriebswirtschaftlichen Konditionen diese Anlagen zum Einsatz kommen. Der Bedarf und die Vergütung von Regelenergie in der Regelzone der jeweiligen Anlage oder die Häufigkeit (bzw. die kumulierte Zeit) ausreichend niedriger Spothandelspreise und die damit in Verbindung stehenden tatsächlichen Strombezugskosten sind wesentliche Faktoren, die die Rentabilität und damit die Amortisationszeiten von *Power-to-Heat*-Anlagen wesentlich mitbestimmen[621]. Im Vergleich mit anderen Wärmeerzeugungstechnologien ist durch die geringen Anschaffungsinvestitionen von tendenziell eher kurzen Amortisationszeiten auszugehen.

4.4.2.3 Bedeutung als Systemdienstleister

Der Einsatz von *Power-to-Heat* ist unter mehreren Aspekten systemdienlich und durch kurzfristige Entnahmen aus dem Stromnetz in Überschussstromsituationen v.a. in der Lage:

- die Energieeffizenz durch die sektorübergreifende Nutzung von sonst abgeregeltem Strom aus erneuerbarer Erzeugung sektorübergreifend zu steigern,

- die Abgabe klimaschädlicher CO_2-Emissionen durch Vermeidung des alternativen Einsatzes fossiler Energieträger zu vermindern und

- Netzengpasssituationen durch netzdienliche Entnahmen von Strom zu Hochlastzeiten abzumindern und somit die Integration der erneuerbaren Erzeugungstechnologien zu erleichtern sowie die Kosten für Entschädigungszahlungen und ansonsten zusätzliche Netzausbaumaßnahmen zu senken.

---

[618] *EuroHeat&Power* 43. Jg (2014), Heft 6: Speicher – Erörterung aus Sicht der AGFW, S. 43.
[619] Fraunhofer ISE (2011): Wärmepumpen Effizienz – Messtechnische Untersuchung von Wärmepumpenanlagen zur Analyse und Bewertung der Effizienz im realen Betrieb, S. 27.
[620] *EuroHeat&Power,* a.a.O.
[621] *EuroHeat&Power*, ebenda.

- Durch die Sektorkopplung von Strom- und Wärmesektor kann die Auslastung von EEG-Anlagen klimaneutral gesteigert werden und dadurch zur Dekarbonisierung des Wärmesektors beitragen.

4.4.2.4 Umsetzungsstand in Deutschland und entwicklungstechnische Tendenzen

Die Rahmenbedingungen für einen wirtschaftlich vorteilhaften Einsatz großtechnischer strombetriebener Wärmeerzeuger sind zum heutigen Erfahrungsstand vorwiegend bei fernwärmebetreibenden Stadtwerken (und ähnlichen Versorgern) anzutreffen. Diese Versorger integrieren die entsprechenden Anlagenkomponenten häufig in ihre bestehende(n) KWK-Anlage(n) und erweitern diese dadurch zu vollwertigen *Power-to-Heat*-Systemen. Im Jahr 2016 ließ sich die installierte Gesamtkapazität dieser integrierten elektrischen Heizkomponenten (Widerstands- u- Elektrodenheisswasserkessel) auf über 450 MW_{el} beziffern[622]. Die Leistung der teilweise modular zusammengesetzten Anlagen verteilt sich derzeit auf rd. 25 Anlagen und rangiert zwischen 5 MW_{el} und 60 MW_{el}. In Planung befinden sich derzeit weitere Anlagen mit Leistungen bis zu 100 MW_{el}[623]. Die räumliche und leistungsmäßige Verteilung der Anlagenstandorte innerhalb Deutschlands ist zum derzeitigen Stand weitgehend homogen.

Die Dimensionierung der elektrischen Leistung von bereits realisierten *Power-to-Heat*-Anlagen orientiert sich auffallend häufig an der Grundlast des bzw. der zu bedienenden Fernwärmenetze(s). Die Grundlast eines typischen Fernwärmenetzes kann aus Erfahrung i.d.R. mit rd. 10 % der Spitzenlast am kältesten Tag des Jahres abgeschätzt werden. Decken sich Grundlast und elektrische Leistung der *Power-to-Heat*-Anlage, so steht in Stromüberschusssituationen ganzjährig ihr volles wirtschaftliches Potenzial zur Verfügung, d.h. die Anlage kann potenziell jederzeit ihre volle Kapazität erbringen.

Erfahrungsgemäß fallen die Phasen überschüssiger Stromerzeugung nur zeitweise mit den Phasen erhöhten Wärmebedarfs zusammen. Wärme lässt sich aber im Gegensatz zu elektrischem Strom bereits heute mit etablierter und kostengünstiger Technik (auch in großen Mengen) speichern und bei Bedarf abrufen. Durch die optionale Integration eines Wärmespeichers kann der zeitliche Versatz von Strom-

---

[622] Gem. AGFW (Effizienzverband für Wärme, Kälte und KWK e. V.) *online* (2016): Politische Forderungen zum Thema *Power-to-Heat*, abrufbar unter: http://bit.ly/2pJ4pfg, Aufruf am 30.01.2017.

[623] Z.B. Umbau des Heizkraftwerks Reuter West des Betreibers Vattenfall (2016) mit *Power-to-Heat*-Ersatzkapazität, abrufbar unter: http://bit.ly/2cyqhQ6, Aufruf am 30.01.2017.

überschussangebot und Wärmebedarf zusammengeführt werden. Es können dann auch höhere elektrische Leistungen als zur Deckung der Grundlast erforderlich installiert werden.

Die kumulierte thermische Leistung der in Deutschland eingesetzten fernwärmeerzeugenden Anlagen lässt mit rd. 28 GW beziffern[624]. Hieraus ergibt sich bei vereinfachter Betrachtung unter Berücksichtigung der o.g. 10 %-Faustregel ein theoretisches technologisches Potenzial von rd. 2,8 GW für elektrische *Power-to-Heat*-Anlagen in Deutschland.

4.4.2.5 Rechtliche Rahmenbedingungen

Während die *Power-to-Gas*-Technologie in der Vergangenheit zunehmend in den Fokus des deutschen Gesetzgebers geraten ist, sind im Bereich *Power-to-Heat* bislang keine gesetzlichen Sonderregelungen getroffen worden. Das ist wichtig, weil die rechtlichen Rahmenbedingungen maßgeblich die ökonomischen Potenziale der *Power-to-Heat*-Technologie bestimmen[625].

Aufgrund der derzeitigen Rechtslage fallen für den Strom, der bei der Umwandlung in Wärme in einer *Power-to-Heat*-Einrichtung verbraucht wird, grds. Netzentgelte, die EEG-Umlage sowie die Stromsteuer an[626].

Bei den Netzentgelten handelt es sich um einen der wesentlichen Kostenbestandteile. § 118 Abs. 6 EnWG enthält einen Befreiungstatbestand für nach dem 31.12.2008 neu errichtete Anlagen zur Speicherung elektrischer Energie, die innerhalb von 15 Jahren in Betrieb genommen werden. Die erfassten Anlagen sind für einen Zeitraum von 20 Jahren ab Inbetriebnahme hinsichtlich des Bezugs der zu speichernden elektrischen Energie von den Entgelten für den Netzzugang freigestellt. Allerdings wird die Freistellung nach § 118 Abs. 6 Satz 3 EnWG nur gewährt, wenn die elektrische Energie zur Speicherung in einem Stromspeicher aus einem Transport- oder Verteilernetz entnommen und die zur Ausspeisung zurückgewonnene Energie wieder in dasselbe Netz eingespeist wird. Diese Voraussetzung wird bei der *Power-to-Heat*-Technologie jedoch grds. nicht erfüllt. § 118 Abs. 6 Satz 3 EnWG liegt demnach ein Verständnis der Zwischenspeicherung als reiner *Power-to-Power*-Ansatz mit der Folge zugrunde, dass Speichertechnologien wie *Power-to-Heat*, aber auch *Power-to-Gas* nicht erfasst sind[627]. Während der Gesetzgeber bei der *Power-to-Gas*-

---

[624] FfE (Forschungsstelle für Energiewirtschaft e. V.) (2016): Verbundforschungsvorhaben Merit Order der Energiespeicherung im Jahr 2030, Teil 2, S. 64.

[625] Agora Energiewende, *Power-to-Heat* zur Integration von ansonsten abgeregeltem Strom aus Erneuerbaren Energien, S. 37.

[626] Weitere Kostenbestandteile sind ebenso möglich, sollen hier aber außer Betracht bleiben.

[627] Riewe/Meyer, EWeRK 2015, S. 138, 140.

Technologie jedoch korrigierend eingegriffen und den Satz 3 für entsprechende Anlagen gem. § 118 Abs. 6 Satz 7 EnWG für nicht anwendbar erklärt hat, fehlt bislang eine entsprechende Privilegierung der *Power-to-Heat*-Einrichtungen. Damit kann die Pflicht zur Zahlung von Netzentgelten lediglich dann entfallen, wenn die *Power-to-Heat*-Einrichtung dezentral vor dem Energieversorgungsnetz betrieben wird bzw. bei atypischer Netznutzung die Möglichkeit zur Zahlung eines geringeren individuellen Netzentgelts nach § 19 Abs. 2 StromNEV[628] besteht. Eine pauschale Befreiung von der Pflicht zur Entrichtung der Netzentgelte ist dagegen nicht vorgesehen.

Daneben ist für den bei der Umwandlung in Wärme in der *Power-to-Heat*-Einrichtung verbrauchten Strom die EEG-Umlage zu zahlen. Mit der seit dem 01.01.2017 geltenden Regelung des § 61k EEG 2017, die i.W. § 60 Abs. 3 EEG 2014 entspricht, soll eine Doppelbelastung von Speichern bei der Ein- und Ausspeicherung des Stroms vermieden werden[629]. Nach der Gesetzesbegründung beschränkt sich die Regelung aber auf solche Speicher, die ausschließlich dazu genutzt werden, Strom zwischenzuspeichern, der anschließend als Strom genutzt wird und auf den die EEG-Umlage anfällt[630]. Es wird ausdrücklich darauf hingewiesen, dass dadurch eine Umlagebefreiung von zwischengespeicherter Energie, auf die nach der Entnahme keine EEG-Umlage zu zahlen ist, ausgeschlossen ist[631]. Im Rahmen der *Power-to-Heat*-Technologie findet aber gerade keine Rückverstromung statt, sodass der Befreiungstatbestand des § 61k EEG 2017 keine Anwendung findet. Relevanz für *Power-to-Heat*-Einrichtungen können damit allenfalls die Regelungen in den §§ 61 ff. EEG 2017 zur Eigenversorgung entfalten, wenn der Strom in der Einrichtung im Rahmen eines Eigenversorgungskonzepts genutzt wird[632]. Denkbar wäre zudem eine Begrenzung der Umlage durch die Anwendung der besonderen Ausgleichsregelung in § 64 EEG 2017, wenn die Einstufung des betreffenden Unternehmens in eine der Listen 1 oder 2 der Anlage 4 zum EEG 2017 erreicht werden kann.

Die Entstehung der Stromsteuer richtet sich nach § 5 Abs. 1 Satz 1, 2 StromStG. Es existiert kein spezieller Befreiungstatbestand für die *Power-to-Heat*-Technologie. Allerdings kann sich im Einzelfall für den Strombezug in einer *Power-to-Heat*-Anlage eine Stromsteuerbefreiung aus § 9 Abs. 1 Nr. 1 oder Nr. 3 StromStG erge-

---

[628] Vgl. dazu auch Agora Energiewende, *Power-to-Heat* zur Integration von ansonsten abgeregeltem Strom aus erneuerbaren Energien, S. 40 f.

[629] BT-Drs. 18/8860 v. 21.06.2016, S. 239.

[630] Ebenda.

[631] Als Beispiel werden hier Gasspeicher genannt, bei denen das Gas außerhalb des Stromsektors genutzt wird, vgl. BT-Drs. 18/8860, S. 239.

[632] Vgl. dazu auch Altrock u.a., EnWZ 2016, S. 106, 108.

ben[633]. Nach Nr. 1 ist Strom aus erneuerbaren Energieträgern von der Steuer befreit, wenn er aus einem ausschließlich mit Strom aus erneuerbaren Energieträgern gespeisten Netz oder einer entsprechenden Leitung entnommen wird. Die Befreiung in Nr. 3 bezieht sich auf Strom, der in Anlagen mit einer elektrischen Nennleistung von bis zu 2 MW erzeugt wird und entweder vom Betreiber der Anlage als Eigenerzeuger im räumlichen Zusammenhang zu der Anlage zum Selbstverbrauch entnommen oder von demjenigen, der die Anlage betreibt bzw. betreiben lässt, an Letztverbraucher, die den Strom im räumlichen Zusammenhang zu der Anlage entnehmen, geleistet wird. Dagegen scheidet eine Stromsteuerbefreiung nach § 9 Abs. 1 Nr. 2 StromStG sowohl in direkter als auch in analoger Anwendung aus[634].

Im Zusammenhang mit dem EEG erscheinen zwei weitere Aspekte erwähnenswert, die geeignet sind, den rechtlichen Rahmen mitzubestimmen: § 27a EEG 2017 sieht vor, dass Betreiber von Anlagen, deren anzulegender Wert durch Ausschreibungen ermittelt worden ist, im gesamten Zeitraum, in dem sie Zahlungen nach dem EEG in Anspruch nehmen, den in ihrer Anlage erzeugten Strom nicht zur Eigenversorgung nutzen dürfen, also in ein Netz der allgemeinen Versorgung einspeisen müssen. § 27a Nr. 5 EEG 2017 sieht eine Ausnahme dazu vor: Der Strom muss in den Stunden, in denen die Einspeiseleistung bei Netzüberlastung nach § 14 Abs. 1 EEG 2017 reduziert wird, nicht in das Netz eingespeist werden. Insofern wird vertreten, dass danach die Reduktion der Stromerzeugung in der Anlage nicht erforderlich, sondern die Regelung einer Anlage nach § 14 Abs. 1 EEG 2017 auch gegeben sei, wenn die aus der Anlage in das Netz der allgemeinen Versorgung eingespeiste Strommenge reduziert wird[635]. Bei einem gegenteiligen Verständnis wären Regelungen dazu, wie mit dem erzeugten Strom verfahren werden darf, überflüssig. Demnach sei es auch zulässig, in solchen Zeiten *Power-to-Heat*-Anlagen zuzuschalten und den erzeugten Strom vor dem Netz zur Wärmeversorgung zu nutzen[636].

Weiterhin wird die Frage diskutiert, ob die Vorgaben zur Begrenzung der maximalen Wirkleistung auf 70 % in § 9 Abs. 2 Nr. 2 lit. b) EEG 2017 auch dann erfüllt sind, wenn die überschüssige Energie vollständig vor dem Verknüpfungspunkt[637] in eine diesem vorgelagerte *Power-to-Heat*-Anlage abgeleitet wird[638].

---

[633] Altrock u.a., EnWZ 2016, S. 106, 108.

[634] Agora Energiewende, Power-to-Heat zur Integration von ansonsten abgeregeltem Strom aus Erneuerbaren Energien, S. 45.

[635] Vollprecht/Altrock, EnWZ 2016, S. 387, 394.

[636] Ebenda.

[637] Siehe dazu auch Scholz, in Säcker, EEG 2014, § 9 Rn. 35: „Die Reduzierung der Wirkungsleistung kann auch an einem dem Verknüpfungspunkt vorgelagerten Punkt vorgenommen werden.".

[638] Vgl. dazu Kment, NVwZ 2016, S. 1438, 1440.

Dafür soll v.a. der Zweck der Vorschrift sprechen: § 9 EEG 2017 zielt auf die Sicherstellung der technischen Ausstattung von energieerzeugenden Anlagen, um Netzbetreiber in die Lage zu versetzen, die Einspeiseleistung im Fall von Netzengpässen zu reduzieren[639]. Solange dieser Zweck erreicht wird, ist es unerheblich, in welcher Form die Netzentlastung erfolgt[640].

Ohne weiteres innerhalb der bestehenden technischen Rahmenbedingungen möglich ist nur die Nutzung der *Power-to-Heat*-Technologie zur Erbringung negativer Regelleistung, wobei insb. der Einsatz als Sekundärregelleistung und Minutenreserve technisch möglich und wirtschaftlich interessant ist[641]. Der Einsatz von Regelenergie gehört zu den Dienstleistungen zur Bereitstellung von Energie, die zur Deckung von Verlusten und für den Ausgleich von Differenzen zwischen Ein- und Ausspeisung benötigt wird, und damit zu den Ausgleichsleistungen i.S.d. § 3 Nr. 1 EnWG. Nach § 22 EnWG i.V.m. § 6 StromNZV sind die ÜNB verpflichtet, die jeweilige Regelenergieart im Rahmen einer regelzonenübergreifenden Ausschreibung zu beschaffen. Die Sekundärregelung und die Minutenreserve werden dabei getrennt nach positivem und negativem Regelenergiebedarf ausgeschrieben.

4.4.2.6 Kriterien für eine Standortwahl/erfolgskritische Faktoren

Bzgl. einer geeigneten Standortwahl für *Power-to-Heat*-Anlagen kann nachfrageseitig als wesentliche Grundvor-aussetzung v.a. der Zugang zu einer lokalen ausreichend großen Wärmebedarfskapazität mit regelmäßigem Wärmeumsatz identifiziert weren. Angebotsseitig sind v.a. eine lokal ausreichende Häufigkeit von Überschussstromsituationen und die Möglichkeit des Zugangs zu einem entsprechend dimensionierten Stromnetzanschluss anzustreben. Lokale leitungsgebundene Wärmebedarfe bestimmen sich v.a. über die Bevölkerungs- und Industriedichte sowie deren Versorgungsgrad durch Fernwärme. Verteilernetze ermöglichen auf der Mittelspanungsebene i.d.R. Anschlusskapazitäten bis zu 30 MW. An Standorten größerer KWK-Anlagen ist diese Voraussetzung ohnehin erfüllt.

Aussagekräftige Indikatoren für die lokale Häufigkeit von Überschussstromsituationen liefern insb. die nachfolgend beschriebenen Entwicklungen des Regelenergiebedarfs und der Abregelungsmaßnahmen im Rahmen des Einspeisemanagements:

Im Jahr 2015 wurden insg. rd. 1.100 GWh aus negativer Sekundärregelleistung und 119 GWh aus negativer Minutenregelleistung abgerufen. Die folgende Tabelle zeigt die Preisentwicklung für Ausgleichsenergie in den vergangenen Jahren:

---

[639] Schäfermeier, in: Reshöft/Schäfermeier, EEG, § 6 Rn. 3; Scholz, in: Säcker, EEG 2014, § 9 Rn. 3.

[640] Altrock u.a., EnWZ 2016, 106, 110 f.; Kment, NVwZ 2016, 1438, 1440.

[641] Brehm, ZUR 2013, S. 598, 599.

EUR/MWh	Ausgleichsenergie aus Sekundär- und Minutenregelleistung	
	positiv	negativ
2013	84,36	– 8,43
2014	75,42	– 24,22
2015	75,99	– 42,67

Abb. 56: Entwicklung der durchschnittlichen Arbeitspreise für die Bereitstellung von Ausgleichsenergie[642]

Die zugrundeliegenden Energiemengen folgten in beiden Kategorien im Vergleich
zu den Vorjahren einem fallenden Trend, während sich die ausbezahlten spezifischen Arbeitserlöse für die Regelleistungsanbieter erhöht haben. Ausgeschrieben
wurden in beiden Kategorien in den vergangenen Jahren jeweils durchschnittlich
rd. 2 GW[643]. Die durchschnittlichen Leistungspreise zeigen seit einigen Jahren eine
stark fallende Tendenz:

EUR/MW p.a.	Sekundärregelleistung	Minutenregelleistung
	negativ	negativ
2013	99.970	50.040
2014	43.410	33.780
2015	22.100	15.620
2016	7.090	7.290

Abb. 57: Entwicklung der durchschnittlichen Leistungspreise für die Vorhaltung negativer
Regelleistung[644]

Der Erlöskomponenten im Markt für Regelenergie folgen somit in Bezug auf Leis-
tungs- und Arbeitspreis derzeit gegenläufigen Entwicklungen. Aufgrund dieser Entwicklung und der Unklarheit über die kommenden Veränderungen im Regelenergiemarkt lassen sich momentan noch keine verlässlichen längerfristigen
Wirtschaftlichkeitsprognosen für dieses Geschäftsfeld ableiten. So könnte bspw.
eine künftige Harmonisierung und Verbindung der europäischen Regelenergiemärkte mit veränderten Präqualifikationsbedingungen einen verstärkten Wettbewerb mit
tendenziell geringeren Preisen bewirken.

---

[642] BNetzA (2016): Monitoringbericht 2016, S. 137.
[643] Marktreport Regelleistung April 2016, S. 4 ff.
[644] BalancePower GmbH (2017): Erlöspotenziale, abrufbar unter: http://bit.ly/2p6IQBz,
Aufruf am 31.01.2017.

Während sich der Abruf der vorgenannten Regelleistungen deutschlandweit bisher vergleichsweise homogen verteilte, fanden die Abregelungsmaßnahmen (Mengenbetrachtung) im Rahmen des Einspeisemanagements im gleichen Zeitraum zu über 94 % im Norden des Landes statt; über 60 % in Schleswig-Holstein[645]. Ihre starke Zunahme ist ebenfalls ein aussagekräftiger Indikator für die Häufigkeit von Überschussstromsituationen und somit für das Potenzial von *Power-to-Heat*. Mit 4.722 GWh verdreifachte sich im Jahr 2015 die Menge der Ausfallarbeit abermals im Vergleich zum Vorjahr (2014: 1.581 GWh, 2013: 555 GWh). Die Kosten für Entschädigungszahlungen an die Anlagenbetreiber werden für das Jahr 2015 auf rd. 480 Mio. EUR taxiert. Die Abregelungsmaßnahmen wurden zu rd. 93 % durch die Verteilernetzbetreiber vorgenommen[646]. Auf dieser Netzebene sind auch die meisten KWK-Anlagen angeschlossen. Folglich könnten die Einspeisemanagement-Maßnahmen theoretisch durch *Power-to-Heat*-Anlagen innerhalb der Verteilernetze verringert werden[647].

Die Nutzung bzw. der Verkauf von ansonsten abgeregeltem Strom ist aus heutiger Sicht rechtlich nicht abschließend geregelt, obschon dies volkswirtschaftlich und i.S.d. Klimaschutzes sinnvoll erscheint. Ein künftig potenziell zu schaffender Markt für die Vermeidung der ökologisch ungewollten und kostspieligen Abregelungen könnte der *Power-to-Heat*-Technologie ein alternatives Geschäftsfeld eröffnen. Lt. AGFW[648] wurden im Jahr 2015 rd. 82.424 GWh Wärme in die deutschen Fernwärmenetze eingespeist; 83 % davon entstammten der Erzeugung in KWK. Die o.g. Abregelungsmaßnahmen könnten somit rd. 6 % dieser Wärmeeinspeisemenge decken.

Aus wirtschaftlicher Sicht ist aufgrund zu erwartender zunehmender Stunden mit negativen Strompreisen auch ein strompreisorientierter Einsatz von *Power-to-Heat*-Anlagen in Betracht zu ziehen. Auch wenn Strompreiserwartungen mit hohen Unsicherheiten behaftet und die preissteigernde Wirkung latenter Umlagen und Steuern stets einzukalkulieren sind, stellt der strompreisorientierte Einsatz von *Power-to-Heat*-Anlagen grds. eine wirtschaftlich interessante Alternative dar und sollte bei einer optimalen Vermarktungs- und Gebotsstrategie berücksichtigt werden.

Nach Einschätzung von PwC wird sich der Strompreis zwar langfristig (bis zum Jahr 2035) stärker erhöhen als die Preise für die alternativen Energieträger zur Wärmeer-

---

[645] BNetzA (2016): Kernaussagen im Monitoringbericht 2016, S. 7.

[646] Ebenda.

[647] Aus der vergleichsweise dünnen Besiedlungs- und Industriedichte in den nördlichen Bundesländern folgt ein eher niedriger Fernwärmebedarf, wodurch es häufiger an geeigneten Wärmesenken mangelt. Power-to-Gas-Anlagen könnten dort alternativ eingesetzt werden und in die vorhandenen Erdgasnetze einspeisen.

[648] AGFW (2016): AGFW – Hauptbericht 2015, S. 9.

zeugung, jedoch wird die Volatilität der Strompreise nach Prognose von PwC ab dem Jahr 2020 deutlich ansteigen. Die Ausbaugeschwindigkeit der erneuerbaren Energien wird daher maßgeblich über die Entwicklung der Überschussstromsituationen und somit auch der Strombezugspreise bestimmen und so das Potenzial dieses Geschäftsmodells entscheidend mitzeichnen. Technologiefördernd könnte sich künftig auch eine Neugestaltung der staatlichen Umlagen- und Versteuerungspflichten für den Bezug von Überschussstrom auswirken, bspw. durch angebotsabhängige Reduzierungen der Zahlungspflichten, mit welchen netzdienliches Verhalten (hier Stromentnahmen), belohnt würden.

4.5   Lastmanagement (*Demand Side Management*)

4.5.1   Flexibilisierung des Stromsystems

Der Stromversorgung in Deutschland lag bisher das Prinzip zugrunde, dass sich die Stromerzeugung nach der Stromnachfrage richtet. Durch den Ausbau der erneuerbaren Energien und der damit einhergehenden zunehmenden fluktuierenden Erzeugung muss der konventionelle Kraftwerkspark jedoch nicht nur Schwankungen der Nachfrage, sondern auch meteorologisch bedingte Schwankungen bei der Stromerzeugung aus Sonnen- und Windenergie kompensieren. Insgesamt erhöht sich dadurch der Bedarf an Systemdienstleistungen, wie Regelenergie, um einen stabilen Netzbetrieb zu gewährleisten. Verstärkt wird diese Nachfrage durch den gleichzeitig sinkenden Anteil fossiler Kraftwerke, die aber bisher i.W. diese Systemdienstleistungen erbringen.

Zudem verlagert sich durch den Ausstieg aus der Kernenergie und die Förderung von *Offshore*-Windkraftanlagen die Stromerzeugung zunehmend nach Norddeutschland, wodurch sich große Distanzen zu den großen Verbraucherschwerpunkten in West- und v.a. Süddeutschland ergeben. Das dadurch entstehende Ungleichgewicht birgt bei Beibehaltung des derzeitigen Strommarktdesigns das Risiko von Versorgungsengpässen. Bereits heute ist eine deutlich höhere Anzahl an Eingriffen in die Erzeugungsleistung von Kraftwerken (*Redispatch*) zu beobachten, um Leitungsabschnitte des Stromversorgungssystems vor einer Überbelastung zu schützen[649].

---

[649]   Vgl. Fraunhofer ISI/FfE, Lastmanagement als Beitrag zur Deckung des Spitzenlastbedarfs in Süddeutschland, S. 3.

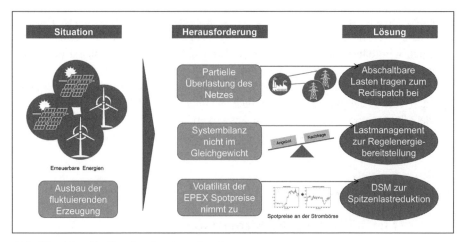

Abb. 58: Aktuelle Situation des deutschen Stromnetzes

Derzeit ist die Flexibilisierung des Stromsystems noch in den Anfängen und v.a. auf der Angebotsseite ausgeprägt. Die Stromerzeuger haben in den letzten Jahren viele Bemühungen in den flexibleren Einsatz ihrer Kraftwerksparks gesetzt. Auf der Nachfrageseite ist die Flexibilisierung ein größeres Problem. Private Haushalte reagieren bislang kaum auf Preisimpulse, die im Übrigen sehr schwach ausgeprägt sind, da der Endverbraucherpreis für Strom zu ca. drei Vierteln durch Umlagen, Steuern und Abgaben bestimmt wird[650]. Gewerbetreibende und Industrieunternehmen sehen ihre Sparpotenziale aufgrund von Flexibilisierung oft schon weitgehend ausgeschöpft. Es bedarf umfassender Anstrengungen im Verbund von digitalen Angeboten, Maßnahmen der Regulierung, technologischen Innovationen (u.a. im Speicherbereich[651]) und wirtschaftlichen Anreizen, um die Flexibilisierung auf der Nachfrageseite voran zu bringen.

4.5.2   *Demand Side Management*

Der Begriff *Demand Side Management* (*DSM*) (auch als *Demand Side Response – DSR* bekannt) fasst die Flexibilisierung der Stromnachfrage, d.h. Maßnahmen zur Laststeuerung auf Verbraucherseite zusammen. Üblicherweise richten Kraftwerksbetreiber ihre Erzeugungsaktivitäten im Strommarkt an der unelastischen, weil ohne fernwirktechnische Steuerungsanbindung ausgestatteten Nachfrageseite aus. Dezentral gelegene Versorgungsgebiete stellen jedoch besondere Anforderungen an Strom-

---

[650] Vgl. dazu ausführlich oben Abschnitt 2.2.3 (Strompreis einschließlich Umlagen und Steuern).

[651] Vgl. dazu oben Abschnitt 4.3 (Speicher).

netze und ihre Betreiber. Bei geringer Netznutzerdichte reduzieren sich statistisch netzdienliche Lastausgleichseffekte, die sonst durch das zeitverschiedene Verbrauchsverhalten vieler Netznutzer auftreten. Nivelliert sich die anliegende Last in einem Netzgebiet mit hoher Nutzerdichte demnach auf tageszeitabhängige und unter Zuhilfenahme von Erfahrungs- und Vergangenheitswerten relativ gut prognostizierbare Lastniveaus, so wächst mit sinkender Netznutzerdichte die Wahrscheinlichkeit stärkerer Lastschwankungen bis hin zu Überbelastungen in den betroffenen Netzgebieten, auf die die Netzbetreiber ggf. nicht immer schnell genug reagieren können. Erschwerend kommt hinzu, dass typische dezentrale Erzeugungsanlagen oft durch die Rahmenbedingungen ihrer Technologie oder ihres Einsatzzweckes unflexibel sind. So ist die Einspeisung aus PV-Anlagen und WE-Anlagen direkt an unbeeinflussbare Witterungsbedingungen gekoppelt und die Fahrweise von BHKW oft wärmegeführt.

Um eine kosteneffiziente Dimensionierung und einen stabilen Netzbetrieb in dezentralen Versorgungsgebieten zu ermöglichen, kann es daher vorteilhaft sein, eine steuerungstechnische Harmonisierung von Stromangebot und Nachfrage durch die Flexibilisierung der Verbraucherseite herbeizuführen. Zu diesem Zweck werden geeignete stromverbrauchende Prozesse aus Industrie, Gewerbe oder auch Privathaushalten an die Leittechnik des jeweiligen Netzbetreibers angebunden und bei drohendem Verlust der Netzstabilität fernwirktechnisch innerhalb zuvor vereinbarter Umfänge gedrosselt oder ganz abgeschaltet. Umgekehrt können im Fall verstärkter Grünstromeinspeisung[652] in das Netz entsprechende Signale an die Netznutzer gesandt werden, um diese zur vermehrten Stromentnahme durch An- oder Hochfahren ihrer Prozesse zu animieren. Spezielle Tarifsysteme können dabei für Netzkunden und Netzbetreiber attraktiv sein.

Für die Einbindung in das *DSM* besonders geeignet sind zeit- und temperaturunkritische, bestenfalls einstufige und innerhalb bestimmter Intervalle jederzeit unterbrechbare Prozesse. Verbraucherbeispiele sind u.a. Kältemaschinen zur elektrischen Kühlung von Gebäuden und Lagerhäusern, Wärmepumpenheizungen, Getreidemühlen, Mahlwerke in Zementwerken oder auch Ladestationen für *e-Mobility*. Die Kapazität der betreffenden Prozesse sollte jeweils so dimensioniert sein, dass sie ihren projektierten Produktionsumfang bzw. ihren Zweck auch mit zeitweisem Teillastbetrieb oder temporärer Abschaltung erfüllen können. Entsprechende Pufferspeicher können dabei helfen, vor- und nachgelagerte Produktionsprozessschritte übergangsweise aufrecht zu erhalten bzw. thermische Grenzwerte in Zeiten der Drosselung oder Abschaltung von Heiz- oder Kühlaggregaten nicht zu überschreiten.

---

[652] Grünstrom bezeichnet hier Strom aus erneuerbaren Energien, der ohne CO_2-Belastung der Umwelt erzeugt wurde.

4.5.3   Lastmanagement zur Integration erneuerbarer Energien

Das übergeordnete Ziel von *DSM* ist die Glättung der Residuallastkurve, also jener Last, die nicht durch die erneuerbaren Energien gedeckt werden kann. Dabei senken oder erhöhen Stromverbraucher zeitweilig ihre elektrische Leistungsaufnahme. Daraus abgeleitete Ziele sind die Bereitstellung von Regelenergie zur Netzstabilisierung, die Glättung des Tageslastverlaufs für eine gleichmäßige Kraftwerksauslastung sowie die Reduzierung der Jahreshöchstlast. Aus ökonomischer Sicht ist das *DSM* zudem häufig günstiger als ein auf die Erzeugung fokussierter Ansatz zum Ausgleich der auftretenden Schwankungen, da die Kosten für die zeitliche Verschiebung von Lasten in Zeiten geringerer Nachfrage geringer sind als die Kosten für zusätzliche Spitzenlast – insb. wenn hierfür für neue Kraftwerkskapazitäten oder Leitungskapazitäten erstellt werden müssen. Des Weiteren kann durch ein intelligentes *DSM* der zukünftige Bedarf an zusätzlichen Energiespeichern reduziert werden.

Neben dem erforderlichen Netzausbau oder der Errichtung zusätzlicher Erzeugungskapazitäten stellt *DSM* somit eine Option dar, um einen Beitrag zur zeitlichen Entkopplung von Erzeugung und Nachfrage zu leisten. Dabei sind abschaltbare Lasten eine wichtige Maßnahme zur Umsetzung. Im Gegensatz zu einem von den Netzbetreibern betriebenen Lastmanagement können die entsprechenden Lasten insb. von stromintensiven Verbrauchern zur Verfügung gestellt werden, wodurch v.a. Industrieunternehmen neben den Netzbetreibern zunehmend als wichtige Akteure auf dem Strommarkt in Erscheinung treten. Geeignete Lasten hierfür sind insb. in verschiedenen Querschnittstechnologien (z.B. Kühlung, Lüftung, Druckluft, etc.) zu finden. So können bspw. Pumpen, Kompressoren, Verdichter oder Ventilatoren im Rahmen ihrer Möglichkeiten zeitlich flexibel eingesetzt werden und dadurch sowohl eine Bereitstellung von Regelenergie als auch von Kapazität zum *Redispatch* liefern. Konventionelle Systemdienstleistungen können dadurch zum Teil ersetzt werden. Zudem dient das Verschieben der Stromnachfrage insb. dazu, die Spitzenlast zu reduzieren und dadurch die Versorgungssicherheit zu erhöhen. Als Nebeneffekt könnte durch *DSM* zudem der Einsatz konventioneller Kraftwerke optimiert werden. Als Anreiz ergibt sich für die die abschaltbaren Lasten zur Verfügung stellenden Unternehmen die Möglichkeit, damit Erlöse zu erwirtschaften.

4.5.4   Die Verordnung zu abschaltbaren Lasten und sonstige Erlösmöglichkeiten

Während bisher vorwiegend konventionelle Kraftwerke für die Erbringung von Systemdienstleistungen für die Sicherheit und Zuverlässigkeit des Stromversorgungssystems herangezogen werden, sind die ÜNB zunehmend auf Alternativen angewiesen. Dabei greifen sie, um bspw. die Stabilität des Netzes aufrecht zu erhalten, auch auf flexible abschaltbare Lasten zurück. Die Grundlage für entsprechende

Vereinbarungen zwischen Verbrauchern mit flexiblen Lasten und ÜNB wurde mit der Novelle des EnWG Ende 2012 geschaffen. Demnach sind die ÜNB gem. § 13 Abs. 4a EnWG verpflichtet, Ausschreibungen über vertraglich vereinbarte abschaltbare Lasten durchzuführen. Die Details hierzu sind in der AbLaV festgelegt, die zum 01.01.2013 in Kraft trat und durch Verordnung vom 10.10.2016[653] novelliert wurde; die neue Fassung ist seit dem 01.10.2016 in Kraft. Die AbLaV definiert abschaltbare Lasten und legt die technischen und wirtschaftlichen Anforderungen hierzu fest. Demnach gelten als abschaltbare Lasten Anlagen, die am Höchst-, Hoch- oder Mittelspannungsnetz angeschlossen sind, im physikalischen Wirkungsbereich eines Höchstspannungsknotens des deutschen Übertragungsnetzes liegen und ihre Verbrauchsleistung kurzfristig und zuverlässig um eine bestimmte Leistung reduzieren können (Abschaltleistung)[654].

Die Betreiber von Übertragungsnetzen schreiben wöchentlich eine Gesamtabschaltleistung von 1.500 MW aus. Unternehmen, die erfolgreich an der Ausschreibung teilnehmen und damit abschaltbare Lasten zur Verfügung stellen können, erhalten von den ÜNB eine Vergütung für die Bereitstellung der Abschaltleistung für den vereinbarten Zeitraum (Leistungspreis) sowie für jeden Abruf der Abschaltleistung (Arbeitspreis). Dabei beträgt der wöchentliche Leistungspreis maximal 500 EUR/MW bereitgestellter Abschaltleistung, wohingegen der Arbeitspreis maximal 400 EUR/MWh betragen darf[655]. Für den Abruf von Abschaltleistung werden der Leistungs- und der Arbeitspreis innerhalb des Preisbands per Auktionsverfahren zwischen Anbietern und ÜNB festgelegt. Die hierdurch entstehenden Kosten werden auf alle Letztverbraucher umgewälzt und fließen als eigene Umlage in die Netzentgelte ein (2017: 0,006 Cent/kWh). Darüber hinaus beträgt die bereitzustellende technische Mindestleistung 10 MW, die ab dem 01.01.2017 auf 5 MW herabgesetzt wurde. Um diese Anforderung zu erfüllen, können Unternehmen, die sich im gleichen Höchstspannungsknoten befinden, ein Konsortium bilden und gepoolt ihre Leistung bereitstellen. Das Konsortium wird dann als einzelner Anbieter behandelt.

---

[653] BGBl. I, S. 2241.

[654] Vgl. § 2 AbLaV – abschaltbare Lasten.

[655] Vgl. § 4 AbLaV – Vergütung abschaltbarer Lasten.

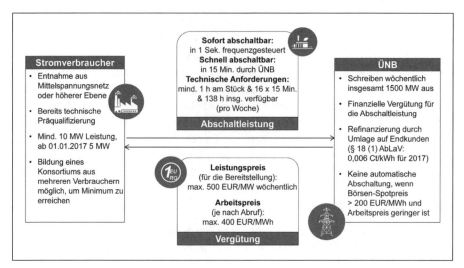

Abb. 59: Überblick über die AbLaV

Die bisherigen Praxiserfahrungen zeigen jedoch, dass der Einsatz abschaltbarer Lasten noch in der Entwicklung ist. So bestanden für November 2016 lediglich sieben Rahmenvereinbarungen gem. AbLaV zwischen ÜNB und Unternehmen aus dem Bereich der energieintensiven Industrien über insgesamt 1.610 MW[656]. Folglich gibt es für diesen Markt noch reichlich Entwicklungspotenzial.

Mit dem Einsatz flexibler Lasten können Unternehmen auch unabhängig von der AbLaV im Rahmen eines Lastmanagements zusätzliche Erlöse erzielen. So können durch eine Lastflexibilisierung bspw. Kosten für Ausgleichsenergie reduziert werden, sollte der tatsächliche Strombedarf von seiner vorherigen Prognose abweichen. Zweitens können Unternehmen mit großen, flexiblen Stromlasten diese an der Strombörse (z.B. auf dem Spotmarkt) vermarkten und dabei Preisschwankungen ausnutzen, indem sie den Strombezug verstärkt in Stunden mit niedrigem Strompreis verschieben. Als dritte Möglichkeit sind entsprechende Anlagen und Lasten auch für die Bereitstellung von Regelleistung geeignet. Unternehmen können große Lasten bei Erfüllung der jeweiligen Voraussetzungen allein oder gebündelt in einem Pool vermarkten. Hierfür kommen sowohl der Minutenreservemarkt als auch der Markt für Sekundärregelleistung in Betracht. Die erzielbaren Erlöse sind für die Vorhaltung positiver Minutenreserve jedoch vergleichsweise gering (2012: 5.000 EUR/MW und Jahr). Für negative Minutenreserve hätte 2012 auf Basis der mittleren Leistungspreise theoretisch ein Jahreserlös von >20.000 EUR/MW erzielt

---

[656] Vgl. Regelleistung.net, „Abschaltbare Lasten", abrufbar unter: https://www.regelleistung.net/ext/static/abla.

werden können. Dieser idealisierten Berechnung liegt jedoch die Annahme zugrunde, dass die Menge von einem MW über das gesamte Jahr (8.760 Stunden) auf dem Minutenreservemarkt den Zuschlag erhält. Unter den gleichen Annahmen lässt sich auf dem Markt für Sekundärregelleistung ein deutlich höherer Erlös erzielen. Die theoretischen Jahreserlöse für die Vorhaltung negativer Sekundärregelleistung schwankten hier bei einer Betrachtung der Jahre 2008 bis 2012 zwischen 60.000 und 140.000 EUR/MW. Die theoretischen Erlöse für positive Sekundärregelleistung sind auch hier deutlich geringer und betragen für das Jahr 2012 ca. 20.000 EUR/MW[657]. Allerdings unterliegen die erzielbaren, durchschnittlichen Leistungspreise in den letzten Jahren einem Negativtrend. Grund hierfür ist u.a. der gestiegene Wettbewerb durch das Absenken der Eintrittshürden in den Regelenergiemarkt auf 5 MW. Dadurch agieren mittlerweile wesentlich mehr Akteure auf dem Markt und das Gesamtangebot an Regelenergie ist gestiegen.

4.5.5   Arten von Lastmanagement

Bei Anwendungen von Lastmanagement wird generell zwischen einem betrieblichen Spitzenlastmanagement und einem überbetrieblichen, zentralen Lastmanagement unterschieden. Dabei wird Lastmanagement entweder zu Optimierung des eigenen Strombezugs oder für den übergeordneten Einsatz im Energieversorgungssystem verwendet.

Das betriebliche Spitzenlastmanagement findet in Unternehmen zunehmend Anwendung. Dabei werden durch eine Reduzierung der kostenintensiven Lastspitzen die individuellen Stromnetzentgelte durch eine Absenkung der Bemessungsgrundlage für den Leistungspreis gesenkt. Der Hintergrund dabei ist, dass für die innerhalb eines Jahres maximal bezogene Leistung im Rahmen der Netzentgelte ein Leistungspreis gezahlt werden muss. Durch eine Verringerung der Maximalleistung können entsprechende Kosteneinsparungen realisiert werden. Neben einer ersatzlosen Lastreduzierung kann dies auch eine Lastverschiebung im Vergleich zum üblichen Betrieb bedeuten (bspw. in Bezug auf das Hochfahren von Maschinen bei Schichtbeginn). Die Steuerung der Leistungsbegrenzung kann hierbei durch ein IT-gestütztes System erfolgen, das im Vorfeld definierte Verbraucher in Abhängigkeit der aktuellen betrieblichen Aktivitäten abschaltet. Diese Art des lokalen Lastmanagements liefert dem Endverbraucher alle erforderlichen Informationen, um durch eine Verschiebung des Verbrauchs bzw. der Last in kostengünstigere Zeiten die Strombezugskosten zu reduzieren. Die Verantwortung liegt hier beim Endverbraucher selbst, der eigenständig auf Preissignale, bspw. des Spot-

---

[657]   Vgl. Gruber u.a., Lastflexibilisierung in der Industrie in Konkurrenz zu weiteren funktionalen Speichern, S. 11 f.

markts, reagieren kann. Die Reaktion erfolgt hierbei entweder manuell oder automatisiert auf Basis vorher festgelegter Parameter für entsprechend geeignete technische Anlagen. Das bedeutet, dass vorher allgemein festgelegt wird, unter welchen Bedingungen bspw. Kühl- oder Druckluftprozesse zeitlich verschoben werden können Für die Nutzung des lokalen Lastmanagements muss darüber hinaus sichergestellt sein, dass die Netzinfrastruktur die aus der Lastverlagerung resultierenden Stromflüsse bewältigen kann. Voraussetzung für ein betriebliches Lastmanagement ist neben einer registrierenden Lastgangmessung (RLM) insb. die Darstellung von Preissignalen (bspw. auf *Smart Metern*) und die Anwendbarkeit flexibler Stromtarif-Modelle.

Beim überbetrieblichen Lastmanagement hingegen werden flexible Lasten in Unternehmen für das Stromversorgungssystem nutzbar gemacht. Dabei werden entsprechende Lastpotenziale einer zentralen Stelle (z.B. dem Netzbetreiber) zur Verfügung gestellt, die dann über einen Pool mit hinreichender Größe an potenzieller Leistung verfügt und entsprechend vermarktet. Die Steuerung der Nachfrage erfolgt hier auf zentraler Ebene, z.B. durch den ÜNB oder die BNetzA. Aus technischer Sicht bedeutet dies i.W., dass geeignete Lasten, also nicht unbedingt nötige Verbraucher, zu Spitzenlastzeiten bzw. zu Zeiten geringeren Leistungsangebots abgeschaltet werden. Dies ist im Allgemeinen nur bei technischen Anwendungen möglich, bei denen für den Verbraucher keine relevanten Einschränkungen entstehen. Im industriellen und gewerblichen Bereich gilt dies insb. für Querschnittstechnologien wie Wärme-, Kälte- oder Wasseraufbereitungsanlagen, die über entsprechende Zwischenspeicher verfügen. Derartige Anlagen benötigen häufig viel Leistung, weshalb der technische Aufwand im Verhältnis zu der zeitlich verschobenen Energiebezugsmenge relativ gering ist. Die dabei erzeugten Produkte (z.B. Wärme, Kälte etc.) sind unterdes leichter speicherbar als elektrische Energie, weshalb der Produktionszeitpunkt unter bestimmten Voraussetzungen zeitlich verschoben werden kann.

Neben abschaltbaren Lasten bieten auch (Eigen-)Erzeugungsanlagen ein Lastflexibilisierungspotenzial. Derartige Anlagen können sowohl im Rahmen eines betrieblichen als auch beim überbetrieblichen Lastmanagement eingesetzt werden. Voraussetzung hierfür ist jedoch, dass die Erzeugungsleistung kurzfristig angepasst werden kann. Dies gilt überwiegend für Notstromaggregate oder Blockheizkraftwerke.

Eine weitere Form von Lastmanagement ist der Einsatz von Zeitschaltuhren, die die Betriebszeiten von Geräten auf Basis von Erfahrungswerten über die typischen zeitlichen Lastverläufe steuern. Alternativ können die Schaltvorgänge sich auch am tatsächlichen Lastverlauf orientieren und vom Energieversorger via Rundsteuerung ferngesteuert vorgenommen werden (Zentrales Lastmanagement). Das zentrale Lastmanagement kann dabei auch für die koordinierte Bereitstellung von Systemdienstleistungen eingesetzt werden. Im privaten Sektor wird das Lastmanagement bereits für Elektrospeicherheizungen und Wärmepumpen per Rundsteueranlagen betrieben.

4.5.6   Entwicklungen im Bereich *Demand Side Management*

Die Erschließung von *DSM* in Deutschland befindet sich aktuell noch im Entwicklungsstadium. Andere europäische Länder haben ihre Märkte für *DSM* bereits gezielt geöffnet und in größerem Umfang die Voraussetzungen hierfür geschaffen. So erfolgt bereits die aktive Vermarktung flexibler Lasten in Frankreich, Belgien, Großbritannien, Irland, Finnland und der Schweiz.

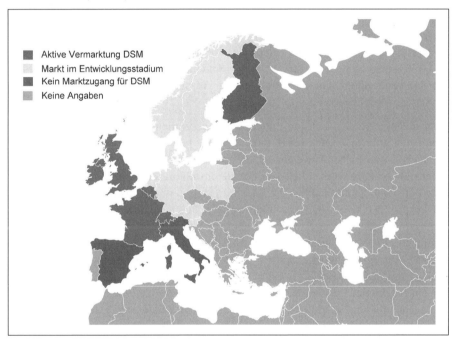

Abb. 60:   Erschließung von Lastmanagement in Europa (Stand 2014)

Die verstärkte Nutzbarmachung von Lastflexibilisierungspotenzialen wird darüber hinaus auch vonseiten der EU-Kommission erwartet. So wird in der EU-Energieeffizienzrichtlinie (2012/27/EU) in Art. 15 die Absenkung der Markteintrittsbarrieren für die Vermarktung flexibler Lasten gefordert. Insb. soll der Zugang und die Teilnahme flexibler Lasten am Groß- und Einzelhandelsmarkt für Strom sowie an den Märkten für Regelenergie und weiteren Systemdienstleistungen ermöglicht werden[658].

---

[658]   Vgl. dena, Internationaler Einsatz von Lastmanagement, S. 6.

4.5.7   Potenziale von Lastmanagement

Das Potenzial von Lastmanagement in Deutschland lässt sich auf die Sektoren Industrie, Gewerbe und Haushalte verteilen. Insb. im Industrie- und Gewerbebereich sind entsprechende Potenziale tendenziell einfacher zu erschließen, da die Lasten hier um ein Vielfaches größer sind und i.d.R. eine Prozesssteuertechnik bereits vorhanden ist und hierfür genutzt werden kann. Allerdings sind die Möglichkeiten für die Vermarktung flexibler Lasten in den Unternehmen größtenteils noch unbekannt[659]. Zudem existieren bisher nur geringe Anreize für die Vermarktung von flexiblen Lasten. Lediglich stromintensive Unternehmen nutzen in Deutschland aktuell die Möglichkeit zur Vermarktung entsprechender Lasten. Zu begrüßen sind die Erleichterungen für die Zugangsvoraussetzungen für den Regelleistungsmarkt. So wurde die vorgeschriebene Mindestleistung von früher 50 MW auf mittlerweile 1 MW (Primärregelleistung) bzw. 5 MW (Sekundärregelleistung und Minutenreserve) reduziert; damit können auch kleinere Abschaltleistungen für den Markt erschlossen werden

Verschiedene Studien belegen unterdes ein wesentliches technisches Potenzial an flexiblen Lasten in Deutschland, wovon bisher jedoch nur ein geringer Anteil für energiewirtschaftliche Anwendungsfälle genutzt wird. Die Höhe des verfügbaren Potenzials ist dabei wesentlich von der Bereitstellungsdauer abhängig. Das technische Potenzial der abschaltbaren Lasten für einen Zeitraum bis zu einer Stunde wird auf knapp 2,5 GW eingeschätzt. Eine weitere Studie schätzte das verfügbare Lastmanagementpotenzial in Baden-Württemberg und Bayern ab. Deren gemeinsamer Strombedarf (150 TWh/Jahr) umfasst rund 30 % des gesamten deutschen Strombedarfs[660]. Hiervon entfallen knapp 60 % auf die Industrie. Ausgehend von einer Spitzenlastnachfrage der beiden Bundesländer von ca. 25 GW wurde für die Industrie, der ein maximaler Leistungsbedarf von 14 GW zugeordnet werden kann, das Lastmanagementpotenzial ermittelt. Die Ergebnisse der Studie zeigen, dass bei industriellen Querschnittstechnologien (v.a. die Bereiche Kälte, Lüftung und Pumpen) und energieintensiven Prozessen Potenziale von über einen GW in Süddeutschland zur Verfügung stehen, die über einen Zeitraum von 30 Minuten bis zu zwei Stunden aktiviert werden können[661].

---

[659]   Vgl. dena, Lastmanagement in der Industrie, S. 3.

[660]   Vgl. Fraunhofer ISI/FfE, Lastmanagement als Beitrag zur Deckung des Spitzenlastbedarfs in Süddeutschland, S. 4 f.

[661]   Vgl. Fraunhofer ISI/FfE, a.a.O. (vorige Fußnote).

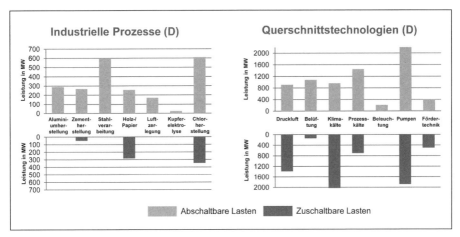

Abb. 61: Lastflexibilisierungspotenziale in Deutschland

Für das Bundesgebiet lässt sich damit ein Lastflexibilisierungspotenzial von bis zu 7 GW ableiten. Dies entspricht in etwa der Kapazität aller Pumpspeicherkraftwerke. Das jeweilige Potenzial nimmt jedoch mit zunehmender Bereitstellungsdauer stark ab. Um Leistungen wirtschaftlich abschalten zu können, müssen diese mind. 15 Minuten lang inaktiv bleiben können. Dafür eignen sich insb. Prozesse in der Metallverarbeitung sowie der Chemie- und Papierindustrie.

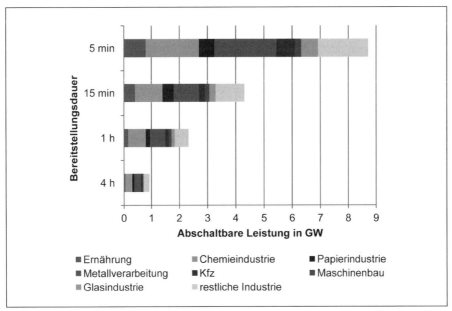

Abb. 62: Bereitstellungsdauer abschaltbarer Lasten in der Industrie

Betrachtet man einzelne Querschnittstechnologien, weisen v.a. die Bereiche Beleuchtung, Kälte, Lüftung und Pumpen eine ausreichende Bereitstellungsdauer von über 40 Minuten auf. Druckluftanlagen hingegen scheiden aufgrund der zu geringen Bereitstellungsdauer (< 10 Min.) als Lastflexibilisierungspotenzial aus. Perspektivisch gesehen könnte sich auch die zunehmende Integration von Elektrofahrzeugen[662], wenn diese einmal in großen Zahlen genutzt werden, in das Stromversorgungssystem als großes Potenzial an zentral steuerbaren Lasten erweisen. So könnten die Lade- und Entladevorgänge der Fahrzeuge innerhalb nutzergeeigneter Parameter und entsprechend dem Bedarf des Stromversorgungssystems gesteuert werden.

4.5.8   Zukünftige Herausforderungen

Die bisherigen Anwendungen von Lastmanagement im industriellen und gewerblichen Bereich sind jedoch meist keine Anpassung an die schwankende Erzeugung infolge der fluktuierenden Einspeisung erneuerbarer Energien, sondern bedingt durch die derzeitigen Anreizstrukturen. Der Einsatz von Lastmanagementverfahren folgt daher bislang keiner ganzheitlichen Optimierung. Das Lastmanagement zielt hier vielmehr auf die eigene Kostenoptimierung eines Unternehmens oder Betriebs ab, ohne dabei das Gesamtsystem des Energiemarktes zu berücksichtigen. Diese Art von Lastmanagement trägt daher nicht in erster Linie zur Integration von erneuerbaren Energien bei, da der Verbrauch hierbei nicht in Abhängigkeit von der aktuellen Einspeisesituation gesteuert wird, sondern vielmehr zur Verringerung der kostenintensiven Spitzenlast durch eine Glättung der Gesamtlast. Durch den Ausbau der erneuerbaren Energien ist es jedoch aus Sicht des Energiemarktes erforderlich, die Residuallast zu glätten.

Folglich sollte der Fokus in Zukunft darauf liegen, dass Lastmanagement zu dynamisieren und an die Volatilität der Stromerzeugung anzupassen. Ein geeigneter Ansatz hierfür wäre, über eine Aggregation mehrerer Verbraucher nennenswerte Lastverschiebungspotenziale zu generieren und damit auf den entsprechenden Strommärkten (z.B. Regelenergiemärkte) zu agieren. Dadurch kann das Lastmanagement einen kostengünstigen Beitrag leisten, die Residualkurve zu glätten und die Spitzenlasten sowie die Jahreshöchstlast zu verringern. Insgesamt kann durch eine intelligente Energiebedarfssteuerung der Investitionsbedarf für die Umsetzung der Energiewende reduziert und gleichzeitig ein Beitrag zu einer sicheren Energieversorgung geleistet werden. Hierfür bedarf es allerdings entsprechender politischer Voraussetzungen wie z.B. wirksame marktwirtschaftliche Anreize.

---

[662] Vgl. dazu unten Abschnitt 5.3 (Alternative Antriebstechnologien und Lösungsansätze im Bereich Verkehr).

Hierfür lohnt sich auch ein Blick auf die Märkte anderer Länder. Eine Analyse über den internationalen Einsatz von Lastmanagement zeigt, dass hier fortschrittliche Länder (z.B. Frankreich, Schweiz, Dänemark) insb. Maßnahmen ergriffen haben, um Beiträge durch flexible Lasten zur Systemdienstleistung Frequenzhaltung zu vereinfachen[663]. Dazu wurden die entsprechenden Produkte für Regelleistungen angepasst, bspw. durch spezifische *DSM*-Produkte, die Senkung der erforderlichen Mindestangebotsgrößen sowie die Zulassung von asymmetrischen Geboten (positive oder negative Regelleistung) und Regelleistungspools. In Dänemark können ferner auf dem Markt für Minutenreserve noch nachträgliche Anpassungen des Gebots bis 45 Minuten vor Erbringungszeitraum vorgenommen werden. Dies ermöglicht insb. die Integration von Anlagen, deren Verfügbarkeit nur kurzfristig geplant werden kann. In Frankreich und der Schweiz können bspw. Vermarkter auf die Bilanzkreise Dritter zugreifen, ohne hierfür gesonderte Verträge schließen zu müssen. Der Ausgleich der Bilanzkreise erfolgt hier durch den ÜNB, welcher die flexiblen Lasten bereits im Vorfeld zertifiziert hat[664].

Um auch in Deutschland den Markt für *DSM* weiterzuentwickeln, müssen hierzulande mit entsprechenden Maßnahmen die Voraussetzungen geschaffen werden. Bei der andauernden Debatte über die Entwicklung und Implementierung eines Kapazitätsmechanismus ist das Thema Lastmanagement mit derselben Gewichtung zu beachten. Um den hiesigen Markt für *DSM* fit zu machen, sollten in einem ersten Schritt die Produkte für Regelenergie angepasst werden, um den komplexeren Anforderungen an *DSM* durch flexible Lasten gerecht zu werden. Aktuell sind insb. lange Ausschreibungszeiträume, eine hohe geforderte Verfügbarkeit sowie große Mindestangebotsgrößen hinderlich für den Einsatz von *DSM* auf Reservemärkten. Anstelle von Einzelanlagen müssen zudem auch Regelleistungspools als Vermarktungsoption hinzugefügt werden. Parallel sollte das Schweizer bzw. französische Modell im Hinblick auf die Zugriffsmöglichkeiten von Vermarktern flexibler Lasten auf die Bilanzkreise Dritter hinsichtlich der Übertragbarkeit auf Deutschland untersucht werden.

Für die Zukunft wird es daher von großer Bedeutung sein, die bestehenden Hemmnisse für ein effizientes und verbreitetes *DSM* zu beseitigen und funktionierende Geschäftsmodelle zur Lastflexibilisierung (weiter) zu entwickeln. Nur dadurch kann gewährleistet werden, dass *DSM* nennenswert zur Steigerung der Energieeffizienz und damit Kostenoptimierung beitragen kann.

---

[663] Vgl. dena, Internationaler Einsatz von Lastmanagement, S. 4.
[664] Vgl. dena, a.a.O. (vorige Fn.).

5 Energieeffizienz und Sektorkopplung

5.1 Energieeffizienz

5.1.1 Politikziel Energieeffizienz

Die Umstellung des Versorgungssystems auf erneuerbare Energien stand bislang im Fokus der deutschen Politik zur Energiewende. Durch den Koalitionsvertrag für die 18. Legislaturperiode soll die Energieeffizienz als zweite Säule der Energiewende nicht nur theoretisch, sondern auch in der praktischen Umsetzung mehr Gewicht erhalten. In diesem Zusammenhang soll der Primärenergieverbrauch um 20 % bis 2020 gegenüber dem nationalen Referenzwert von 2008 gesenkt werden, um den Klimawandel zu verlangsamen und die Abhängigkeit von Energieimporten zu senken[665]. Gelingt es nicht, weitgehende Effizienzsteigerungen in allen Sektoren umzusetzen, scheint eine vollständige Energiewende frühestens im Jahr 2150 erreichbar[666].

Neben einem klaren Bekenntnis der Politik zur Rolle der Energieeffizienz bei der Energiewende setzen die Forcierung dieser Entwicklung und die Schaffung von nachhaltiger Planungs- und Investitionssicherheit konsistente, zentrale politische Effizienzziele voraus. Auf europäischer Ebene wurde dazu die *EED* (*Energy Efficiency Directive*) beschlossen. Die am 01.12.2012 in Kraft getretene Richtlinie verpflichtet die EU-Mitgliedsstaaten, jeweils von 2014 an bis 2020 mind. jährliche Einsparungen von 1,5 % des jährlichen Energieabsatzes aller Energieunternehmen an Endkunden zu erzielen.

Mit dem Nationalen Aktionsplan Energieeffizienz (NAPE) hat die BReg 2014 eine Reihe entsprechender Maßnahmen geplant und größtenteils umgesetzt[667]. Das Grünbuch Energieeffizienz weist jedoch darauf hin, dass die Erreichung der Ziele der BReg dennoch weiterhin sehr herausfordernd bleibt. Fraglich ist in diesem Zusammenhang auch, wie die durch das BMWi zur Förderung von Energieeffizienzmaßnahmen bereits zur Verfügung gestellten 17 Mrd. EUR bis zum Jahr 2020 zeitnah ihre optimale Wirkung entfalten können, um der „Effizienzwende" Tempo verleihen zu können.

Auf europäischer Ebene wurde im November 2016 das insgesamt vier Richtlinien und vier Verordnungen umfassende, sog. „Winterpaket" der EU-Kommission vorgestellt. Das rd. 1000 Seiten umfassende Dokument umfasst Vorschläge für die zu-

---

[665] Vgl. BMUB, Aktionsprogramm Klimaschutz 2020.
[666] Vgl. Quaschning (2016): Sektorkopplung durch die Energiewende, S. 6.
[667] Vgl. BMWi, NAPE-Meter, abrufbar unter: http://bit.ly/2pJ4vDL, Aufruf am 26.10.2016.

künftige Ausrichtung der EU-Politik zum Thema Energieeffizienz, erneuerbare Energien und zum Strommarktdesign. Im Bereich Energieeffizienz und als erste Reform der EED soll das „*Efficiency-First*-Prinzip" als Grundsatz verankert werden. Damit wird der Energieeffizienz erstmals im europäischen Kontext Vorrang gewährt und kosteneffektive Energieeffizienzmaßnahmen zur Senkung des Verbrauchs priorisiert. Zudem soll das Effizienzziel von 27 % auf 30 % bis 2030 angehoben werden.

Von entscheidender Bedeutung ist dabei, ob und wie im bestehenden nationalen Energierecht das „*Efficiency-First*-Prinzip" verankert werden kann. Eine besondere Herausforderung ist schließlich darin zu sehen, die unterschiedlichen Reglungsbereiche unter Beachtung des nationalen Handlungsspielraums im Verhältnis zum EU-Recht beihilfekonform auszugestalten[668], um damit mittel- und langfristig eine tragfähige Weiterentwicklung des bestehenden Rechtsrahmens im Bereich der Energieeffizienz zu gewährleisten. Bevor dies, bspw. durch ein zentrales Energieeffizienzgesetz, umgesetzt wird, tragen in Deutschland die Initiierung von Investitionsförderungen, allen voran im Bereich der Gebäudesanierung (Förderprogramm der KfW), Beratungsprogramme für Haushalte sowie Privilegien für Unternehmen zur Reduzierung der Energiesteuern, Abgaben und Umlagen, gekoppelt an ein Energiemanagement (-system), und die Verpflichtung von Großunternehmen zur Durchführung von Energieaudits zur Zielerreichung bei. Und auch vergleichsweise junge Bausteine, wie Energieeffizienz-Netzwerke und Lastgangmanagement finden in den Sektoren Gewerbe-Handel-Dienstleistungen und Industrie immer weiter Verbreitung. Während durch eine Teilnahme an einem Energieeffizienz-Netzwerk die Transaktionskosten für Energieeffizienzmaßnahmen deutlich gesenkt werden können, kann durch ein Lastmanagement direkt und aktiv der Verbrauch von Energie optimiert werden.

5.1.2   Energieaudits und Energiemanagementsysteme

5.1.2.1   Energieaudits nach DIN EN 16247-1

Die Energieeffizienz ist als Beitrag der Verbraucher zur Energiewende zu verstehen. Unternehmen sind dabei in Deutschland für deutlich über 40 % des Endenergieverbrauchs verantwortlich. Hinsichtlich der Erreichung der energie- und klimapolitischen Ziele Deutschlands stehen diese in der Pflicht, Kenntnis über ihre aktuelle Energiesituation zu erlangen und Maßnahmen zur Senkung ihres Energieverbrauchs sowie zur Steigerung ihrer Energieeffizienz einzuleiten.

Um dies zu forcieren und Art. 8 EED in nationales Recht umzusetzen, wurde das EDL-G u.a. dahingehend novelliert, dass alle Großunternehmen in Deutschland, in

---

[668] Vgl. dazu oben Abschnitt 3.1.2.4 (Beihilfenrechtlicher Rahmen).

Abgrenzung zu kleinen oder mittleren Unternehmen (KMU), verpflichtet sind, bis zum 05.12.2015 und danach alle vier Jahre mind. ein Energieaudit nach DIN EN 16247-1 durchzuführen. Ausgenommen von der Verpflichtung sind unterdes Großunternehmen, die ein zertifiziertes Energiemanagementsystem nach DIN EN ISO 50001 oder ein Umweltmanagementsystem nach *EMAS (Eco-Management and Audit Scheme)* nachweisen können.

Bei einem Energieaudit werden die aktuelle energetische Situation sowie der Energieeinsatz und der Energieverbrauch der Organisation mit dem Ziel analysiert, das Potenzial zur Energieeffizienzsteigerung und Maßnahmen zu ihrer Hebung zu identifizieren. Grundlage hierfür ist die strukturierte Erfassung und Analyse der Energiedaten, die vergleichbar mit der Energieberatung ist.

Mit der EN 16247-1 wurde im Oktober 2012 ein europaweit einheitlicher Standard veröffentlicht, der die Anforderungen und Rahmenbedingungen für qualitativ hochwertige Energieaudits festlegt. Energieaudits nach dieser Norm können sowohl durch interne Ressourcen als auch durch externe Dienstleister durchgeführt werden. Nach der EN 16247-1 sind die fünf Schritte zur Durchführung eines Energieaudits: Auftaktbesprechung, Datenerfassung, Außeneinsatz, Analyse und Bericht/Abschlussbesprechung. Im ersten Schritt werden die Ziele, Anwendungsbereiche, Grenzen und die Untersuchungstiefe des Energieaudits festgelegt. Anschließend werden unternehmensinterne Prozesse und das Energienutzungsverhalten analysiert. Dies ist die Basis für die Ermittlung geeigneter Energiekennzahlen und Energieeffizienzmaßnahmen. Im Anschluss werden die verschiedenen Maßnahmen anhand von Wirtschaftlichkeitsberechnungen monetär bewertet, um aufzeigen zu können, welche Investitionen sich in welchem Zeitraum lohnen. Abschließend werden die wesentlichen Einsparpotenziale und -maßnahmen in einem Energieauditbericht zusammengefasst und dieser in der Abschlussbesprechung vorgestellt. Eine Pflicht zur Umsetzung von im Rahmen eines Energieaudits identifizierter Energieeffizienzmaßnahmen besteht unterdes nicht.

Neben der Erfüllung der Verpflichtung zur Durchführung von Energieaudits kann die Durchführung eines Energieaudits mit Vorteilen verbunden sein. Zusätzlich zum allgemeinen Erkenntnisgewinn und der damit bspw. einhergehenden Entscheidungsgrundlage für Investitionen in Energieeffizienzmaßnahmen können KMU ein Energieaudit nutzen, um eine der Voraussetzungen zur Inanspruchnahme des Spitzenausgleichs (Entlastung von 90 % bei der Strom- und Energiesteuer) und damit zur Reduzierung der Energiekosten zu erfüllen. Bedingt durch die Einmaligkeit und die geringe Beteiligung der Mitarbeiter sind erfahrungsgemäß durchschnittlich allerdings nur tatsächliche Energieeinsparungen von 0 % bis 3 % üblich.

5.1.2.2 Energiemanagementsystem nach ISO 50001

Der punktuellen Impulssetzung eines Energieaudits steht der kontinuierliche Verbesserungsprozess zur Steigerung der Energieeffizienz der Organisation durch ein Energiemanagementsystem gegenüber. Mit der im Juni 2011 veröffentlichten Norm ISO 50001 wird erstmalig durch eine klassische Managementsystemnorm ein internationaler Standard für ein Energiemanagementsystem aufgestellt. Ein Energiemanagementsystem nach ISO 50001 kann dabei unabhängig von bestehenden Managementsystemen implementiert oder in bereits bestehende Managementsysteme, wie z.b. ISO 9001 (Qualitätsmanagementsystem) oder ISO 140001 (Umweltmanagementsystem), integriert werden. Die Norm setzt dabei einen Rahmen, innerhalb dessen individuelles Engagement des Anwenders erforderlich ist. Da die formalen Anforderungen an Aufbau- und Ablauforganisation am kleinsten gemeinsamen Nenner orientiert sein müssen, um ein möglichst breites Spektrum abzubilden, ist es Aufgabe der jeweiligen Organisation, dieses entsprechend individuell mit Leben zu füllen. Vorausgesetzt werden die Entwicklung von Energiepolitik, -strategie und -kennzahlen, das wiederholte Durchlaufen eines Planen-Umsetzen-Kontrollieren-Handeln-Kreislaufs sowie die Einbindung von Mitarbeitern und ein klarer Dokumentenlenkungsprozess. Dabei gilt es, eine angemessene Organisations- und Informationsstrukturen einschließlich der hierzu benötigten technischen Hilfsmittel (z. B. Hard-/Software) zu schaffen und Energieeffizienz in den strategischen Entscheidungen zu berücksichtigen. Auf dieser Grundlage erfolgen eine eigene kontinuierliche Bestandsaufnahme des Energieeinsatzes und -verbrauchs sowie eine kontinuierliche Ermittlung von Effizienzpotenzialen und Einsparmaßnahmen. Insofern kann die Durchführung eines Energieaudits nach EN 16247-1 auch stets Vorstufe für die Einführung eines Energiemanagementsystems nach ISO 50001 sein.

Zusammengefasst wird durch die Einführung eines Energiemanagementsystems nach ISO 50001 ein Prozess in der Organisation geschaffen, der für eine dauerhafte Transparenz des Energieverbrauchsprofils und ein dauerhaftes Nachhalten der Energieeffizienzziele sorgen kann. Da dieser Prozess individuell mit Leben gefüllt werden muss, ist das Ergebnis dabei stark von der Einbindung der Mitarbeiter und einer damit einhergehenden Bereitstellung von Ressourcen abhängig. Durch die Verpflichtung der Geschäftsführung und das Setzen von Energieeffizienzzielen ist die Umsetzung von Energieeffizienzmaßnahmen zwar wahrscheinlich, aber (zumindest im investiven Bereich) nicht verpflichtend. Bedingt durch die Kontinuität des Durchlaufens des Energiemanagementprozesses und die hohe Beteiligung der Mitarbeiter sind bei Energiemanagementsystemen erfahrungsgemäß Energieeinsparungen von durchschnittlich 8 % bis 25 % möglich.

In Deutschland besteht gegenwärtig keine Verpflichtung zur Einführung eines Energiemanagementsystems. Allerdings ist die Einführung und Zertifizierung eines Energiemanagementsystems nach ISO 50001 für Unternehmen des produzierenden Gewerbes in Deutschland Voraussetzung, um als Großunternehmen den Spitzenausgleich und als energieintensives Unternehmen die besondere Ausgleichsregelung zur Reduzierung der EEG-Umlage in Anspruch nehmen zu können und so die Energiekosten wesentlich zu senken. Ferner sollte auch der Imageeffekt einer entsprechenden Zertifizierung nicht unterschätzt werden. So sind in Deutschland derzeit bereits weit mehr als 7.000 Organisationen nach ISO 50001 zertifiziert.

Mit der Energiepolitik im Rahmen der ISO 50001 erlegen sich Organisationen eine Steigerung der energetischen Leistung auf und setzen hierzu intern entsprechende Ziele fest. Bisher war es dabei für die Aufrechterhaltung der Zertifizierung allerdings unschädlich, wenn diese Ziele nicht erreicht wurden, sofern die Gründe plausibel erläutert werden konnten. Mit Einführung der ISO 50003 werden Zertifizierungsstellen ab 2017 angehalten, das Ausmaß der Zielerreichung bei ihrer Zertifizierungsentscheidung mit einfließen zu lassen. Eine dauerhafte Verfehlung von Zielen zur Steigerung der energetischen Leistung kann demnach als Abweichung gewertet werden und somit im schlimmsten Fall zur Aberkennung des Zertifikats führen.

5.1.3   Energieeffizienz-Netzwerke

5.1.3.1 Bedeutung

Im Rahmen des Energiemanagements sehen sich Unternehmen regelmäßig mit einer Reihe von Hemmnissen konfrontiert, die für die Planung und Umsetzung solcher Maßnahmen hinderlich sind. Hemmnisse bzgl. der Umsetzung von Energieeffizienzmaßnahmen für die, in den Unternehmen verantwortliche Personen sind u.a. der Faktor Zeit, differierende Prioritäten, eine mangelnde Informationsbasis sowie nur eingeschränkte finanzielle Mittel. Hersteller bieten ihre ggf. energieeffizienten Lösungen teilweise ohne entsprechende Hinweise auf die Rentabilität an. Zwischen Kauf und Anwendung effizienzverbessernder Produkte oder Dienstleistungen fehlen in Unternehmen oftmals die energietechnischen Kenntnisse und der Überblick über die entsprechenden Anbieter. Hohe Such- und Entscheidungskosten, sog. Transaktionskosten, wirken sich negativ auf die Einführung von Maßnahmen zur Steigerung der Energieeffizienz aus. Dies kann mitunter auf den fehlenden Marktüberblick der Energieverantwortlichen zurückgeführt werden. Ein weiteres wesentliches Hemmnis für Unternehmen, über Investitionen in Energieeffizienzmaßnahmen zu entscheiden, ist das Risiko der Kapitalrückflusszeit. Die Amortisationszeit von Investitionen darf oftmals, aufgrund interner Vorgaben, nicht mehr als zwei bis drei Jahre betragen. Allerdings zielen viele Investitionsentscheidungen auf Querschnittstechnologien, wie Wärmeerzeugung, Druckluft, Pumpen, Ventilatoren oder Abwärmenutzung ab, die eine hohen Lebensdauer sowie eine hohe Rentabilität aufweisen. Die Initiierung von Energieeffizienz-Netzwerken dient der Verminderung dieser Hemmnisse.

Energieeffizienz-Netzwerke schaffen einen geeigneten Rahmen für industrielle und gewerbliche Energieverbraucher, den Wissensaustausch mit anderen Unternehmen, hinsichtlich der jeweiligen energetischen Situation und dessen kontinuierlicher Verbesserung, zu ermöglichen. Sowohl mangelnde Motivation als auch die fehlende Kenntnis über Energieeffizienz können durch den Wissenstransport der Netzwerkteilnehmer zu erfolgreich umgesetzten Maßnahmen überbrückt werden. Das Engagement der Teilnehmer an Energieeffizienz-Netzwerken ist essenziell, denn ohne aktive Beteiligung werden der Erfahrungsaustausch und die Umsetzung von Maßnahmen zur energetischen Leistungssteigerung eingeschränkt.

In Energieeffizienz-Netzwerken schließt sich eine Gruppe von 10 bis 15 Unternehmen auf lokaler oder auch regionaler Ebene zusammen. Die an Energieeffizienz-Netzwerken teilnehmenden Unternehmen können sowohl branchenspezifisch als auch branchenübergreifend sein. Ebenfalls teilnehmen können Unternehmen aus dem Dienstleistungsbereich oder auch öffentliche Einrichtungen. Bei branchengleichen Netzwerkteilnehmern bleibt der Austausch über produktionsspezifische Themen erfahrungsgemäß eher oberflächlich und ist dennoch nicht frei von kartellrechtlichen Bedenken. Branchenübergreifende Netzwerke können bspw. wie folgt zusammengestellt sein: Krankenhaus, IT-Dienstleister, Kosmetikfirma, Medizintechnik, Öffentliche Einrichtung, Metallverarbeitende Industrie, Kautschuk-, Pharma-, Kunststoff- sowie Modellbau- und Formbauindustrie. In branchenübergreifenden Netzwerken kann der Informationsaustausch tiefergehend erfolgen, denn es wird sowohl über Effizienzpotenziale von produzierenden Unternehmen als auch von öffentlichen Einrichtungen diskutiert, wodurch wiederum Synergieeffekte erzielt werden können.

Bei den regelmäßig stattfindenden Treffen berichten die Vertreter (z.B. Energieverantwortliche) der teilnehmenden Unternehmen im Netzwerk über Maßnahmen zur Verbesserung der Energieeffizienz. Dies können Investitionen oder organisatorische Maßnahmen sein. Hierdurch werden eingefahrene Verhaltens- und Denkweisen zum Energieeinsatz überdacht, indem mit den anderen Unternehmen im Netzwerk diskutiert wird. Dadurch entsteht ein autonomer Lernprozess unter den Teilnehmern. Ergänzt werden die Treffen durch informative Fachvorträge externer Referenten. Begleitet werden Energieeffizienz-Netzwerke durch Moderatoren bzw. qualifizierte Energieberater und beratende Ingenieure. Gemeinsam mit den Unternehmen werden Energieeinsparziele formuliert. Darauf basierend wird das kumulierte Einsparziel des Netzwerks bestimmt, das z.B. die Reduzierung des Energieverbrauchs um mind. 15 % sein kann. Die formulierten Energieeinsparziele wirken als Selbstverpflichtung der Unternehmen und beinhalten Vorgaben zur CO_2-Minderung sowie zur Energieeffizienzsteigerung für drei oder vier Jahre. Im Durchschnitt verdoppelt sich der Energieeffizienzfortschritt der Netzwerkteilnehmer pro Jahr gegenüber dem Durchschnitt der Industrie. Der Fokus der Netzwerke liegt dabei auf verfügbaren Querschnittstechnologien.

5.1.3.2 LEEN-Managementsystem

Im Bereich der Energieeffizienz-Netzwerke trägt die Schweiz eine Vorreiterrolle. Schon in den 1980er Jahren wurden dort die ersten Netzwerke zur Steigerung der Energieeffizienz initiiert. In Deutschland wurden lernende Netzwerke im Jahr 2002 vom Fraunhofer Institut für System- und Innovationsforschung (Fraunhofer ISI) mit Partner Modell Hohenlohe als erster Netzwerkbetreiber eingeführt. In Folge dessen entwickelte sich ein Standard für Netzwerk-Managementsysteme, der den Rahmen sowie die Mindeststandards für die Initiierung, den Betrieb und das Monitoring der Netzwerke bildet. Diese Netzwerke werden Lernende Energieeffizienz-Netzwerke (LEEN) genannt[669]. Des Weiteren beruht der Zweck der Standardisierung auf der kostengünstigen Durchführung von Energieeffizienz-Netzwerken bei gleichzeitig hohem Nutzen, bspw. durch Berechnungstools, Anweisungen, Vorträge, Musterberichte und sonstigen Hinweisen. Mittels technischer und wirtschaftlicher Berechnungstools lassen sich rund 100 Maßnahmentypen in der Industrie individuell für die Bedingungen am jeweiligen Standort berechnen.

Das LEEN-Managementsystem umfasst Gruppen zu denen 10 bis 15 Unternehmen gehören, die meist aus einer Region kommen. Das LEEN-Managementsystem organisiert den Aufbau sowie die fortlaufende Arbeit der Netzwerke und erhebt für die Dauer der Projekte eine Gebühr zur Finanzierung der energetischen Bewertung, der Netzwerktreffen sowie des Monitorings. Die Netzwerktreffen werden moderiert und geleitet von einem Moderator. Ein energietechnischer Berater ist für die energetische Bewertung und das Monitoring zuständig. Die Laufzeit des LEEN-Managementsystems ist befristet und beträgt zumeist drei bis vier Jahre. Jede Netzwerkgruppe hat einen Initiator, der als Netzwerkträger fungiert. Dies sind bspw. IHK/Wirtschaftsplattformen, Energieversorger/ Stadtwerke, Städte oder auch Wirtschaftsverbände. Die Bindung an ein Netzwerk über mehrere Jahre, die damit verbundenen Kosten, auch hinsichtlich Investitionen, bei gleichzeitig unsicherem Erfolg, ist für viele Unternehmen eine weitere Hemmschwelle.

Der zeitliche Ablauf von LEEN-Managementsystemen ist in drei Phasen gegliedert. Die Akquisitionsphase (Phase 0) wird vor dem ersten Treffen des zukünftigen Netzwerks durchlaufen und dauert etwa drei bis neun Monate. Der Netzwerkträger agiert als Initiator und akquiriert mittels Informationsveranstaltungen oder Einzelge-

---

[669] Vgl. LEEN – Was ist ein LEEN-Netzwerk.

sprächen passende Teilnehmer für das Netzwerk. Bedeutend in der Akquisitionsphase ist die Zusammenstellung des Netzwerks. Teilnehmer der Netzwerke sollten ein ähnliches Niveau hinsichtlich der Jahresenergiekosten sowie geografisch keine zu große räumliche Distanz zueinander aufweisen; auch Unternehmen die gleichen oder ähnlichen Branchen zugehörig sind, werden bevorzugt einem Netzwerk zugewiesen. Wichtig ist dies, um Überschneidungen bei den Netzwerktreffen gewährleisten zu können, damit die Basis für einen effektiven Austausch gegeben ist.

In Phase 1 erfolgt die energetische Bewertung der Unternehmen, in der bestehende Energieeinsparpotenziale von einem LEEN-zertifizierten energietechnischen Berater identifiziert und bewertet werden. Der energietechnische Berater erhält von den Unternehmen Auflistungen in Form eines Datenerhebungsbogens zur aktuellen Energiesituation. Darunter fallen Erhebungen zu Energieträgern, Energieverbräuchen als auch Angaben zu Anlagen. Der energietechnische Berater führt bei allen Unternehmen Betriebsbegehungen durch, woraufhin Berichte zur energetischen Bewertung erstellt werden. Die Erhebungen sämtlicher Netzwerkteilnehmer werden nachfolgend zu einem gemeinsamen Energieeffizienz- und CO_2-Reduktionsziel zusammengefasst. Die zuvor durchgeführte Datenerhebung kann motivierend auf die Einführung eines Energiemanagementsystems (z.B. gem. DIN EN ISO 50001) wirken, da die Erhebung der Daten für jene Zertifizierung zwingend notwendig ist. Die Dauer der Phase beträgt fünf bis zehn Monate.

Die Netzwerkphase (Phase 2) beginnt parallel zur Phase 1 und beinhaltet die Treffen der teilnehmenden Unternehmen. Die Netzwerktreffen finden jeweils bei einem der partizipierenden Unternehmen statt und werden von einem LEEN-zertifizierten Moderator begleitet. Die Unternehmen werden dabei zunächst besichtigt und hinsichtlich der energetischen Ausgangslage vorgestellt. Bei den Netzwerktreffen werden Fachvorträge gehalten, bei der Teilnehmer zu ihren Erfahrungen über umgesetzte Maßnahmen referieren. Dieser Wissensaustausch mit anschließender Diskussion ist ein wesentlicher Faktor des LEEN-Managementsystems. Im jährlich stattfindenden Monitoring werden die Ergebnisse des Netzwerks durch den energietechnischen Berater kontrolliert und dokumentiert. Ferner erfolgt durch den Netzwerkträger eine öffentlichkeitswirksame Kommunikation zur Verbesserung des Images sowie zur Glaubwürdigkeit des Klimaschutzes des Netzwerks. Die Phase 2 dauert zwischen zwei und vier Jahren, wobei beim Abschluss der Netzwerkaktivitäten über die Fortführung des Netzwerks entschieden wird[670].

---

[670] Vgl. LEEN – Auf einen Blick.

5.1.3.3 30 Pilot-Netzwerke

Auf Basis des LEEN-Managementsystems wurde von 2009 bis 2013 das 30 Pilot-Netzwerke-Projekt[671] durch das BMUB gefördert und vom Fraunhofer ISI begleitet, wobei 30 Energieeffizienz- und Klimaschutz-Netzwerke betreut wurden. Zur Analyse der Erfahrungen der verschiedenen Projektteilnehmer wurden Interviews mit den Initiatoren, den energetischen Beratern sowie den Moderatoren geführt. Die Kosten der Netzwerke wurden dabei zu einem Drittel vom BMUB bezuschusst. Insgesamt nahmen 360 Unternehmen mit Jahresenergiekosten zwischen 200.000 EUR und 40 Mio. EUR an dem Projekt teil. Die Gesamtenergiekosten der Unternehmen belief sich auf 1 Mrd. EUR bei CO_2-Emissionen von 5 Mio. t. Der Energieverbrauch der teilnehmenden Unternehmen betrug 17 Mio. MWh. Im Ergebnis ergaben sich etwa 4.000 Investitionen zur Energieeffizienz mit einer internen Verzinsung von mehr als 12 %. Die durchschnittliche Verzinsung der Investitionen beläuft sich auf 30 %. Innerhalb von fünf Jahren konnten die Unternehmen ihren jeweiligen Energiebedarf um durchschnittlich 10 % senken. Ferner verdoppelte sich der energietechnische Fortschritt der Unternehmen gegenüber dem Durchschnitt. Die Energieeffizienz wurde im Durchschnitt um 1,9 % pro Jahr gesteigert, die CO_2-Emission um jährlich rund 2 % gemindert.

Durch den erfolgreichen Abschluss des Projekts steht nun ein erprobter Standard für Folgeprojekte zur Verfügung. Zur weiteren Verbreitung dieses Erfolgsmodells müssen die Energieeffizienz-Netzwerke, basierend auf dem LEEN-Managementsystem, weiter gefördert werden. Allerdings wird aufgrund der derzeitigen politischen Rahmenbedingungen das Potenzial an teilnehmenden Unternehmen an Energienetzwerken auf etwa 4.000 geschätzt, dies entspricht rund 350 Netzwerken. Diese Zahl kann durch Anpassungen der politischen Rahmenbedingungen jedoch verdoppelt werden[672]. Die Schweiz dient auch hier als Vorbild. Dort wurden u.a. Unternehmen von der CO_2-Abgabe befreit, wenn diese sich Energieeffizienz-Netzwerken anschließen.

5.1.3.4 Initiative Energieeffizienz-Netzwerke

Die „Initiative Energieeffizienz-Netzwerke"[673] ist eine Vereinbarung zwischen der BReg und Verbänden sowie Organisationen der deutschen Wirtschaft und bildet einen Bestandteil des Nationalen Aktionsplans Energieeffizienz für die 18. Legislaturperiode. Die Unterschiedlichkeit von Unternehmen erfordert individuelle Konzepte zur Umsetzung von Maßnahmen zur Energieeffizienz. Die BReg und die Wirtschaft setzten dabei insb. auf die Wahrnehmung unternehmerischer Selbst-

---

[671] Vgl. Fraunhofer ISI/FfE – 30 Pilot-Netzwerke.

[672] Vgl. Fraunhofer ISI/FfE – 30 Pilot-Netzwerke, S. 20.

[673] Vgl. BMWi – Initiative Energieeffiziente-Netzwerke.

verantwortung durch die Teilnahme an Energieeffizienz-Netzwerken. Dazu vereinbarten BReg und Wirtschaft, vertreten durch die Spitzenverbände BDI, DIHK, ZDH sowie einer Vielzahl von Fachverbänden, die Initiierung und Durchführung von rund 500 neuen Energieeffizienz-Netzwerken bis Ende 2020. Entgegen den gesetzlichen Regelungen sollen sich somit künftig bis zu 7.500 Unternehmen in Form einer Selbstverpflichtung für mehr Effizienz und Klimaschutz engagieren. Die Verbreitung der Energieeffizienz-Netzwerke bei Unternehmen wird von den unterzeichnenden Verbänden und Organisationen der Wirtschaft gefördert, indem sie als Initiatoren auftreten und während der gesamten Laufzeit die Durchführung des Netzwerks begleitend unterstützen. Die Selbstverpflichtung und Teilnahme von Unternehmen an den Netzwerken erfolgt ausschließlich auf freiwilliger Basis und beinhaltet weder obligatorische Verpflichtungen noch Strafen für das Verfehlen der gesetzten Effizienzziele. Bestätigt wird die Selbstverpflichtung lediglich durch eine schriftliche Vereinbarung. Hintergrund ist, dass im Koalitionsvertrag der aktuellen BReg die Vereinbarung getroffen wurde, keine Verschärfung der ordnungsrechtlichen Verpflichtungen diesbezüglich vorzunehmen[674].

Die Initiative Energieeffizienz-Netzwerke soll über die Summe der erzielten Energieeinsparungen die Umsetzung der europäischen und nationalen Effizienzziele unterstützen, durch die eigenverantwortliche Zielsetzung von Unternehmen zur effizienteren Nutzung von Energie. Die neuen Energieeffizienz-Netzwerke sollen bis 2020 dazu beitragen, den Primärenergieverbrauch um bis zu 75 PJ zu reduzieren und 5 Mio. t THG-Emissionen einzusparen.

Es wird davon ausgegangen, dass ein höherer Erfolg der Energieeffizienz-Netzwerke durch Synergieeffekte erzielt werden kann, indem Synergien zu anderen Instrumenten der Energieeffizienzsteigerung ermöglicht werden. Die Durchführung von verpflichtenden Energieaudits (nach § 8 EDL-G) kann somit innerhalb des Netzwerkprozesses stattfinden. Ebenso gilt für Unternehmen, die ein Energiemanagementsystem (z.B. gem. DIN EN ISO 50001) einführen wollen, dass die dafür benötigten Bestandsaufnahmen und Potenzialanalysen sowie Anforderungen des Energieprogramms für die Arbeit im Netzwerk verwendet werden können und andererseits die Netzwerkarbeit zur Weiterentwicklung und Verbesserung der Energiemanagementinstrumente verwendet werden kann. Unternehmen, die bereits über zertifizierte Energie- oder Umweltmanagementsysteme verfügen, sollen ihre Erfahrungen mit dem Netzwerk teilen und ihre Ergebnisse präsentieren.

Die Teilnahme an Energieeffizienz-Netzwerken im Rahmen der Initiative erfolgt auf Basis von Mindestanforderungen. Somit muss ein Netzwerk aus mind. fünf Unternehmen bestehen. Die Bildung von Netzwerken erfolgt branchenübergreifend oder

---

[674] Vgl. Energieverbraucherportal – Energieeffizienz in der Wirtschaft.

branchenspezifisch. Ferner sind auch unternehmensinterne Netzwerke sowie durch Bundesländer geförderte Netzwerke möglich. Der Ablauf der Energieeffizienz-Netzwerke orientiert sich am LEEN-Managementsystem. Für KMU werden abgestufte Mindestanforderungen gebildet.

Ein jährliches Monitoring der Einhaltung der Selbstverpflichtungen erfolgt durch Institute, die von der BReg und in Abstimmung mit den jeweilig die Selbstverpflichtung unterzeichneten Verbänden und Organisationen beauftragt werden. Das erste Monitoring soll im Jahr 2017 erfolgen. Die Aufgaben der Institute umfassen die Prüfung der Vereinbarungen der jeweiligen Netzwerke sowie die Erhebung der Anzahl der Netzwerke. Außerdem werden die Anzahl der innerhalb der Netzwerke eingeführten Maßnahmen und deren Ergebnisse analysiert.

5.1.3.5 Herausforderungen bei Energieeffizienz-Netzwerken

In der breiten Öffentlichkeit sind Energieeffizienz-Netzwerke aufgrund der bisher erlangten Erfahrungen durchweg positiv bewertet. Die Teilnahme an Netzwerken zum Erfahrungsaustausch und Maßnahmenfindung zur Steigerung der Energieeffizienz wird Unternehmen und Organisationen von der BReg und der Wirtschaft aufgrund der Erfahrungen aus vorherigen Projekten angeraten. Für wirtschaftlich tätige Unternehmen im internationalen Wettbewerb ist es vielfach allerdings nicht allein die potenzielle Verbesserung der energetischen Leistungsfähigkeit, die dazu treibt, an Netzwerken zu partizipieren, sondern in erster Linie ein finanzieller Anreiz. Allen voran Unternehmen des produzierenden Gewerbes haben mit stetig steigenden Druck der zunehmenden Energiekosten zu wirtschaften. Politische und regulatorische Einflüsse sowie der Markt- und Wettbewerbsdruck treiben Unternehmen dazu, Energiemanagement zu betreiben und damit allem voran ihre Energiekosten zu optimieren[675]: Die Energiekosten wiederum setzen sich aus den Faktoren Energiemenge und Energiepreis zusammen. Während Energieeffizienz-Netzwerke dem Namen entsprechend primär darauf abzielen, über die Reduzierung des Energieverbrauchs die Energiemenge zu senken, dürfen dabei die Wechselwirkungen zur Senkung der Energiepreise nicht unberücksichtigt bleiben. Die ganzheitliche Perspektive eines Energieeffizienz-Netzwerks sollte folglich auch die Themen Energiebeschaffung, Eigenerzeugung sowie Steuern, Abgaben und Umlagen im Energiebereich umfassen.

Energieeffizienz-Netzwerke gelten ferner als Erfolgsmodelle, gerade weil sie nicht verpflichtend und regulatorisch getrieben sind. Nichtsdestotrotz sind aus wirtschaftlicher Perspektive kritische Aspekte zu nennen. So ist die Zusammenstellung der

---

[675] Vgl. PwC/EBS – Erfolgsfaktoren eines „Ganzheitlichen Energiemanagements (GEM)" und PwC/EBS – Energieverbrauch erfolgreich steuern.

Netzwerke, hinsichtlich der Teilnehmer, von großer Bedeutung. Die Teilnahme von konkurrierenden Unternehmen an einem Netzwerk birgt das Risiko, dass Unternehmensinterna nach außen dringen können. Der Verlust von Betriebs- und Produktionsgeheimnissen sowie spezifisches *Know-how* kann zu einer wettbewerblichen Schwächung des Unternehmens führen. Bei Vor-Ort-Begehungen der Netzwerkteilnehmer besteht die Gefahr, dass andere Netzwerkteilnehmer sich nicht nur untereinander austauschen, sondern auch die Mitarbeiter des besuchten Unternehmens in Gespräche verwickeln, in denen unbeabsichtigt Interna besprochen werden. Verantwortlich für den Projektablauf ist der Netzwerkträger. Dieser ist verantwortlich für das Energieeffizienz-Netzwerk und somit auch für die Datensicherheit der jeweiligen Unternehmen. Infolgedessen sind Energieeffizienz-Netzwerke dementsprechend zu organisieren, dass die Risiken des Austauschs vertraulicher Daten auf ein Minimum reduziert werden. Unterstützend dabei wirken bereits etablierte Ansätze zur Standardisierten Datenerhebung zur Bestandsaufnahme der Energiesituation und Benchmarking-Datenbanken zur Quantifizierung von Effizienzpotenzialen und zu einer ersten Identifikation von Effizienzmaßnahmen.

5.2   Wärme

5.2.1   Überblick

Der Begriff „Wärme" kann im allgemeinen Sprachgebrauch verschiedene Bedeutungen haben kann. Wir nutzen in diesem Buch den Begriff „Wärme" im übergreifenden Sinn und verstehen darunter alle Arten von Wärme- bzw. Kälteeerzeugung/-nutzung. Häufig wird jedoch der Begriff i.e.S. als Synonym für Fernwärme und ggf. auch Nahwärme verwendet. Das ist für die nachfolgende Darstellung nicht sinnvoll.

Das übergeordnete Ziel der Energiewende ist die Minderung des CO_2-Ausstoßes. Zur Erreichung dieses übergeordneten Zieles soll die Nutzung erneuerbarer Energien und die Steigerung der Energieeffizienz in den Bereichen Strom, Wärme und Verkehr dienen. Dabei kommt dem Wärmemarkt eine besondere Bedeutung zu. Denn -der größte Anteil der Endenergie wird für Wärme benötigt, wie es bspw. die Energiedaten aus dem Jahr 2015 belegen. 2015 wurden in Deutschland 1.373 TWh Endenergie für die Wärmeerzeugung aufgewendet. Dies entspricht einem Anteil von mehr als 50 % des gesamten Endenergieverbrauchs (2.466 TWh).

Zudem fand in den letzten Jahren im Wärmesektor keine ausreichende Reduzierung des Endenergiebedarfs statt. Der Wärmesektor umfasst die Anwendungsbereiche Raumwärme/Klimakälte, Warmwasser und Prozesswärme/-kälte. Der Endenergieverbrauch für Raumwärme stellt den größten Block des Endenergieverbrauchs für Wärme dar (rd. 50 %). Der Endenergieverbrauch für Prozesswärme ist mit einem durchschnittlichen Anteil von etwas mehr als 35 % ebenfalls bedeutend. Bisher zeigt lediglich der Endenergieeinsatz zu Wärmezwecken bei der Raumwärme einen leichten, aber gemessen an den Energiewendezielen nicht ausreichenden Abwärtstrend. Bei allen anderen Anwendungsbereichen kann bisher keine nennenswerte Reduzierung des benötigten Endenergiebedarfs festgestellt werden.

Die Umsetzung der Energiewende kann unter Berücksichtigung dieser Entwicklungen nicht nur auf den Stromsektor beschränkt sein. Es stellt sich die Frage, wie die CO_2-Ziele im Wärmesektor erreicht werden können. Hier besteht neben der Reduzierung des Energiebedarfs auch die Möglichkeit durch den Einsatz von energieeffizienten Technologien (bspw. Brennwertkessel) und durch die Nutzung von Energieträgern mit möglichst geringen CO_2-Emissionsfaktoren (bspw. Erdgas statt Heizöl) voranzukommen. Letztlich können aber die ehrgeizigen Umweltziele nur über eine deutlich intensivere Nutzung der erneuerbaren Energien erreicht werden. Neben CO_2-neutralen Energieträgern, wie bspw. Holzpellets oder Biogas, bieten hier die Sektorkopplung, also die gleichzeitige Erzeugung von Strom und Wärme (KWK), und der Einsatz von erneuerbar erzeugtem Strom, z.B. für Wärmepumpen, große Potenziale.

5.2.2 Rahmenbedingungen

Getrieben durch die bisher nicht ausreichenden Energiewendeaktivitäten erfährt der Wärmesektor aktuell auf allen Ebenen (EU, Bund, Länder, Städte und Gemeinden) eine signifikante Zunahme von politischen, gesetzlichen und regulatorischen Vorgaben. Beispielhaft sei hier der Klimaschutzplan 2050 genannt. Der Klimaschutzplan enthält Zielgrößen für die Emissionen einzelner Bereiche, wie die Energiewirtschaft, den Gebäudebestand, den Verkehr, die Landwirtschaft und die Industrie bis 2030.

Für den Wärmesektor wird bis 2030 eine CO_2-Emissions-Reduktion von 66 bis 67 % im Gebäudebereich angestrebt[676]. Der Klimaschutzplan enthält neben den bestehenden ordnungsrechtlichen Vorgaben, Förderprogrammen, wie dem CO_2-Gebäudesanierungs- und dem Marktanreizprogramm, weitere neue Elemente. So ist davon auszugehen, dass für die Erreichung des bis 2050 angestrebten nahezu CO_2-neutralen Gebäudebestands Maßnahmen, wie z.B. die Einführung des Niedrigstenergiegebäudestandards, Sanierungen im Bestand und die Nutzung eines möglichst hohen Anteils von erneuerbaren Energien, intensiv vorangetrieben werden.

Die „Wärmewende" muss jedoch v.a. auch vor Ort in den Städten und Regionen umgesetzt werden. Von besonderer Bedeutung sind daher auch die Klimaschutzvor-

---

[676] Im Vergleich zu 1990.

gaben auf der Landesebene, die vorwiegend in Form von Landesklimaschutzgesetzen formuliert werden. Hier geht die Entwicklung dahin, dass auch auf Landesebene zunehmend strengere Effizienzvorgaben bzw. Vorgaben zur Senkung der THG-Emissionen gemacht werden. Bemerkenswert ist darüber hinaus, dass bspw. im schleswig-holsteinischen Energiewende- und Klimaschutzgesetz Gemeinden berechtigt werden, kommunale Wärme- und Kältepläne aufzustellen. Zur notwendigen Informationsbeschaffung für die Erstellung eines Katasters werden EVU und öffentliche Stellen (insb. Bezirksschornsteinfeger) verpflichtet, auf Anforderung energiewirtschaftliche Daten zum Gemeindegebiet oder zu bestimmten Teilen davon in zusammengefasster und anonymisierter Form zu übermitteln (z.B. Energieverbrauch von Gebäuden, Anteil erneuerbarer Energien, Lage und Leitungslänge von Wärme- und Gasnetzen etc.). Diese Entwicklung wird wahrscheinlich auch in anderen Regionen stattfinden

Im Wärmesektor sind zudem die Vorgaben auf Gebäudeebene insb. auch unter dem Aspekt Sektorkopplung bzw. Elektrifizierung der Wärmeerzeugung bedeutsam. Folgendes Beispiel verdeutlicht die hohe Relevanz für die unterschiedlichen Marktakteure.

Seit dem 01.04.2016 ist das Effizienzhaus 40 plus eingeführt. Hier ist zu beachten, dass ein wesentlicher Anteil des Energiebedarfs am Gebäude erzeugt und gespeichert werden muss. Die Anforderungen der EnEV gehören zur vertraglich geschuldeten Sollbeschaffenheit einer Bauleistung. Der Bauherr (Käufer/ Wohnungseigentümer) darf eine Einhaltung der Vorgaben der EnEV daher auch ohne ausdrückliche Regelung im Vertragstext erwarten. Bei Verstoß gegen die Vorgaben der EnEV kann der Bauunternehmer ggf. Regress bei dem verantwortlichen Energieversorger nehmen, falls dieser die Nichteinhaltung der wirtschaftlichen Parameter zu vertreten hat. Die Einhaltung der Vorgaben der EnEV kann auch im Falle einer Förderung durch die KfW-Bank relevant werden. Die KfW-Bank behält sich die jederzeitige Überprüfung der förderungsrelevanten Unterlagen vor und ist berechtigt, die Zweckverwendung der bewilligten Zuschüsse vor Ort zu überprüfen. Wurde der Zuschuss zu Unrecht erlangt oder liegen die Voraussetzungen für die Gewährung nicht mehr vor, kann die KfW-Bank mit einem Rückzahlungsanspruch nach § 816 Abs. 1 BGB kündigen.

Neben den genannten gesetzlichen Vorhaben sind die Bestimmungen des KWKG von entscheidender Bedeutung für die weitere Entwicklung der Sektoren Wärme und Strom. Das am 01.01.2016 in Kraft getretene KWKG 2016 privilegiert insb. Betreiber von KWK-Anlagen, die den erzeugten Strom in das Netz der allgemeinen Versorgung einspeisen (Staffelung von 8,0 bis 3,1 Ct/kWh). Im Bereich des Selbstverbrauchs fallen die gewährten Zuschlagszahlungen deutlich geringer aus (4 Ct/kWh bei Anlagen von 0 bis 50 kW; 3 Ct/kWh bei Anlagen von 50 bis 100 kW) und werden lediglich für KWK-Anlagen mit einer Nennleistung von max. 100 kW gewährt. Ein weiteres zentrales Thema ist die Dekarbonisierung, die mit dem KWKG 2016 massiv vorangetrieben wird. Kohlebetriebene Anlagen erfahren keine Förderung mehr. Darüber hinaus wird für die Umstellung von Kohle auf eine gasbetriebene Anlage ein zusätzlicher sog. „Kohle-Bonus" von 0,6 Ct/kWh gezahlt. Diese Fassung wurde von der europäischen Kommission hinsichtlich des Beihilfenrechts[677] geprüft.

In dem vom BMWi im September 2016 veröffentlichten Impulspapier „Strom 2030" wird die künftige Bedeutung der „Sektorkopplung" nochmals besonders herausgestellt. Die Autoren erwarten in den nächsten Jahren, dass erneuerbarer Strom in zunehmenden Maße für den Wärmesektor (nicht nur für die Raumwärme sondern auch für Prozesswärme usw.) eingesetzt wird. Das ermöglicht, dass ein bedeutsamer Teil des Energiebedarfs für Wärme durch erneuerbar aus Wind- und Sonnenenergie erzeugten Strom gedeckt werden kann. Insb. hocheffizient eingesetzte Wärmepumpen können dabei einen großen Beitrag leisten. Aber auch die aus heutiger Sicht weniger effizienten Technologien mit einem vergleichsweise hohen Strombedarf (z.B. Elektrokessel und Heizstäbe sowie *Power-to-Gas*[678]) sollen zukünftig zum Einsatz kommen, wenn erneuerbarer (Überschuss-)Strom vorhanden ist und effizientere Technologien nicht einsetzbar sind[679].

Der Sektorkopplung wird für die Zukunft eine große Bedeutung für den Wärmemarkt vorausgesagt. Heute sehen viele Marktteilnehmer, aber auch das BMWi, die Herausforderung, die Wettbewerbsbedingungen für erneuerbaren Strom gegenüber Brennstoffen im Wärme- und auch Verkehrssektor zu verbessern, da Strom aufgrund der hohen Umlagen, Steuern und Abgaben im Vergleich zu den fossilen Brennstoffen einen Wettbewerbsnachteil hat[680]. Trotz dieses Nachteils gibt es bereits heute zahlreiche Entwicklungen, die ein Zusammenwachsen der Sektoren Wärme und Strom einleiten. So haben bspw. die Kosten der Stromerzeugung aus PV-Anlagen schon länger Netzparität erreicht. Blockheizkraftwerke werden – u.a. aufgrund günstiger Primärenergiefaktoren – insb. auch von der Wohnungswirtschaft nachgefragt. Bei beiden Technologien bestehen wirtschaftliche Vorteile durch die Eigennutzung des erzeugten Stroms im Objekt. Denn im Vergleich zur herkömmlichen Strom und Gaslieferung können durch Eigennutzung des selbst erzeugten Stroms erhebliche Einsparungen bei den vielfältigen Stromkostenbestandteilen (u.a. Netzentgelte, EEG-Umlage, Steuern, etc ...[681]) erreicht werden. Eine künftige

---

[677] Vgl. dazu oben Abschnitt 3.1.2.4 (Beihilfenrechtlicher Rahmen).

[678] Vgl. dazu oben Abschnitt 4.4.1 (*Power-to-Gas*).

[679] BMWi, Strom 2030, Langfristige Trends – Aufgaben für die kommenden Jahre, September 2016.

[680] BMWi, ebenda.

[681] Vgl. dazu oben Abschnitt 2.2.3.1 (Welche Umlagen und Steuern werden erhoben?).

Herausforderung der Sektorkopplung wird daher auch die Frage sein, ob selbst erzeugter Strom überwiegend selbst genutzt wird (z.B. für die Wärmeerzeugung) oder
eingespeist wird.

Bisher betraf diese Thematik v.a. die Besitzer von Einfamilienhäusern. Da aber die
Nutzung von erneuerbaren Strom und damit auch „erneuerbarer Wärme" v.a. auch
in Mehrfamilienhäusern möglich gemacht werden soll, wird verstärkt an einem
rechtlichen Rahmen für die sog. „Mieterstrommodelle" gearbeitet. Eine deutlich
zunehmende Bedeutung dieser Mieterstrommodelle ist daher zu erwarten.

5.2.3   Maßnahmen zur Umsetzung der Energiewende im Wärmemarkt

Wie bereits zu Beginn des Abschnitts erwähnt, kann der Endenergieverbrauch des
Wärmesektors in die Anwendungsbereiche Raumwärme/Klimakälte, Warmwasser
und Prozesswärme/-kälte aufgeteilt werden.

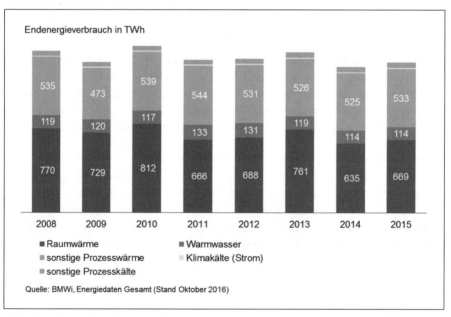

Abb. 63:   Entwicklung Wärmeverbrauch der verschiedenen Anwendungsbereiche[682]

Endenergie für Wärme wird in den Bereichen Industrie, Gewerbe, Handel und
Dienstleistungen (GHD) und private Haushalte genutzt. Im Verkehrssektor ist der

---

[682] BMWi, Energiedaten, Oktober 2016 – keine Temperaturbereinigung.

Wärmebedarf vernachlässigbar bzw. wird gegenüber dem Kraftstoffverbrauch nicht einzeln ausgewiesen. Den größten Bedarf an Endenergie für Wärme haben die privaten Haushalte mit rund 43,5 % im Jahr 2015, Es folgen die Industrie mit 39,5 % und GHD mit rund 17,5 % im Jahr 2015[683].

Dies ist bei der Gestaltung der Energiewende im Wärmesektor zu berücksichtigen. Die Maßnahmen müssen auf die Belange der verschiedenen Nutzer- und teils auch Erzeugergruppen zugeschnitten werden. Zudem ist insb. zu differenzieren, welche Konzepte für CO_2-Optimierungen bei der Erzeugung und Nutzung von Raumwärme bzw. Prozesswärme sinnvoll sind.

Wie die unterschiedlichsten Maßnahmen zur Reduzierung von CO_2-Emissionen im Wärmesektor auch unter Kostengesichtspunkten bewertet werden können, hat PwC im Jahr 2015 in einer Kurzstudie dargestellt[684]. Ausgehend von einem Referenzszenario, das eine Fortschreibung der aktuellen Situation beschreibt, wurden weitere denkbare Entwicklungen in Szenarien abgebildet und einer Kosten-Nutzen-Analyse unterzogen.

Die folgende Abb. stellt die jeweiligen Unterschiede bei den Ergebnissen der einzelnen Szenarien im Hinblick auf die kumulierten Gesamtkosten und die kumulierten CO_2-Emissionen im Zeitraum 2014 bis 2050 gegenüber dem Referenzszenario aus der Kurzstudie Wärme dar.

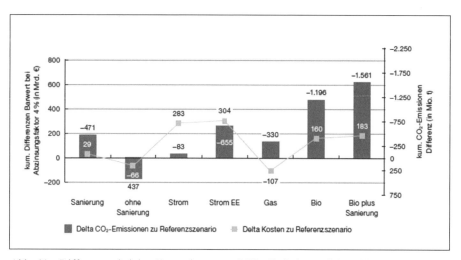

Abb. 64: Differenzen bei den Gesamtkosten und CO_2-Emissionen (2014–2050) gegenüber Referenzszenario

---

[683] Ebenda.
[684] PwC, Energiewende-Outlook: Kurzstudie Wärme, März 2015.

Szenarien:

- **Sanierung:** Vollsanierung und Anstieg der Sanierungsrate von 1 % auf 2,5 %
- **ohne Sanierung:** keine Sanierungsmaßnahmen an Bestandsgebäuden
- **Strom:** Austausch von kohlebetriebenen Feuerungsanlagen gegen Stromdirektheizungen. Erdgas- und Öl-betriebene Konstant- und Niedertemperaturkessel Austausch in 45 % der Fälle durch Wärmepumpensysteme. Der Austausch von Nachtspeicherheizungen zu 100 % gegen Direktheizungen. Heizungsanlagen im Neubau bestehen zu 75 % aus Wärmepumpen und 25 % aus Direktheizungen.
- **Strom EE:** Stromzuwachs zur Wärmeerzeugung vollständig durch erneuerbare Energien 5) Gas: Bestand: Austausch von ineffizienten Heizungstechnologien durch KWK und Gasbrennwert, Neubau: KWK sowie Gasbrennwert und Solarthermie
- **Bio:** Austausch zu Holz- und zur Nutzung von Biomethan
- **Bio plus Sanierung:** Kombination von Bio-Szenario mit dem Sanierungsszenario –PwC, Energiewende-Outlook: Kurzstudie Wärme, März 2015.Die Grafik zeigt, dass die Szenarien mit hohen Anteilen von erneuerbaren Energien (Bio, Bio- plus Sanierung, Strom EE) im Hinblick auf die CO_2-Emissionen die günstigsten Varianten darstellen. Diese Szenarien sind jedoch auch die kostenintensivsten Szenarien der Analyse[685].

Generell zeigt die Studie, dass zur Erreichung der Ziele im Wärmesektor eine tiefergreifende Energiewende – auch in diesem Sektor, – ähnlich wie im Strombereich – notwendig ist und dass dafür eine Intensivierung der Sektorkopplung von Nöten ist.

Die Sektorkopplung ermöglicht einen intensiveren Einsatz von erneuerbaren Energien zur Wärmeerzeugung. Da die Knappheit der Ressourcen der erneuerbaren Energien im Wärmesektor (Biomasse) stärker ausgeprägt ist, kann durch die Kopplung auch die EE-Stromerzeugung (Wind, PV) nutzbar gemacht werden.

---

[685] Weitergehende Informationen zu der Studie abrufbar unter:
https://www.pwc.de/de/energiewende/assets/pwc-ewo-kurzstudie-waerme-2015.pdf.

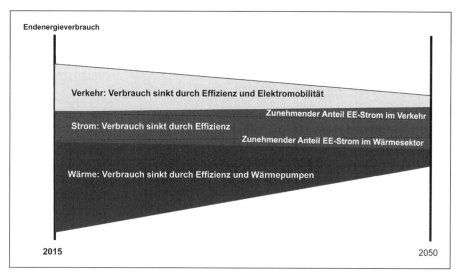

Abb. 65:   Sektorkopplung – Schematische Darstellung der Entwicklungen[686]

Wichtige Handlungsfelder sind dabei zunächst die Reduktion des Endenergieverbrauchs und dann der Einsatz von erneuerbaren Strom im Wärmebereich. Diese
Überlegungen waren dann auch Anlass für das BMWi, eine erstellen zu lassen.
Dafür wurden verschiedene Szenarien ermittelt, um einen nahezu klimaneutralen
Gebäudebestand im Jahr 2050 zu erreichen. In jedem Szenario werden Energieeffizienz und die Nutzung erneuerbarer Energien in unterschiedlicher Gewichtung
genutzt, um die Klimaschutzziele zu erreichen. Das Szenario mit der höchst möglichen Gewichtung der Energieeffizienz ist das Zielszenario „Energieeffizienz".
Analog enthält das Zielszenario „Erneuerbare Energien" die höchste Gewichtung bei
der Nutzung der Erneuerbaren:

▪   Zielszenario „Energieeffizienz": Durch eine Steigerung der Energieeffizienz und
    Energieeinsparungen sollen 54 % an Energieverbräuchen im Gebäudebereich re-
    duziert werden. Um das Ziel des nahezu klimaneutralen Gebäudebestands zu er-
    reichen, müsste der Anteil von erneuerbaren Energien auf 57 % steigen.

▪   Zielszenario „Erneuerbare Energien": In dem Zielszenario wird das maximale
    Potenzial der erneuerbaren Energien von 69 % erreicht, weitere 36 % Energie-
    einsparungen sollen zur Erreichung der Ziele beitragen.

Durch die Reduzierung des Verbrauchs von Mineralöl, Gas, Strom, der Primärenergie von Wärmenetzen bei gleichzeitiger Erhöhung der erneuerbaren Energien, Solar-

---

[686] BMWi, Ein Strommarkt für die Energiewende, Juli 2015.

thermie und Nutzung der Umgebungswärme werden die Ziele im Zielszenario „Energieeffizienz" erreicht. Im Zielszenario "Erneuerbare Energien" werden v.a. die fossilen Energieträger reduziert, der Stromverbrauch im Gebäudebereich bleibt nahezu konstant. Der Endenergieverbrauch von erneuerbaren Energien nimmt von 310 PJ im Jahr 2008 auf 1.310 PJ im Jahr 2050 deutlich zu[687].

Zur Senkung des Raumwärmebedarfs sind Sanierungsmaßnahmen mit moderaten CO_2-Vermeidungskosten zweckdienlich. Den mit Sanierungsmaßnahmen verbundenen hohen Investitionen stehen sinkende Brennstoffkosten im Zeitverlauf gegenüber. Neben der Reduzierung des Wärmebedarfs durch Sanierungsmaßnahmen empfiehlt es sich, die Austauschrate für alte Wärmeerzeuger zu steigern. Dabei sollten insb. Technologien mit hohen Wirkungsgraden und mit niedrigen CO_2-Emissionsfaktoren gefördert werden. Eine wichtige Rolle können dabei auch KWK-Anlagen im Nah- und Fernbereich sowie insb. Wärmepumpen (unter Nutzung von Umweltwärme und weiterer Reduzierung der Emissionen durch Strom aus erneuerbaren Energien) spielen.

Neben dem Ausbau von Wärmepumpen kann *Power-to-X* einen Beitrag zur Wärmewende leisten[688]. Um die Umweltziele mittels *Power-to-X* zu erreichen, muss sichergestellt sein, dass der eingesetzte Strom aus erneuerbaren Energien erzeugt wird. Positive Effekte sind nicht nur im Gebäudebereich zu erwarten, sondern auch im Bereich der Prozesswärme. *Power-to-X* bietet zudem auch Flexibilitätsoptionen im Hinblick auf den weiter zunehmenden Anteil volatiler Stromerzeugung, wie Wind und PV. Auch KWK-Anlagen mit entsprechend dimensionierten Wärmespeichern können eine Flexibilitätsoption sein, und einen Beitrag zum erfolgreichen Zusammenwirken von Wärme- und Stromsektor leisten.

Einen notwendige Zubau von Strom zur Wärmebereitstellung wird es gem. den Szenarien der Energieeffizienzstrategie nur kurzfristig geben. Der Grund hierfür soll die bis 2050 erwartete Verbrauchsreduzierung bei Wärme und Strom sein. Zudem wird der Übergang von Stromdirektheizung (derzeit 15 GW) hin zur stärkeren Nutzung von Wärmepumpen begrenzend auf den Strombedarf wirken, da diese aufgrund der Nutzung der Umgebungswärme drei- bis viermal effizienter sind[689].

Im Bereich der Prozesswärme ist aufgrund des Wirtschaftswachstums zusätzlich ein Anstieg der CO_2-Emissionen zu kompensieren. Die geplanten Einsparungen sind in diesem Bereich sehr viel schwieriger zu erreichen als im Raumwärmebereich. Die Berechnungen der Szenarien zeigen, dass bei der Raumwärme noch ein Rückgang des Endenergieverbrauchs um rd. 32 % möglich erscheint. Bei der Prozesswärme

---

[687] BMWi, Energieeffizienzstrategie Gebäude, November 2015.
[688] Vgl. dazu ausführlich oben Abschnitt 4.4 (*Power-to-X*).
[689] BMWi, Energieeffizienzstrategie Gebäude, November 2015.

können demnach nur rd. 6 % erreicht werden. Die Stromverwendung ist bei energie-intensiven Prozessen technisch generell möglich. Entscheidend für die Industrie und den Wirtschaftsstandort Deutschland ist jedoch zukünftig ein Angebot von günstiger Energie, die hohe Prozesstemperaturen erreicht, damit eine Umstellung von derzeitig fossilen zu erneuerbaren Energieträgern erfolgen kann.

5.2.4 Weiterentwicklung rechtlicher Vorgaben im Wärmemarkt

5.2.4.1 Gebäudeenergiegesetz (RefE)

Um die ambitionierten energiepolitischen Ziele der BReg zu erreichen, plant das BMWi eine Zusammenführung des EnEG mit der EnEV sowie dem EEWärmeG, das sog. Gebäudeenergiegesetz (GEG[690]). Die Vorgaben für Energieeffizienz in Gebäuden sollen harmonisiert und dadurch der Anteil erneuerbarer Energien am Endenergieverbrauch für Wärme und Kälte auf 14 % bis zum Jahr 2020 erreicht werden. Ein nahezu klimaneutraler Gebäudebestand soll dadurch bis zum Jahr 2050 realisiert werden. Das GEG sieht verschiedene Flexibilisierungsinstrumente vor, die dem Klimaschutz zugutekommen. Dazu zählen eine bessere Honorierung der Nutzung von gebäudenah erzeugtem Strom aus PV-Anlagen bei der energetischen Bewertung eines Gebäudes, eine Stärkung des Quartiersansatzes, indem erstmals die Kopplung von Neubau und Bestandsgebäuden durch eine gemeinsame Wärmeversorgung bei der Erfüllung der energetischen Anforderungen Berücksichtigung finden sowie Verbesserungen für den Einsatz von Biomethan in der Wärmeversorgung. Von den Verbesserungen profitieren v.a. die Neubauten in verdichteten städtischen Gebieten.

Das Gesetz befasst sich u.a. mit der „Vorbildfunktion" öffentlicher Gebäude sowie Vorgaben für Neubauten als auch Bestandsbauten. Auch bei grundlegenden Renovierungen sollen strengere Maßstäbe bzgl. der Energieeffizienz angelegt werden. Streitpunkte sind noch, ob weiterhin der Wirtschaftlichkeitsgrundsatz aufrechterhalten wird. Dieser stellt eine Art Härtefallklausel dar, die dem Gebäudeeigentümer erlaubt, gesetzliche Vorgaben nicht oder nur teilweise umsetzen zu müssen, wenn die Investitionskosten für die Effizienzmaßnahmen mit den energetischen Einsparungen nicht amortisiert werden können. Fraglich ist auch, ob weiterhin eine weitgehende Technologieoffenheit gewährleistet werden wird. In dem Entwurf des GEG findet sich schließlich eine Weiterentwicklung des Ansatzes wieder, Bezirksschornsteinfeger als Kontrollinstanz fungieren zu lassen, die bei Nichteinhaltung der gesetzlichen Vorgaben Meldungen an die zuständigen Behörden erstatten. Die Be-

---

[690] Referentenentwurf des BMWi und des BMUB v. 23.01.2017, abrufbar unter
http://bit.ly/2qG76vh.

zirksschornsteinfeger sollen u.a. auch kontrollieren, dass ab dem Jahr 2030 keine mit Öl, Kohle oder Gas betriebenen Heizungsanlagen mehr installiert werden. Dies hätte zur Folge, dass zukünftig bspw. mehr mit Wärmepumpen gearbeitet werden wird. Die Planung des GEG zeigt deutlich, dass die Vorgaben im Bereich der einzuhaltenden Energieeffizienz immer strikter werden und somit der Handlungsbedarf für Gebäudeeigentümer größer wird. Im Zuge des Erlasses weiterer Landesklimaschutzgesetze und anderen gesetzlichen Vorhaben dieser Art, sollten Energieversorger hier ihre Chance sehen, sich als Berater und Dienstleister[691] an künftigen Projekten, wie der Errichtung von Nahwärmenetzen und Quartierssanierungen, zu beteiligen.

Vonseiten der Verbände – insb. auch aus dem Bereich der Wohnungswirtschaft – wird die Forderung vertreten, dass die Fernwärmewirtschaft einer vergleichbaren ordnungsrechtlichen Aufsicht bedarf, wie sie im Bereich der Strom- und Gasversorgung realisiert wurde, um faire Wettbewerbsbedingungen sicherzustellen und Markttransparenz zu gewährleisten. Darüber hinaus ist zu beobachten, dass die Anordnung eines Anschluss- und Benutzungszwangs (§ 16 EEWärmeG) weiter abnimmt. Einige der größten Verbände aus den Bereichen des Wärmemarktes sowie der Wohnungswirtschaft fordern sogar eine Abschaffung des Anschluss- und Benutzungszwangs, da er entgegen allen Annahmen eine preistreibende Wirkung entfalte, gesteigertes Missbrauchspotenzial enthalte und den ergebnis- und technologieoffenen Wettbewerb zu alternativen dezentralen Versorgungslösungen verhindere. Dem wird entgegen gehalten, dass die Ziele des Umweltschutzes mit einem Anschluss- und Benutzungszwang nachhaltig verfolgt werden können. Maßgeblich ist im Ergebnis immer, ob der Anschluss- und Benutzungszwang bei einer Gesamtschau für die gesamte Gemeinde geboten ist. Bei gemeindlichen Vorhaben dieser Art sind die Erforderlichkeit einer solchen Maßnahme zu prüfen. Eine gebührenpflichtige Benutzung und ein gebührenpflichtiger Anschluss für einen möglichst großen Kreis der Berechtigten und Verpflichteten können allerdings sinnvoll sein, weil dadurch ein kostendeckender und auslastungsgerechter Betrieb der Fernwärmeversorgung gefördert wird.

---

[691] Vgl. dazu auch unten Abschnitt 7.5 (Energiedienstleistungen).

5.2.4.2 Mieterstromgesetz (RefE)

Ein zentrales Thema der Gegenwart sowie der Zukunft ist die Sektorenkopplung in Bezug auf den Strom- und Wärmemarkt. Ein treffendes Beispiel stellen hier sog. „Mieterstrom-Modelle" dar, die dafür Sorge tragen, dass auch Mieter an Eigenversorgungen teilhaben und ihren Autarkiegrad erhöhen können. Bei Gestaltungen mit KWK-Anlagen findet dann sogar eine Versorgung der Mieter mit Strom und Wärme aus dem eigenen BHKW durch den Vermieter bzw. den beauftragten Contractor statt.

Der Gesetzgeber hat das Potenzial solcher Modelle erkannt. Das BMWi hat am 17.02.2017 das „Eckpunktepapier Mieterstrom"[692] veröffentlicht und am 17.03.2017 einen Referentenentwurf zum Mieterstromgesetz[693] in Umlauf gegeben. Das „Gesetz zur Förderung von Mieterstrom" soll noch bis zum Sommer 2017 verabschiedet werden und am 01.01.2018 in Kraft treten. Die Rahmenbedingungen für eine künftige Förderung von Mieterstrom-Modellen haben mit dem Referentenentwurf Kontur erhalten und versprechen eine signifikant höhere wirtschaftliche Attraktivität für Modelle unter Einsatz von PV-Anlagen. Mieterstrom-Modelle sollen künftig einen Eckpfeiler zur Dezentralisierung der Energiewirtschaft bilden.

Der Gesetzesentwurf sieht eine direkte Förderung im Wege einer Vergütung für die in der PV-Anlage erzeugten und direkt an die Mieter gelieferten Strommengen vor. Im Ergebnis betragen die vorgesehenen Vergütungssätze je nach Anlagengröße zwischen 2,75 Ct/kWh und 3,81 Ct/kWh. Gefördert werden ausschließlich PV-Anlagen bis zu 100 kW$_{el}$. Die EEG-Umlage[694] soll jedoch weiterhin in voller Höhe anfallen.

Mieterstromverträge sollen eine maximale Laufzeit von einem Jahr (plus Verlängerungsoption um ein Jahr) haben. Werden Mieterstromverträge Bestandteil von Wohnraummietverträgen, ist lediglich eine Laufzeit von sechs Monaten zulässig. Eine Kündigung des Mietvertrags greift dann auch auf den Mieterstromvertrag durch. Auch soll festgelegt werden, dass der Jahresendpreis für den Stromverbrauch den jeweils geltenden Grundversorgungstarif nicht übersteigen darf. Vonseiten der Wohnungswirtschaft wurden die Begrenzungen im Hinblick auf Laufzeit und Preisobergrenze kritisiert.

Das Mieterstromgesetz ist ein Artikelgesetz, das die Förderung durch Änderungen im EEG 2017 und im EnWG umsetzt. Folgeänderungen ergeben sich für das

---

[692] BMWi, Eckpunktepapier Mieterstrom v. 17.02.2017; abrufbar unter: http://bit.ly/2qAjNbV.

[693] Referentenentwurf des BMWi v. 17.03.2017; Gesetz zur Förderung von Mieterstrom; abrufbar unter: http://bit.ly/2qthPgc.

[694] Vgl. dazu auch unten Abschnitt 7.7.2 (EEG-Umlage).

KWKG 2017 sowie die MarktstammdatenregisterVO. Des Weiteren wurden Mitteilungspflichten der Netzbetreiber sowie Aufsichtsbefugnisse der BNetzA aufgenommen.

Im Bereich der Kraft-Wärme-Kopplung werden – ähnlich wie im EEG – zunehmend Zuschlagszahlungen an die Bedingung einer vorherigen Ausschreibung geknüpft. Es ist zu erwarten, dass die Entwicklung, marktgerechte, am Bedarf ausgerichtete Preise bzw. Zuschläge zu fordern, weiter vorangetrieben wird. Zuschlagszahlungen werden nur noch unter der Voraussetzung der wirtschaftlichen Erforderlichkeit geleistet werden. So ist es z.b. bereits im Bereich der Förderung von Wärme- und Kältenetzen in § 20 Abs. 1 Nr. 2 KWKG 2017 formuliert worden. Im Zuge der Änderung des Energie- und des Stromsteuergesetzes wurde entgegen ursprünglichen Absichten darauf verzichtet, eine Doppelbegünstigung in Form von KWKG-Zuschlagszahlungen und einer Stromsteuerbefreiung auszuschließen. Im Hinblick auf die Notwendigkeit des weiteren Ausbaus der Kraft-Wärme-Kopplung wurde beschlossen, das Kumulierungsverbot zu verwerfen und die Doppelbegünstigung aus Stromsteuerbefreiung und KWKG-Zuschlägen weiterhin für Anlagen der Größe bis 2 MW zuzulassen. Künftig wird nicht nur der Strom, der im Verkehr mit Oberleitungsbussen verwendet wird, steuerlich begünstigt, sondern auch der Strom, der zum Antrieb von Kraftfahrzeugen im ÖPNV verwendet wird (§ 9 StromStG).

Schließlich zeichnen sich schärfere Kontrollen von Wärmelieferungsverträgen – insb. durch die Verbraucherschutzzentralen – ab. Dabei stehen vorwiegend die Preisgestaltung, Preisanpassungsklauseln, Veröffentlichungs- und Transparenzpflichten sowie die Regelungen zur Vertragslaufzeit im Fokus.

5.3 Alternative Antriebstechnologien und Lösungsansätze im Bereich Verkehr

5.3.1 Rahmenbedingungen für Mobilität und Verkehr in Deutschland

5.3.1.1 Wachsender Verkehr

Die Zielsetzungen der Energiewende entwickeln sich vor dem Hintergrund einer fortschreitenden Urbanisierung zu einer großen Herausforderung, da dichter besiedelte und frequentierte Ballungsräume auch ein zunehmendes Verkehrsaufkommen begründen. Während der Pkw nach wie vor der dominierende Verkehrsträger in Deutschland ist, sind innovative Lösungsansätze und neue Mobilitätskonzepte gefragt, die privaten und gewerblichen Fahrzeughaltern sinnvolle Alternativen bieten können. Es bedarf einer nachhaltigen Verkehrsplanung, durch die bestehende Hindernisse bei der Verbreitung von alternativen Antriebstechnologien überwunden werden, und neuer urbaner Mobilitätskonzepte, die dem Anspruch einer sauberen und lebenswerten Stadt gerecht werden.

Der Verkehrssektor ist in Deutschland aktuell für rd. 30 % des Endenergieverbrauchs verantwortlich[695]. Dabei ist die Dominanz von fossilen Energieträgern trotz verbesserter Technologien im Bereich der alternativen Antriebe ungebrochen. Der deutsche Verkehrssektor ist für einen jährlichen CO_2-Ausstoß von rd. 153 Mio. t verantwortlich. Gegenüber dem Referenzjahr für die Klimaziele 1990 konnte der CO_2-Ausstoß im Verkehrssektor damit um nur 5,5 % gesenkt werden[696].

Der motorisierte Individualverkehr (MIV), also die individuelle Nutzung von Kraftfahrzeugen, erweist sich mit einem Anteil am verkehrsbedingten CO_2-Ausstoß von 55 % als der größte Emittent. Ungefähr jeder zweite deutsche Einwohner besitzt ein eigenes Auto. Im Zuge des demografischen Wandels sowie zunehmender Urbanisierung und Verdichtung von Ballungsräumen zeichnet sich eine Zunahme des Verkehrsaufkommens v.a. in verdichteten Räumen ab. In den meisten ländlichen Regionen wird die Erwerbstätigkeit erheblich sinken, wohingegen Ballungsräume und Metropolregionen stark wachsen werden. Diese Binnenwanderung hat unmittelbare Auswirkungen auf das Verkehrsgefüge der Städte. Herausforderungen ergeben sich insb. durch die gesteigerte Nachfrage nach Mobilität und den damit verbunden Anpassungsbedarf der bestehenden Infrastruktur. In den ländlichen Regionen ist eine Zunahme des ausgehenden Pendelverkehrs in die Ballungsgebiete zu erwarten. Gegenüber dem steigenden Urbanisierungsgrad bewirken die Schrumpfung der deutschen Bevölkerung, der demografische Wandel sowie veränderte Haushalts-und Mobilitätsverhaltensstrukturen einen dämpfenden Effekt und führen zu einem leichten Rückgang des zukünftigen Pkw-Bestands (vgl. Abb. 66).

---

[695] AG Energiebilanzen e.V. (2016), Auswertungstabellen zur Energiebilanz Deutschland 1990–2015.

[696] PwC (2015), Energiewende-Outlook: Kurzstudie Verkehr.

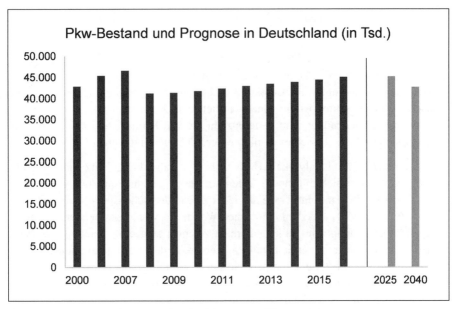

Abb. 66:   Pkw-Bestand in Deutschland inkl. Prognose[697]

Die wachsende Nachfrage nach Mobilität stellt bereits heute Metropolregionen, wie bspw. die Rhein-Main-Region, vor wachsende Herausforderungen. Aktuell pendeln täglich ungefähr 350.000 Menschen nach Frankfurt am Main. Der Großteil drängt mit dem eigenen Pkw über die zu den Stoßzeiten regelmäßig überbelasteten Straßen in die Stadt. Durch eine wachsende Anzahl an Arbeitsplätzen ist in den nächsten Jahren ein weiterer Anstieg der innerstädtischen Verkehre und Pendlerverkehre in den Ballungsräumen zu erwarten. Dies wird auch die stetig wachsenden Fahrgastzahlen des ÖPNV in den Ballungsgebieten weiter antreiben. In ländlichen Kreisen liegt das Angebot des ÖPNV weit hinter dem der Städte zurück, wodurch der MIV als Verkehrsträger nach wie vor dominiert.

I.S.d. Energie- und Klimaziele der BReg ist die zukünftige Nachfrage nach Mobilität auf Verkehrsmittel mit geringem Endenergieverbrauch und Schadstoffausstoß auszurichten. Die Entwicklung und nachhaltige Verbreitung neuer Mobilitätslösungen ermöglichen es, den verändernden Ansprüchen an eine saubere Umwelt langfristig gerecht zu werden.

---

[697]   Statista (2016), Anzahl der gemeldeten Pkw in Deutschland in den Jahren 1960 bis 2016; Shell (2014), Shell Pkw-Szenarien bis 2040. Fakten, Trends und Perspektiven für Auto-Mobilität.

5.3.1.2 Ansprüche an „grüne Städte"

Im Jahr 2050 werden Schätzungen zu Folge mehr als zwei Drittel der Bevölkerung in Städten leben. Damit werden Städte vor wachsende Herausforderungen bezogen auf Wohn- und Lebensqualität, Stadtklima, Naturschutz oder Flächenverbrauch gestellt. Die moderne Stadt soll die Qualität des Landlebens mit den Vorteilen des urbanen Lebens vereinen. Grünflächen und Parks erfahren eine immer größere Wertschätzung sowohl als Erholungs- und Rückzugsort als auch für eine verbesserte Luftqualität und als Lärmdämpfer. Es entwickeln sich Trends, wie die neue Begeisterung für das Gärtnern in Städten im Rahmen von *Urban Gardening* oder sogar die Lebensmittelproduktion innerhalb von Städten, das sog. *Urban Farming*. Den Trends zu mehr Grün, besserer Luft und weniger Geräuschkulisse in Städten stehen die verkehrsbedingten Belastungen, wie Schadstoff- und Lärmemissionen, sowie die Inanspruchnahme von Platz und Raum kontraproduktiv gegenüber.

5.3.1.3 Überschreitung von Schadstoff-Grenzwerten in Ballungszentren

Urbane Siedlungen tragen mit bis zu 70 % zum Ausstoß von Treibhausgasen bei[698]. Durch die Verbrennung von fossilen Brennstoffen entsteht u.a. CO_2, das als eine der Hauptursachen für die Klimaerwärmung gilt. In den Ballungszentren ist v.a. der MIV einer der stärksten Verursacher für den Ausstoß von CO_2. Auch Feinstaub und Stickstoffoxide, die sich negativ auf die Gesundheit auswirken und nachweislich Asthma und Herzkreislauferkrankungen verursachen können, werden hauptsächlich durch den Straßenverkehr und insb. Diesel-Motoren verursacht. In vielen deutschen Städten werden die Grenzwerte von 40 mcg/m^3 an Stickstoffoxid (NO_2)und 50 mcg/m^3 an Feinstaub regelmäßig überschritten. Aufgrund der Überschreitung der Luftqualitätsgrenzwerte für Stickstoffoxid hat die europäische Kommission im Jahr 2015 die Vorstufe zu einem Vertragsverletzungsverfahren gegen Deutschland eingeleitet.

Die Einhaltung der vorgeschriebenen EU-Luftqualitätsgrenzwerte obliegt den Ländern und Städten. Diese haben innerhalb der letzten Jahre erhebliche Anstrengungen zur Verbesserung der Luftqualität auf sich genommen und bspw. Umweltzonen und Durchfahrtverbote für Lkw eingeführt. Im Anschluss an die Warnung der EU wurde im Verkehrsministerium auch die Einführung einer Blauen Plakette diskutiert. Diese Sofortmaßnahme sollte nur Fahrzeugen mit einem besonders geringen Ausstoß von Stickstoffoxiden den Zugang zu den Umweltzonen der Städte gewähren. Aktuell entsprechen rd. 10 Mio. Dieselfahrzeuge in Deutschland nicht den Anforderungen

---

[698] Abrufbar unter: http://sie.ag/2qt2cFo.

der blauen Plakette. Zwar wurde die Entscheidung zu einer Einführung vorerst verschoben, jedoch bleibt die weitere Entwicklung dieser Debatte abzuwarten.

5.3.1.4 Rechtliche Rahmenbedingungen

Der Rechtsrahmen für die Elektromobilität in Deutschland ist geprägt durch eine
Vielzahl versprengter Vorgaben in verschiedenen Gesetzen und Verordnungen, die
teilweise national autonom bestimmt wurden, vielfach aber auch durch europäische
Regelungen beeinflusst bzw. vorgegeben werden.

Im Fokus der nachfolgenden Darstellung sollen insb. die energierechtlichen Rahmenbedingungen stehen, die für die Elektromobilität in den vergangenen zwei Jahren einen Wandel von dem Status einer bloßen energiepolitischen Wunschkompo-
nente zur Umsetzung der Energiewende hin zu einem ansatzweise klaren
Rechtsrahmen geführt haben. Neben den energierechtlichen Leitlinien sind für die
Marktteilnehmer darüber hinaus aber noch weitere Rechtsbereiche zu berücksichtigen, die eine mehr oder minder klare Einordnung der Elektromobilität notwendig
machen. Zu nennen sind hier insb.

- Straßenverkehrsrecht,
- Bau- und Planungsrecht,
- Mess- und Eichrecht sowie
- Datenschutzrecht.

Weitergehende Anreize werden durch das „Gesetz zur steuerlichen Förderung von
Elektromobilität im Straßenverkehr" aus Oktober 2016 sowie durch das im Frühjahr
2016 beschlossene MAP gesetzt, das u.a. Kaufprämien und Kfz-Steuervorteile für
(neue) Elektromobile beinhaltet. Daneben gibt es vielfältige Förderprogramme[699],
die ebenso rechtliche Anforderungen an die ausgeschriebenen Förderaufrufe beinhalten.

Während vor zwei Jahren noch eine der großen Herausforderungen darin bestand,
die elektromobilen Anforderungen mit dem energierechtlichem Rechtsrahmen zu
vereinbaren, haben sich nunmehr in wichtigen Regelungszusammenhängen klarere
rechtliche Vorgaben eingestellt. Allerdings ist der Weg in dieser Hinsicht nicht zu
Ende. Im Kern geht es dabei um die Einordnung der elektromobilen Marktrollen in
den bestehen Rechtsrahmen, da sich der Gesetzgeber dagegen entschieden hat, einen
vom bestehenden Energierecht losgelösten Rechtsrahmen für die Elektromobilität zu
schaffen, sondern die notwendigen Regelungen in das allgemeine Energierecht integriert hat.

---

[699] Aktuell von besonderem Interesse dürfte der „Entwurf einer Förderrichtlinie Ladeinfrastruktur für Elektrofahrzeuge in Deutschland" des BMVI sein.

Es musste insb. klargestellt werden, wie die Ladesäuleninfrastruktur rechtlich einzuordnen ist und welche Rechte und Pflichten für den Elektromobilitätsprovider gelten. Gerade die Unklarheiten für die Einordnung der Ladesäulen wurden immer wieder als Hemmnis für Investitionen in Ladeinfrastruktur herausgestellt. Ohne ein flächendeckendes Ladenetz[700] sei der Markthochlauf allerdings nicht zu schaffen. Diese Klarstellungen sind jedoch nicht allein aus nationalem Antrieb erfolgt, sondern sie sind auch dem europäischen Gesetzgeber zu verdanken, der mit der im Oktober 2014 verabschiedeten „Richtlinie über den Aufbau der Infrastruktur für alternative Kraftstoffe"[701] (AFID) in den Mitgliedsstaaten verbindliche Mindeststandards vorgegeben hat, die dazu dienen, den Markthochlauf der Elektromobilität europaweit vereinheitlicht anzuschieben. Neben nunmehr vereinheitlichten Ladesteckerstandards[702] wurden insb. Vorgaben für die energierechtliche Einordnung der Ladeinfrastruktur vorgegeben, die wiederrum durch die Ladesäulenverordnung I[703] und den Entwurf der Ladesäulenverordnung II in das nationale Energierecht umgesetzt wurden bzw. aktuell umgesetzt werden.

Der Gesetzgeber hat zudem in den im Sommer 2016 in Kraft getretenen Strommarkt- und Messstellenbetriebsgesetzen geregelt, dass der Ladepunktbetreiber energiewirtschaftlich als Letztverbraucher einzuordnen ist[704]. Damit wurde gleichzeitig klargestellt, dass die Abgabe von Strom aus der Ladesäule an den Elektromobilitätsprovider oder den Fahrer eines Elektromobils keine Energielieferung i.S.d. EnWG ist und der Ladepunktbetreiber damit nicht zum EVU und auch nicht zum Stromversorger i.S.d. Stromsteuer-Durchführungsverordnung wird[705]. Das EnWG findet auf dieses nachgelagerte Rechtsverhältnis keine Anwendung. Insofern ist der Fahrzeugnutzer als „vagabundierender Stromkonsument" für das EnWG nicht erkennbar und damit ausgeklammert. Durch die Einordnung des Ladepunktbetreibers als Letztverbraucher ergeben sich weitreichende Rechte. So erhält der Ladepunktbetreiber insb. das Recht auf einen Netzanschluss gegenüber dem vorgelagerten Verteilernetzbetreiber.

Kurzfristig absehbar ist durch das noch ausstehende Inkrafttreten der Ladesäulenverordnung II, dass das in der AFID angelegte „punktuelle Laden" in Deutschland

---

[700] Vgl. hierzu den Statusbericht „Ladeinfrastruktur für Elektrofahrzeuge in Deutschland", abrufbar unter: http://bit.ly/2lbWp1K.

[701] Abrufbar unter: http://bit.ly/2pyCy0T.

[702] Anhang 2 der AFID.

[703] V. 09.03.2016, BGBl. I, S. 457.

[704] § 3 Nr. 25 EnWG und § 2 Satz 1 Nr. 8 MsBG wurden entsprechend ergänzt.

[705] Es wäre begrüßenswert gewesen, diese Klarstellung auch für das EEG vorzusehen, da die Einstufung der Energielieferung Auslöser für die Pflicht zur Zahlung der EEG-Umlage ist. Das EnWG und EEG nicht vollständig deckungsgleiche Definitionen verwenden, ist hier Meinungsstreit absehbar.

umgesetzt wird. Hierdurch soll ein weiteres wesentliches Hemmnis der Elektromobilität beseitigt werden. Bislang zeichnet sich der deutsche Markt für Ladeinfrastruktur dadurch aus, dass es eine Vielzahl von Anbietern gibt, jedoch kein einheitliches Vertrags- und Abrechnungsverfahren besteht. Sog. *Roaming*-Anbieter wie *Hubject* oder Ladenetz versuchen bereits, vereinheitlichte Vertragswerke und Abrechnungsverfahren zu etablieren, die es dem Kunden (i.S.v. Fahrer eines Elektromobils) einfach und praktikabel machen sollen, den Ladevorgang auch an fremden Ladesäulen durchzuführen. Der durchschnittliche Fahrer eines Elektromobils will verständlicherweise nicht bei fremden Ladesäulen jeweils einen Rahmenvertrag mit umfangreichen Allgemeinen Geschäftsbedingungen vereinbaren, sondern er möchte vergleichbar mit dem Tankvorgang an einer Tankstelle kurzfristig und unbürokratisch Strom tanken können. Der Unterschied in der Praxis besteht allerdings oftmals darin, dass Ladesäulen nicht mit physischen Kassenhäuschen und Personal vor Ort präsent sind, sondern vielmehr Kartenzahlung oder Onlineabrechnungsverfahren angewendet werden[706].

Durch die Einführung des „punktuellen Ladens" wird die Intention der AFID zur Gewährung eines diskriminierungsfreien Zugangs zu Lademöglichkeiten für jedermann ohne Abschluss eines langfristigen Vertrags umgesetzt. Dies soll ein spontanes Aufladen für den Nutzer von Elektrofahrzeugen ermöglichen, ohne vorab einen Rahmenvertrag mit dem individuellen Ladesäulenbetreiber geschlossen zu haben. Hierfür sind vier Alternativen als Mindestvorgaben in Bezug auf Information, Bezahlung und Authentifizierung vorgesehen[707]. In der Praxis wird die Ausgestaltung des Einzelladevorgangs dann aber doch wieder zu vertraglichen Herausforderungen führen.

Ein weiterer Aspekt der Förderung ist die Einräumung von Sonderrechten im Straßenverkehr, wie sie Gemeinden durch das am 12.06.2015 in Kraft getretenen Elektromobilitätsgesetz ermöglicht wurde. Hierunter fallen bspw. eine Einschränkung des Parkverbots auf öffentlichen Straßen und Wegen oder Ausnahmen bei Zufahrtsbeschränkungen. Einen Eindruck im Hinblick auf die Umsetzung gibt die nachfolgende Grafik:

---

[706] Vgl. dazu auch unten Abschnitt 7.4.4 (Aufbau einer *E-Mobility*-Struktur.

[707] So ist eine Authentifizierung des Nutzers entbehrlich, wenn dieser die Leistung des Ladesäulenbetreibers unentgeltlich bzw. gegen Bezahlung mittels Bargeld erhält. Voraussetzung bei der Bezahlung mit Bargeld ist jedoch, dass eine Bezahlmöglichkeit in unmittelbarer Nähe zum Ladepunkt zur Verfügung steht (z.B. Kassenhäuschen). Das bargeldlose Bezahlen mit einem gängigen kartenbasierten Bezahlsystems erfordert hingegen eine Authentifizierung des Nutzers in unmittelbarer Nähe des Ladepunktes oder durch eine mobiles webbasiertes System, insbesondere QR-Codes, Apps usw.

Abb. 67:   Stand der Umsetzung im Zusammenhang mit straßenverkehrsrechtlichen Bevor-
rechtigungen. Quelle: BMVI

5.3.1.5   Klimapolitische Debatte

Aktuell debattieren die Bundesländer nach dem Abkommen der Pariser Klimakon-
ferenz über die Einführung eines Zulassungsverbots ab dem Jahr 2030 für Fahrzeuge
mit Verbrennungsmotoren. Norwegen, die Niederlande, Österreich und Indien planen ebenfalls einen Zulassungsstopp für Benzin- und Dieselfahrzeuge, um so die
Energiewende aktiv vorantreiben zu können. Norwegen hat sich auch durch andere
Maßnahmen zu einer Vorreiternation für einen klimafreundlichen Straßenverkehr
entwickelt. Jeder vierte Neuwagen in Norwegen fährt bereits heute batteriebetrieben.
Anreize wurden hier durch Vergünstigungen wie kostenfreies Laden und Parken
sowie Mauterlassungen gesetzt. Dieses Beispiel zeigt, dass sich gesetzliche Vorgaben bzw. entsprechende Anreizsetzungen als erfolgreicher Treiber für eine Verringerung von Schadstoffen und Energieverbrauch erwiesen haben.

Folgende Ziele wurden von der BReg für den Verkehrssektor gesetzt:

- Steigerung des Gesamtanteils der erneuerbaren Energien im Verkehrssektor auf 10 % bis 2020 (Erneuerbare-Energien-Richtlinie der EU),

- Treibhausgasminderung durch Kraftstoffverbrauch um 6 % bis 2020 (Biokraftstoffquotengesetz),

- Reduktion des Endenergieverbrauchs im Verkehrsbereich um 40 % bis 2050 (Energiekonzept der BReg),

- Eine Million zugelassene Elektrofahrzeuge bis 2020 (Energiekonzept der BReg) und

- Biokraftstoffe gelten nur als nachhaltig hergestellt, wenn sie – unter Einbeziehung der gesamten Herstellungs- und Lieferkette – im Vergleich zu fossilen Kraftstoffen mind. 35 % an Treibhausgasen einsparen. Der Prozentsatz steigt auf 50 % für Anlagen, die bis zum 05.10.2015 in Betrieb genommen wurden (Biokraftstoff-Nachhaltigkeitsverordnung).

Mehrere EU-Verordnungen legen außerdem CO_2-Effizienzziele und Schadstoffgrenzwerte für Pkw und leichte Nutzfahrzeuge fest. Die Überwachung der Grenzwerte vor einer Modellzulassung obliegt nationalen Behörden. Vor dem Hintergrund des Skandals um manipulierte Abgaswerte, nach dem scheinbar nicht nur Diesel-Fahrzeuge eines Herstellers, sondern auch anderer Hersteller die Grenzwerte für Stickoxide um ein Vielfaches übersteigen, gibt es inzwischen EU-seitige Überlegungen für die Einführung einer EU-Kontrollstelle für die Überprüfung der Messwerte. Auf diese Weise soll die zukünftige Einhaltung rechtlicher Rahmenbedingungen zum Umweltschutz sichergestellt werden.

Die bestehenden technologischen Möglichkeiten neuer Antriebe sind bereits weit fortgeschritten. In Verbindung mit aktuellen sowie zukünftigen Lösungsmöglichkeiten sollte es gelingen die wachsenden Verkehre abseits des MIV unterzubringen, um den Ansprüchen der Gesellschaft und Gesundheitsanforderungen gerecht zu werden.

5.3.2 Alternative Antriebe als Bausteine eines künftigen Mobilitätssystems

5.3.2.1 Marktentwicklung und Herausforderungen

In Deutschland wurden im Jahr 2015 12.363 Elektroautos und 33.630 Hybridautos angemeldet; Dies entspricht 1,7 % aller Neuzulassungen. Der Vergleich zu dem erwähnten Niveau in Norwegen, wo heute bereits rund 20 % der Neuzulassungen Elektrofahrzeuge sind, lässt vermuten, dass die Nachfrageseite in Deutschland noch nicht von den alternativen Antrieben überzeugt werden konnte. Die Gründe dafür fallen unterschiedlich aus. Zum einen scheint die Rolle des Statussymbols Auto, das

Leistung verspricht, von den alternativen Antriebstechnologien noch nicht ausreichend abgebildet zu sein. Auch unter dem wirtschaftlichen Aspekt ist der Besitz von Elektrofahrzeugen und Co. durch hohe Anschaffungskosten bei tendenziell geringen Reichweiten umstritten. Die zusätzlich einzuplanende Aufladezeit und die geringe Anzahl an Ladestationen sind weitere Faktoren, die eine wachsende Elektromobilität in Deutschland derzeit behindern.

Ein erstes Maßnahmenpaket zur Förderung von Elektrofahrzeugen hat die BReg im Sommer 2016 verabschiedet. Der Erfolg der in diesem Rahmen eingeführten Kaufprämie für Elektrofahrzeuge und geplanten Steuervorteile bleibt jedoch fragwürdig Neben staatlichen Förderungsmaßnahmen für Individualpersonen, können auch Informationskampagnen dabei helfen, das breite Bewusstsein der Bevölkerung für Elektromobilität und alternative Antriebstechnologien zu entwickeln. Die Elektrifizierung des Verkehrs kann zudem durch das verstärkte Engagement der Städte und Kommunen gelingen, indem die benötige Infrastruktur entwickelt und bereitgestellt wird.

Die folgende Abb. zeigt die deutliche Prominenz von Benzin- und Dieselfahrzeugen im Vergleich zu alternativen Antrieben in Deutschland.

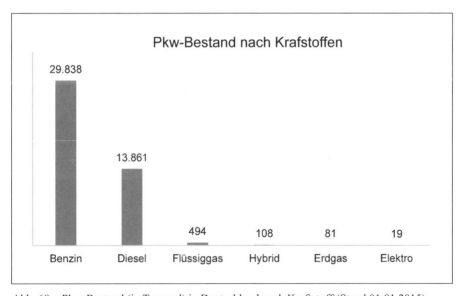

Abb. 68:   Pkw-Bestand (in Tausend) in Deutschland nach Kraftstoff (Stand 01.01.2015)

5.3.2.2 Elektroantrieb

Rein batteriebetriebene Elektrofahrzeuge sind lokal abgasfrei, d.h. im reinen Fahrbetrieb werden keine Schadstoffe ausgestoßen. Emissionen entstehen bei dieser Antriebsform in Abhängigkeit von der Art der Gewinnung des Kraftstoffs, also der Stromproduktion. Elektrische Antriebe verfügen im Vergleich zum Verbrennungs-motor über höhere Wirkungsgrade und generieren damit eine effizientere Energie-bilanz. So wird bspw. in der elektromotorischen Technologie die Bremsenergie zurückgewonnen und wieder für den Antrieb verwendet.

Die in den Elektrofahrzeugen eingesetzten Batterien sind derzeit noch verhältnismä-ßig kostspielig. Zudem ermöglichen die verbauten Batterien noch keine mit Ver-brennungsmotoren vergleichbaren Reichweiten. Der Einsatz von mehreren Batterien soll die Reichweiten u.a. bei deutschen Herstellern aktuell auf bis zu 500 km verbes-sern. Bereits ab dem Jahr 2018 sollen erste Modelle mit diesen Reichweiten auf dem Markt erhältlich sein. Die Fahrzeuge von Tesla erreichen mit Akkumulatoren auf Lithiumbasis schon jetzt Reichweiten bis zu 500 km.

Herausforderungen bestehen derzeit bzgl. der fehlenden flächendeckenden Lade-infrastruktur sowie des Zeitverlusts während des Ladevorgangs. Die Ladezeit hängt von der Leistung der verwendeten Ladesäulen ab. Bei Normalladungen mit einer Leistung ab 3,6 kW benötigt ein vollständiger Ladevorgang mehrere Stunden. Schnellladesysteme mit mehr als 50 kW, bei denen der Ladevorgang mit Gleich-strom erfolgt, verkürzen den Ladeaufenthalt entsprechend. Mit EU-Fördermitteln ist an europäischen Autobahnen der Aufbau von Schnellladesystemen geplant. Tesla-Kunden können die sog. *Supercharger* mit einer Leistung von 135 kW nutzen, die an ein separates Tesla-eigenes Stromnetz angeschlossen sind. Automobilhersteller entwickeln außerdem bereits ein Schnellladesystem mit Leistungen bis zu 300 kW. Mit dem aktuellen Projekt *Ultra-E* sollen auf der Strecke von Amsterdam nach Wien Schnellladesäulen mit 350 kW aufgestellt werden, mit denen Fahrzeuge innerhalb von 20 Minuten mit Strom für eine Reichweite von 300 km aufgetankt werden kön-nen.

Eine Brückentechnologie zwischen Elektrofahrzeugen und dem Antrieb durch Ver-brennungsmotoren stellen Hybridfahrzeuge dar, die neben den konventionellen Motoren zusätzlich über einen elektrischen Antrieb verfügen. Damit können diese z.B. in den Umweltzonen der Städte emissionslos fahren.

5.3.2.3 Brennstoffzellentechnologie

Das Antriebskonzept eines Brennstoffzellenfahrzeugs nutzt den Energieträger Was-serstoff, der mit Sauerstoff in einem chemischen Prozess reagiert und zu Wasser umgewandelt wird. Die Brennstoffzelle nutzt diese chemische Reaktion und erzeugt elektrische Energie. Ein Fahrzeug, das diese Technologie nutzt, ist damit ebenfalls ein Elektrofahrzeug, dessen Emissionen sich auf Wasser, Strom und Wärme be-schränken. Damit ist auch die Brennstoffzellentechnologie als schadstoffneutrale Antriebstechnologie anzusehen.

Nicht emissionsneutral ist dagegen die entsprechende Kraftstoffgewinnung, denn in der Natur ist Wasserstoff fast ausschließlich in gebundener Form auffindbar. Die Gewinnung der Reinform des Wasserstoffs gelingt erst unter Einsatz von Energie. Somit erfordert eine schadstoffarme Herstellung von Wasserstoff den Einsatz von (erneuerbaren) Energieträgern.

Die Vorteile des Brennstoffzellenantriebs liegen in einer geringen Betankungszeit von nur etwa 3 Minuten; zudem ermöglichen Brennstoffsysteme in Fahrzeugen große Reichweiten von bis zu 700 km. Das bisher schwache Durchsetzungsvermögen der Brennstoffzellentechnologie in Fahrzeugen ist primär mit den hohen Herstellungskosten verbunden. Eine weitere Herausforderung ist außerdem auch für Brennstoffzellenfahrzeuge das bisher schlecht entwickelte Tankstellennetz. Derzeit gibt es erst 20 Wasserstofftankstellen in Deutschland. Einige Fahrzeughersteller bezweifeln deshalb auch die Marktfähigkeit der Technologie. Um die Verbreitung dieser Antriebstechnologie zu fördern, ist der Ausbau der entsprechenden Infrastruktur unumgänglich. Die BReg plant eine Anzahl von 400 Tankstellen bis zum Jahr 2023.

5.3.2.4 Gasbetriebene Fahrzeuge

Eine weitere Alternative zu herkömmlichen Benzin- und Dieselantrieben sind Fahrzeuge, die mit Gas betrieben werden. Als Kraftstoffe stehen für diese Technologie Erdgas oder Flüssiggas zur Verfügung. Erdgas wird aus fossilen Lagerstätten gewonnen und unter hohem Druck gasförmig im Tank des Fahrzeugs gespeichert. Flüssiggas ist dagegen ein durch Kühlung und Kompression verflüssigtes Gas. Im flüssigen Zustand beansprucht das Gas nur einen Bruchteil des Volumens des gasförmigen Zustands (1:260). Das Flüssiggas kann daher unter geringem Druck in großen Mengen gelagert und transportiert werden und ist im Gegensatz zum Erdgas nicht an einen Anschluss an das Gasnetz gebunden. Fahrzeuge mit Gasantrieb nutzen einen Verbrennungsmotor als Antriebsaggregat. Die Verbrennung ist jedoch umweltfreundlicher als bei Benzin oder Diesel und verringert Herstellerangaben zu Folge den Schadstoffausstoß um bis zu 80 %.

Die Vorteile von gasbetriebenen Fahrzeugen liegen damit in ihrem geringen Schadstoffausstoß und den geringen Umrüstungskosten für benzinbetriebene Fahrzeuge. Die Reichweite von gasbetriebenen Fahrzeugen liegt bei etwa 250 km. Aktuell sind in Deutschland flächendeckend rd. 1.000 gewerblich genutzte Tankstellen für die beiden Gaskraftstoffe in Betrieb.

5.3.3   Spezifische Lösungsansätze für Städte und Kommunen

Im städtischen und kommunalen Kontext unterstützt die lokale Förderung von alternativen Antriebstechnologien die Entwicklung der urbanen Ballungsräume hin zu emissionsärmeren Verkehrszentren.

Um Anreize zur Anschaffung von Fahrzeugen mit alternativen Antrieben zu setzen und damit die lokale Emissions- und Lärmreduktion zu fördern, haben Städte die Möglichkeit in den Ausbau der entsprechenden Infrastruktur zu investieren. In Verbindung mit Energieversorgern oder neu auf dem Markt auftretenden Dienstleistern können verstärkt Ladepunkte und Schnellladepunkte für Elektrofahrzeuge installiert und an öffentlichen Parkraum angeschlossen werden. Einige Stadtwerke bieten inzwischen Pachtmodelle für Stromtankstellen an, für die sie die Installation und Wartung übernehmen. Die Elektrifizierung der Städte und Kommunen wird zudem durch den Einsatz von Elektrofahrzeugen innerhalb von öffentlichen Fuhrparks vorangetrieben. Auch im ÖPNV ist eine Umrüstung auf alternative Antriebe und erneuerbare Energien (v.a. von Bussen) notwendig, um die Erwartungen der umweltbewussten Kunden zu erfüllen und zur Erreichung der Klimaziele beizutragen.

Die Versorgung der städtischen Fahrzeuge mit Strom aus erneuerbaren Energiequellen erweitert dabei den Beitrag zum urbanen Klimaschutz. So könnte Energie aus PV-Anlagen auf öffentlichen Gebäuden gespeichert und u.a. für den Antrieb von Elektrofahrzeugen verwendet werden.

Neben alternativen Antriebstechnologien können auch alternative Mobilitätskonzepte zur Senkung von Energieverbrauch und Schadstoffausstoß beitragen. V.a. in Städten können aufgrund der hohen Bevölkerungsdichte Synergien und Ressourcen effizient genutzt werden.

Die Reduktion von Verkehr bei steigender Nachfrage nach Mobilität gelingt durch die Steigerung der Nutzung des ÖPNV in Ballungsgebieten. Höherfrequentierte Taktungen sowie verbesserte intermodale Anschlussmobilität ermöglichen es, dem wachsenden Verkehrsaufkommen gerecht zu werden und gleichzeitig eine größere Nutzerfreundlichkeit zu erreichen. Die Vorteile des ÖPNV, wie bspw. keinen Parkplatz in überfüllten Stadtbereichen suchen zu müssen, stechen den Komfort des eigenen Pkw nur dann aus, wenn sich die Fahrzeiten mit Pkw bzw. Bus und Bahn zeitlich nicht zu stark unterscheiden.

Der ÖPNV ist in diesem Zusammenhang allerdings nur als ein Bestandteil eines urbanen Mobilitätskonzepts zu verstehen. Der verstärkte Ausbau intermodaler Mobilitätsketten generiert für den Nutzer neue Flexibilität und einen zeitlichen Mehrwert. Dafür ist insb. das Angebot der Anschlussmobilität durch bspw. leihbare Fahrräder bzw. Elektrofahrräder, Fahrzeuge oder Parkflächen entscheidend, die der Nutzung des ÖPNV vor- bzw. nachgestellt sein können. Durch das Zusammenspiel digitaler Medien kann die gesamte intermodale Mobilitätskette sichergestellt, nutzergerecht optimiert und per *App* nutzerfreundlich bedient werden. Im europäischen Ausland nehmen Städte wie London oder Barcelona in dieser Hinsicht eine Vorreiterrolle ein, wo verstärkt finanzielle Mittel von Kommunen und Werbeträgern in einen breiten Ausbau intermodaler Mobilitätskonzepte fließen.

Der Ausbau von Fahrradwegen, Radverkehrsnetzen und entsprechender Abstellanlagen bietet der städtischen Bevölkerung weitere Alternativen zum MIV. In Deutschland ist überwiegend in den Studentenstädten eine überproportionale Nutzung von Fahrrädern als Verkehrsmittel zu beobachten. Auf europäischer Ebene sind es v.a. niederländische und dänische Städte, die als „fahrradfreundlich" gelten. Durch Investitionen in die entsprechende Infrastruktur, wie bspw. in Radschnellstrecken, sog. *Cycle Super Highways*, die nicht durch Ampeln unterbrochen werden, konnte die Fahrradnutzung in Städten kontinuierlich gesteigert werden. Erste Ansätze für den Bau von Radschnellstrecken sind auch in Deutschland in Planung. So sollen insb. Berufspendler bei ihrem täglichen Arbeitsweg in die Städte zum Umstieg aufs Fahrrad motiviert werden.

Als weitere Alternative zum eigenen Pkw hat *Carsharing* in den letzten Jahren in deutschen Städten einen großen Boom erfahren. Heute nutzen rd. 1,26 Mio. Menschen unterschiedliche *Carsharing*-Modelle in 537 deutschen Städten und Gemeinden[708]. Die jährlichen Zuwachsraten befinden sich im zweistelligen Bereich. Auch viele Automobilhersteller haben die Wachstumschancen des aufstrebenden Marktes erkannt und planen ihre Markteintrittsstrategien. Schätzungen zufolge kann ein stationsgebundenes Fahrzeug elf Pkw in einer Stadt ersetzen. Städte und Kommunen können *Carsharing* bspw. durch Geldeinlagen oder das Reservieren von Parkplätzen fördern. Vor dem Hintergrund der Verringerung von Emissionen kann weiterhin insb. das *eCarsharing* mit Elektrofahrzeugen spezifisch gefördert werden.

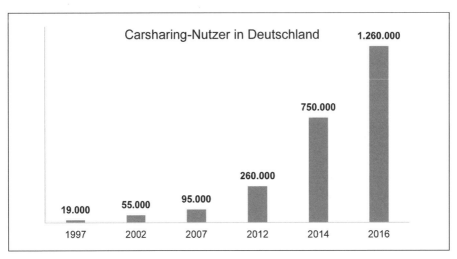

Abb. 69: Entwicklung des *Carsharing*-Marktes in Deutschland

---

[708] Bundesverband *CarSharing* (2016), Datenblatt *CarSharing* in Deutschland, Stand 01.01.2016.

Auch Taxiflotten können, wie es in großem Umfang bereits in Amsterdam geschehen ist, auf Elektromobilität umgerüstet werden. In den deutschen Großstädten sind bereits erste Anbieter im Markt, die die Fahrten in Elektroautos als Sammeltaxi anbieten. Auf gebündelten Strecken werden dabei mehrere Fahrgäste in einem Fahrzeug transportiert.

Für den Transport von Waren im urbanen Raum werden ebenfalls neue Lieferkonzepte eingesetzt, die den städtischen Verkehr entlasten sollen. Dabei werden neue Wege erprobt, auf denen die Pakete und Warenlieferungen zu dem Kunden gelangen können. Mögliche Lastenträger sind Drohnen, Elektrofahrzeuge, Lastenräder und selbstfahrende Paketstationen. In diesem Sinne wird häufig auch der Begriff der „grünen Citylogistik" verwendet, der umweltfreundliche Zustellkonzepte im urbanen Raum beschreibt. Paketdienstleister erproben bspw. gerade den Einsatz von sog. Mikrodepots. Diese werden innerhalb der Innenstädte aufgestellt und können von unterschiedlichen Zustellern gemeinsam betrieben werden. Bevor der Berufsverkehr beginnt, werden die Depots mit Paketen befüllt, die dann tagsüber von Kurieren mit elektrisch angetriebenen Lastenrädern an die Kunden verteilt werden.

Ein weiteres Mobilitätskonzept, auf das derzeit große Erwartungen gesetzt werden, ist das autonome Fahren. Experten schätzen, dass diese Form der Mobilität bereits kurz vor der Marktreife steht und innerhalb der nächsten zehn bis 15 Jahre auch sehr starken Einfluss auf den städtischen Verkehr haben wird. Für die Städte ergeben sich in diesem Zusammenhang unterschiedliche autonome Transportsysteme an der Schnittstelle zwischen MIV und ÖPNV. In Finnland, der Schweiz und den Niederlanden fahren bereits die ersten autonomen elektrischen Kleinbusse im Pilotversuch auf den Straßen. Diese Kleinbusse oder selbstständig fahrenden Taxis haben den Vorteil, dass sie den Mobilitätsnutzer abseits von festen Stationen durch digitale Vernetzung und automatische Berechnung der Routen direkt an sein Ziel bringen. Das automatisierte und vernetzte Fahren verbessert den Verkehrsfluss und entlastet damit die urbane Umwelt. Auch in Bezug auf die erwähnte grüne Citylogistik sind fahrerlose Zustellfahrzeuge zur Belieferung von Paketzentren oder Minitransporter denkbar, die mit Schrittgeschwindigkeit in den Städten Pakete transportieren und ausliefern. Schätzungen zu Folge hat die autonome Mobilität das Potenzial, das Fahrzeugaufkommen der Städte zu halbieren. Auch in Bezug auf die Verkehrssicherheit birgt das Konzept erhebliche Verbesserungspotenziale. Die Realisierung des Zukunftskonzepts des autonomen Fahrens ist aktuell durch erste Testläufe zu beobachten. Auch in Deutschland sind erste Pilotphasen im städtischen Raum geplant. Der urbane Mobilitätswandel erfordert bereits jetzt die Entwicklung tragfähiger Mobilitätskonzepte, die die Vorteile der neuen Mobilität nutzen und sie sinnvoll in das bestehende urbane Verkehrsnetz integrieren sowie gleichzeitig damit einhergehende Herausforderungen insb. in Bezug auf den Umgang mit Datenschutz berücksichtigen.

5.3.4   Ausblick und Chancen

Vor dem Hintergrund, dass ein Verbot von Benzin- und Dieselfahrzeugen in den Umweltzonen für Deutschland bereits diskutiert wird, müssen die Städte und Kommunen vorbereitet sein, sowohl die entsprechende Infrastruktur (v.a. Ladeinfrastruktur) für alternative Antriebsarten, aber auch Mobilitätskonzepte fernab des MIV, anzubieten. Neben dem privaten Pkw können durch effizientere Antriebe in Zukunft auch Lkw und die Verkehrsmittel des ÖPNV mit alternativen Kraftstoffen betrieben werden, um den Transport von Personen und Waren abgasfrei zu gestalten.

Bereits erfolgreich erprobte Mobilitätskonzepte, wie *Carsharing*, der Verleih von (Elektro-) Fahrrädern und die digitale Vernetzung unterschiedlicher Mobilitätsangebote, fördern den Ausbau von intermodalen Mobilitätsketten und bieten Möglichkeiten das urbane Wachstum mit einem nachhaltigen Verkehrskonzept zu begleiten.

Die festgelegten Energie- und Klimaziele der BReg bieten vielfältige Umsetzungsmöglichkeiten für den urbanen und kommunalen Raum. Mithilfe von durchdachten Mobilitätskonzepten und dem Einsatz innovativer Technologien kann auf das urbane Wachstum angemessen reagiert und eine Reduktion der Umwelt- und Gesundheitsbelastung erzielt werden.

6 Digitalisierung in der Energiewirtschaft

6.1 Veränderungen durch Digitalisierung

6.1.1 Digitalisierung als Megatrend

Der Megatrend Digitalisierung ist einer der maßgeblichen Treiber technologischer und wirtschaftlicher Entwicklung unserer Zeit und hat tiefgreifende Auswirkungen auf gesellschaftliche sowie politische Gestaltungsprozesse. Die Einführung und Nutzung digitaler Technologien hat weitreichende Implikationen für bestehende unternehmerische Prozesse und Strukturen, insb. für neue Geschäftsmodelle und den Zugang zum Kunden. Prominente Beispiele, wie Digitalisierung bereits eine Vielzahl von Industrien auf den Kopf gestellt hat, sind die Verlags-, Musik- und Einzelhandelsbranche. Dieser Trend erfasst aktuell auch die Finanzindustrie (*„Fintech"*) und die Mobilitätsbranche (*„Uber"* und *„MyTaxi"*) und hat einschneidende Umbrüche der zugrunde liegenden wirtschaftlichen Rahmenbedingungen zur Folge[709].

Gemein ist diesen Branchen das Phänomen der Disintermediation: Neue, bisher branchenfremde Spieler schieben sich zwischen den Kunden und die „etablierten Akteure". Hierbei werden bestehende Stufen der tradierten Wertschöpfungskette umgestaltet und in der Konsequenz oftmals vollständig aufgelöst. *Online-* bzw. *App*-basierte Plattformlösungen erlauben völlig neue Möglichkeiten der Datenerhebung und Bedürfnisanalyse, was den jeweiligen Betreibern als Grundlage einer hochindividualisierten Kundenansprache dient und *on-demand* Vertriebsmodelle ermöglicht, die einer ganz anderen Kostenstruktur unterliegen. In der Konsequenz ändern sich die Erwartungshaltungen der Konsumenten hinsichtlich der Produkt- und Servicequalitäten, digitaler Angebotsspektren, dem Grad der Kundenbetreuung sowie dem Interaktionslevel erheblich.

Nicht alle Industrien sind im gleichen Maße von dem Druck der Digitalisierung betroffen. Doch eines ist sicher: Um langfristig wirtschaftlich erfolgreich zu bleiben, müssen sich alle beteiligten Akteure mit der individuellen Bedeutung der digitalen Transformation für ihre Industrie und ihr Unternehmen auseinandersetzen und ihr unternehmerisches Handeln entsprechend ausrichten[710]. Die Energiewirtschaft ist von dieser Entwicklung nicht ausgeschlossen.

---

[709] Vgl. hierzu und zum folgenden PwC, Deutschlands Energieversorger werden digital, Januar 2016.

[710] BDEW, Die Digitale Energiewirtschaft: Agenda für Unternehmen und Politik, Mai 2016.

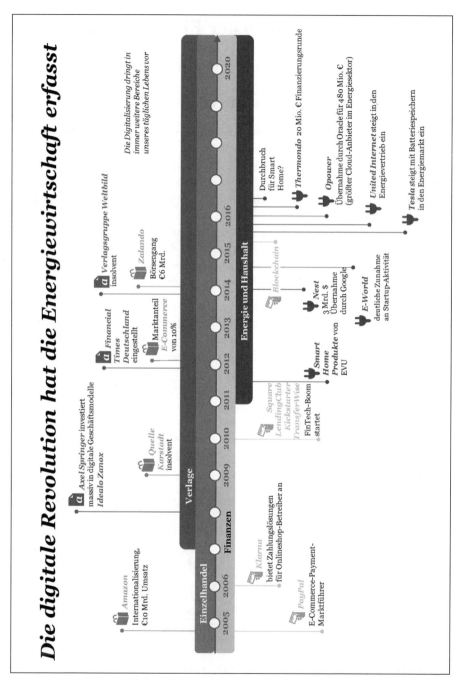

Abb. 70:   Zeitstrahl Digitalisierung

Die Energiewende ist gekennzeichnet durch Dekarbonisierung und Dezentralisierung der Energiewelt. Der Anspruch, ein sicheres und bezahlbares Energieversorgungssystem unter diesen neuen Bedingungen zu schaffen, wird durch die Digitalisierung unterstützt, da diese eine intelligente, zielgerichtete Steuerung der Vielzahl an neuen dezentralen Transaktionen ermöglicht. Für die Energieunternehmen stellt sich gleichwohl die Frage, mit welchen Strategien sie die Digitalisierung zur nachhaltigen Stabilisierung und Steigerung der eigenen Wettbewerbsfähigkeit nutzen können und wie sie bisher unerschlossene Marktpotenziale heben wollen[711]. Dass der Energiesektor in fünf Jahren anders aussehen wird als heute, wird kaum noch bezweifelt[712].

Angesichts dieser Tatsachen ist die Analyse digitaler Innovationen entlang der gesamten Wertschöpfungskette in der Energiewirtschaft von Bedeutung. Sie versetzt die EVU in die Lage, ihren gegenwärtigen Zustand zu beurteilen und Handlungsfelder für die digitale Transformation zu identifizieren.

6.1.2   Veränderungen entlang der Wertschöpfungskette

Der veränderte Zugang zum Kunden, die exponentielle Entwicklung von Technologien, das rasante Wachstum von Daten und die Möglichkeit, große Informationsmengen speichern und analysieren zu können, treiben die digitale Transformation[713].

Die Digitalisierung befeuert den Wettbewerb um die Endkunden. Viele Nutzer haben schnellen und einfachen Zugang zu relevanten Informationen. Die ständige Erreichbarkeit ermöglicht es, Kunden jederzeit individualisierte Angebote und maßgeschneiderte Dienstleistungen offerieren zu können. Des Weiteren können Nutzer durch *Pull*-Anwendungen Produkte und Dienste aktiv nachfragen (z.B. Wetter- oder Stauinfodienste)[714]. *Servicelevels*, die Kunden von Amazon & Co. kennen und schätzen, erwarten diese immer häufiger auch von ihren Energieversorgern (z.B. Servicequalität und Erreichbarkeit). Eine individualisierte Ansprache der Kunden und ein breites Angebot digitaler Kundenkontaktkanäle werden somit immer wichtiger.

Mobile Endgeräte und schnelles Internet ermöglichen neue Geschäftsmodelle ohne großen Investitionsbedarf (Beispiele: Finanzdienstleistungen, *Smart Home*). Dies

---

[711] McKinsey, Peter Peters und Niko Mohr, Digitalisierung im Energiemarkt: Neue Chancen, neue Herausforderungen, 2015.
[712] BDEW, GIZ, PwC, Delphi Energy Future 2040: Delphi-Studie zur Zukunft der Energiesysteme in Deutschland, in Europa und in der Welt im Jahr 2040, Mai 2016.
[713] BDEW, Die Digitale Energiewirtschaft: Agenda für Unternehmen und Politik, Mai 2016.
[714] Strategy-transformation, Marc R. Esser, Digitale Transformation in der Energiewirtschaft, September 2014.

erhöht die Angebotsvielfalt und Wettbewerbsintensität[715]. Bisher branchenfremde Anbieter (z.B. Telekommunikations- und Internetanbieter, aber auch Tankstellen) steigen in das Energiegeschäft ein und nutzen ihre breite Kundenbasis, um Energieprodukte über bestehende Kanäle mit zu verkaufen. Auch neue Anbieter mit innovativen Produkten und Services drängen in den Markt, v.a. *Start-ups*.

Getrieben durch Web 2.0 und das „*Internet of Things*" entstehen neue Analysemöglichkeiten. Die Leistungsfähigkeit und der Funktionsempfang mobiler Endgeräte haben sich rasant entwickelt. Hinsichtlich ihrer Rechenkapazität und intelligenten *Features* sind die heutigen Geräte insb. im Kundengeschäft als omnipotente Schnittstelle zwischen Konsument und Dienstleister zu verstehen. *Smartphones* und *connected devices* ermöglichen den Einsatz intelligenter Analysewerkzeuge, die den Nutzerdatenstrom gezielt analysieren können und es Anbietern erlauben, potenzielle Kaufauslöser zu identifizieren und das komplexe Nachfrageverhalten unterschiedlichster Kundensegmente zu antizipieren[716]. Eine ständig zunehmende Angebotspalette intelligent vernetzter Haushaltsgeräte und Unterhaltungselektronik erlaubt zukünftig herstellerübergreifende Nutzungsszenarien im direkten Wohnumfeld des Konsumenten. Die hierdurch generierten Datenströme helfen beteiligten Unternehmen, ein immer dezidierteres Bild ihres Kunden zu generieren und ihre Dienstleistungen entsprechend individualisiert ausrichten und anpassen zu können.

Das regulatorische Umfeld verändert sich. Das GDEW[717] definiert große Teile der Energieregulierung neu und stellt die Energieversorger in den nächsten ein bis zwei Jahren vor große fachliche und ressourcenseitige Herausforderungen entlang der Energiewertschöpfungskette von der Erzeugung über die Netzwirtschaft bis zum Vertrieb und anderweitigen Geschäftsfeldern[718]. Deshalb ist es sinnvoll, die Veränderungen auf jeder Wertschöpfungsstufe von Erzeugung bis zum Vertrieb zu betrachten, da die Treiber der Veränderung auf jeder Stufe unterschiedlich sind.

---

[715] PwC, Deutschlands Energieversorger werden digital, Januar 2016.

[716] Strategy-transformation, Marc R. Esser, Digitale Transformation in der Energiewirtschaft, September 2014.

[717] Artikelgesetz v. 29.08.2016, BGBl. I, S. 2034.

[718] PwC, Deutschlands Energieversorger werden digital, Januar 2016.

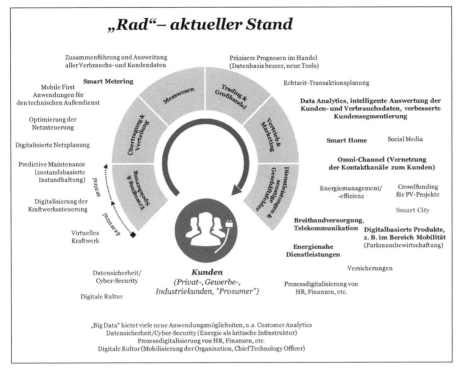

Abb. 71: Wertschöpfungskette und Konkretisierungen

Bei der Erzeugung werden die Herausforderungen der Zukunft schnell deutlich. Insb. die zunehmende dezentrale Erzeugung von Strom aus erneuerbaren Energien und deren Volatilität stellen die Energiewirtschaft vor neue Herausforderungen. Weiterhin spielen der Wunsch beim Kunden nach Unabhängigkeit und der Kostendruck auf die konventionelle Erzeugung eine übergeordnete Rolle. Unter diesen Bedingungen gewinnen neuartige Produkte, wie virtuelle Kraftwerke, an Bedeutung, da sie sich die Eigenschaften (Dezentralität, Volatilität) der künftigen Stromerzeugung zu Nutzen machen.

Auch bei der Übertragung und Verteilung sind die Veränderungen eng mit der Zunahme der „erneuerbaren Stromerzeugung" verbunden. Insb. der Netzbetrieb könnte die Energiebranche vor große Herausforderungen stellen. So fließt der Strom im künftigen Strommarktdesign nicht nur zum Endverbraucher hin, sondern in dezentralen Erzeugungsanlagen erzeugter Strom fließt auch wieder zurück ins Netz. Um diese Herausforderung bewerkstelligen zu können, muss der Netzausbau zwingend vorangetrieben werden. Insb. das intelligente Netz („*Smart Grid*"[719]), aufgerüstet

---

[719] Vgl. dazu unten Abschnitt 4.1 (*Smart Grid* und Intelligente Messsysteme).

durch intelligente Steuerungs- und Betriebsmittel, wird das heutige Verständnis in Sachen Netzbetrieb ablösen. Erkenntnisse bzgl. der Auswirkungen der Digitalisierung auf die Energienetze werden auch in die zukünftige Netzplanung einfließen müssen.

Im Messwesen wurde die Grundlage der Digitalisierung mit der Verabschiedung des MsbG vom 29.08.2016[720] gelegt. Dieses sieht den Einbau von modernen Messeinrichtungen und intelligenten Messsystemen in Deutschland vor. Für die Energieversorger bedeutet das Gesetz zum einen eine organisatorische Herausforderung in Sachen Einbau, allerdings bietet ihnen der Einbau zum anderen die Möglichkeit, neuartige Geschäftsfelder, wie die Fernsteuerung, zu bedienen. Mit dem Einbau der intelligenten Messsysteme werden die ersten Schritte zum Aufbau des Modells *Smart Home* getan, sodass für Energieversorger die Möglichkeit besteht, Synergieeffekte mit anderen Branchen zu erzielen.

Trading und Großhandel verschieben sich immer mehr in Richtung Direktvermarktung. Dies ist in erster Linie auf die Zunahme der Erzeugung von Strom durch private Anlagenbetreiber zurückzuführen. Auch der Handel an den Energiebörsen, insb. der Kurzfristhandel, wird immer wichtiger, da mit der Zunahme der volatilen, erneuerbaren Stromerzeugung der Handel mit langfristigen *Underlyings* zunehmend unattraktiver wird.

Der Vertrieb ist möglicherweise die am stärksten von der Digitalisierung betroffene Wertschöpfungsstufe. Die Möglichkeit für Kunden, Preisvergleichsportale zu nutzen, setzt die Energieversorger aufgrund der hohen Preistransparenz unter Druck. Die Erwartung der Kunden an das Produkt Strom hat sich in den letzten Jahren gewandelt; insb. durch die emotionale Ansprache an den Kunden mit verschiedenen Produkten (Ökostrom, Regionalstrom) versuchen Energieversorger ihre Kunden zu binden[721]. Zudem bieten neue Kanäle im Web und Mobil die Möglichkeit, Kundengruppen gezielter anzusprechen.

6.1.3 Chancen und Herausforderungen für Energieversorger

Energieversorger haben erkannt, dass die Digitalisierungswelle auch ihre Branche erfasst hat. Auch wenn noch viel Klärungsbedarf besteht, hat die Branche den Aufbruch in die digitale Welt gewagt[722]. Im Zuge der Digitalisierung sollte es Unternehmen grds. darum gehen, die Wertschöpfung innerhalb ihres bestehenden Geschäftsmodells mit neuen und verbesserten digitalen Ansätzen zu verbessern und

---

[720] Art. 1 des Gesetzes zur Digitalisierung der Energiewende v. 29.08.2016, BGBl. I, S. 2034.

[721] BDEW, Die Digitale Energiewirtschaft: Agenda für Unternehmen und Politik, Mai 2016.

[722] PwC, Deutschlands Energieversorger werden digital, Januar 2016.

nachhaltig zu steigern. Vollständig digitalisierte Prozessketten erlauben effizientere Arbeitsabläufe und eine schrittweise Automatisierung arbeitsintensiver Verfahren, was zu erheblichen Kostenreduktionen beitragen kann[723, 724].

Darüber hinaus haben EVU die Möglichkeit, neue Geschäftsfelder, Produktportfolios und Dienstleistungsangebote zu entwickeln, die auf individuelle Kundenwünsche abgestimmt sind und somit zur Verbesserung des Kundenerlebnisses und somit zur Steigerung der Kundenbindung führen (*Anything-as-a-Service*).

Jedoch bringt die Digitalisierung auch Risiken und Herausforderungen mit sich. Viele der bereits bekannten Risiken betreffen die Erfassung, Verarbeitung, Analyse und Verwendung von Daten und sind somit vorrangig sicherheitstechnischer Natur[725]. Neben der Sicherheit bzw. Angreifbarkeit des Gesamtsystems geht es dabei vordergründig um den Schutz von personenbezogenen Daten, die in einem IT-basierten System in großem Umfang erhoben werden. Die Komplexität rasant wachsender Datenströme, generiert von unterschiedlich strukturierten Quellen und Plattformen, erfordert den Aufbau von skalierbaren, verteilt arbeitender Hard- und Softwarearchitekturen und den Einsatz speziell ausgebildeter Fachkräfte. Überdies sind die Standardisierung der Informations- und Kommunikationstechnik, sowie die Schaffung entsprechenden Schnittstellen eine weitere Herausforderungen im Kontext von *Big Data*[726]. Unternehmen müssen einen effektiven Zugang, Konsistenz, Qualität und Sicherheit der Daten gewährleisten, um Effizienzeffekte herzustellen und zukünftige „*Smart Data*"-basierte Monetarisierungsmodelle entwickeln zu können. Sie müssen sich jedoch auch mit den bestehenden Ressentiments der Kunden bezogen auf den „gläsernen Kunden" aufgrund der neuen Daten aktiv auseinander setzen und Vertrauen aufbauen. Außerdem sind etablierte, über Jahre gewachsene IT-Architekturen häufig nur schwierig mit neuen, digitalen Plattformen kompatibel.

---

[723] Marc R. Esser, Claudia Kratel, Digitale Transformation: Warum ist sie für Unternehmen so wichtig?, 2016.

[724] McKinsey, Peter Peters und Niko Mohr, Digitalisierung im Energiemarkt: Neue Chancen, neue Herausforderungen, 2015.

[725] Energieagentur NRW, Digitalisierungsstrategien für Stadtwerke und Energieversorgungsunternehmen, Juni 2016.

[726] Kompetenzzentrum Öffentliche Wirtschaft, Infrastruktur und Daseinsvorsorge e.V. an der Universität Leipzig, Digitalisierung in der Energiewirtschaft: Bedeutung, Treiber und Handlungsoptionen für die Energieversorger, November 2015.

Die Frage der Finanzierung ist eine weitere große Herausforderung der Digitalisierung. Allein die intelligente Aufrüstung des Energieversorgungssystems und der Ausbau der dazugehörigen IT-Architektur verursachen enorme Kosten. Die Frage, wer welche Kosten zu tragen hat, kann derzeit noch nicht sicher beantwortet werden, was sich bremsend auf das weitere Voranschreiten der Digitalisierung auswirkt[727].

6.2 *Data Analytics* als prozessübergreifende Entscheidungsgrundlage

6.2.1 Zusammenspiel der Marktteilnehmer und Auswirkungen auf die Daten- und Prozessqualität

Die Belieferung von Kunden mit Strom stellt einen Massenmarkt dar. Das Managen von Massendaten und die automatisierte Verarbeitung dieser Daten gehören für die Energieversorger zwar zum Tagesgeschäft, laufen jedoch nicht immer reibungsfrei ab. Der Austausch von Informationen zwischen den Markteilnehmern des Strom- und Gasmarktes ist weitestgehend durch die Regulierungsbehörden und Verbände vorgegeben. So sind für viele Geschäfts- und Marktprozesse der Energiewirtschaft Standards festgelegt, die z.B. Nachrichtenformate und Fristen vorgeben, die bei der Kommunikation einzuhalten sind. Dieser standardisierte Informationsaustausch zwischen den Marktakteuren in ihren verschiedenen Rollen wird als Marktkommunikation bezeichnet. Als Marktrollen sind bspw. Verteilernetzbetreiber, Bilanzkreisverantwortliche, Lieferanten, Messstellenbetreiber, Messdienstleister und Bilanzkreiskoordinatoren definiert. Diesen Akteuren sind jeweils i.S. ihrer Rollen Aufgaben zugeordnet; das erfolgt durch verschiedene regulatorische Vorgaben, wie z.B. der MaBiS.

Durch die Marktprozesse wird weitestgehend eine Vereinheitlichung des am Markt verwendeten Stammdatenmodells erreicht. Kommt es bspw. zum Lieferantenwechsel eines Endkunden, so geben die GPKE die Ausprägung der Prozesse „Kündigung", „Lieferbeginn" und „Lieferende" und den Datenaustausch zwischen dem alten Lieferanten, dem neuen Lieferanten und dem Netzbetreiber vor. Bis dato[728] fungiert der Netzbetreiber dabei als Datendrehscheibe und verfügt über die Datenhoheit. Die Informationen während des Wechselprozesses werden in der Praxis kurz als „E01" (Anmeldung) und „E02" (Abmeldung) bezeichnet und werden im Rahmen

---

[727] Kompetenzzentrum Öffentliche Wirtschaft, Infrastruktur und Daseinsvorsorge e.V. an der Universität Leipzig, Digitalisierung in der Energiewirtschaft: Bedeutung, Treiber und Handlungsoptionen für die Energieversorger, November 2015.

[728] Gesetz der Digitalisierung überträgt die Datenhoheit von den VNB auf die ÜNB, abrufbar unter: http://bit.ly/2pZDoFe.

eines Lieferantenwechsels an den Netzbetreiber versendet. Zusammenfassend sendet der Netzbetreiber zum 16. Werktag eines Monats die sog. Bestandsliste[729] im *Edifact*-Format UTILMD. Diese enthält eine stichtagsbezogene informatorische Zusammenfassung bestätigter bilanzierungsrelevanter Daten.

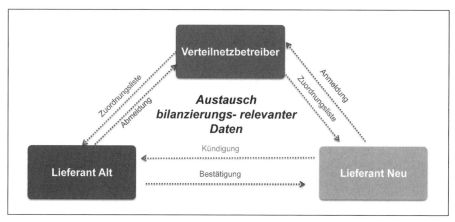

Abb. 72: Datenaustausch zum Wechselprozess

Die über die Marktkommunikation ausgetauschten bilanzierungsrelevanten Daten werden über automatisierte Datenverarbeitungsprozesse des Lieferanten empfangen und für nachgelagerte Prozessen des Unternehmens zur Verfügung gestellt.

So dient bspw. die Jahresverbrauchsprognose, die ebenfalls durch den Netzbetreiber über die Bestandsliste gemeldet wird, der initialen Verbrauchsprognose zur Tarifierung des Kunden. Diese wird i.d.R. nach einer Ablesung und Abrechnung an den Ist-Verbrauch angepasst. Zusammen mit der Information zum Verbrauchsverhalten (SLP), gehen diese Kundeninformationen in die aggregierte SLP-Prognose der Vertriebsabteilung ein und werden zur Beschaffung entsprechend an das Beschaffungsportfoliomanagement weitergereicht. Waren die Ablesewerte (z.B. aufgrund eines Zahlendrehers) falsch und fand vor dem Eingeben der Zählerstände keine Plausibilisierung/Aussteuerung statt, werden die fehlerhaften Ablesewerte auch an weitere Abteilungen wie die Abrechnungsabteilung und das Controlling (für die Schätzung oder Hochrechnung des Kundenverbrauchs zum Geschäftsjahresende) weitergereicht. Fehlerhafte Eingangsdaten werden so unter Umständen von einer Abteilung in die nächste weitergegeben und können sich im Jahresabschluss niederschlagen. Wird die Qualität der Schätzung im *Controlling* nicht überwacht, können sich Fehler

---

[729] Derzeit steht ein möglicher Wegfall der Bestandsliste in Diskussion.

sogar über mehrere Jahre aufsummieren, was letztendlich zu einer Verzerrung der Umsatzerlöse des EVU in merklichen Größenordnungen führen kann.

Das iKS sollte eingesetzt werden, um solche Risiken zu definieren und zu identifizieren und um diese mit geeigneten Maßnahmen zu adressieren. Beispiele derartiger Maßnahmen können die Einführung zusätzlicher Schnittstellenüberwachung oder die Schulung der Mitarbeiter sein. Indikatoren, die auf Prozess- und Datenqualität hinweisen, sollten i.S. eines Frühwarnsystems berechnet, ermittelt und regelmäßig überwacht werden.

Durch die Weiterentwicklung des Marktes und entsprechend auch der regulatorischen Vorgaben werden häufige Änderungen in den Standards erforderlich. Dabei sind bereits die bestehenden regulatorischen Vorgaben für viele EVU nicht einfach. Die schnelle Folge der Anpassungsnotwendigkeiten der Prozess- und IT-Landschaft stellen sie vor große Herausforderungen. Die Änderungen betreffen nicht zwingend die gleichen Themen, haben aber durch die enge Verzahnung der Prozesse auch einen Einfluss auf angrenzende Bereiche.

Als Beispiele für geänderte regulatorische Vorgaben gelten: EEG-Novelle, zählpunktscharfe Bilanzierung und Mehr- und Mindermengenabrechnung, MaBiS 2.0.

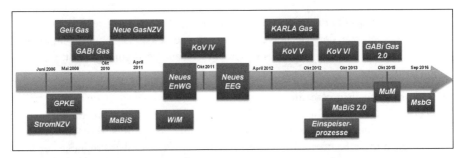

Abb. 73:   Zeitstrahl regulatorischer Änderungen

Dass die Einführung der zählpunktscharfen Bilanzierung und Mehr- und Mindermengenabrechnung heute überhaupt möglich ist, ist u.a. der Weiterentwicklung der Informations- und Kommunikationssysteme zu verdanken. Zählpunktscharfe Zeitreihen in den Systemen der EVU brachten die Leistungsfähigkeit der eingesetzten Software schnell an ihre Grenzen. So ist z.B. bis heute in den meisten Vertriebsprognosesystemen die Prognose der SLP-Lieferstellen nicht zählpunktscharf abgebildet, sondern SLP-Zählpunkte sind zu sog. Vertriebs/Prognose-Segmenten oder Profilrollen zusammengefasst und werden nur in aggregierter Form über alle Zählpunkte des Segments vorgehalten.

Die neuen technologischen Entwicklungen und Möglichkeiten sind nicht bei allen EVU gleichermaßen angekommen. Gerade kleine Unternehmen, die nicht über eine differenzierte Systemlandschaft verfügen, haben nach wie vor mit der fristgerechten Verarbeitung der Massendaten zu kämpfen. Bereits einfache, im Rahmen des iKS vorgegebene Kontrollen – z.B. die Kontrolle der Daten auf Vollständigkeit oder ihre Plausibilisierung – können dazu führen, dass die Anzahl der systemseitig ausgesteuerten Fehlerfälle je nach Unternehmensgröße bereits im vier- bis fünfstelligen Bereich liegt. Kommen hier noch weiterführende fachliche Plausibilitätskontrollen, wie z.B. die Festlegung von relativen und absoluten Aussteuerungsgrenzen oder das Zulassen von negativen Werten unter bestimmten Voraussetzungen (z.B. beim *Prosumer*) hinzu, können die für die Klärung der Fehler verantwortlichen Fachbereiche schnell an ihre Grenzen stoßen. Dies führt i.d.R. dazu, dass die Listen der ausgesteuerten Fehlerfälle weiter wachsen und Monate alte Fehlerfälle noch enthalten sind, obwohl die Vorgaben der GPKE bspw. eine Reaktionsfrist von zehn Werktagen vorsieht.

Ungelöste Fehlerfälle können dabei unterschiedliche Ursachen haben:

- Der zur Verfügung stehende Datensatz lässt keine eindeutige Zuordnung zu einem Vertragskonto zu.

- Die System- und Prozesslandschaft des Unternehmens ist historisch gewachsen und erschwert eine (zeitnahe) Klärung der Fehlerfälle, da die Kommunikationsschnittstellen zwischen den beteiligten Systemen nicht fehlerfrei implementiert sind.

- Das Design bzw. die Ausgestaltung der Kontrolle ist nicht zielführend, sodass auch fehlerfreie bzw. fachlich korrekte Datensätze ausgesteuert werden.

- Die Mitarbeiter verfügen nicht über die hinreichende Kompetenz oder die notwendige Zeit, um Fehlerfälle rechtzeitig zu bearbeiten.

6.2.2 Datenbasierte Lösungsansätze

Das Management hat sich den Aufgaben zu stellen, Trends am Markt, wie z.B. die Digitalisierung der Energiewende frühzeitig zu erkennen und den Einfluss auf die Unternehmensentwicklung abzuschätzen. In einer PwC-Befragung hat sich ergeben, dass zwei Drittel der EVU „spüren", dass sich die Anforderungen ihrer Kunden durch die Digitalisierung verändern[730]. Die Studie zeigt, dass viele EVU sich bereits mit der Digitalisierung befassen, diese jedoch nicht in ihrer Unternehmensstrategie explizit berücksichtigen. Da durch die Energiewende auch das Marktdesign Anpassungen erfährt und die neue Marktrolle des *Gateway Administrator* (*GWA*), sowie

---

[730] PwC, Deutschlands Energieversorger werden digital, Januar 2016.

smarte Messgeräte eingeführt werden, eröffnen sich entsprechend neue Geschäftsfelder, und den Energieversorgern bietet sich die Chance, durch eine rechtzeitige
Reaktion ihre Wettbewerbsposition weiter auszubauen. Dafür reicht es jedoch nicht,
Prozesse und Systeme lediglich vor dem Hintergrund der Erfüllung regulatorischer
Vorgaben auszugestalten, vielmehr muss das EVU in der Lage sein, die im Unternehmen verfügbaren Informationen in gewinnbringendes Wissen umzuwandeln und
für die Unternehmenssteuerung aktiv zu nutzen.

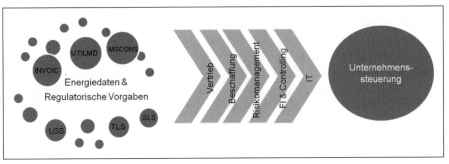

Abb. 74:   Data Analytics beim Energieversorger

Viele Energieversorger verfügen bereits heute über eine Systemlandschaft, in der
nicht nur *Data Warehousing*-Ansätze realisiert sind, sondern auch fortgeschrittene
Datenanalysetechniken in den operativ genutzten Systemen angewendet werden und
der Entscheidungsunterstützung dienen. Als Beispiele für fortgeschrittene Analysemethoden können z.B. künstliche neuronale Netze für die Prognose eines Lastgangs
oder Modelle zur Berechnung einer *Hourly Price Forward Curve* genannt werden.
Auch Massensimulationen, die für jeden Vertrag individuell eine Verbrauchsmenge
hochrechnen, stellen Beispiele für Analysemethoden im Tagesgeschäft der EVU dar.

Operative Daten, wie z.B. die Standardlastprofile und Verbrauchsfaktoren oder
historische Messwerte werden in analysierbare Informationen umgewandelt und mit
Marktmeinungen in Form von Preisprognosen in Modellen zusammengeführt, um
daraus entscheidungsrelevantes Wissen, wie die Entwicklung einer langfristigen
Beschaffungsstrategie, zu generieren.

Bevor diese operativen Daten zur Entscheidungsunterstützung herangezogen werden, ist z.B. anhand von Datenanalysen eine hinreichende Datenqualität sicherzustellen. Da die Prozesse und Datenqualität stark voneinander abhängen, sollte eine
Analyse der Daten parallel mit einer Analyse der Prozesse erfolgen. Die Herausforderung bei der Analyse der Datenqualität liegt darin, dass die relevanten Stamm-
und Bewegungsdaten aus verschiedenen IT-Systemen mit unterschiedlichen Zeit-

scheiben miteinander verglichen werden müssen. Für den Datenvergleich ist meist eine systemunabhängige Auswertung nötig[731].

Konnte nach einer initialen Datenanalyse (z.B. mithilfe des PwC-eigenen Tools „DNA") und der entsprechenden Bereinigung der Daten, eine hinreichende Datenqualität erreicht werden, sollte das EVU die gewonnene Qualität seiner Daten und Prozesse in einem Datenqualitätsmanagement-System (DQM) anhand von Indikatoren auswerten und kontinuierlich überwachen.

Der zentrale Mehrwert eines nachhaltigen Datenqualitätsmanagements liegt im frühzeitigen Erkennen der Prozess- und Datenqualität und der damit einhergehenden Reduzierung der finanzwirtschaftlichen Risiken[732]. Durch die Identifikation von Prozess- und Datenschwächen lassen sich verstecktes Umsatzpotenzial sowie auch Forderungsausfälle frühzeitig erkennen.

Das DQM ist dabei nicht als ein der einmaligen Analyse nachgelagerter Schritt zu sehen, sondern vielmehr ist das Konzept als ein geschlossener Kreislauf *Business Analytics*-Prozess aufzufassen. Diese Analyseschleifen zeichnen sich dadurch aus, dass operative Daten in analysierbare Informationen umgewandelt werden, diese entscheidungsrelevantes Wissen generieren, mit dessen Hilfe wiederum die operativen Daten und Prozesse weiter optimiert werden. Die Konzeptionierung und Umsetzung des DQM erfolgt dabei in einem BI-Tool (in der Praxis häufig SAP BW bzw. *Business Objects*).

In traditionellen *BI*-Tools (Analytische Informationssysteme für *Business Intelligence*) werden i.d.R. *Reports* zur Darstellung verschiedener Kennzahlen und Datenauswertungen vergangener Perioden erstellt, d.h. die Daten aus der Vergangenheit werden aufbereitet, sodass man ein Bild darüber erhält, was bereits geschehen ist. Offen bleibt der Blick in die Zukunft: „Welche Entscheidungsalternativen gibt es und was ist die optimale Entscheidung?"

Mithilfe von fortgeschrittenen *Analytics-Tools* hingegen versucht man aus einer unstrukturierten und großen Datenmenge Modelle zu entwickeln, um den Entscheidungsprozess zu unterstützen.

---

[731] Vgl. dazu im Einzelnen: PwC (Hrsg.), Regulierung in der deutschen Energiewirtschaft, Band I Netzwirtschaft, 4. Aufl. 2015, Kap. 16, S. 661 ff.

[732] Ebenda.

Dabei werden insb. folgende Methoden eingesetzt:

Advanced Analytics	Anwendungsbeispiele beim Energieversorger
Entscheidungsmodellierung	Optionsbewertung, Scoring Modelle zur Kundenbewertung oder Softwareauswahl
Prognostik	RLM Prognose, Prognosen für den Differenzbilanzkreis
Simulation	Massensimulation für die Bilanzielle Abgrenzung
Optimierung	Kraftwerkseinsatz, Portfoliozerlegung
Risikoanalysen	*Value at Risk*, Monte Carlo Analysen

Abb. 75:   Beispiele zum Einsatz fortgeschrittenen *Analytics-Tools* bei EVU

Mit der Digitalisierung und der Weiterentwicklung des smarten Energiemarktes ist davon auszugehen, dass dem EVU insb. an der Schnittstelle zum Kunden viele neue Daten zur Verfügung stehen werden. Diese Daten i.S. einer optimalen Kundenansprache zu nutzen und neue Analysemöglichkeiten im Hinblick auf den Kunden zu anzuwenden, ist für die Energieversorger von besonderem Interesse.

6.2.3   Wettbewerb und Kundenwert

Mit der Digitalisierung gehen Änderungen im Kundenverhalten einher. Zum einen erwarten viele Kunden in der Interaktion mit ihrem Energieversorger zunehmend die Nutzung digitaler Kontaktkanäle, wie sie es aus anderen Lebensbereichen bereits vielfach gewohnt sind[733]. Dazu zählen bspw. interaktive Websites oder die Abwicklung von Kundenservices über Mobile Apps. Hinzu kommt, dass das Internet die Informationsasymmetrien zwischen Energieversorgern und Kunden deutlich verringert. Die permanente Vergleichbarkeit verschiedener Angebote über Vermittlungsportale (Verivox o.ä.) erhöht die Verhandlungsmacht und die Preissensibilität der Kunden. Dabei wird die den Kunden zur Verfügung stehende Auswahl an Angeboten stetig größer: *Start-ups* und ehemals branchenfremde Unternehmen drängen in den Markt und bedrohen die Wettbewerbsfähigkeit konventioneller EVU. Dies stellt sie vor die Herausforderung, die veränderten Bedürfnisse ihrer Kunden zu bedienen, die zunehmend von Individualisierung und Flexibilität geprägt sind[734]. Im kommodifizierten Energieversorgungsmarkt lässt sich Individualisierung nur über eine entsprechende Gestaltung der Tarife und Services erreichen. In diesem Spannungsfeld erscheint es wichtiger denn je, dass EVU ein tieferes Verständnis über ihre Kunden erlangen, um sich im digitalen Wettbewerbsumfeld zu behaupten.

---

[733]   PwC, Deutschlands Energieversorger werden digital, Januar 2016.
[734]   BDEW, Die Digitale Energiewirtschaft: Agenda für Unternehmen und Politik, Mai 2016.

Die im Zuge der Digitalisierung stetig steigende Menge und Vielfältigkeit verfügbarer Daten liefert hierbei ein großes Potenzial, um Kundenbedürfnisse zu verstehen und Kundeninteraktionen aktiv zu gestalten. Durch den zielgerichteten Einsatz von Daten können die Kundenzufriedenheit und Kundenbindung nachhaltig gesteigert werden. Zudem können Informationen zu Kundenverhalten und -neigung für sog. „Cross-Selling" genutzt werden. Höhere Umsätze können so realisiert werden. Dazu müssen die Daten zunächst in wertvolle Kundeninformationen überführt werden, die dann in Entscheidungsprozesse einfließen. Die nachhaltige Umsetzung der daraus resultierenden Maßnahmen präsentiert den eigentlichen Kern des Kundenbeziehungsmanagements (Customer Relationship Management, CRM) – die Begleitung des Kunden über seinen gesamten Kundenlebenszyklus hinweg, mit dem Ziel, einen Nutzen sowohl für das EVU als auch den Kunden zu generieren. Hierbei gilt, dass ein Zuwachs an Kundeninformationen mit größerer Kundenzufriedenheit verbunden ist, denn je besser das EVU seine Kunden kennt, desto personalisierter kann es sie ansprechen und bedienen.

Die nachhaltige Nutzung der im Energiemarkt zur Verfügung stehenden Kundendaten setzt sich aus drei wesentlichen Schritten zusammen: Die Gewinnung wertvoller Kundeninformationen aus den Daten, die Ableitung zielgerichteter Maßnahmen aus diesen Informationen und schließlich die nachhaltige Umsetzung dieser Maßnahmen bei der langfristigen Pflege wertvoller Kundenbeziehungen. Über Feedback-Schleifen wird das Kundenwissen kontinuierlich ausgebaut und erweitert. Dies ermöglicht den EVU eine regelmäßige Nachjustierung der aus den Kundeninformationen abgeleiteten Maßnahmen, um dynamisch auf veränderte Kundenbedürfnisse reagieren zu können. In diesem Zusammenhang bieten digitale Kontaktkanäle den Vorteil, dass über Echtzeitrückmeldungen schnelle Anpassungen ermöglicht werden, bspw. die Koordination mit laufenden Kampagnen oder Eingriffe in die Aktivitäten im Kundenservice. Die folgende Abb. stellt diese Zusammenhänge im Überblick dar.

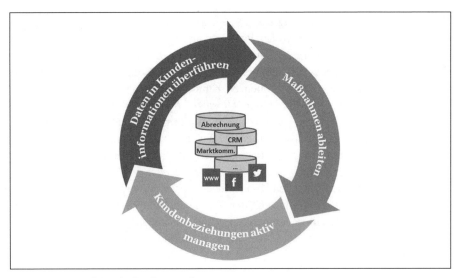

Abb. 76: Digitalisierung für das Kundenmanagement nutzen

Eine grundlegende Voraussetzung, um veränderten Kundenbedürfnissen gerecht zu werden, ist es eine kundenorientierte Einstellung im EVU zu etablieren. Dabei werden Strategien und Taktiken aus einer Kundenperspektive heraus entwickelt, sodass alle Aktivitäten des Unternehmens auf den Kunden ausgerichtet sind. Eine konsequente Kundenorientierung sorgt dafür, dass zusätzlich gewonnene Kundeninformationen auch tatsächlich angewendet werden, um ein für den Kunden umfassend positives Erlebnis über alle Interaktionspunkte hinweg zu gestalten.

Weiter ist die Fähigkeit erforderlich, das Kundenportfolio zu managen, sodass der Markt effektiv segmentiert wird, um die „richtigen" (profitablen) Kunden anzusprechen. Als Indikator für die Initiierung und Pflege profitabler Kundenbeziehungen dient die Analyse des Kundenwerts. Dabei sollen nicht nur monetäre Werte, wie der Deckungsbeitrag, berücksichtigt werden sondern auch verhaltensbezogene Kriterien; denn zufriedene Kunden sprechen bspw. Empfehlungen aus und tragen somit zur positiven Wahrnehmung des EVU bei. Die Bewertung der Kunden sollte deshalb auch verhaltensbezogen und in die Zukunft gerichtet erfolgen. Dazu wird mithilfe datenbasierter Analysen der aktuelle und für die Zukunft prognostizierte Wert von Neu- und Bestandskunden ermittelt. Auf der Grundlage monetärer Werte, aber auch kundenspezifischem Vertrags-, Zahlungs- und Verbrauchsverhalten sowie zusätzlicher soziodemografischer Informationen, werden unterschiedliche quantitative und qualitative Faktoren während des gesamten Kundenlebenszyklus betrachtet. Beispiele sind die Umsatzrealisierung, der Deckungsbeitrag, das Akquisitionspotenzial sowie die Bonus- und Innovationsaffinität der Kunden. Die in den Kennzahlen zu berücksichtigenden Faktoren und deren Gewichtung werden an den strategischen

Zielen des EVU ausgerichtet. Die daraus resultierenden Kennzahlen bilden die Grundlage für die Ermittlung der Kundenwerte und die Bildung strukturierter Kundensegmente für ein effektives Kundenportfoliomanagement.

Während traditionelle Techniken zur Kundensegmentierung auf Standardkriterien, wie Alter, Einkommen oder Lebensstil, zurückgreifen, kann die Komplexität der angewendeten Kriterien im Zuge der wachsenden Vielfältigkeit verfügbarer Daten deutlich gesteigert werden. Somit kann das EVU die Granularität seiner Kundensegmente bis auf Einzelkundenebene erhöhen. Das Kundeninformationsmanagement stellt eine maßgebliche Fähigkeit dar, mit der die Daten erfasst, zusammengeführt, analysiert und visualisiert werden, um daraus wertvolle Kundeninformationen abzuleiten, im Unternehmen zu verteilen und zu nutzen. Die Datenbasis bilden herkömmliche unternehmensinterne Datenquellen wie Abrechnungs- oder *CRM*-Systeme. Um ein umfassendes Bild über die Kunden zu erstellen, werden darüber hinaus Daten aus allen Kundeninteraktionsschnittstellen mit einbezogen. Die zunehmende Menge verfügbarer Daten im Energiemarkt gilt dabei als Chance, um zusätzliche Kundeninformationen zu gewinnen. Potenziale stecken bspw. in Verbrauchsdaten, die über *smart meter* in Echtzeit gewonnen werden können oder in Daten aus der Nutzung von Vermittlungs- und Vergleichsportalen sowie dem Einsatz mobiler Endgeräte. Dabei erfordern die Integration zusätzlicher, auch externer, Datenquellen sowie die damit einhergehende Heterogenität und das steigende Volumen der Daten, dass bestehende Systeme mit neuen Technologien kombiniert werden. Hierbei gewinnt auch die Visualisierung unstrukturierter Daten zunehmend an Bedeutung, um aus komplexen Zusammenhängen wertvolle Kundeninformationen abzuleiten.

Im Zuge der Digitalisierung ist es entscheidend, dass die EVU ihre Investitionen in IT um entsprechende Investitionen in organisatorische Prozesse und das Personalmanagement ergänzen. Dabei spielen die Qualifikation und Motivation der Mitarbeiter eine entscheidende Rolle, weil sie ein integraler Bestandteil bei der Gestaltung und Durchführung kundenbezogener Aktivitäten sind. Kenntnisse in Statistik, Modellierung und *Business Analytics* sowie deren Anwendung auf strukturierte und unstrukturierte Daten, gewinnen zunehmend an Bedeutung. Auch die Fähigkeit, Prozesse, Informationen und Ressourcen funktionsübergreifend zu integrieren, ist erforderlich, um Kundenbeziehungen erfolgreich zu managen. Dabei führt eine konsequente Kundenorientierung langfristig zu einer übergreifenden Abstimmung zwischen allen Abteilungen des EVU, die weit über Marketing und Vertrieb hinaus reicht.

Die aus den Daten abgeleiteten Kundeninformationen liefern die Grundlage, um das Verhalten der Kunden und ihre Bedürfnisse besser zu verstehen. Diese Informationen werden allen Mitarbeitern, die an der Gestaltung eines Kundenerlebnisses beteiligt sind, zugänglich gemacht, um daraus effektive Handlungsmaßnahmen abzuleiten. Dabei dient die Ermittlung der Kundenwerte zur Identifizierung profitabler Kunden. Zudem lassen sich diese Informationen für die Bildung strukturierter Kundensegmente nutzen. Aus zusätzlichen Informationen über das Kundenverhalten lassen sich die individuellen Bedürfnisse jedes Kundensegments ableiten. Profitable Kundensegmente können dann gezielt, und zum geeigneten Zeitpunkt, unter Berücksichtigung ihrer jeweiligen Vorlieben angesprochen werden, sodass jedem Kundensegment das passende Angebot unterbreitet wird. Damit können neue profitable Kundenbeziehungen initiiert oder reaktiviert sowie bestehende Beziehungen nachhaltig gepflegt und z.B. über *Cross-* oder *Up-Selling* Maßnahmen erweitert werden. Informationen hinsichtlich des vom jeweiligen Kunden bevorzugten Kommunikationskanals helfen bei der Entscheidung, wie eine Interaktion zwischen dem EVU und seinen Kunden erfolgen soll. Im Zuge der Digitalisierung gewinnen zusätzliche Kontaktkanäle wie *Websites*, soziale Medien oder mobile Apps zunehmend an Bedeutung. Zudem steigt über diese Kanäle auch die Anzahl der Kontaktpunkte zwischen dem EVU und seinen Kunden[735]. Eine besondere Herausforderung ist es hierbei, die kommunizierten Inhalte über die verschiedenen Kanäle konsistent zu halten, um ein nahtloses und einheitliches Kundenerlebnis über alle Kanäle hinweg zu schaffen. Strategisch platzierte Angebote sorgen zudem für eine Einsparung an Vertriebskosten und eine höhere Effektivität bei der Zielerreichung. Mithilfe der Kundenwertanalyse können potenzielle Rücklaufquoten bei der Kundenansprache prognostiziert und diese Informationen genutzt werden, um die Effizienz zu steigern. Eine Automatisierung der Kundenansprache verschafft zusätzliche Effizienzsteigerungen. Langfristig wird so der Deckungsbeitrag je Kunde erhöht. Ein gesteigertes Verständnis über das Verhalten und die Bedürfnisse der Kunden hilft den EVU auch dabei, wechselgefährdete Kunden frühzeitig zu identifizieren. Mit einer zielgerichteten Ansprache, die die individuellen Bedürfnisse dieses Kunden sowie die Gründe seiner Wechselabsicht berücksichtigt, kann dem Wechsel entgegen gewirkt werden. Zudem können profitable Kunden, die bereits gekündigt haben, mit personalisierten Angeboten gezielt angesprochen werden, um sie zurückzugewinnen.

Neben der Optimierung bestehender Services und Prozesse können die Informationen über das Kundenverhalten auch zur Entwicklung zusätzlicher kundenspezifischer Services genutzt werden, die den sich ändernden Bedürfnissen der Kunden gerecht werden. Dies bedeutet bspw., flexiblere und individualisierte Vertragsmodelle zu entwickeln. Im Bereich Kundenservice bieten sich persönliche *Self-Services* zur Terminvereinbarung, Tarifberatung, Verbrauchsgrafiken, Vertragsverwaltung etc. an, die über das Internet angeboten werden. Schließlich zählt dazu auch die Gestaltung völlig neuer Geschäftsmodelle, die die Konkurrenzfähigkeit des EVU erhöhen, um im Zeitalter der Digitalisierung bestehen zu können.

---

[735] BDEW, Die Digitale Energiewirtschaft: Agenda für Unternehmen und Politik, Mai 2016.

Zusammenfassend stellt die Digitalisierung EVU vor die Herausforderung, dass sich die Kundenbedürfnisse ändern und der Wettbewerb intensiviert wird. Gleichzeitig bergen die damit einher gehenden technischen Möglichkeiten sowie verfügbaren Daten das Potenzial, ein tieferes Verständnis über die Bedürfnisse der Kunden zu erlangen, um profitable Kundenbeziehungen aktiv zu managen. Hierzu gewinnen der Ausbau und die Orchestrierung der oben dargestellten Fähigkeiten[736] in EVU zunehmend an Bedeutung.

6.3   Datensicherheit

6.3.1   Wachsendes Gefahrenpotenzial – auch für kritische Infrastrukturen

Die meisten technischen und organisatorischen Prozesse in den Wertschöpfungsketten funktionieren heute nur mit der Unterstützung durch digitale Systeme. Unternehmen können – und dürfen – diese Prozesse, allein schon wegen gesetzlicher Vorgaben, nicht mehr ohne solche unterstützenden Einrichtungen abwickeln.

Bei EVU kommt der Leitstelle, häufig auch als Netzleitstelle bezeichnet, eine besondere Rolle zu. Hier laufen alle Informationsflüsse zusammen, mit denen die erforderlichen Datenmodelle versorgt und Steuerungsinformationen erzeugt werden. Hierbei werden die Bereiche *Supervisory Control and Data Acquisition* (kurz *SCADA*) und sog. höhere Entscheidungs- und Optimierungsfunktionen (kurz HEO) unterschieden. Beispiele für das Zusammenspiel dieser Systeme sind Lastflussberechnungen, Ausfallvariantenrechnung oder die im Zuge des Einsatzes erneuerbarer Energien immer höhere Bedeutung erlangende Laststeuerung – allesamt kritisch für die Sicherung einer stabilen Energieversorgung.

Insb. für EVU sind daher die Funktion, die Integrität, die Verfügbarkeit und die Vertraulichkeit der digitalen Nervenstränge, der Verarbeitungssysteme und Daten von essenzieller Bedeutung. Störungen durch Fehlfunktionen oder Ausfall bedeuten demnach umgekehrt ein hohes Risiko für die Aufrechterhaltung der Geschäftsprozesse. Insofern sind dem Schutz und der Sicherheit dieser Systeme gegen Störangriffe mittlerweile sehr hohe Prioritäten einzuräumen.

---

[736] Tiefenbacher/Olbrich, *Developing a Deeper Understanding of Digitally Empowered Customers – A Capability Transformation Framework in the Domain of Customer Relationship Management, June 2016.*

Darüber hinaus werden immer mehr Geräte mit digitalen Schnittstellen eingesetzt, die nicht vordergründig unmittelbar Teil der Wertschöpfungsketten, für die Unternehmen dennoch von Bedeutung sind. Dazu gehören u.a. Kameras und digitale Recorder in Videoüberwachungssystemen oder Zutrittskontrollsysteme. Die nächste Stufe digitaler Anwendungsfelder in Büro-, Besprechungs- oder Sozialräumen findet sich in einfachen Alltagsgeräten, z.b. modernen Kühlschränken, Beleuchtungsgeräten, intelligenten Brandmeldern, usw., die sich unter dem Begriff *„Internet of Things"* zusammenfassen lassen. Vielen dieser Geräte ist gemeinsam, dass sie nur unzureichend gegen *Cyber*angriffe geschützt sind bzw. für deren Firmware Sicherheitsupdates schlichtweg nicht existieren. Daher war es nur eine Frage der Zeit, bis sich Hacker genau diese Schwächen zunutze gemacht haben. Als Beispiel lässt sich hierfür das Botnetz *„Mirai"* anführen, das solche Geräte massenhaft infiziert und zum Bestandteil von großen Angriffsnetzen macht. Solange solchermaßen infizierte Geräte mit dem Netzwerk ungeschützt verbunden sind, können Hacker diese wiederum ungestört als Teil ihrer *Cyber*waffen gegen alles und jeden einsetzen[737]. Dann werden die Unternehmen, ohne es zu wissen, selbst zum Angreifer oder Opfer ihrer eigenen Geräte. Insofern sind in den Sicherheitsvorkehrungen der Unternehmen auch solche Aspekte zu berücksichtigen.

6.3.2   Die Zukunft des Internetprotokolls – Chancen und Risiken

Lange Jahre waren die elektronischen Steuerungs- und Überwachungssysteme dadurch gekennzeichnet, dass die digitale Kommunikation zwischen den Geräten in herstellerspezifischen Protokollsprachen (sog. „proprietären Protokollen") abgewickelt wurde. Es war nicht oder nur schwer möglich, Geräte unterschiedlicher Hersteller innerhalb einer Infrastruktur gemeinsam sinnvoll zu betreiben.

Mit der Einführung des Internetprotokolls („IP") wurde eine digitale Sprache entwickelt, die sich im Laufe der Jahre als de-facto-Standard etabliert hat. IP bildet die protokolltechnische Grundlage des Internets. Mit IP wurde es möglich, Millionen von Computern, Sensoren, Steuer- und Anzeigegeräten und sonstigen Endgeräten miteinander zu verbinden. Dabei ist es zunächst eine Frage lokaler Gegebenheiten, ob die digitale Kommunikation elektronisch, über Funkwellen oder optisch erfolgt. Mit wenigen Ausnahmen basieren damit alle heutigen digitalen Infrastrukturen auf Geräten, die eines gemeinsam haben: sie alle haben eine eindeutige „Adresse" zur Identifikation und sie alle „sprechen" IP.

---

[737]   Vgl. hierzu Pressemitteilung des BSI v. 25.10.2016: *„Cyber*-Angriffe durch *IoT*-Botnetze: BSI fordert Hersteller zu mehr Sicherheitsmaßnahmen auf".

Der Vorteil dieser Entwicklung liegt auf der Hand. Unterschiedlichste Geräte und Konfigurationen lassen sich leicht und kostengünstig Internet-fähig aufrüsten und können untereinander Daten austauschen. Der administrative Aufwand zur Verbindung solcher Geräte mit dem Netzwerk ist gering: anschließen, einschalten, einrichten, fertig.

Bereits vor einigen Jahren zeichnete sich jedoch ab, dass die verfügbaren Adressen für die Netzwerkschnittstellen nicht mehr ausreichen werden. In der Folge wurde das Internetprotokoll von der über viele Jahre hinweg verwendeten Version 4 (IPv4) zur Version 6 (IPv6) weiterentwickelt, was die Anzahl der verfügbaren Adressen von bisher etwas über vier Mrd. möglichen Adressen (davon sind etwa 3,7 Mrd. Adressen verwendbar) auf unfassbare ca. 340 Sextillionen Adressen (3,4 mal 10^{38}) erweiterte. Damit kann bereits herstellerseitig jedem produzierten Gerät eine eineindeutige IP-Adresse zugewiesen werden. Auch kann mit IPv6 jede denkbare *End-to-End*-Kommunikationsverbindung realisiert werden.

Die neuen Technologien führen zu einer engeren Verzahnung der bisher klassisch voneinander getrennten IT-Segmente, z.B. der Verschmelzung der Büro-IT mit der ehemals abgeschotteten Netzleit-IT, und ermöglichen die direkte Kommunikation der Geräte. Somit können Messdaten oder Informationen aus dem Geodatensystem genauso auf Bürocomputern verfügbar sein wie auch Anwenderprogramme oder Abrechnungsdaten. Das Internetprotokoll bietet auch in der Zukunft für die Unternehmen großes Potenzial zur Effizienzsteigerung durch die weitere Digitalisierung der Abläufe in den Wertschöpfungsketten.

Auf der anderen Seite stehen den klaren Vorteilen auch Sicherheitsrisiken gegenüber, die protokollimmanent sind und daher durch die Unternehmen entsprechend bewertet und berücksichtigt werden müssen.

Der aus der einheitlichen Protokollsprache IP resultierende sicher schwerwiegendste Nachteil liegt darin, dass einmal entdeckte Schwachstellen oder Fehler sich nicht nur auf wenige, sondern i.d.R. auf viele Geräte auswirken und damit das Hauptrisiko in der IP-Nutzung darstellen. Dieser Umstand macht es Angreifern heute leichter, durch die gezielte Ausnutzung solcher Schwachstellen ganze Netzwerke anzugreifen und funktionsunfähig zu machen. Gut vorbereitete Angriffe aus dem *Cyber*-Raum können somit ein erhebliches Risiko für die Funktion kritischer Infrastrukturen darstellen. Diese können sogar so weit gehen, dass ganze Staaten betroffen sind[738]. Vor diesem Hintergrund wurde z.B: am 28.10.2008 das *"Cooperative Cyber Defence*

---

[738] 27.04.2007 – Beginn eines mehrwöchigen Internetangriffs auf Estland. Diese richteten sich u.a. gegen staatliche Organe, darunter das estnische Parlament, den Staatspräsidenten sowie diverse Ministerien, Banken und Medien, Krankenhäuser, Energieversorgungssysteme und Notrufnummern.

Centre of Excellence" (*CCD CoE*) als eines von mehreren *Centres of Excellence* von der NATO offiziell akkreditiert.

6.3.3 Das „*Internet of Things*" – IoT

Inzwischen sind die für einen Netzwerkanschluss notwendigen Bauteile dermaßen effizient zu produzieren, dass Netzwerkschnittstellen zunehmend inhärenter Bestandteil aller möglichen elektrischen und elektronischen Geräte geworden sind. Immer mehr Alltagsgegenstände werden somit netzwerkfähig und entwickeln sich zu mehr oder weniger intelligenten Geräten, sog. *Smart Devices*, die verschiedenste Sensoren und Aktoren in sich vereinen. Daher hat sich hierfür der Begriff des *Internet of Things* etabliert.

Das *Internet of Things* ermöglicht immer mehr praktische Möglichkeiten, den Alltag zu vereinfachen, zu virtualisieren, innovativer oder komfortabler zu gestalten. Von am Körper zu tragenden Geräten (sog. „*wearable devices*") über autonom handelnde Haussteuerungen bis hin zu autonom fahrenden Fahrzeugen eröffnen sich neue Welten.

Somit wird das *Internet of Things* beinahe zwangsläufig auch in Unternehmen Einzug halten. Darüber müssen sich die Unternehmen bewusst sein, denn nicht jede Erfindung ist automatisch auch ein Segen. Allen diesen „Dingen" gemeinsam ist, dass sie Daten erfassen, speichern und mit anderen „Dingen" austauschen. Die Risiken liegen auf der Hand: Gesammelte Daten aus mit dem Internet verbundenen „Dingen" lassen sich auslesen und auswerten (z.B. zur Erstellung von Bewegungsprofilen), die verbaute Sensorik kann missbräuchlich genutzt werden (z.B. zum Abhören von vertraulichen Gesprächen) oder Daten in den „Dingen" können manipuliert werden (z.B. zum Auslösen von Fehlalarmen oder zur Manipulation von Prozesssteuerungen zur Erzeugung von störenden Fehleraussteuerungen).

6.3.4 Gesetzliche und regulatorische Anforderungen zur digitalen Sicherheit

6.3.4.1 Kritische Infrastrukturen

Die bereits aufgezeigte Weiterentwicklung der Digitalisierung führt folgerichtig zu einer gesteigerten Komplexität, was die EVU im Hinblick auf die Sicherheitsarchitektur ihrer digitalen Nervenstränge vor zunehmende Herausforderungen stellt. Ein Indikator hierfür ist insb. bei Energieversorgern die verstärkte Einbindung digitaler Mess- und Steuerungsgeräte in dezentrale Komponenten und Anwendungen (z.B. bei EEG-Anlagen). Virtuelle Kraftwerke, Netz-Balancing und all die weiteren damit einhergehenden komplexen Prozesse für eine sichere Energieversorgung der Zukunft lassen im Interesse der Beherrschbarkeit neben einer zunehmenden Standardisierung der digitalen Kommunikation und Schnittstellen auch in der digitalen Sicherheitsarchitektur neue oder verbesserte Standards erwarten.

Soweit voraussehbar, wird sich die Entwicklung der Sicherheitsarchitektur von den infrastrukturellen Ebenen (Netzwerk, Betriebssystem, usw.) weg hin zum Schutz des einzelnen Informationsbausteins bewegen. Das betrifft sowohl die kryptografischen als auch die übertragungstechnischen Aspekte, die zukünftig in Verwendung quantenmechanischer Schutzsysteme[739] ihre technologische Umsetzung finden dürften.

Bereits vor mehr als zehn Jahren begann die BReg, sich mit den Bedrohungen für kritische Infrastrukturen auseinanderzusetzen. Ergebnis dieser Bemühungen war der in einer öffentlich-privaten Kooperation zwischen Betreibern kritischer Infrastrukturen, deren Verbänden und den zuständigen staatlichen Stellen entstandene „Umsetzungsplan KRITIS", der in der nun vorliegenden Gesetzgebung seine logische und konsequente Fortsetzung in Bezug auf die Absicherung der für die Funktion dieser Einrichtungen notwendigen digitalen Systeme gefunden hat. Als kritische Infrastrukturen werden diejenigen Organisationen und Einrichtungen bezeichnet, die von wichtiger Bedeutung für das staatliche Gemeinwesen sind und bei denen Versorgungsengpässe oder Störungen der öffentlichen Sicherheit auftreten können. Selbstverständlich gehört die Energieversorgung mit den Branchen Elektrizität, Mineralöl und Gas zu den kritischen Sektoren Deutschlands.

Die vorliegende Gesetzgebung basiert auf dem ITSiG vom 17.07.2015 und den dazu ausführenden Rechtsverordnungen sowie als Sonderfall für Netzbetreiber auf dem IT-Sicherheitskatalog der BNetzA.

---

[739] Quantenverschlüsselung ist eine auf den Prinzipien der Quantenphysik beruhende und nicht abhörbare Verschlüsselungsmethode. Die Quantenverschlüsselung verwendet Paare stark verschränkter Lichtteilchen zur Übermittlung verschlüsselter Informationen über optische Medien, die sich die Sende- und die Empfangseinrichtung jeweils teilen.

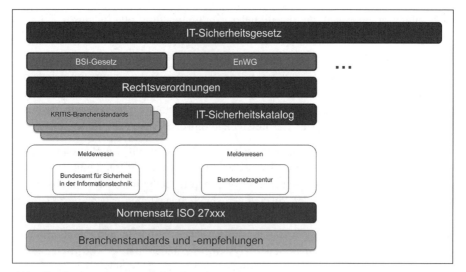

Abb. 77:   Struktur der gesetzlichen Regelungen

Welche Unternehmen aufgrund ihrer Bedeutung konkret zur kritischen Infrastruktur zählen, wird in den Rechtsverordnungen mit Hilfe klarer Kriterien definiert. V.a. für große EVU sind diese Kriterien von besonderem Interesse, da diese ggf. von beiden Regelungssträngen betroffen sein können.

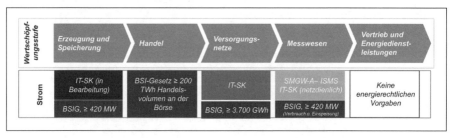

Abb. 78:   Kriterien zur Einstufung als kritische Infrastruktur entlang der Wertschöpfungskette im Strommarkt

Vorab lässt sich bereits feststellen, dass alle vom ITSiG oder vom IT-Sicherheitskatalog betroffenen Unternehmen berücksichtigen sollten, dass die Umsetzung der geforderten Maßnahmen erfahrungsgemäß im Minimum ein Jahr in Anspruch nehmen wird. Beiden Regelungen haben überdies gemeinsam, dass die Umsetzung der geforderten Maßnahmen innerhalb von zwei Jahren nach ihrer Inkraftsetzung abgeschlossen und gegenüber den Behörden nachgewiesen sein muss. Beim ITSiG endet diese Frist am 02.05.2018, beim IT-Sicherheitskatalog hingegen bereits am 31.01.2018.

In der praktischen Umsetzung bedeutet diese Anforderung, dass die Unternehmen in ihrer Projektplanung vor Ablauf dieser Fristen ausreichend Zeit einplanen müssen, um die notwendigen Prüfungen sowie die Erstellung der Prüfungsberichte (im Falle des IT-Sicherheitskatalogs auch die Erteilung eines Zertifikats) durch eine zugelassene Auditierungsinstanz sowie die Zustellung der Nachweise an die Behörden rechtzeitig, jedoch spätestens am Stichtag, zu ermöglichen. Allein dafür sollten die Unternehmen einen Zeitraum von mind. vier, besser fünf bis sechs Monaten vorsehen. Vom Stichtag rückwärts gerechnet bedeutet das eine Fertigstellung der Maßnahmenumsetzung bis spätestens etwa August/September 2017 für Netzbetreiber und bis etwa November/Dezember 2017 für alle anderen betroffenen Unternehmen.

Um sich vor unliebsamen Überraschungen während des Audits zu schützen, ist es in diesem Zusammenhang sicher ratsam, vor dem formalen Audit mit einem unabhängigen Dritten, der nicht der Auditor sein darf, einen Testaudit (sog. „Dry Run") durchzuführen und die tatsächliche Prüfungs- bzw. Zertifizierungsfähigkeit zu testen, um bei erkannten Schwächen ggf. rechtzeitig Korrekturmaßnahmen durchführen zu können.

6.3.4.2 IT-Sicherheitsgesetz

Unternehmen, die sog. „kritische Infrastruktur" betreiben, müssen sich darauf einstellen, dass die zuständigen Behörden zukünftig auf die Sicherheit ihrer IT schauen, die zum Betrieb dieser „kritischen Infrastruktur" erforderlich ist. Grundlage hierfür ist das ITSiG, das neben dem BSI-Gesetz und dem EnWG auch eine Reihe weiterer Gesetze geändert hat.

Das ITSiG benennt insgesamt sieben Sektoren als kritische Infrastruktur: Energie, Informationstechnik und Telekommunikation, Transport und Verkehr, Gesundheit, Wasser, Ernährung und Finanz- und Versicherungswesen.

Als kritische Infrastruktur gelten nach dem Gesetzestext diejenigen Einrichtungen „die … von hoher Bedeutung für das Funktionieren des Gemeinwesens sind, weil durch ihren Ausfall oder ihre Beeinträchtigung erhebliche Versorgungsengpässe oder Gefährdungen für die öffentliche Sicherheit eintreten würden[740]." Dabei meint der Gesetzgeber explizit diejenige IT, die für die Prozesssteuerung notwendig ist und deren Ausfall zu einer Unterbrechung der kritischen Versorgungsprozesse führen kann. Hierbei geht es demnach um digitale Systeme, die der Steuerung, der Überwachung und Kommunikation im Zusammenhang mit der unmittelbaren Leistungserbringung der Unternehmen dienen.

---

[740] Art. 1 Nr. 2 ITSiG; § 1 Abs. 10 Nr. 2 BSI-G.

Kern des Gesetzes ist, dass die Betreiber kritischer Infrastrukturen für ihre Prozess-IT

- ein Informationssicherheits-Managementsystem (ISMS) einrichten,
- die dazu notwendige IT auf dem Stand der Technik halten,
- innerhalb von 6 Monaten nach Erlass der Rechtsverordnung dem BSI eine Kontaktstelle benennen,
- ein bidirektionales Meldewesen einrichten sowie
- alle zwei Jahre Sicherheitsaudits für ihre IT durchführen lassen.

Dabei handelt es sich um Mindestanforderungen, die allerdings in branchenspezifischen Rechtsverordnungen weiter auszuführen sind. Für den kritischen Sektor „Energie" liegt diese Rechtsverordnung[741] bereits vor, sodass mit ihrer Veröffentlichung am 03.05.2016 die im Gesetz genannten Fristen wirksam wurden.

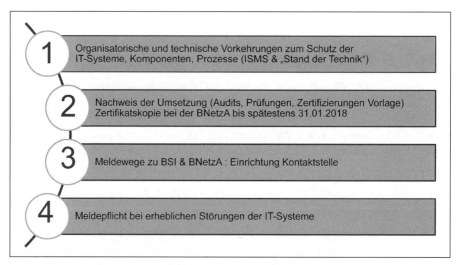

Abb. 79:   Die Kernforderungen im Überblick

Demnach mussten die betroffenen Unternehmen dem BSI bis spätestens zum 02.11.2016 eine Kontaktstelle benannt haben. Der Nachweis einer durchgeführten Auditierung des eingerichteten ISMS muss ferner bis spätestens zum 02.05.2018 erfolgt sein. Als Nachweis ist dem BSI eine „Aufstellung der durchgeführten Audits, Prüfungen oder Zertifizierungen einschließlich der dabei aufgedeckten Sicherheits-

---

[741] Verordnung zur Bestimmung Kritischer Infrastrukturen nach dem BSI-Gesetz (BSI-KritisV).

mängel[742]" bereit zu stellen. Im Falle identifizierter Sicherheitsmängel kann das BSI die Übersendung des vollständigen Berichts verlangen sowie Maßnahmen zu deren Beseitigung anordnen.

Das Gesetz regelt darüber hinaus ausdrücklich, dass die nicht sachgerechte Umsetzung von Maßnahmen als Ordnungswidrigkeit behandelt und je Einzelfall mit einer Geldbuße von bis zu 100.000 EUR geahndet werden kann. Ordnungswidrig handelt demnach u.a., „... wer vorsätzlich oder fahrlässig ... 1. eine entgegen § 8a Abs. 1 Satz 1 ITSiG in Verbindung mit einer Rechtsverordnung nach § 10 Abs. 1 Satz 1 ITSiG eine dort genannte Vorkehrung nicht, nicht vollständig oder nicht rechtzeitig trifft ..."[743].

6.3.4.3 IT-Sicherheitskatalog der BNetzA

Mit den Anpassungen im EnWG regelt das ITSiG ferner, dass die BNetzA für Netzbetreiber spezifische Regelungen in Form eines IT-Sicherheitskataloges zu erlassen hat: „Die Regulierungsbehörde erstellt hierzu im Benehmen mit dem Bundesamt für Sicherheit in der Informationstechnik einen Katalog von Sicherheitsanforderungen und veröffentlicht diesen[744]."

Für Netzbetreiber hat die BNetzA daher mit dem am 12.08.2015 veröffentlichten „IT-Sicherheitskatalog[745]" eine Regulierung geschaffen, die mit ihren Forderungen deutlich über die im ITSiG genannten Anforderungen hinausgeht. Netzbetreiber müssen demnach:

- eine Meldestelle eingerichtet haben (die Frist hierfür ist bereits abgelaufen),
- einen Netzstrukturplan und auf dessen Grundlage ein ISMS erstellen, das einem an die ISO 27001 angelehnten Standard folgt,
- die Maßnahmen aus dem ISMS sowohl technisch nach dem Stand der Technik als auch organisatorisch adäquat unterfüttern,
- dieses ISMS nach den Vorgaben der DAkkS[746] zertifizieren lassen und
- eine Kopie des Zertifikats spätestens am 31.01.2018 bei der BNetzA eingereicht haben.

---

[742] Art. 1 Nr. 7 ITSiG; § 8a Abs. 3 Satz 3 BSI-G.

[743] Art. 1, Nr. 9 ITSiG; § 14 Abs. 1, Satz 1EnWG.

[744] Art. 3, Nr. 1b) ITSiG.

[745] IT-Sicherheitskatalog gem. § 11 Abs. 1a EnWG.

[746] Deutsche Akkreditierungsstelle GmbH; die DAkkS ist die nationale Akkreditierungsstelle der Bundesrepublik Deutschland mit Sitz in Berlin.

Der Geltungsbereich des IT-Sicherheitskatalogs umfasst alle zentralen und dezentralen Anwendungen, Systeme und Komponenten, die für einen sicheren Netzbetrieb notwendig sind. Dazu gehören konkret:

- alle TK- und EDV-Systeme, welche direkt Teil der Netzsteuerung sind und

- alle TK- und EDV-Systeme, die nicht direkt Teil der Netzsteuerung sind, deren Ausfall jedoch die Sicherheit des Netzbetriebs gefährden könnte.

Ausgeschlossen sind hingegen ausdrücklich alle Messsysteme nach § 21d EnWG, wenn diese nicht zu netzbetrieblichen Zwecken eingesetzt werden, also z.B. zur Ermittlung von Energieverbräuchen eingesetzte Messsysteme.

In welcher Form die Netzstrukturplanung zu erstellen ist, regelt der IT-Sicherheitskatalog jedoch nicht. Damit sind verschiedene Modelle denkbar, z.B. Übersichtspläne, Diagramme, usw.

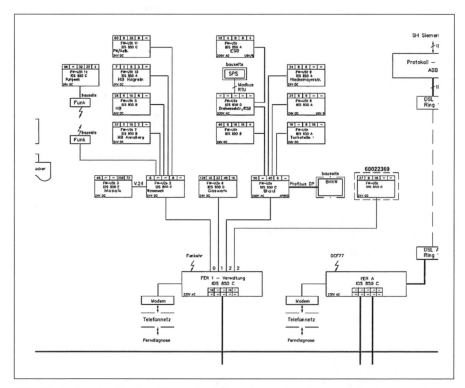

Abb. 80:   Beispielgrafik einer Netzstrukturplanung

Dabei obliegt es den jeweiligen Netzbetreibern selbst, welche Anwendungen, Systeme und Komponenten unter Betrachtung der vorgegebenen Kriterien aus dem IT-Sicherheitskatalog betroffen sind.

Werden Anwendungen, Systeme und Komponenten darüber hinaus durch Dritte betrieben, muss der Netzbetreiber die Umsetzung des Katalogs durch entsprechende Vereinbarungen mit dem Dienstleister sicherstellen. Das betrifft auch die Fernwartung an eigenen Systemen, die z.b. durch den Hersteller durchgeführt wird. Dafür bieten sich speziell auf die Vorgabe und Kontrolle der Sicherheitsaspekte ausgerichtete vertragliche Vereinbarungen an, z.B. sog. *Security Service Level Agreements*. Letztendlich bleibt der Netzbetreiber in der alleinigen Verantwortung in Bezug auf die Einhaltung des Katalogs, auch wenn Leistungen an Dritte übertragen wurden.

Eine der Kernforderungen des IT-Sicherheitskatalogs liegt in der Entwicklung eines Netzstrukturplans. Dieser bildet die Grundlage aller weiteren Maßnahmen, stellt er doch in seiner Gesamtheit den Geltungsbereich der anzuwendenden Maßnahmen für die kritische Infrastruktur dar. Gem. den Anforderungen aus dem IT-Sicherheitskatalog ist der Schutzbedarf für die Systeme, Anwendungen und Komponenten auf Grundlage eines Netzstrukturplans zu ermitteln.

Der IT-Sicherheitskatalog macht zudem klare Vorgaben, dass in der Netzstrukturplanung die Technologiekategorien

- „Leitsysteme und Systembetrieb",
- „Übertragungstechnik/Kommunikation" und
- „Sekundär-, Automatisierungs- und Fernwirktechnik"

abzubilden sind. Ein wichtiger Aspekt ist außerdem, Schnittstellen zu Systemen, Anwendungen und Komponenten, die nicht in den Geltungsbereich fallen, klar zu kennzeichnen. Dazu gehören z.B. Ringschalter im eigenen Netz, die jedoch durch einen Dritten betrieben werden.

Zusammenfassend ist festzustellen, dass die Ermittlung des individuellen Schutzbedarfs und der durchzuführenden Maßnahmen dem jeweiligen Netzbetreiber obliegt, woraus sich auch dessen Darlegungs- und Beweislast im Einzelfall ableitet.

6.3.5 Einrichtung eines Informationssicherheits-Managementsystems (ISMS)

Ein ISMS ist ein sicherheitsbezogenes und praxistaugliches Paket von organisatorischen und technischen Steuerungs- und Überwachungsmaßnahmen zur Beherrschung der prozessbezogenen Informationssicherheit in annähernder Echtzeit. Ein ISMS ist eng verbunden mit dem ISO-27-Normensatz der *International Organization of Standardization*. Auch der Grundschutz des BSI als Katalog von Einzelbausteinen und konkreten Maßnahmen zur Organisation der Informationssicherheit lehnt sich an die ISO-27-Normen an, ist jedoch umfassender und durch die detaillierten Vorgaben und Hinweise präziser. Allerdings umfasst der BSI-Grundschutz mehrere tausend Seiten Dokumentation, was seine vollständige Umsetzung durch den dafür notwendigen hohen Aufwand für Unternehmen eher unattraktiv macht. Zumindest für Unternehmen mit weniger Vorerfahrung mit ISMS stellt dieses Werk jedoch hilfreiche Leitfäden für einzelne Themen (z.B. zur Härtung typischer Betriebssysteme) zur Verfügung.

Die übergeordnete Verantwortung für ein funktionierendes ISMS obliegt stets der Geschäftsführung und ist nicht delegierbar.

Sofern der Betreiber IT-Services oder relevante Prozesse an Dienstleister ausgelagert hat oder in Kooperation mit einem Dritten betreibt, sind diese umfassend in den Wirkungsbereich des ISMS einzubinden. In der Praxis bedeutet das, dass die Leistungen durch die Dritten in einer Weise zu erbringen sind, als wenn diese im eigenen Hause erbracht werden würden. Sollte also z.B. an einem im eigenen Netzwerk befindlichen IT-System Fernwartungsleistungen durch einen Dritten (z.B. Hersteller) durchgeführt werden, müssen diese Fernwartungsleistungen sicherheitstechnisch unter der vollen Kontrolle des auslagernden Unternehmens liegen. Als weiteres Beispiel lässt sich auch eine häufig in der Praxis anzutreffende Kooperation anführen, bei der fernwirkende Schaltleistungen durch einen Dienstleister erbracht werden. Auch hier gilt der Grundsatz, dass aus sicherheitstechnischer Perspektive die finale Kontrolle beim auslagernden Unternehmen liegen muss.

Aus dem ITSiG sowie der dazu erlassenen Rechtsverordnung[747] selbst ergeben sich keine direkten Anforderungen, wie ein ISMS konkret auszugestalten ist. Hier überlässt der Gesetzgeber den Unternehmen freien Gestaltungsspielraum. Für Netzbetreiber hingegen stellt sich die Situation auf Basis des von der BNetzA konkretisierten Konformitätsprogrammes[748] wie folgt dar:

„Das Risikomanagement der Organisation gem. Abschnitt 6.1.3 und 8 der DIN ISO/IEC 27001 muss auch sämtliche Maßnahmen der DIN ISO/IEC TR 27019:2015-03; DIN SPEC 27019:2015-03 berücksichtigen, d.h. der Begriff „Anhang A" in Abschnitt 6.1.3 ist als „Anhang A sowie sämtliche Maßnahmen der DIN ISO/IEC TR 27019:2015-03; DIN SPEC 27019:2015-03" zu verstehen. Die in den Normen genannten Maßnahmen sind also nicht zwingend vollständig umzusetzen, aber im Rahmen des Risikomanagements vollständig auf ihre Relevanz zu prüfen."

---

[747] VO zur Bestimmung Kritischer Infrastrukturen nach dem BSI-Gesetz (BSI-KritisV).
[748] Konformitätsbewertungsprogramm zur Akkreditierung von Zertifizierungsstellen für den IT-Sicherheitskatalog gemäß § 11 Abs. 1a EnWG auf der Grundlage der ISO/IEC 27006.

Damit wird die Umsetzungsanleitung aus der ISO/IEC 27002 um die Anforderungen für Prozesssteuerungssysteme und unterstützende Systeme der Energieversorgung ergänzt. Somit konkretisiert oder erweitert die BNetzA die Regelungsanforderungen z.B. um Aufgaben, wie:

- das Sichern von Leitstellen und Außenstandorten (9.1.7 und 9.1.9 ISO/IEC 27002),
- Maßnahmen gegen Schadsoftware (10.4.1 ISO/IEC 27002) oder
- Notfall-Kommunikation (14.2.1 ISO/IEC 27002).

Damit ergeben sich für Netzbetreiber sehr viel umfangreichere Anforderungen und Aspekte beim Aufbau und bei der Umsetzung der Maßnahmen in einem ISMS als diese beim Aufbau des ISMS allein aus den Vorgaben aus der ISO 27001/27002 hervorgehen würden.

6.4 *Blockchain*-Anwendungen in der Energiewirtschaft

6.4.1 Vertrauen ohne Mittelsmann

Unter einer *Blockchain* wird allgemein eine Datenbank verstanden, deren Sicherung gegen nachträgliche Manipulation durch Speicherung des *Hash*wertes, des vorangehenden Datensatzes im jeweils nachfolgenden gesichert ist. Neue Blöcke werden über ein Konsensverfahren geschaffen und anschließend an die *Blockchain* angehängt. Durch die aufeinander aufbauende Speicherung von Daten in einer *Blockchain*, können diese nicht nachträglich geändert werden, ohne die Integrität des Gesamtsystems zu beschädigen[749].

Blockchain ist eine Technologie für *Peer-to-Peer*-Transaktionsplattformen, mit der Besonderheit der dezentralen Speicherung aller Transaktionsdaten. Damit verschiebt die *Blockchain* Transaktionsmodelle von zentral (Banken, Börsen, Handelsplattformen, Energieversorger) zu dezentral (Konsumenten, Energieverbraucher, Erzeuger). Neue Formen von *Online*-Marktplätzen entstehen, die ohne die üblichen Intermediären, wie Börsen oder Plattformbetreiber, auskommen. Durch die dezentrale Speicherung und Verschlüsselung ist das Sicherheitsniveau von *Blockchain*-Transaktionen vergleichsweise hoch. Die Sicherheit und die vollständige Transparenz über alle Transaktionen gibt den Akteuren auf der Plattform das Vertrauen, auch Transaktionen mit anonymen Partnern durchzuführen.

---

[749] S. auch Jens Fromm, Mike Weber (Hrsg.): ÖFIT-Trendschau: Öffentliche Informationstechnologie in der digitalisierten Gesellschaft. Kompetenzzentrum Öffentliche IT, Berlin 2016.

Die erste relevante -Anwendung ist *Bitcoin*, eine Kryptowährung[750]. *Bitcoin* war in den letzten Jahren die Basis für *Blockchain*-Anwendungen, die derzeit insb. im Finanzsektor schon weit fortgeschritten sind. Zahlreiche junge Unternehmen, Banken und andere Organisationen entwickeln ihre *Blockchain*-Initiativen mit hohem Tempo weiter. Neben dem Finanzsektor gibt es erste Anwendungen in verschiedenen anderen Bereichen und Branchen, u.a. Grundbuchregister, Echtheitszertifikate, Rechtemanagement (Kunst, Musik), *Internet of Things* (*IoT*).

Blockchain unterstützt den Trend zur *Sharing Economy*, also der gemeinschaftlichen Nutzung von Assets. Gemeinschaftlich bedeutet hier v.a., dass Transaktionen direkt zwischen Anbietern und Nachfragern durchgeführt werden. Plattformen unterstützen das Zustandekommen von Transaktionen zwischen vielen einzelnen Anbietern und Nachfragern (*Peer-to-Peer*). Die nachfolgende Grafik zeigt die verschiedenen Ausprägungen der *Sharing Economy*.

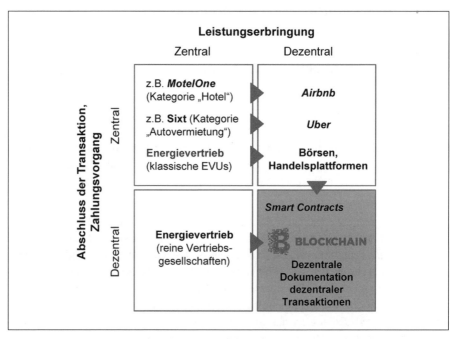

Abb. 81: Ausprägungen der *Sharing Economy*

Bisher zentrale Geschäftsmodelle, wie bspw. Hotelketten, Mietwagen- oder Taxiunternehmen, werden durch Anbieter wie *Airbnb* und *Uber* unter Druck gesetzt, in dem dezentrale (private) Kapazitäten über Plattformen vermittelt werden. Die Leis-

---

[750] Verschlüsselte, digitale Währung.

tungserbringung erfolgt dezentral, doch Vermittlung und Abschluss der Transaktion sowie Bezahlung erfolgen weiterhin zentral über die genannten Plattformen.

Auch im Energiesektor lässt sich die *Blockchain*-Technologie anwenden. Pilotprojekte – wie der im April 2016 in New York erstmalig durchgeführte Handel dezentral erzeugter Energie zwischen Nachbarn über ein *Blockchain*-System[751] – zeigen, dass die Blockchain-Technologie im Energiesektor anwendbar ist. Weitere Projekte werden derzeit v.a. von Energieversorgern und Start-ups entwickelt.

Die bisherigen Entwicklungen deuten darauf hin, dass *Blockchain* zukünftig insb. die Rolle des einzelnen Konsumenten und Produzenten im Markt stärken kann. *Prosumer* erhalten über die *Blockchain*-Technologie die Möglichkeit, mit einem hohen Grad an Unabhängigkeit die von ihnen erzeugte Energie direkt zu handeln. *Blockchain*-Technologie fördert daher die Entwicklung hin zu einer weiteren Dezentralisierung der Energiesysteme.

6.4.2   Anwendungsbeispiele in der Energiewirtschaft

Blockchain-Anwendungen im Energiesektor sind aktuell – Stand Oktober 2016 – noch durchweg im Konzept- bzw. Prototyp-Stadium. Dies gilt sowohl für die verwendete Technik, wie auch für die Möglichkeiten zur Anwendung durch die Verbraucher. Es ist aber bereits deutlich erkennbar, welche technischen Möglichkeiten die *Blockchain* bietet. Insb. dezentral gesteuerte Energielieferbeziehungen sowie die Abwicklung und Dokumentation der Transaktionen sind realistisch durchführbar. Das Potenzial der *Blockchain* im Energiesektor ist somit vielversprechend.

Bei der Umsetzung des dezentralen Transaktionsmodells mithilfe der *Blockchain* ist mit einer Veränderung der Marktrollen zu rechnen, bzw. eine solche Veränderung ist in der Regulatorik zu berücksichtigen. Jeder Energieverbraucher wird zum BKV. Messstellenbetreiber müssen Daten nicht mehr selbst erfassen, da die Transaktionsdaten automatisch über die *Blockchain* erfasst werden.

---

[751] www.brooklynmicrogrid.com.

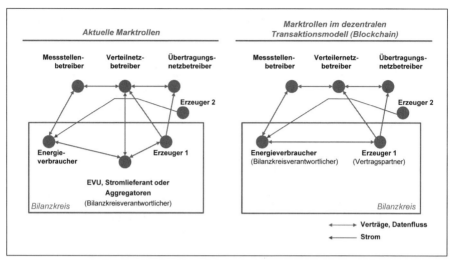

Abb. 82: Neue Rollen der Marktteilnehmer

Aus den Entwicklungen im Finanzbereich in Bezug auf *Blockchain* lassen sich grundlegende Annahmen auch auf den Energiebereich übertragen:

- Die dezentrale Speicherung von Transaktionsdaten erhöht das Sicherheitsniveau und die Unabhängigkeit von einer zentralen Instanz.

  >> gilt prinzipiell auch im Energiesektor

- Die Anwendungsbereiche der *Blockchain*-Technologie sind vielfältig, so kann die Blockchain-Technologie bei der Bezahlung mit Kryptowährungen, Digitalisierung von Verträgen, Verwaltung digitaler Inhalte, Verifizierung von Transaktionen, Handel und in weiteren Bereichen angewendet werden. Der nächste große Entwicklungsschritt wird im Bereich *Smart Contracts* prognostiziert.

  >> gilt prinzipiell auch im Energiesektor

- Neue dezentrale Geschäftsmodelle kommen ohne Intermediäre aus.

  >> gilt prinzipiell auch im Energiesektor

- Ob sich die Technologie durchsetzen wird, hängt nicht nur von den technischen Fähigkeiten des Systems, sondern auch von den regulatorischen Rahmenbedingungen, dem rechtlichen Rahmen, der Skalierbarkeit und Resilienz der Technologie sowie der Wirtschaftlichkeit der Investitionen ab.

  >> gilt prinzipiell auch im Energiesektor

Anders als im Finanzbereich ist im Energiebereich zusätzlich das physische Produkt zu berücksichtigen, z.B. Strom. Es finden also nicht nur Transaktionen von Werten und Informationen statt, sondern auch ein Handel von Energie über eine Netz-infrastruktur.

Die *Blockchain*-Technologie ermöglicht die Steuerung von Energietransaktionen durch *Smart Contracts*. *Smart Contracts* signalisieren dem System, welche Transaktionen zu welchem Zeitpunkt veranlasst werden sollen. Das geschieht entsprechend fest definierten Regeln, nach denen Energieflüsse und Speicherung automatisch gesteuert werden können, sodass Angebot und Nachfrage ausgeglichen werden. Wird bspw. mehr Energie erzeugt als benötigt, kann mithilfe der *Smart Contracts* automatisch die Speicherung der überschüssigen Energie veranlasst werden. Umgekehrt wird die Nutzung der gespeicherten Energie veranlasst, wenn zu bestimmten Zeitpunkten nicht ausreichend Energie produziert wird. Die *Blockchain*-Technologie hat somit einen direkten Einfluss auf die Steuerung von Netzen und Speicheranlagen. Auch der Regelenergiemarkt und virtuelle Kraftwerke können mithilfe von *Smart Contracts* gesteuert werden.

Die dezentrale Speicherung der Transaktionsdaten in der *Blockchain* ermöglicht eine dezentrale, sichere Dokumentation aller Energieflüsse und Geschäftstätigkeiten. Die Energieflüsse und Transaktionen, die z.T. durch *Smart Contracts* ausgelöst werden, können mithilfe der *Blockchain*-Technologie manipulationssicher dokumentiert werden. Die Kombination aus Steuerung durch *Smart Contracts* und sicherer dezentraler Dokumentation hat ebenfalls einen direkten Einfluss auf Netze und Speicher.

Ein weiterer zukünftig denkbarer Anwendungsbereich ist die Nutzung von *Block-chain* für die Dokumentation und Transaktion von Eigentumsverhältnissen bzw. der sicheren Speicherung von Eigentumsverhältnissen. Die manipulationssichere und dezentrale Speicherung aller Transaktionsdaten lässt sich hervorragend im Bereich der Zertifizierung des Energiebereichs nutzen. Zwei Wirkungsfelder stechen besonders hervor: Echtheitsnachweise für Strom aus erneuerbaren Energien und für CO_2-Zertifikate (Emissionsrechtehandel). Über *Blockchain* kann die exakte Besitzhistorie eines Zertifikats festgehalten werden. So lassen sich sowohl die Zertifikate für Grünstrom wie für Emissionen manipulationssicher und transparent gestalten. Eine weitere Anwendung, die im Zeichen des Internets der Dinge steht, ist ein Register, das Eigentumsverhältnisse und Anlagenzustand (*Asset Management*) von Anlagen wie *Smart Meter*, Netzen und Erzeugeranlagen wie PV-Anlagen dokumentiert und regelt.

Die Bezahlung der Energie kann über Kryptowährungen erfolgen.

Kombiniert man einzelne Anwendungen, die auf der *Blockchain*-Technologie basieren, ist in Zukunft ein dezentral gesteuertes Transaktions- und Energieliefersystem möglich. Dezentral erzeugte Energie wird über kleinere Netze zum Endverbraucher transportiert. *Smart Meter* messen erzeugte und verbrauchte Energie, Energiehandel und Bezahlung mit einer Kryptowährung erfolgen über die *Blockchain* und werden automatisch durch *Smart Contracts* gesteuert.

Die nachfolgende Abb. fasst das Pilotprojekt „*Brooklyn Microgrid*" zusammen.

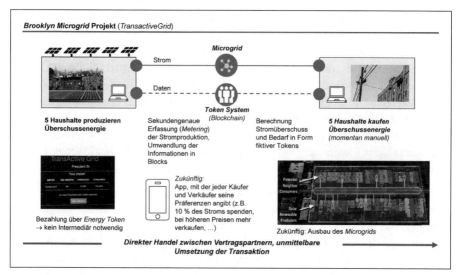

Abb. 83:   Das *BrooklynGrid Project* als innovatives Beispiel eines *Peer-to-peer* Netzwerks

Überträgt man diese Idee auf die Funktionsweise des deutschen Energiemarktes, so zeigt sich, dass eine Energieversorgung auch ohne Zwischenhändler und EVU möglich sein könnte. Im bisherigen Prozess wird die zentral erzeugte Energie über das Verteilernetz der EVU an industrielle und private Nutzer geliefert. Händler kaufen und verkaufen Energie an Börsen, Banken fungieren als Zahlungsdienstleister, über welche die Transaktionen der beteiligten Akteure abgewickelt werden. In einem durch *Blockchain* unterstützen Prozess könnten die EVU, Händler und Banken wegfallen oder in ihrer Rolle deutlich reduziert werden. Es würde somit ein weitgehend dezentral gesteuertes Transaktions- und Energieliefersystem entstehen. In diesem erhält der Verbraucher über die *Blockchain* und darauf aufgesetzte *Smart Contracts* die Entscheidungsgewalt über Stromlieferverträge und Verbrauchsdaten.

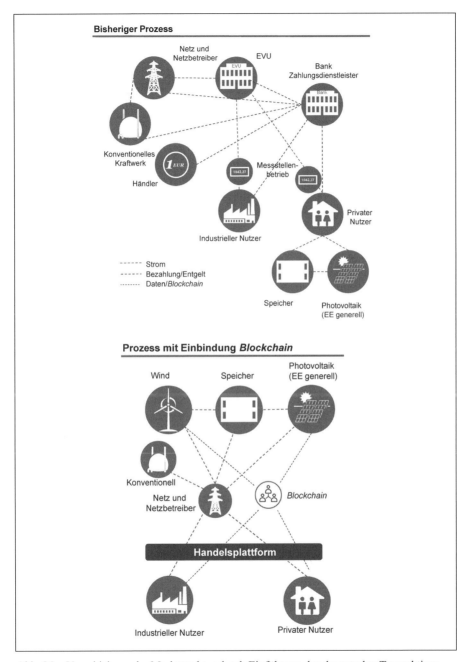

Abb. 84: Verschiebung der Marktstruktur durch Einführung des dezentralen Transaktions-
          modells

Neben dem zuvor geschilderten dezentralen Transaktionsmodell gibt es noch weitere mögliche Anwendungsfelder für die *Blockchain*-Technologie im Energiebereich.

Zum einen kann *Blockchain* die flächendeckende Nutzung von Elektromobilität[752] durch ein unkompliziertes Abrechnungsmodell auf Basis der *Blockchain* vereinfachen. Eine flächendeckende Nutzung von Elektromobilität ist nur möglich, wenn entsprechende Ladestationen für die Nutzer der Fahrzeuge flächendeckend verfügbar sind. Eine Schwierigkeit heute ist die unkomplizierte Abrechnung an Ladesäulen, die z.B. an öffentlichen Plätzen aufgestellt sind und von jedem genutzt werden können. Durch *Blockchain*-Technologie ließe sich ein Modell realisieren, in dem der Fahrer das Fahrzeug abstellt, etwa um in einem Geschäft einzukaufen – und das Auto sich während des Parkvorgangs automatisch an der Ladestation anmeldet und auflädt. Sobald der Fahrer den Parkplatz verlässt, rechnet die Ladestation automatisch den ausgegebenen Strom über *Blockchain*-Technologie ab.

Ein weiteres Anwendungsgebiet, das in naher Zukunft Bedeutung erhalten könnte, ist die Einbindung von *Blockchain* im Bereich der *Smart Devices*. Die zukünftige Kommunikation der *Smart Devices* untereinander und mit Drittgeräten innerhalb und außerhalb von Haushalten und Unternehmen verlangt nach einem Kommunikationsträger, über den Informationen und Transaktionen bewegt und gespeichert werden können, hier bietet sich *Blockchain* als eine Möglichkeit an.

Darüber hinaus lassen sich insb. die Funktionen der dezentralen Dokumentation von Transaktionen zur flächendeckenden Archivierung aller Abrechnungsdaten des Stromverbrauchs nutzen. In Verbindung mit dem (hierfür notwendigen) *Smart Meter Rollout*[753] lässt sich *Blockchain* für Verbraucher zur Ablesung sowie Abrechnung ihrer digitalen Stromzähler nutzen.

Grds. lässt sich auch über weitere verwandte Anwendungen losgelöst vom Strommarkt nachdenken, bspw. die Abrechnung von Heizkosten und Warmwasser, die heute größtenteils von professionellen Ablesedienstleistern wie Brunata, ISTA oder Techem durchgeführt wird. *Blockchain*-Technologie könnte wesentliche Aufgaben in diesem Markt übernehmen und dadurch den Wettbewerb dort steigern.

---

[752] Vgl. dazu unten Abschnitt 5.3 (Alternative Antriebstechnologien und Lösungsansätze im Bereich Verkehr).

[753] Vgl. dazu oben Abschnitt 3.1.2.3 (Digitalisierung des Messwesens) und Abschnitt 1.1.1 (*Smart Meter Rollout* und Bedeutung für das deutsche Energiesystem).

6.4.3   Entwicklung, Chancen und Risiken

Der Trend hin zu einer dezentralen Versorgung, z.b. durch Eigenstromerzeugung oder dezentraler Erzeugung aus weiteren grünen Energiequellen, wird in Deutschland ohnehin durch die Realisierung der Energiewende gefördert.

Blockchain-Modelle gehen von direkten Transaktionen zwischen Anbietern und Nachfragern aus. Dadurch werden zuvor aktive Intermediäre, Handelsplattformen, Händler, Banken oder Energieversorger in ihrer Rolle obsolet oder zumindest deutlich eingeschränkt. In der Folge könnten die Systemkosten insgesamt deutlich sinken. Zu den Systemkosten, die entfallen oder reduziert werden, gehören u.a.:

- keine oder geringere Kosten (auch für Personal, Sachkosten, Infrastruktur etc.) und Gewinnaufschläge für die o.g. Unternehmen, die bisher im System tätig sind, aber zukünftig keine oder eine geringere Rolle im System spielen,

- keine oder geringere Betriebskosten für Ablesung, Abrechnung etc.,

- kein Aufwand für Mahnverfahren, Inkassoverfahren,

- keine Kosten für Zahlungsverkehr über Banken (v.a. Lastschrifteinzüge von Kunden),

- ggf. geringere Netzentgelte,

- keine Kosten für die Zertifizierung von Grünstrom.

Diese Kostensenkungen würden die Energiekosten für den Energieverbraucher direkt oder indirekt reduzieren.

Dem entgegenzustellen sind die Betriebskosten der *Blockchain*. Hierzu gehören Transaktionsgebühren für *Blockchain*-Transaktionen. Zudem sind ggf. Rechnerleistung und deren Energieverbrauch in die Rechnung mit einzubeziehen. Die tatsächlichen Kosten von *Blockchain*-Anwendungen sind heute noch nicht absehbar. Kostenseitig ist ein Unterschied zwischen privaten und öffentlichen *Blockchains* erkennbar (siehe Abb. 85). Private *Blockchains* haben oftmals geringere Transaktionskosten und einen kostensenkenden, vereinfachten Validierungsprozess, bspw. verbraucht die Validierung über *Proof-of-Work* mehr Energie als das *Proof-of-Stake*-Verfahren.

In die Kostenbetrachtung sind auch alle Investitionen einzubeziehen, die für die Flexibilisierung der Stromnetze erforderlich sind: Voraussetzung für eine sinnvolle Nutzung der *Blockchain* ist ein Stromnetz, das in der Lage ist, die erhöhte Zahl einzelner Energieproduzenten sowie den höheren Grad an Flexibilität verarbeiten zu können, was auch für Versorgungssicherheit unbedingt notwendig ist. Der ab 2017 erwartete *Roll-out* von *Smart Metern* wird die Flexibilisierung der Strommärkte begünstigen. Ferner werden die größten Kostenvorteile nur möglich, wenn sich möglichst viele Anbieter und Nachfrager auf eine *Blockchain*-Anwendung mit gemeinsamen Standards und Regeln einigen können. So werden parallel existierende und nicht kompatible Anwendungen vermieden.

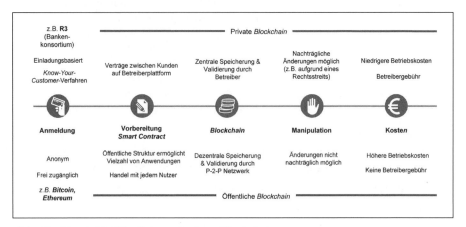

Abb. 85:   Vergleich öffentliche und private *Blockchain*

Die Kosten für die Energieverbraucher sinken auch deswegen, weil sie deutlich flexiblere Bezugsmöglichkeiten haben. In *Blockchain*-Transaktionsmodellen finden quasi permanent Versorgerwechsel statt, da in extrem kurzen Fristen (bis zu wenigen Minuten) neue Transaktionspartner gefunden und verpflichtet werden können.

Durch die *Blockchain*-Technologie erhöht sich der Grad an Transparenz für den Verbraucher. Es wird für den Verbraucher möglich sein, exakt nachzuvollziehen, woher der von ihm gekaufte Strom stammt. Aufgrund der direkten Transaktion zwischen Energieanbietern und Energieverbrauchern ist eine präzise Angabe des Vertragspartners – darunter Windpark oder Solarpark – möglich. Somit ist auch die präzise Bestimmung der Stromherkunft, also z.B. als prozentualer Anteil erneuerbarer Energien, möglich. Der Energieverbraucher macht diese Vorgaben individuell und in einer Granularität, die bisher nicht möglich war.

Die Transparenz umfasst entsprechend auch die gesamte Transaktionshistorie, die in der *Blockchain* gespeichert wird (verbrauchte Energie und getätigte Zahlungen). Die Transaktionshistorie und deren Auswertung ermöglichen einen bisher unerreichten Grad an Übersicht. Gewerbe- und Großkunden, denen diese Auswertungen heute bereits vorliegen, erhalten diese nun deutlich kostengünstiger, die Auswertungsmöglichkeiten sind vermutlich größer.

Kritisch zu prüfen ist an dieser Stelle, welche Nachteile die Transparenz ggf. mit sich bringt. Denn im Grundmodell der *Blockchain* sind alle Transaktionen öffentlich sichtbar. Einzelne Nutzer identifizieren sich mit einem *Alias*, aber die unbefugte

Entschlüsselung einer gewissen Anzahl von Aliasen ist theoretisch denkbar und stellt ein Risiko dar.

Die *Blockchain* könnte eine momentan zu beobachtende Entwicklung beschleunigen – den Aufstieg des *Prosumer*. Durch geringere Transaktionskosten und einfachere Abrechnung wird es auch kleinen Anbietern oder Energieverbrauchern ermöglicht, im Markt als Abnehmer und Anbieter zu agieren. Verbraucher, die bspw. private Solaranlagen betreiben, können den produzierten Strom so einfacher an Nachbarn verkaufen oder in das Netz einspeisen. So kann für PV-Anlagen, kleine Windanlagen oder private Blockheizkraftwerke schneller die Schwelle der Wirtschaftlichkeit erreicht werden, die Anzahl der *Prosumer* steigt. Verbraucher profitieren von einer größeren Angebotsvielfalt und geringeren Preisen. Mit *Blockchain*-Modellen ließen sich zudem leichter gemeinschaftlich getragene Bürgerenergie-Modelle[754] realisieren.

Die vereinfachten Vermarktungsmöglichkeiten für dezentrale Energieerzeuger würden zu einem weiteren Ausbau erneuerbarer Energien führen. Mittelbar lässt sich daraus auch ein positiver Effekt für regionale Wirtschaftsstrukturen ableiten. Dezentrale Erzeugung kann wirtschaftliche Impulse durch Dienstleistungen, wie Wartungs- und Instandhaltungs- sowie Betriebstätigkeiten, setzen. Vom Ausbau der Windkraft profitieren in dieser Hinsicht v.a. strukturschwächere Gebiete.

Die Anonymität des *Blockchain*-Konzepts birgt auch das Risiko, dass illegale Aktivitäten, wie organisierte Kriminalität, über das System abgewickelt werden. Insb. Kryptowährungen wie *Bitcoin* geraten immer wieder in die Schlagzeilen, etwa durch insolvente Börsen mit wenig vertrauenswürdigen Gründern oder Erpressungsdiensten, die *Bitcoin* nutzen.

Außerdem kann sich das dezentrale System der *Blockchain* ohne übergeordnete Autorität auch nachteilig auf den Verbraucher auswirken, da zumindest in heutigen Modellen keine verantwortliche Stelle existiert, die regulierend eingreift, einfache Dienstleistungen anbietet oder nachträgliche Änderungen an bereits getätigten Vorgängen durchführen kann. Eine immer wieder auftauchende Problematik in Hinblick auf *Blockchain*-Technologie ist bspw. der Umgang mit vergessenen persönlichen Zugangsdaten des eigenen Accounts durch Nutzer. In diesem Fall verliert der Nutzer unwiderruflich den Zugriff auf das Konto und die darauf gespeicherten Einstellungen, Informationen und Vermögen.

Fest steht jedoch: *Blockchain* als vollständig dezentrales System, in dem die Vermittlung der Transaktion und die eigentliche Leistungserbringung *Peer-to-Peer*

---

[754] Vgl. dazu oben Abschnitt 3.3 (Marktintegration der erneuerbaren Energien) sowie oben Abschnitte 3.3.1.3 (Ausdehnung des Ausschreibungsmodells) und unten 8.2.4 (Bürgerbeteiligungen und Privatinvestoren).

erfolgen, kann maßgeblichen Einfluss auf zukünftige *Sharing-Economy*-Modelle haben und eine disruptive Kraft entfalten.

6.5 Wandel zu einem digitalen EVU

6.5.1 Fokus auf den Faktor Mensch

Digitale Transformation ist ein Veränderungsprozess, der zwei Seiten einer Medaille miteinander verbindet: die strukturverändernde (Technologie und Prozesse) und die kulturverändernden Perspektive (Menschen & Kompetenzen und Organisation). Um zu vermeiden, dass die Digitalisierung auf den Einsatz neuer Technologien (*Social Media*, *Analytics*, *Cloud*, *Mobility*) oder die Automatisierung von Prozessen reduziert wird, gilt es einen Fokus auf den kulturellen Wandel zu legen, wenn EVU im digitalen Zeitalter erfolgreich sein und bleiben wollen. Am Ende entscheidet nur der Faktor Mensch darüber, ob eine digitale Transformation gelingt. Das folgende Beispiel illustriert diesen wichtigen Aspekt anhand der fiktiven Nordlicht AG.

Ohne ein Umdenken in den Köpfen der Mitarbeiter/innen sowie deren aktive Unterstützung kann die digitale Transformation nicht gelingen, weiß der erst kürzlich berufene „Vorstandsvorsitzende Holger Hansen". Sein Unternehmen, die „Nordlicht AG", ist ein regionaler Energieversorger in Norddeutschland, der die Privathaushalte in der umliegenden Region mit Strom, Wärme und Wasser versorgt. Die zahlreichen Firmenkunden werden sogar deutschlandweit beliefert.

Der Energiemarkt ist gerade in Bewegung und klassische Geschäftsmodelle und Wertschöpfungsprozesse geraten immer stärker unter Druck. Neue, branchenfremde Marktteilnehmer drängen mit intelligenten Lösungen für Haus-, Beleuchtungs- und Thermotechnik auf den Markt. Die Geschwindigkeit, in der sie neue Produkte und Services entwickeln, ist enorm. Die bisherigen Branchengrenzen verschwimmen und geraten ins Wanken: Ein TK-Unternehmen arbeitet an einem sog. *Smart Grid*, also ein Stromnetz, das die Einspeisung und den Verbrauch von Energie automatisch regelt und dadurch die Energieversorgung nachhaltig optimiert. Ein Technologieunternehmen aus den USA bietet bereits erste Produkte und Services zur digitalen Steuerung der Haus- und Wärmetechnik an. Ein kleines *Start-up* hat eine Plattform entwickelt, auf welcher Konsumenten selbstproduzierten Strom tauschen können. Darüber hinaus verschwimmen auch die Grenzen zwischen Energieerzeugern und -konsumenten. Die bisherigen Verbraucher werden plötzlich zu aktiven Marktteilnehmern oder auch „*Prosumers*", indem sie, z.B. mit Solarzellen auf den Hausdächern oder Wärmepumpen in den Kellern, eigenen Strom produzieren und den überschüssigen über Plattformen im Netz weitergeben.

Für EVU ist es klar, dass sie sich verändern müssen. Vom traditionellen Energie-produzenten und -versorgern zu innovativen, kundenorientierten Unternehmen. Von klassischen Energiedienstleistungen zu ganzheitlichen Lösungen, die die Kunden-bedürfnisse wirklich erfüllen. Denn lediglich Energie zu günstigen Preisen an die Haushalte und Firmen zu liefern, ist kein Differenzierungsmerkmal im digitalen Zeitalter mehr. Für ihre Veränderung bedarf es neuer Kompetenzen und Fähigkeiten, um technologie- und datengetriebene Geschäftsmodelle zu entwickeln, die die Be-dürfnisse der Kunden befriedigen. Und diese Bedürfnisse sind nicht etwa die Belie-ferung eines Haushalts mit Energie. Die Bedürfnisse sind viel konkreter, z.b. dass der Kunde sich wohl fühlt, wenn er oder sie nach Hause kommt, indem das Wohn-zimmer auf gewünschte 21 C temperiert und die Temperatur im Schlafzimmer deut-lich kühler ist. Um vom Kunden her zu denken und kundenzentrierte Produkte und Services anzubieten, müssen erst einmal die alten Denkmuster in den Köpfen der Mitarbeiterinnen und Mitarbeiter aufgebrochen werden. Es muss serviceorientiert gedacht werden.

6.5.2 Neue Formen der Zusammenarbeit, Mitsprache und Arbeitsplatzgestaltung als wichtige Bestandteile

Die digitale Transformation bei der Nordlicht AG ist nur dann erfolgreich, wenn sie für die Mitarbeiterinnen und Mitarbeiter erlebbar ist, von ihnen getragen und be-wusst gelebt wird.

Doch das ist leichter gesagt als getan. In dieser kulturellen Veränderung liegt eine der größten Herausforderungen, die auf dem Weg zum digitalen EVU gemeistert werden muss. Denn leider passt die momentane Unternehmenskultur noch nicht zur gewünschten digitalen Zukunft des Unternehmens: Momentan arbeiten alle in funk-tionalen Silos und schauen nicht über den Tellerrand der eigenen Abteilung hinaus. Diese historisch gewachsenen Silostrukturen erschweren nicht nur die Kommunika-tion und den Wissensaustausch zwischen den einzelnen Abteilungen, sondern auch eine einheitliche und kongruente Kommunikation zum Endkunden. „Das haben wir immer schon so gemacht" oder „Früher war alles besser" sind Sätze, die immer und immer wieder auf den Fluren und in der Kaffeeküche zu hören sind. Sie stehen sym-bolisch für die Veränderungsresistenz einer Belegschaft, für eingefahrene Arbeitsab-läufe, für die Angst von Führungskräften, neue Wege zu gehen. Die Möglichkeiten mit Partnern oder *Start-ups* in einem Netzwerk zusammenzuarbeiten, um Kom-petenzen und Innovationskraft von außen in das Unternehmen hereinzuholen, wur-den bisher nicht genutzt. Offenheit war bislang nicht notwendig, entscheidet aber jetzt über die Zukunft.

6.5.3   d.quarks – elementare Bausteine der digitalen Transformation

6.5.3.1 Agile Kollaboration

Ein Unternehmen muss vier kulturelle Fähigkeiten der digitalen Transformation organisieren, beschaffen und entwickeln, um seine digitale Strategie erfolgreich umzusetzen[755]. Eine Fähigkeit wird entlang von vier strategischen Dimensionen charakterisiert: Organisation, Menschen & Kompetenzen, Prozesse und Technologie. Auf Basis dieser vier strategischen Dimensionen können Unternehmen Anforderungen ableiten, um eine entsprechende Fähigkeit einzuführen. Werfen wir einmal einen genaueren Blick auf diese vier zentralen kulturellen Fähigkeiten.

Die Möglichkeit, offen und agil zusammenzuarbeiten, ist ein wichtiger Bestandteil einer digitalen Kultur. Sie ist eine wichtige Kernkompetenz von Unternehmen, die auch im digitalen Zeitalter erfolgreich sein wollen. Agile Kollaboration unterstützt alle Mitarbeiter/innen, flexibel in Kontakt zu treten und funktionsbergreifende Teams zu bilden, um eigenständig zu kooperieren. Durch die Befähigung aller Beteiligten, schnell und einfach gemeinsame Projekte aufzusetzen, verschwinden Hierarchien und abteilungsbedingte Silos auf eine natürliche Weise. Durch das abteilungsübergreifende, kontextabhängige Arbeiten wird der Informations- und Wissensaustausch im gesamten Unternehmen unterstützt und die Mitarbeiter/innen lernen voneinander. Um die Weitergabe von Erfahrung und das selbstständige Formen von sowie Arbeiten in Teams zu fördern, benötigt es eine offene Fehlerkultur. Nur in einer Arbeitsumgebung, in der Fehler akzeptiert werden und man aus ihnen lernen darf, werden Erfahrungen offen und freiwillig geteilt. Außerdem muss ein neues Anreizsystem eingeführt werden, welches das Ergebnis der Gruppe in den Vordergrund stellt und sie am Gesamterfolg entsprechend partizipieren lässt. Neben einem kulturellen Wandel bedarf es auch neuer technischer Lösungen, um die agile Zusammenarbeit und den Wissensaustausch zu ermöglichen. Auf Basis von sog. *Enterprise Collaboration Systems* können alle Mitarbeiter/innen jederzeit und von jedem Ort aus zusammenarbeiten und kommunizieren.

6.5.3.2 Partizipation

Starre Hierarchien und klassische Führungsstile werden nicht nur durch agile Kollaboration, sondern auch durch eine Kultur der Partizipation und Mitsprache aufgebrochen.

---

[755] Hentrich/Pachmajer, d.quarks – Der Weg zum digitalen Unternehmen, Murmann Verlag, Hamburg, 2016.

Hierbei haben alle Mitarbeiter/innen die Möglichkeit, sich aktiv und selbstständig in die Geschäftsprozesse und die damit verbundene Entscheidungen einzubringen und somit direkt Verantwortung zu übernehmen. Abhängig vom jeweiligen Kontext werden Teams gebildet, die sich selbst organisieren und eigenständig agieren. Die Zusammensetzung der Teams und deren Führung erfolgt auf Basis der Kompetenzen und Kapazitäten der einzelnen Teammitglieder. Mit den sich ständig wechselnden Aufgaben und zunehmend komplexen Geschäftsprozessen verändern sich dementsprechend andauernd die Teamzusammensetzung und Führungsrollen. Aufgrund des selbstverantwortlichen sowie selbstbestimmenden Arbeitens der Mitarbeiter/innen werden sie zu Gestaltern von etwas Neuem und verändern nicht nur den Arbeitsprozess oder das Unternehmen, sondern auch sich selbst. Die hier zugrundeliegenden Prinzipien der Mitsprache und Selbstorganisation unterstützen eine Umstrukturierung, sodass die Entscheidungsmacht auf viele autonome Gruppen intelligent aufgeteilt wird und das Management entlastet wird. Das bedeutet jedoch auch, dass das Management bewusst auf Kontrolle verzichtet und Führungsverantwortung abgeben muss. Die rollenbasierte Delegation der Entscheidungskompetenz an die Gruppe ist der Grundstein für eine agile und adaptive Unternehmensstruktur.

6.5.3.3 Arbeitsplatzgestaltung

Um den Kulturwandel zu unterstützen, indem die Kommunikation, Zusammenarbeit und Innovation im Unternehmen gefördert wird, bedarf es auch Veränderungen am Arbeitsplatz. Die Mitarbeiter/innen – besonders die jungen Arbeitskräften der Generation Y und Z – erwarten, dass ihr Arbeitsplatz moderne, intuitiv zu nutzende Software und leistungsstarke Hardware bietet, so wie sie es aus ihrem privaten Umfeld gewohnt sind. Um zeitliche sowie räumliche Flexibilität zu ermöglichen, können sowohl organisatorische Konzepte entwickelt werden, wie z.B. *Home Office* oder *Flexwork*, die durch technische Lösungen unterstützt werden. Neben der technologischen Ausstattung des Arbeitsplatzes spielen aber auch der eigentliche Arbeitsort und dessen Ausgestaltung eine wichtige Rolle. Die Arbeitsumgebung folgt unterschiedlichen Arbeitssituationen und nicht standardisierten Raumkonzepten, an die sich die Menschen anpassen müssen. Im digitalen Zeitalter passt sich der Raum den Nutzungserfordernissen der Menschen an. Das erfordert ein hohes Maß an Flexibilität in der Innenarchitektur. Das kann bspw. durch offene Raumstrukturen, in denen es keine festen Schreibtische, sondern inspirierende Kreativitätsbereiche gibt, erzielt werden. Denn Innovation und Kreativität brauchen Raum. Gleichzeitig muss es auch Rückzugsorte geben, denn je nach Situation und Aufgabe kann ein offener, dynamischer Arbeitsplatz auch störend sein. Auch Bereiche zur sozialen Interaktion sind genauso notwendig wie Bereiche, die ohne funktionale Zielsetzung gestaltet sind, die „zweckungebunden" sind und Raum für neue Gedanken geben. Eine ständige Anpassung der Räume wird die Zukunft sein. Durch innovative Prozesse, wie z.B.

Design Thinking, wird ein tiefes Verständnis der Mitarbeiterbedürfnisse und deren Einfließen in die kontinuierliche Verbesserung der Arbeitsumgebung sichergestellt.

6.5.4   Entwicklung einer digitalen Kultur

Die drei vorangegangenen digitalen Fähigkeiten – agile Kollaboration, Partizipation und Arbeitsplatzgestaltung – unterstützen die Entwicklung und die nachhaltige Etablierung einer digitalen Kultur im Unternehmen. Da der Aufbau einer digitalen Unternehmenskultur allerdings ein fortwährender Veränderungsprozess ist, erfordert er eine zusätzliche besondere Begleitung. Mit der digitalen Transformation gehen neue Strukturen und Arbeitsformen sowie der Umgang mit neuen Technologien einher, was viele Mitarbeiterinnen und Mitarbeiter anfangs beängstigt oder überfordert. Daher sollten entsprechende *Change Management*-Maßnahmen von Anfang an in den digitalen Veränderungsprozess integriert werden und jede daraus entstehende Aktivitäten unterstützen. Ein wichtiger Erfolgsfaktor hierbei ist die kontinuierliche und transparente Kommunikation während des Transformations-prozesses, nicht nur mit den Mitarbeiter/innen, sondern auch mit den Kunden und Geschäftspartnern. Für die interne Kommunikation können *Change Agents* als Expertinnen und Experten für den digitalen Wandel eingesetzt werden, indem sie z.B. digitale Technologien als erste nutzen, und davon ihren Kolleginnen und Kollegen erzählen oder ihnen bei der Anwendung zu helfen. Außerdem sind sie die erste Anlaufstelle für Mitarbeiter/innen, um ihre Verbesserungsvorschläge oder Ängste zu adressieren. Um die Nutzung und den Umgang mit neuen Technologien und Geräten zusätzlich zu fördern, können außerdem regelmäßige Trainings sowie Feedback- und Learning-Sessions angeboten werden. Neben dem aktiven Einbeziehen der Mitarbeiter/innen, die sich hierbei gegenseitig unterstützen, sind das sichtbare Engagement und der aktive Einsatz der Führungsebene eine Grund-voraussetzung für die Etablierung einer nachhaltigen digitalen Unternehmenskultur.

Digitale Transformation ist Chefsache

Denn Veränderung ist zu allererst Chefsache, die nicht delegiert werden kann. Das weiß auch Holger Hansen. Ihm ist bewusst, dass er in der Rolle des aktiven Treibers und Verfechters der digitalen Transformation in seinem Unternehmen ist. Die von ihm kommunizierten Veränderungen gewinnen erst an Bedeutung und Authentizität, wenn er diese auch selbst umsetzt und vorlebt. Mithilfe der vier hier identifizierten relevanten Bausteine für eine digitale Kultur wird der Nordlicht AG der Wandel zum digitalen Energieunternehmen der Zukunft mit Sicherheit besser gelingen.

7 Geschäftsmodelle im Strommarkt der Energiewende

7.1 Herkömmliche Geschäftsmodelle unter Druck

Der tiefgreifende Veränderungsprozess in der Energiewirtschaft infolge der breiteren Nutzung von erneuerbaren Energien, der Dezentralisierung und Speicherung sowie der Digitalisierung stellt die Groß- und Einzelhandelsmärkte und das traditionelle Versorgungsmodell vor ernsthafte Herausforderungen.

Der steigende Anteil erneuerbarer Energien mit kurzfristigen Grenzkosten, die nahe null liegen, untergräbt die *Merit-Order*-basierten Preisgestaltungsgrundlagen der Großhandelsmärkte und destabilisiert das in der Vergangenheit eingespielte System von *Peak-/Off-Peak*-Margen. Regierungen, Regulierungsbehörden und ÜNB sorgen sich darum, die Sicherheit auf Systemen mit zunehmender Intermittenz zu bewahren. Während Nebenleistungen eine wichtigere Einnahmequelle für flexible konventionelle Kapazitäten werden, geraten die Kapazitäten selbst langfristig unter Druck – einerseits durch das Verbessern der Speicherleistung, andererseits durch die Flexibilisierung der Nachfrage.

Energie wird zunehmend von einer größeren Anzahl kleinerer, über Netze verbundener Geräte erzeugt, sog. "*Distributed Energy Resources (DER)*". Im Gegensatz zu konventionellen Kraftwerken, die zentralisiert sind und meist den Transport über lange Distanzen erfordern, sind *DER*-Systeme dezentralisiert, liegen nahe am jeweiligen Verbraucher und haben Kapazitäten von max. 10 MW. Diese Systeme können aus mehreren Erzeugungs- und Speichereinheiten bestehen und nutzen typischerweise erneuerbare Energien, wie Wasser, Biomasse, Biogas, Sonne oder Wind. Das Aufkommen der *DER*-Mikroerzeugungstechnologien öffnet die Energieerzeugung effektiv für einen "Massenmarkt", der Teilnehmer aller Größen umfasst, darunter kleine Unternehmen und private Hausbesitzer, was den Betrieb und die Struktur der Großhandelsmärkte weiter unter Druck setzt.

Neben der grundsätzlichen Störung der Einzelhandelsmärkte wirkt sich auch die Digitalisierung direkt auf Großabnehmermärkte aus, z.B. indem sie eine automatisierte Echtzeit-Aggregation und Konsolidierung von Kleinst-PV-Anlagen und Akkus über eine Vielzahl von Prosumenten-Installationen ermöglicht. Durch die Bündelung dieser Anlagen in virtuellen Kraftwerksstrukturen können neue Flexibilitätsquellen geschaffen werden. In zunehmendem Maß wird diese Flexibilität in den Großabnehmermärkten durch (automatisierten) algorithmischen Handel und Optimierung verwendet.

Die Digitalisierung revolutioniert die Kundeninteraktion auf allen Ebenen – vom reinen Informationsaustausch bis zur Durchführung von Transaktionen, wie dem Hausanschlussprozess oder dem Verkauf von Verträgen und sonstigen Leistungen. Zudem kann eine breite Palette an digitalen intelligenten Heimprodukten und Dienstleistungen angeboten werden, die weit über die traditionellen Versorgungsangebote hinausgeht: Neben klassischen *Smart Meter* oder *Smart Home*-Lösungen auch Integrationsplattformen, die es den Kunden ermöglichen, unterschiedliche Systeme und Geräte über eine konfigurierbare Schnittstelle zu verwalten. Doch insbesondere in diesem Markt sind die EVU nicht allein.

Eine Vielzahl von Energiemarkt-fremden *Playern* kommt über neue Digital- und Technologiekanäle und drängt in Bereiche, die früher eine sichere und geschlossene Domäne für Energieprodukte der EVU waren. Das ist keine Vision, sondern Realität. So ist z.B. der Markt für *Smart Home*-Lösungen bereits starkem Wettbewerb ausgesetzt, wobei viele Anbieter integrierte digitale Lösungen zu relativ niedrigen Preisen anbieten. Neben den EVU wird dieses Marktsegment von einer Reihe von Technologieanbietern eingenommen sowie einigen der großen digitalen Marken, wie *Apple*, *Google* oder *Amazon*. Viele der neuen Konkurrenten werden in der Lage sein, bestehende Produkte (z.B. *eCars*, PV-Anlagen, Batterien) zu nutzen, um sehr wettbewerbsfähige Angebote zur Energieversorgung anzubieten und die Kundenposition zu sichern. Infolgedessen werden die Margen bei der Stromversorgung wahrscheinlich unter weiteren Druck geraten.

Während *DER* und die Digitalisierung die Teilnahme an der Produktion massiv erweitern, werden nur wenige *Player* die Kompetenz und IT-Infrastruktur haben, um große Portfolios von Prosumenten-Installationen zu konsolidieren und zu verwalten. Während die Digitalisierung diesen *Playern* neue Chancen bietet, werden neue Flexibilitätsquellen den Großabnehmerwettbewerb verstärken und den Wert konventioneller Anlagen weiter erodieren. Der Umfang und die Geschwindigkeit dieser Veränderungen sind ungewiss, aber es besteht kein Zweifel daran, dass die *Up- und Midstream*-Segmente des Energiesektors einem Paradigmenwechsel gegenüberstehen:

- Der Wert der konventionellen Wärme- und Kernkraftwerkskapazität wird weiter erodieren.

- Flexible „*Peaking*"-Anlagen wie *OCGT* und Hydro profitieren von zusätzlichen Kapazitäten, stehen aber mittelfristig intensiver Konkurrenz aus neuen Quellen der *DER*-Flexibilität sowie groß angelegten Speicher- und Nachfragereaktionen gegenüber.

- Kurzfristige Handels- und Optimierungsaktivitäten sind zunehmend auf algorithmisch automatisierte Prozesse und Systeme angewiesen.

Diese Entwicklungen werden von sich rasch wandelnden Kundenerwartungen und Serviceanforderungen begleitet, während sich die Kundennachfrage und die Zahlungsbereitschaft für eine einfache, standardisierte Energieversorgung im Lauf der Zeit verringert. Kunden erwarten zunehmend

- intelligente Lösungen, die Energie, Technologien und digitale Produkte und Dienstleistungen integrieren;

- eine offene, leicht konfigurierbare, digitale Schnittstelle, die sie nicht an eine spezifische proprietäre Technologie bindet, sondern den Zugang zu einer breiten Palette von Produkten und Dienstleistungen von einer Vielzahl von Anbietern erleichtert und

- einfache konsolidierte Ladestrukturen und Abrechnungsprozesse für gebündelte Pakete (d.h. flache monatliche Gebühr, Einzelrechnung etc.).

Auch wird sich die Art und Weise, in der Unternehmen kommunizieren und Servicekunden betreuen, deutlich verändern, da digitalisierte Kunden und Prosumenten anstelle des *One-Way-Push* von Energie und Rechnungen eine facettenreiche und weitaus dynamischere Schnittstelle erwarten. Um die neuen Möglichkeiten des *connected* und digitalisierten Kunden zu nutzen, müssen die Unternehmen ihr herkömmliches Geschäftsmodell für den Einzelhandel, Verträge und Produktvergabe, um eigenständig einen Beitrag zur Bruttomarge zu liefern, radikal ändern.

Da die Zahlungsbereitschaft des Kunden nach standardisierter Energieversorgung stetig zurückgeht, wird der Kundennutzen zunehmend durch die Fähigkeit bestimmt, weitere Produkte und Dienstleistungen zu gewinnen, die eine höhere Zahlungsbereitschaft bewirken. In diesem Markt wird der Erfolg entscheidend davon abhängen,

- Zugang zu den Heim- und Kleinunternehmen zu bekommen (und hier zu bleiben);

- die Kontrolle über digitale Schnittstellen zu haben, aus denen *Up*-und-*Cross-Selling*-Möglichkeiten entweder durch den Besitz dieser Schnittstellen oder indirekt über einen (hoch vertrauenswürdigen) Partner orchestriert werden können;

- überzeugende Service- und Produktbündel mit hoher Zahlungsbereitschaft zu entwickeln, indem mit einer breiten Palette von Anbietern und strategischen Partnern zusammengearbeitet wird und

- zusätzlichen Wert zu extrahieren, indem die erzeugten Daten abgebildet und leicht über die digitale Kundenschnittstelle übertragen werden.

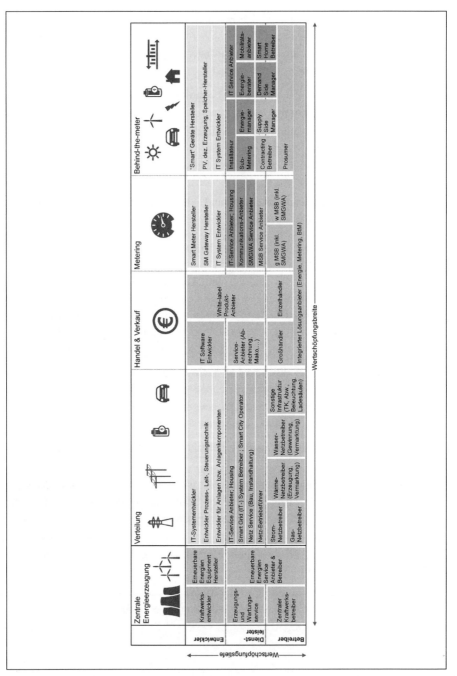

Abb. 86:   Geschäftsmodelllandschaft der Energieversorger

Die Erosion auf den etablierten Energiemärkten, sowohl im Groß- wie auch im Einzelhandel, lässt den EVU keinen anderen Weg, als neue Produkte und Dienstleistungen zu etablieren. Ansatzpunkte dazu sind Themen aus angrenzenden, energiewirtschaftlichen Bereichen, vor allem aber auch die Etablierung der EVU als Energiedienstleister.

Abb. 86 zeigt die Geschäftsmodelllandschaft der Energieversorger im Hinblick auf die Wertschöpfungsbreite über alle Wertschöpfungsstufen und die Wertschöpfungstiefe in allen diesen Stufen.

Ob die heute etablierten Energieversorger in diesem komplexen Umfeld auch morgen erfolgreich sein können, muss sich noch erweisen. Es hängt davon ab, ob sie ihren Anspruch auf Erfolg durch einen Mehrwert für die Kunden untermauern können. Drei wesentliche Elemente begründen das *„Right to win"* als Basis eines Geschäftsmodells:

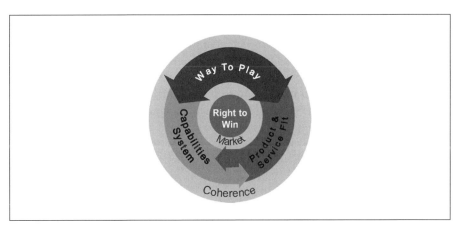

Abb. 87:   Elemente des Geschäftsmodells

- *Way To Play* – Wie generiert das Unternehmen einen Mehrwert für seine Kunden?

- *Product & Service Fit* – Was verkauft das Unternehmen und wer sind die Kunden?

- *Capabilities System* – Welche Fähigkeiten benötigt ein Unternehmen, um die angestrebten Ziele effektiv zu erreichen?

Je besser die Elemente aufeinander abgestimmt, je kohärenter sie sind, desto höher ist die Wahrscheinlichkeit für ein im Markt gut positioniertes und erfolgreiches Unternehmen.

7.2   Erzeuger

7.2.1   Erzeugungskonzepte von der dezentralen Einzelanlage über das Großkraftwerk bis zum Anlagencluster

Orientiert am projektierten Fahrplan der Energiewende soll das Stromversorgungssystem der Zukunft im Jahr 2050 in Deutschland einen erneuerbaren Stromerzeugungsanteil von mind. 80 % aufweisen. Die fortschreitende Übergangsphase wird daher von einem anhaltenden Erzeugungswandel geprägt sein, in dessen Verlauf der Kraftwerkspark in Deutschland erwartungsgemäß einen vermehrten Zubau von erneuerbaren, tendenziell dezentralen Erzeugungskapazitäten erfahren wird (Ausnahme: große *Offshore*-Windparks). Da hierbei insb. die ausgeweitete Nutzung der nur schwankend zur Verfügung stehenden Sonnen- und Windenergie eine bedeutsame Rolle spielen wird, werden sich auch die an den Betrieb konventioneller Großkraftwerke gestellten Anforderungen verändern, in deren angestammte Geschäftsfelder, namentlich die Bedienung der stromseitigen Grundlast-, Mittellast- und Spitzenlastbedarfe, die benannten erneuerbaren Erzeugungstechnologien zunehmend drängen. Aus dem Grenzkostenvorteil der Erzeugung (Rechtsverschiebung der *Merit-Order* an den Strombörsen[756] sowie dem Umstand der vorrangigen Einspeisung „grünen" Stroms in das Stromnetz wird sich zukünftig, ab Erreichen eines ausreichend hohen erneuerbaren Stromerzeugungsanteils, eine marktbestimmende Rolle der erneuerbaren Erzeugung ergeben. Infolgedessen wird die der konventionellen Erzeugung in Großkraftwerken jährlich entstammende residuale Strommenge mittel- und langfristig nicht nur in ihrem Gesamtumfang kontinuierlich sinken, sondern sich auch aus zunehmend kleineren „Arbeitspaketen" zusammensetzen.

Betreiber konventioneller Großkraftwerke werden ihre Erzeugungsanlagen zunächst bestmöglich zur Bedienung der verbleibenden Residuallast rüsten, um anschließend mit deren Betrieb ausreichende Deckungsbeiträge erwirtschaften zu können. Es ist davon auszugehen, dass die Wirtschaftlichkeit konventioneller Großkraftwerke maßgeblich davon abhängen wird, wie flexibel diese im Einzelfall auf die von der erneuerbaren Erzeugung diktierten residualen Lastbedarfe reagieren können und wie auskömmlich diese Erzeugungsintervalle auf den potenziellen Märkten (Strombörsen, Regelenergiemärkte) vergütet werden. Energetisch aufwendige und zeitintensive Anfahrprozesse sowie verminderte Wirkungsgrade im Teillastbetrieb i.V.m. allgemein hohen Grenzkosten der Erzeugung könnten viele konventionelle Großkraftwerke zukünftig noch stärker daran hindern, die notwendige Flexibilität marktkompatibel und wirtschaftlich zu erbringen.

---

[756] Vgl. auch oben Abschnitt 2.3.1.3 (Preisbildung an der Börse).

Das Verlangen nach Flexibilität, auch i.S.d. Versorgungssicherheit, ist einer der Haupttreiber für zukünftige Investitionsentscheidungen im Kraftwerksbereich. Bei der Erbringung der notwendigen Flexibilität zur Bedienung der wechselhaften residualen Leistungsnachfrage ist bereits ein Trend zu kleineren, schneller regelbaren Erzeugungsanlagen, die die Flexibilität bedarfsgerecht und gleichzeitig wirtschaftlich bereitstellen können, zu erkennen. Häufig werden die Erzeugungsanlagen dieser neuen Generation zu sog. virtuellen Kraftwerken aggregiert und mit einer gemeinsamen fernwirktechnischen Steuerungsanbindung ausgestattet[757]. Diese neuen kleineren Kraftwerksklassen können sich bereits arrivierter Erzeugungstechnologien bedienen, sind häufig nahezu betriebsfertig zu beziehen und bleiben durch ihren modularen Aufbau auch im virtuellen Kraftwerksverbund dauerhaft flexibel in ihrer Erzeugungsstruktur. Virtuelle Kraftwerke sind durch ihre inhärente Anlagenredundanz zudem deutlich ausfallsicherer als Einzelanlagen. Ihre dynamischen Betriebseigenschaften erlauben bedeutend schnellere Reaktionszeiten auf die Anforderungen erlösbringender Märkte, und stellen somit einen wesentlichen Vorteil gegenüber dem zeitintensiven Bau herkömmlicher Großkraftwerke dar, deren projektierte Einsatzzwecke zum Zeitpunkt ihrer Inbetriebnahme schon nicht mehr marktkompatibel und somit unwirtschaftlich sein können.

7.2.2   *EOM*, Regelleistung, Direktvermarktung, Kapazitätsmarkt: Gibt es den optimalen Markt?

Die Stromerzeugung aus erneuerbaren Energien wird auf lange Sicht zur zentralen Rolle im Strommarkt heranwachsen. Mit der Transformation des Stromversorgungssystems muss sich auch das zugrundeliegende Strommarktdesign verändern, um die Integration der erneuerbaren Energien in die Strommärkte zu realisieren und zeitgleich dauerhafte und ausreichende Anreize zur Gewährleistung der Versorgungssicherheit bereitzuhalten. In einem ersten Schritt wurden die Betreiber von EEG-Anlagen über die vergangenen Jahre aus dem System fixer Einspeisevergütungen schrittweise an die Direktvermarktung ihres Stroms herangeführt. Mit Inkrafttreten des EEG 2017 wird das Fördersystem, über die bereits bestehenden Regelungen für PV-Freiflächenanlagen hinaus, auch in Bezug auf sonstige Solaranlagen, WE-Anlagen und Biomasse-Anlagen auf Ausschreibungen umgestellt[758] und verlangt von EEG-Anlagenbetreibern fortan neben der eigenverantwortlichen Stromvermark-

---

[757]   Vgl. dazu auch oben Abschnitte 4.2 (Virtuelle Kraftwerke) und unten 7.2.6 (Virtuelle Kraftwerke als Geschäftsmodell).

[758]   Der Gesetzgeber setzt damit eine EU-Richtlinie um, welche grds. die Festlegung der Vergütung für EEG-Anlagen über Ausschreibungen fordert. Dies gilt gem. § 22 EEG 2017 für alle Anlagen ab einer installierten Leistung $\geq$ 750 kW$_{el}$ bei *onshore* WE- und PV-Anlagen bzw. 150 kW$_{el}$ bei Biomasse-Anlagen; vgl auch oben Abschnitte 3.3.1.2 (Das EEG 2017) und 3.3.1.3 (Ausdehnung des Ausschreibungsmodells).

tung[759] auch die wettbewerbliche Kalkulation der mit der Stromproduktion in Verbindung stehenden Vergütungszahlungen (Förderhöhe) *ex ante*. Die Direktvermarktung steht dabei nicht für ein eigenes Marktprinzip, sondern ist vielmehr ein Instrument zur Marktteilnahme am *EOM*. Über die Leipziger EEX werden im *EOM* ausschließlich Stromlieferungen gehandelt. Eine Vergütung für vorgehaltene Leistungskapazitäten, deren Abruf nur im Bedarfsfall erfolgen würde, gibt es im *EOM* nicht[760]. Durch die Marktteilnahme der erneuerbaren Energien steigt der Preisdruck auf die Betreiber der konventionellen Stromerzeugung, welche durch höhere Grenzkosten der Erzeugung und schrumpfende Marktanteile seltener deckungsbeitragswirksam Strom veräußern können. Lediglich zu Engpasszeiten können Angebotsverknappungen starke Börsenstrompreissteigerungen induzieren, und den Betreibern eine ertragreiche Stromeinspeisung bescheren. Verlässliche stochastische Modelle zur Prognose von Einsatzhäufigkeit, -dauer und -vergütung zur Beurteilung der Wirtschaftlichkeit solcher Reserveanlagen existieren jedoch derzeit nicht, sodass eine reine Vorhaltung gesicherter Erzeugungskapazitäten für Engpassfälle im *EOM* mit großer Unsicherheit, d.h. einem hohen wirtschaftlichen Risiko für ihre Betreiber verbunden ist. Insb. gelten auch die zu jedem Handelszeitpunkt ermittelten markträumenden Preise im *EOM* immer über das gesamte bezuschlagte Leistungsband (*Pay-as-cleared*-Verfahren), sodass Grund- und Mittellastkraftwerke zeitgleich von Mitnahmeeffekten profitieren. Neben den beschriebenen Vermarktungsrisiken im Zusammenhang mit konventionellen Erzeugungsanlagen können mittel- und langfristig nicht vorhersehbare Einflüsse aus der Politik und der Wirtschaft hinzutreten.

Innerhalb des *EOM* gewinnt der *Intraday*-Handel, dessen Vorlaufzeiten sich in den vergangenen Jahren schrittweise bis auf ein Minimum von 30 Minuten vor dem physikalischen Stromlieferzeitpunkt verkürzt haben, zunehmend an Bedeutung. Als Hauptursache für den Handelszuwachs gilt der wachsende Einfluss der fluktuieren-

---

[759] Eigenverantwortlich kann in diesem Fall bedeuten, dass der Anlagenbetreiber selbst im Stromhandel in Erscheinung tritt oder diese Aufgabe der Stromvermarktung vertraglich an einen sog. Direktvermarkter überträgt.

[760] Mit dem StrommarktG hat sich die deutsche Gesetzgebung 2016 gegen die Etablierung eines Kapazitätsmarktes entschieden, dessen Einführung das Zielbild von Investoren mit Blick auf große konventionelle Erzeugungsbestands- und -neuanlagen maßgeblich hätte verändern können; vgl. dazu oben Abschnitt 3.4 (Anreize für Neuinvestitionen in Erzeugungskapazität). Hauptgrund für den Verzicht ist lt. BMWi der Wunsch zur Vermeidung einer Kostensozialisierung. Die im Ernstfall extrem hohen Preise für Regelenergie würden ein für die Gewährleistung der Versorgungssicherheit ausreichend gewissenhaftes Bilanzkreismanagement hervorbringen und das finanzielle Risiko verursachungsgerecht auf Seiten der Versorger verorten. Im Notfall greife die Kapazitätsreserve, siehe hierzu auch Abschnitte 0 (Netzreserve) und 3.6.7 (Kapazitätsreserve und Sicherheitsbereitschaft). (Quelle: Rainer Baake, Staatssekretär für Energie, sinngem. während des „Forums Neue Energiewelt" am 10.11.2016, abrufbar unter: http://bit.ly/2pIJYPy, Aufruf am 28.11.2016).

den Stromerzeugung mit einer parallel wachsenden Schwierigkeit langfristiger, exakter Erzeugungsprognosen für WE- und PV-Anlagen. Im *Intraday*-Handel gilt das *Pay-as-bid*-Verfahren der Preisbildung. Hierbei können je nach Handelszeitpunkt unterschiedlich hohe Preise für identische Produkte entstehen. Abseits der vordergründigen Nutzung des *Intraday*-Handels zum kurzfristigen Bezug von Minder- bzw. die kurzfristige Abstoßung von Überschussstrommengen in oder aus dem verantworteten Bilanzkreis (als weniger kostenintensive Vorstufe der Regelenergienutzung), entwickelt sich der *Intraday*-Markt erkennbar zu einer Handelsplattform, die die erlösmaximierende und zeitgleich systemdienliche Vermarktung von Strom aus immer flexibleren Erzeugungsanlagen gestattet.

7.2.3 Chancen, Risiken und *Hedging*strategien der Erzeugung

Dieser Abschnitt widmet sich der Frage, welchen Risiken Kraftwerksbetreiber ausgesetzt sind und wie diese Risiken abgesichert werden können (*Hedge*). Der Fokus soll hier auf das Risiko im Strommarkt gelegt werden und die Risiken auf vorgelagerten Märkten für Brennstoffe und Emissionszertifikate vernachlässigen. Für diese Risiken bestehen ebenfalls *Hedging*-Möglichkeiten, deren Nutzung wir an dieser Stelle unterstellen.

Ein Kraftwerksbetreiber deckt die stündliche Nachfrage nach Strom. Die erzielbaren Strompreise können dabei – wie bereits dargestellt – erheblich schwanken. Ebenfalls kann die Nachfrage durch verschiedene Einflüsse stark schwanken, sodass die Erlöse eines Kraftwerksbetreibers einem Preisänderungsrisiko und einem Mengenänderungsrisiko ausgesetzt sind.

Das Mengenänderungsrisiko beschreibt das Risiko, dass die tatsächlich zu produzierenden Mengen von den geplanten Mengen abweichen. Dieses Risiko kann ein Kraftwerksbetreiber begrenzen, indem er an einem Börsenhandel teilnimmt und kurzfristig Mehr- oder Mindermengen über die Börse ausgleicht.

Der Börsenhandel impliziert das Preisänderungsrisiko. Durch Sicherungsgeschäfte auf der Kostenseite können wir konstante variable Erzeugungskosten für Betreiber thermischer Kraftwerke unterstellen. Fällt der erzielbare Strompreis unter diese Erzeugungskosten ist ein wirtschaftlicher Kraftwerksbetrieb nicht mehr möglich. Der Kraftwerksbetreiber hat also ein Interesse positive *Spreads* (Deckungsbeitrag aus der Stromproduktion) für einen zukünftigen Kraftwerksbetrieb zu sichern. Das bedeutet, dass er nicht nur auf der Kostenseite Sicherungsgeschäfte abschließen muss, sondern auch auf der Erlösseite, um ein Preisänderungsrisiko auszuschließen.

Dazu bieten sich verschiedene Handelsplätze und Produkte mit unterschiedlichen Chance/Risiko-Profilen an. Eine Möglichkeit wäre, den erzielbaren Strompreis und damit den erzielbaren *Spread* zu fixieren. Dazu bieten sich außerbörsliche *Forwards* oder börsengehandelte *Futures* an. Börsengehandelte Produkte bieten dabei den Vorteil, dass sie standardisiert sind, eine hohe Liquidität aufweisen und häufig lediglich finanziell abgerechnet werden und keine physische Lieferung implizieren. Da *Futures* ein symmetrisches Chance/Risiko-Profil aufweisen, haben sie zum Zeitpunkt des Abschlusses keinen Wert, weshalb keine Absicherungskosten entstehen. Dem gegenüber stehen Optionen, die dem Halter das Recht einräumen, zukünftig Strom zu einem bestimmten Preis zu kaufen oder zu verkaufen. Da dieses Produkt lediglich ein Recht und keine Verpflichtung beinhaltet, hat das Produkt einen Wert, sodass eine Optionsprämie zu Beginn zu zahlen ist. Diese Absicherungsform ist also mit anfänglichen Kosten verbunden.

Futures und Optionen beziehen sich i.d.R. für das deutsche Marktgebiet auf den *Day-Ahead*-Markt. Die Unsicherheit steigt in den letzten Jahren durch den zunehmenden Anteil von erneuerbaren Energien immer weiter an, sodass der Handel im kurzfristigen Marktsegment weiter zunimmt und folglich auch für diese Märkte *Hedging*-Produkte entwickelt werden. An der *EEX* in Leipzig können mittlerweile *Cap Futures* und *Floor Futures* gehandelt werden, die Preisschwankungen am *Intraday*-Markt absichern. Diese Produkte haben ein ähnliches Profil wie Optionen und haben feste Ausübungspreise. Ein *Cap Future* sichert dem Käufer einen Maximalpreis für die Strombeschaffung zu, da der Verkäufer die Differenz oberhalb des *Caps* (40 EUR/MWh) an den Käufer leisten muss. Ein *Floor Future* wiederum sichert dem Käufer einen Mindestpreis für den Stromverkauf zu. Hier zahlt der Verkäufer dem Käufer die Differenz unterhalb des *Floors* (10 EUR/MWh).

Volumenrisiken, die insb. durch die Einspeisung von Windstrom auf dem *Day-Ahead*-Markt entstehen, können durch den *Wind Power Future*[761] abgesichert werden. Der *Wind Power Future* errechnet modellbasiert die prozentuale Einspeisung aller installierten Windkapazitäten in Deutschland und Österreich zu jeder Stunde (Indexwert). Jeder Prozentpunkt entspricht dabei einem Wert von 1 EUR/h, sodass der Wert zwischen 0 EUR/h und 100 EUR/h liegen kann. Der Käufer erhält die Differenz zwischen Kaufkurs und errechnetem Modellwert (Indexwert) auf der Basis von Wetterdaten und kann sich somit gegen sinkende Strompreise und eine geringere konventionelle Einspeisung, bedingt durch eine hohe Windeinspeisung, absichern. Gleichzeitig trägt er das Risiko aus einer geringen Windeinspeisung und einem dadurch implizierten geringen Indexwert.

Die neuen Produkte bieten gleich mehrere Vorteile. Zum einen können wenig flexible Marktteilnehmer (*Must-run*-Kapazitäten, thermische Großkraftwerke, energieintensive Industrieunternehmen, etc.) gegen positive und negative Preisspitzen auf den kurzfristigen Märkten abgesichert werden. Zum anderen werden Erlöspotenziale

---

[761] Vgl. dazu oben Abschnitt 2.3.1.2 (Börsenhandel).

für sehr flexible Anlagen geschaffen, die diese Produkte anbieten können. Diese Anlagen werden insb. mittel- und langfristig technisch im Markt benötigt, erhalten über die traditionellen Vermarktungsformen jedoch bisher zu geringe Investitionsanreize.

Weiterhin könnten insb. im Bereich der *Wind Power Futures* mit verbesserten Wetterprognosen Gewinne erzielt werden. Die verbesserten Wetterprognosen könnten langfristig wiederum den Markt bei der Integration der erneuerbaren Energien unterstützen. Die von der *EEX* entwickelten „Energiewende-Produkte" schaffen somit einen echten Mehrwert für die Marktteilnehmer und den Markt als Ganzes.

Durch die immer kürzer werdenden Zyklen im Handel und im Anlageneinsatz gewinnt *Hedging* eine neue Dimension. Das klassische Absichern von Handelsgeschäften durch entsprechende Finanzkontrakte ist nur bedingt im *Intraday-* und *Day-Ahead-Trading* anwendbar, da häufig dieser kurzfristige Handel nicht im Großhandel, sondern in eigens dafür geschaffenen *Dispatching*-Einheiten durchgeführt wird. Die Vielzahl der Handelstransaktionen, im Extremfall mehrere Hundert oder Tausend pro Tag, lässt eine Einzelgeschäftsabsicherung gar nicht mehr zu. Neben der technischen Absicherung z.B. durch Anlagenredundanzen gewinnen zunehmend Rahmenvertragskonstrukte Anwendung, die *Deal*-übergreifend wirken und gezielt für den Kurzfristhandel abgeschlossen werden.

Abschließend kann gesagt werden, dass die steigende Komplexität des Strommarktes komplexere *Hedging*-Instrumente hervorgebracht hat und weiter hervorbringen wird. Dies kann die Wirtschaftlichkeit für sehr flexible Anlagen, neue Marktteilnehmer und neue Geschäftsfelder ermöglichen und liefert einen Beitrag für die Energiewende in Deutschland.

7.2.4   Stärken- und Schwächenprofile der verschiedenen Arten von Erzeugungsanlagen

Dieser Abschnitt gibt einen tabellarischen Überblick über verschiedene regelbare Erzeugungstechnologien und beurteilt diese anhand flexibilitätsrelevanter und kostenwirksamer Kriterien sowie weiterer individueller Aspekte mit Hilfe einer vierstufigen Ordinalskala. Die Skala reicht jeweils von ✓✓✓ (nicht vorteilhaft) bis ✓✓✓ (sehr vorteilhaft). Die Tabelle kann als Entscheidungsgrundlage dienlich sein, wenn es darum geht, richtige Investitionsentscheidungen bei der Auswahl flexibler Erzeugungsanlagen für die Integration in ein Kraftwerksportfolio zu fällen.

Bei der Beurteilung von Stromerzeugungstechnologien nach den folgenden Flexibilitätskriterien sind grds. hohe Lastgradienten, niedrige Minimallasten und kurze Anfahrzeiten ausschlaggebend für positive Einstufungen.

Kraftwerkstyp	1. Kapazität		2. Geschwindigkeit		3. Ausdauer
	1.1 Leistungsklasse in MW$_{el, netto}$ je Block	1.2 Minimallast in % der Nennleistung	2.1 Anfahrzeit in h	2.2 Lastgradient in % der Nennleistung / min	3.1 Laufzeit ohne Unterbrechung
Braunkohlekraftwerke	10 bis 1100 Ø ~350 Median: ~300	~50 bis 60 % je Block	4 bis 6 (warm) und 8 bis 10 (kalt); teilweise schwarzstartfähig	~1 bis 3 % Bsp: Kraftwerk Neurath Blöcke BoA 2&3: ~28 MW/min	unbegrenzt - Tagebau i.d.R. in unmittelbarer Nähe zur Erzeugung
Steinkohlekraftwerke	15 bis 875 Ø ~300 Median: ~210	~25 bis 40 % je Block	2,5 bis 3 (warm) und 5 bis 10 (kalt); teilweise schwarzstartfähig	~1,5 bis 4 % Bsp. Kraftwerk Westfalen Block E: ~30 MW / min	nahezu unbegrenzt - Brennstoffvorrat i.d.R. für Tage bis Wochen ausreichend
GuD-Kraftwerke	7 bis 887 Ø ~150 Median: ~75	~40 bis 50 % je Turbine; darunter Überschreitung von NO$_X$- u. CO-Grenzwerten	1 bis 1,5 (warm) und 3 bis 4 (kalt); teilweise schwarzstartfähig	~2 bis 4 % Bsp. Kraftwerk Emsland Block D: ~38 MW / min	unbegrenzt - Brennstoffbelieferung erfolgt bevorzugt u. leitungsgebunden
Gasturbinenkraftwerke	1 bis 321 Ø ~75 Median: ~40	~40 bis 50 % je Turbine; darunter Überschreitung von NO$_X$- u. CO-Grenzwerten	< 0,1 teilweise schwarzstartfähig	~8 bis 12 % Bsp: General Electric Turbinentyp GE 9FB: ~50 MW / min	unbegrenzt - Brennstoffbelieferung erfolgt bevorzugt u. leitungsgebunden
(Pump-)Speicherkraftwerke	2 bis 1052 Ø ~210 Median: ~140 (je Turbine bis zu 265)	bis < 30 % je Turbine	wenige Sek. schwarzstartfähig	bis 100 % aus dem Stillstand; Bsp: Kraftwerk Goldisthal PSS A/B/C/D: ~700 MW / min	begrenzt - i.d.R. wenige Stunden bei Volllast, abh. von Speichergröße u. -befüllungsgrad
BHKW	0,1 bis 20 BHKW-Kraftwerke oft in modularer Bauweise (derzeit bis 190 MW$_{el}$ ges.) ausgeführt.	bis ca. 10 % je Modul	wenige Sek. i.d.R schwarzstartfähig	bis 100 % Bsp. Küstenkraftwerk K.I.E.L. (20 Einheiten à 9,5 MW$_{el}$) ~40 MW / min (derzeit im Bau)	begrenzt - abh. von Brennstoffverzugsleistung u. -vorrat bzw. unbegrenzt bei leitungsgeb. Belieferung

Abb. 88: Beurteilung von Kraftwerkstypen nach Flexibilitätskriterien (Darstellung: PwC auf Basis von Quelldaten und Erfahrungswerten)

Kraftwerkstyp	4. Kosten			5. Weitere Aspekte
	4.1 Spez. Investitionen in € / kW$_{el}$	4.2 Grenzkosten der Erzeugung	4.3 CO$_2$-Emissionen	
Braunkohlekraftwerke	~ 1.800 bis 1.900 ✓✓✓	stabile Braunkohlepreise; stromerzeugungsnahe heimische Förderung ✓✓	~ 840 kg CO$_2$/ MWh$_{el}$ (bei η$_{el}$ = 0,43); emissionshandelspflichtig ab einer Gesamtfeuerungswärmeleistung ≥ 20 MW$_{el}$ ✓✓	Kohleverstromung gem. KWKG 2016 nicht mehr förderungswürdig (Ausnahme: Bestandanlagen mit laufender Förderung).
Steinkohlekraftwerke	~ 1.600 bis 1.800 ✓✓✓	ab 2018 ausschließlich Importsteinkohle; teurer als Braunkohle ✓✓	~ 740 kg CO$_2$/ MWh$_{el}$ (bei η$_{el}$ = 0,46); emissionshandelspflichtig ab einer Gesamtfeuerungswärmeleistung ≥ 20 MW$_{el}$ ✓✓	Kohleverstromung gem. KWKG 2016 nicht mehr förderungswürdig (Ausnahme: Bestandanlagen mit laufender Förderung).
GuD-Kraftwerke	~ 700 bis 1.000 ✓✓	Erdgas (ersatzweise leichtes Heizöl) teurer als Braun- und Steinkohle; förderfähig i.R.d. KWKG bei Neubau oder Modernisierung ✓✓	~ 330 kg CO$_2$/ MWh$_{el}$ (bei η$_{el}$ = 0,6) ohne Abwärmenutzung; emissionshandelspflichtig ab einer Gesamtfeuerungswärmeleistung ≥ 20 MW$_{el}$ ✓✓	Betrieb mit Biogas in der Zukunft möglich sofern erzeugungsnahe Verstromung stattfindet bzw. ausreichende Transportinfrastruktur vorhanden ist.
Gasturbinenkraftwerke	~ 400 bis 550 ✓✓	Erdgas (ersatzweise leichtes Heizöl) teurer als Braun- und Steinkohle; förderfähig i.R.d. KWKG bei Neubau oder Modernisierung ✓✓	~ 570 kg CO$_2$/ MWh$_{el}$ (bei η$_{el}$ = 0,35); emissionshandelspflichtig ab einer Gesamtfeuerungswärmeleistung ≥ 20 MW$_{el}$ ✓✓	Betrieb mit Biogas in der Zukunft möglich sofern erzeugungsnahe Verstromung stattfindet bzw. ausreichende Transportinfrastruktur vorhanden ist.
(Pump-)Speicherkraftwerke	~ 700 bis 1.500 stark abh. von geogr. Gegebenheiten u. installiertem Arbeitsvermögen (insb. Größe des Speicherbeckens) ✓✓✓	abh. von den erzielbaren Margen an der Börse bzw. am Regelenergiemarkt zw. Bezug und Rückverstromungszeitpunkt ✓✓	CO$_2$-Kosten fallen nur indirekt beim Bezug von "Graustrom" für den Pumpenbetrieb an ✓✓	Standorte mit erfolgversprechenden Rahmenbedingungen sehr selten; Pumpbetrieb erfolgt zunehmend mit erneuerbarem Strom.
BHKW	~ 650 bis 1.000 ✓✓	Erdgas (ersatzweise leichtes Heizöl) teurer als Braun- und Steinkohle; förderfähig i.R.d. KWKG oder des EEG bei Neubau oder Modernisierung ✓✓	~ 220 kg CO$_2$/ MWh$_{el}$ (bei η$_{el}$ = 0,4; η$_{th}$ =0,5); und unterstellter Abwärmenutzung; emissionshandelspflichtig ab einer Gesamtfeuerungswärmeleistung ≥ 20 MW$_{el}$ ✓✓	Betrieb mit Biogas bereits häufige Praxis (Förderung komp. höhere Brennstoffkosten); Anlagen aufgrund ihrer kompakten Abmessungen und modularer Bauweise grds. "verpflanzbar".

Abb. 89: Beurteilung von Kraftwerkstypen nach Kostenkriterien und weiteren Aspekten (Darstellung: PwC)

Anmerkung zu Abb. 88 – Die Darstellung in Abb. 88 beruht auf folgenden Quelldaten:

UBA (2016): Kraftwerke in Deutschland, Stand: 23.08.2016; BNetzA (2016): Kraftwerksliste (Anlagen in Deutschland), Stand: 10.05.2016; dena, Ergebnispapier: Der Beitrag von Pumpspeicherwerken zur Netzstabilität und damit zur Versorgungssicherheit, Stand 16.07.2015; Verband der Elektrotechnik (VDE) (2013): erneuerbare Energie braucht flexible Kraftwerke – Szenarien bis 2020, Stand 22.11.2013; Michael Aebli, Jonas Trüssel (2012), Eidgenössische Technische Hochschule (ETH) Zürich, EEH Power Systems Laboratory: Rentabilität von Pumpspeicherkraftwerken, Stand: 26.06.2012; Energie & Management Verlagsgesellschaft (2016): Gasheizkraftwerk der Stadtwerke Kiel, Inbetriebnahme voraussichtlich 2018, Stand: 19.03.2016; Dr. Bernhard Günther, CFO der RWE Supply & Trading GmbH (2010): Fachvortrag „*Steady course through stormy waters*" zum Commerzbank German Investment Seminar 2010; Gunnar Groebler, Chef des Bereichs Wasserwirtschaft beim Energiekonzern Vattenfall im Handelsblatt-Artikel „Pumpspeicherwerke können Blackout-Schutz bieten" v. 20.08.2013, abrufbar unter: http://bit.ly/2oYEocS, Aufruf am 30.11.2016; Dipl.-Ing. Carl-Georg Seydel, Deutsches Zentrum für Luft- und Raumfahrt e.V. (DLR) im Fachvortrag „Gasturbinen der nächsten Generation" an der RWTH Aachen, Stand 24.10.2012.

Anmerkung zu Abb. 89 – Vgl. Quellen zur Abb. 7 (Spezifische Investitionskosten gängiger konventioneller Kraftwerksarten) und zu Wirkungsgraden im Abschnitt 2.2.1 (Kosten der Stromerzeugung).

Den Einstufungen nach den Kriterien der Kapazität wurde insb. die Überlegung zugrunde gelegt, diejenigen Stromerzeugungstechnologien als positiv zu beurteilen, die für die künftigen Anforderungen des Strommarktes leistungsseitig besonders attraktive Nutzintervalle aufweisen. Dies trifft in besonderem Maße auf Erzeugungsanlagen mit einer flexiblen Leistungskapazität im Bereich von rd. 5 bis 50 MW$_{el}$ zu, da sich mit dieser Größenordnung bspw. die volatile Erzeugung von WE- und PV-Anlagen in einem Kraftwerkspark mit einer häufig anzutreffender Größe ausgleichen lässt. Die i.d.R. sehr niedrigen Grenzkosten der Erzeugung von WE- und PV-Anlagen können umgekehrt dazu beitragen, dass sich die durchschnittlichen Grenzkosten der Anlagengesamtheit im betrachteten Kraftwerkspark senken und somit die Wirtschaftlichkeit verbessern. Bei der Wahl einer adäquaten Stromerzeugungstechnologie zur Integration in ein bestehendes Kraftwerks- (und ggf. Speicheranlagen-)Portfolio muss folglich darauf geachtet werden, dass die ergänzenden Kraftwerke bzw. Kraftwerksblöcke weder zu klein noch zu groß dimensioniert sind, da dies i.d.R. negative Auswirkungen auf die Effizienz und somit auf die Erzeugungskosten hat.

Ein gut aussteuerbares Stromversorgungssystem erfordert neben genügenden Leistungskapazitäten zusätzlich deren ausreichende Abrufgeschwindigkeiten. Dies betrifft sowohl das Hochfahren als auch das Abfahren von Kraftwerken. Neben den technologiebedingten diesbezüglichen Unterschieden spielen hierbei auch technische und werkstoffliche Innovationen eine wesentliche Rolle, sodass neuere Erzeugungsanlagen eine tendenziell dynamischere Fahrweise erlauben. Die in der vorstehenden (ersten) Tabelle (Abb. 88) dargestellten geschwindigkeitsbezogenen Ausprägungen der einzelnen Stromerzeugungstechnologien weisen eine Spannweite von heute durchschnittlich üblichen bis zu heute möglichen (ausgewiesenen) Spitzenwerten auf. Bzgl. der Lastgradienten ist zu letzteren jeweils beispielhaft ein entsprechendes reales Kraftwerk, eine reale Kraftwerkskomponente oder ein Kraftwerksprojekt im Bau benannt.

Mit Blick auf die (unterbrechungsfreien) Laufzeiten der im Vergleich stehenden Stromerzeugungstechnologien zeigt sich, dass lediglich (Pump-)Speicherkraftwerke tatsächlich limitiert sind[762]. Beim BHKW-Betrieb mit Biogas aus ortsgleicher Erzeugung (und ohne alternative Erdgasversorgung aus dem öffentlichen Gasnetz) können u.U. die Erzeugungsleistung des Fermenters der Biogasanlage und die Kapazität des zwischengeschalteten Puffergasspeichers die BHKW-Laufzeit beeinflussen.

Bei der ergänzenden Beurteilung vor dem Hintergrund der mit der jeweiligen Stromerzeugungstechnologie in Verbindung stehenden Kosten (zweite Tabelle, Abb. 89) zeigt sich insgesamt, dass hochflexible konventionell-thermische Erzeugungstechnologien mit Erd- oder Biogasfeuerung durch ihre vergleichsweise hohen Brennstoffkosten grds. einen wirtschaftlichen Nachteil erfahren. Abgesehen von der Braunkohle sind Brennstoffpreise immer Schwankungen unterworfen, die preislich aufsteigende Reihenfolge Braunkohle – Steinkohle – Erdgas – Biogas hat dennoch in aller Regel Bestand. Die hohen Kosten des Einsatzes von Biogas werden durch die Förderung im Rahmen des EEG teilweise kompensiert.

Neben dem brennstoffspezifischen Emissionsfaktor und dem Wirkungsgrad einer Erzeugungsanlage spielt in der vorgenommenen Beurteilung anhand der CO_2-Emissionen auch der Faktor Wärmenutzung eine Rolle. Teilweise kann aus Braun-, Stein-, GuD- und Gasturbinenkraftwerken Nutzwärme ausgekoppelt werden. Primär werden diese Kraftwerkstypen jedoch ohne Nutzung der Abwärme zur (Fern-)Wärmeversorgung betrieben. Ihre spezifischen Emissionen wurden daher rein auf

---

[762] Der leistungsmäßig größte Vertreter dieser Kraftwerksart, das Pumpspeicher-Kraftwerk Goldisthal in Thüringen, hat bspw. eine Volllastlaufzeit von rd. 8 h und kann in dieser Zeit rd. 8,5 GWh Strom bei einer Leistung von etwas oberhalb 1 GW aus vier Francis-Turbinen und den durch sie angetriebenen elektrischen Generatoren in das Stromnetz rückspeisen.

ihren elektrischen Kraftwerksoutput bezogen. BHKW werden hingegen i.d.R. mit einer angeschlossenen (Fern-)Wärmeversorgung betrieben, sodass zur Berechnung des angegebenen spezifischen Emissionsfaktors ein typischer energetischer Gesamtwirkungsgrad (η_{el} + η_{th}) herangezogen wurde, der die BHKW-Technologie im gemachten Vergleich sehr vorteilhaft darstellt.

7.2.5   Anlagenzugriff: Die zukünftige Rolle des Anlagen-*Contracting*

Contracting ist ein bestehendes (Dienst-)Leistungskonzept mit Zukunftspotenzial. Mit Hilfe unterschiedlich ausgestalteter Konzepte wird das Ziel der Steigerung der Effizienz bei der Energieerzeugung, -umwandlung und -nutzung, verfolgt. Beim *Contracting* werden die dafür einzusetzenden Anlagen nicht direkt verkauft, sondern dem Kunden die Anlagennutzung bzw. das zum optimierten Einsatz der Anlagen notwendige *Know-how* zur Verfügung gestellt. Die Maßnahmen, die durch *Contracting* umgesetzt werden, können sowohl die Anschaffung von Neuanlagen als auch Rationalisierungs- und Ersatzinvestitionen sein. Diese Maßnahmen werden durch einen außenstehenden Anbieter (*Contractor*) getätigt, der je nach Art und Umfang des Vertrags Planung, Finanzierung, Bauausführung und den laufenden Betrieb des Investitionsprojektes gegenüber dem *Contracting*-Nehmer übernimmt. Die verschiedenen *Contracting*-Arten werden unterschiedlich stark bei der Durchführung der Maßnahmen genutzt.

Im Grundsatz lassen sich vier verschiedene *Contracting*-Arten voneinander unterscheiden: Energieliefer-, Einspar-, Finanzierungs-*Contracting* und das Technische Anlagenmanagement[763]. Die verschiedenen Arten kommen als Reinform oder auch als Mischformen in der Praxis vor.

Das Energieliefer-*Contracting* ist die am weitesten verbreitete Variante. In den häufigsten Fällen wird Wärme geliefert, aber es werden zunehmend auch Projekte für andere Nutzenergien (Strom, Kälte/Klimatisierung, Dampf, Druckluft) abgeschlossen. Bei dieser *Contracting*-Art wird durch den *Contractor* entweder eine Neu-Anlage errichtet oder eine bestehende Anlage übernommen. Der *Contracting*-Nehmer bezieht dann nur noch die gewünschte Energie ohne selbst ein Risiko für die Produktion zu tragen. Diese Verträge sind in aller Regel langfristig angelegt, z.B. zehn Jahre.

Im Fall des Einspar-*Contractings* optimiert der *Contractor* die Energie- und Gebäudetechnik des Kunden, z.B. soll durch das *Contracting* der Stromverbrauch der Be-

---

[763]   Vgl. hier und im Folgenden: DIN 8930-5 Kälteanlagen und Wärmepumpen – Terminologie – Teil 5: *Contracting*, S. 3, Stand: November 2003.

leuchtung eines (öffentlichen) Gebäudes gesenkt werden. Die Vergütung für den *Contractor* bestimmt sich aus der Einsparung die sich für den Kunden ergibt. Bei diesen Verträgen wird die Verbesserung (z.B. Energieeinsparung) dem Kunden vertraglich garantiert.

Im Rahmen des Finanzierungs-*Contracting* wird lediglich die Finanzierung von Optimierungsmaßnahmen durchgeführt. Die Anlagen werden dann von den Kunden auf eigenes Risiko betrieben. Es findet nur eine Unterstützung bei der Auswahl der richtigen Finanzierung statt.

Beim Technischen Anlagenmanagement übernimmt der *Contractor* die Betriebsführung (Bedienung und Instandhaltung) von neuen oder bestehenden Anlagen. Ziel ist die Optimierung der Betriebskosten für die Energieerzeugungsanlagen. Dafür wird dem *Contracting*-Nehmer ein entsprechendes Entgelt in Rechnung gestellt.

An die benannten *Contracting*-Arten lässt sich aus Erzeugersicht künftig i.S.d. Entwicklung neuer Geschäftsfelder anknüpfen. Im Zuge der Dezentralisierung und stetig steigender Flexibilitätsanforderungen kann im Speziellen vorhandenes und neu generiertes *Know-how* im Zusammenhang mit einer erlösoptimalen Strom- (und Wärme-)Erzeugung eine wichtige Ressource und sein Vertrieb ein attraktiver Bestandteil zukunftsfähiger Produktportfolien sein. Typischerweise konzentriert sich dieses oft über lange Erfahrungszeiträume aufgebaute und unter der Voraussetzung geeigneter Vermarktungsstrategien wertvolle *Know-how* in Unternehmen mit dem angestammten Geschäftszweck der Nutzenergieversorgung. Das im Rahmen von *Contracting*-Verträgen vertriebsfähige *Know-how* kann sich dabei grds. auf alle vier vorbenannten *Contracting*-Arten beziehen und sowohl kaufmännischer und finanzwirtschaftlicher als auch (steuerungs-)technischer Ausprägung sein. Es wäre bspw. denkbar, dass sich vormals reine EVU durch die Erschaffung entsprechender *Contracting*-Angebote eine zusätzliche Geschäftsgrundlage im Energiedienstleistungssektor erschaffen.

7.2.6 Virtuelle Kraftwerke als Geschäftsmodell

Ziel des Einsatzes von virtuellen Kraftwerken ist es, positive strategische und betriebswirtschaftliche Effekte für den Betreiber zu generieren. Abgesehen vom betriebswirtschaftlichen Nutzen für den Betreiber können virtuelle Kraftwerke dazu beitragen, durch zentrale Steuerung und bidirektionalen Informationsfluss zwischen Erzeugern, Verbrauchern und Netzkomponenten für Optimierung der Lastflüsse und Prozesse im Energiesystem zu sorgen und so maßgeblich zur Netzstabilität beizutragen. Zusätzlich ist es möglich, durch den vermehrten Einsatz von erneuerbaren Energieerzeugungsanlagen i.V.m. virtuellen Kraftwerken eine CO_2-Reduktion aufgrund der Einsparung fossiler Primärenergieträger zu erzielen. Von dem Konzept der virtuellen Kraftwerke profitieren zuletzt auch die Endverbraucher, da durch die

Lastflussoptimierung und die erhöhte Netzstabilität gleichzeitig auch die Versorgungssicherheit steigt und so Netzunterbrechungen entgegengewirkt wird[764].

Die Einsatzfelder und Betriebskonzepte von virtuellen Kraftwerken sind breit gefächert. So ist es bspw. möglich, im Spitzenlastausgleich zu agieren und so zur Deckung von Spitzenlasten (*Peakload*) beizutragen. Betreiber von virtuellen Kraftwerken können durch die zentrale Steuerung und die relativ kurze Anfahrzeit bestimmter Anlagen diesen Spitzen entgegenwirken. Auf diese Weise können virtuelle Kraftwerke wenig effiziente Großkraftwerke, die Spitzenlasten bereitstellen, ablösen und verdrängen[765]. Für den Spitzenlastausgleich eignen sich vorwiegend Anlagen, die auf effiziente Weise Strom zu den entsprechenden Spitzenlastzeiten erzeugen können. Die Betreiber von virtuellen Kraftwerken profitieren dabei von den niedrigen Grenzkosten ihrer Erzeugungsanlagen, weswegen andere Spitzenlastkraftwerke in der *Merit-Order* verdrängt werden können. Eine pauschale Einordnung von virtuellen Kraftwerken in die *Merit-Order* ist aufgrund des variablen Kraftwerkverbunds nur schwer möglich, doch in den allermeisten Fällen ist von einem hohen Anteil von EEG-Anlagen im Kraftwerksverbund auszugehen, weswegen virtuelle Kraftwerke bezogen auf die Grenzkosten einen Vorteil gegenüber anderen Spitzenlastkraftwerken aufweisen.

Das Ersetzen von bestehenden konventionellen Großkraftwerken durch virtuelle Kraftwerke ist ebenfalls möglich. Der verstärkte Ausbau von dezentralen Erzeugungsanlagen und deren Bündelung zu virtuellen Kraftwerken kann dazu beitragen, das Defizit, das durch die Abschaltung von Kernkraftwerken entsteht, teilweise zu schließen. Voraussetzung dafür ist, dass die Summe der einzelnen Anlagen ausreicht, um ein konventionelles Großkraftwerk zu ersetzen. Ist diese Voraussetzung erfüllt, können virtuelle Kraftwerke in Zukunft konventionelle Großkraftwerke ersetzen und ablösen. Ein weiterer Vorteil von virtuellen Kraftwerken sind die im obigen Teil angesprochenen niedrigen Grenzkosten. Durch den Einspeisevorrang von erneuerbaren Energien können virtuelle Kraftwerke teurere konventionelle Kraftwerkstypen vom Markt verdrängen und sind somit eine verhältnismäßig sichere und elegante Möglichkeit, Erlöse zu generieren.

Ein weiteres Betriebskonzept kann der Einsatz von virtuellen Kraftwerken als Regelleistungskraftwerk sein. Durch die tiefgreifende Umstrukturierung des Energiemarktes und der zunehmenden Bedeutung der erneuerbaren Energien wird der Regelleistungsbedarf in Zukunft ansteigen. Zwar ist der Anteil der erneuerbaren Energien an virtuellen Kraftwerken ebenfalls hoch, doch mithilfe seiner Steuerungs- und Informationstechnologie ist es für Betreiber von virtuellen Kraftwerken mög-

---

[764] Zu virtuellen Kraftwerken vgl. ausführlich oben Abschnitt 4.2 (Virtuelle Kraftwerke).
[765] Droste-Franke, B./Berg, H./Kötter, A. et al. (2008) S.28.

lich, ihre Flexibilität zu bewahren und so am Regelleistungsmarkt teilzunehmen. Der Vorteil von virtuellen Kraftwerken ist ihre hohe Aktivierungsgeschwindigkeit, die eine schnelle Reaktion auf Frequenzschwankungen und Lastabweichungen möglich macht.

Zusätzlich zum ansteigenden Regelleistungsbedarf wird durch die Abschaltung der Kernkraftwerke und den wachsenden Anteil der erneuerbaren Energien die Netzstabilität negativ beeinflusst. Dies wird in Zukunft zu einem deutlicheren Lastflussoptimierungsbedarf führen. Auch gegen diese Entwicklung können virtuelle Kraftwerke entgegen wirken. Dazu sind allerdings eine große *Clusterung* und eine geschickte Steuerung erforderlich, die zur Optimierung der Lastflüsse beitragen können. Bspw. lassen sich mehrere WE-Anlagen steuerungstechnisch bündeln und damit zur Optimierung von Lastflüssen nutzen.

Die Idee der virtuellen Kraftwerke gewinnt zunehmend an Bedeutung – insb. die vorangetriebene Energiewende mit der Konzentration auf dezentrale Erzeugungsanlagen könnte die Zukunft der Energiewirtschaft nachhaltig beeinflussen. Virtuelle Kraftwerke könnten eine Möglichkeit sein, diese dezentralen Erzeugungsanlagen zu bündeln, deren Nachteile zu minimieren (Volatilität, geringe Leistung) und so Großkraftwerke abzulösen.

Aktuell gibt es etwa 50 Unternehmen in Deutschland, die Produkte und Dienstleistungen rund um virtuelle Kraftwerke anbieten. Die Unternehmen, die am virtuellen Kraftwerks-Markt" teilnehmen, reichen von EVUs, Stadtwerke-Kooperationen und *Start-Ups* bis hin zu IT-Dienstleistern, Energie-Dienstleistern und Technologiekonzernen. Aktuell wird der Markt von EVU dominiert, sie machen sie knapp 50 % aller Teilnehmer am virtuellen Kraftwerks-Markt aus. Die Aktualität des Themas „virtuelle Kraftwerke" wird durch überraschende Markteintritte in den letzten Jahren deutlich: So wagen auch branchenfremde Unternehmen wie die deutsche Telekom den Schritt in den virtuellen Kraftwerks-Markt und bieten *Cloud*-Lösungen zur Steuerung an.

Aufseiten der Dienstleistungsempfänger gibt es aktuell große Unterschiede:

- Haushalts- und Gewerbekunden – Wenig Dienstleistungsbedarf, weil in erster Linie Kleinstanlagen genutzt werden

- Großindustrie – Hoher Dienstleistungsbedarf, v.a. in Sachen Flexibilität und Prognose

- EVU/Stadtwerke – Sehr hoher Dienstleistungsbedarf in Sachen virtuelle Kraftwerks–Architektur und Prozessplanung

Wesentliche Unterschiede treten auch bei der Integration der verschiedenen Anlagentypen auf – dominant sind hier WE-, PV-Anlagen und Biogasanlagen. Die gewählten Betriebsstrategien sehen wie folgt aus:

- Regelleistungsmarkt – v.a. SRL und MRL
- Geförderte Direktvermarktung – Vermarktung am *Energy-Only*-Market
- Fahrplanoptimierung – v.a. Biogasanlagen

Die Aktualität und Wichtigkeit des Themas virtuelle Kraftwerke wird auch in einer aktuellen Umfrage bzgl. dieses Themas deutlich. So erwarten alle befragten Teilnehmer einen deutlichen Zuwachs der virtuellen Kraftwerke am deutschen Strommarkt (in den nächsten fünf bis zehn Jahren).

Wie bereits im oben betont, ist eine Komplettlösung in Sachen IT-Komponenten nicht üblich – vielmehr bieten IT-Dienstleister einzelne IT-Komponenten an. Hier dominieren v.a. die Optimierung, das EDM und die Abrechnung. Alles in allem ist zu betonen, dass ein virtuelles Kraftwerk immer auch eine Integrationsaufgabe ist, weil die verschiedenen IT–Komponenten geschickt verknüpft und überwacht werden müssen.

7.2.6.1   Marktüberblick Deutschland und Einflüsse auf europäischer Ebene

Im Moment steckt der virtuelle Kraftwerksmarkt noch in seinen Anfängen – die Anzahl der Unternehmen und Dienstleister, die Produkte und Dienstleistungen rund um virtuelle Kraftwerke anbieten, ist noch recht überschaubar. Die Substitution von Großkraftwerken durch virtuelle Kraftwerke ist aktuell noch kein Thema. Vermehrt wird auf dem Regelleistungsmarkt agiert oder die Direktvermarktung gewählt.

Auch in Sachen IT-Dienstleister besteht noch Nachholbedarf, denn nur wenige Dienstleister können Hard- und Software liefern, die für ein reibungslos funktionierendes virtuelles Kraftwerk von großer Bedeutung sind. Der deutsche virtuelle Kraftwerksmarkt ist geprägt von einheimischen Unternehmen und Dienstleistern. Ausländische Investoren halten sich in diesem Marktgebiet noch zurück. Der virtuelle Kraftwerksmarkt steckt aktuell noch in einer Wachstumsphase – in den nächsten fünf bis zehn Jahren ist allerdings mit einer Etablierung auf dem deutschen Energiemarkt zu rechnen.

Die Marktteilnehmer, die am virtuellen Kraftwerksmarkt existieren, sind höchst unterschiedlich – neben den großen vier partizipieren auch 8-KU Unternehmen wie die EWE AG, MVV AG oder N-Ergie AG am Markt. Daneben sind IT-Dienstleister und Energiedienstleister wie *Clean Energy Sourcing* AG oder OHP *Automation Systems* GmbH auf dem Markt vorzufinden. Weiterhin haben einige *Start-Ups* den

Einstieg in den virtuellen Kraftwerksmarkt gewagt – hier sind v.a. die Next Kraft-werke GmbH oder die E2M GmbH zu nennen. Neben all diesen brancheninternen Unternehmen agieren auch einige branchenfremde Unternehmen wie die Siemens AG oder die Robert Bosch GmbH auf dem Markt.

Virtuelle Kraftwerke sind auf europäischer Ebene noch in ihrer Pilot-Phase. In Westeuropa sind aktuell einzelne Pilot-Projekte angesiedelt, wie bspw. das PREMI-O-Projekt in Frankreich oder das FENIX-Projekt in Spanien. Auch europäische Förderprogramme wie *EcoGrid* EU oder das *eBADGE Project* sollen die Planung und „Errichtung" von virtuellen Kraftwerken ankurbeln und unterstützen.

In den nächsten sieben bis acht Jahren ist mit einer Verdopplung des Umsatzes vir-tueller Kraftwerke auf dem europäischen Energiemarkt zu rechnen, während die USA ihre Rolle als Marktführer verteidigen werden. Die Märkte in Asien, Südame-rika und Afrika werden aller Voraussicht nach nur einen geringen Umsatz mit Hilfe virtueller Kraftwerke generieren.

7.2.6.2   Ausblick auf die nächsten fünf Jahre

Bis zum Jahr 2030 sollen ca. 50 % des Stroms in Europa durch den Einsatz erneuer-barer Energien produziert werden. Weiterhin soll es durch eine engere Vernetzung der nationalen Stromnetze möglich sein, grenzüberschreitende Stromtransporte durchzuführen und damit Schwankungen und Netzausfällen entgegenzuwirken. Eine wichtige Frage wird sein, ob europaweit Kapazitätsmechanismen eingeführt werden, wie sie bereits in Spanien, Irland oder Schweden existieren, oder ob in Deutschland weiterhin der Weg des *Energy-Only*-Marktes gegangen wird.

Weiterhin werden Verbesserungen auf dem Feld der *Smart Grids* Fortschritte bei der Umsetzung von virtuellen Kraftwerken ermöglichen. Auch Entwicklungen auf dem Gebiet der IT und den Energieerzeugungsanlagen werden dazu beitragen, virtuelle Kraftwerke zu etablieren. Nicht zuletzt der Ausbau der regenerativen Energien in Europa wird den Ruf nach mehr Versorgungssicherheit und Netzstabilität nach sich ziehen. Sollten bis zum Jahr 2030 tatsächlich die oben genannten Ziele erreicht werden, so könnten virtuelle Kraftwerke ein probates Mittel sein, um die Nachteile fluktuierender Einspeisungen (geringere Versorgungssicherheit, Schwankungen) zu beseitigen. Erste Schritte auf diesem Weg sind durch verschiedene europäische Projekte getan – das Potenzial allerdings ist wesentlich höher, weswegen virtuelle Kraftwerke ein Mittel zur Umstrukturierung des Energiemarktes weg von Groß-kraftwerken hin zu einem dezentralen Erzeugungssystem sein könnten.

7.2.7 Veränderungen im Geschäftsmodell von Großkraftwerken

Die derzeitige Stromerzeugungssituation steht in Deutschland vor einer erheblichen Umstrukturierung des Erzeugungsmix. Ein großer Teil des Kraftwerksparks ist veraltet und muss in den kommenden Jahren ersetzt werden. Ihre mangelnde bis ungenügende Wirtschaftlichkeit zwingt diese Anlagen zu häufigem oder bereits dauerhaftem Stillstand. Künstliche, lebensverlängernde Fördermaßnahmen für diese technisch unterlegenen, vergleichsweise klimaineffizienten konventionellen Erzeugungsanlagen sind mit Blick auf die beschlossenen Klimaziele seitens der Politik nicht zu erwarten.

Hingegen soll nach dem Willen des BMWi modernen emissionsarmen KWK-Anlagen zukünftig eine Sonderrolle zukommen[766]. Die Kraftwerksanlagen der erneuerbaren Erzeugung sollen durch sie flankiert werden, denn nicht zuletzt spielt neben der Erbringung von Residuallast auch die ausreichende Erzeugung von Wärme und die damit verbundene Möglichkeit der Energiespeicherung eine versorgungstechnisch wichtige Rolle; dies insb. weil mittel- und langfristig damit zu rechnen ist, dass ältere und unwirtschaftliche KWK-Anlagen durch ihre Stilllegung von den Strom- und Wärmenetzen abkoppelt werden und somit Versorgungslücken bei Strom und Wärme entstehen können. Das zu erwartende graduelle Ausscheiden von klimaineffizienten konventionellen Erzeugungsanlagen aus dem Strommarkt ist prinzipiell ein Indiz für den Abbau von Überkapazitäten.

Scheiden Erzeugungsanlagen aus, kann das die Wirtschaftlichkeit konkurrierender Erzeugungsanlagen (für deren verbleibende Nutzungsdauer) am Strom- und Wärmemarkt positiv beeinflussen.

Der Erwerb oder die Modernisierung bestehender sowie der Neubau moderner (gasbetriebener) KWK-Anlagen kann demnach künftig durchaus eine geeignete Maßnahme für Erzeuger sein, um einerseits ihre Erzeugung abzusichern und andererseits ihr Anlagenportfolio zu flexibilisieren, indem sie emissionsarme KWK-Anlagen bspw. mit thermischen Speichern und Elektrokesseln kombinieren.

Darüber hinaus verfügen Großkraftwerksbetreiber häufig über umfangreiche technische und personelle Kapazitäten in Verbindung mit ihrer Leittechnik. Die vorhandenen technischen Infrastrukturen und personellen Ressourcen könnten künftig verstärkt eingesetzt werden, um dezentrale Erzeugungsanlagen fernwirktechnisch zu bündeln und zu steuern und die daraus geernteten Nutzenergien zu vermarkten.

---

[766] BMWi (2016): Impulspapier Strom 2030 Langfristige Trends – Aufgaben für die kommenden Jahre, S. 8.

7.3 Handel und Beschaffung einschließlich Bilanzkreisverantwortliche

7.3.1 Der Energiehandel als Geschäftsmodell

Kraftwerksbetreiber und kleine Stromerzeuger liefern ihren erzeugten Strom an Stromhändler und große Letztverbraucher. Die Liberalisierung des Strombinnenmarktes verankerte insb. auch die freie Wahl des Stromlieferanten.

Händler und Kraftwerksbetreiber, die selbstständig Strom kaufen bzw. verkaufen und für Belieferungszwecke das öffentliche Stromnetz in Anspruch nehmen, müssen einem Bilanzkreis zugeordnet oder aber selbst Bilanzkreisverantwortlicher (BKV) sein. Die deutschlandweit derzeit rd. 9.000[767] existierenden Bilanzkreise dienen insb. der Netzstabilität und der Gewährleistung der Versorgungssicherheit[768].

Das Geschäftsmodell des Energiehandels hat sich in Deutschland erst mit der Liberalisierung der Energiemärkte 1998 gebildet. Während die Wertschöpfungskette vor der Liberalisierung die Erzeugung, den Transport und den Vertrieb beinhaltete, ist der Handel heutzutage zwischen Erzeugung und Vertrieb positioniert[769].

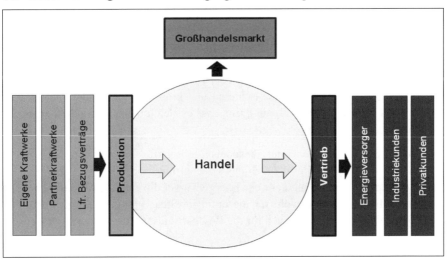

Abb. 90: Der Energiehandel als Drehscheibe (eigene Darstellung)

---

[767] Amprion (2016), TenneT (2016), TransnetBW (2016), 50Hertz (2016).

[768] Vgl. dazu auch oben Abschnitte 2.1.2 (Stromübertragung und -verteilung), 3.3.2 (Bilanzkreistreue) und 3.6 (Versorgungssicherheit).

[769] EFET – Funktionsweise des Stromhandels (2013).

Der Energiehandel bildet die wirtschaftliche Drehscheibe für Energieversorger und ist somit verantwortlich für den Ausgleich des Energieportfolios über verschiedene Märkte. Er ist zudem die Schnittstelle zwischen dem Energieversorger und den nationalen und internationalen Handelsmärkten für Energie und energienahe Rohstoffe. Um das Ziel einer sicheren Energieversorgung zu erreichen, werden börslich und außerbörslich verschiedene Mengen zu unterschiedlichen Zeitpunkten und auf der Basis unterschiedlicher Preiserwartungen gehandelt. Erst durch diesen Handel erhält Energie einen marktgerechten Preis, was trotz der Finanzmarktkrise und der in diesem Zusammenhang erhobenen Forderungen nach stärkerer Regulierung nicht vergessen werden darf[770].

Sämtliche Produkte werden dabei nicht nur physisch, sondern auch derivativ, also mittels Finanzinstrument, gehandelt[771]. Der Handel findet auf verschiedenen Marktplätzen statt, an Börsen und außerhalb von Börsen über den *OTC*-Markt[772]. Während die Börsen standardisierte Produkte anbieten, bietet der *OTC*-Handel auch frei zu vereinbarende Kontrakte an. Diese Marktplätze ermöglichen die Funktionsfähigkeit des Energiehandels, da an diesen physische und finanzielle Transaktionen durchgeführt werden können und damit die Liquidität gebündelt wird. Dabei dient der Regelenergie- und Spotmarkt (*Intraday-, Day-Ahead*-Handel) dem Ausgleich kurzfristiger Schwankungen bei Angebot und Nachfrage (z.B. Wettereinflüsse oder ungeplante Kraftwerksausfälle), während der Terminmarkt mit Lieferung in den nächsten Monaten, Quartalen oder Jahren zur langfristigen Preis- und Volumenabsicherung dient. EVU sehen den Energiehandelsmarkt als einen Referenzwert für Energie für den Folgetag im Spotmarkt oder für die Zukunft im Terminmarkt. Letzteres gilt für Energievertriebsgesellschaften und große Endverbraucher analog; der Unterschied liegt in diesem Fall nur darin, dass es sich um einen Beschaffungsmarkt handelt.

Die zentrale Aufgabe der Energiehandelsgesellschaften besteht demnach darin, sowohl das Absatzportfolio als auch das Beschaffungsportfolio von Energieproduzenten zu optimieren. Somit stellt der Energiehandel die zentrale Marktschnittstelle dar, da er die Plattform sowohl für die optimale Steuerung der Energieproduktion bzw. des Energieabsatzes als auch für die Beschaffungsoptimierung der Vertriebsgesellschaft bildet[773].

---

[770] Zenke, I./Schäfer, R. (2008), Geleitwort.
[771] Zenke, I./Schäfer, R. (2008), S. 1.
[772] Vgl auch oben Abschnitt 2.3.1.1 (*Over The Counter – OTC*-Handel).
[773] Zenke, I./Schäfer, R. (2008), S. 143.

7.3.2   Optimierung und *Dispatching*

7.3.2.1 Grundsätzliches Vorgehen

Kraftwerke sind Anlagen, durch die Sekundärenergie (bspw. Strom und Wärme) durch den Einsatz von Primärenergieträgern (bspw. Kohle, Gas, Öl, Wasser) produziert wird. Der Optimierungsansatz bei der Kraftwerksbewirtschaftung fokussierte sich ursprünglich auf die Sicherstellung der Energieversorgung, während heutzutage Kraftwerke als Realoption gesehen und genutzt werden. In der neueren (deutschen) Literatur wird die Realoption meist ähnlich der Definition von Damisch beschrieben[774]:

> „Eine Realoption entspricht der realwirtschaftlichen Flexibilität eines Unternehmens in Verbindung mit der Fähigkeit der Entscheidungsträger, Entscheidungen bzgl. der Verwendung, Nutzung und Umgestaltung realer Vermögensgegenstände an veränderte Konstellationen des Unternehmensumfelds auszurichten und so die unterschiedlichen Wertentwicklungen verschiedener Vermögensgegenstände auszunutzen. Eine Realoption weist die gleiche Grundstruktur wie eine Finanzoption auf, bezieht sich jedoch auf einen zumeist nicht börsengehandelten Vermögensgegenstand."

Die Betriebsstrategie fossiler Kraftwerke, erneuerbarer Energien und Speicher hat einen erheblichen Einfluss auf ihre Betriebskosten und Wirtschaftlichkeit. Um einen maximalen Ertrag zu erwirtschaften, ist es notwendig, diese Strategie zu optimieren. Fahrweisen, die an das jeweilige Geschäftsmodell angepasst sind, führen nicht nur zu wirtschaftlichen Vorteilen, sondern wirken sich darüber hinaus positiv auf die Stabilität des Energiesystems aus[775]. Bei der Vermarktung von Strom aus Kraftwerken werden sowohl der Spot- als auch der Terminmarkt genutzt, um die o.g. Optionalität des Kraftwerks möglichst gewinnbringend auszunutzen. Der physische Stromhandel wird hauptsächlich zur Beschaffungsoptimierung, also zur Optimierung des Einsatzes des eigenen Kraftwerkparks, durchgeführt und liefert einem vertikal integrierten Stromversorger alle Daten zur Kraftwerksoptimierung sowie Daten zur Vertriebssteuerung[776]. Während am Spotmarkt bspw. letzte Fehlmengen kurzfristig eingekauft werden, um damit Positionen zu schließen oder zu optimieren, wird der Terminmarkt genutzt, um Preis- und Mengenrisiken in der Beschaffung zu reduzieren.

---

[774] Damisch, P.N./Locarek-Junge, H. (2003), S. 5.
[775] Fraunhofer Institut, abrufbar unter: http://bit.ly/2q49Qmc, Aufruf am 28.09.2016.
[776] Pschick, S. 16.

Ein wirtschaftlich rational handelnder Kraftwerksbetreiber produziert Strom, solange die Erzeugungskosten unter den Verkaufserlösen liegen. Die Kostenseite[777] teilt sich dabei in die fixen und variablen Kosten auf. Die fixen Kosten beinhalten hauptsächlich die Investitionskosten für den Neubau von Kraftwerken, während die variablen Kosten vorwiegend durch die Kosten der Brennstoffe und Kohlendioxid-Emissionszertifikate beeinflusst werden. Sollten die erwarteten Erlöse die prognostizierten Vollkosten (fixe und variable Kosten) übersteigen, wird sich ein Investor für den Zubau von Kraftwerken entscheiden. Anders jedoch stellt sich die kurzfristige Vermarktung von bereits im Betrieb befindlichen Kraftwerken heraus, da in diesem Fall die Fixkosten wegfallen und nur die variablen Kosten (Grenzkosten) von Bedeutung sind. Die Differenz zwischen erwarteten Erlösen und Grenzkosten nennt man Deckungsbeitrag. Sobald der Deckungsbeitrag positiv ist, können damit die Investitionskosten amortisiert und möglicherweise Gewinne realisiert werden. Demnach wird ein Kraftwerksbetreiber seinen Strom zu Grenzkosten anbieten, um die Gelegenheit, Gewinn zu erzielen, wahrzunehmen. Sollte der Verkaufspreis für Strom allerdings unter die Grenzkosten fallen, wird sich der Kraftwerksbetreiber dafür entscheiden, seine Anlage abzuschalten und die ggf. offene Position am Spotmarkt auszugleichen. Beim Abschalten und erneutem Anfahren von Kraftwerken ist allerdings zu beachten, dass aus technischen Gegebenheiten hohe Kosten auf den Kraftwerksbetreiber zukommen können. Diese Kosten beeinflussen ebenfalls die Grenzkosten und somit die Entscheidung, Kraftwerke abzuschalten oder weiter zu betreiben.

Die Ertragsoptimierung durch Termin- und Spotmärkte ist insoweit möglich, dass der Kraftwerksbetreiber seinen Absatz über den Terminmarkt erst einmal sichert, um das Mengen- und Preisrisiko zu reduzieren. Nachdem der Erfüllungstermin vom Terminmarkt- in den Spotmarkthorizont übergegangen ist, stellt sich die Frage der *Make-or-Buy* Entscheidung für den Kraftwerksbetreiber. Anstatt den Strom selbst zu erzeugen, um diesen an die Käufer der Terminkontrakte zu liefern, können die vereinbarten Strommengen an den Spotmärkten von der zugehörigen Energiehandelsabteilung oder von Dritten hinzugekauft werden, um schließlich diese an die Käufer der Terminkontrakte zu liefern und somit den Deckungsbeitrag zu erhöhen. Diese Strategie ist rentabel für den Kraftwerksbetreiber, wenn die Erträge durch die Beschaffung über den Spotmarkt die Erträge der Terminvermarktung übersteigen. Dies würde für den Fall gelten, dass die Grenzkosten der Produktion über dem aktuellen Marktpreis liegen und somit ein Einkauf der Energie am Großhandelsmarkt einen höheren Deckungsbeitrag erwirtschaftet als die eigene Produktion der Energie. Die

---

[777] Vgl. dazu oben ausführlich Abschnitt 2.2.1 (Kosten der Stromerzeugung).

Differenz dieser beiden Erträge stellt somit die Optimierung des Handelsgeschäfts dar[778].

Der Begriff *Dispatch* bezeichnet die Einsatzplanung von Kraftwerken durch den Kraftwerksbetreiber. Der deutsche Begriff für *Dispatch* lautet entsprechend „Kraftwerkseinsatzplanung". Der Begriff *Redispatch*[779] hingegen bezeichnet die kurzfristige Änderung des Kraftwerkseinsatzes auf Geheiß der ÜNB zur Vermeidung von Netzengpässen. Die kurz- und mittelfristige Kraftwerkseinsatzplanung eines Energieversorgers orientiert sich an den zur Verfügung stehenden Kraftwerksblöcken und an den zu bewirtschaftenden Lieferverträgen. Zweck des *Dispatch* ist, die in betriebswirtschaftlicher Hinsicht möglichst lukrative Fahrweise des eigenen Kraftwerksparks umzusetzen. Dazu wird der Einsatz aller verfügbaren Kraftwerke unter Berücksichtigung der variablen Kosten des Kraftwerkseinsatzes und unter Berücksichtigung der zu erwartenden Preise am jeweiligen Absatzmarkt geplant. Denn ein Kraftwerk sollte nur eingesetzt werden, wenn seine variablen Kosten unter den zu erzielenden Absatzpreisen liegen. Das Ergebnis des *Dispatch* ist die Allokation der verfügbaren Kraftwerksleistung in räumlicher, zeitlicher und gradueller Hinsicht.

Alle Kraftwerksbetreiber sind verpflichtet den Fahrplan ihrer Kraftwerke beim ÜNB anzumelden. Ein Bilanzkreis stellt dabei keine geografische Region dar, sondern vielmehr (im einfachen Fall) einen Netznutzer, der Entnahmen oder Einspeisungen durchführt. Hinsichtlich der Abwicklung des Bilanzausgleichs sind Bilanzkreise mit den ÜNB auf Regelzonen beschränkt. In Deutschland gibt es vier ÜNB, nämlich die Amprion GmbH, die 50 Hertz Transmission GmbH, die TenneT TSO GmbH und die TransnetBW GmbH. Jeder dieser Netznutzer oder auch Marktteilnehmer gilt im liberalisierten Strommarkt in Deutschland als BKV, der nicht über Vollstrom- oder Zusatzstromverträge bzw. über entsprechende Einspeiseverträge diese Aufgabe einem Dritten überträgt. Der BKV kann dabei der Händler sein oder ein von ihm benannter dritter Händler; er ist dafür verantwortlich, dass die von ihm abgenommene bzw. verkaufte Energie in jeder Abrechnungsperiode durch entsprechende Lieferungen abgedeckt wird[780]. Auf Basis der Energiebilanz und Abrechnung von Handelstransaktionen erfolgt die Saldierung von Abweichungen zwischen Einspeisung und Entnahmen für mehrere Entnahmestellen. Ungleichgewichte werden dabei vom ÜNB ausgeglichen (Bilanzausgleich) und in Rechnung gestellt.

Den Stromversorgern ist es somit möglich, im Zuge der Optimierung und des *Dispatching* die Liefer- und Leistungspflichten in Termin-, Spot- und Regelenergiemarktprodukte zu zerlegen und am Energiegroßhandelsmarkt zu handeln. Die fol-

---

[778]   *Energy Brainpool* – Ertragsoptimierung von Kraftwerken durch EEG Regelungen (2013).

[779]   Vgl. dazu auch oben Abschnitt 3.6.5 (Redispatch).

[780]   Schwintowski, S. 54 f.

gende Abb. zeigt ein mögliches Stromhandelsportfolio eines Händlers, das aus verschiedenen physischen und derivativen Produkten besteht[781].

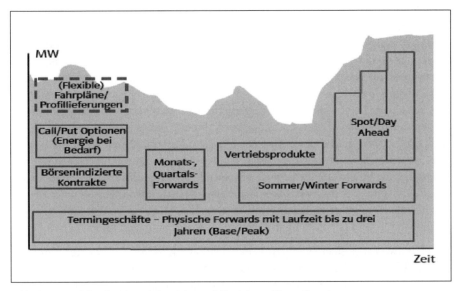

Abb. 91:   Produkte im Energiehandelsportfolio (eigene Darstellung)

So werden neben den täglichen Optimierungsgeschäften durch den Spothandel auch
Fahrpläne, Stromoptionen zur Bedarfsoptimierung, *Forwards* für Lieferungen in der
Zukunft und Termingeschäfte mit einem Zeithorizont bis hin zu fünf Jahren gesteuert. Dadurch, dass der Spothandel durch hohe Volatilitäten charakterisiert ist und
somit einem hohen Marktpreisrisiko unterliegt, werden zunehmend Derivate (*Forwards, Futures*, Optionen, *Swaps*) abgeschlossen, um das Marktpreisrisiko zu reduzieren. Die Spot- und Terminmärkte werden durch weitere Faktoren, wie bspw.
steigende Brennstoffpreise, den Eintritt erneuerbarer Energien in den Markt oder
durch Regulierungsmaßnahmen, stark beeinflusst. Diese regulatorischen Eingriffe
führen dazu, dass das Geschäftsergebnis der verschiedenen Marktteilnehmer teils
einer hohen Schwankungsbreite unterliegt. Die folgende Tabelle zeigt die sog. Teilmärkte des Energiemarktes, deren Produkte und Einsatzmöglichkeiten, die im Zuge
der Liberalisierung von Strommärkten entstanden sind[782]:

---

[781]   Pschick, S. 17.
[782]   Pschick, S. 41.

Regelenergie-markt	▪ Minutenreserve ▪ Primärregelenergie ▪ Sekundärregelenergie	▪ Vermarktung von physischen Flexibilitäten (z.B. Kraftwerkskapazitäten)
Spotmarkt	▪ Stunden ▪ Blöcke ▪ Wochenprodukte	▪ Kurzfristige wirtschaftliche Optimierung und physische Glattstellung des Erzeugungs- und Produktionsportfolios
Terminmarkt	▪ *Forwards* ▪ *Futures* ▪ Optionen ▪ *Swaps*	▪ Langfristige physische und ökonomische Optimierung des Portfolios ▪ Risikomanagement ▪ Spekulation

Abb. 92:   Teilmärkte und Produktfamilien im Stromgroßhandel (eigene Darstellung)

Während sich die gehandelten Produkte in ihrer Erfüllung unterscheiden können, nämlich physisch und finanziell, können die Märkte mit Hinblick auf den Lieferzeitpunkt differenziert werden[783]. Regelenergie beschreibt dabei die Energie, die genutzt wird, um unvorhergesehene Leistungsschwankungen im Stromnetz innerhalb von Sekunden (Primärreserve), fünf Minuten (Sekundärreserve) oder Viertelstunden (Minutenreserve) kurzfristig auszugleichen[784]. Der Horizont des Spotmarkts wiederum liegt i.d.R. bis zu einem Tag im Voraus bzw. ein komplettes Wochenende inkl. folgendem Werktag im Voraus (*Intraday- und Day-Ahead*-Handel), während sich der Terminhandel bis auf mehrere Jahre in die Zukunft erstreckt (Wochen-, Monats-, Quartal-, Jahres- und ggf. auch mehrjährige Produkte)[785].

7.3.2.2   Intraday-/Day-Ahead-Handel und Regelenergie

Der Spotmarkt für Strom ermöglicht die kurzfristige Optimierung von Beschaffung und Verkauf, indem Geschäfte entweder am gleichen Tag (*Intraday*) oder am nächsten Tag (Day-Ahead) physisch erfüllt werden[786]. Der *Intraday*-Handel[787] findet sowohl an der *EPEX Spot* in Paris als auch im *OTC*-Handel statt und beinhaltet i.d.R. Stromlieferungen in sowohl 15-Minuten- als auch Stunden-Blöcken, wobei auch der Handel von größeren Blöcken möglich ist. Standardisierte Blockgebote sind der *Baseload* für die Stunden 1–24 und der *Peakload* für die Stunden 8–20 an jedem

---

[783] Zenke, I./Schäfer, R. (2008), S.68.

[784] Vgl. dazu oben Abschnitt 3.6.4 (Regelenergie); BNetzA, abrufbar unter: http://bit.ly/2qpoh87, Aufruf am 27.09.2016.

[785] Zenke, I./Schäfer, R. (2008), S.68.

[786] *European Energy Exchange* (*EEX*), abrufbar unter: https://www.eex.com/de/produkte/strom/spotmarkt, Aufruf am 29.09.2016.

[787] Vgl. dazu oben Abschnitt 2.3.1.2 (Börsenhandel).

Wochentag (Montag bis Freitag). Unter dem Begriff *Day-Ahead*-Handel ist der Handel von Strom am folgenden Tag zu verstehen. Dieser kann ebenfalls über die *EPEX Spot* in Paris, über die *EXAA* in Wien oder über den *OTC*-Markt stattfinden.

Während der *Intraday*-Handel um 15 Uhr des Vortags beginnt, müssen beim *Day-Ahead*-Handel[788] Gebote bis spätestens 12 Uhr für den Folgetag abgegeben werden. Die zu handelnde Mindestmenge liegt sowohl beim *Intraday*- als auch beim bei 0,1 MWh, wobei beim Ersteren die Preisspanne von minus 9.999 EUR bis plus 9.999 EUR festgelegt ist und beim Zweiten bei minus 500 EUR bis 3.000 EUR reicht. Der hervorzuhebende Unterschied beider Handelsrahmen liegt allerdings in der Preisbildung, denn der *Intraday*-Handelspreis wird über das „*Pay-as-bid*"-Verfahren ermittelt, was bedeutet, dass es sich um einen Gebotspreis handelt, der je nach Handelszeitpunkt für das gleiche Produkt verschieden sein kann. Im *Day-Ahead*-Handel hingegen spricht man von dem markträumenden Preis bei dem das letzte bezuschlagte Gebot den Preis für alle Transaktionen bestimmt[789].

Um diesen Handel unter möglichst effizienten Gesichtspunkten zu gewährleisten, wurden Börsen als Großhandelsplattformen eingeführt, um einerseits einer möglichst großen Zahl von Teilnehmern am Großhandelsmarkt die Basis für Wettbewerb in einem Wirtschaftssektor zu gewährleisten; andererseits sollten die sich unter den neuen gesamtwirtschaftlichen Marktbedingungen einstellenden Preise als Knappheitssignale den Weg zu einer effizienten Ressourcenallokation ebnen.

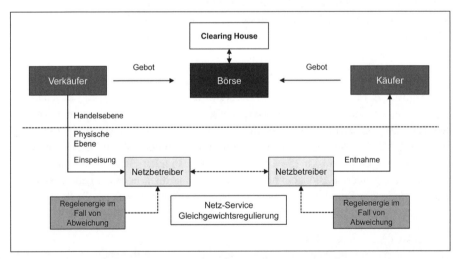

Abb. 93: Handelsbeziehung und physikalischer Ausgleich (eigene Darstellung)

---

[788] Vgl. den Nachweis in der vorigen Fn.
[789] Next Kraftwerke, abrufbar unter: http://bit.ly/2qE98iZ, Aufruf am 26.09.2016.

Um die Funktionsweise einer Börse besser zu verstehen, ist in Abb. 93 die Handelsbeziehung der Geschäftspartner und der dazugehörige physikalische Ausgleich anhand der *EEX* dargestellt[790].

Nachdem Verkäufer und Käufer jeweils ihre Gebote an der Börse platziert haben, ermittelt diese in einem ersten Schritt die Preise für die jeweiligen Einzelstunden und bestätigt beiden Handelsteilnehmern das Geschäft[791]. Dieses kommt dabei anonym zustande und wird an den Zentralen Kontrahenten (*Central Counterparty*), (*CCP*) zur Abwicklung übergeben. *CCP* treten als Finanzmarktinfrastrukturen zwischen die beiden Handelspartner und ersetzten dabei das ursprüngliche Geschäft zwischen diesen Beiden durch zwei Geschäfte zwischen *CCP* und dem jeweiligen Handelspartner. Dadurch werden *CCP* zu Käufern für alle Verkäufer und zu Verkäufern für alle Käufer von Finanzmarktgeschäften. Über *CCP* werden allerdings nicht nur an der Börse, sondern seit der Einführung der *European Market Infrastructure Regulation* (*EMIR*) im Jahr 2012, auch im *OTC*-Markt Geschäfte abgeschlossen. *EMIR* wurde aufgrund der Erfahrungen der Finanzmarktkrise 2008 durch den G20-Gipfel 2009 in *Pittsburgh* eingeführt, um den Derivatehandel transparenter und sicherer zu gestalten. Ausgenommen von *EMIR* sind nur bestimmte gruppeninterne Geschäfte und *OTC*-Geschäfte, die zur Absicherung von realwirtschaftlichen Geschäften dienen, sowie Geschäfte, deren Betrag unterhalb einer *Clearing*-Schwelle liegen[792].

Im Fall der *EEX* übernimmt die *ECC* (*European Commodity Clearing* AG) das *Clearing* und *Settlement* der Transaktionen, da sie die Voraussetzungen als Bank des deutschen Kreditwesengesetzes erfüllt und somit als *CCP* zugelassen ist. Das bedeutet, dass sie der Vertragspartner der gesamten an der Börse initiierten Geschäfte ist und somit das Kreditrisiko aller offenen Positionen trägt. Neben der Hauptfunktion der finanziellen und ggf. physischen Abwicklung des Geschäfts ist die Reduzierung des Kreditrisikos einer der Hauptaufgaben der *ECC*. Das Kreditrisiko limitiert die *ECC* durch Marginzahlungen, die täglich durch die Handelspartner erbracht werden müssen. Diese erlauben es dem *Clearing*haus bei Nichterfüllung der Zahlungs- bzw. Lieferverpflichtungen durch einen Kontrahenten dessen Positionen unter Verwertung der Margins zu marktgängigen Konditionen möglichst verlustfrei glatt zu stellen. Die Höhe dieser Zahlungen orientiert sich dabei nicht an der Bonität des Handelspartners, sondern durch die Handelsposition (u.a. Art des Produkts, Entwicklung des Marktwerts)[793]. Es sind somit zwei Verträge entstanden, die über das *Clearing-*

---

[790] Schwintowski, S. 362.
[791] Schwintowski, S. 362 f.
[792] Gabler Wirtschaftslexikon, Aufruf am 12.10.2016.
[793] Zenke/Schäfer, S. 271 f.

haus finanziell abgewickelt wurden. Damit ist der finanzielle Teil des Geschäfts abgeschlossen.

In einem zweiten Schritt muss der Verkäufer seiner Lieferverpflichtung nachkommen und das festgelegte Volumen zu einem bestimmten Zeitpunkt in das Stromnetz einspeisen, an das er angeschlossen ist, während der Käufer diese Menge Strom dem Netz, an das er angeschlossen ist, entnehmen muss. Die Geschäfte gelten als erfüllt, wenn die dem Handel folgenden Fahrpläne mit den entsprechenden Mengenangaben rechtzeitig (i.d.R. bis 14:30 Uhr für die Lieferung am Folgetag) beim ÜNB eingegangen sind. Sollte es in diesem Fall zu einer Leistungsstörung auf Verkäuferseite kommen, registriert der ÜNB das Defizit und gleicht dieses durch Regelenergie aus[794].

Der Beschaffungsprozess am deutschen Regelleistungsmarkt erfolgt durch verschiedene Lieferanten (Kraftwerksbetreiber und Stromkunden), wobei mittlerweile auch Kleinlieferanten über *Poolbuilding* an der Auktion teilnehmen können. 90 % aller Erzeugungsanlagen, die in der Lage sind, Regelenergie bereit zu stellen, sind bei den ÜNB zur Teilnahme qualifiziert. Dabei ist zu beachten, dass die technischen Anforderungen für die Bereitstellung von Primär- und Sekundärregelleistung sehr hoch sind, sodass es in Deutschland nur wenige Anbieter gibt, im Gegensatz zu der Minutenreserve, für die immerhin einige Dutzend vorhanden sind. Aus diesem Grund ist es gut möglich, dass dieser Markt in Zukunft wächst. Zur Umsetzung des Ziels eines Leistungsgleichgewichts im deutschen Stromnetz benötigen die ÜNB Regelleistung in verschiedenen Qualitäten, nämlich Primär-, Sekundär- und Minutenreserve, die sich hinsichtlich des Abrufprinzips und ihrer zeitlichen Aktivierung unterscheiden[795].

7.3.2.3 Terminhandel

Bei Handelsgeschäften am Terminmarkt erfolgt die Leistungserbringung im Gegensatz zum Spotmarkt nicht unmittelbar, sondern zu einem späteren (vorher vereinbarten) Zeitpunkt. Dabei kann der Händler sowohl eine *Short* oder eine *Long Position* eingehen. Geht er eine *Short Position* ein, profitiert er von sinkenden, bei einer *Long Position* von steigenden Preisen. Wenn eine Fluggesellschaft bspw. eine *Long Position* auf Kerosin schreibt, bedeutet das, dass sie sich heute einen Preis für Kerosin in der Zukunft absichert. Kommt es zur Realisierung des *Future*, dann macht die Fluggesellschaft Gewinne, wenn der dann aktuelle Marktpreis zurzeit der Realisierung

---

[794] Schwintowski, S. 362 f.
[795] Vgl. dazu ausführlich oben Abschnitt 3.6.4 (Regelenergie); Regelleistung.Net, abrufbar unter: https://www.regelleistung.net/ext/static/market-information, Aufruf am 29.09.2016.

über dem bereits abgeschlossenen *Future*-Preis liegt. Sie kann das Kerosin somit günstig über den *Future* beziehen, und teurer wieder am Spotmarkt verkaufen. Die *Short Position* hingegen stellt das genaue Gegenteil dar. Der Anleger würde von sinkenden Marktpreisen profitieren, da der Verkauf zu einem höheren Preis als der Marktpreis, Gewinne für den Händler mit der *Short Position* bedeuten würden. Diese Geschäfte können an der Terminbörse oder außerbörslich im *OTC*-Markt gehandelt werden.

An Börsen ist die Standardisierung von Laufzeiten, Mengen und Basispreisen für bestimmte Basisobjekte üblich. Zu den üblichen Termingeschäften gehören, *Forwards, Futures, Swaps* und Optionen[796]. Bei einem *Forward* schließen zwei Vertragspartner ein Handelsgeschäft ab, das eine Lieferung/Abnahme einer bestimmten Menge, zu einem festgelegten Preis und Zeitpunkt in der Zukunft beinhaltet. Die Vertragsinhalte werden dabei individuell durch die beiden Handelspartner festgelegt, was den Unterschied zu einem *Future* ausmacht. Dieser wird im Gegensatz zum *Forward* üblicherweise finanziell über die Börse gehandelt, die u.a. die Vertragsmodalitäten festlegt und die finanzielle Abwicklung durch das *Clearing*haus gewährleistet. In diesem Zusammenhang wird das Ausfallrisiko der Handelspartner minimiert, da das *Clearing*haus, wie bereits erwähnt, Marginzahlungen verlangt. Eine Margin ist eine Sicherheit, die jeder Marktteilnehmer an Terminbörsen hinterlegen muss. Einmal zu Geschäftsabschluss (*Initial Margin*) und am Ende jedes Börsentags (*Variation Margin*), wenn der *Future* zum aktuellen Marktpreis bewertet wird (*Marking-to-Market*)[797]. Als Grundlage der Bewertung dient die *Price Forward Curve*, die eine Prognose von Energiepreisen über drei bis vier Jahre in die Zukunft darstellt. Die Berechnung findet anhand historischer Preisinformationen (bspw. Energiepreis an vergangenen Sommer-, Winter- und Feiertagen) und den bekannten Informationen über den Prognosezeitraum (Kosten für Primärenergieträger, voraussichtliche Produktion von Wind- und Solarenergie, angekündigte Abschaltungen von Kraftwerken, etc.) statt. Zudem stellt die *Price Forward Curve*, insb. seit dem *Enron* Skandal 2001, ein unabhängiges Element zur Bewertung von Derivaten dar, sollten diese über Drittanbieter bezogen oder innerhalb des Konzerns auf Plausibilität von Dritten geprüft werden. Dieses Bewertungskonzept führt bei *Stakeholdern* zu erhöhtem Vertrauen in die Nutzung von Derivaten und die daraus resultierenden Ergebnisse[798].

Ein *Swap* hingegen stellt eine Transaktion dar, bei der ein Preis für einen bestimmten Zeitraum in einen anderen Preis umgewandelt wird. Es handelt sich hierbei um ein finanzielles Geschäft, bei dem Preisdifferenzen für vorher vereinbarte Perioden

[796] Hull, J.C. (2009), S. 1 f.
[797] Börsennews, abrufbar unter: http://bit.ly/2r2N8Pz, Aufruf am 27.09.2016.
[798] James, T. (2003), S. 97 f.

(bspw. monatlich, vierteljährlich oder halbjährlich) ausgeglichen werden. Beim klassischen *Fixed-for-Floating Swap* (auch *Plain-Vanilla* genannt) wird ein variabler Preis in einen Fixpreis umgewandelt, während bei einem *Floating-for-Floating Swap* ein variabler durch einen anderen variablen Preis ersetzt wird.

Die Option wiederum gehört im Gegensatz zu *Forwards, Futures* und *Swaps* nicht zu den linearen Derivaten, da die Option vom Auszahlungsprofil her von verschiedenen Parametern, wie dem Kurs des Basispreises, dem Basispreis an sich, der Restlaufzeit der Option, dem risikofreien Zinssatz und der erwarteten Volatilität beeinflusst wird. Die Option ist ein Vertrag, der dem Optionsinhaber das Recht einräumt, aber nicht die Verpflichtung auferlegt, zu einem oder bis zu einem bestimmten Termin eine exakt spezifizierte Menge eines definierten Gutes zu einem vorab vereinbarten Preis zu kaufen (*Call-Option*) oder zu verkaufen (*Put-Option*). Für die Einräumung dieses Rechts zahlt der Optionsinhaber beim Erwerb der Option an den Stillhalter der Option eine sog. Optionsprämie[799].

Der Terminmarkt dient demnach der langfristigen Preisabsicherung, während der Spotmarkt es den Handelspartnern ermöglicht, Ein- und Verkauf von Energie kurzfristig zu optimieren. Der Handel ist somit ein zentrales Element bei der Risikobewirtschaftung im Großhandel und bei der Energiebeschaffung für die Vertriebsunternehmen und spielt damit eine wichtige und zentrale Rolle im heutigen Energiemarkt. Ohne die Möglichkeit und den Anreiz, die Preise von Produktion und Absatz am Markt zu optimieren, würde es keinen Wettbewerb geben und die Preise würden einseitig durch die EVU und ggf. durch den Staat festgelegt werden. Ein Wettbewerb und ein Anreiz für niedrigere Preise und Kostenstrukturen würden verloren gehen inkl. der Chancen auf Handelsgewinne und damit zusätzlicher Erträge für die Energieversorger.

Diese hohe Bedeutung des Energiehandels wird allerdings momentan und zukünftig durch verschiedenste Aspekte auf die Probe gestellt. Fallende Großhandelsmarktpreise, eine zunehmende Regulierungsdichte, Herausforderungen bei der Stromeinspeisung aus erneuerbaren Energien, eine vom Gesetzgeber forcierte Beschleunigung des Netzausbaus, sowie die zunehmende Digitalisierung sind vielfältige Anforderungen, die auf die Energiebranche wirken. Besonders der Ausbau der erneuerbaren Energien und der damit verbundene mittelfristige Strompreisverfall durch Überkapazitäten im Markt, stellt die Wertschöpfungskette von Energieversorgern vor erhebliche Herausforderungen. Während in der Erzeugung zu überlegen ist, ob von großen zentralen Erzeugungsanalgen auf dezentrale umgestellt wird, um dem Eintritt der erneuerbaren Energien Rechnung zu tragen, sieht der Handel die Herausforderung im Preisverfall und der Regulierungsdichte. Der Preisverfall führt zu

---

[799] Hull, J.C. (2009), S. 6 f.

unprofitablen Kraftwerken und lässt demnach die *Make-or-Buy*-Entscheidung mit der damit verbundenen Kraftwerksbewertung und -einsatzplanung in den Fokus rücken. Die Regulierungsdichte wiederum verschärft zudem die Marktbedingungen für den Handel. Diese Verschärfung basiert auf Lizenzpflichten, höheren Eigenkapitalanforderungen, dem *Clearing* von *OTC*-Geschäften, dem *Reporting* von Handels- und Fundamentaldaten, um den Handel mit Derivaten transparenter und sicherer zu gestalten. Letztendlich hat der Energiehandel durch die Finanzmarktregulierung mit höheren Kosten, weniger Flexibilität und komplexeren Prozessen zu rechnen. Der Vertrieb wird letztendlich ebenfalls durch die fallenden Strompreise auf dem Terminmarkt und den damit verbundenen langfristigen Lieferverträgen beeinflusst. Diese zunehmende Preisdynamik erschwert die Kostenkalkulation und setzt den Vertrieb zusätzlich unter hohen Wettbewerbsdruck.

Betrachtet man abschließend das Geschäftsmodell Energiehandel, bleibt festzuhalten, dass dieser einerseits eine zentrale Rolle in der Risikobewirtschaftung im Großhandel und bei der Energiebeschaffung einnimmt, sich aber auf der anderen Seite mit den heutigen oben beschriebenen Herausforderungen auseinandersetzen muss, um weiterhin als wirtschaftliche Drehscheibe für Energieversorger agieren zu können.

7.4   Netzbetreiber

7.4.1   *Smart Grid Operator*

Als *Smart Grid* werden intelligente Stromnetze bezeichnet. Sie werden in Zukunft eine tragende Rolle bei der zunehmend dezentralen Erzeugung aus erneuerbaren Energien spielen, indem die Erzeugung, Speicherung und Verteilung der Energie durch ein intelligentes Datenmanagement koordiniert werden. Der Nutzen liegt darin, nicht die physischen Netze auszubauen, sondern sie intelligenter zu machen, um den Lastfluss zu steuern[800].

Der Betrieb eines *Smart Grid* ist für einen Netzbetreiber auch eine mögliche Option für den Aufbau eines Geschäftsmodells. Der Betrieb ist dabei nicht auf das eigene Netz beschränkt. Es besteht darüber hinaus auch die Option, anderen Netzbetreibern, Stadtwerken usw. das eigene Prozess-*Know-how* und IT-Kompetenzen sowie die benötigte Infrastruktur zum Betreiben eines *Smart Grid* zur Verfügung zu stellen.

Ein wichtiger Aspekt ist, welches Wertversprechen der Anbieter seinen Kunden gewährt und wer die potenziellen Kunden sind, die sich letztendlich an den Kosten der erforderlichen Investitionen beteiligen.

---

[800] Vgl. dazu oben Abschnitt 4.1 (*Smart Grid* und intelligente Messsysteme).

Naheliegend ist es daher, die Leistungen von Planung, Bau über den Betrieb dieser smarten Technologie anderen Netzbetreibern anzubieten. Darüber hinaus kann das Datenhandling eine interessante Dienstleistung werden, sowohl in der Bereitstellung und Betrieb der Hardware (von Server- bis zu *Cloud*-Lösungen) als auch in der Softwarelösung zur Bereitstellung bzw. Aufbereitung der Daten.

Dieses *Know-how* lässt sich aber auch in Richtung eines zukünftigen *Smart Grid Operators* am Markt weiterentwickeln, insb. in der eigenen Kommune bzw. Region. Die Aufgaben eines *Smart Grid Operators* können bspw. die Steuerung von Ein- und Ausspeisung, inkl. der Regelenergie in einer bestimmten Region umfassen. Dabei stehen dieser Funktion alle relevanten Daten aus dem Netz zur Verfügung (Strommengen, Last, Speicher, etc.).

Schaut man sich die heutigen Initiativen in Richtung *Smart Cities* an, in denen Energie eine führende Rolle spielt, liegt der Gedanke nahe, als Netzbetreiber die eigenen Aktivitäten als Dienstleistung für die Kommunen auf anderen *smarte* Konzepte auszuweiten. Eine solche Rolle als „Koordinationsstelle" und „Technologiebereitsteller" für die Kommune hat erhebliches Potenzial für den Netzbetreiber von morgen.

Viele Städte sind heute daran interessiert, sich durch Pilotprojekte als *Smart City* zu etablieren. Dazu werden Projekte initiiert, die ursprünglichen Aufgaben der Daseinsvorsorge intelligent miteinander zu verknüpfen. Wesentliche Treiber sind dabei häufig die Autarkie der regenerativen Energieerzeugung, die Verbindung aus Elektromobilität und öffentlichem Nahverkehr sowie Telekommunikationsleistungen (schnelles Internet).

Der Steuerung städtischer Systeme sind in der Zukunft kaum Grenzen gesetzt. Es bestehen bereits Konzepte zur intelligenten Steuerung des Verkehrs in Städten. So können Routen in Abhängigkeit der Verkehrslage, Entfernung oder auch entsprechend der Schadstoffbelastung optimiert werden. Am Zielort angekommen, lässt sich problemlos ermitteln, wo sich der nächstgelegene freie Parkplatz befindet. Konzepte, die bereits umgesetzt und im Einsatz sind, lassen sich z.B. bei der Stadtreinigung finden. Entsprechend ausgestattete Mülleimer geben Auskunft über ihren Befüllungsgrad, sodass die Stadtreinigung diesen nur bei tatsächlichem Bedarf und nicht nach festen Plänen anfahren muss.

In diesem Zusammenhang ist die Rolle eines *Smart City Operators* denkbar, der die Funktion einer Datendrehscheibe einnimmt. Auch hier besteht für einen Netzbetreiber die Chance, sich schon heute an einschlägigen Projekten zu beteiligen, um sich in diesem Markt zu etablieren.

7.4.2   Bereitstellung von Prozessen und IT

Ein weiteres Geschäftsmodell, das für einen Netzbetreiber von Interesse sein kann, liegt in der Bereitstellung von eigenem Prozess-Know-how und IT-Kompetenzen sowie entsprechender Ressourcen. In diesem Zusammenhang bieten sich zahlreiche Möglichkeiten, anderen Unternehmen die erworbenen Kompetenzen und Ressourcen zugänglich zu machen, woraus sich je nach Perspektive zahlreiche Vorteile und Chancen ergeben.

Dabei existiert bereits eine Reihe von Angeboten, in denen Netzbetreiber technische Betriebsführungsleistungen für industrielle Endkunden oder andere Energieversorger erbringen (z.B. Instandhaltungsleistungen oder Übernahme der Netzleitwarte). Darüber hinaus gewinnen Angebote an Bedeutung, die ein spezielles *Know-how* benötigen, das nicht jedes Unternehmen vorhalten kann oder will. Leistungen rund um das *Asset Management*, die z.B. von einer einmaligen Zielnetzplanung, über eine regelmäßige *Asset* Simulation bis hin zur kompletten Übernahme der *Asset-Management*-Aufgaben als Dienstleistung für einen anderen Netzbetreiber reichen können.

Mit zunehmender Digitalisierung eröffnen sich für Netzbetreiber weitere Optionen. Dabei spielen neben der Bereitstellung des *Know-how* insb. die hohen Investitionskosten eine entscheidende Rolle. Unternehmen werden schneller und leichter in neue Technologie investieren, wenn sie daraus Dienstleistungen kreieren und Skaleneffekte erzielen.

Hier lassen sich am Markt erste vielversprechende Plattformlösungen erkennen, z.B. zur Nutzung eines vorhandenen bzw. in Planung befindlichen Netzanschlussportals durch Dritte oder auch *Online*-Plattformen von Netzbetreibern zur übergreifenden Planung von Bauleistungen oder der Nutzung von GIS-Systemen.

Eine weitere Möglichkeit ist dabei, das *Workforce* Management des Netzbetreibers über eine *Cloud*-Lösung Dritten anzubieten. Ziel eines *Workforce* Managements ist, vorhandene Personalressourcen sowie das benötigte Material und auch Dienstleister optimal zu disponieren, um die eigene Kostensituation und auch die Prozessqualität nachhaltig zu verbessern. In diesem Kontext wird häufig von einer bedarfsoptimierten Einsatzplanung gesprochen, bei der insb. die Mitarbeiter mit den richtigen Qualifikationen zur richtigen Zeit am richtigen Einsatzort eingesetzt werden. Erreicht wird dies u.a. durch ein umfängliches Arbeitsplanungs- und Dispositionsmodul. Dieses bietet neben einer langfristigen Grobterminplanung und einer kurzfristigen Wochenplanung auch eine sehr detaillierte Tagesplanung. Je nach Planungshorizont weisen die unterschiedlichen Planungstools Schnittstellen zu weiteren Unternehmensteilen auf. Auftragsplanungen können z.B. zur Disposition der Mitarbeiter mit dem Personalmanagement verknüpft und um Arbeitspläne aus dem *Asset Manage-*

ment erweitert werden. Um dieses System nicht nur selbst nutzen zu können, sondern auch anderen Unternehmen zur Verfügung zu stellen, wird das softwarebasierte *Tool* über eine *Cloud* angeboten.

Bei einer *Cloud* handelt es sich um IT-Ressourcen, die sich nicht auf dem lokalen Rechner befinden. Auf sie kann per Fernzugriff, z.B. via Internet, zugegriffen werden. Bei den so zur Verfügung gestellten Ressourcen handelt es sich typischerweise um *Server* und *Software*-Anwendungen.

Bezogen auf den eingangs vorgestellten Ansatz für ein Geschäftsmodell, müssen sowohl das angebotene Produkt bzw. die Serviceleistungen als auch das Unternehmen gewisse Voraussetzungen erfüllen und kohärent aufgestellt sein, um das „*Right To Win*" begründen zu können. Gem. dem „*Way To Play*" muss dem Kunden ein klarer Mehrwert entstehen. Der Mehrwert, der sich bei diesem Modell sowohl für das anbietende Unternehmen als auch die Kunden ergibt, ist folgender Tabelle zu entnehmen.

	Bereitstellung von Prozessen und einem IT-System	Marktplatz
Wertschöpfung für Kunden	Wertschöpfung durch Nutzung professioneller Prozesse und der IT-Infrastruktur	Ausbau der technischen Dienstleistungen und damit Generierung von Drittgeschäft
Eigener Nutzen	Skaleneffekt, da die Kosten für die IT-Infrastruktur, Software usw. von vielen Parteien getragen werden	Ausbau der technischen Dienstleistungen und damit Generierung von Drittgeschäft bzw. Schaffung von Skaleneffekten

Abb. 94:   Wertschöpfung eines Workforce Management für Dritte

Ein sehr großer Nutzen ergibt sich bei diesem Modell für den Kunden, indem dieser auf umfangreiches Prozesswissen zugreifen kann, das im eigenen Unternehmen nicht vorhanden ist. Zusätzlich zu den Prozessstrukturen erhält der Kunde Zugriff auf die Software, die auf die speziellen Anforderungen des Prozess-*Workflows* abgestimmt ist. Der Kunde erspart sich eigene Investitionen sowie Ressourcenaufbau und auch Zeit, da eine lange Konzeptions- und *Customizing*-Phase entfällt bzw. minimiert wird. Dabei sind die Kunden nicht auf die Energiebranche beschränkt, sondern sind vielmehr Infrastrukturunternehmen aller Art von Energie, Verkehr bis hin zu Telekommunikationsunternehmen.

Der Nutzen für den Anbieter einer solchen *Cloud*-Lösung ist ebenfalls vielfältig. Zum einen sind durch das zusätzliche Geschäftsmodell deutliche Skaleneffekte zu erzielen. Zum anderen schafft sich der Netzbetreiber eine wesentliche Säule zum Ausbau des Drittgeschäfts und damit zusätzliche Erlöse außerhalb des regulierten Bereichs. Der Betrieb solch eines Angebots erfordert von dem anbietenden Unternehmen jedoch umfangreiches Prozesswissen und ausgereifte Prozessstrukturen, eine zuverlässige IT-Infrastruktur, Partner und Kundenzugang.

Denkt man diesen Ansatz konsequent weiter, so ist der Weg nicht weit, als Netzbetreiber einen Marktplatz anzubieten, auf dem alle beteiligten Parteien als Anbieter und Nachfrager von Dienstleistungen rund um die eigenen *Workforces* auftreten können. So ergibt sich einerseits die Chance, ausgeschriebene Aufträge von anderen Unternehmen zu übernehmen, um in Zeiten geringer Auslastung die eigene Beschäftigung hoch zu halten. Andererseits ergibt sich in Zeiten hoher Auslastung oder Überlastung auch die Möglichkeit, Tätigkeiten an andere Unternehmen abzugeben. Dabei können die Marktteilnehmer sowohl andere Netzbetreiber in der Region als auch die typischen Dienstleister sein.

Neben den bereits genannten Möglichkeiten ließe sich das *Tool* darüber hinaus für einen Unternehmensvergleich nutzen, indem bspw. Richtwerte bzw. spezielle Prozesskostenzahlen den teilnehmenden Parteien zur Verfügung gestellt werden können.

7.4.3   Nutzung der Breitbandtechnologie

Konventionelle Energienetze werden durch die informations- und regeltechnischen Erweiterungen der intelligenten Messsysteme zu sog. „Smart Grids", also modernen, intelligenten Netzen[801]. Im Zuge der durch die Energiewende entstehenden Herausforderungen hat der nationale Gesetzgeber im MsBG, die rechtliche Grundlage für den verpflichtenden und optionalen Einbau von *Smart Metern* geschaffen[802].

Mit dieser Vorgabe zur Digitalisierung steht der Netzbetreiber unweigerlich vor der Herausforderung der kosteneffizienten Aufrüstung der von ihm betrieben Energienetze mit Datenübertragungstechnologie. Darüber hinaus bietet die Nutzung der Breitbandtechnologie, bzw. neuer Kommunikationstechnologie für Telekommunikationsdienste, eine ökonomische Option. Die gegen zusätzliches Entgelt erbrachte

---

[801]   Vgl. zu *Smart Grids* ausführlich oben Abschnitt 4.1 (*Smart Grid* und intelligente Messsysteme); BT-Drs. 18/7555 v. 17.02.2016, S. 1 (A); Schäfer-Stradowsky/Boldt, Energierechtliche Anmerkungen zum *Smart Meter Rollout*, in: EnWZ, 2015, S. 349 (I.1); Lüdemann/Ortmann/Pokrant, a.a.O. (Fn. 216), S. 339, 340 (II.1.a).

[802]   Lüdemann/Ortmann/Pokrant, a.a.O., (Fn. 216), S. 339, 340 (I); vgl. auch oben Abschnitt 4.1.9 (*Smart Meter Rollout* und Bedeutung für das deutsche Energiesystem).

Dienstleistung, die ganz oder überwiegend in der Übertragung von Signalen über Telekommunikationsnetze besteht, also zwischen zwei Menschen stattfindet, folgt stets einem Sender-Empfänger-Modell für eine potenzielle Vielzahl an privaten oder gewerblichen Produkten[803]. Die Wirtschaftlichkeit einer für Netzbetreiber neuen Geschäftssparte hängt von der verwendeten Übertragungstechnik ab, da das *Gateway* des intelligenten Messsystems über verschiedene Schnittstellen mit den einzelnen Marktpartnern und nachgelagerten Systemen kommunizieren kann[804].

Sowohl Funk als auch *Powerline* (PLC) stellen zwar für die Datenübertragung bei *Smart Metern* vergleichsweise kostengünstige Realisierungsvarianten dar. Für Telekommunikationsdienstleistungen sind sie jedoch aufgrund geringer Bandbreiten nur sehr begrenzt geeignet. Der Aufbau eines eigenen Glasfasernetzes in seinen verschiedenen Ausbaustufen wie *FTTC*, *FTTB* oder *FTTH* erfordert demgegenüber deutlich höhere Investitionen, v.a. in Tiefbaukosten. Eine spartenübergreifende Nutzung solcher Netze sowohl zur Digitalisierung der Bestandsnetze als auch zur Versorgung mit hochbreitbandigen Telekommunikationsdiensten kann jedoch in bestimmten Teilgebieten wirtschaftliche Kostensynergien und Zusatzerlöse generieren.

Dabei gilt es perspektivisch auch zu beachten, dass die Anzahl von an das Kommunikationsnetz anzubindenden *Smart Meter* in Deutschland aufgrund der zahlreichen Pflichtanbindungsfälle immer weiter ansteigen wird. Zwangsläufig werden damit auch die auf Glasfaser basierenden *Backbone*-Netze immer weiter an den Endverbraucher heranwachsen. Die spartenübergreifende Nutzung von Infrastrukturen für (Tele-)Kommunikationszwecke wird auch durch die mit dem sog. DigiNetz-Gesetz novellierten §§ 77a ff. TKG forciert. Die Netzbetreiber werden sich daher zunehmend mit der Nutzbarkeit ihrer Infrastrukturen für den Breitbandausbau beschäftigen – ob passiv oder aktiv bzw. aus eigenem unternehmerischem Antrieb oder regulatorisch induziert.

7.4.4   Aufbau einer *E-Mobility*-Struktur

Der Aufbau einer *E-Mobility*-Struktur[805] tangiert das Geschäftsmodell des Netzbetreibers bereits zwingend aufgrund seiner Anschlusspflichten aus § 1 Abs. 1 NAV i.V.m. § 18 Abs. 1 EnWG. Diese verpflichten den Netzbetreiber dazu, jedermann an sein Niederspannungsnetz anzuschließen und den Anschluss zur Entnahme von Elektrizität zur Verfügung zu stellen. Mit dieser Regelung wird der Netzbetreiber

---

[803]   Vgl. hierzu § 24 Nr. 3 TKG.

[804]   Wengeler, Intelligente Messsysteme und Zähler vor dem Pflicht-Roll-Out, in: EnWZ, 2014, S. 500, 504 (IV.3).

[805]   Vgl. dazu oben Abschnitt 5.3 (Alternative Antriebstechnologien und Lösungsansätze im Bereich Verkehr), insbesondere Abschnitt 5.3.2.2 (Elektroantrieb).

auch im Rahmen des wirtschaftlich Zumutbaren dazu verpflichtet, sein Netz in Bezug auf Lade- und Strominfrastruktur bis zur potenziellen Ladesäule hin zu verstärken, um ausreichende Transportkapazitäten vorzuhalten. In Zukunft wird daher die Frage der Entgeltbildung aus allgemeinen Netzentgelten und spezifischen Netzanschlusskosten sowie Baukostenzuschüssen an Bedeutung gewinnen. Wenn mehr und mehr Anschlussnehmer z.B. statt 63 A- „stärkere" 126 A-Hausanschlüsse für sich fordern, um Schnellladungen für Elektrofahrzeuge vornehmen zu können, wird der Netzbetreiber sich zunehmend mit einer verursachungsgerechten Allokation der damit verbundenen Zusatzkosten zu beschäftigen haben.

Da die Anschlusspflicht einen Eingriff in die Vertragsfreiheit der Netzbetreiber darstellt, trägt der Gesetzgeber mit dem Vorbehalt der wirtschaftlichen Zumutbarkeit dem Grundsatz der Verhältnismäßigkeit Rechnung. Allein die Zumutbarkeit des Netzanschlusses und der Anschlussnutzung unter der Maßgabe der wirtschaftlichen Verhältnisse des Netzbetreibers sind hierbei von Bedeutung. Dennoch handelt es sich bei der wirtschaftlichen Zumutbarkeit um einen unbestimmten Rechtsbegriff, der restriktiv anhand der Umstände des Einzelfalls auszulegen ist und die Darlegungs- und Beweislast auf der Seite der Netzbetreiber sieht[806]. Trotzdem liegt die Entscheidung, einen Anschluss an das Niederspannungsnetz für etwaige Ladesäulen aufgrund von wirtschaftlicher Unzumutbarkeit zu verweigern, im pflichtgemäßen Ermessen des Netzbetreibers.

Daneben entstehen dem Netzbetreiber aber durch den Aufbau einer *E-Mobility*-Struktur auch neue potenzielle Geschäftsfelder. Die Netzbetreiberpflichten zur Verstärkung des Niederspannungsnetzes für Ladestationen schließen zwar das Aufbauen solcher Stationen durch den Netzbetreiber selbst nicht ein. Ladestationen gelten i.S.v. § 3 Nr. 24a lit. d EnWG als Kundenanlagen und zählen somit, § 3 Nr. 16 EnWG folgend, nicht zu den Elektrizitätsversorgungsnetzen[807]. Da der Betrieb einer Ladestation folglich ein Teil der *Inhouse*-Verkabelung darstellt, ist dieser im Zuge des „*Unbundling*" nach § 6 EnWG vom Tätigkeitsbereich des Netzbetreibers unabhängig durchzuführen[808]. Dies verbietet es aber nicht, dass der Netzbetreiber – unter Wahrung bestimmter Voraussetzungen zur Wahrung der Unabhängigkeit des Netzbetriebs – im Auftrag von Ladestationsbetreibern technische Vorleistungen für den Bau, Betrieb und die Instandhaltung von Ladestationen erbringt. Ebenso wäre ein Netzbetreibermodell zur Verpachtung von solchen Anlagen an Ladesäulenbetreiber denkbar.

---

[806] Bourwieg, in: Britz/Hellermann/Hermes, Energiewirtschaftsgesetz, 3. Aufl. 2015, § 18, Rn. 22 f.

[807] Schwintowski, Kundenanlagen – das unbekannte Wesen, in: EWeRK, 2012, S. 43 (I).

[808] Asmus, in: Haritz/Menner, UmwandlungssteuerG, 4. Aufl. 2015, § 15, Rn. 240.

Schließlich kann der Netzbetreiber durch seine technische Mitwirkung beim Aufbau von Ladeinfrastrukturen die Versorgungssicherheit seines eigenen Netzes wahren bzw. fördern, ebenso wie die Netzdienlichkeit der Ladesäulen, die z.B. gem. § 14a EnWG als unterbrechbare Verbrauchseinrichtungen eingesetzt werden können. Zwar sind Verteilernetzbetreiber nach § 14a EnWG unmittelbar dazu verpflichtet, nur ein reduziertes Netzentgelt für den Strombezug von vollständig unterbrechbaren Verbrauchseinrichtungen zu berechnen, wenn ihnen dafür gestattet wird, den Bezug dieser Einrichtungen zum Zweck der Netzentlastung zu steuern[809]. Jedoch entstehen dem Netzbetreiber hierdurch auch Potenziale zur effizienteren und störungsärmeren Netzauslastung, die z.B. in der Anreizregulierung mit einer Verbesserung von Effizienzwert bzw. Qualitätselement wirtschaftliche Vorteile einbringen können.

7.5 Energiedienstleistungen

7.5.1 Geschäftsmodell Energiedienstleister

Bereits 2006 ist die "Richtlinie zu Endenergieeffizienz und zu Energiedienstleistungen" in Kraft getreten (Richtlinie 2006/32/EG). Sie verpflichtet die Mitgliedstaaten zur Senkung des Endenergieverbrauchs um 9 % bis zum Jahr 2016 und zur Förderung des Marktes für Energiedienstleistungen.

Energiedienstleistungen spielen daher für Versorgungsunternehmen eine immer größere Rolle[810].

Eine genaue Definition des Begriffs Energiedienstleistung gibt Art. 3 der Richtlinie 2006/32/EG des europäischen Parlaments und des Rates: „Energiedienstleistung": „Der physikalische Nutzeffekt, der Nutzwert oder die Vorteile als Ergebnis der Kombination von Energie mit energieeffizienter Technologie und/oder mit Maßnahmen, die die erforderlichen Betriebs-, Instandhaltungs- und Kontrollaktivitäten zur Erbringung der Dienstleistung beinhalten können; sie wird auf der Grundlage eines Vertrags erbracht und führt unter normalen Umständen erwiesenermaßen zu überprüfbaren und mess- oder schätzbaren Energieeffizienzverbesserungen und/oder Primärenergieeinsparungen"[811].

---

[809] Vgl. hierzu BT-Drs. 17/6072 v. 06.06.2011, S. 73; Sötebier, in: Britz/Hellermann/Hermes, Energiewirtschaftsgesetz 3. Aufl. 2015, § 14a, Rn. 1 f.

[810] Endbericht Marktanalyse und Marktbewertung sowie Erstellung eines Konzeptes zur Marktbeobachtung für ausgewählte Dienstleistungen im Bereich Energieeffizienz, abrufbar unter: http://bit.ly/2pJ7fkD.

[811] Richtlinie 2006/32/EG des europäischen Parlaments und des Rates.

Entsprechend wird auch die Rolle des Energiedienstleisters definiert: „Energiedienstleister": „Eine natürliche oder juristische Person, die Energiedienstleistungen
und/oder andere Energieeffizienzmaßnahmen in den Einrichtungen oder Räumlich-
keiten eines Verbrauchers erbringt bzw. durchführt und dabei in gewissem Umfang
finanzielle Risiken trägt." Das Entgelt für die erbrachten Dienstleistungen richtet
sich (ganz oder teilweise) nach der Erzielung von Energieeffizienzverbesserungen
und der Erfüllung der anderen vereinbarten Leistungskriterien.

Typischerweise wird unter Energiedienstleistungen die Bereitstellung von Wärme
oder Licht anstatt der Lieferung des Energieträgers Erdgas oder Strom verstanden.
Dabei handelt es sich um das Dienstleistungsgeschäft der Anlageninstallation zur
Verbesserung der Energieeffizienz sowie *Contracting*-Lösungen. Relativ neu sind
weitere Geschäftsfelder in den Bereichen Energieberatung und Energiemanagement
sowie Digitalisierungslösungen und *Big Data*.

Dabei wird der Markt nicht nur von den klassischen EVU bedient. Im Bereich Energiedienstleistungen erfolgt ein Zusammenspiel von Versorgern, Geräteherstellern,
IT- und Software-Unternehmen sowie Messdienstleistern.

Das Geschäftsmodell der Dienstleistung unterscheidet sich grds. vom klassischen
Verkauf einer *Commodity*. Grds. gilt das Leitbild: Service verkaufen statt Produkt.
Es sollen am Ende sowohl der Kunde als auch der Dienstleister profitieren. Der
Kunde bekommt eine individualisierte Leistung nach seinen Bedürfnissen und hat
eine Entlastung der eigenen Ressourcen und Budgets. Der Anbieter erreicht durch
Spezialisierung und Bündelung von Bedarfen eine höhere Effizienz und kann neue
Ertragspotenziale heben.

Es können vier Typen zur Leistungserbringung im Dienstleistungsbereich unterschieden werden. Die Typen unterscheiden sich durch eine unterschiedlich starke
Ausprägung verschiedener Merkmale: Standardisierungsgrad (bzw. die Individuali-
sierbarkeit) der Ressourceneinsatz (insb. die Personalintensität), die Rolle des Kunden und der Gegenstand der Dienstleistung. Daraus lassen sich vier Dienstleistungstypen ableiten, die nachfolgend dargestellt sind[812]:

---

[812] DIN, 1998, S. 16; Liestmann, S. 26 ff; Fähnrich, S. 19 ff.

Typus	Ausprägung der Merkmale	Anwendungsbereiche
Varianten-dienstleistungen	geringe bis mittlere Personalintensität, aber höhere kundenspezifische Anpassung durch Zusammenfassung von Dienstleistungen, eng an materielle Güter gekoppelt	Wartung, Montage, Reparatur
Professionelle Dienstleistungen	sehr kontaktintensive mit hoher Individualisierung gekennzeichnete Dienstleistungen, besonders hohe Know-How Anforderungen an die Dienstleister, hoher Qualifikationsbedarf	Beratungs-, Entwicklungs-dienstleistungen
Kunden-integrative Dienstleistungen	Bereitstellung ähnlicher, wenig variantenreicher Dienstleistungen mit hoher Personal- und Kontaktintensität und hohem Standardisierungsgrad	Energieausweis, Energieberatung, Call Center Beratung
Einzel-dienstleistungen	Geringe Personal- bzw. Kontaktintensität und teilstandardisierte Kundenbeziehungen	

Abb. 95: Dienstleistungstypen nach Merkmalen

Um wertschöpfende Dienstleistungen anbieten zu können, ist entweder eine Standardisierung oder Spezialisierung der Leistung zielführend. Dies heißt, dass der Anbieter die Wertschöpfungsebenen und den Lebenszyklus des Dienstleistungsproduktes genau kennen muss, um eine entsprechende Gestaltung umzusetzen. Je nach Lösungen muss eine angemessene Risikoverteilung zwischen Kunde und Dienstleister ermöglicht bzw. entsprechend bepreist werden.

7.5.2   Von der Energieberatung zum Energiemanagement

Die Wertschöpfung im Bereich Energiedienstleistung lässt sich in folgende Stufen gliedern:

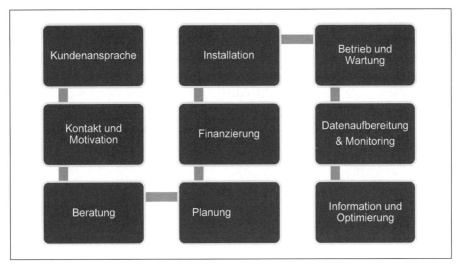

Abb. 96:   Wertschöpfung Energiedienstleistungen[813]

Am Beginn der Wertschöpfungskette liegen Dienstleistungen der Energieberatung. Das Leistungsspektrum der Anbieter, aber auch individuelle die Nachfrage sind hier im Markt unterschiedlich ausgeprägt. Wesentliche Marktteilnehmer sind die lokalen Stadtwerke und auch unabhängige Energieberater oder Handwerksbetriebe. Stadtwerke bieten hier eine Reihe von standardisierten Produkten an:

- Energiesparrechner für Gebäude oder Heiztechnik
- Energiesparshop
- Informationsbroschüren und Flyer
- Persönliche Beratungsgespräche.

Das Thema Energieberatungen wird zumeist kostenlos als Einstiegsangebot zur Kundenbindung angesehen und liefert damit keinen wesentlichen Ergebnisbeitrag im Vertrieb.

Eine deutliche Vertiefung der Wertschöpfung findet bei *Contracting*-Lösungen statt[814]. Energiesparpotenziale im Bestand und auch beim Neubau von Gebäuden und Liegenschaften können so erschlossen werden, ohne dass der Eigentümer die

---

[813] PwC in Anlehnung an ChangeBest 2012, Endbericht Marktanalyse und Marktbewertung sowie Erstellung eines Konzeptes zur Marktbeobachtung für ausgewählte Dienstleistungen im Bereich Energieeffizienz, abrufbar unter: http://bit.ly/2pJ7fkD.

[814] Vgl. zum Anlagen-*Contracting* oben Abschnitt 7.2.5 (Anlagenzugriff: Die zukünftige Rolle des Anlagen-*Contracting*).

hicrfür notwendige Investition tätigen muss. Der Eigenlümer der Liegenschaft wird sowohl von den erforderlichen Investitionen als auch der organisatorisch entlastet[815].

Im Bereich *Contracting* gibt es verschiedene Umsetzungsmodelle, die verschiedenen Zielsetzungen folgen. Sie werden in der nachfolgenden Abb. im Überblick aufgezeigt. Zumeist wird durch EVU das Energieliefer-*Contracting* umgesetzt.

		Ziel	Leistungsspektrum
1.	Energie-Liefer-*Contracting*	Wirtschaftliche und ökologische Vorteile durch gezielte Optimierungsprozesse nutzbar machen	Finanzierung, Planung und Errichtung bzw. Übernahme der Energieanlage; Betriebsführung insb. Instandhaltung und Bedienung; Energieträgereinkauf und Nutzenergielieferung
1.1.	Finanzierungs-*Contracting*	Optimierung der Investitionskosten (*Contracting*-Nehmer betreibt Anlage auf eigenes Risiko)	Planung, Finanzierung und Errichtung
1.2.	Technisches Anlagen-management	Optimierung der Betriebskosten (Anlage gehört dem *Contracting*-Nehmer)	Betriebsführung (Bedienung, Überwachung, Störungsbehebung) und Instandhaltung (Inspektion, Wartung, Instandsetzung)
2.	Energie-Einspar-*Contracting*	Garantierte Ergebnisverbesserung (Finanzierung der Investition über garantierte Kosteneinsparung)	Finanzierung, Planung, Errichtung; Bedienung und Instandhaltung; Schulung des Betriebspersonals

Abb. 97:   Überblick *Contracting*[816]

Es ist davon auszugehen, dass der Bereich *Contracting* derzeit den größten Anteil am Energiedienstleistungsmarkt trägt. Insb. durch das Wachstum im Bereich der Wohnungswirtschaft geht man auch zukünftig von einem weiteren Wachstum des

---

[815]   BDEW, *Contracting* – Instrument mit Dreifach-Effekt, abrufbar unter: http://bit.ly/2oYOH0m.

[816]   BDEW,*Contracting* – Instrument mit Dreifach-Effekt, S. 4, abrufbar unter: http://bit.ly/2oYOH0m.

*Contracting*marktes aus. Stadtwerke sind im Markt in hoher Breite aktiv, konkurrieren aber mit unabhängigen, zumeist überregional tätigen Contracting-Dienstleistern.

Eine weitere Stufe stellen Lösungen im Energiemanagement i.V.m. der Digitalisierung dar. Energiemanagementsysteme dienen der systematischen Erfassung und Kommunikation der Energieströme und der automatischen Steuerung von Einrichtungen und Apparaten zur Verbesserung der Energieeffizienz. Sie können auch mit moderner *Smart-Metering*-Technik (intelligente Zähler) und als *Smart Grid* (intelligentes Stromnetz) umgesetzt sein[817].

7.5.3   Wachstumschancen – Welche Themen haben Zukunftspotenzial?

Besonders im Bereich Energiemanagement wird von hohen Wachstumspotenzialen für die nächsten Jahres ausgegangen. Ein wesentlicher Treiber dafür ist die Digitalisierung der Energiewirtschaft, aber auch der Abnehmer. Ebenfalls können die politischen Vorgaben zur Verbesserung der Energieeffizienz als Treiber gesehen werden. Prognosen gehen derzeit von einer zeitnahen Vervielfachung des Umsatzes im Markt für Energiemanagement aus.

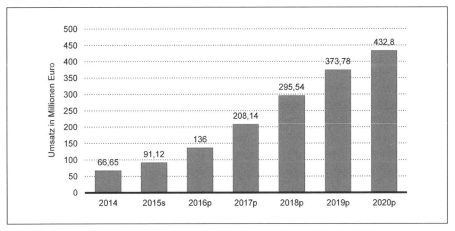

Abb. 98:   Energie-Management – Prognose zum Umsatz in Deutschland bis 2020[818]

---

[817]   Gabler Wirtschaftslexikon, abrufbar unter:
http://wirtschaftslexikon.gabler.de/Definition/energiemanagement.html; vgl. auch oben Abschnitte 6.1 (Veränderungen durch Digitalisierung) und 5.1.2.2 (Energiemanagementsystem nach ISO 50001).

[818]   Quelle: Statista (Digital Market Outlook); kostenpflichtig abrufbar unter:
http://bit.ly/2pM1vX9 (ID 479219).

Im Bereich der Privathaushalte werden zunehmend neue Produkte in Verbindung mit *Smart Home*-Lösungen auf dem Markt kommen. Neben Mehrwerten für den Kunden in den Bereichen Komfort und Sicherheit werden Datenanalysen auch aus Sicht des Versorgers die Kundenbindung durch passgenaue Angebote verbessern können. Stromversorger können ihren Kunden Datenauswertungen über Portale anbieten und so über den detaillierten Verbrauch informieren. In Verbindung mit Partnern aus dem Bereich der IT- und Software-Lösungen zum Energiemanagement ergeben sich so auch für Versorgungsunternehmen interessante Geschäftsmodelle.

7.5.4   Kernkompetenzen für den Dienstleistungsmarkt

Im Bereich der Energieberatung und der Umsetzung von *Contracting*-Lösungen sind viele Versorger bereits seit Jahren aktiv und haben entsprechende Fähigkeiten aufgebaut. Differenzierter müssen die Themen Energiemanagement und digitale Lösungen betrachtet werden. Mit einem regional bezogenen Vertrieb ist genau zu kalkulieren, ob ein profitabler Geschäftsbereich aufgebaut werden kann. Zunehmend werden daher spezialisierte Partner eine Rolle in der Wertschöpfung übernehmen.

Das Partnermanagement als Fähigkeit des EVU wird ein wesentlicher Bestandteil zur Realisierung eines wettbewerbsfähigen Leistungsspektrums sein. Partnerschaften müssen dabei nicht auf gewisse Bereiche beschränkt sein. Sie sind sowohl im Vertrieb (Vertriebspartnerschaften), in der Installation und Wartung (Handwerker), Technologieentwicklung (Speicheranbieter), Messung (Kommunikationssysteme) oder IT (Datenanalysen) denkbar.

Ein weiterer Bereich ist das Prozessmanagement. Die Prozesse und Abläufe beim Kunden werden mit dem Dienstleister gemeinsam analysiert, um zu eruieren, welche Leistungsbereiche für den Kunden einen Mehrwert bieten. So wird erkennbar, welche Potenziale neue Umsetzungsmodelle bieten und wo Risiken zu berücksichtigen sind. Für den Dienstleister bedeutet dies, detaillierte Fach- und Anwenderkenntnisse aufzubauen.

Damit einher geht ein angepasstes Vertragsmanagement. Die vereinbarten Service- und Leistungszusagen werden vertraglich detailliert beschrieben. Hier ist es wichtig, Verantwortlichkeiten und Fristen klar zu regeln und zu beschreiben, da die Abläufe nicht wie in der klassischen Energielieferung vorgegeben sind. Ebenso werden mit Fortschreiten der Energiewende die gesetzlichen Rahmenbedingen fortlaufend angepasst. Entsprechend sind ein Monitoring der gesetzlichen Rahmenbedingungen und regelmäßige Aktualisierungen der Kalkulation und Vertragsunterlagen unabdingbar.

Aus Sicht des regionalen Versorgers muss die Erhaltung der regionalen Vertriebsstärke als Kernkompetenz auch weiterhin im Fokus stehen. Im Bereich der Energiedienstleistungen ist eine detaillierte Kundensegmentierung noch bedeutender als im klassischen Energievertrieb. Die Kundebedürfnisse zu erkennen und individuelle Lösungen umzusetzen, erfordert eine Anpassung und Erweiterung der bisherigen *CRM*-Systeme. Es werden weitergehende Informationen und Daten benötigt, die über Tariftypus und Absatzmengen hinausgehen. Eine höhere Menge an Informationen muss in kurzer Zeit ausgewertet werden. Lokale Vertriebe können Vorteile gegenüber überregional tätigen Unternehmen nutzen, da sie die Strukturen und das örtliche Umfeld kennen. So kann der Vertrieb die Kundennähe erhalten und ein für die Kundengruppen zugeschnittenes Dienstleistungsportfolio anbieten, das die vorhandenen Wachstumspotenziale erschließt.

7.6   Vertrieb

7.6.1   Kundenbedürfnisse – Was erwartet der Kunde?

Im Stromvertrieb stand in den vergangenen Jahren insb. das Thema Preisentwicklung im Mittelpunkt. Zum einen sind die Strompreise für Haushaltskunden in den letzten Jahren stark angestiegen[819], zum anderen sind die Wettbewerbsdichte und die Preisdifferenz der Anbieter immer stärker geworden. Dies spiegelt sich jedoch derzeit noch nicht in steigenden Wechselquoten wieder. Insgesamt bleibt der Strommarkt für Anbieter aufgrund des Potenzials von rund 50,1 Mio. Zählpunkten insgesamt und rd. 46,9 Mio. Zählpunkten bei Haushaltskunden interessant[820].

Der Wettbewerb im Strommarkt ist je Kundensegment unterschiedlich zu bewerten. Der Groß- und Industriekundenbereich ist durch starken Preiswettbewerb geprägt. Ausschreibungen, die teilweise auch über *Online*-Beschaffungsplattformen abgewickelt werden, führen zu starker Preisorientierung in der Vergabeentscheidung. Auch der öffentliche Sektor steht stark im Preiswettbewerb. Die Vergabe erfolgt hier über öffentliche Ausschreibungen.

Im Haushaltskundenbereich sind die Wechselprozesse durch die bereits seit einigen Jahren bestehende Liberalisierung ebenso etabliert. Ein Wechsel des Stromversorgers ist für den Kunden verhältnismäßig unkompliziert. Wie die Entwicklung der Wechselquoten zeigt, nutzen jedoch bisher relativ wenige Kunden die Wechselmöglichkeit. Ein Grund besteht in der Unsicherheit durch die Insolvenzen der bekannten Stromanbieter Flexstrom und Teldafax. Die Wechselquoten haben sich im Haushaltskundenbereich auf einem Niveau von rd. 10 % pro Jahr eingespielt[821].

---

[819] Vgl. oben Abschnitt 2.2.3 (Strompreis einschließlich Umlagen und Steuern).
[820] Vgl. Monitoringbericht BNetzA 2015.
[821] Vgl. Monitoringbericht a.a.O.

Der Preis spielt für den Kunden eine zentrale Rolle in der Entscheidungsfindung bei der Wahl des Stromversorgers. In einer von PwC im Jahr 2015 durchgeführten Umfrage wurde deutlich, dass rd. 40 % der Deutschen mit ihrem Strompreis unzufrieden sind. Dabei unterscheiden sich die Ergebnisse nach Altersgruppe. Gut zwei Drittel der Kunden über 60 Jahre waren mit den Stromkosten zufrieden, aber nur 56 % waren es bei den Kunden unter 30 Jahre.

Generell sind die Kosten der größte Unzufriedenheitsfaktor der Kunden bei der Beurteilung der Stromversorger. Jeder sechste gibt allerdings auch an, seine Stromkosten gar nicht zu kennen. Bei den unter 30-jährigen ist es fast ein Drittel der Kunden, bei den über 60-jährigen dagegen nur 12 %.

Ein Grund für die Unkenntnis der Stromkosten sind die regional unterschiedlichen Strompreise. Dies wird deutlich, wenn man sich die Preise der lokalen Grundversorger im Grundversorgungstarif und auch im Bestpreistarif anschaut.

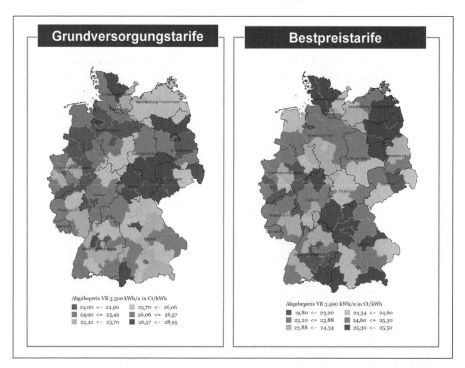

Abb. 99:   Strompreise Grundversorgung und Bestpreise der Grundversorgungsunternehmen

Zum Stichtag 01.01.2017 liegen die Preise für einen typischen Haushaltskunden mit einer Abnahmemenge von 3.500 kWh/a bei den lokalen Grundversorgungstarifen in einer Spanne von rd. 24 bis 29 ct/kWh. Die Unterschiede liegen primär in den unterschiedlich hohen Netzentgelten der Verteilernetze begründet, aber auch in der individuellen Kostenstruktur. Eine pauschale Aussage zum regionalen Preisniveau lässt sich nicht ableiten. Tendenziell sind die Strompreise der lokalen Stromversorger im Nordwesten Deutschlands am günstigsten. Bei den Bestpreisen der lokalen Versorger liegen die Preise in einer Spanne von rd. 19 bis 26 Ct/kWh und damit rd. 10 % unter dem Grundversorgungspreisen. Hier spielt neben den Netzentgelten und Kosten auch das lokale Wettbewerbsniveau eine große Rolle bei der Preisbildung.

Entsprechend ist der Preis für 90 % der Kunden auch der Hauptgrund für einen Versorgerwechsel. Für 28 % der unter 30-jährigigen ist auch der Wunsch nach Ökostrom wichtig. Ein besserer persönlicher Service durch den Stromanbieter ist dagegen nur für 10 % der Kunden bedeutsam[822]. Dies zeigt deutlich auf, dass es sich bei der klassischen Stromlieferung um ein wenig emotionales und wenig differenzierbares Produkt handelt. Das Lieferprodukt wird vom Kunden als gleich bewertet, wodurch der Preis das für den Kunden entscheidende Differenzierungsmerkmal ist. Mit der Digitalisierung und dem Trend zur dezentralen erneuerbaren Erzeugung bis hin zur Eigenversorgung bieten sich in Zukunft jedoch Möglichkeiten, das Produkt Strom stärker zu differenzieren.

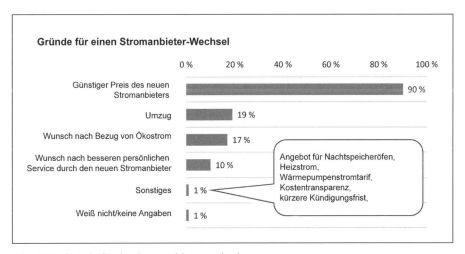

Abb. 100: Gründe für den Stromanbieterwechsel

---

[822] Vgl. PwC Bevölkerungsbefragung Stromanbieter März 2015.

7.6.2   Kundensegmentierung

Um aus den Kenntnissen der Kundenbedürfnisse Rückschlüsse und Anpassungen für Produkte und Preise vornehmen zu können, erfolgt eine Kundensegmentierung. Unter diesem Begriff wird die Aufteilung von Kunden in homogene Gruppen verstanden, die sich durch verschiedene Charakteristika in genügender Masse voneinander unterscheiden. Mit der Kundensegmentierung werden verschiedene Ziele im Vertrieb verfolgt:

- Lokalisierung und effiziente Bearbeitung von attraktiven Segmenten

- Gestaltung von Produkten und Alleinstellungsmerkmalen nach Segmentanforderungen, um sich vom Massenmarkt abzuheben.

- Ansprache und Bedienung der Kundensegmente mit einer maßgeschneiderten Vertriebs-/Kommunikationspolitik

- Entstehung von Möglichkeiten zur Optimierung der Beschaffung.

Im Rahmen der Kundensegmentierung wird der Markt anhand ausgewählter Kriterien in klar abgegrenzte Segmente von aktuellen und potenziellen Kunden aufgeteilt. Dazu müssen die Bedürfnisse der Kunden bestimmt und kategorisiert werden. Basis dafür sollte eine Kombination von internen und externen Daten sein.

Quelle	Informationen
CRM-Daten	• Informationen aus dem Kundenservice und Beschwerdemanagement • Befragung der Vertriebsmitarbeiter • Informationen aus Gewinnspielen und Kundenkarten
EDM	• Kundengruppenbezogene Verbrauchsdaten • Studien/Analysen zu Standardlastprofilen
Bonität	• Abrechnungsinformationen • Wirtschaftsauskunfteien
Informationsdienste	• Studien und Branchenanalysen, Benchmarks • Branchen-Newsletter • Pressemitteilungen
Marktforschung	• Eigene Analysen • Fremdanalysen • Adresszukauf/Kundeninformationen
Internet	• Eigenrecherchen öffentlicher Statistiken • Soziale Netzwerke (Facebook, Xing, LinkedIn)

Abb. 101: Erfassung von Kundendaten

Bei der Auswertung der verfügbaren Informationen wird in verschiedene Arten der Kundensegmentierung unterschieden:

- Personenspezifisch (Alter, Geschlecht, …)

- Firmenspezifisch (Branche, Größe, …)

- Kaufverhalten (Preisverhalten, Kundenwert, …)

- Vertragsspezifisch (Grundversorgung, Sondervertrag, …)

Im Stromvertrieb sind aktuell Kundensegmente nach Vertragstypus üblich. So wird im Bereich Haushaltskunden in Grundversorgungsverträge (einschließlich Ersatzversorgung nach § 38 EnWG), Sonderverträge und Individualverträge unterschieden. Zum Bereich Individualverträge können auch spezielle Angebote für den Betrieb von Nachtspeicherheizungen, Wärmepumpen etc. gezählt werden.

Im Bereich der Gewerbe und Industriekunden werden individuelle Verträge geschlossen; eine Segmentierung erfolgt im Regelfall nach Branchen. Wichtige Segmente bilden die Immobilienwirtschaft, der öffentliche Sektor, Gesundheits- und Sozialsektor sowie produzierendes Gewerbe.

Zunehmend werden Kunden bei Versorgern nach soziodemografischen Merkmalen segmentiert. Hier erfolgt die Kunden*clusterung* unter sozialen und wirtschaftlichen Aspekten, wie Alter, Geschlecht, Familienstand, Haushaltsgröße, Bildung oder Einkommen. Problematisch ist in der Umsetzung häufig die Verfügbarkeit von belastbaren Daten. Mit zunehmenden Grad der Digitalisierung kann jedoch die Datengrundlage verbessert werden. Das ermöglicht es, die Kundenprofile zu schärfen und stetig zu optimieren.

7.6.3   Der Einfluss der Digitalisierung

Mit der Digitalisierung geht auch eine Veränderung des Kundenverhaltens und der Kundenbedürfnisse einher. Digitale Technologien erobern unser tägliches Leben: Nahezu permanent nutzen wir *Tablets* oder *Smartphones*. Einkäufe und Finanzengeschäfte werden heute ganz selbstverständlich *online* abgewickelt. Die Kommunikation erfolgt weitgehend mobil. Da das Internet unseren Alltag zunehmend prägt, muss auch der Energievertrieb die Digitalisierung für sich zu nutzen. Damit bietet sich eine Reihe neuer Möglichkeiten im Vertrieb.

Als Basis gehört hierzu eine energievertrieb-kundenorientierte Website einschließlich einer Mobilversion. Zunehmend nutzen Stromversorger auch *Apps* als Möglichkeit, den Kunden zusätzlichen Nutzen zu bieten: Aufbauend auf einer für den Kunden wichtigen zentralen Funktion (z. B. Fahrplanauskunft für den städtischen Nahverkehr), lassen sich immer weitere Funktionen ergänzen (Touristikangebote, Vertrags- und Tarifinformationen für Strom-/Gaskunden, *Smart-Home-*

Anwendungen etc.). Als ein Beispiel kann die *App* der Versorgungs- und Verkehrsgesellschaft einer bayerischen Großstadt genannt werden: Neben der Kernfunktion Fahrplanauskunft und Nahverkehrsticket werden weitere Angebote ergänzt; dazu zählen Informationen über andere Verkehrsmittel, wie *Carsharing*, Fernbusse etc., städtische bzw. touristische Informationen, WLAN Suchfunktion sowie erste Funktionalitäten der Stadtwerke (Saunen und Schwimmbäder).

Ein wichtiger Nutzungsbereich der Digitalisierung ist die Stärkung der Kundenbindung durch digitale Kundenschnittstellen. Aus anderen Lebens- und Geschäftsbereichen sind die Kunden schnelle und digitale Kommunikation gewohnt. Mittlerweile haben annähernd drei Viertel der Energieversorger elektronische Abrechnungen eingeführt. Knapp 60 % verfügen über eine interaktive Website und fast ebenso viele bieten dort auch *Online*-Terminvereinbarungen an oder verfügen über eine *Multi-channel*-Kommunikation im Kundenservice[823].

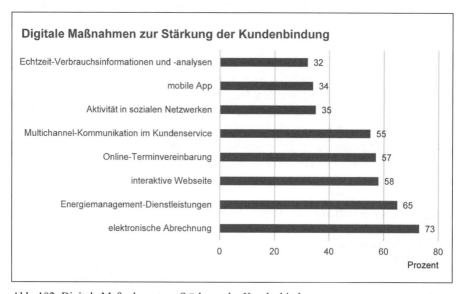

Abb. 102: Digitale Maßnahmen zur Stärkung der Kundenbindung

---

[823]   Vgl. PwC Studie Deutschlands Energieversorger werden digital 2016.

7.6.4   Der Wandel vom *Commodity-* zum Lösungsanbieter

7.6.4.1 Serviceangebote zur Erweiterung des Produktportfolio

Der Wandel der Kundenbedürfnisse durch Digitalisierung, der Trend zum *Prosumer*, aber auch der Eintritt der Discountanbieter in den Markt führen zum Wandel der strategischen Ausrichtung des klassischen Vertriebes. Waren Stromversorger in der Vergangenheit reiner *Commodity*-Lieferant, entwickeln sie sich zunehmend zum umfassenden Lösungsanbieter.

Erkenntnisse aus der Marktforschung zeigen, dass die Kunden ein Produkt nicht nur aufgrund seiner Eigenschaften kaufen. Es gibt noch zusätzliche Gründe, die die Kaufentscheidung der Kunden beeinflussen:

- Identität/Zugehörigkeit: Wir kaufen ein Produkt aus Selbstbestimmungsgründen, z.B. der Verbrauch von Ökostrom gibt jemandem die Umweltbewusstsein-Identität.

- Emotionaler Bedarf: Viele Kunden kaufen aus emotionalen Gründen, z.B. Verbindung zum lokalen Fußballverein

- Zweck als Aktion: Wir kaufen absichtlich für einen Zweck: z.B. Strom von einem Anbieter kaufen, die einen Teil des Preises für die Kinderhilfseinrichtungen spendet.

Potenzielle Services im EVU- Portfolio

Selbstverwirklichung	Autarkie, E-Mobility
Individualbedürfnisse	Photovoltaikanlagen, Stromspeicher, Energiecontracting-Lösungen
Soziale Bedürfnisse	Hausservices, Energiespar-Shop, Lokale Erzeugung, Quartiersentwicklung
Sicherheitsbedürfnisse	Handwerkerservices, Einbruchschutz, Kombi-Produkte – alles aus einer Hand
Physiologische Bedürfnisse	Strom, Wärme, Wasser, Breitband

Abb. 103: Potenzielle Services im EVU Portfolio

Kunden sind bereit, mehr auszugeben, wenn sie dadurch nicht nur Qualität, sondern auch Service und Unterstützung für das Produkt erhalten. Das Produkt selbst ist somit nicht das Wichtigste. Der Service um das Produkt kann den Unterschied ausmachen. So können Services wie Energieeinsparberatung oder *Online*-Informationsportale das Produkt unterstützten. Dies bietet eine Möglichkeit zur Differenzierung vom reinen Preiswettbewerb im *Commodity*-Vertrieb.

Häufig werden Services mit regionalen Partnern verknüpft. Als Beispiel kann der Verleih von Elektrofahrrädern genannt werden. Wichtig ist, dass der Service zusätzlich zum dem Produkt Nutzen und Wert schaffen kann und dem Nutzer der Vorteil direkt erkennbar ist. Angelehnt an die Bedürfnisse nach Maslow lassen sich potenzielle Services von Grundbedürfnissen bis hin zur Selbstverwirklichung strukturieren. Dementsprechend müssen im Vertrieb auch die Kunden- und Absatzpotenziale bewertet werden.

7.6.4.2 Verknüpfung mit Produkten aus dem energiefernen Bereich

Zunehmend werden im Energievertrieb auch Services aus dem energiefernen Bereich angeboten. Einige Services befinden sich bereits im Vertriebsportfolio von Versorgungsunternehmen:

- Notfalldienste für Sanitär, Unwetterschäden und Schlüsseldienst
- Klempnerarbeiten
- Services für Reparatur von Küchengeräten und Haushaltselektronik
- Vermittlung von Hausrats- und/oder Gebäudeversicherungen
- Reisebuchungsservice
- Hilfe bei Einbruch oder Wegfall der Wohnmöglichkeit (durch Schäden).

Die Produkte werden bedürfnisorientiert auf die Zielkunden, wie Hauseigentümer, Mieter oder Wohnungsunternehmen bzw. Vermieter, zugeschnitten. Entsprechend gibt es verschiedene Arten der Preis- und Produktgestaltung. Angeboten werden Einzelbeauftragungen, aber auch *Flatrate*-Lösungen mit pauschaler Abrechnung je Monat. Grds. lassen sich somit Produkte mit Einzelbeauftragung, *Flatrates* und *Full-Service* zur Bedienung der Kundenbedürfnisse unterscheiden.

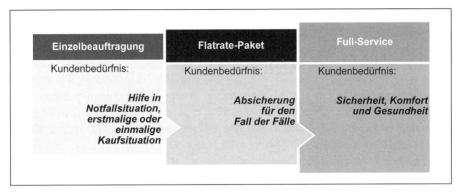

Abb. 104: Serviceebenen nach Kundenbedürfnissen

7.6.4.3 *Whitelabel*-Produkte anbieten und umsetzen

Im Regelfall erreichen Services neben der reinen Stromlieferung nur eine gewisse Zielgruppe entsprechend ihrer Kundenbedürfnisse. Dies bedeutet zugleich, dass das Kundenpotenzial für diese Produkte geringer ist und die Marktdurchdringung nicht so hoch wie im reinen Stromvertrieb. Somit stellt sich die Frage nach der Wirtschaftlichkeit. Um als Anbieter eine kritische Absatzmenge zu erreichen, bietet es sich an, die Produkte auch als *Whitelabel* für andere Versorger anzubieten. Gleichzeitig besteht für Nutzer der *Whitelabel*-Produkte die Möglichkeit, Services anzubieten, für die das lokale Marktpotenzial bei einer Eigenentwicklung zu klein ist.

Das *Whitelabel*-Produkt wird somit unter verschiedenen Unternehmensnamen oder Marken angeboten. Einige Angebote sind bereits im Energiemarkt etabliert. Als Beispiel kann das Trianel Energiedach genannt werden. Es ist eine Vertriebslösung zur Eigenversorgung mit Solarstrom für Ein- und Zweifamilienhäuser sowie für Gewerbe- und Industrieobjekte. Das EVU positioniert sich, ohne selbst Entwicklungsarbeit zu leisten, und nutzt die Prozesse des Anbieters. Der Implementierungs- und Koordinationsaufwand ist somit für den Versorger gering[824].

Auch im Bereich der *Online*-Services haben sich *Whitelabel* Produkte etabliert. Sie werden von einem Anbieter erstellt und in die Versorger-Webseite eingebunden. Ein Beispiel ist das Angebot der Grünspar GmbH. Sie stellt einen *Onlineshop* im *Corporate Design* zur Verfügung und betreut diesen vollständig. Logistik und Versand,

---

[824] Vgl. Trianel, EnergieDach – Sonnenstrom für Ihre Kunden, abrufbar unter: https://www.trianel.com/en/produkte/energiedach/.

Kundenservice, Online-Marketing sowie die Abrechnung werden unabhängig vom IT-System des Versorgers abgewickelt[825].

7.6.4.4   Vertriebsplattformen

Die Lieferantendichte hat sich in Deutschland in den letzten Jahren immer weiter erhöht. Im Jahr 2007 waren nur in 165 Netzgebieten mehr als 50 Anbieter aktiv, 2014 sind es bereits 649 Netzgebiete. Aktuell sind bereits in mehr als der Hälfte aller Netzgebiete mehr als 100 Stromanbieter tätig. Im Durchschnitt kann ein Haushaltskunde in Deutschland in Deutschland zwischen 91 Anbietern auswählen.

Das bedeutet aber nicht automatisch einen hohen deutschlandweiten Wettbewerb. Viele Stromversorger setzen ihren vertrieblichen Fokus auf bestimmte Regionen. Rd. 55 % der Stromanbieter beliefern maximal zehn Netzgebiete und 16 % beschränken sich nach wie vor auf ein einziges Netzgebiet. Im bundesweiten Durchschnitt beliefert ein Anbieter rund 75 Netzgebiete[826].

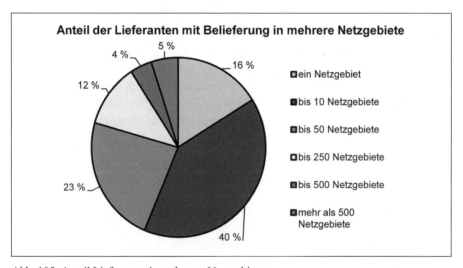

Abb. 105: Anteil Lieferanten in mehreren Netzgebieten

Für den bundesweiten Vertrieb spielen Vertriebsplattformen eine wichtige Rolle. Insb. Vergleichsportale wie Verivox und Check24 haben in den letzten Jahren an Bedeutung gewonnen. Im Rahmen einer PwC-Umfrage wurden Verbraucher gefragt, wo sie sich in den letzten 12 Monaten über Stromanbieter und Strompreise

---

[825]   Vgl. Grünspar, E-commerce & Logistik, abrufbar unter: http://www.gruenspar.com/e-commerce.
[826]   Vgl. Monitoringbericht 2015 – Elektrizitätsmarkt S. 182.

informiert haben. Mit deutlichem Vorsprung sind Vergleichsportale die wichtigste Informationsquelle für den Kunden.

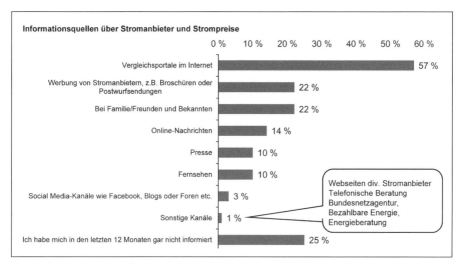

Abb. 106: Informationsquellen über Stromanbieter und Strompreise

Entsprechend wichtig sind die Vergleichsportale als Vertriebskanal im deutschlandweiten Vertrieb an Haushaltskunden.

Aber auch im Bereich der Industriekunden haben Ausschreibungsplattformen eine wichtige Rolle übernommen. Über die Verivox-Ausschreibungsplattform wurden nach Unternehmensangaben seit 2004 rd. 45.000 Anfragen von Industrie- und Gewerbetreibenden bearbeitet. Als Dienstleister bietet Verivox den Versorgungsunternehmen neben der Plattform auch zielgerichtete *B2B*-Kampagnen zu deren Strom- und Gasprodukten an[827].

7.6.5   Kernfähigkeiten zur Umsetzung der neuen Produktwelt

Um die Möglichkeiten neuer Services und Produkte zu nutzen und gleichzeitig die Anforderungen der digitalen Welt bedienen zu können, müssen Stromanbieter ihre eigenen Fähigkeiten weiterentwickeln bzw. in einigen Bereichen neu aufbauen. Die nachfolgende Grafik zeigt wichtige Bereiche, in denen eine nachhaltige Entwicklung notwendig ist.

---

[827] Vgl. verivox, Ausschreibungen & Industriekampagnen, abrufbar unter: http://www.verivox.de/branchendienste/ausschreibungsplattform/.

Kundenbetreuung über Social-Media Plattformen	Wettbewerblicher, intelligenter Messstellenbetrieb mit Messstellenbündelung	Gestaltung von Bündelangeboten incl. Pricing
Gestaltung von Bündelangeboten incl. Pricing	Haus- und Anlagenautomatisierung und Steuerung	Kundenanalyse mit Business Analytics Methoden
Technischer Kundenservice	Steuerung Ein- und Ausspeisung	Direktvertrieb erklärungsbedürftiger Produkte
Abrechnung von Produktbündeln	Energiemanagement	Vertriebspartnermanagement
Integrierte CRM- und Abwicklungssysteme		Kundenportale und Produktbaukasten

Abb. 107: Aufbau von Fähigkeiten im Stromvertrieb

Für den Vertrieb wichtige Kernbereiche sind u.a. die Kundenbetreuung, das Produktmanagement, die Automatisierung von Abwicklungsprozessen und das Vertriebspartnermanagement. In Verbindung mit der Digitalisierung werden zunehmend auch Fähigkeiten im Bereich *Business Analytics* Methoden erforderlich sein.

Die neuen Fähigkeiten müssen mit den vorhandenen Ressourcen im Bereich Personal, Prozesse und *IT*-Systeme abgeglichen werden. Hierbei kann ein individueller Reifegrad bestimmt werden, der es ermöglicht, die Ausprägung der eigenen Fähigkeiten zu spiegeln.

Insgesamt bedeutet der Wandel des Energievertriebs eine Reihe von Herausforderungen und Investitionen in *Know-how* Aufbau, Personalentwicklung und *IT*-Ausbau, bietet aber gleichzeitig viele Chancen bei der Gewinnung und Bindung von Kunden.

7.7 Verbraucher (Industrie, Gewerbe, Haushalt, *Prosumer*)

7.7.1 Stromkosten

Die Strompreise an den Börsen sind in den letzten Jahren konstant gefallen. Dennoch mussten die Verbraucher kontinuierliche Strompreissteigerungen hinnehmen. Dieser zunächst paradox anmutende Befund erklärt sich durch die Zusammensetzung des Strompreises. Beschaffung des Stroms, Netzentgelte und Vertrieb machen nur einen Bruchteil des gesamten Strompreises aus. Mehr als die Hälfte des Strompreises entfällt auf gesetzlich festgelegte Umlagen, Abgaben und Steuern[828].

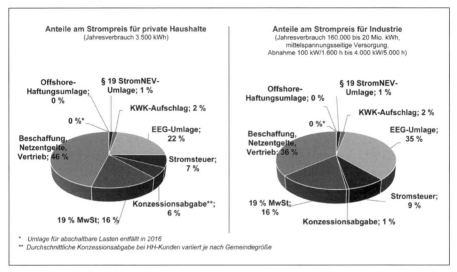

Abb. 108: Anteil am Strompreis für Haushaltskunden und Industrie[829]

Die vorstehende Abb. verdeutlicht, welchen Anteil die einzelnen Stromkostenbestandteile ausmachen und wie sich dies auf die Kosten für Haushalte und Industrie auswirkt. Insb. die EEG-Umlage sorgt dafür, dass der Strompreis für Letztverbraucher trotz der Entwicklung an der Strombörse auf einem konstanten Preisniveau bleibt. Aber auch die übrigen Umlagen, Abgaben und Steuern wirken sich deutlich auf den Strompreis aus.

Vor diesem Hintergrund hat der deutsche Gesetzgeber in den letzten Jahren zahlreiche Privilegierungstatbestände geschaffen, die v.a. stromkostenintensive Unternehmen entlasten soll. Hierdurch will der deutsche Gesetzgeber die Wettbewerbsfähigkeit deutscher Unternehmen im internationalen Vergleich erhalten.

Dabei hat sich durch zahlreiche Reformen in den letzten Jahren ein normativer Flickenteppich gebildet. So sind zahlreiche Gesetze und Verordnung heranzuziehen, um die einzelnen Ausnahme- und Privilegierungstatbestände zu erfassen. Zur Komplexität trägt dabei ferner bei, dass die entsprechenden Tatbestände auf unterschiedliche Art und Weise in Anspruch genommen werden können. Je nach Tatbestand ist ein förmliches Verwaltungsverfahren zu durchlaufen oder nur eine

---

[828]　Vgl. dazu schon oben Abschnitt 2.2.3 (Strompreis einschließlich Umlagen und Steuern).
[829]　BDEW, Stand: Mai 2016.

Anzeige bzw. Meldung beim zuständigen Netzbetreiber durchzuführen. Der damit verbundene notwendige administrative und wirtschaftliche Aufwand insb. für stromkostenintensive Unternehmen ist beträchtlich.

V.a. das EEG 2017 und das KWKG 2017 regeln zahlreiche Anspruchs- und Ausnahmeregelungen, die sich auf die Stromkosten der Letztverbraucher und insb. der stromkostenintensiven Unternehmen auswirken können. Der nachfolgende Überblick soll daher die im Zuge der Novellierung beider Gesetze entstandenen Möglichkeiten und Risiken aufzeigen.

7.7.2 EEG-Umlage

Die EEG-Umlage soll die Kosten decken, die durch die Förderung der Stromerzeugung aus erneuerbaren Energien entstehen. Das Finanzierungssystem ist als Ausgleichmechanismus im EEG 2017 und der Erneuerbare-Energien-Verordnung[830] geregelt. Dabei wird die EEG-Umlage von den ÜNB jeweils zum 15. Oktober eines Jahres für das Folgejahr festgelegt.

Das EEG 2017 sieht zahlreiche Privilegierungen vor, die zur vollständigen bzw. teilweisen Entlastung von der EEG-Umlage führen können. Dazu zählen u.a. das Eigenerzeugungs- bzw. Eigenversorgungsprivileg i.S.d. §§ 61 ff. EEG 2017, das Stromspeicherprivileg i.S.d. § 61j Abs. 1 und 2 EEG 2017, die Besondere Ausgleichsregelung nach §§ 63 ff. EEG 2017 und die Förderung von Mieterstrommodellen nach § 95 Nr. 2 EEG 2017.

7.7.2.1 Eigenerzeugung, Eigenversorgung, Stromspeicher und Mieterstrommodelle i.S.d. EEG 2017

An die Stelle des bisherigen Eigenstromprivilegs i.S.d. § 61 EEG 2014 ist ein komplexes Regelungssystem getreten. Nunmehr erstreckt sich das Eigenerzeugungs- bzw. Eigenversorgungsprivileg von § 61 bis § 61j EEG 2017.

Die Privilegierung selbsterzeugten und verbrauchten Stroms wird im EEG 2017 unterteilt in Eigenerzeugung und Eigenversorgung. Die privilegierte Eigenversorgung kann sowohl für bestimmte gesetzlich festgelegte Konstellationen i.S.v. § 61a EEG 2017 (z.B. Kraftwerkseigenverbrauch) als auch durch Stromerzeugungsanlagen i.S.v. § 3 Nr. 1 EEG 2017 und hocheffiziente KWK-Anlagen i.S.v. § 53a Abs. 1 Satz 3 EnergieStG in Anspruch genommen werden. Die Eigenerzeugung ist demge-

---

[830] Bis zum 13.10.2016 als Ausgleichsmechanismusverordnung bezeichnet. Durch das Gesetz zur Einführung von Ausschreibungen für Strom aus erneuerbaren Energien und zu weiteren Änderungen des Rechts der erneuerbaren Energien v. 13.10.2016 nunmehr umbenannt in Erneuerbare-Energien-Verordnung (BGBl. I, S. 2258).

genüber dadurch gekennzeichnet, dass sie Stromerzeugungsanlagen privilegiert, die bereits vor Geltung des EEG 2012 bzw. EEG 2014 zur Eigenerzeugung genutzt wurden. Ein förmlicher Antrag auf Begrenzung ist nicht erforderlich, da die Rechtsfolge bei Einhaltung sämtlicher Voraussetzungen ohne weiteres eintritt.

Für alle Konstellationen ist – unabhängig von der konkreten Form der Eigenstromnutzung – erforderlich, dass die entsprechenden Mitteilungspflichten nach § 61f EEG 2017 eingehalten werden und der entsprechende Strom innerhalb des sog. 15-Minuten-Intervalls gem. § 61g EEG 2017 erzeugt und verbraucht wird.

Die besonderen Voraussetzungen für die Inanspruchnahme des Eigenversorgungsprivilegs sind in der Legaldefinition des § 3 Nr. 19 EEG 2017 zur Eigenversorgung und in den §§ 61a f. EEG 2017 geregelt. Im Falle des § 61a EEG 2017 entfällt die EEG-Umlage vollständig. Bei Inanspruchnahme des Eigenversorgungsprivilegs nach § 61b EEG 2017 erfolgt eine Begrenzung der EEG-Umlage auf 40 % der jeweils gültigen EEG-Umlage.

Die besonderen Voraussetzungen sowie die Rechtsfolge des Eigenerzeugungsprivilegs sind in den § 61d EEG 2017 und § 61c EEG 2017 festgelegt. Danach muss die Eigenerzeugung u.a. durch sog. ältere Bestandsanlagen oder Bestandsanlagen erfolgen. Bei Einhaltung der maßgeblichen Voraussetzungen tritt grds. eine vollständige Befreiung von der EEG-Umlage ein. Für den Fall der Erneuerung, Erweiterung oder Ersetzung können unter bestimmten Umständen die entsprechenden Bestandsanlagen mit einer Mindestumlage oder sogar mit der vollen EEG-Umlage belastet werden. Insofern sollten vor Umsetzung der entsprechenden Maßnahme die maßgeblichen Voraussetzungen und Fristen der §§ 61c ff. EEG 2017 zwingend geprüft werden („EEG-*Due Diligence*“).

Auch für Strom, der in Stromspeichern zwischengespeichert wird, kann unter bestimmten Voraussetzungen die Pflicht zur Zahlung der EEG-Umlage nach § 61j EEG 2017 entfallen. Durch § 61 Abs. 1 Nr. 2 EEG 2017 ist dabei nunmehr neu geregelt, dass auch Stromspeicher, die zur Eigenversorgung eingesetzt werden, privilegiert werden können.

Durch eine weitere Neuregelung in § 95 Nr. 2 EEG 2017 könnten zukünftig auch sog. Mieterstrommodelle begünstigt werden. Danach könnten trotz Belieferung der Mieter mit Strom aus einer auf dem Wohngebäude installierten Solaranlage die EEG-Umlage reduziert werden. Da es sich bei § 95 Nr. 2 EEG 2017 nur um eine Verordnungsermächtigung handelt, muss die BReg die entsprechenden Voraussetzungen und Rechtsfolgen in einer Verordnung konkretisieren.

Hinsichtlich der Abrechnung der EEG-Umlage und der entsprechenden Prüfung etwaiger Eigenstromkonstellationen wurden einige Vorgaben der Ausgleichsmechanismusverordnung in das EEG 2017 überführt. Zur Zahlung der EEG-Umlage an den regelverantwortlichen ÜNB sind danach grds. die EVU gem. § 60 Abs. 1 EEG 2017 verpflichtet, die Strom an Letztverbraucher liefern. Darüber hinaus müssen Letztverbraucher, die im Rahmen der Eigenversorgung nur teilweise von der EEG-Umlagepflicht befreit sind, die entsprechende EEG-Umlage direkt an den Netzbetreiber bzw. ÜNB nach § 61 i.V.m. § 61h EEG 2017 zahlen. Dabei sind die Netzbetreiber dazu verpflichtet, die Sorgfalt eines ordentlichen und gewissenhaften Kaufmanns anzuwenden. Dies hat zur Folge, dass die Netzbetreiber anhand der Mitteilungen der entsprechenden Eigenversorger bzw. Eigenerzeuger prüfen müssen, ob die Inanspruchnahme der EEG-Umlagebegrenzung im Einklang mit den entsprechenden Vorgaben der §§ 61 EEG 2017 stehen; ggf. müssen sie weitere Nachforschungen anstellen.

7.7.2.2 Besondere Ausgleichsregelung gem. §§ 63 ff. EEG 2017

Die besondere Ausgleichsregelung soll die Belastung mit der EEG-Umlage für stromkostenintensiven Unternehmen in einem Maße halten, das mit ihrer internationalen Wettbewerbssituation vereinbar ist, sodass ihre Abwanderung in das Ausland verhindert wird. Hierzu müssen die stromkostenintensiven Unternehmen – im Gegensatz zur Eigenstromnutzung – jährlich einen Antrag stellen, der im Rahmen eines förmlichen Verwaltungsverfahrens durch das zuständige BAFA geprüft und beschieden wird. I.d.R. erfolgt die etwaige Erteilung des Begrenzungsbescheids im Dezember des Antragsjahres und gilt für das auf das Antragsjahr folgende Begrenzungsjahr.

Für eine Begrenzung der EEG-Umlage müssen die stromkostenintensiven Unternehmen eine Reihe von Voraussetzungen erfüllen und diese durch entsprechende Nachweise bis zu einer gesetzlich festgelegten Frist (30.06. bzw. 30.09.) dokumentieren. Danach muss das stromkostenintensive Unternehmen u.a.

- zu einer Branche nach Anlage 4 des EEG gehören,
- an der zu begrenzenden Abnahmestelle die Mindeststrommenge von 1 GWh erreicht haben,
- eine Stromkostenintensität von 14 bzw. 17 bzw. 20% erzielt haben und
- über ein gültiges und zertifiziertes Energie- und Umweltmanagementsystem verfügen.

Neben den allgemeinen Antrags- und Verfahrensvoraussetzungen sind in den Vorschriften zur besonderen Ausgleichsregelung auch differenzierte Regelungen in § 3 Nr. 45 und § 67 EEG 2017 zur Umwandlung von stromkostenintensiven Unternehmen enthalten. Diese erstmals mit dem EEG 2014 eingeführten Regelungen berücksichtigen den praxisrelevanten Umstand, dass speziell in den vorliegend betroffenen Wirtschaftsbereichen aufgrund des hohen Wettbewerbs permanente Weiterentwicklungen und damit auch gesellschaftsrechtliche Veränderungen notwendig sind. Für diese Konstellationen schaffen die § 3 Nr. 45 und § 67 EEG 2017 eine rechtliche Grundlage, um die Antragstellung umgewandelter Unternehmen und die Übertragung von Begrenzungsbescheiden zu regeln. Insofern werden sowohl privilegierte Unternehmen als auch Unternehmen erfasst, die erstmals einen Antrag auf Begrenzung der EEG-Umlage stellen wollen.

§ 67 Abs. 1 EEG 2017 legt dabei fest, inwieweit ein Unternehmen nach seiner Umstrukturierung erfolgreich einen Antrag auf Begrenzung der EEG-Umlage stellen kann und welche Daten die Basis der erforderlichen Nachweisführung bilden können. Unternehmen, die kürzlich umgewandelt wurden, soll so die Antragstellung erleichtert bzw. überhaupt erst ermöglicht werden[831].

Vor diesem Hintergrund kann eine Umwandlung dazu führen, dass das stromkostenintensive Unternehmen erstmals die Antragsvoraussetzungen erfüllt. So sind Konstellationen denkbar, bei denen einzelne Bereiche des stromkostenintensiven Unternehmens auf eine andere Gesellschaft übertragen werden, was zu einer Veränderung der Stromkostenintensität führen kann. Gerade mit Blick auf die neugeregelte reduzierte Stromkostenintensität für Unternehmen der Liste 1 der Anlage 4 des EEG 2017 von 14 % dürfte der potenzielle Kreis der Antragsteller deutlich erweitert worden sein[832].

In § 67 Abs. 3 EEG 2017 wird die bisherige Verwaltungspraxis des BAFA kodifiziert, nach der der Begrenzungsbescheid eines Unternehmens vor einer Umwandlung auf das begrenzungsfähige Unternehmen nach der Umwandlung übertragen werden kann. Der Bestand des Bescheids wird somit unter Berücksichtigung der in § 67 Abs. 3 EEG 2017 genannten Voraussetzungen gesichert[833].

Eine Prüfung der entsprechenden Potenziale bzw. der etwaigen Auswirkungen der Umwandlung von stromkostenintensiven Unternehmen sollte insofern regelmäßig durchgeführt werden („EEG-*Due Diligence*"). Im Falle einer Umwandlung sollten entsprechende Maßnahmen ferner möglichst frühzeitig mit dem BAFA abgestimmt werden.

Die Abrechnung der EEG-Umlage und die entsprechenden Meldungen der selbstverbrauchten sowie weitergeleiteten Strommengen sind nunmehr aufgrund § 60a EEG 2017 zwischen energieintensivem Unternehmen und dem ÜNB durchzuführen. Die Lieferanten müssen demnach die EEG-Umlage nicht mehr einfordern und an

---

[831] Küper/Mussaeus in: Säcker, EEG 2014, § 67 Rn. 2.
[832] Küper/Callejon, RdE 2016, S. 440.
[833] Küper/Mussaeus in: Säcker, EEG 2014, § 67 Rn. 4.

den ÜNB weiterleiten, können dies grds. aber im Rahmen eines Dienstleistungsver hältnisses für den Kunden durchführen.

7.7.3　KWKG-Umlage

Die KWKG-Umlage dient – wie die EEG-Umlage im EEG 2017 – dazu, die im KWKG 2017 festgelegte Förderung von KWK-Anlagen zu finanzieren. Im KWKG 2016 wurde dabei eine Begrenzung von der zu zahlenden KWKG-Umlage gewährt, soweit der Letztverbraucher einen Jahresverbrauch an einer Abnahmestelle von mehr als 1 GWh erreichte und ggf. als Unternehmen des produzierenden Gewerbes eingestuft werden konnte.

Im Zuge der Novellierung des KWKG 2016 ist in Bezug auf die Begrenzung der KWKG-Umlage ein fundamentaler Systemwechsel im KWKG 2017 vollzogen worden. Danach zahlen ab 2016 nunmehr grds. nur noch Letztverbraucher eine verminderte KWKG-Umlage, wenn sie für die jeweilige Abnahmestelle über einen Begrenzungsbescheid i.S.d. besonderen Ausgleichsregelung verfügen. Durch den neuen § 27 Abs. 1 KWKG 2017 werden die beihilferechtlichen Rahmenbedingungen zur Ausgestaltung der Privilegierungsregelungen zur KWKG-Umlage umgesetzt. Zudem erfolgt die Anpassung i.S. einer Vereinheitlichung der Privilegierungsbestimmungen im KWKG 2017 und im EEG 2017[834].

Letztverbraucher, die nach der alten Systematik für das Jahr 2016 berechtigt gewesen wären, eine Begrenzung von 0,03 Ct/kWh in Anspruch zu nehmen, müssen ggf. mit Nachzahlungen von 0,026 Ct/kWh rechnen. Sämtliche Letztverbraucher, die in den Jahren 2017 und 2018 privilegiert worden wären, können übergangsweise bis einschließlich 2018 eine Begrenzung der KWKG-Umlage auf das Doppelte der KWKG-Umlage in Anspruch nehmen, die jeweils im Vorjahr zu zahlen war.

Vor diesem Hintergrund ist davon auszugehen, dass die Zahl der privilegierten Letztverbraucher i.S.d. KWKG 2017 deutlich abnehmen wird. Letztlich werden nur noch die Unternehmen eine Begrenzung von der KWKG-Umlage in Anspruch nehmen können, die auch nach den Vorgaben der §§ 63 ff. EEG 2017 privilegiert sind. Insofern kommt der besonderen Ausgleichsregelung nunmehr eine noch größere Bedeutung für energieintensive Unternehmen zu.

---

[834]　BR-Drs. 619/16 v. 20.10.2016, S. 95.

7.8 Geschäftsmodelle im Messstellenbetrieb

7.8.1 Einführung in die Geschäftsmodelllandschaft des Messstellenbetriebs

In der Energiewirtschaft war der Messstellenbetrieb lange Zeit klar geregelt. Der Betrieb der im Netz befindlichen Messstellen unterlag dem jeweiligen Netzbetreiber. Als alleiniger Messstellenbetreiber war dieser v.a. für den Einbau und Betrieb der Messeinrichtung verantwortlich.

Mit dem Inkrafttreten des § 21b EnWG im Jahr 2005 war es privaten Anschlussnehmern fortan erlaubt, den Betrieb ihrer Messstelle an einen Dritten zu übergeben. Eine Überarbeitung des § 21b EnWG im Jahr 2008 übertrug die Möglichkeit zur freien Wahl des Messstellenbetreibers vom Anschlussnehmer auf den Anschlussnutzer bzw. den Mieter.

Im Sommer 2016 wurde schließlich das GDEW beschlossen. Dieses regelt im MsBG den Einsatz intelligenter Messsysteme und moderner Messeinrichtungen. Während die moderne Messeinrichtung nur der elektronische Zähler ist, der kommunikativ angebunden werden kann, besteht das intelligente Messsystem aus der modernen Messeinrichtung mit Anschluss an das *SMG*, das für die sichere Übermittlung der Daten sorgt.

Neben den Regelungen für den *Roll-out* der Messinfrastruktur enthält das GDEW einerseits Regeln für den Messstellenbetrieb, in den Rollen grundzuständiger und wettbewerblicher Messstellenbetreiber, andererseits Regeln bzgl. Datensicherheit und Datenschutz inkl. der neuen Rolle des *SMGA* Diese Rolle muss jeder Messstellenbetreiber verantwortlich ausprägen, kann sie jedoch an einen Dienstleister vergeben. Zudem kommt in bestimmten Fällen (Spartenbündelung) dem Anschlussnehmer nun wieder die Wahl des MSB zu.

Somit entsteht, zuletzt durch das GDEW, nicht nur eine ganz neue Wettbewerbssituation im Messwesen, sondern auch eine neue Möglichkeiten für veränderte Geschäftsmodelle, die auf das *Metering* beschränkt, aber auch auf angrenzende Wertschöpfungsstufen ausgedehnt werden können.

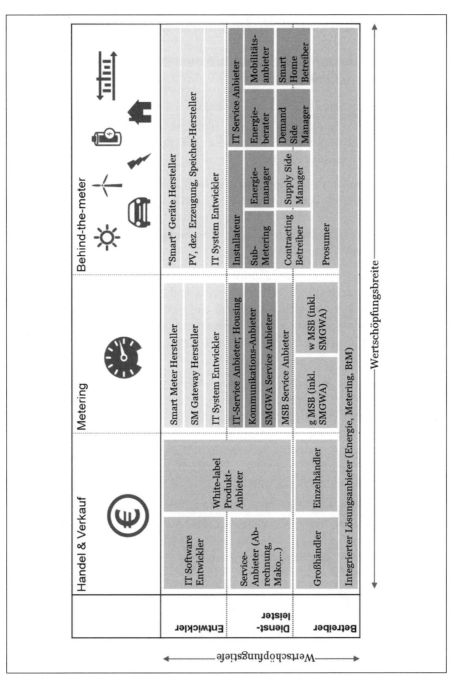

Abb. 109: Wertschöpfungskette

Im Folgenden werden Geschäftsmodelle rund um die drei Rollen des grundzuständigen Messstellenbetreibers (gMSB), des wettbewerblichen Messstellenbetreibers und des *SMGA* diskutiert.

7.8.2 Geschäftsmodell des grundzuständigen Messstellenbetreibers

Das Geschäftsmodell des gMSB wird ganz erheblich determiniert durch die zahlreichen spezifisch hierauf ausgerichteten Vorgaben des GDEW bzw. des MsbG.

Insb. fingieren §§ 31 und 32 MsbG die wirtschaftliche Vertretbarkeit der Ausstattung von Messstellen mit intelligenten Messsystemen bzw. mit modernen Messeinrichtungen durch den gMSB. Dazu geben §§ 31 und 32 MsbG für die jeweilige Fallgruppe Preisobergrenzen vor, die gem. § 7 in Form separater Entgelte abgerechnet werden – getrennt von etwaigen Entgelten für den Netzzugang und das konventionelle Messwesen nach den §§ 21 und 21a des EnWG. Diese Preisobergrenzen werden nur für die Standardleistungen vorgegeben, deren Art und Umfang der Gesetzgeber als zumindest erforderlich für einen gesetzeskonformen Messstellenbetrieb mit modernen Messeinrichtungen und intelligenten Messsystemen und dabei auch noch als hinreichend kategorisierbar erachtet. Demgegenüber hat der gMSB für über Standardleistungen hinausgehende Zusatzleistungen des Messstellenbetriebs mit intelligenten Messsystemen und modernen Messeinrichtungen die nicht näher bezifferte Angemessenheit und Diskriminierungsfreiheit seiner Entgelte einzuhalten.

Die Preisobergrenzen für Standardleistungen sind nach verpflichtenden und nach optionalen Ausstattungsfällen differenziert. Sie umfassen jeweils sowohl bestimmte Fälle von Stromverbrauchern als auch von Stromeinspeisern, die sich überblickartig wie folgt darstellen lassen:

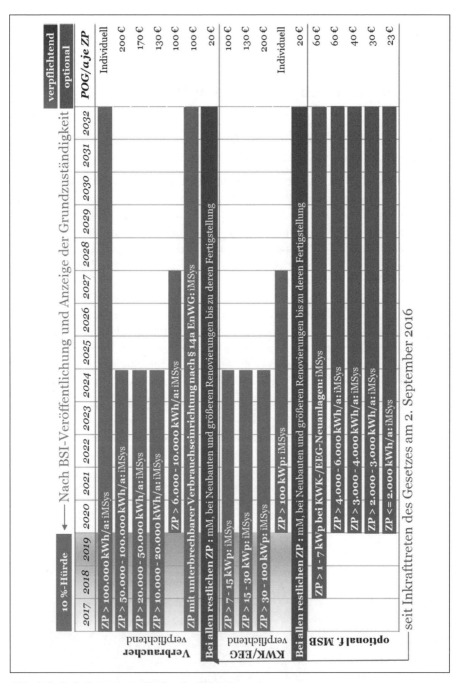

Abb. 110: Preisobergrenzen für Standardleistungen

Verpflichtend bedeutet dabei aus Sicht des gMSB, dass dieser die Ausstattungen in dem jeweiligen Zeitrahmen vornehmen muss, soweit sie technisch möglich i.S.v. § 30 MsBG sind und keine Ausnahmeregelungen nach § 19 Abs. 5 Satz 2, § 29 Abs. 5, § 36 Abs. 1 Satz 1 oder § 44 Abs. 1 MsBG greifen. Demgegenüber als optional zu verstehen sind die Ausstattungsfälle nur aus Sicht des gMSB. Wenn dieser insoweit die Option zur Ausstattung wählt, ist sie aus Sicht des betroffenen Anschlussnutzers bzw. -nehmers verpflichtend[835].

Herangezogen wird dabei der Jahresstromverbrauch in kWh/a bzw. die installierte Einspeiseleistung in kWp je ortsfestem Zählpunkt. Je nach Fallgruppe gilt dann für die Ausstattung und den Betrieb des intelligenten Messsystems die in der rechten Spalte aufgeführte Preisobergrenze als Jahresbruttoentgelt inkl. der gesetzlichen Umsatzsteuer.

Besonders herausfordernd und prägend für das Geschäftsmodell des gMSB dürfte zunächst die sog. 10%-Hürde sein. Sobald der gMSB seine Grundzuständigkeit bei der BNetzA angezeigt hat (und das BSI die technische Verfügbarkeit für intelligente Messsysteme festgestellt hat) muss der gMSB gem. § 45 Abs. 2 MsbG innerhalb von drei Jahren mind. 10 % der verpflichtend auszustattenden Messstellen mit intelligenten Messsystemen bzw. mit modernen Messeinrichtungen ausstatten, sonst droht ihm der Verlust seiner Grundzuständigkeit im Wege einer Zwangsausschreibung.

Darüber hinaus treffen den gMSB v.a. spezifisch verschärfte Ausprägungen des allgemeinen Diskriminierungsverbots und Transparenzgebots aus § 3 Abs. 4 Satz 1 MsBG, wie z.B. die buchhalterische Entflechtung nach § 3 Abs. 4 Satz 2 MsBG, die Pflicht zur Veröffentlichung und zum Abschluss von Rahmenverträgen nach § 9 Abs. 4 MsBG sowie die Pflicht zur Veröffentlichung von *Rollout-* und Preisinformationen nach § 37 Abs. 1 MsBG. Im Übrigen ist der gMSB insb. auch speziellen Vorleistungspflichten unterworfen, wie z.B. gem. § 35 Abs. 3 MsBG das *SMG* dem Anschlussnutzer, dem Anschlussnehmer und weiteren nach § 49 Abs. 2 MsBG berechtigten Stellen im Rahmen der vorhandenen technischen Kapazitäten diskriminierungsfrei für Standard- und Zusatzleistungen zur Verfügung zu stellen und den dafür erforderlichen technischen Betrieb gegen angemessenes Entgelt zu ermöglichen.

7.8.3 Geschäftsmodell des wettbewerblichen Messstellenbetreibers

Neben dem Geschäftsmodell des gMSB, legen das EnWG und das GDEW bzw. das MsBG auch die Grundlage für das Geschäftsmodell des wMSB.

---

[835] S. § 36 Abs. 3 i.V.m. § 29 Abs. 2 MsBG.

Während der gMSB engen Regeln unterworfen ist, ist der wMSB in der Ausübung seiner Rolle relativ frei. Er unterliegt zwar auch dem allgemeinen Diskriminierungsverbot gem. § 3 Abs. 4 Satz 1 MsBG, ist aber von den Preisobergrenzen in den verschiedenen Verbrauchsklassen (§§ 31, 32 MsBG) nicht betroffen (§ 36 Abs. 2 MsBG), muss keine Preisblätter veröffentlichen und ist in der Lage, seine Preise, auch innerhalb einzelner Verbrauchsklassen, zu differenzieren.

Aus dieser Flexibilität ergeben sich Chancen, die der wMSB nutzen könnte. Einerseits kann er in den Wettbewerb um die Messstellen beim Anschlussnutzer (§ 5 MsBG) eintreten, andererseits beim Anschlussnehmer, wenn er Angebote zur Spartenbündelung macht (§ 6 MsBG). Die Chancen sind hier umso höher, je preissensitiver die Kunden in den Verbrauchsgruppen sind, und je mehr Preissenkungsspielraum die Deckungsbeiträge des gMSB (der häufig die Preisobergrenze verlangen wird) bieten.

Neben dem reinen Wettbewerb um die Messstelle, hat der wMSB die Möglichkeit, sich über sein Produktangebot zu differenzieren. Anders als der gMSB (wenn er in der Netzgesellschaft eines integrierten EVU angesiedelt ist), kann er Produkte anbieten, die Energielieferung und Energiedienstleistung mit einschließen, und sich somit vom jeweiligen gMSB und anderen wMSB differenzieren.

Ein wMSB kann somit im integrierten Energieversorger auch dazu beitragen, das Risiko des Verlustes von Messstellen, das der gMSB hat, zu reduzieren.

Ist das Geschäftsmodell eines wMSB rein auf die Messstelle und die Differenzierung über den Preis ausgerichtet, dann ist das Werteversprechen genau dieses, nämlich die Messstelle günstiger zu betreiben, als der gMSB bzw. andere wMSB. Das Produktportfolio beschränkt sich auf Standard- und Zusatzleistungen des Messstellenbetriebs und die erforderlichen Fähigkeiten des wMSB sind darauf gerichtet, durch Mengenvorteile in der Gerätebeschaffung und durch super effiziente Prozesse inkl. der effizienten Einbindung von Partnern, Margen im Preiswettbewerb zu generieren.

Dieses auf den reinen Messstellenbetrieb und den Preiswettbewerb ausgerichtete Geschäftsmodell, hat typischerweise eine geringe Umsatzrendite und benötigt somit eine große Kundenzahl, um erfolgreich zu sein.

Das Geschäftsmodell, das auf Differenzierung über das Produkt- und Serviceportfolio setzt, ist im Werteversprechen auf die Problemlösung des Kunden ausgerichtet.

Die Differenzierung erfolgt über Produkte und Dienstleistungen, die das intelligente Messsystem als zwingenden Bestandteil enthalten. Zu nennen sind Produkte des Energiemanagement, die die Steuerung der Energieanlagen des Kunden inkl. Ein- und Ausspeisemanagement beinhalten.

Ein besonderer Fall der Differenzierung über das Produkt- und Serviceportfolio ist die Spartenbündelung nach § 6 MsBG. Diese ist darauf gerichtet, dass die Anschlussnutzer nicht mehr zahlen als vorher, für den Anschlussnehmer (i.d.R. professioneller Vermieter – z.b. Immobiliengesellschaft) aber ein darüber hinaus gehender Vorteil erzeugt wird. Dieser kann z.b. im Service der Liegenschaftsverwaltung (z.B. inkl. verbessertem Leerstandsmanagement) und dem kompletten *Submetering* (inkl. Heiz- oder Betriebskostenabrechnung) bestehen.

Die Fähigkeiten des wMSB müssen in diesem Geschäftsmodell auf den technischen Vertrieb, die Erstellung einer komplexen Leistung und den Kundenservice der Produkte und Dienstleistungen ausgerichtet werden.

Dieses Geschäftsmodell, das Differenzierung über das Produkt- und Serviceportfolio herbeiführt, ist auf eine höhere Umsatzrendite ausgerichtet und kann deshalb bereits bei einer geringeren Kundenzahl erfolgreich sein.

Wie auch in den Geschäftsmodellen des gMSB stellt sich hier die Frage nach der Wertschöpfungstiefe – also, was wird selbst erbracht und wo wird auch Partner und Dienstleister zurückgegriffen.

Während die Entwicklungsleistungen typischerweise eingekauft werden, sollten die Dienstleistungen, soweit sie für sich genommen wettbewerbsfähig sind, selbst erbracht werden. Eine Vergabe der Dienstleistungen an Partner ist dann sinnvoll, wenn das Geschäft regional breit gefächert ist oder der Mengenvorteil, den einzelne Dienstleistungen aufweisen müssen, nicht erreicht werden kann, um wettbewerbsfähig zu sein.

In dem letzten Sinn stellt sich insb. die Frage, ob die *SMGA* selbst erbracht wird oder fremd vergeben werden sollte.

7.8.4   Geschäftsmodell des *Smart Meter Gateway* Administrators

Die technische Kommunikationseinheit *SMG* als ein Teil der intelligenten Messsysteme dient dazu, die gesamte Datenübermittlung über verschlüsselte, integritätsgesicherte Kanäle stattfinden zu lassen. Die Authentifizierung der beteiligten Kommunikationspartner und des *SMG* geschieht dabei aus Sicherheitsgründen ausschließlich über Zertifikate. Für den sicheren, technischen Betrieb des *Gateways* ist der *SMGA* funktional verantwortlich[836]. Die *SMG* können daher nur durch den *SMGA* erreicht werden. Folgende wesentliche Aufgaben übernimmt der *SMGA* im Rahmen seiner Rollenwahrnehmung:

---

[836] S. auch § 3 Abs. 1 MsBG.

- Der *SMGA* wird bei jedem Zählerwechsel mit eingebunden.

- Er ist vor der Inbetriebnahme für die zählpunktscharfe Vorkonfigurierung bzw. Parametrisierung bereits bei der Bestellung eines *SMG* verantwortlich und er hat die eichrechtlich relevanten Vorgaben zu beachten. Der *SMGA* verwaltet das *Gateway*. Dies geschieht initial über eine sog. *Smart-Metering-Public-Key*-Infrastruktur bzw. durch eine *SM-PKI* (*Smart-Metering-Public-Key-Infrastructur*)-signierte Konfigurationsdatei, die vom *SMGA* selbst zur Verfügung gestellt werden muss.

- Er ist für die Installation, die technische Machbarkeitsprüfung, das Anschließen der *SMG* und der Basiszähler sowie des technischen Zubehörs sowie die Kontrolle der Hardware und Kommunikationsanbindung verantwortlich.

- Der *SMGA* verwaltet das sog. *Headend*. Dieses steht über die Fernverbindung in direktem Kontakt zu den *Gateways*. Es bildet das Kommunikationsende der Fernverbindung und beinhaltet die Geräte-Stammdaten und deren Kommunikationsparameter. Durch das *Headend* kann der Betrieb der Infrastruktur überwacht werden. Auch die *Firmeware-* und *Software Updates* werden über das *Headend* aufgespielt.

- Der *SMGA* leitet über die Marktkommunikationsprozesse mithilfe des *Gateways* Messdaten und Netzzustandsdaten an die externen Marktteilnehmer weiter.

- Er muss für die Netzsteuerung eine hoch-performante Kommunikationsverbindung bereitstellen und er verwaltet jede an ein *Gateway* angeschlossene EEG-Anlage über die sog. *CLS*-Schnittstelle (*CLS = Controllabel Local System*), die Ist-Einspeisewerte überträgt (Auswertungsprofile) und eine Steuerung ermöglicht.

Der *SMGA* bedient sich bei seiner Aufgabenwahrnehmung einer Softwareapplikation für die *SMGA*. Diese massendatentaugliche Softwareapplikation beinhaltet die nach BSI-IT-Grundschutz und ISO 27001 geforderten Funktionalitäten inkl. Unterstützung bei der Administration einer sog. *Sub-CA* zur Ausstellung und Überwachung von Zertifikaten für *SMG* und aller dafür relevanten Prozesse.

Zur Gewährleistung der IT-Sicherheit sieht die technische Richtlinie TR-03109-6 eine Auditierung und Zertifizierung des *SMGA* nach ISO 27001 oder nach IT-Grundschutz gem. BSI-Standard vor. Der *SMGA* ist gem. ISO 27001 dazu verpflichtet, ein Informationssicherheits-Managementsystem (ISMS) einzurichten, zu betreiben und zu dokumentieren. Der Anwendungsbereich des ISMS muss sämtliche Betriebstätigkeiten des *SMGA* abdecken; dieser muss die Umsetzung und Einhaltung festgelegter Maßnahmen gewährleisten. Die Verantwortung bleibt bei einer Auslagerung (*Outsourcing*) oder Teilauslagerung des *SMGA*-Betriebs oder abgesetzter Arbeitsplätze unberührt.

Gateway-bezogene Kommunikation geschieht stets über integritätsgesicherte und verschlüsselte Kanäle und benötigen digitale Zertifikate. Die SM-PKI sehen hier eine staatliche Basis-Schlüsselverwaltung, eine *Certificate Authority* beim BSI vor. Diese staatliche Stelle hält eine zentrale, staatliche *Root-CA* (Wurzel) als Vertrauensanker in der Infrastruktur der *Gateways* vor. Darunterliegend operieren Unternehmen, sog. *Sub-CA* (untergeordnete Zertifizierungsstellen), die die Betreuung der externen Marktteilnehmer übernehmen. Die *Root* setzt die gesetzlichen Anforderungen auf technischer Ebene durch und berechtigt die Unternehmen eine *Sub-CA* zu betreiben. In der *Certificate Policy* bzw. *Root-CP* werden organisatorische und technische Anforderungen für die Anerkennung, Ausstellung, Verwaltung, Benutzung, Zurückziehung und Erneuerung von Zertifikaten zur Kommunikation zwischen *Gateway* und Marktteilnehmern spezifiziert.

Der Wirkbetrieb der *Root* wird unter der Aufsicht des BSI von einem Zertifizierungsdienstanbieter durchgeführt. Eine solche PKI kann selbst aufgebaut, mit der *Root*-PKI des BSI verbunden und betrieben werden. Der Zertifikateserver beim BSI (*Root-CA*) wird dabei mit dem Zertifikateserver des Unternehmens (*Sub-CA*) verbunden.

Es gibt jedoch auch hier Dienstleister bzw. Marktteilnehmer, die eine solche PKI-Lösung schlüsselfertig anbieten. Bei vollintegrierten Dienstleistern entfällt die Mühe, selbst die PKI in die notwendigen Prozesse zu integrieren. Spezialisierte Unternehmen operieren als sog. *Sub-CA* (untergeordnete Zertifizierungsstellen), die die Betreuung von Marktteilnehmern übernehmen. So betreiben Unternehmen u.a. sog. *Trust Center* in Deutschland und haben sich als Service-Dienstleister im Bereich von PKI-Infrastruktur positioniert, indem sie als *SUB-CA* Dienstleister für den Kunden auftreten und ausgewählte Registrierungsprozesse gegenüber der BSI *Root-CA* übernehmen. Als Dienstleister sperren sie aber auch die Zertifikate für *SMG*, *SMGA* und externen Marktteilnehmern gem. den Vorgaben des BSI. Diese Dienste sind optional und können mandantenspezifisch angepasst werden.

8 Investoren und ihre Transaktions-entscheidungen

8.1 Transaktionsumfeld im Strommarkt

Zur Umsetzung der Energiewende sind hohe Investitionen in den Ausbau von Wind- und Solarparks, flexibel einsetzbaren Kraftwerken, Speichertechnologien sowie der Netze erforderlich. Während die Energiewende anfänglich größtenteils von Land-wirten und privaten Kleinanlegern gestaltet wurde, treten nun verstärkt Energiever-sorger, Stadtwerke und Finanzinvestoren als Eigenkapital- und Fremdkapitalgeber auf[837]. Zusätzlich führen der Atomausstieg, der Wandel von zentraler zu dezentraler Erzeugung[838] sowie die Digitalisierung im Energiebereich[839] zu einer strategischen Neuausrichtung der Energieversorger mit Wirkung auf ihr Investitions- und Des-investitionsverhalten.

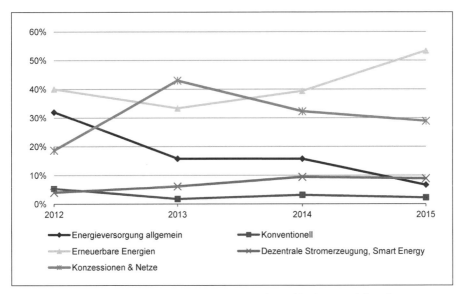

Abb. 111: Relative Transaktionsverteilung nach energiespezifischen Bereichen (bemessen an der Transaktionsanzahl) von 2012 bis 2015[840]

---

[837] PwC, Transaktionsmonitor Energiewirtschaft, April 2016, S. 4.

[838] Vgl. dazu oben Abschnitt 3.3.1.5 (Exkurs: Dezentrale Erzeugungskonzepte).

[839] Vgl. dazu oben Kap. 6 (Digitalisierung in der Energiewirtschaft).

[840] Eigene Auswertung von ausgewählten, repräsentativen Transaktionen im Strommarkt aus der Datenbank von Mergermarket und der Martin Brückner Infosource.

Neben den Projektentwicklern von EEG-Anlagen, Kraftwerksbetreibern und den Energieversorgern betätigen sich zunehmend branchenfremde Investoren im Strommarkt. Aufgrund des Niedrigzins-Umfelds investieren institutionelle Investoren wie Versicherungen und Pensionskassen sowie andere Finanzinvestoren in rentable EEG-Anlagen[841]. Bürger und private Investoren beteiligen sich sowohl aktiv als auch passiv an Windkraftprojekten, während technologieaffine Unternehmen versuchen, mit digitalen Energiedienstleistungsprodukten zur Steigerung der Energieeffizienz Kunden zu gewinnen. Das klassische Versorgungsgeschäft hingegen ist rückläufig. Der Ausstieg aus der Kernenergie und die sich verschlechternde Rentabilität konventioneller Kraftwerke verändern die Geschäftsmodelle und führen zu einer Reallokation der finanziellen Kapazitäten von Energieversorgern.

Bei der strategischen Neuausrichtung und dem Ausbau erneuerbarer Energien werden Finanzmittel benötigt, die viele Energieversorger aufgrund der eingetrübten Ertragslage nicht aufbringen können. Aufgrund dessen sind aus Verkäufersicht in den Jahren von 2012 bis 2015 die meisten Transaktionen bei den überregionalen Energieversorgern zu verzeichnen, die ihre Finanzkraft mit entsprechenden Desinvestitionsentscheidungen stärken wollen. Viele Anlagenprojektierer verfolgen die Strategie, nach Beendigung der Bauphase von Projekten Anteile oder gesamte Wind- bzw. Solarparks weiterzuverkaufen. Aus Käufersicht dagegen steigen die Transaktionen insb. im Bereich der Stadtwerke und der kommunalen Unternehmen (vgl. Abb. 112).

---

[841] PwC, Transaktionsmonitor Energiewirtschaft, April 2016, S. 4.

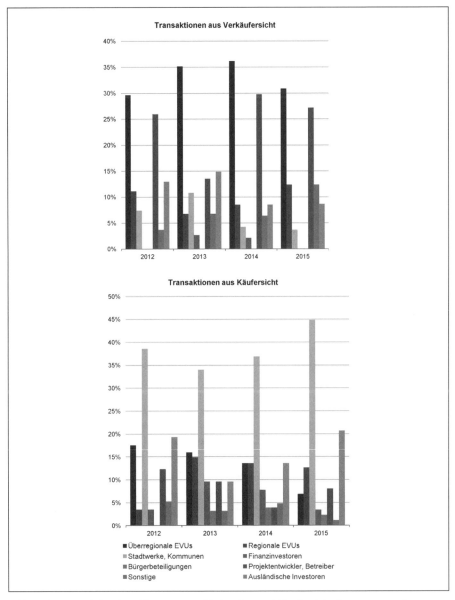

Abb. 112: Transaktionsbeteiligungen aus Verkäufer- und Käufersicht (bemessen an der Transaktionsanzahl) in den Jahren von 2012 bis 2015[842]

---

[842] Eigene Auswertung von ausgewählten, repräsentativen Transaktionen im Strommarkt aus der Datenbank von Mergermarket und der Martin Brückner Infosource.

Des Weiteren zeigt sich ein Trend von Partnerschaftsmodellen der EVU untereinander oder mit Finanzinvestoren sowie Projektierern und Bürgern für die Bewältigung der Investitionskosten und Schaffung anderer Synergieeffekte wie der Risikoteilung[843]. Die Zusammenarbeit findet entweder in der Entwicklung gemeinsamer Projekte oder mit der Beteiligung eines Investors am anderen Unternehmen statt. Darüber hinaus kooperieren EVU mit Firmen aus der Technologiebranche zur Verfolgung einer Digitalisierungsstrategie und Stärkung der Kundenbindung. Dies lässt sich u.a. durch den gesetzlich vorgeschriebenen „Smart-Meter-Rollout" ab 2017[844] begründen. Bei den Stadtwerken und Konzessionsvergaben zeigt sich ein Trend der Rekommunalisierung, da Konzessionen vermehrt durch kommunale Unternehmen von überregionalen EVU zurückerworben werden. Zudem interessieren sich zunehmend ausländische Investoren für deutsche Energie-Assets. Bspw. zählt die Akquisition der größten deutschen Müllverbrennung *Energy from Waste* (*EEW*) durch den chinesischen Investor *Beijing Enterprises Holding* im Februar 2016 zu der bislang größten Direktinvestition aus China in ein deutsches Unternehmen[845]. Hingegen haben sich die Aussichten für weitere Investments deutscher Investoren in ausländische Stromenergiemärkte verschlechtert. Der einstige Einstieg in den ausländischen Strommarkt in Schwellenländer, wie Brasilien oder der Türkei, die aufgrund des dortigen Bevölkerungswachstums eine steigende Energienachfrage verzeichnen, führte für einige deutsche Energieversorger zu Problemen, da die Volatilität der wirtschaftlichen Entwicklung, politische Unsicherheiten sowie rechtliche Risiken in den Ländern schwerer zu kalkulieren sind. Aufgrund dieser Risiken wird die Konzentration von Investitionen derzeit auf den heimischen Markt gelegt[846].

Neben den Beteiligungsmöglichkeiten an Projekten oder Unternehmen gibt es noch andere Kooperationsformen. Dazu zählen Kooperationsvereinbarungen zwischen zwei oder mehreren Investoren, Fusionen von zwei oder mehreren Unternehmen (z.B. Stadtwerke) und *Joint Ventures* hinsichtlich der Bildung von neuen Gesellschaften für eine langfristige Zusammenarbeit oder für Projekte. Weitere Transaktionsarten sind Unternehmensakquisitionen oder der Erwerb von Anlagen bzw. Netzen, die teils zurückverpachtet werden, damit der Betrieb dieser Objekte beim Alteigentümer verbleibt. Diese Objekttransfers waren neben Anteilsverkäufen und *Joint Ventures* die am meisten genutzten Transaktionsarten in den vergangenen Jahren.

---

[843] Rothe/Ronkartz, M&A Review 2015, Heft 4, S. 149.

[844] Gesetz zur Digitalisierung der Energiewende, vgl. oben Fn. 491; vgl. auch oben Abschnitt 1.1.1 (*Smart Meter Rollout* und Bedeutung für das deutsche Energiesystem).

[845] PwC, Transaktionsmonitor Energiewirtschaft, April 2016, S. 11.

[846] PwC, Transaktionsmonitor Energiewirtschaft, November 2014, S. 3 f.

Investitionen in Energie-*Assets* erfordern für die Investoren lange Kapitalbindungs-zeiten, weswegen die Sicherheit einer langfristigen Stabilität ein wichtiges Investiti-onskriterium für diese Akteure darstellt. Unsicherheiten bestehen insb. durch regula-torische Rahmenbedingungen hinsichtlich sich ändernder Gesetze (z.B. EEG-Novelle[847]) oder Richtlinien und einem stark regulierten Marktumfeld[848]. Diese Faktoren müssen innerhalb der *Due Diligence*[849] und im Hinblick auf die Bewertun-gen von Anlagen für Investoren im Strommarkt berücksichtigt werden.

8.2 Investoren

8.2.1 Überregional-integrierte Energieversorger

Zu den überregional-integrierten Energieversorgern gehören die „Großen Vier", demzufolge E.ON, RWE, Vattenfall und EnBW. Der Atomausstieg bis 2022 und die Unwirtschaftlichkeit von Kohle- und Gaskraftanlagen drängen diese zu einer strate-gischen Neuausrichtung, da diese zuvor ihre Geschäftstätigkeit im Bereich der kon-ventionellen Stromerzeugung konzentriert haben. Durch die Aufspaltung insb. der Bereiche konventionelle und regenerative Energie versuchen E.ON und RWE, ihre Geschäftsfelder neu zu strukturieren. Der Fokus soll zukünftig auf erneuerbare Energien und digitale Energielösungen gelegt werden. E.ON hat daher die konventi-onelle Erzeugung aus Erdgas und Kohle, den Energiehandel, die Erzeugung aus Wasser sowie ausländische Geschäftstätigkeiten in Brasilien und Russland in ein neues Unternehmen namens Uniper SE, abgespalten. In der Altgesellschaft verblei-ben die Bereiche erneuerbare Energien, Netze, Vertrieb und Kundenlösungen[850]. RWE bündelt im Gegensatz zu E.ON die erneuerbaren Energien, Netze und den Vertrieb in einer neuen Tochtergesellschaft, während der Energiehandel und die konventionelle Erzeugung im Mutterkonzern verbleiben[851]. Während Uniper SE im September 2016 den Börsengang vollzogen hat, wurde dieser von der RWE-Tochter innogy SE im Oktober 2016 durchgeführt.

Um finanzielle Kapazitäten für die Neuausrichtung ihrer Geschäftsfelder zu schaf-fen, verfolgen die „Großen Vier" Desinvestitionsstrategien, indem sie Einnahmen durch gezielte Anteilsverkäufe generieren. Angesichts des schwierigen Marktum-felds erzielten die Energieversorger allerdings geringere Preise für die Beteiligungen

---

[847] Vgl. dazu oben Abschnitt 3.3.1.2 (Das EEG 2017).
[848] WBGU, Politikpapier – Finanzierung der globalen Energiewende, 2012, S. 13.
[849] Sorgfältige Risikoprüfung eines Unternehmens.
[850] Vgl. Gemeinsamer Spaltungsbericht der Vorstände der E.ON und der Uniper, Stand v. 01.04.2016, S. 80 ff., S. 100 ff.
[851] PwC, Transaktionsmonitor Energiewirtschaft, April 2016, S. 9 f.

als erhofft[852]. Im Rahmen von Kartelluntersuchungen durch die EU-Kommission haben sich in den Jahren von 2009 bis 2011 RWE, E.ON und Vattenfall von ihren Höchstspannungsnetzen getrennt, um Wettbewerbsbedenken auszuräumen[853]. Mittels der Trennung von Beteiligungen an erneuerbare-Energien-Projekten und anderen Unternehmen erhalten überregionale Energieanbieter zusätzliche Investitionsmittel, die sie wiederum in neue *Assets* einsetzen können[854]. In den letzten Jahren waren bei E.ON insb. der Rückzug aus dem spanischen und italienischen Geschäft sowie Verkäufe von Beteiligungen an Regionalversorgern zu beobachten. RWE hingegen setzt im Zuge der Rekommunalisierung[855] auf den Verkauf von Stadtwerkebeteiligungen und schafft durch den Verlust von Netzkonzessionen sowie deren damit verbundene Verkaufsweitergabe an die neuen Eigentümer finanzielle Spielräume für Neuinvestitionen. Bei Vattenfall zeichnet sich ein Rückzug aus dem deutschen Energiegeschäft ab. Der schwedische Konzern hat im Jahr 2016 seine deutschen Braunkohlekraftwerke an den tschechischen Investor EPH veräußert und plant mit weiteren *Asset*-Verkäufen. Die Desinvestitionen bei EnBW sind mit einigen Konzessions- und Beteiligungsverkäufen überschaubar geblieben. Um eine weniger kapitalintensive Strategie zu verfolgen, gehen E.ON, RWE, Vattenfall und EnBW bei Investitionen in kostenintensive Anlagen wie *Offshore*-Windparks oftmals Partnerschaften mit Finanzinvestoren ein[856]. Investitionsvolumina können bei den größeren Energieversorgern mehr als 100 Mio. EUR pro Projekt betragen[857].

Da den Energieversorgern mittels eines breiten Produktportfolios auch weitere Renditequellen z.B. durch das Angebot von Energiedienstleistungen[858] zur Verfügung stehen, haben sie vergleichsmäßig niedrige Renditeerwartungen an Energieanlagen. Die tendenziell niedrigere Eigenkapitalquote[859] größerer EVU lässt darauf schließen, dass sie leichteren Zugang zu Kreditmärkten erhalten und dadurch den Fremdfinanzierungsspielraum bewusster ausschöpfen können[860].

---

[852] PwC, Transaktionsmonitor Energiewirtschaft, November 2014, S. 4.

[853] Vgl. Sauthoff/Klüssendorf/Bindig, M&A Review 2011, Heft 10, S. 433.

[854] PwC, Transaktionsmonitor Energiewirtschaft, Januar 2013, S. 5.

[855] Vgl. unten Abschnitt 8.3.6 (Netze und *Smart Grids*).

[856] Eigene Auswertung anhand von strommarktbezogenen Transaktionsinformationen aus der Datenbank von Mergermarket und der Martin Brückner Infosource.

[857] Thumfart/Suppan, Finanzierungsinstrumente im Bereich Erneuerbare Energien: ein Überblick, in: Gerhard/Rüschen/Sandhövel, Finanzierung Erneuerbarer Energien, 2. Aufl., Frankfurt a. M. 2015, S. 620.

[858] Vgl. dazu oben Abschnitt 7.5 (Energiedienstleistungen).

[859] Prozentualer Anteil des Eigenkapitals an der Bilanzsumme.

[860] PwC, Energie- und Versorgungsunternehmen im Spannungsfeld zwischen Ertrag, Investitionen und Verschuldung, Mai 2014, S. 20.

8.2.2   Regionale Energieversorger und Kommunen

Regionale und kommunale Energieversorger (u.a. Stadtwerke, kleine und mittelständische EVU) haben wie die überregionalen EVU eine branchentypisch hohe Anlagenintensität von über 75 %, d.h. der Anteil ihres bilanzierten Anlagevermögens am Gesamtkapital ist sehr hoch[861]. Daher führen bei ihnen sinkende Börsenstrompreise nicht nur zu Rentabilitätsverminderungen ihrer Erzeugungsanlagen, sondern greifen auch die Gesamtrentabilität des Unternehmens an. Zusätzlich etablieren sich branchenfremde, technologieaffine Unternehmen durch Energiedienstleistungsprodukte auf der Kundenseite und erhöhen den Konkurrenzdruck für regionale Energieversorger.

Der steigende Wettbewerbsdruck auf der Vertriebsseite und der Preisverfall bei Stromgroßhandelspreisen setzen auch den mehr als 800 deutschen Stadtwerken zu. Stadtwerke, die in den vergangenen Jahren in neue konventionelle Kraftwerke investiert haben, verzeichneten eine Eintrübung der Ertragslage[862]. Kommunen sind jedoch auf die Dividendeneinnahmen aus ihren Beteiligungen an Stadtwerken angewiesen, um die Verluste aus anderen defizitären Bereichen (z.B. Bäder, ÖPNV) auszugleichen und Finanzmittel für den Ausbau der Breitbandinfrastruktur zu erhalten. Kommunale EVU stehen daher in einem Spannungsfeld zwischen Markt, Regulierung und Kommunen (vgl. Abb. 113).

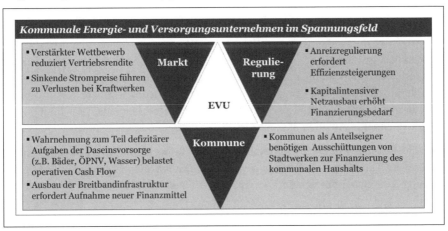

Abb. 113: Kommunale EVU im Spannungsfeld[863]

---

[861] PwC, Finanzwirtschaftliche Herausforderungen der Energie- und Versorgungsunternehmen, Mai 2015, S. 29.

[862] PwC, Transaktionsmonitor Energiewirtschaft, April 2016, S. 12.

[863] PwC, Transaktionsmonitor Energiewirtschaft, November 2014, S. 7.

Daher setzen die regionalen EVU und Stadtwerke derzeit den Fokus auf den An-teilserwerb oder Kauf von sicheren EEG-Anlagen, insb. *Onshore*-Windparks und Solarparks. Stadtwerke investieren außerdem – meist in Kooperation mit anderen Stadtwerken und überregionalen Energieversorgern – in größere Windparkprojekte im *Offshore*-Bereich. Die Renditeerwartung liegt wie bei den überregionalen EVU bei 7 bis 9 %[864]; zwischenzeitlich dürfte die Renditeerwartung aufgrund des gefalle-nen Zinsniveaus allerdings gesunken sein. Außerdem zeigt sich ein Trend der Re-kommunalisierung. Regionale Energieversorger und v.a. Stadtwerke erwerben Kon-zessionen für Strom- und Gasnetze im Zuge der Neuvergabe von überregionalen EVU zurück, um dadurch stabile Renditen zu erwirtschaften und Synergien im Netzbetrieb zu heben. Für den Betrieb der Netze werden aber oftmals Netzgesell-schaften in Partnerschaft mit überregionalen EVU gebildet. Es zeichnet sich zudem ab, dass Stadtwerke anteilig rekommunalisiert bzw. teilweise neu gegründet werden.

In den letzten Jahren wiesen die regionalen EVU eine hohe Ausschüttungsquote in Hinblick auf das erzielte Jahresergebnis aus. Demzufolge wurde ein großer Anteil der Periodenüberschüsse an die Eigentümer ausgeschüttet, wodurch der Spielraum für Investitionen und Akquisitionen in neue Geschäftsfelder gesunken ist[865]. Die Verbindlichkeitenquote, die das Verhältnis der Bruttofinanzverschuldung zur Ge-samtkapitalisierung misst, ist 2013 im Mittel von 41,4 % in 2009 auf 43,2 % gestie-gen[866]. Durch die hohe Ausschüttungs- und Verbindlichkeitenquote sind die regiona-len EVU auf Fremdfinanzierungen für zu tätigende Investitionen angewiesen, während allerdings die Vergabe durch die steigende Risikosensibilität von Kredit-gebern, insb. durch das Reformpaket „Basel III", zur Bankenregulierung und der finanziellen Instabilität der EVU erschwert wird. Die Eigenkapitalquote kleinerer EVU ist aber dennoch höher als die von größeren Energieversorgern. Dies begründet sich darin, dass kleine EVU größen- und volatilitätsbedingt höhere Risikokapital-erfordernisse aufweisen und partnerschaftlich geführte kommunalnahe Energiever-sorger zu höheren Anteilen über die Gesellschaftereinbindung finanziert werden[867].

Um die Kapitalstruktur zu verbessern, werden teilweise nicht zum Kerngeschäft gehörende Aktivitäten verkauft oder das Investitionsvolumen reduziert[868]. Für die Hebung von Synergieeffekten wie den Zugriff auf fehlendes *Know-how* und die

---

[864] Henzelmann u.a., Finanzierung und Finanzierbarkeit der Energiewende, in: Herbes/Friege (Hrsg.), Handbuch Finanzierung von Erneuerbare-Energie-Projekten, 1. Aufl., München 2015, S. 60.

[865] PwC, Finanzwirtschaftliche Herausforderungen der Energie- und Versorgungsunterneh-men, Mai 2015, S. 27.

[866] PwC, a.a.O., Mai 2015, S. 28 f.

[867] PwC, Energie- und Versorgungsunternehmen im Spannungsfeld zwischen Ertrag, Investi-tionen und Verschuldung, Mai 2014, S. 20.

[868] PwC, a.a.O., Mai 2014, S. 31.

Beschaffung finanzieller Mittel schließen sich daher viele Stadtwerke zu Gemeinschaftsunternehmen zusammen[869] oder beteiligen sich an Stadtwerkebündnissen wie der Trianel GmbH. Um die Kundenbindung zu stärken, werden durch regionale und kommunale EVU oftmals Partnerschaften mit Unternehmen aus der Technologiebranche im Bereich dezentraler Energielösungen und Energiedienstleistungen geschlossen. Da die Eigennutzung von Strom aus dezentralen Anlagen zunimmt, besteht zudem die Gefahr für Stadtwerke, aufgrund des regionalen Charakters in die Rolle des „Residualmengenlieferanten" gedrängt zu werden, der nur noch die Restnachfrage nach Strom deckt[870]. Indem diese mittels technologiebasierten Kooperationen auch als Energiedienstleister fungieren können, wird einer solchen Entwicklung entgegengewirkt.

8.2.3   Finanzinvestoren

Zu den Finanzinvestoren gehören größtenteils neben Privatanlegern die institutionellen Investoren. Da risikoarme Staatsanleihen aufgrund niedriger Zinsen derzeit nur geringe Renditen generieren, können institutionelle Investoren, wie Versicherungen und Pensionsfonds, durch Infrastrukturinvestments mit Fokus auf erneuerbare Energien in potenziell ertragreichere Assets investieren. Neben der Diversifizierung ihrer Investments bieten diese Anlagen, die im Durchschnitt über die Hälfte des Infrastrukturportfolios[871] dieser Investoren einnehmen, langfristig stabile Renditen. Dafür beteiligen sich diese meist finanziell an Wind- bzw. Solarparks von Projektentwicklern und Energieversorgern oder investieren in den Erwerb ganzer Anlagen.

In einer Studie der *CHORUS Clean Energy* AG und der Universität der Bundeswehr in München gab die Hälfte der befragten institutionellen Investoren an, in erneuerbare Energien investiert zu haben. Innerhalb der Befragung stellte sich heraus, dass planbare, sichere sowie stabile Erträge einen wichtigen Stellenwert haben und den Hauptgrund für Investitionen in diesem Bereich darstellen. Diese weisen einen höheren Rang auf als hohe Renditen. Obwohl der Punkt „Diversifikation" nicht zur Auswahl stand, gaben 23 % der Studienteilnehmer diesen als zusätzlichen Grund an. Dies zeigt, dass die Streuung des Vermögens mittels Diversifikation ebenfalls ein zentraler Aspekt der institutionellen Investoren für den Einstieg in die Energiebranche darstellt[872]. Institutionelle Investoren planen Investitionen größtenteils langfris-

---

[869]   PwC, Transaktionsmonitor Energiewirtschaft, Januar 2013, S. 8.

[870]   Commerzbank, Kompetenzzentrum Öffentliche Wirtschaft, Universität Leipzig, Herausforderungen für Stadtwerke, 2014, S. 12.

[871]   Commerz Real AG/Steinbeis-Hochschule Berlin, Infrastrukturinvestments bei institutionellen Investoren, 2013, S. 2.

[872]   *CHORUS Clean Energy* AG/Universität der Bundeswehr in München, Energiewende in Deutschland, 2015, S. 7.

tig mit Laufzeiten von über 20 Jahren und mittelfristig mind. im Zcithorizont von 10 Jahren[873].

Als Arten der Investition wurden Fonds mit 48 % und an zweiter Stelle Direktinvestments mit 28 % angegeben. Nur 6 % nutzen *Private-Equity*-Investments[874]. *Private Equity* stellt das zur Verfügung gestellte Eigenkapital von privaten oder institutionellen Anlegern dar. Charakteristisch ist dabei ein kurzfristiger Anlagezeitraum. EEG-Projekte sind für *Private-Equity*-Investoren, die tendenziell risikofreudiger sind, aufgrund langer Kapitalbindungszeiten weniger attraktiv[875]. Lt. einer Studie der *Hanse Corporate Finance* GmbH und der Technischen Universität München, in der 150 *Private Equity* Häuser oder *Family Offices* teilnahmen, konzentrieren sich im Gegensatz zu 3 % im Jahr 2014 nur noch 1 % im Jahr 2016 auf die erneuerbare-Energien-Branche[876]. Eigenkapital stellt mit 78% das bevorzugte Anlagemittel dar.

Die Versicherer stellen mit Kapitalanlagen von über tausend Mrd. EUR die größten institutionellen Investoren in Deutschland dar. Auch für sie bieten sich Investitionen in erneuerbare Energien mit langen Nutzungsdauern an[877]. Dennoch haben deutsche Versicherungen bisher nur unter 1 % ihrer Kapitalkapazitäten in Infrastruktur und erneuerbare Energien investiert. Dies kann u.a. mit politischen und regulatorischen Risiken begründet werden. Nach der Einführung von *Solvency* II im Zuge der Reform des Versicherungsaufsichtsrechts ab Anfang 2016 sind Investitionen in erneuerbare Energien auf die gleiche Ebene wie Hedgefonds und *Private Equity* klassifiziert worden, die jedoch höhere finanzielle Risiken abbilden. Folglich müssen weitestgehend risikolose Anlagen in erneuerbare Energien und Infrastruktur mit Eigenmitteln in Höhe von 39 bis 59 % unterlegt werden[878], wodurch längerfristige Investitionen, wie in regenerative Energien, gegenüber kurzfristigen Investitionen benachteiligt werden.

Auswahlkriterium der Finanzinvestoren ist oftmals der interne Zinsfuß (*IRR: Internal Rate of Return*); strategische Überlegungen wie bei den Energieversorgern spielen eine eher untergeordnete Rolle. *Venture-Capital*-Geber erwarten hierbei den höchsten IRR, gefolgt von *Private-Equity*-Investoren und Infrastruktur- sowie Pen-

---

[873] *CHORUS Clean Energy* AG/Universität der Bundeswehr in München, Energiewende in Deutschland, 2015, S. 10.

[874] *CHORUS Clean Energy* AG, a.a.O., S. 9.

[875] Henzelmann u.a., a.a.O., S. 67.

[876] *H.C.F.*/CEFS TU München, *Private Equity Monitor* 2016 – Auswertung, 2016, S. 6.

[877] GDV, Positionspapier – Zur Verbesserung der Bedingungen für Investitionen in Infrastruktur, 2014, S. 2.

[878] GDV, a.a.O., S. 8.

sionsfonds[879]. Infolge der langen durchschnittlichen Bindungsdauer ihrer Versicherungsverträge und der Notwendigkeit periodischer und stabiler Erträge werden Versicherungen i.d.R. in der Betriebsphase und nur selten in der Bauphase tätig. Sie weisen bei den Finanzinvestoren somit die niedrigsten Renditeerwartungen auf[880]. Das Investitionsvolumen für ein Projekt oder ein Portfolio von Projekten liegt bei *Private-Equity*-Fonds bei über 100 Mio. EUR, gefolgt von Infrastruktur-, Pensionsfonds und Versicherern mit mind. 50 bis 100 Mio. EUR[881].

8.2.4   Bürgerbeteiligungen und Privatinvestoren

Obwohl von einem Großteil der Bevölkerung der Ausbau erneuerbarer Energien befürwortet wird, zeigt sich viel Widerstand gegen Projekte, die den Bau von regenerativen Anlagen in ihrer direkten Nachbarschaft vorsehen[882]. Um die Akzeptanz für die Energiewende zu steigern, erhalten Bürger daher die Möglichkeit, an Bürgerbeteiligungsmodellen für den Ausbau von hauptsächlich *Onshore*-Wind- und Solarparks zu partizipieren. Die Relevanz von Bürgern als lokale Akteure der Energiewende lässt sich an der Eigentümerstruktur der installierten Leistung erneuerbarer Energien in 2012 erkennen, an der die Bürgerenergie (i.w.S.) einen Anteil von 46 % hält:

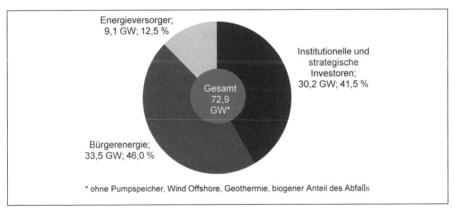

Abb. 114: Eigentümerstruktur der installierten Leistung erneuerbarer Energien in 2012[883]

---

[879]   *Bloomberg/Chatham House/UNEP's SEFI, Private Financing of Renewable Energy,* 2009, S. 8.
[880]   Thumfart/Suppan, a.a.O., S. 619.
[881]   Thumfart/Suppan, a.a.O., S. 618 f.
[882]   WBGU, Politikpapier – Finanzierung der globalen Energiewende, 2012, S. 15.
[883]   *Trend:research*/Leuphana Universität Lüneburg, Definition und Marktanalyse von Bürgerenergie in Deutschland, 2013, S. 42; Abb. 114 zeigt die Bürgerenergie i.w.S.

Die sog. Bürgerenergie lässt sich i.e.S. in Einzeleigentümer, wie z.B. Privatpersonen und landwirtschaftliche Einzelunternehmen, und Bürgerenergiegesellschaften unterteilen, die lokal agieren und eine Beteiligungsquote über 50 % halten. I.w.S. werden zusätzlich diejenigen Gruppen aufgenommen, die eine geringe Regionalität und Minderheitsbeteiligungen an Energieprojekten aufzeigen[884].

Die Nutzeneffekte lassen sich in gesellschaftliche und wirtschaftliche Effekte unterteilen. Gesellschaftliche Effekte stellen die aktive Beteiligung an nachhaltigen Wirtschaftsprozessen, die Mitbestimmungsmöglichkeit und das Engagement im Energiesektor sowie die Mitwirkung an der Energiewende dar. Zu den wirtschaftlichen Auswirkungen gehören die Realisierung vieler kostenintensiver Projekte durch die Beteiligung von Privatinvestoren und die Steigerung der lokalen Wertschöpfung[885].

Bürger können sich neben der aktiven Beteiligung innerhalb von Gesellschafts- oder Genossenschaftsmodellen auch passiv mithilfe von Bürgeranleihen, Darlehen etc. an EE-Projekten beteiligen. Aktive Beteiligungen geschehen meist in Form von Eigenkapitalbeteiligungen mit gesonderten Mitspracherechten und einer Beteiligung am Gewinn des Projekts. Im Rahmen einer passiven Beteiligung erhalten Bürger keine Mitspracherechte und Gewinnbeteiligungen, sondern eine feste Vergütung mittels Fremdkapitalbeteiligung und einer begrenzten Laufzeit[886]. Mit 41,9 % werden zumeist Genossenschaftsmodelle genutzt, gefolgt von Beteiligungen an Projektgesellschaften mit 27,4 % und Darlehen mit 21 %[887]. Weiterhin ermöglichen regionale EVU mit Regionalstrommodellen, in denen Bürger an lokal vergünstigten Stromtarifen partizipieren können, eine Alternative für die Bürgerbeteiligung[888].

Um einen Anreiz für Investitionen der Bürger zu schaffen und die Akzeptanz der Energiewende zu stärken, müssen finanzielle Beteiligungsformen geringe Zeichnungshöhen, einfache Strukturierungen sowie bei Kapitalanlagen überschaubare Laufzeiten und attraktive Verzinsungen (über dem marktüblichen Zins für klassische Geldanlagen) vorweisen[889]. Die Renditeerwartungen von privaten Kleinanlegern liegen nach PwC-Schätzung momentan zwischen 3 % und 6 %. Die Einführung der Direktvermarktung und das verpflichtende Ausschreibungsmodell ab 2017 für EEG-Anlagen erschweren jedoch die Investitionsbereitschaft von Bürgern und insb. Energiegenossenschaften aufgrund höherer Anforderungen bei der Planung und dem Kapitaleinsatz[890]. Daher werden erstmals mit der Einführung des EEG 2017 Best-

---

[884]   Trend:research/Leuphana Universität Lüneburg, a.a.O., S. 28 f.
[885]   IZES gGmbH, Nutzeneffekte von Bürgerenergie, 2015, S. 79 ff.
[886]   Bertelsmann Stiftung u.a., a.a.O., S. 20.
[887]   Bertelsmann Stiftung u.a., a.a.O., S. 35.
[888]   Kölln, ew 2016, Heft 9, S. 35.
[889]   Bertelsmann Stiftung u.a., a.a.O., S. 19.
[890]   Vgl. Niederberger/Wassermann, et 2015, Heft 8, S. 55 ff.

immungen für Bürgerenergiegesellschaften eingeführt, die erleichterte Ausschreibungsbedingungen für diese Gruppen festlegen[891].

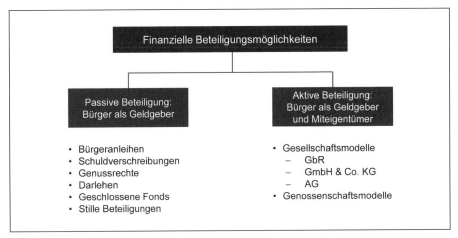

Abb. 115: Finanzielle Beteiligungsmöglichkeiten für Bürger[892]

8.3   Transaktionsobjekte im Strommarkt

8.3.1   Konventionelle Stromerzeugung

Nach der Änderung des AtG im Jahr 2011 wurde die schrittweise Stilllegung aller Kernkraftwerke bis 2022 festgelegt[893]. Dadurch fallen für die überregionalen EVU Anlagen weg, die im Gegensatz zu anderen konventionellen Kraftwerken geringere variable Kosten aufweisen. Zusätzlich werden aufgrund der vom EEG festgeschriebenen vorrangigen Einspeisung von Strom aus EEG-Anlagen[894] ins Netz Kohle- und Gaskraftwerke zunehmend aus dem Markt verdrängt. Seit 2010 gilt die AusglMechV, die eine Vermarktung vom EEG-Strom am Spotmarkt einer Strombörse vorschreibt. Dies hat zur Folge, dass im Zuge des *Merit-Order*-Effekts, bei dem die Einsatzreihenfolge von Kraftwerken an der Strombörse nach den kurzfristigen Grenzkosten bestimmt wird, EEG-Anlagen mit ihren kaum vorhandenen variablen

---

[891] Gesetz zur Einführung von Ausschreibungen für Strom aus erneuerbaren Energien und zu weiteren Änderungen des Rechts der erneuerbaren Energien (EEAusG) v. 13.10.2016, BGBl. I, S. 2258, § 36g; vgl. im übrigen oben Abschnitt 3.3.1.3 (Ausdehnung des Ausschreibungsmodells).

[892] Bertelsmann Stiftung u.a., Finanzielle Bürgerbeteiligung, 2015, S. 20.

[893] § 7 Abs. 1a AtG.

[894] § 8 Abs. 1 Satz 1 EEG 2014.

Kosten konventionelle Kraftwerke aus dem Stromangebot verdrängen und preisver-
ringernd wirken[895]. Durch diesen Effekt begründet sich der seit einigen Jahren zu
beobachtende Rückgang der Börsenstrompreise.

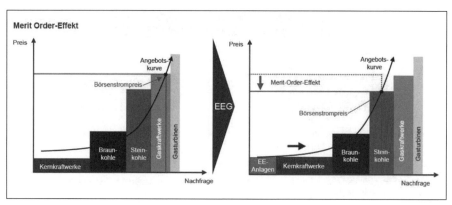

Abb. 116: *Merit-Order*-Effekt[896]

Abb. 116 zeigt, dass besonders Steinkohle- und Gaskraftwerke von diesem Effekt
betroffen sind. Die Rentabilität dieser Anlagen ist oftmals nicht mehr gegeben, da
aufgrund der geringen Einsatzzeiten ihre Fixkosten nicht mehr gedeckt werden können, weswegen sich ein Trend von Stilllegungen und von *Divestments* konventioneller Kraftwerke der Energieversorger zeigt. Bspw. hat Vattenfall als staatliches Unternehmen seine deutsche Braunkohlesparte an tschechische Investoren veräußert,
da die schwedische Regierung sich das Ziel gesetzt hat, im Zuge ihrer *Greening*-
Politik die Emission von Kohlenstoffdioxid zu reduzieren[897]. Zusätzlich sollen im
Rahmen des neuen StrommarktG in Deutschland ab 2016 Braunkohlekraftwerke mit
2,7 GW Gesamtleistung schrittweise vom Netz genommen werden. Bis 2020 werde
es möglich sein, diese als Kapazitätsreserven mit Vergütungen außerhalb des
Strommarkts zurückzuhalten, um der Absicherung der Stromversorgung zu dienen[898].

---

[895] PwC, Transaktionsmonitor Energiewirtschaft, März 2014, S. 5; vgl. dazu oben Ab-
       schnitt 2.3.1.3 (Preisbildung an der Börse).
[896] PwC, Transaktionsmonitor Energiewirtschaft, März 2014, S. 5.
[897] PwC, Transaktionsmonitor Energiewirtschaft, April 2016, S. 11.
[898] § 13g StrommarktG; vgl. dazu oben Abschnitte 3.5.3 (Ausstieg aus der Stromerzeugung
       aus Kohle?) und 3.6.7 (Kapazitätsreserve und Sicherheitsbereitschaft).

Die Kapazitätsreserve wird eingeführt, da diese nur mittels Ausschreibungen[899] ausgewählte Kraftwerke enthält, die nicht am Strommarkt teilnehmen und damit auch keinen Einfluss auf den Wettbewerb und die Preisentwicklung ausüben[900].

Die Stilllegung anderer Kraftwerke wird aufgrund der Versorgungssicherheit nicht in jedem Fall von der BNetzA bewilligt, da bislang nur wenige Speichermöglichkeiten für Strom aus erneuerbaren Energien existieren und konventionelle Kraftwerke daher weiterhin benötigt werden.

Ein Zukunftsfeld in dem Gebiet der konventionellen Energie wird den Einsatz flexibler Kraftwerke betreffen, um als Reservekapazität die Volatilität erneuerbarer Energieeinspeisungen auszugleichen[901]. Die Änderung des StrommarktG sieht daher die Errichtung von flexiblen Neuanlagen bis zu 2 GW mithilfe eines Ausschreibungsmodells vor[902]. Hinsichtlich der kommenden Jahre wird es spannend sein, die Aktivitäten von Uniper und RWE nach dem *Demerger* in diesem Markt zu beobachten.

8.3.2 Erneuerbare Energien

Der Anteil erneuerbarer Energien am Bruttostromverbrauch ist als bislang höchster Anstieg von 27,4 % in 2014 auf 32,6 % in 2015 gewachsen[903]. Damit wird es deutlich realistischer, bis 2025 einen Anteil von 40 bis 45 % zu erreichen[904]. Die sichere Abnahme von Strom aus erneuerbaren Energien, die unelastische Stromnachfrage sowie Einspeisevergütungen erklären den steigenden Erwerb von Beteiligungen oder kompletten Übernahmen solcher Anlagen. Zudem liefern nach der Bauphase Projekte im Bereich der erneuerbaren Energien jeweils einen langfristig stabilen *Cash-Flow* bei niedrigen operativen Kosten[905]. Im Vergleich zu konventionellen Kraftwerken unterliegen EEG-Anlagen nicht den Risiken aus Preisschwankungen von Einsatzstoffen, wie z.B. Kohle und Gas, sowie von CO_2-Preisen, und verzeichnen daher geringe Betriebskosten[906]. Einzige Ausnahme bilden oftmals Biomasse-Anlagen.

---

[899] § 13e Abs. 2 StrommarktG.

[900] BMWi, Ein Strommarkt für die Energiewende, Juli 2015, S. 36.

[901] Hasler, et 2012, Heft 7, S. 11 f.

[902] Beschaffungsverfahren gem. Art. 1, § 13e Abs. 2 StrommarktG.

[903] BMWi, Erneuerbare Energien in Deutschland – Daten zur Entwicklung im Jahr 2015, Februar 2016, S. 3.

[904] § 1 Abs. 2 Satz 1 EEG 2014.

[905] Sandhövel, et 2012, Heft 9, S. 56 f.

[906] Wermter, Kreditwesen 2013, Heft 16-17, S. 51.

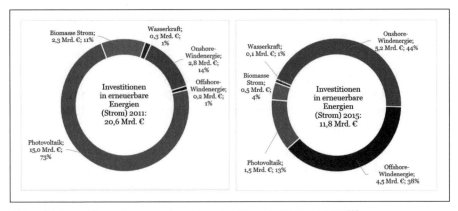

Abb. 117: Investitionen in erneuerbare Energien (Strom) 2011 und 2015[907]

Die Investitionen erfolgen größtenteils im Bereich der *Onshore*-Windanlagen, da deren Technologie im Gegensatz zu *Offshore*-Windparks ausgereifter ist und sie damit eine höhere technologische Sicherheit aufweisen. Während das jährliche Investitionsvolumen für *Onshore*-Windenergie kontinuierlich von 2,8 Mrd. EUR in 2011 auf 5,2 Mrd. EUR in 2015 gestiegen ist, ist aber auch ein deutliches Wachstum von *Offshore*-Windanlagen von 0,2 Mrd. EUR in 2011 auf 4,5 Mrd. EUR in 2015 erkennbar. Im *Offshore*-Bereich können sich Unsicherheiten und Verzögerungen im Bau- und Betriebsprozess ergeben. Zudem sind diese Kraftwerke kostenintensiver und erfordern neu zu schaffende Netzanbindungen. Diese Unsicherheiten haben sich in den letzten Jahren jedoch deutlich reduziert. Durch Verbesserungen in der Produktion, steigende Produktionsmengen und Lerneffekte werden zudem weitere Kostenreduktionen erwartet[908]. Vor diesem Hintergrund steigen Investitionen in *Offshore*-Parks mithilfe von Kooperationsmodellen von Energieversorgern, Stadtwerken, Projektierern und institutionellen Investoren. Investitionen in die Stromerzeugung aus Biomasse oder Wasserkraft hingegen sind in den letzten Jahren rückläufig.

Die Senkung des gesamten Investitionsvolumens in erneuerbare Energien um 8 Mrd. EUR im Vergleich zu 2011 lässt sich insb. durch die wirtschaftliche Entwicklung der Solarbranche erklären.

---

[907] BMWi, Erneuerbare Energien in Deutschland, 2015, S. 13.
[908] Prognos AG/EWI/GWS, Entwicklung der Energiemärkte – Energiereferenzprognose, 2014, S. 29.

Der starke Rückgang des Investitionsvolumens bei PV-Anlagen von 15 Mrd. EUR in 2011 auf 1,5 Mrd. EUR in 2015 begründet sich nicht nur auf den vom EEG 2014 eingeführten Ausschreibungspflichten für PV-Freiflächenanlagen[909] und der damit verbundenen Kürzung der Fördermittel, sondern auch auf den sinkenden Solarmodulpreisen. Erst die Vergütungsdegression führte dazu, dass der Zubau von 7,6 GW Leistung aus PV-Anlagen in 2012 sich auf 3,3 GW im nächsten Jahr mehr als halbiert hat[910].

EEG-Projekte sind außerdem mit verschiedenen Risiken behaftet, die abhängig von der jeweiligen Technologie variieren. Zum einen gibt es technische Risiken in der Errichtungs- und Betriebsphase, Wetter- sowie Projektmanagementrisiken und Akzeptanzprobleme der Bevölkerung, zum anderen Marktrisiken bzgl. der Preis- und Nachfrageentwicklung und regulatorische Risiken (bzgl. Änderungen von Gesetzen, Richtlinien). Zusätzlich weisen solche Projekte eine lange Dauer der Kapitalbindung auf.

Durch Verzögerungen beim Betrieb von *Offshore*-Windparks werden teils die Wirtschaftlichkeitsziele nicht erreicht. Die ab 2017 eingeführten Ausschreibungen für alle WE- und PV-Anlagen[911] werden die Komplexität von Risikobewertungen für Investoren erhöhen und ggf. deren Investitionshemmnisse verstärken. Deswegen ist der Kauf von Bestandsanlagen empfehlenswert, da diese aufgrund des Bestandsschutzes nach den alten Bestimmungen gefördert werden und daher eine stabile Vergütung von bis zu 20 Jahren sichergestellt ist[912]. Bei Risikoanalysen sind erfolgskritische Faktoren, wie die technische Wartung und Verwaltung von Wind- und Solarparks sowie die Beachtung von regionalen Gegebenheiten bei der Standortwahl zu betrachten, um eine anschließende negative Beeinflussung der Rendite zu verhindern[913].

---

[909] § 55 EEG 2014.
[910] BDEW, Erneuerbare Energien und das EEG: Zahlen, Fakten, Grafiken (2016), Februar 2016, S. 26.
[911] Vgl. oben Abschnitt 3.3.1.3 (Ausdehnung des Ausschreibungsmodells).
[912] Rothe/Ronkartz, M&A Review 2015, Heft 4, S. 148.
[913] Sandhövel, et 2012, Heft 9, S. 59. Weitere Informationen in Herbes/Friege (Hrsg.), Handbuch Finanzierung von Erneuerbare-Energien-Projekten, Teil II: Risiken in Erneuerbare-Energien-Projekten, 1. Aufl., München 2015, S. 107 ff.

8.3.3 Exkurs: Auswirkungen der EEG-Novelle auf den *Onshore*-Windenergiemarkt aus Sicht der Kapitalgeber

8.3.3.1 Allgemein erwartete Konsequenzen für den deutschen Onshore-Windenergiemarkt

Die Wachstumsstory der deutschen *Onshore*-Windenergie wurde in den ersten sechs Monaten des Jahres 2016 um ein weiteres Kapitel fortgeschrieben. Im ersten Halbjahr 2016 hat der Zubau mit einer neu installierten Nennleistung von netto 1.892,2 MW auf Halbjahresebene sogar eine neue Rekordhöhe erreicht.

Allerdings wird zumindest die Rekordjagd auf Ganzjahresebene mit dem Inkrafttreten des EEG 2017 vorerst enden, da dieses einen Ausbaukorridor definiert[914].

Derzeit kann die investorenseitige Nachfrage nach *Onshore*-Windprojekten aus unserer Sicht als hoch bezeichnet werden. Welche Auswirkungen das neue EEG nun auf den *Onshore*-Transaktionsmarkt und seine Kapitalgeber hat, soll anhand der folgenden Überlegungen skizziert werden.

Mit dem durch das EEG 2017 eingeführten Ausschreibungsmechanismus erfolgt die Einführung einer Mengensteuerung anhand des jährlichen Ausbaukorridors. Kleinen Projektentwicklern, Privatinvestoren und Bürgerwindinitiativen wird der Zugang zu *Onshore*-Projekten v.a. aufgrund der erhöhten Kapitalanforderungen erschwert, da vor Zusicherung des Projektzuschlags eine für kleine Marktteilnehmer nennenswerte Investition erforderlich wird. Aus den erhöhten Hürden für die kapitalschwächeren Marktteilnehmer wird eine Abnahme der Akteursvielfalt erwartet. Allerdings ist in der Gesetzesnovelle weiterhin die Zielsetzung verankert, jene Akteursvielfalt zu wahren. Inwiefern dieses Ziel erreicht werden wird, ist fraglich.

Da die vorgenannten Interessengruppen allerdings weiterhin an der Umsetzung von *Onshore*-Projekten interessiert sind, wird eine Zunahme von Kooperationen und Partnerschaften zwischen Entwicklern und Kapitalgebern erwartet[915]. Diese Kooperationen können einerseits auf Einzelprojektebene erfolgen oder andererseits darin resultieren, dass Projektentwickler von Kapitalinvestoren übernommen werden und in dem Zuge ihre Kapitalbasis erweitern.

Der mit dem EEG 2017 eingeführte Ausschreibungsmechanismus übt des Weiteren einen verstärkten Preisdruck auf die Anlagenhersteller, deren Zulieferer sowie sämtliche Dienstleister entlang der Wertschöpfungskette aus. Mögliche Einsparpotenziale bei Investitions- und Betriebskosten geraten zunehmend in den Fokus. Lt. ver-

---

[914] Vgl. Deutsche WindGuard GmbH (2016), Status des Windenergieausbaus an Land in Deutschland, S. 1.

[915] Vgl. HSH Nordbank AG (2016), Entwicklung des *Onshore*-Windenergiemarktes, S. 3.

schiedenen Branchenexperten wird v.a. in den Anschaffungskosten der Anlagen deutliches Einsparpotenzial erwartet. Der spürbar steigende Kostendruck sowie die erhöhten Kapitalanforderungen stellen zunächst herausfordernde Veränderungen für die Branche dar.

Zusammengefasst bedeuten die gesetzlichen Neuerungen zwar spürbare Herausforderungen für die Marktteilnehmer, jedoch bestehen auch verschiedene Ansätze, um diese zu meistern. V.a. in den vorgehend erläuterten Kostensenkungspotenzialen, den unter den Beteiligten vorhandenen Kooperationsmöglichkeiten und dem nach wie vor politisch befürworteten Ausbau der erneuerbaren Energien bestehen Argumente für einen auch zukünftig fortschreitenden Ausbau der *Onshore*-Windenergie in Deutschland[916].

8.3.3.2 Investorenzuwachs schmälert die Renditen

Die eingangs beschriebene Situation der kleinen und ggf. auch mittelgroßen Projektentwickler zeigt, dass sie häufig nicht über die benötigte Kapitalstärke für die Ausschreibungsrunden verfügen. Das eröffnet Investoren neue Investitionsmöglichkeiten im *Onshore*-Windenergiemarkt, da gerade die kleineren Projektentwickler nun zunehmend gezwungen sind, für die fortlaufende Entwicklung der Projekte zusätzliches Kapital einzuwerben.

Auch wenn die Renditen der *Onshore*-Projekte in den letzten Jahren gesunken sind, handelt es sich im Vergleich zu alternativen Anlagemöglichkeiten weiterhin um attraktive Investments. Ein mögliches Kooperationsmodell für die Ausschreibungsrunden besteht darin, dass Investoren das zur Projektentwicklung und Teilnahme am Ausschreibungsprozess benötigte Kapital für kleinere Projektentwickler zur Verfügung stellen und am weiteren Erfolg des Projektes partizipieren. Die Kooperationen müssen jedoch nicht auf ein einzelnes Projekt beschränkt sein, sondern können sich bis hin zu strategischen Partnerschaften ausweiten, bei denen sich die Kapitalgeber zu einem frühen Zeitpunkt in die Umsetzung ganzer Projektpipelines einbringen und vom Gesamterfolg profitieren[917]. Das Interesse der überregionalen Versorger und Stadtwerke an derartigen Kooperationsmodellen scheint derzeit besonders hoch.

Als Investoren kommen zunehmend auch große Energieversorger in Frage, da diese aufgrund der gefallenen Stromgroßhandelspreise danach streben, ihr bisheriges Geschäftsmodell mit konventionellen, altgedienten Kraftwerken um regenerative Energiequellen zu ergänzen. Dieser Trend spiegelte sich bereits in den vergangenen Jahren in einer gestiegenen Nachfrage nach *Onshore*-Projekten wider. V.a. Stadt-

---

[916] Vgl. KGAL GmbH & Co. KG (2015), Marktbericht Wind, o. S., abrufbar unter: http://bit.ly/2pJ2My0, Aufruf am 09.12.2016).
[917] Vgl. ebenda, o. S.

werke suchen nach neuen Erlösquellen und erwerben neue Konzessionen für Gas-, Wärme- und Stromnetze sowie zunehmend auch *Onshore*-Projekte[918].

Getrieben vom Niedrigzins-Umfeld investieren neben den Energieversorgern aktuell auch institutionelle Investoren, wie Pensionskassen und Versicherungsgesellschaften, vermehrt in regenerative Energien. Deren Zielsetzung liegt v.a. darin, langfristig stabile Investments zu tätigen und ihr Portfolio zu diversifizieren. Dabei treten die institutionellen Investoren sowohl als Fremd- als auch als Eigenkapitalgeber auf[919].

Institutionelle Investoren erwirtschaften mit klassischen risikoarmen Staatsanleihen inzwischen sehr geringe Renditen und sehen in *Onshore*-Projekten mit der Kombination langfristig stabiler *Cashflows* und einer stabilen politischen Umgebung attraktive Investments. Auch manche Finanzinvestoren nutzen *Onshore*-Projekte als Investmentalternative zu festverzinslichen Wertpapieren. Allerdings bewegen sich die Renditen der Vorhaben inzwischen auf einem Niveau, das den Ansprüchen mancher Investoren nicht mehr genügt.

Der vorgehend skizzierte hohe Wettbewerb um *Onshore*-Windprojekte wird durch die Schaffung sog. Netzausbaugebiete weiter verstärkt. Es handelt sich dabei um grds. gut geeignete Windstandorte in Regionen, in denen der Ausbau der *Onshore*-Windenergie nun von politischer Seite gedeckelt wird, um die Übertragungsnetze nicht zu überlasten. Die Nachfrage nach Projekten außerhalb der Netzausbaugebiete erhöht sich dadurch zusätzlich, während die Nachfrage nach Projekten innerhalb des Netzausbaugebietes aufgrund ihrer guten Lage ohnehin als relativ hoch einzuschätzen ist.

8.3.3.3 Rolle der Banken

Da der wesentliche Teil der *Onshore*-Projekte als Projektfinanzierung umgesetzt wird, stützen die Banken ihre Kreditwürdigkeitsprüfungen i.W. auf den jeweiligen prognostizierten zukünftigen *Cashflow* aus dem Projektvorhaben. Unabhängig davon, ob es sich um Projekte mit einer *Limited-Recourse* oder *Non-Recourse*-Struktur handelt, sind für die quantitative Bewertung der Kreditwürdigkeit hauptsächlich die projektbezogenen Kennzahlen *DSCR*, *LLCR*, *PLCR* sowie eine projektbezogene Eigenkapitalquote maßgeblich. Banken haben für diese Kennzahlen interne Standardanforderungen definiert, die ihre Risikobereitschaft auf Projekt-

---

[918]   Vgl. PwC AG WPG (2016), Transaktionsmonitor Energiewirtschaft, Ausgabe 4, April 2016, S. 12.

[919]   Vgl. ebenda, S. 4.

ebene herunterbrechen und den institutseigenen Handlungsrahmen vorgeben[920]. Darunter fällt u.a. auch die Vorgabe einer maximalen Darlehenslaufzeit.

Es stellt sich die Frage, wie Banken ihre Finanzierungsanforderungen unter Berücksichtigung der EEG-Novellierung anpassen. Aus Gesprächen mit verschiedenen Bankenvertretern haben wir folgende Erkenntnisse gewonnen:

Hinsichtlich der geforderten Werte der üblichen *Cover Ratios* sind keine wesentlichen Veränderungen zu erwarten; sofern ein Projekt die institutsbezogenen Kennzahlenanforderungen erfüllt, genügt es den quantitativen Anforderungen. Eine Finanzierungszusage würde jedoch normalerweise die Einschränkung beinhalten, dass sie auf dem der Kennzahlenberechnung zugrundeliegenden und zwischen Kreditnehmer und Bank vereinbarten Mindestbietungssatz für die Projektausschreibung beruht.

Eine von manchen Branchenkennern vermutete Verkürzung der Darlehenslaufzeiten kann eher als unwahrscheinlich bezeichnet werden, da auch die im Ausschreibungsverfahren ermittelten Vergütungssätze grds. für 20 Jahre festgeschrieben sind. Zwar ist eine Anpassung der Vergütung durch die im fünfjährigen Turnus erfolgenden Windertragsprüfungen möglich, einer etwaigen Vergütungssenkung könnte jedoch voraussichtlich durch die Befüllung eines zusätzlichen Reservekontos vorgebeugt werden.

Bei der Gewährung der für *Bid Bonds* zu stellenden Avale wird in der Kreditentscheidung neben der Projektqualität zusätzlich auch die Bonität des Unternehmens, das sich am Ausschreibungsprozess beteiligt, untersucht[921]. Die Unternehmensbonität sowie der *Track Record* des potenziellen Kreditnehmers nehmen in diesem relativ frühen Stadium der Projektentwicklung im Vergleich zu der Projektqualität einen hohen Stellenwert ein, da der Projektzuschlag zu diesem Zeitpunkt noch ungewiss ist.

Die Avale für *Bid Bonds* können Banken als Eintritt in die Geschäftsbeziehung zu Neukunden dienen; für langjährige Kunden mit guter und sehr guter Bonität sind lt. verschiedenen Geschäftsbanken keine Schwierigkeiten in der Avalgewährung zu erwarten. Die Motivation der Kreditinstitute, über die Bietungsavale den Eintritt in neue Geschäftsbeziehungen zu finden, wird durch das derzeitige Zinsniveau und den Mangel an Alternativen mit ähnlicher Risikostruktur gesteigert. Auch wenn viele Banken der Gewährung der Bietungsavale für langjährige Kunden offen gegenüber stehen, lehnen manche Kreditinstitute die Stellung der Bürgschaften komplett ab.

---

[920] Vgl. Yescombe, E. R. (2013), *Principles of Project Finance*, S. 322 ff.
[921] Vgl. DKB AG (2016), Auswirkungen des EEG 2017 auf die Finanzierung von erneuerbaren Energien, S. 19.

Für die Kreditinstitute werden die einzelnen Kostenpositionen des zu prüfenden Projektes erhöhte Relevanz gewinnen. Daher werden sie sich im Zuge der Projektprüfung zu den einzelnen Positionen ausführlichere Dokumentationen der Preisverhandlungen einreichen lassen. Inwiefern Anlagenhersteller und Dienstleister im Vorwege zu verbindlichen Vereinbarungen zwecks Verhinderung von Kostensteigerungen bereit sind, wird erst der Zeitfortschritt zeigen. Da beide vorgenannten Projektbeteiligten allerdings ein Interesse an einer erfolgreichen Teilnahme an der Projektausschreibung haben, ist ihr preisliches Entgegenkommen wahrscheinlich. Denkbar ist v.a., dass sich die Parteien auf variable Kostenbemessungen einigen werden, bei denen der letztendliche Preis der Dienstleistung/des Investitionsgutes von dem bezuschlagten Gebot abhängt.

8.3.3.4   Nachfrage nach Onshore-Projekten

Ein Attraktivitätsmerkmal des deutschen Transaktionsmarktes liegt v.a. in den in der Vergangenheit stabilen regulatorischen Rahmenbedingungen; diese langfristige Stabilität hat Vertrauen gebildet. Ein Verlust dieses Vertrauens würde einen negativen Einfluss auf die Nachfrage der Investoren ausüben und *ceteris paribus* sinkende Transaktionspreise herbeiführen. Auch wenn es nun zu einer erneuten Gesetzesänderung des EEG kommt, ist diese nicht mit regulatorischer Instabilität gleichzusetzen; diese war in der Vergangenheit eher in anderen europäischen Staaten zu beobachten[922]. Es ist somit davon auszugehen, dass die regulatorische Stabilität als Attraktivitätsmerkmal des deutschen *Onshore*-Windmarktes weiterhin bestehen bleibt.

Das steigende Engagement der Pensionskassen und Versicherungen im *Onshore*-Markt hat in Kombination mit dem niedrigen Zinsniveau die Renditen der Projekte unter Druck gesetzt, da die institutionellen Anleger i.d.R. mit geringeren Renditeerwartungen als die restlichen Marktteilnehmer agieren. Der gestiegene Wettbewerb um *Onshore*-Windenergieprojekte hat insgesamt zu höheren Kaufpreisen und einem erhöhten Renditedruck geführt.

Da neben den vorgehend erwähnten Investoren auch die europäischen EVU weiterhin im Markt aktiv sein werden, ist vorerst nicht von einer sinkenden Nachfrage nach *Onshore*-Projekten in Deutschland auszugehen. Die Investoren treffen inzwischen zum Teil folgende progressivere Projektannahmen, die die Werte der Projekte rechnerisch erhöhen und zu steigenden Transaktionspreisen führen:

- Verlängerung der Projektlaufzeiten,
- Annahme höherer Winderträge,

---

[922]   In Italien, Spanien und Tschechien wurden bspw. rückwirkende Senkungen des Vergütungssatzes für den aus Photovoltaik erzeugten Strom vorgenommen.

- Annahme geringerer Wartungskosten nach Auslaufen bestehender Verträge,
- Steigende Marktpreise für erzeugten Strom,
- Steigende Nachfrage nach Projekten (relevant bei kurzfristiger Spekulation).

Zusammenfassend ist davon auszugehen, dass unter der Annahme eines weiterhin niedrigen Zinsniveaus- die Nachfrage nach *Onshore*-Projekten in Deutschland weiterhin mind. stabil bleibt. Auch mangels Investitionsalternativen erscheint eine Absenkung des derzeitigen Preisniveaus unter den aktuellen Bedingungen in absehbarer Zeit nicht wahrscheinlich. Gleichzeitig kann jedoch auch angenommen werden, dass die Nachfrage nach *Onshore*-Projekten bei einem Anstieg des Zinsniveaus abnimmt und die Transaktionspreise ebenfalls einen Abwärtstrend einschlagen.

8.3.4   Dezentrale Stromerzeugung und virtuelle Kraftwerke

Im deutschen Strommarkt zeigt sich der Wandel von der zentralen zur dezentralen Elektrizitätserzeugung. Immer mehr Privatpersonen, sog. *Prosumer*, setzen dezentrale Kleinkraftwerke ein, um Strom selbst zu erzeugen und teilweise zu verbrauchen.

Es werden vorwiegend PV-Anlagen eingesetzt, da diese sinkende Anschaffungskosten in den letzten Jahren vorweisen und aufgrund gesetzlich festgelegter Vergütungen für die Einspeisung des erzeugten Stroms attraktive Erträge versprechen. Projektrisiken ergeben sich mehr hinsichtlich der Technologien und Bauphase. Das Projektvolumen ist zwar oftmals gering, jedoch zeichnen dezentrale Anlagen einen hohen Individualisierungsgrad aufgrund technischer und vertraglicher Aspekte aus, weswegen eine individuelle Risikobewertung dieser Objekte unabdingbar ist. Insb. für institutionelle Investoren sind solche Analysen aufgrund der Kleinteiligkeit mit hohen Transaktionskosten verbunden und verringern daher bei ihnen die Attraktivität von Investments[923].

Im Gegensatz zu den institutionellen Anlegern ergeben sich für die Energieversorger durch den Trend dezentraler Anlagen neue Geschäftsfelder, wie z.B. durch die Einführung virtueller Kraftwerke[924], die dezentrale Einheiten zentral steuern und ihre Energie flexibel bereitstellen können. Indem verschiedene Erzeugungsanlagen wie Wind-, Solarparks oder Blockheizkraftwerke kombiniert werden, kann somit den Folgen der Fluktuation einzelner Technologien entgegengewirkt und ein Beitrag zur Netzstabilität geleistet werden[925]. Zudem können in die Poolbildung zusätzlich Spei-

---

[923] Reichenbach/Werner/Schneider, et 2016, Heft 4, S. 34 ff.
[924] Vgl. dazu oben Abschnitt 4.2 (Virtuelle Kraftwerke).
[925] Schneider/Raeck/Reichenbach, et 2013, Heft 1/2, S. 11.

chcr aufgcnommcn werden[926]. Erzielt die Gesamtheit der Einzelanlagen eine genügend große Stromkapazität, können die dezentralen Anlagen im virtuellen Kraftwerk in die Kraftwerkseinsatzplanung integriert werden. Neben der möglichen Substitution von konventionellen Großkraftwerken ergeben sich weitere positive Effekte, z.B. werden durch die gesetzlich geförderten EEG-Anlagen eines virtuellen Kraftwerks sichere Gewinne erwirtschaftet[927]. Weil die staatliche Förderung erneuerbarer Energien sich stetig vermindert und langfristig entfallen soll, bietet ein virtuelles Kraftwerk eine marktfähige Rentabilität in dieser Übergangsphase, da es aufgrund der Synergieeffekte vom zentral gesteuerten Anlagenverbund eine größere Wirtschaftlichkeit und Einsatzfähigkeit vorweist[928]. Im Falle von verbrauchsnah installierten Erzeugungsanlagen eines virtuellen Kraftwerks können durch die direkte Einspeisung in die Verteilernetze Netze der höheren Spannungsebenen entlastet werden, wodurch Netzentgelte vermieden werden; die durch die Entlastung entstandene Vergütung kann den Anlagenbetreibern direkt zu Gute kommen. Daher bietet es sich für Betreiber eines virtuellen Kraftwerks an, ihr Anlagenportfolio mit verbrauchsnahen Kleinkraftwerken zu gestalten[929]. Risiken ergeben sich u.a. durch Unsicherheiten in der zukünftigen Gesetzeslage, aus dem bisher langsamen Ausbau der Leitungsnetze und intelligenter, steuerbarer Netze (*Smart Grids*) sowie aus den komplexen Anforderungen an die IT zur Steuerung eines solchen Kraftwerks[930].

8.3.5   Energiedienstleistungen und digitale Kundenlösungen

Weitere Geschäftsfelder können für Stromversorger durch das Wachstum der dezentralen Erzeugung im Bereich *Smart Energy*, also die „intelligente[.] Verknüpfung von dezentralen Energieerzeugungs-, Speicher- und Verbrauchseinheiten mittels einer bidirektionalen, digitalen Kommunikationsinfrastruktur", erschlossen werden[931]. Energiedienstleistungen, wie Informations- und Beratungsangebote sowie Kundenlösungen mithilfe digitaler Stromzähler (*Smart Meter*) und Smart Home-Geräten, ermöglichen es den dezentralen Erzeugern, ihre Anlagen zu steuern und die Transparenz im Energieverbrauch und somit die Energieeffizienz zu erhöhen[932].

---

[926] Höfer/Schmaltz, et 2015, Heft 6, S. 18.

[927] Vgl. dazu auch oben Abschnitt 7.2.6 (Virtuelle Kraftwerke als Geschäftsmodell).

[928] PwC, Virtuelle Kraftwerke als wirkungsvolles Instrument für die Energiewende, Februar 2012, S. 24.

[929]PwC, Virtuelle Kraftwerke als wirkungsvolles Instrument für die Energiewende, Februar 2012, S. 28.

[930] PwC, Virtuelle Kraftwerke als wirkungsvolles Instrument für die Energiewende, Februar 2012, S. 37 f.

[931] Schneider/Raeck/Reichenbach, a.a.O., S. 10.

[932] Schneider/Raeck/Reichenbach, a.a.O., S. 11.

Der Einstieg in diese Geschäftsbereiche hat für die Energieversorger eine hohe Relevanz[933]. Lt. einer Studie von PwC, in der 120 EVU zum Thema Digitalisierung befragt wurden, fühlen sich 58 % durch den Eintritt branchenfremder Unternehmen in die Energiewirtschaft bedroht[934]. Auf Kundenseite bestehe die Gefahr, den Kundenzugang durch neue *Player*, wie bspw. Technologieunternehmen, zu verlieren, und auf Erzeugungsseite gelangen vermehrt dezentrale Erzeuger auf den Markt[935]. Die Digitalisierung von Energiedienstleistungen und das Angebot von dezentralen Energielösungen sind daher für Energieversorger wichtige Aspekte, um ihre Kundenbindung nicht durch den Einstieg von branchenfremden Unternehmen zu verlieren. Daher kooperieren Energieversorger und Stadtwerke mit Projektierern und insb. *Start-ups* aus der Technologiebranche. Diese Partnerschaften verschaffen EVU den Zugriff auf das *Know-how*, um solche eher branchenunüblichen Produkte anzubieten. Im Allgemeinen erschließen EVU diese neuen Geschäftsfelder neben dem Ziel der Kundenbindung auch, um eine Diversifizierungsstrategie zu verfolgen[936].

Auch unabhängig vom Betrieb und Besitz dezentraler Anlagen nimmt die Nachfrage nach digitalen *Smart-Home*-Angeboten und Elektromobilität zu. Der gesetzlich geplante „*Smart-Meter-Rollout*" ab 2017[937], der die schrittweise Einführung von intelligenten Messsystemen vorschreibt, und digitale Energieabrechnungen ermöglichen den Nutzern eine systematische Steuerung ihres Energieverbrauchs und damit die Steigerung ihrer Energieeffizienz. Elektronische Abrechnungen sowie Energiemanagement-Dienstleistungen werden bereits von vielen EVU angeboten, allerdings agieren derzeit nur wenige über mobile *Apps* oder soziale Netzwerke[938]. Der Umbau von Energienetzen zu steuerbaren *Smart-Grids* sowie die Errichtung von Ladesäulen für Elektrofahrzeuge werden ebenfalls bedeutender für das Investitionsportfolio der Energieversorger. Im Bereich der Elektroautos wurde zuletzt eine Kaufprämie von der EU-Kommission und der BReg in Höhe von 4.000 EUR für reine Elektroautos und 3.000 EUR für Hybridautos beschlossen, weswegen höhere Transaktionen und Kooperationen mit Dritten für den Ausbau der Elektromobilität zu erwarten sind[939].

---

[933] Vgl. dazu auch oben Abschnitt 7.5 (Energiedienstleistungen).

[934] PwC, Deutschlands Energieversorger werden digital, 2016, S. 8.

[935] PwC, Deutschlands Energieversorger werden digital, 2016, S. 15.

[936] Growitsch u.a., et 2015, Heft 10, S. 59.

[937] § 31 GDEW.

[938] PwC, Deutschlands Energieversorger werden digital, 2016, S. 9.

[939] BMWi, Fragen und Antworten zur Kaufprämie bei Elektrofahrzeugen, abrufbar unter: http://bit.ly/2qtkk1V, Stand: 01.07.2016.

8.3.6   Netze und *Smart Grids*

Wie die Auswertung vergangener Transaktionen gezeigt hat, sind im Strommarkt seit den letzten Jahren vermehrt Transaktionen im Netzbereich zu beobachten, die vorwiegend aus der verpflichtenden Neuvergabe von Konzessionen resultieren. Die Regelung des § 46 EnWG[940] schreibt hierbei vor, dass den Verträgen zum Nutzungs- und Betriebsrecht für Strom- und Gasnetzleitungen maximal eine Laufzeit von 20 Jahren einzuräumen ist und dass die Kommune – sofern keine Verlängerung des Vertrags vorliegt – die Konzessionen neu auszuschreiben hat. Im Fall, dass die Wegenutzungsrechte mit den EVU nicht verlängert werden, sind diese „dem neuen Energieversorgungsunternehmen gegen Zahlung einer wirtschaftlich angemessenen Vergütung zu übereignen"[941]. Da sich in der Vergangenheit allerdings Rechtsstreitigkeiten bzgl. des Netzkaufpreises im Rahmen der Übertragung ergaben, soll mit der Neuregelung des EnWG der objektivierte Ertragswert des Netzes als Kaufpreisgrundlage im Falle einer Nicht-Einigung zwischen Alt- und Neukonzessionär maßgeblich sein[942]. Die Vielzahl auslaufender Strom- und Gasnetzkonzessionsverträge wird von verschiedenen Städten und Gemeinden als Möglichkeit zur Rekommunalisierung gesehen, da insb. durch die mit der Energiewende einhergehenden Veränderungen der Wunsch nach politischer Einflussnahme auf die lokale Energie- und Investitionspolitik steigt. Dieser Trend zur Rekommunalisierung wird zudem durch das anhaltende Niedrigzins-Niveau begünstigt, da Akquisitionen in Verteilernetze leichter zu finanzieren sind. Daher geht derzeit ein großer Teil der Netzgebiete von regionalen Verteilnetzbetreibern in Gesellschaften mit kommunalen Beteiligungen über[943].

Netze unterliegen grds. der Anreizregulierung. Das System der Anreizregulierung soll Anreize zur Durchführung von Kosteneffizienzmaßnahmen bei den Netzbetreibern setzen[944]. Den Netzbetreibern wird dabei eine feste Verzinsung auf ihr Eigenkapital innerhalb der Regulierungsperiode zugesprochen, wodurch Netze als relativ sichere *Assets* aufgrund stabiler Renditen eingeschätzt werden können. Allerdings besteht bei dem Netzgeschäft eine Unsicherheit dahingehend, dass die gesetzlichen Rahmenbedingungen für Strom- und Gasnetzbetreiber für kommende Regulierungsperioden angepasst werden. Eine solche Entwicklung zeichnet sich ab, da die BNetzA eine Absenkung der Renditen für die dritte Regulierungsperiode ab 2019

---

[940] § 46 Abs. 2 Satz 1 EnWG.

[941] § 46 Abs. 2 Satz 2 EnWG.

[942] BReg, Entwurf eines Gesetzes zur Änderung der Vorschriften zur Vergabe von Wegenutzungsrechten zur leitungsgebundenen Energieversorgung, S. 5.

[943] PwC, Transaktionsmonitor Energiewirtschaft, November 2013, S. 7.

[944] BMWi, Novelle der Anreizregulierung – Modernisierungsoffensive für Verteilernetze, S. 2.

plant. So soll der Eigenkapitalzinssatz für Neuanlagen (vor Steuern) von aktuell 9,05 % auf 6,91 % und der für Altanlagen 7,14 % auf 5,12 % gesenkt werden. Ferner besteht für den Netzbetreiber noch ein weiteres Risiko: Durch die zeitweilige Entkopplung der zulässigen Erlöse von den Kosten während der Regulierungsperiode, besteht die Gefahr, dass durch die nicht realisierbaren Kosteneffizienzen oder durch unerwartete Zusatzkosten die Eigenkapitalrendite geschmälert wird. Demzufolge werden die Erlöse erst zeitverzögert in der nächsten Periode an die Kosten der derzeitigen Periode angepasst, sodass bei sinkenden Kosten zwar Gewinne erzielt, im Falle von steigenden Kosten bei den Netzbetreibern aber Verluste generiert werden können[945].

Durch die Novellierung der ARegV im Jahr 2016 ist u.a. dieses dem Zeitverzug innewohnende Risiko durch einen jährlichen Kapitalkostenabgleich verringert worden[946].

Eigenkapitalzinssätze für Stromnetzbetreiber (vor Steuern)			
Regulierungsperioden	1. Periode (2009–2013)[947]	2. Periode (2014–2018)[948]	3. Periode (2019–2023)[949]
Altanlagen	7,56 %	7,14 %	5,12 %
Neuanlagen	9,29 %	9,05 %	6,91 %

Abb. 118: Eigenkapitalzinssätze für Stromnetzbetreiber (vor Steuern)

Ein weiteres Themenfeld ist der vorwiegend durch die Energiewende notwendige Aus- und Umbau der Verteiler- und Übertragungsnetze für die Einspeisung dezentral erzeugter Energie und wachsender erneuerbarer Energien, der mit erheblichen Investitionen verbunden ist. Auch der *Smart-Meter-Rollout*[950] ab 2017 wird den Investitionsbedarf zusätzlich erhöhen[951]. In diesem Zusammenhang werden daher

---

[945] Brunekreeft/Meyer, Anreizregulierung bei Stromverteilnetzen: Effizienz versus Investitionen oder effiziente Investitionen?, April 2015, S. 3; Gerdes/Zöckler, Regulierung der Netzentgelte, in: PwC (Hrsg.), Entflechtung und Regulierung in der deutschen Energiewirtschaft, 3. Aufl., Freiburg/München 2012, S. 452.

[946] Zweite Verordnung zur Änderung der ARegV v. 14.09.2016, BGBl. I, S. 2147, § 10a Abs. 2 bis 9 Kapitalkostenaufschlag.

[947] BNetzA, Beschluss v. 07.07.2008, BK4-08-068, S. 1 ff.

[948] BNetzA, Beschluss v. 31.10.2011, BK4-11-304, S. 1 ff.

[949] BNetzA, Beschlussentwurf v. 06.07.2016, BK4-16-160, S. 1 ff.

[950] Vgl. dazu oben Abschnitt 1.1.1 (*Smart Meter Rollout* und Bedeutung für das deutsche Energiesystem).

[951] Brunekreeft/Meyer, a.a.O., April 2015, S. 2.

mehr intelligente, steuerbare Netze, sog. *Smart Grids*[952], benötigt, die auf Schwankungen durch steigende, fluktuierende Mengen aus Wind- und Solarenergie bei der Erzeugung und Lastflussrichtung schneller reagieren können[953].

8.4   Bewertung der Transaktionsobjekte

8.4.1   Bewertungsmethoden

Die Bewertungsmethoden lassen sich in Gesamtbewertungs-, Einzelbewertungs- und Mischverfahren unterteilen:

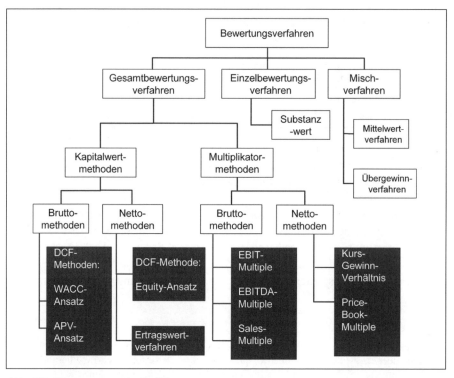

Abb. 119: Bewertungsmethoden[954]

---

[952] Vgl. dazu oben Abschnitt 4.1 (*Smart Grid* und intelligente Messsysteme).

[953] ZVEI/BDEW, *Smart Grids* in Deutschland, März 2012, S. 9.

[954] In Anlehnung an Kasperzak, in: Littkemann/Zündorf (Hrsg.), Ein Handbuch für die Unternehmens- und Beratungspraxis, Herne 2004, S. 360.

Gesamtbewertungsverfahren ermitteln den Unternehmenswert in seiner Gesamtheit, der nach der Kapitalwert- oder Multiplikatormethode bestimmt werden kann. Darunter fallen jeweils Bruttomethoden, die den Marktwert des Eigenkapitals durch Subtraktion des Marktwerts des verzinslichen Fremdkapitals vom Gesamtunternehmenswert ermitteln, sowie Nettomethoden, die den Marktwert des Eigenkapitals direkt errechnen.

Innerhalb des Kapitalwertkalküls werden entweder Ausschüttungen an Anteilseigner (Ertragswertverfahren) oder der *Cash-Flow* (*DCF*-Verfahren) diskontiert. In den meisten Fällen wird die *DCF*-Methode angewandt, nur bei Bewertungen im kommunalen Bereich (z.B. Stadtwerke) wird oftmals das Ertragswertverfahren genutzt.

Zur Berechnung des Eigenkapitalmarktwerts werden beim Ertragswertverfahren die zukünftig zu erwartenden finanziellen Überschüsse ermittelt, die den Unternehmenseignern zustehen, und mit den Kapitalkosten der Eigenkapitalgeber diskontiert. Die finanziellen Überschüsse können aus Planrechnungen (nach HGB/IFRS/US-GAAP) abgeleitet werden[955]. Der Planungshorizont wird dabei in die Detailplanungsphase von drei bis fünf Jahren und in die Phase danach unterteilt, in der die Entwicklung der Finanz-, Ertrags- und Vermögenslage nach der ersten Phase bis zum Gleichgewichtszustand, in dem eine ewige Rente unterstellt wird, Berücksichtigung findet[956]. Die Kapitalkosten der Eigenkapitalgeber ergeben sich aus der von ihnen geforderten Rendite, die bei mittelbarer Typisierung auf dem *Capital Asset Pricing Model* (*CAPM*), bei unmittelbarer Typisierung auf dem *Tax-CAPM* beruht. Bei der mittelbaren Typisierung werden die persönlichen Ertragsteuern im Gegensatz zur unmittelbaren Typisierung nicht explizit im Zähler und im Nenner des Bewertungskalküls aufgenommen[957].

Bei der *DCF*-Methode wird der Unternehmenswert durch Diskontierung der zukünftig erwarteten *Cash-Flows* ermittelt. Grds. sind dabei Netto- und Bruttoverfahren zu unterscheiden. Direkt wird der Marktwert des Eigenkapitals ausschließlich bei dem Nettoverfahren, dem sog. *Equity*-Ansatz bestimmt. Innerhalb des Bruttoverfahrens wird erst nach Berechnung des Gesamtkapitalwerts aus Eigen- und Fremdkapital der Marktwert des Fremdkapitals (einschließlich des Werts des nicht betriebsnotwendigen Vermögens) abgezogen. Meistgenutzt ist dabei der *Weighted-Average-Cost-of-Capital*-Ansatz (*WACC*-Ansatz), bei dem sog. *Free-Cash-Flows*[958] sich aus den Überschüssen für die Eigenkapital- und Fremdkapitalgeber zusammensetzen. Es handelt sich hierbei um den *Cash-Flow* vor Zinsen und nach Steuern. Die Steuerzah-

---

[955] Vgl. hierzu IDW S 1 i.d.F. 2008, Tz. 102.

[956] DW, a.a.O., Tz. 77 f.

[957] IDW, a.a.O., Tz. 117 ff.

[958] Zukünftig erwartete Zahlungsüberschüsse nach Investitionen, Unternehmenssteuern und Veränderung des Nettoumlaufvermögens, jedoch vor Zinsen.

lungen entsprechen denen eines rein eigenfinanzierten Unternehmens und vernachlässigen somit den Steuervorteil (*Tax Shield*[959]). Um eine fehlerfreie Berechnung des Gesamtkapitalwerts zu gewährleisten, werden in der Nennergröße die Steuerzahlungen durch Berücksichtigung der Fremdkapitalkosten nach Steuern korrigiert[960]. Die *Free-Cash-Flows* werden mit den gewichteten Kapitalkosten (*WACC*) diskontiert, die sowohl die Renditeforderungen der Eigenkapital- als auch der Fremdkapitalgeber berücksichtigen. Der Fremdkapitalkostensatz entspricht einem gewogenen durchschnittlichen Kostensatz der einzelnen Fremdkapitalformen[961]. Um den Eigenkapitalmarktwert zu erhalten, ist der Marktwert des Fremdkapitals vom zuvor errechneten Gesamtkapitalwert (einschließlich des Werts des nicht betriebsnotwendigen Vermögens) abzuziehen.

In Relation zum Bewertungszweck muss unterschieden werden, ob ein Unternehmen, Unternehmenssegmente oder einzelne Vermögensgegenstände betrachtet werden, da für die Ermittlung des *Cash-Flow* und der Kapitalkosten ggf. entsprechende Zuordnungen hinsichtlich des Vermögens und der Schulden zu treffen sind[962]. Zusätzlich muss geprüft werden, ob die Annahme einer endlichen oder unendlichen Laufzeit getroffen wird. Endliche Laufzeiten können bei einzelnen Vermögensgegenständen wie Kraftwerken getroffen werden, wohingegen bei der Bewertung eines Unternehmens von einer unendlichen Laufzeit durch den Einbezug einer ewigen Rente ausgegangen werden kann[963].

Bei der Bestimmung des Unternehmenswerts mithilfe von Multiplikatormethoden werden getätigte Transaktionen oder die Marktkapitalisierung börsennotierter Unternehmen im gleichen Tätigkeitsfeld verglichen. Multiplikatoren werden in der Praxis häufig zur Plausibilisierung von Unternehmenswerten herangezogen.

Im Rahmen des Substanzwertverfahrens (Einzelbewertungsverfahren) berechnet sich der Unternehmenswert aus der Summe einzelner Vermögenswerte abzüglich der Schulden. Bei dem Substanzwertverfahren auf Basis von Reproduktionswerten wird der Geldbetrag ermittelt, der benötigt würde, um das zu bewertende Unternehmen zu rekonstruieren. Diesen Betrag müsste ein potenzieller Käufer aufbringen, um ein Unternehmen mit vergleichbarem Nutzen zu schaffen.

---

[959] Steuerersparnis, die aufgrund der steuerlichen Abzugsfähigkeit der Fremdkapitalzinsen erreicht wird.

[960] Vgl. Ballwieser, Unternehmensbewertung – Prozess, Methoden und Probleme, Stuttgart 2011, S. 117.

[961] Vgl. Ballwieser, a.a.O.

[962] Beyer/Keller, Bewertung von Energieversorgungsunternehmen, in: Drukarczyk/Ernst (Hrsg.), Branchenorientierte Unternehmensbewertung, München 2010, S. 407.

[963] Beyer/Keller, a.a.O., S. 407 f.

Das Substanzwertverfahren ist nach der heutigen wissenschaftlichen Auffassung jedoch nicht geeignet, den Wert eines Unternehmens oder eines Unternehmensteils adäquat abzubilden. Nach IDW S 1 i.d.F. 2008 hat der Substanzwert aufgrund des fehlenden Bezugs zu den finanziellen Überschüssen des jeweiligen Bewertungsobjekts im Rahmen der Unternehmensbewertung keine eigenständige Bedeutung[964].

Auf Mischverfahren wie das Mittelwertverfahren und das Übergewinnkonzept wird an dieser Stelle wegen ihrer geringen Relevanz für die Energiebranche nicht näher eingegangen.

8.4.2   Finanzielle Überschüsse und *Cash-Flow*

Bei der Bestimmung des Werts von Assets im Strommarkt soll im Folgenden auf das Ertragswertverfahren und den *WACC*-Ansatz als die in der Praxis meist genutzte *DCF*-Methode zurückgegriffen werden.

Jahresüberschuss

+   Fremdkapitalzinsen

−   Unternehmenssteuer-Ersparnis infolge der Abzugsfähigkeit
der Fremdkapitalzinsen (*Tax Shield*)

+   Abschreibungen und andere zahlungsunwirksame Aufwendungen

−   zahlungsunwirksame Erträge

−   Investitionsauszahlungen abzgl. Einzahlungen aus Desinvestitionen

+/− Verminderung/Erhöhung des *Working Capital*

=   *Free-Cash-Flow*

Abb. 120: *Free-Cash-Flow* nach der indirekten Methode[965]

In beiden Fällen werden zuerst die zu diskontierenden finanziellen Überschüsse (Ertragswertverfahren) bzw. *Free-Cash-Flows* (*WACC*-Ansatz) bestimmt. Im Ertragswertverfahren berechnen sich finanzielle Überschüsse auf Basis des Handelsrechts, *IFRS* oder *US-GAAP* und stellen Gewinne nach Zinsen und Steuern dar. Beim *WACC*-Ansatz hingegen werden *Free-Cash-Flows* als Zahlungsmittelüberschüsse ermittelt, die allen Kapitalgebern des Bewertungsobjekts zur Verfügung stehen. Zur Anwendung findet sich entweder die indirekte Methode mit dem Jahresüberschuss als Ausgangspunkt oder die direkte Methode auf Basis der Umsatzerlöse.

---

[964] Vgl. hierzu IDW S 1 i.d.F. 2008, Tz. 171.

[965] Dieses Schema wurde exemplarisch IDW S 1 i.d.F. 2008, Tz. 127 entnommen.

8.4.3 Energiespezifische Besonderheiten bei der Planung der Cash-Flows

Für die jeweiligen Geschäftsfelder, wie bspw. konventionelle oder erneuerbare Stromerzeugung, gibt es energiespezifische Unterschiede bei der Planung der *Cash-Flows*.

Im konventionellen Bereich sind Annahmen bzgl. der Umsätze, Bezugskosten und Laufzeiten sowie allgemeine Prämissen hinsichtlich regulatorischer Änderungen zu treffen. Die Umsätze bei konventionellen Kraftwerken bestimmen sich hauptsächlich durch ihre Einsatzzeiten und den Strompreis. Da durch den *Merit-Order*-Effekt[966] und in Folge sinkender Strompreise insb. Gas- und Kohlekraftwerke aus dem Markt gedrängt werden und somit teilweise nicht mehr gewinnbringend betrieben werden können, ist eine Analyse der Entwicklung der Strompreise essenziell für die Bewertung der Wirtschaftlichkeit dieser Kraftwerke. Tendenziell können während der Detailplanung in den ersten drei Jahren Strompreise anhand von Terminmarktnotierungen an der Strombörse prognostiziert werden. Für den Langfristzeitraum müssen die Strompreise geschätzt und dynamisiert werden. Ausgehend von den erwarteten Strompreisen wird auf Basis komplexer Modelle die prognostizierte Stromnachfrage mit den in Zukunft erwarteten Erzeugungskapazitäten abgeglichen. Auf diese Weise werden stündliche Preiskurven modelliert. Die so ermittelten stündlichen Preiskurven werden im Anschluss zu jährlichen Preiskurven aggregiert. Unter Berücksichtigung von technischen Parametern der Kraftwerke und weiterer Marktdaten zu den *Commodity*-Preisen werden mit Hilfe von Optimierungsmodellen Einsatzzeiten einzelner Kraftwerke ermittelt. Bei der Entwicklung der *Commodity*-Preise sind insb. die Rohstoffbezugspreise für z.B. Gas oder Kohle und die Preise für CO_2-Zertifikate, die wiederum abhängig von gesetzlichen Bestimmungen sind, zu beachten. Wesentliche Kennzahlen zur Beurteilung der Rentabilität sind hierbei insb. der sog. *Clean Dark-Spread* für Kohlekraftwerke bzw. der *Clean Spark-Spread* für Gaskraftwerke. Sie stellen jeweils die Differenz aus Strompreis und Erzeugungskosten eines typischen Kohle- bzw. Gaskraftwerks dar, die sich aus Kohle- bzw. Gaspreis, CO_2-Preis und Wirkungsgrad des Kraftwerks ergibt.

Zusätzlich muss bei der Planung der *Cash-Flows* die Laufzeit der einzelnen Kraftwerke ins Kalkül gezogen werden (z.B. bei Kernkraftwerken endlich bis 2022). Weitere Einflussfaktoren bzgl. des *Cash-Flow* stellen z.B. Gesetzesänderungen dar. Dazu gehören u.a. mögliche Vergütungen durch die Einführung der Kapazitätsreserve[967] und zu modellierende Ausstiegsszenarien bei einem derzeit diskutierten Kohle-

---

[966] Vgl. dazu Abschnitt 2.3.1.3 (Preisbildung an der Börse).
[967] Vgl. oben Abschnitt 3.6.7 (Kapazitätsreserve und Sicherheitsbereitschaft).

ausstieg. Zudem müssen letztlich auch mögliche Rückbauverpflichtungen nach Ablauf der Laufzeit eines Kraftwerks bei der Bewertung berücksichtigt werden.

Generell liegen derzeit aufgrund der eingetrübten Ertragslage konventioneller Kraftwerke die *Cash-Flows* auf einem niedrigen Niveau.

Bei Anlagen aus dem Bereich der erneuerbaren Energien müssen Strompreise und Einsatzzeiten nicht detailliert geplant werden, da ihr Strom zu festgelegten regulierten Konditionen vergütet wird und vorrangig in das Netz einzuspeisen ist. Zur Planung der zukünftig erzeugten Strommenge sind hierbei die auf Basis eines normalisierten Wetters getroffenen Annahmen zum Auslastungsfaktor (bspw. Anzahl der Sonnen- bzw. Windstunden) und die Kapazität der Anlage entscheidend. Bei der Bewertung einzelner Anlagen ist meist von einem endlichen Zeitraum auszugehen; außerdem sind mögliche Rückbauverpflichtungen am Ende der Laufzeit zu berücksichtigen.

Bei einem Portfolio von Anlagen aus dem Bereich der erneuerbaren Energien kann unter der Prämisse eines nachhaltigen Geschäftsmodells grds. auch von einem unendlichen Bewertungszeitraum ausgegangen werden, wobei diesbezüglich zum einen Langfristprämissen bzgl. der Förderung von erneuerbarer Energien in der ewigen Rente und zum anderen Strompreisannahmen nach dem Auslaufen der Förderungsdauer einzelner Anlagen – falls die Nutzungsdauer der jeweiligen Anlage über ihre Förderungsdauer hinausgeht – gefällt werden müssen. Ggf. müssen hierbei analog zu Kraftwerksanlagen langfristige Marktpreise abgebildet werden, da langfristig erneuerbare Energien in den Strommarkt überführt werden sollen. Dies zeigt auch sich in den eingeführten Maßnahmen wie der verpflichtenden Direktvermarktung seit dem EEG 2014 oder dem Ausschreibungsmodell ab dem EEG 2017, das statt gesetzlich festgelegter Vergütungen eine grds. wettbewerbliche Ermittlung der Förderhöhe für Neuanlagen vorschreibt. Abschließend muss eine nachhaltige Reinvestitionsrate zur Aufrechterhaltung des Portfolios abgeleitet werden. Im Bereich der erneuerbaren Energien werden in den nächsten Jahren weiterhin stabile *Cash-Flows* erwartet.

Innerhalb des Geschäftsfelds der dezentralen Erzeugung gelten je nach Anlagentyp (z.B. WE-Anlage oder BHKW) grds. die jeweiligen Prämissen der erneuerbaren oder konventionellen Energieerzeugung.

Im Vertrieb zeigt sich ein zunehmender Margendruck aufgrund der steigenden Anzahl von Wettbewerbern. Rückläufige Börsenstrompreise müssen an die Endkunden weitergegeben werden. Der Margenverfall zwingt Energieversorger dazu, neue Geschäftsfelder wie z.B. im Bereich *Smart Energy* und Kundenlösungen zu erschließen. Da die EVU noch nicht lange auf diesen Gebieten tätig sind, sind insb. die Annahmen für die zu erwartende Vertriebs-Marge, die künftige Wachstumsrate in dicscm Gcschäft sowic die Preissensitivität der Kunden für neue Produkte zu hinter-fragen.

Netze unterliegen größtenteils regulatorischen Rahmenbedingungen der BNetzA. Die ARegV setzt Bestimmungen für die Netze fest, um eine Ausnutzung der Mono-polstellung der Netze zu vermeiden. Deshalb müssen nach den jeweiligen Regulie-rungsperioden ggf. Anpassungen bei den Erlösobergrenzen sowie weitere Änderun-gen, wie z.B. die Einführung des jährlichen Kapitalkostenabgleichs zur Vermeidung des Zeitverzugs, berücksichtigt werden. *Cash-Flows* müssen daher auf Basis einer gut abgebildeten Regulatorik ermittelt werden[968].

8.4.4   Kapitalisierungszinssatz

Im Rahmen der Diskontierung finanzieller Überschüsse ergibt sich die Frage nach dem angemessenen Kapitalisierungszinssatz. Dieser entspricht beim Ertragswertver-fahren grds. dem Eigenkapitalkostensatz, beim *WACC*-Verfahren hingegen den *Weighted Average Cost of Capital,* in die der Eigenkapitalkostensatz marktwertge-wichtet eingeht.

Eigenkapitalkosten sind Opportunitätskosten, die die Höhe der Verzinsung für das eingesetzte Kapital in der nächstbesten alternativen Verwendung angeben, die dem Eigenkapitalgeber durch die Investition in die gewählte Anlage entgeht. Im *CAP*-Modell lassen sich die Eigenkapitalkosten (r_{EK}) als lineare Funktion des risikolosen Zinssatzes r_f, der Rendite des Marktportfolios r_m und des Betafaktors ß bestimmen:

$$r_{EK} = r_f + \beta \cdot \left(r_m - r_f \right)$$

Investoren verlangen einen Risikozuschlag als Produkt aus Marktrisikoprämie und dem Betafaktor zusätzlich zur risikolosen Verzinsung dafür, dass sie unternehmeri-sches Risiko auf sich nehmen. Der Betafaktor steht für das systematische Risiko, also die Schwankung der Renditen des betrachteten Unternehmens zum Gesamt-markt. Dieser lässt sich aus dem Quotienten aus der Kovarianz der Eigenkapitalren-diten mit den Renditen und der Varianz des Marktportfolios ableiten. Betafaktoren werden bspw. von Finanzdienstleistern wie *Bloomberg L. P.* zur Verfügung gestellt. Um das Beta eines nicht börsennotierten Bewertungsobjekts zu approximieren, wer-den häufig Betafaktoren einer *Peer Group* ermittelt, um das Kapitalstrukturrisiko

---

[968]   Vgl. Sauthoff/Klüssendorf/Topphoff-Erpenstein, Bewertung mit Ertragswert- und DCF-Verfahren, in: PricewaterhouseCoopers AG WPG (Hrsg.), Entflechtung und Regulierung in der deutschen Energiewirtschaft, 3. Aufl., Freiburg 2012, S. 684 f.

der *Peer Group* bereinigt (*Unlevering*) und anschließend mit dem Kapitalstrukturrisiko der Bewertungseinheit versehen (*Relevering*).

Das *CAPM* unterstellt, dass Investoren bereits vollständig diversifiziert sind und nur für das systematische Risiko, das Marktrisiko, vergütet werden, indem sie ein Portfolio aus risikolosem Zins und Marktportfolio halten. Das Marktportfolio enthält theoretisch alle insgesamt vorhandenen risikobehafteten Vermögensgegenstände, die mit ihrer Marktkapitalisierung relativ zur gesamten Marktkapitalisierung aller Wertpapiere gewichtet sind. Das unternehmensspezifische unsystematische Risiko beträgt in diesem Modell null.

Nach IDW S 1 i.d.F. 2008 ist als Basiszinssatz der landesübliche Zinssatz einer quasi risikofreien Kapitalmarktanlage zu verwenden. Hinsichtlich der Laufzeit sollte der Diskontierungszinssatz mit dem Investment in das zu bewertende Unternehmen äquivalent sein. Bei unbegrenzter Lebensdauer des Bewertungsobjekts empfiehlt sich die Verwendung der Rendite öffentlicher Anleihen mit langer Restlaufzeit unter Berücksichtigung der Zinsstrukturkurve[969].

Beim *WACC*-Verfahren werden die *Free-Cash-Flows* mit den gewichteten Kapitalkosten diskontiert, die sowohl die Renditeforderungen der Eigenkapital- als auch der Fremdkapitalgeber berücksichtigen. Der Fremdkapitalkostensatz entspricht einem gewogenen durchschnittlichen Kostensatz der einzelnen Fremdkapitalformen.

Bei der Ermittlung der gewichteten Kapitalkosten ist zudem die steuerliche Abzugsfähigkeit der Fremdkapitalzinsen zu berücksichtigen (sog. *Tax Shield*).

Zur Gewichtung des Eigenkapital- und Fremdkapitalkostensatzes ist grds. die Kapitalstruktur der Bewertungseinheit heranzuziehen.

8.4.5 Energiespezifische Besonderheiten bei der Ermittlung des Kapitalisierungszinssatzes

Bei der Ableitung branchenspezifischer Kapitalkosten sind einige Parameter branchenunabhängig, andere branchenabhängig. Branchenunabhängig sind hierbei der Basiszinssatz und die Marktrisikoprämie, branchenabhängig sind dagegen der Beta-Faktor, die Kapitalstrukturen der *Peer Group*-Unternehmen und der Bewertungseinheit sowie der Kreditrisikozuschlag als Bestandteil der Fremdkapitalkosten.

---

[969] Vgl. hierzu IDW, a.a.O., Tz. 116 f. Es empfiehlt sich die von der Deutschen Bundesbank verwendete Svensson-Methode, nach der basierend auf einer typisierten Zahlungsreihe ein barwertäquivalenter Basiszinssatz unter Berücksichtigung der Zinsstrukturkurve ermittelt werden kann.

Einen sehr großen Einfluss auf die Höhe branchenspezifischer Eigenkapitalkosten hat der Betafaktor. Grds. ist der Betafaktor von Unternehmen der Energiewirtschaft vergleichsweise niedrig. Somit lagen *unlevered* Betafaktoren börsengelisteter überregional-integrierter EVU in den letzten Jahren stets deutlich unter eins. Im Branchenvergleich befinden sich deren Eigenkapitalkosten somit stets im geringmoderaten Bereich. Innerhalb der verschiedenen Wertschöpfungsstufen eines überregional-integrierten Energieversorgungsunternehmens können sich aufgrund der unterschiedlichen Rendite-Risiko-Profile allerdings unterschiedliche Betafaktoren und somit Eigenkapitalkosten ergeben.

Der Fremdkapitalkostensatz entspricht einem gewogenen durchschnittlichen Kostensatz der einzelnen Fremdkapitalformen der Bewertungseinheit. Hierbei sind auch langfristige Rückstellungen wie Pensionsrückstellungen, Kernenergie- bzw. Bergbaurückstellungen o.ä. Rückbauverpflichtungen zu berücksichtigen.

Aufgrund der starken Regulierung weisen Netze als relativ stabile Assets tendenziell die geringsten Kapitalkosten auf. Auf einem etwas höheren Kapitalkostenniveau sind die erneuerbaren Energien mit gesetzlich geförderten Preisen und ihrem Einspeisevorrang in die Netze einzuordnen. Vor dem Hintergrund unterschiedlicher Projektphasen (von der Planungsphase bis hin zum Betrieb der Anlage) und dem Einsatz unterschiedlicher Technologien können die Kapitalkosten im Einzelfall stärker variieren. Aufgrund des Margendrucks und des hohen Wettbewerbs ist der Vertrieb tendenziell als risikoreicher einzustufen. Höhere Kapitalkosten sind derzeit im Bereich der konventionellen Stromerzeugung beobachtbar, da ihre Erträge durch die Verdrängung aus dem Strommarkt und die rückläufigen Börsenstrompreise unsicherer geworden sind.

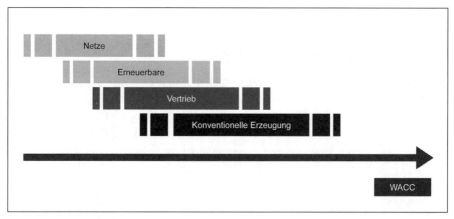

Abb. 121: Vergleich der Kapitalkosten-Bandbreiten für EVU in Deutschland

8.4.6   Transaktionswerte

Nach der energiespezifischen Bestimmung der *Cash-Flows* können diese mit den entsprechenden Kapitalkosten diskontiert werden. Die Aggregation der daraus resultierenden Barwerte ist als Gesamtunternehmenswert (bei Verwendung der Bruttomethode) oder als Marktwert des Eigenkapitals (bei Verwendung der Nettomethode) zu verstehen und oftmals Grundlage für Kaufpreisfindungen. Inwieweit der auf diese Weise abgeleitete Wert nun einen objektivierten – also intersubjektiv nachprüfbaren – oder einen rein subjektiven Wert darstellt, hängt von den in der Bewertung berücksichtigten Annahmen ab, da u.a. in den Bereichen Synergien, Steuern und Ausschüttungsannahmen anstelle von zum Bewertungsstichtag dokumentierten Maßnahmen auf den Kaufinteressenten bezogene Annahmen rücken können[970].

In der Praxis ist es üblich die auf Basis von Kapitalwertmethoden abgeleiteten Unternehmenswerte mithilfe von Multiplikatoren zu plausibilisieren. Hierbei wird der Unternehmenswert anhand eines mit dem Multiplikator bestimmten Vielfachen einer Erfolgsgröße des Bewertungsobjekts abgeschätzt. Geeignete Multiplikatoren können aus Kapitalmarktdaten börsennotierter Vergleichsunternehmen (*Peer-Group*) oder aus vergleichbaren Transaktionen abgeleitet und auf das zu bewertende Unternehmen oder Asset übertragen werden. Grds. ist darauf hinzuweisen, dass i.d.R. kein Unternehmen mit einem anderen vollständig vergleichbar ist. Das Ergebnis der Multiplikatorbewertung kann deshalb im Regelfall nur eine Bandbreite möglicher Werte darstellen, in der sich das Bewertungsergebnis wiederfinden sollte. Bei auf der Basis von Transaktionspreisen abgeleiteten Multiplikatoren ist zu beachten, dass tatsächlich gezahlte Kaufpreise in hohem Maße durch die subjektive Interessenlage der Transaktionspartner bestimmt sind. Sie berücksichtigen bspw. Synergieeffekte und subjektive Erwartungshaltungen. Insofern ist die Aussagekraft dieses Ansatzes gegenüber aus Börsenpreisen abgeleiteten Multiplikatoren für die Plausibilisierung eines objektivierten Unternehmenswerts regelmäßig niedriger.

Oft verwendete Multiplikatoren sind der EBITDA- und EBIT-*Multiple*. Beide Varianten haben einen Gesamtunternehmenswert zum Ergebnis und neutralisieren in einem gewissen Umfang unterschiedliche Kapitalstrukturen. Bei der Marktbewertung mittels eines EBITDA-*Multiple* wird zudem noch die Annahme vergleichbarer Ausgaben für abzuschreibendes Anlagevermögen vorausgesetzt. Auch Umsatz-Multiples finden in der Praxis Anwendung, unterstellen aber eine vergleichbare Umsatzrentabilität zwischen Bewertungsobjekt und Vergleichsunternehmen.

Im energiespezifischen Umfeld kommen darüber hinaus noch weitere spezielle Multiplikatoren zur Plausibilisierung des Kaufpreises in Betracht. Im Rahmen von

---

[970]   Vgl. hierzu IDW S 1 i.d.F. 2008, Tz. 29–58.

Strom- und Gasnetztransaktionen ist bspw. das Verhältnis zwischen Kaufpreis und dem zugrundeliegenden kalkulatorischen Restwert des Anlagevermögens abzüglich Baukostenzuschüsse (im Folgenden „kalkulatorischer Restwert") ein üblicher Maßstab, um die Höhe des angesetzten Kaufpreises des Netzes zu hinterfragen. Dies ist der Tatsache geschuldet, dass der kalkulatorische Restwert gem. den Regulierungsvorschriften der Strom- und der GasNEV die Basis für die Ableitung der anerkannten Eigenkapitalrendite darstellt, die auch in der kapitalwertorientierten Bewertung Berücksichtigung findet. Demzufolge kann von einem gleichbleibenden Verhältnis zwischen Kaufpreis und kalkulatorischen Restwert ausgegangen werden, da mit einem erhöhten kalkulatorischen Restwert eine höhere Eigenkapitalrendite einhergeht und somit das zu diskontierende Ergebnis im Rahmen der Bewertung ebenfalls höher ausfällt und damit den Netzwert nach oben treibt. Der Kaufpreis hängt auch davon ab, inwiefern der Kaufinteressent mögliche Synergien als realisierbar einschätzt und im Kaufpreis einpreist.

Hinsichtlich der Bewertung von Netzen enthalten Konzessionsverträge zudem regelmäßig Endschaftsklauseln, in denen ein Bewertungsverfahren festgelegt ist, nach dem die Höhe der „angemessenen Vergütung" i.S.d. 46 Abs. 2 EnWG bestimmt werden soll. In der Vergangenheit handelte es sich hierbei oftmals um das Substanzwertverfahren[971]. In diesem Zusammenhang ist das sog. Kaufering-Urteil vom 16.11.1999 wegweisend[972]. In dem betreffenden Konzessionsvertrag war das Sachzeitwertverfahren für die Wertermittlung vereinbart. Das Gericht kam zu dem Ergebnis, dass dieses Verfahren zwar grds. zur Ermittlung des Werts von Netzen herangezogen werden könne, jedoch nicht, wenn der hierdurch errechnete Kaufpreis prohibitiv wirke. Dies ist der Falle, wenn die Ertragserwartung des Investors „nicht unerheblich" unter dem Substanzwert liegt.

Mit der Novellierung von §§ 46 ff. EnWG hat die BReg die Verfahren nun konkretisiert; das Bundeskabinett hat die Veränderungen kürzlich beschlossen. Die wichtigste Änderung betrifft die Berechnung des Netzkaufpreises. Zwar sollen die Parteien über die Höhe des Kaufpreises auch in Zukunft frei verhandeln. Sollte es jedoch zu keiner Einigung kommen, legt die EnWG-Novelle, dem Kaufering-Urteil folgend, eindeutig den objektivierten Ertragswert eines Netzes als angemessenen Kaufpreis fest und nicht den Sachzeitwert. Der mit dem objektivierten Ertragswert verbundene Rückgriff auf die Regulierungsregime von StromNEV und GasNEV stellt für die Netzbewertung eine sachgerechte, neutrale und objektivierte Basis sicher. Diese

---

[971] Vgl. hierzu Büdenbender/Rosin/Bachert, Düsseldorfer Schriften zum Energie- und Kartellrecht, Essen 2006, Band 5, S. 13 f.
[972] BGH, Urteil v. 16.11.1999, KZR 12/97.

Klarstellung wird den Druck, zu einer Verhandlungslösung zu kommen, deutlich erhöhen[973].

8.5   Fazit und Ausblick

Investoren werden bei Engagements in der Energiewirtschaft auch in den nächsten Jahren einen starken Fokus auf die erneuerbaren Energien legen. Zusätzlich werden zudem Partnerschaften untereinander angestrebt, um Synergieeffekte zu realisieren und die durch die Energiewende verringerte Finanzkraft zu stärken. Insb. macht sich dies bei den Stadtwerken bemerkbar, die sich in den letzten Jahren zunehmend an Kooperationen beteiligt haben. Überregionale EVU verfolgen zudem neben Stilllegungen und *Divestments* konventioneller Kraftwerke Desinvestitionsstrategien mithilfe von Anteilsverkäufen, die Kommunen, regionale Energieversorger und Stadtwerke im Zuge der Rekommunalisierung zurückerwerben.

Finanzinvestoren investieren aufgrund des Niedrigzins-Niveaus und Diversifikationsstrategien zunehmend in planbare, sichere erneuerbare-Energien-Anlagen. Da *Venture-Capital-* und *Private-Equity*-Geber rein finanzielle Ziele verfolgen, liegen deren Renditeerwartung am höchsten. Stattdessen zeigen Infrastruktur-, Pensionsfonds und Versicherungen niedrigere Renditeerwartungen.

Mithilfe der Bürgerenergie in Form von aktiven oder passiven Beteiligungen können viele EEG-Projekte erst realisiert und positive Effekte, wie die Steigerung der Akzeptanz an der Energiewende, erreicht werden.

Investments in erneuerbare Energien wie Wind- und Solarkraft stellen durch gesetzlich festgelegte Vergütungen vergleichsweise risikoarme Anlagen dar. Diese Förderungen sind jedoch zeitlich begrenzt, da diese Anlagen zukünftig in den Strommarkt integriert werden sollen. Neben regulatorischen Aspekten bestehen zudem weitere Risiken im Bereich der Technologie sowie hinsichtlich der Wetterbedingungen und Marktveränderungen. Besonders die Fluktuation der Stromproduktion aus solchen Anlagen ist ein Grund dafür, weshalb konventionelle Kraftwerke weiterhin am Netz bleiben müssen, auch wenn die Wirtschaftlichkeit teilweise nicht gegeben ist.

In den nächsten Jahren wird daher der Ausbau flexibler Kraftwerke und Energiespeicher eine wichtige Rolle spielen. Virtuelle Kraftwerke als neues Geschäftsfeld bieten bereits eine Möglichkeit, durch zentrale Steuerung und Kombination dezentraler Kleinkraftwerke die Versorgungssicherheit zu erhöhen. Weitere neue Geschäftsfelder erschließen sich für die Energieversorger im Bereich digitaler Kundenlösungen, insb. *Smart Energy* verbunden mit *Smart Meter*-Geräten und dem Ausbau

---

[973] PwC, Transaktionsmonitor Energiewirtschaft, April 2016, S. 7.

der Elektromobilität mithilfe von Partnerschaften mit Technologieunternehmen zur Stärkung der Kundenbindung.

Transaktionen bei Konzessionsneuvergaben treten aktuell aufgrund von auslaufenden Verträgen vermehrt auf, wobei im Rahmen der Neuvergabe ein Trend zur Rekommunalisierung erkennbar ist. Vor dem Hintergrund des anhaltenden Niedrigzins-Umfelds, der voranschreitenden Energiewende und des regulierten Umfelds, stellen Strom- und Gasnetze aufgrund stabiler Renditen attraktive Akquisitionsobjekte dar. Jedoch sind auch hierbei insb. durch die Unsicherheit sich ändernder Regulierungsvorschriften Risiken nicht auszuschließen. Eine Zukunftsthematik stellt der Aus- und Umbau der Netze zu *Smart Grids* und der damit verbundene Investitionsbedarf dar, um die Einspeisung des Stroms durch die steigende Anzahl großer und kleiner dezentraler erneuerbare-Energien-Anlagen effizient zu steuern.

Hinsichtlich der Wertschöpfungsstufen von der Erzeugung bis zum Vertrieb sind bei der Bewertung von *Cash-Flow* und Kapitalkosten bereichsspezifische sowie energiewirtschaftliche Aspekte zu beachten.

Generell liegen derzeit aufgrund der eingetrübten Ertragslage *Cash-Flows* konventioneller Kraftwerke auf einem niedrigen Niveau. Für die Zukunft sind im konventionellen Erzeugungsbereich aufgrund der zunehmenden Verdrängung durch erneuerbare Energien und durch das schwer zu prognostizierende Strompreisniveau Unsicherheiten in Bezug auf die Höhe der *Cash-Flows* zu erwarten. Im Bereich der erneuerbaren Energien werden die *Cash-Flows* in den nächsten Jahren vor dem Hintergrund der Vorrangigkeit und der staatlichen Förderung als vergleichsweise risikoarm eingeschätzt. Netze und deren *Cash-Flows* werden durch die Regulierung ebenfalls als relativ stabil eingeordnet. Im Vertrieb zeigt sich ein zunehmender Margendruck aufgrund der steigenden Anzahl von Wettbewerbern. Mittels neuer Energiedienstleistungen und digitaler Kundenlösungen wie *Smart Meter* versucht man, neue Geschäftsfelder zu erschließen. Durch die aufgezeigten Risiko-Rendite-Profile in den einzelnen Wertschöpfungsstufen und durch die dargestellten unterschiedlichen Investorengruppen wird auch in Zukunft eine Vielzahl von Transaktionen im Energiebereich erwartet.

9　Ausblick auf Strommarkt 2030

Wir stehen am Anfang einer grundlegenden Transformation des Energiesystems, die alle Teile der Wirtschaft, ja unseres Lebens erfassen wird. Die bisherigen Entwicklungen markieren den Start der Entwicklung. Alle Marktteilnehmer und Energieverbraucher müssen mit weiteren erheblichen Veränderungen rechnen, und das für die nächsten Jahrzehnte. Entscheidungsträger in Politik, Gesellschaft und Unternehmen, die heute ihre mittel- und langfristigen Strategien festlegen, müssen sich die Frage stellen, wie das Energiesystem künftig aussieht. Grundlage für eine solche Vorausschau sind zum einen die formulierten internationalen und nationalen Zielsetzungen in der Energie- und Klimapolitik, darüber hinaus spielen in die Entwicklung des Energiesystems aber auch eine Vielzahl an politischen, demografischen, sozioökonomischen und technologischen Aspekten hinein.

Unter den Prognosen über die Entwicklung der Energieträger, der Energieproduktion und des Energieverbrauchs genießt insb. der jährliche *World Energy Outlook* der IEA hohe Aufmerksamkeit. Der *WEO* 2016[974] sieht erhebliche Fortschritte bei der weltweiten Verbreitung CO_2-freier Energieerzeugung, insb. durch erneuerbare Energien und auch bei der Engerieeffizienz. Gleichwohl sind die Herausforderungen bei der Erreichung der Klimaziele von Paris noch groß und lange nicht bewältigt, da die Entwicklung des weltweiten Energiebedarfs angesichts der wachsenden Weltbevölkerung und dem Streben nach mehr Wohlstand auf viele Jahrzehnte allein aus *Renewables* nicht gedeckt werden kann.

So geht das Hauptszenario des *WEO* 2016 davon aus, dass die weltweite Nachfrage nach Energie bis 2040 um 30 % ansteigen wird, was alle Energieträger einschließt. Treiber der Energienachfrage sind v.a. die sich zunehmend industrialisierenden Staaten in Südost-Asien und Teile von Afrika, Indien, China, der Mittlere Osten und Latein Amerika. Zwar werden erneuerbare Energien das größte Wachstum aufweisen, gefolgt von Gas, aber auch Öl und Kernenergie werden nach der Prognose der IEA weiter zulegen, die Kernenergie v.a. in China. Lediglich Kohle wird als Energieträger zurückfallen. Von den Investitionen im Energiesektor, die die IEA bis 2040 auf $ 44bn schätzt, entfallen demgemäß 60 % weiterhin auf fossile Energieträger, 20 % auf erneuerbare Energien. Zusätzlich werden $ 23bn für Verbesserungen in der Energieeffizienz benötigt. Trotz dieser Investitionen ist die Einschätzung, ob die Klimaziele von Paris erreicht werden können, pessimistisch.

Der Stromsektor und die Sektorkopplung spielen bei der Bewältigung der klimapolitischen Herausforderungen eine kritische Rolle, wobei die Palette der klimaneutralen Technologien neben den erneuerbaren Energien auch die Kernenergie, die CO_2-

---

[974]　Vgl. IEA, World Energy Outlook 2016, Paris 2016.

Abscheidung und -lagerung (*Carbon Capture and Storage*) sowie v.a. Maßnahmen der Energieeffizienz umfasst. Die Rolle von Strom als Energieträger nimmt immer weiter zu, je nach Szenariobetrachtung auf 40 bis 67% des Endenergieverbrauchs. Eine wichtige Rolle wird in diesem Zusammenhang auch Elektrofahrzeugen zugewiesen, deren Bestand in 2040 auf weltweit 150 Mio., bei strikteren regulatorischen Vorgaben auf bis zu 715 Mio. geschätzt wird mit entsprechend hohen Einsparungen beim Ölverbrauch.

Die Stromerzeugung wird 2040 v.a. aus erneuerbaren Energieträgern, hauptsächlich Wind und PV, bestritten, deren Kosten bis dahin weiter kräftig sinken und Subventionen weitgehend überflüssig machen werden. Zunehmend werden erneuerbare Energien auch in der Wärmeerzeugung eingesetzt, v.a. aus Biomasse und Solarthermie. Allerdings betont die IEA, dass mit der wachsenden Bedeutung der *Renewables* strukturelle Änderungen im Design des Stromsystems erforderlich werden, um Anreize für die notwendigen Investitionen zu setzen und einen hohen Anteil von Strom aus Wind und Photovoltaik in das System zu integrieren, da die Großhandelspreise aufgrund der niedrigen bzw. fehlenden variablen Kosten sinken werden. Solche Strukturänderungen umfassen nach Auffassung der IEA v.a. eine höhere Flexibilität des Systems, Reservekapazitäten sowie Netzausbau und Speicherkapazitäten.

Unter den fossilen Energien wird v.a. Öl auch 2040 weiterhin eine wichtige Rolle in der Energieversorgung spielen, i.W. getrieben durch Transport, Luftfahrt und Petrochemie. Investitionen in fossile Energien sehen sich aber dem Risiko ausgesetzt, dass infolge zunehmend strikter Regulierungen vor dem Hintergrund der Klimaziele die Investitionsbedingungen schwieriger werden und Investitionen auch unrentabel werden lassen („stranded carbon"[975]). Zur Minderung ihrer Abhängigkeit von fossilen Brennstoffen mögen sich Investoren zunehmend veranlasst sehen, in andere Industrien zu diversifizieren. Auch von der technologischen Seite drohen Risiken, wie das Aufkommen der *Unconventionals* in Nordamerika gezeigt hat mit der Folge eines massiven Drucks auf die globalen Öl- und Gaspreise. Ähnliches könnte drohen, wenn infolge massiver Investitionen Batteriespeicher für Strom wirtschaftlich und in hohem Maße skalierbar werden. So hat die Rating-Agentur *Fitch* kürzlich in einer Studie die Risiken für die Ölindustrie aus der Verbreitung von batteriegetriebenen Elektromobilen und der damit verbundenen Reallokation von Kapital hervorgehoben[976].

---

[975] Vgl. z.B. *Generation Foundation, Stranded Carbon Assets*, abrufbar unter: http://bit.ly/1QZwnJ5, Aufruf am 28.03.2017; OECD, Divestment and Stranded Assets in the Low-Carbon Transition, abrufbar unter: http://bit.ly/2oYSOtj, Aufruf am 28.03.2017.

[976] Vgl. *Fitch Ratings*, Disruptive Technologies: Batteries, abrufbar unter: https://www.fitchratings.com/site/pr/1013282, Aufruf am 04.04.2017.

Um einen fundierten Ausblick auf künftige Entwicklungen zu gewinnen, hat PwC gemeinsam mit der Gesellschaft für internationale Zusammenarbeit (GIZ) und dem BDEW eine Delphi-Studie durchgeführt[977]. Delphi ist eine Methode der strategischen Vorausschau bei komplexen und von großer Unsicherheit gepägten Fragestellungen. Kernfrage war: „Wie gestaltet sich die Energiezukunft in Deutschland, in Europa und in der Welt im Jahr 2040 und darüber hinaus?" Um hierauf Antworten zu erhalten, wurden auf der Grundlage der Delphi-Methode mehr als 400 Experten aus 40 Ländern und verschiedenen Bereichen von Wirtschaft und Gesellschaft gebeten, Thesen zur Entwicklung des Energiesystems zu formulieren und zu bewerten. Am Ende der mehrfachen Befragungs- und Auswertungsrunden, bei denen Meinungen immer wieder auf den Prüfstand gestellt wurden, standen 56 Thesen über die Energiezukunft, aus denen verschiedene Zukunftsbilder abgeleitet werden können:

Weltweit wächst das Momentum für den Klimaschutz und den Ausbau nachhaltiger, klimafreundlicher Energiesysteme, die auf Wind, Solar und Wasserkraft setzen, verursacht durch eine Häufung ökologischer Katastrophen, aber auch aufgrund der Potenziale nachhaltiger Energiepolitik mit niedrigeren Stromgestehungskosten, Unabhängigkeit von Importen und geringeren Infrastrukturkosten. Insofern sind die Experten auch überwiegend optimistisch bzgl. globaler Vereinbarungen zum Klimaschutz. Industrie-, Entwicklungs- und Schwellenländer haben sich auf bindende Regelungen zum Schutz des globalen Klimas im Wege des *Carbon Pricing* (über Steuern, Zertifikats- und Handelsmechanismen) verständigt und nationale Reduktionsziele festgelegt, deren Einhaltung überwacht wird. Ursächlich für diese Entwicklung ist die Kostendegression und überlegene Wettbewerbsfähigkeit der erneuerbaren Energien. Wirtschaftlichkeit ist der Treiber des Klimaschutzes und massiver Investitionen, auch in die Forschung- und Entwicklung, was den Erfolg der *Renewables* im Zusammenwirken mit Speichertechniken weiter befördert.

Die Sektorkopplung mit Wärme und Verkehr ist 2040 weit vorangeschritten mit der Folge einer Entkopplung der Nachfrage nach fossilen Energieträgern vom gesamten Energiebedarf, einerseits aufgrund strikter Reduktionsziele für Treibhausgase, andererseits aufgrund des Rückzugs institutioneller Investoren, die Investments in fossile und nukleare Projekte gegenüber *Renewables* unter Rentabilitäts- und Risikogesichtspunkten als ungünstiger einstufen. Dies hat Auswirkungen auf solche Förderländer, die ihre Wirtschaftsstruktur nicht rechtzeitig diversifiziert haben, so wie es etwa Saudi Arabien im Zuge seines „Vision 2030" genannten Reformprogramms anstrebt[978]. Umgekehrt profitieren viele Entwicklungländer, da die Energiewende ihnen den Aufbau eines dezentralen, kostengünstigen und sicheren Energieversor-

---

[977] Vgl PWC, BDEW, GIZ (Hrsg.), *Delphi Energy Future* 2040, abrufbar unter: http://www.delphi-energy-future.com/de/.

[978] Abrufbar unter: http://vision2030.gov.sa/en/node/6, Aufruf am 28.03.2017.

gungssystems erlaubt. Dezentrale erneuerbare Energien ermöglichen im Zusammenspiel mit Speichern „Energieinseln" unabhängig von zentralen Verbundnetzen.

Die überwiegende Mehrheit der Experten geht davon aus, dass wir 2040 in einer *„All Electric Society"* leben, in einer Gesellschaft also, in der Strom auch für Mobilität und Wärme v.a. aus erneuerbaren Quellen erzeugt wird und Erdöl und Erdgas in vielen industriellen Prozessen ersetzt hat. Unter den Experten herrscht Einigkeit, dass sich dabei technologische Entwicklungen, v.a. Batteriespeicher, als *„Game changer"* erweisen werden. So werden erneuerbare Energien in Verbindung mit Speichern die günstigsten Stromgestehungskosten haben. In der Folge wird die Nutzung dezentraler erneuerbarer Energien-Anlagen mit Batteriespeichern immer wichtiger. Batteriekraftwerke übernehmen als Frequenzausgleich die Funktion der konventionellen Kraftwerke bei der Systemstabilität. Elektrofahrzeuge haben dank neuer Batterietechnik Reichweiten von über 3.000 km je Ladung und lassen sich mittels Induktion in Minuten aufladen. Leistungsfähige Anlagen für die Eigenerzeugung werden im Einzelhandel verkauft und sind mit wenigen Handgriffen zu installieren. Stromerzeugende Fenster und Fassaden erobern den Markt

Auf der Gewinnerseite werden Unternehmen stehen, die große Datenmengen verarbeiten können und die automatisierte Steuerung von Angebot und Nachfrage beherrschen. Die Delphi Studie zeigt das Risiko auf, dass klassische Energieversorger, die sich in den kommenden Jahren dieser Entwicklung verschließen, nur noch für wenige technische Funktionen, wie den Netzbetrieb, verantwortlich sein könnten, während die Stromerzeugung kleinteilig(er) und das Netzmanagement zur Domäne von internationalen IT-Unternehmen wird.

Auch die BReg wirft einen Blick in die Zukunft, indem sie bezogen auf 2030 die folgenden Trends identifiziert[979]:

1. Die fluktuierende Stromerzeugung aus Wind und Sonne prägt das System, es ist weiter zu flexibilisieren.

2. Der Einsatz fossiler Brennstoffe im Kraftwerkspark geht deutlich zurück, was Planungssicherheit und Anpassungsstrategien im Strukturwandel erfordert.

3. Die Strommärkte werden europäischer und erfordern paneuropäische Leitlinien.

4. Versorgungssicherheit wird im Rahmen des europäischen Strombinnenmarktes gewährleistet, was verstärkte Zusammenarbeit und Kooperation erfordert.

5. Strom wird deutlich effizienter genutzt, bedingt durch wirtschaftliche und politische Anreize.

---

[979]　Vgl. BMWi, Strom 2030, Berlin 2016, abrufbar unter: http://bit.ly/2qAngak, Aufruf am 28.03.2017.

6. Heizungen, Autos und Industrie nutzen immer mehr erneuerbaren Strom statt fossile Brennstoffe.

7. Moderne KWK-Anlagen produzieren den residualen Strom und tragen zur Wärmewende bei.

8. Biomasse wird zunehmend für Verkehr und Industrie genutzt.

9. Gut ausgebaute Netze schaffen kostengünstig Flexibilität.

10. Die Systemstabilität bleibt bei hohen Anteilen erneuerbarer Energien gewährleistet.

11. Die Netzfinanzierung erfolgt fair und systemdienlich, was eine entsprechende Fortentwicklung der Netzentgelte erfordert.

12. Die Energiewirtschaft nutzt die Chancen der Digitalisierung auf der Basis intelligenter Messsysteme, Kommunikationsplattformen und ausreichender Systemsicherheit.

Das StrommarktG der BReg markiert einen Zwischenstand, der für die Akteure am Strommarkt zunächst Planungssicherheit für die nächsten Jahre schafft. In der Konsequenz ist zu bemerken, dass die Unternehmen reagieren und ihre Unternehmensstrategien anpassen. Weitgehende Veränderungen der Branche durch Konsolidierungen, Zusammenschlüsse und Marktaustritte werden in den nächsten Jahren zu beobachten sein, da nicht alle Unternehmen in der Lage sein werden, den kombinierten Herausforderungen von Energiewende und Digitalisierung Stand zu halten.

Der Strommarkt wird sich massiv verändern. Nimmt man die Prognosen zusammen, so ergeben sich viele Übereinstimmungen. Technologische Entwicklungen bestimmen die Zukunft des Sektors. Dabei ist abzusehen, dass erneuerbare Energien wettbewerbsfähig und im Zusammenhang mit Fortschritten bei der Speicherung und der Digitalisierung auch grundlastfähig, d.h. zunehmend wirtschaftlich werden. Fossiles *Back-Up* wird deutlich kleinteiliger und dezentraler. Unter den erneuerbaren Energien wird v.a. die Photovoltaik eine herausragende Funktion übernehmen, da sie in die verschiedensten Arten von Oberflächen integriert werden kann. Windenergie wird auf Dauer v.a. in der Form industrialisierter, großtechnischer Produktion überleben. Mit der steigenden Technisierung wird Energieeffizienz deutlich an Boden gewinnen, ebenso die Sektorkopplung. Die Nutzung von Strom in anderen Bereichen, insb. Wärme und Verkehr, erfordert eine zeitnahe Anpassung der regulatorischen Vorgaben, für die die Flexibilität des Energiesystems zum Leitbild werden muss. Die zunehmende Rentabilität der *Renewables* und die wachsenden regulatorischen und wirtschaftlichen Risiken der fossilen Energieerzeugung werden immer mehr Investitionen aus dem fossilen Bereich in den Bereich der erneuerbaren Energien lenken. Die Vernetzung innerhalb und zwischen den Staaten wächst, allerdings nicht so schnell wie erwünscht. Offen ist die Zukunft des Emissionshandels aufgrund der Auswirkungen auf die Wettbewerbsfähigkeit von Unternehmen, solange keine faire und globale Umsetzung erfolgt.

Ein komplexes System, wie es das Stromsystem darstellt, ist bürokratisch nicht zu lenken. Die Wucht, mit der die Politik die Energiewende durch regulatorische Eingriffe forciert hat, kann kein Modell für die Zukunft sein, da die volkswirtschaftlichen Risiken zu hoch sind. Will man das System wirtschaftlich steuern, kommt man an einer wettbewerblichen Ausgestaltung nicht vorbei, die aussagefähige Preissignale setzt, um das planmäßige und wirtschaftlich sinnvolle, nachhaltige Zusammenwirken aller Akteure sicherzustellen – die Marktintegration der erneuerbaren Energien ebenso wie das konventionelle *Back-Up*, Anreize für Energieeffizienz ebenso wie für die Sektorkopplung. Dies erfordert konsistente Preissignale auf der Angebots- und auf der Nachfrageseite, was eine Neuverteilung der Steuern, Abgaben und Umlagen erfordert, die heute auf dem Strompreis lasten. In einer Kraftwerkswelt, die zunehmend Strom zu Null-Grenzkosten produziert, ergeben sich zudem differenzierte Preissignale für Energie und Leistung. In der Konsequenz wird sich Energieeffizienz v.a. auf die Effizienz von Leistung bzw. Last beziehen, weniger auf den Stromverbrauch, der zunehmend andere Energieträger ersetzen wird.

Für den Fortgang der Energiewende wird die Zeit bis 2030 die zentrale Rolle spielen.

Stichwortverzeichnis

B

C

D

M

O

S

V

Z

Abbildungsverzeichnis

Exklusiv für Buchkäufer!

Ihre Arbeitshilfen zum Download:

▶ http://mybook.haufe.de

▶ Buchcode: QVQ-6344